老年教育系列教材

TANG-SONG SHICI XUANJIANG

唐宋诗词选讲 上

王艳平 编著

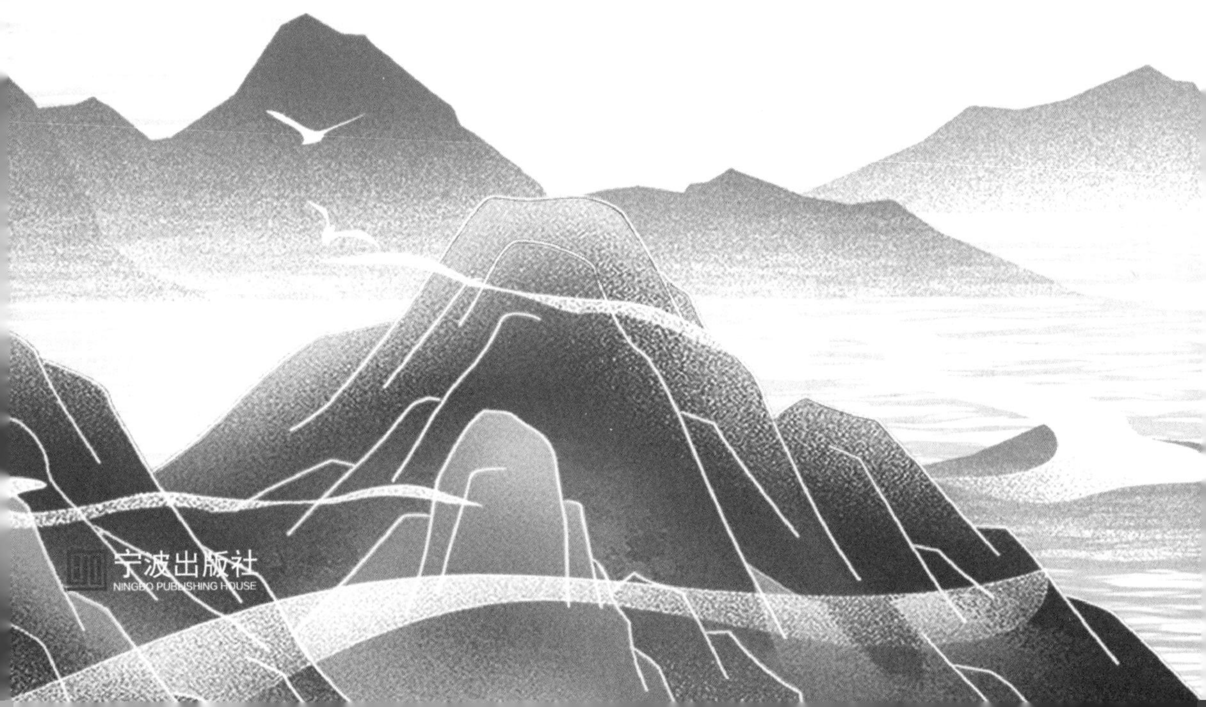

宁波出版社
NINGBO PUBLISHING HOUSE

图书在版编目（CIP）数据

唐宋诗词选讲：上、下册 / 王艳平编著 . — 宁波：宁波出版社，2021.2

ISBN 978-7-5526-4116-5

Ⅰ . ①唐… Ⅱ . ①王… Ⅲ . ①古典诗歌 — 诗歌欣赏 — 中国 — 唐宋时期 Ⅳ . ① I207.22

中国版本图书馆 CIP 数据核字（2020）第 227775 号

唐宋诗词选讲：上、下册

王艳平　编著

出版发行	宁波出版社
地址邮编	宁波市甬江大道 1 号宁波书城 8 号楼 6 楼　315040
责任编辑	俞　琦　汪　婷
责任校对	余怡获　虞姬颖　晏　洋
装帧设计	金字斋
印　　刷	宁波白云印刷有限公司
开　　本	787mm×1092mm　1/16
印　　张	51.5
字　　数	740 千
版　　次	2021 年 2 月第 1 版
印　　次	2021 年 2 月第 1 次印刷
标准书号	ISBN 978-7-5526-4116-5
定　　价	128.00 元（上、下册）

如发现缺页或倒装，影响阅读，请与印刷厂联系，电话：0574-87327496

（版权所有　翻印必究）

老年教育系列教材编委会

主　任　张建国　郑禄红　张　晖

副主任　陈鸿洋　雷　英　王　阳

编　委　钱文君　盛国良　杨　飞　王艳平　赵文君
　　　　李　婷　张　雯

前　言

老年教育作为一种特殊的教育类型，与普通教育相比，既有共性，也有差异。它的目的同样是促进人的持续发展，它也同样需要有计划有组织地开展一系列教学活动。但是，它的"学校观"更加灵活，它是真正意义上的学习型组织；它的"课程观"更加开放，不再强调线性和单向性，而是通过理解、交互、体验、创造成为一种动态的、生成的"生态系统"；它的"教材观"更加融通，教材不是必须接受的范例，而是作为中介，架起学习者已有知识经验与新知识经验之间的桥梁；它的"教学观"更加生动，教学过程不是简单的囤积知识和训练技能，而是以强烈的分析和批判意识，直面现实，关注问题，将知识的传递上升为生命的体验活动；它的"教师观"更加务实，教师成为课程的开发者、知识的建构者、学生的合作者、实践的反思者，而不仅仅是传授课本；它的"学生观"更加包容，因为老年学习者具有丰富的人生经验和各自不同的专业能力，告别职业生涯之后，重新回到学校，是为了追求毕生发展，发挥潜力与价值，所以老年教育更尊重学习者的主动学习精神，更倾向把学习的主动权交到学习者手上。

随着我国老龄化程度的加深，老年教育的发展也不断增速提质。国务院在《老年教育发展规划（2016—2020年）》里提出扩大老年教育资源供给、拓展老年教育发展路径、加强老年教育支持服务、创新老年教育发展机制、促进老年教育可持续发展等五项任务，并对实现任务的途径做了总体部署。

"十三五"期间，一方面，各级教育主管部门、老年学校以及参与老年教育的机构、联盟、共同体，不断理顺管理机制，增加经费投入，优化教学条件，开发学习资源，老年教育得到了长足的发展；另一方面，老年教育的模式研究、老年研学课程的资源开发、老年适用教材的建设推广、老年教育质量的评估评价等关乎教育深度发展的问题，也得到了全社会极大的关注。这说明我国的老年教育已进入成熟发展的阶段。不过，老年教育中还存在着一些难题需要进一步突破，比如：如何通过教育促进老年人继续社会化，从人力资源的角度增强老年人的创造力和社会影响力；如何创新老年教育方法，从课堂教学延伸到网络教学以至于更大空间的社会化教学；如何在保健、娱乐类课程之外，持续有效地开发接地气、高水准、有品质的广泛的课程，以满足老年群体的个性化需求；等等。这其中，建设精品教材就是一项相当重要的任务。

虽然老年教育的课程开发已经有了一定的积累，但适用于老年教育的专属教材还十分短缺。编著这类教材应有怎样的原则？

一是立德树人的原则。任何一种教育都是培养人的，老年教育也不例外。老年教育要培养乐于学习、融入社会、康乐向上的现代老年人，他们有理想、有学识、有大爱、有核心素养、有长者风范，能够适应现代生活的发展。这个培养目标与国家的教育方针是相一致的。教材的编著要坚持立德树人这个根本任务，坚持用习近平新时代中国特色社会主义思想铸魂育人，深入挖掘课程蕴含的思想政治教育资源，在教材中体现社会主义核心价值体系的精髓。

二是问题导向的原则。教材的编写应考虑老年学习者的学习特征，以激发问题意识为着眼点，以解决某一种问题为目的来组织相对开放性的知识与实践。在体例、结构、铺排、表述等方面，教材可设置核心知识（实践）与延展性知识（实践），供不同类型、不同基础、不同需求的学校及学习者选择使用。

三是兼顾"教"与"学"双边需求的原则。目前老年教育正处于努力发展的阶段,课程的设置尚未完全满足各类学习者的现实需要,教学团队也未能完全实现专业化、专职化。因此,教材的编著者一方面要考虑课程(尤其是全新开发的课程)内涵的充沛,另一方面,还应对有可能承担该课程教学的教师提出使用教材的建设性意见。

四是多种媒体开发资源的原则。5G(第五代移动通信技术)、大数据、人工智能等高新技术对教育产生了革命性的影响,教材的编著可考虑多种媒体资源(如纸质书、电子书、有声读物、多媒体课件、移动网课等)的同步建设,方便学习者灵活选择学习空间与学习平台,促进实现"人人皆学、处处能学、时时可学"。

本"老年教育系列教材"由宁波开放大学(宁波社区大学)牵头,联络区域内从事老年教育研究与实践的学校、机构、团队等共同建设,"十四五"期间将持续推进。期待有更多的精品教材问世。

老年教育系列教材编委会

2020年12月

目 录

专题一　初唐诗况

一、专题要点 ··· 001
二、专题诗选 ··· 003
　　虞世南《蝉》 ··· 003
　　王绩《野望》 ··· 004
　　骆宾王《在狱咏蝉》 ··· 005
　　张若虚《春江花月夜》 ·· 006
　　王勃《送杜少府之任蜀川》 ·· 008
　　杨炯《从军行》 ··· 009
　　刘希夷《代悲白头翁》 ·· 009
　　宋之问《渡汉江》 ··· 011
　　沈佺期《独不见》 ··· 012
　　贺知章《回乡偶书》其二 ··· 013
　　陈子昂《登幽州台歌》 ·· 013
　　张旭《桃花溪》 ··· 014

三、专题衍说 ····· 015

蝉的幻化与"咏蝉三绝"——说唐代三首咏蝉诗 ····· 015

落霞孤鹜　秋水长天——说"初唐四杰" ····· 017

专题二　帝都之诗

一、专题要点 ····· 021

二、专题诗选 ····· 023

李世民《帝京篇》其一 ····· 023

王维《和贾至舍人早朝大明宫之作》 ····· 024

李白《长相思》其一 ····· 026

杜甫《丽人行》 ····· 027

钱起《长安落第》 ····· 029

韦应物《登高望洛城作》 ····· 030

孟郊《登科后》 ····· 032

韩愈《早春呈水部张十八员外》 ····· 033

崔护《题都城南庄》 ····· 034

杜牧《金谷园》 ····· 035

赵嘏《长安秋望》 ····· 036

李商隐《乐游原》 ····· 037

三、专题衍说 ····· 038

光荣与梦想——说唐诗里与帝都相关的作品 ····· 038

"崔护谒浆"与"云英未嫁"——说唐诗里的两个小故事是如何被后人演绎的 ····· 040

专题三　中秋诗词

一、专题要点 …………………………………………………………… 044
二、专题诗选 …………………………………………………………… 046
　　李峤《中秋月》 …………………………………………………… 046
　　张九龄《望月怀远》 ……………………………………………… 047
　　李白《把酒问月》 ………………………………………………… 048
　　李白《夜泊牛渚怀古》 …………………………………………… 049
　　杜甫《月夜忆舍弟》 ……………………………………………… 050
　　王建《十五夜望月》 ……………………………………………… 051
　　白居易《八月十五日夜湓亭望月》 ……………………………… 052
　　曹松《中秋对月》 ………………………………………………… 053
　　苏轼[水调歌头] …………………………………………………… 054
　　苏轼《中秋月》 …………………………………………………… 055
　　晁补之[洞仙歌]《泗州中秋作》 ………………………………… 056
　　张孝祥[念奴娇]《过洞庭》 ……………………………………… 057
　　辛弃疾[太常引]《建康中秋夜为吕叔潜赋》 …………………… 059
　　陆文圭《王祈伊中秋不见月》其四 ……………………………… 060

三、专题衍说 …………………………………………………………… 061
　　中秋之月与中秋之诗 —— 说几则与中秋诗词相关的典故 …… 061
　　月亮里的那些事 —— 说关于月亮的神话 ……………………… 064

专题四　盛唐诗况

一、专题要点 …… 067
二、专题诗选 …… 070

王湾《次北固山下》 …… 070

王之涣《登鹳雀楼》 …… 072

孟浩然《与诸子登岘山》 …… 073

王昌龄《芙蓉楼送辛渐》 …… 074

王维《少年行》 …… 075

王维《送元二使安西》 …… 076

李白《南陵别儿童入京》 …… 077

李白《将进酒》 …… 078

崔颢《黄鹤楼》 …… 080

高适《封丘作》 …… 081

杜甫《饮中八仙歌》 …… 083

杜甫《春日忆李白》 …… 085

岑参《春梦》 …… 086

三、专题衍说 …… 087

渭北春天树，江东日暮云

—— 说李白与杜甫的友情，兼说辛弃疾与陈亮 …… 087

会稽愚妇轻买臣，我辈岂是蓬蒿人

—— 说李白的婚姻和"会稽愚妇"的可能性指向 …… 089

专题五　重阳诗词

一、专题要点 …………………………………………………………… 093

二、专题诗选 …………………………………………………………… 095

　　王勃《蜀中九日》 ………………………………………………… 095

　　王昌龄《九日登高》 ……………………………………………… 096

　　王维《九月九日忆山东兄弟》 …………………………………… 097

　　李白《九日龙山饮》 ……………………………………………… 098

　　高适《重阳》 ……………………………………………………… 099

　　杜甫《九日寄岑参》 ……………………………………………… 100

　　杜甫《九日蓝田崔氏庄》 ………………………………………… 102

　　刘禹锡《九日登高》 ……………………………………………… 103

　　白居易《重阳席上赋白菊》 ……………………………………… 104

　　杜牧《九日齐山登高》 …………………………………………… 105

　　赵嘏《重阳》 ……………………………………………………… 106

　　李清照［醉花阴］《重阳》 ……………………………………… 107

　　范成大《重阳后菊花》 …………………………………………… 108

三、专题衍说 …………………………………………………………… 109

　　重阳："白衣送酒"与"孟嘉落帽"——说重阳节的两个典故 …… 109

　　"真人"陶渊明——说陶渊明的真性情 ………………………… 112

专题六　唐人山水田园诗

一、专题要点 …………………………………………………… 115

二、专题诗选 …………………………………………………… 118

　刘眘虚《阙题》 ……………………………………………… 118

　储光羲《钓鱼湾》 …………………………………………… 119

　孟浩然《秋登万山寄张五》 ………………………………… 120

　孟浩然《过故人庄》 ………………………………………… 121

　孟浩然《宿桐庐江寄广陵旧游》 …………………………… 122

　王维《山居秋暝》 …………………………………………… 123

　王维《终南别业》 …………………………………………… 124

　张继《枫桥夜泊》 …………………………………………… 125

　刘长卿《寻南溪常山道人隐居》 …………………………… 126

　戴叔伦《兰溪棹歌》 ………………………………………… 127

　韦应物《滁州西涧》 ………………………………………… 127

　司空曙《江村即事》 ………………………………………… 128

　常建《题破山寺后禅院》 …………………………………… 129

　柳宗元《渔翁》 ……………………………………………… 130

三、专题衍说 …………………………………………………… 131

　红颜弃轩冕，白首卧松云——说功业未遂的隐士孟浩然 …… 131

　一生几许伤心事，不向空门何处销——说亦官亦隐的王维 …… 134

专题七　唐人边塞征战诗

一、专题要点 ··· 137

二、专题诗选 ··· 140

　　王翰《凉州词》 ·· 140

　　王之涣《凉州词》 ··· 141

　　李颀《古从军行》 ··· 142

　　王昌龄《出塞》 ·· 144

　　王昌龄《从军行》其四 ··· 145

　　王维《使至塞上》 ··· 146

　　李白《关山月》 ·· 147

　　高适《燕歌行》 ·· 148

　　岑参《走马川行奉送封大夫出师西征》 ······················ 151

　　岑参《白雪歌送武判官归京》 ···································· 152

　　卢纶《塞下曲》其三 ··· 153

　　李益《夜上受降城闻笛》 ·· 154

　　张籍《凉州词》其三 ··· 155

　　陈陶《陇西行》其二 ··· 156

三、专题衍说 ··· 157

　　"旗亭画壁"三才子——说唐代三位写边塞诗的高手 ·············· 157

　　可怜闺里月，长在汉家营——说边塞征战诗中的闺怨题材 ············ 159

专题八　诗仙李白

一、专题要点 …………………………………………………………………… 163

二、专题诗选 …………………………………………………………………… 165

 李白《襄阳歌》 ……………………………………………………………… 165

 李白《蜀道难》 ……………………………………………………………… 167

 李白《行路难》其一 ………………………………………………………… 169

 李白《送友人》 ……………………………………………………………… 171

 李白《梦游天姥吟留别》 …………………………………………………… 171

 李白《答王十二寒夜独酌有怀》 …………………………………………… 174

 李白《忆旧游寄谯郡元参军》 ……………………………………………… 177

 李白《宣州谢朓楼饯别校书叔云》 ………………………………………… 180

 李白《流夜郎赠辛判官》 …………………………………………………… 182

 李白《早发白帝城》 ………………………………………………………… 183

三、专题衍说 …………………………………………………………………… 184

 从江湖到丹墀——说李白的"长安"之遭际 …………………………… 184

 道士李白——说李白的"道缘" ………………………………………… 186

专题九　唐玄宗与杨贵妃

一、专题要点 …………………………………………………………………… 189

二、专题诗选 …………………………………………………………………… 191

 李白《清平调词》 …………………………………………………………… 191

李益《过马嵬》 192

　　白居易《长恨歌》 193

　　刘禹锡《马嵬行》 199

　　张祜《集灵台》其二 201

　　杜牧《过华清宫》 202

　　李商隐《马嵬》 203

　　郑畋《马嵬坡》 205

　　韦庄《立春日作》 206

　　黄滔《马嵬》 206

　　徐夤《马嵬》 207

三、专题衍说 208

　　玉环小传（上）——说杨玉环是如何成为贵妃的 208

　　玉环小传（下）——说杨贵妃是如何香消玉殒的 211

专题十　安史之乱和"诗史"

一、专题要点 214

二、专题诗选 216

　　杜甫《兵车行》 216

　　杜甫《自京赴奉先县咏怀五百字》 218

　　杜甫《春望》 222

　　杜甫《哀江头》 223

　　杜甫《石壕吏》 224

　　杜甫《新婚别》 226

杜甫《茅屋为秋风所破歌》 227

　　杜甫《闻官军收河南河北》 229

　　杜甫《又呈吴郎》 230

　　杜甫《登高》 231

三、专题衍说 232

　　"安史之乱"始末——说叛乱及平叛过程 232

　　平民杜甫——说杜甫的家世和身世 234

专题十一　中唐诗况

一、专题要点 238

二、专题诗选 240

　　刘长卿《长沙过贾谊宅》 240

　　韦应物《寄李儋元锡》 241

　　李益《喜见外弟又言别》 242

　　孟郊《秋怀》其二 243

　　司空曙《云阳馆与韩绅宿别》 244

　　韩愈《左迁至蓝关示侄孙湘》 245

　　刘禹锡《游玄都观》 247

　　刘禹锡《酬乐天扬州初逢席上见赠》 248

　　白居易《望月有感》 249

　　柳宗元《登柳州城楼寄漳汀封连四州刺史》 251

　　柳宗元《别舍弟宗一》 252

　　贾岛《题李凝幽居》 253

李贺《致酒行》 254

　　李贺《秋来》 256

三、专题衍说 257

　　迁谪之人——说贬谪诗人的愁苦心境 257

　　"诗鬼"的"诗囊"——说李贺的诗情诗才 260

专题十二　献诗干谒

一、专题要点 263

二、专题诗选 267

　　孟浩然《望洞庭湖赠张丞相》 267

　　王维《献始兴公》 268

　　李白《上李邕》 269

　　杜甫《奉赠韦左丞丈二十二韵》 270

　　钱起《赠阙下裴舍人》 273

　　张籍《节妇吟寄东平李司空师道》 274

　　白居易《见尹公亮新诗偶赠绝句》 275

　　朱庆馀《闺意上张水部》 276

　　高蟾《下第后上永崇高侍郎》 277

　　杜荀鹤《乱后宿南陵废寺寄沈明府》 277

三、专题衍说 278

　　干谒诗：尊严与乞求的平衡——说求谒者的心态 278

　　逢人说项斯——说被拜见者的做派 281

专题十三　大唐艺术

一、专题要点 ………………………………………………………………… 285

二、专题诗选 ………………………………………………………………… 287

　　王维《赠裴旻将军》 ……………………………………………………… 287

　　李白《草书歌行》 ………………………………………………………… 288

　　刘长卿《听弹琴》 ………………………………………………………… 290

　　杜甫《冬日洛城北谒玄元皇帝庙》 ……………………………………… 291

　　杜甫《观公孙大娘弟子舞剑器行》 ……………………………………… 293

　　皎然《观王右丞维〈沧洲图〉歌》 ……………………………………… 295

　　李端《鸣筝》 ……………………………………………………………… 297

　　韩愈《听颖师弹琴》 ……………………………………………………… 298

　　白居易《琵琶行》 ………………………………………………………… 299

　　元稹《舞腰》 ……………………………………………………………… 302

　　梁锽《咏木老人》 ………………………………………………………… 303

　　李贺《李凭箜篌引》 ……………………………………………………… 304

　　杜牧《屏风绝句》 ………………………………………………………… 306

　　和凝《宫中曲》 …………………………………………………………… 306

三、专题衍说 ………………………………………………………………… 307

　　唐代仕女画的标本——说张萱与周昉的画 …………………………… 307

　　"摹音三绝"——说三首描摹音乐的唐诗 ……………………………… 310

专题十四　晚唐诗况

一、专题要点 …………………………………………………………… 314

二、专题诗选 …………………………………………………………… 316

　　许浑《咸阳城东楼》 ……………………………………………… 316

　　张祜《宫词》 ……………………………………………………… 317

　　杜牧《题宣州开元寺水阁》 ……………………………………… 318

　　杜牧《登乐游原》 ………………………………………………… 319

　　杜牧《将赴吴兴登乐游原》 ……………………………………… 320

　　温庭筠《过陈琳墓》 ……………………………………………… 322

　　温庭筠《商山早行》 ……………………………………………… 323

　　李商隐《安定城楼》 ……………………………………………… 325

　　李商隐《贾生》 …………………………………………………… 326

　　李商隐《宿骆氏亭寄怀崔雍崔衮》 ……………………………… 327

　　李商隐《锦瑟》 …………………………………………………… 328

　　韦庄《台城》 ……………………………………………………… 329

　　皮日休《汴河怀古》其二 ………………………………………… 330

　　杜荀鹤《再经胡城县》 …………………………………………… 331

三、专题衍说 …………………………………………………………… 332

　　十年扬州梦,青楼薄幸名 —— 说杜牧的放浪与不遇 …………… 332

　　尴尬的李商隐 —— 说李商隐在党争夹缝中的生存状态 ………… 335

专题十五　爱情与诗

一、专题要点 ··· 339

二、专题诗选 ··· 343

    王昌龄《闺怨》 ·· 343

    李白《长干行》其一 ··· 343

    杜甫《月夜》 ··· 345

    刘禹锡《柳枝词》 ·· 347

    元稹《离思》其四 ·· 347

    元稹《遣悲怀》其二 ··· 348

    杜牧《遣怀》 ··· 349

    杜牧《赠别》 ··· 350

    李商隐《无题》 ·· 351

    李商隐《无题》 ·· 352

    张先［千秋岁］ ·· 354

    欧阳修［玉楼春］ ·· 355

    苏轼［江城子］《乙卯正月二十日夜记梦》 ······································ 356

    李之仪［卜算子］ ·· 358

    吴文英［唐多令］《惜别》 ··· 358

三、专题衍说 ··· 360

    处处沧海处处水，处处巫山处处云 —— 说元稹的几段感情 ············· 360

    隐身在女人后面的男人 —— 说男性词人如何在词中为女性代言 ······ 363

目 录

专题十六　新年诗词

一、专题要点 …………………………………………………… 366

二、专题诗选 …………………………………………………… 368

　　武则天《腊日宣诏幸上苑》 ………………………………… 368

　　苏味道《正月十五夜》 ……………………………………… 369

　　高适《人日寄杜二拾遗》 …………………………………… 370

　　顾况《岁日作》 ……………………………………………… 371

　　罗隐《人日新安道中见梅花》 ……………………………… 372

　　王安石《元日》 ……………………………………………… 373

　　苏轼《守岁》 ………………………………………………… 374

　　朱敦儒［好事近］ …………………………………………… 376

　　辛弃疾［青玉案］《元夕》 …………………………………… 377

三、专题衍说 …………………………………………………… 378

　　过了"腊八"就是年——说"腊八"与腊八粥 ……………… 378

　　受贿赂的灶神——说灶神与祭灶的习俗 ………………… 381

　　新桃换旧符——说桃符的来历 …………………………… 383

　　拜年的帖子——说帖子拜年的趣事 ……………………… 386

　　人日喜天晴——说正月初七人日 ………………………… 388

　　来向元宵试灯火，却移星斗下人间——说正月十五元宵节 ………… 391

专题一

初唐诗况

一、专题要点

本专题主要学习唐诗的分期、初唐诗的特征,以及在此框架下部分诗体、诗的题材、诗人境遇与创作等内容。本专题选读诗歌作品12首。

(一)唐诗的分期

全唐(618—907)289年间,国家的政治经济存在着兴衰升降的状况,文学艺术也有着相应的变化。为了讲说方便,后人试图给唐诗的发展分段,由于着眼点不同,其所分段落也显现出差异。比如宋人严羽《沧浪诗话》分初唐、盛唐、大历、元和、晚唐五个时期,元人杨士弘《唐音》分初唐、中唐、晚唐三个时期。明朝的高棅在《唐诗品汇》里将唐诗分为初唐、盛唐、中唐、晚唐四个段落,旁人在他的基础上又进行了修正与补充,于是就有了现在较为通行的"四唐分期说":初唐自高祖武德元年至玄宗先天元年(618—712),凡94年;盛唐自玄宗开元元年至代宗永泰元年(713—765),凡52年;中唐自代宗大历元年至文宗大和九年(766—835),凡69年;晚唐自文宗开成元年至哀帝天祐四年(836—907),凡71年。

(二)初唐诗的特征

1. 诗风、诗境虽沿袭齐梁,以奉和、应诏、伺宴为主,总体华丽,但已开始有意识地突破宫廷诗的狭隘。文学史上称"初唐四杰"的王勃、杨炯、卢照邻、骆宾王,以及以复兴汉魏古风为己任的陈子昂,都是这一时期改革创新的代表人物。

2. 诗歌的体裁、形式得到了发展。初唐诗人在齐梁以来五、七言诗的基础上，重视并采用沈约的声病理论，将调声、叶韵、对偶逐渐规律化，使律诗得以定型。"律诗"是唐代的新诗，唐人称为"今体诗"，而将之前无须守律的诗歌称为"古诗"。沈佺期、宋之问的诗歌，声律谨严，对仗精工，是律诗定型的代表。此外，七言歌行体诗在初唐极有特点，往往篇幅较长，音节圆转流美，四句、六句或八句转韵，修辞上多用对仗、回环、重叠、蝉联等手法，一气贯注而又缠绵往复，被称为"初唐体"，代表作有卢照邻的《长安古意》、张若虚的《春江花月夜》等。

（三）课堂话题

1. 咏物之作与"咏蝉三绝"。咏物之作主要是指那些以客观的"物"为集中描写对象，并在描写中抒怀兴感的作品。它的特点是"不粘不脱"，既要做到紧扣所咏之物的具体特点，又在其中有所寄寓。唐代诗歌中有三篇咏蝉的佳作，被誉为"咏蝉三绝"，分别是虞世南《蝉》、骆宾王《在狱咏蝉》、李商隐《蝉》，前两篇均为初唐的作品。可留意三首诗的作意作法。这部分内容可参见专题二十八"咏物诗词"。

2. 隐逸倾向与乡关之思。中国文化有两大思想渊源，一儒一道。儒家直面现实，探索改造客观世界的道路；道家深入心灵，极力守护人的精神尊严。后世的诗词文章，都可以从这两方面找到精神支撑。如王勃的《送杜少府之任蜀川》，之所以在临歧之时从容豁达，与游宦中功业的追求不无关系；陈子昂《登幽州台歌》哀叹不遇古人与来者，也是源于人生作为的理想与担当。而当生活不如意之时，道家的随遇而安、归顺自然、净化内心等则以种种变异而复杂的念头出现，诗文中就有了丰富多彩的关于归隐以及还乡念亲的表达。如王绩《野望》在"徙倚欲何依"的彷徨与"相顾无相识"的孤独中，表达肉体与精神都无所依凭；张旭《桃花溪》借一溪一桥、一矶一船，透露诗人对理想境界的神往，以及渺茫难求的怅惘；至于贺知章《回乡偶书》、宋之问《渡汉江》，则从诗人个性化的经历与体验的角度表现了"回归"的意思。

这部分内容可参见专题六"唐人山水田园诗"。

3. "初唐四杰"的价值与成就。"初唐四杰"是王勃、杨炯、卢照邻、骆宾王的合称,简称"王杨卢骆"。他们活动于唐高宗、武后时期,"官小而名大,年少而才高"。就其各自的人生而言,颇具悲剧色彩,但在唐诗的发展史上,他们是新旧过渡时期的杰出人物。杜甫《戏为六绝句》言:"王杨卢骆当时体,轻薄为文哂未休。尔曹身与名俱灭,不废江河万古流。"

4. 七言歌行中的哲理意味。初唐的七言歌行不仅形式婉转,意境优美,而且往往在深究宇宙奥妙、叹息盛衰变幻中表达人生哲理,表达对生命的依恋和青春的激情。如张若虚《春江花月夜》"人生代代无穷已,江月年年只相似。不知江月待何人,但见长江送流水",刘希夷《代悲白头翁》"年年岁岁花相似,岁岁年年人不同",等等。

二、专题诗选

虞世南《蝉》[1]

垂緌饮清露[2],流响出疏桐[3]。居高声自远[4],非是藉秋风[5]。

【注释】

(1)虞世南(558—638),字伯施,越州余姚(今浙江宁波)人。隋大业年间官秘书郎、起居舍人。入唐后,历任秦府参军、弘文馆学士、太子舍人、著作郎、秘书监等职。唐太宗尝称其有德行、忠直、博学、文辞、书翰"五绝",誉为"当代名臣,人伦准的"。去世后绘像凌烟阁。善书法,与欧阳询、褚遂良、薛稷合称"初唐四大家"。其诗多应制奉和,文辞典丽。有《虞秘监集》四卷。(2)緌(ruí):古代官员帽子上的系带,用以形容蝉须。饮清露:蝉的口器呈针状,中空,可插入树体内吸取树汁。古人以为它是饮露水为生的,故有此说。(3)流响:指蝉长鸣不已,声音像流水一样传得很远。疏桐:高大的梧桐；一说梧桐叶因秋天而稀疏。古代传说梧桐树为神鸟凤凰居住的地方。（4）居高：指蝉栖息在高处。（5）藉（jiè）：凭借、依赖。

【提示】

这是一首托物言志的咏蝉之作。通过对蝉的居所、姿态、习性、鸣声的描写，赞颂了它的清高风雅和不同凡响的品德。读者也往往以为该诗亦作者的"夫子自道"，首句写身份显贵，次句写品质清廉，"居高声自远，非是藉秋风"二句则点睛，说的是人生道理：品格高洁的人，没有某种外在的凭借（比如权势地位、有能力者的帮助等），也能声名远扬。这里强调的是人格美的力量。"自"和"非"，相互呼应，表现出一种自信而雍容的风度气韵。

王绩《野望》(1)

东皋薄暮望(2)，徙倚欲何依(3)。树树皆秋色，山山唯落晖。牧人驱犊返(4)，猎马带禽归。相顾无相识，长歌怀采薇(5)。

【注释】

（1）王绩（约590—644），字无功，号东皋子、五斗先生，绛州龙门（今山西河津）人。隋大业中举孝悌廉洁科，授秘书省正字，出为六合县丞，因故被劾去职。唐初，以前朝官待诏门下省。曾任太乐丞，不久弃官。据传在隋唐之际，曾三仕三隐。追慕阮籍、陶渊明，其诗多以田园山水为题材，描写隐居生活和饮酒情趣，意境高古，气格遒健。有《东皋子集》传世。（2）东皋（gāo）：诗人隐居的东皋村。水边高地曰"皋"。他的号"东皋子"，也因常游此地而起。薄暮：傍晚，太阳快落山的时候。薄，迫近。（3）徙倚（xǐ yǐ）：徘徊。欲何依：化用曹操《短歌行》中"月明星稀，乌鹊南飞。绕树三匝，何枝可依"之意，表达自己孤寂无依的惆怅心情。（4）犊（dú）：小牛，这里指牛群。（5）采薇：薇，是一种植物。相传周武王灭商后，伯夷、叔齐不愿做周的臣子，在首阳山上采薇而食，最后饿死。故以"采薇"代指隐居生活。

【提示】

这是一首描写山野秋景的五言律诗。首联纠缠着闲适与惆怅,情调颇为复杂。二、三联紧扣"望"字,写秋原所见:夕阳余晖中的秋色十分静谧,牛犊、猎马的活动也具有田园牧歌式的氛围。然而诗人却未能达到精神上的满足,油然而生的是一种茫然若失、孤独无依的情绪。"相顾无相识,长歌怀采薇",说的是既然现实中找不到相识相知的朋友,那就只好追怀伯夷、叔齐那种不食周粟、上山采薇的隐逸之士,与他们为伍了。

全诗反映了诗人真实的归隐生活,但诗人的内心显然是不安宁的。"牧人驱犊返,猎马带禽归"不光是写乡村黄昏景象,"返""归"二字还反衬了自己的彷徨与孤独。从陶渊明以来,写乡村田园的诗都爱用这种字眼,它暗示着人的归宿,而大多田园诗的深层含义都是寻找家园,寻找归宿。

骆宾王《在狱咏蝉》(1)

西陆蝉声唱(2),南冠客思侵(3)。那堪玄鬓影(4),来对白头吟(5)。露重飞难进,风多响易沉。无人信高洁(6),谁为表予心(7)?

【注释】

(1)骆宾王(约638—约684),字观光,婺州义乌(今浙江义乌)人。7岁作咏鹅诗。早年为道王李元庆属官,后历任奉礼郎、武功主簿、长安主簿、侍御史等职,曾从军西域,宦游蜀中。武后时因上疏议政获罪下狱,一年后贬为临海丞。684年随徐敬业起兵讨武则天,作《讨武曌檄》,兵败后逃亡,不知所终。诗工诸体,尤擅七言歌行,风格雄健,多写个人失意愁怨之情,有《骆临海集》。(2)西陆:指秋天。《隋书·天文志》:"日循黄道东行,一日一夜行一度,三百六十五日有奇而周天。行东陆谓之春,行南陆谓之夏,行西陆谓之秋,行北陆谓之冬。"(3)南冠:楚国的帽子,这里是囚犯的代称。《左传·成公九年》载:"晋侯观于军府,见钟仪,问之曰:'南冠而絷者谁也?'有司对曰：'郑人所献楚囚也。'"后来就以"南冠"称囚犯。客思：流落他乡而产生的思乡之情。（4）玄鬓：指蝉。古代妇女将鬓发梳为蝉翼之状，称为蝉鬓，这里以蝉鬓称蝉。玄，黑色。（5）白头吟：借用乐府曲名《白头吟》字面，自喻清直受诬。一说"白头"指诗人自己，"吟"指蝉鸣。（6）高洁：清高纯洁。古人认为蝉栖高饮露，是高洁之物。（7）予心：我的心。

【提示】

唐高宗仪凤三年（678），骆宾王任侍御史，因上书忤武后，被诬贪赃，下狱究治。此诗为其在狱中所作。诗前有一段序文，说自己身陷囹圄，闻蝉声而有感，因而以蝉自比，希望友人能体察他的清白无辜，替他昭雪。"露重飞难进，风多响易沉"二句十分悲苦：秋露浓重，寒蝉有翅也难以飞进；秋风飒飒，蝉的鸣叫声被风声淹没。骆宾王以蝉自比，觉得自己"失路艰虞"，就像蝉在"露重""风多"的秋天里，既飞不动，又叫不响；自己和蝉一样高洁，只是没有人相信，所以受到误解与诬谤。

张若虚《春江花月夜》⁽¹⁾

春江潮水连海平⁽²⁾，海上明月共潮生⁽³⁾。滟滟随波千万里⁽⁴⁾，何处春江无月明。江流宛转绕芳甸⁽⁵⁾，月照花林皆似霰⁽⁶⁾。空里流霜不觉飞⁽⁷⁾，汀上白沙看不见⁽⁸⁾。江天一色无纤尘，皎皎空中孤月轮。江畔何人初见月？江月何年初照人？人生代代无穷已，江月年年只相似。不知江月待何人，但见长江送流水。白云一片去悠悠，青枫浦上不胜愁⁽⁹⁾。谁家今夜扁舟子⁽¹⁰⁾，何处相思明月楼。可怜楼上月徘徊，应照离人妆镜台。玉户帘中卷不去⁽¹¹⁾，捣衣砧上拂还来⁽¹²⁾。此时相望不相闻⁽¹³⁾，愿逐月华流照君⁽¹⁴⁾。鸿雁长飞光不度⁽¹⁵⁾，鱼龙潜跃水成文⁽¹⁶⁾。昨夜闲潭梦落花，可怜春半不还家。江水流春去欲尽，江潭落月复西斜。斜月沉沉藏海雾，碣石潇湘无限路⁽¹⁷⁾。不知乘月几人归，落月摇情满江树。

【注释】

(1)张若虚(约660—约720),字、号均不详,扬州(今江苏扬州)人。曾任兖州兵曹。与贺知章、张旭、包融齐名,并称为"吴中四士"。《全唐诗》存其诗两首。所作《春江花月夜》被后人评为"以孤篇压倒全唐"。(2)"春江"句:江水连接大海,春潮高涨时江海不分。(3)共潮生:明月初生,似从浪潮中涌出。(4)滟(yàn)滟:水光闪动的样子。(5)宛转:曲折。芳甸(diàn):遍生花草的原野。(6)霰(xiàn):天空中降落的白色不透明的小冰粒。此处形容月光下春花晶莹洁白。(7)流霜:飞霜。古人以为霜和雪一样,是从空中落下来的,所以叫流霜。此处比喻月光皎洁,月色朦胧、流荡,所以不觉得有霜霰飞扬。(8)汀(tīng):水边平地,小洲。(9)青枫浦:地名,这里泛指游子所在的地方。(10)扁(piān)舟子:飘荡江湖的游子。扁舟,小舟。(11)玉户:形容楼阁华丽,以玉石镶嵌。(12)捣衣砧(zhēn):捣衣石、捶布石。(13)相闻:互通音信。(14)逐:追随。月华:月光。(15)"鸿雁"句:善于长途飞翔的鸿雁尚且不能飞出月的光影,飞到对方的身边。(16)"鱼龙"句:潜跃的鱼龙也只能泛起一层层波纹,而难以游到对方跟前。(17)碣石:山名,在今河北昌黎县北。潇湘:指潇水与湘水,在今湖南。这里以碣石、潇湘暗指地北天南。无限路:离人相距遥远。

【提示】

《春江花月夜》为乐府旧题。全诗紧扣题中春、江、花、月、夜五字,逐层铺写江景月色、客思闺情,以及由此引发的对宇宙和人生的思考。诗人虽也为时光易逝、人生短暂而怅惘,却更为人类代代相传、生生不绝而欣慰。正是这种复绝的宇宙意识、深邃的人生哲理与如画的诗境、浓郁的诗情、优美的音调交织在一起,构成了此诗不朽的艺术魅力。清人王闿运称之为"孤篇横绝,竟为大家",闻一多先生赞之为"诗中的诗,顶峰上的顶峰"。

王勃《送杜少府之任蜀川》[1]

城阙辅三秦[2],风烟望五津[3]。与君离别意,同是宦游人[4]。海内存知己,天涯若比邻[5]。无为在歧路[6],儿女共沾巾[7]。

【注释】

(1)王勃(约650—约676),字子安,绛州龙门(今山西河津)人。才华早露,未成年即被司刑太常伯刘祥道赞为神童,向朝廷表荐,对策高第,授朝散郎。乾封元年(666)为沛王李贤征为王府侍读,两年后因戏为《檄英王鸡》文,被高宗逐出王府,随即出游巴蜀。咸亨三年(672)补虢州参军,因擅杀官奴曹达,当诛,遇赦除名。其父亦受累贬为交趾令。上元二年(675)或三年(676),随父赴任,渡海时不幸溺水,惊悸而死。有《王子安集》。(2)"城阙(què)"句:写送别之地。城阙,指唐代的都城长安。辅,护卫。三秦,今陕西一带,本为战国时秦国旧地。项羽入关,将它分为雍、塞、翟三国,封秦将章邯等三人为王,故称三秦。这里泛指长安附近的关中之地。(3)"风烟"句:遥望五津,风烟迷茫。五津,指岷江边的白华津、皂里津、江首津、沙头津、江南津五个渡口。此泛指杜少府要去的蜀川。(4)宦(huàn)游:出外做官。(5)比邻:近邻。(6)无为:无须、不必。歧(qí)路:岔路,指分手之处。(7)"儿女"句:像小儿女那般让别泪沾湿佩巾。

【提示】

诗题一作《杜少府之任蜀州》,是王勃供职长安时为送别入蜀任县尉的友人而作。"少府",官名,是县尉的别称。全诗意境阔朗,情志高远,一反送别诗悲伤缠绵之情调,体现出豪放清新的气象。"海内存知己,天涯若比邻"二句,临歧勉友,胸襟不凡,虽由曹植《赠白马王彪》"丈夫志四海,万里犹比邻"诗意变化而成,但推陈出新,更见精练流畅,故成千秋名句。

杨炯《从军行》⁽¹⁾

烽火照西京⁽²⁾，心中自不平。牙璋辞凤阙⁽³⁾，铁骑绕龙城⁽⁴⁾。雪暗凋旗画⁽⁵⁾，风多杂鼓声。宁为百夫长⁽⁶⁾，胜作一书生。

【注释】

（1）杨炯（650—约693），字号不详，华州华阴（今陕西华阴）人。10岁举神童，待制弘文馆。上元三年（676）授校书郎，永淳元年（682）为崇文馆学士，并迁为皇太子李显的詹事司直。后因祖弟杨神让参加徐敬业反武则天一事受牵连，被贬为梓州司法参军。秩满，选授盈川县令，卒于官。其擅长五律，边塞诗气势较胜。有《盈川集》。（2）西京：指长安。（3）牙璋：古代兵符，由两块合成，分别由朝廷与主帅所掌，为号令军中的凭证。凤阙：指皇宫。（4）铁骑（jì）：精壮的骑兵。龙城：匈奴名城，泛指敌方要塞。（5）凋：此处意为"使脱色"。旗画：军旗上的彩画。（6）百夫长：古代军队里的低级军官。

【提示】

这首诗借用乐府旧题《从军行》，描写一个读书士子因听闻边塞外族入侵的警报而思为国有所作为。诗人向往的是军中艰难困苦、危险紧张、龙争虎斗的生活，战士的无畏、诗人的雄心都一一展露。"宁为百夫长，胜作一书生"的心志，非常具有时代特征。全诗结构跳跃，从闻警、辞京到征战，片段转换，一气直下，激昂慷慨。同时色彩鲜明，画面感强。军中的"旗"和"鼓"既表现将士冒雪征战的艰苦和激烈，也展示他们驰骋沙场的壮志豪情。

刘希夷《代悲白头翁》⁽¹⁾

洛阳城东桃李花，飞来飞去落谁家？洛阳女儿惜颜色⁽²⁾，坐见落花长叹息。今年花落颜色改⁽³⁾，明年花开复谁在？已见松柏摧为薪⁽⁴⁾，更闻桑田变成海⁽⁵⁾。古人无复洛城东，今人还对落花风。年年岁岁花相似，岁岁年年人不同。寄言全盛红颜子⁽⁶⁾，应怜半死白头翁。此翁白头真可怜，伊昔红颜美少年⁽⁷⁾。公子王孙芳树下，清歌妙舞落花前。光禄池台文锦绣⁽⁸⁾，将军楼阁画神仙⁽⁹⁾。一朝卧病无相识，三春行乐在谁边⁽¹⁰⁾？宛转蛾眉能几时⁽¹¹⁾？须臾鹤发乱如丝⁽¹²⁾。但看古来歌舞地⁽¹³⁾，惟有黄昏鸟雀悲。

【注释】

(1)刘希夷(约651—约680)，一名庭芝，字延之，汝州(今河南临汝)人。上元二年(675)进士。未曾出仕，善弹琵琶。其诗以歌行见长，多写闺情，格调柔婉华丽。其诗集已佚，《全唐诗》存其诗一卷。(2)颜色：容貌。(3)颜色改：青春逝去。(4)松柏摧为薪：松柏被砍伐作柴薪。《古诗十九首》："古墓犁为田，松柏摧为薪。"(5)桑田变成海：《神仙传·麻姑》载"麻姑自说云，接侍以来，已见东海三为桑田"，后以"沧海桑田"比喻世事变迁极大。(6)寄言：传话。全盛红颜子：青春少年。(7)伊昔：往日。(8)光禄：光禄勋。用东汉马援之子马防的典故。《后汉书·马援传》(附马防传)载：马防在汉章帝时拜光禄勋，生活奢侈。文锦绣：指以锦绣装饰池台中物。(9)将军：指东汉贵戚梁冀。《后汉书·梁冀传》载：梁冀大兴土木，建造府宅。(10)三春：指春季，因有三个月，故称。谁边：哪里。(11)宛转蛾眉：本为年轻女子的弯眉，此代指青春年华。(12)须臾：顷刻。鹤发：白发。(13)但：只。

【提示】

诗题又作《白头吟》《白头翁咏》《代白头吟》，系拟古乐府《白头吟》旧题之作。诗以红颜子和白头翁的对比来写，前半表现洛阳女子的感伤落花，抒发人生短促、红颜易老的慨叹；后半描绘白头老翁的沦落沉寂，抒发世事变迁、富贵无常的体悟。诗中所流露的对青春年华的眷恋及其无法滞留的悲哀,引发后人强烈共鸣。《红楼梦》曲词里"花谢花飞花满天,红消香断有谁怜""桃李明年能再发,明年闺中知有谁""尔今死去侬收葬,未卜侬身何日丧?侬今葬花人笑痴,他年葬侬知是谁"等,都可以看到本诗的影子。

宋之问《渡汉江》[1]

岭外音书断[2],经冬复历春。近乡情更怯[3],不敢问来人[4]。

【注释】

(1)宋之问(约656—约713),一名少连,字延清,汾州西河(今山西汾阳)人。上元二年(675)进士及第,历官洛州参军、尚方监丞、左奉宸内供奉。神龙元年(705)因谄事张易之,被贬泷州参军。次年逃回,匿张仲之家,后又令侄告发张仲之欲谋杀武三思事,擢鸿胪主簿。景龙年间,以户部员外郎兼修文馆直学士,再转考功员外郎。后因受贿贬越州长史。睿宗立,流于钦州,玄宗时赐死。其诗多奉和应制题材,属对精密,音韵协调,较为深刻地影响了律诗的定型。后人辑有《宋之问集》十卷。(2)岭外:岭南。(3)怯:害怕,畏缩。(4)来人:指从家乡过来的人,即故乡人。

【提示】

神龙二年(706),宋之问从泷州贬所逃归,途经湖北襄阳,渡汉水,写下这首诗。诗题中的"汉江"特指汉江中游的襄河,是作者回洛阳时的必经之地。诗中"断"与"怯"二字很关键,"断"字写音讯的隔绝,有一种人在命运控制下的无力之感;"怯"字则写出了离乡者的复杂心境,见到故乡人而不敢询问,就怕听到不祥的消息。宋之问以谄附张易之兄弟而被流放,其事不甚光彩,此番又是从贬所私自逃回,自然有种种顾虑:担心家人的变故,担心自己在人们眼中的角色身份,种种不确定让他颇为畏缩。

本诗的情绪虽说是极私人化的,但由于写得真实细腻,因而也道出了漂泊者共同的心态。"近乡情更怯,不敢问来人",既渴望立即回到家乡亲人身边,又害怕离家久远而家中发生变故,这情景早在汉乐府《十五从军征》中已有表达:"十五从军征,八十始得归。道逢乡里人,家中有阿谁?"

沈佺期《独不见》(1)

卢家少妇郁金堂(2),海燕双栖玳瑁梁(3)。九月寒砧催木叶(4),十年征戍忆辽阳(5)。白狼河北音书断(6),丹凤城南秋夜长(7)。谁为含愁独不见(8),更教明月照流黄(9)。

【注释】

(1)沈佺期(约656—约715),字云卿,相州内黄(今河南内黄)人。上元二年(675)进士,曾任给事中、考功郎中等官。武则天时谄事张易之,后张易之被杀,他也被流放驩州。中宗神龙年间被召还,拜起居郎兼修文馆直学士,迁中书舍人、太子少詹事。其诗多应制之作,所为律体精工严密,言辞华丽。后人辑有《沈佺期集》。(2)卢家少妇:泛指少妇。郁金堂:以郁金香料涂抹的堂屋。梁朝萧衍《河中之水歌》:"河中之水向东流,洛阳女儿名莫愁……十五嫁为卢家妇,十六生儿字阿侯。卢家兰室桂为梁,中有郁金苏合香。"(3)海燕:又名越燕,燕的一种。因产于南方滨海地区(古百越之地),故名。玳瑁(dài mào)梁:用玳瑁装饰的屋梁。玳瑁,海生龟类,其甲壳可作装饰品。(4)砧(zhēn):捣衣石。催木叶:催落树叶。(5)辽阳:唐代东北边防重地,在今辽宁境内。(6)白狼河:今辽宁大凌河。(7)丹凤城:指长安。传说秦穆公的女儿弄玉善吹箫,箫声引得凤凰集于都城上,后称京城为丹凤城。(8)独不见:乐府《杂曲歌辞》题名。《乐府解题》云:"《独不见》,伤思而不得见也。"这里借指不能与征夫相见。(9)流黄:指少妇卧室帷帐上下垂的丝织装饰物。一说指所捣的衣裳。

【提示】

诗题又作《古意呈乔补阙知之》。写思妇对征人的怀念,通过环境烘托来加以表现。双飞双栖的燕子反衬思妇的孤独,寒砧催落叶、明月照流黄又照应着离愁别恨。

贺知章《回乡偶书》其二[1]

离别家乡岁月多,近来人事半消磨[2]。惟有门前镜湖水[3],春风不改旧时波。

【注释】

(1)贺知章(659—744),字季真,自号四明狂客,越州永兴(今浙江萧山,古属绍兴)人。武后证圣元年(695)中进士,任国子监四门博士,迁太常博士。开元十三年(725)升礼部侍郎兼集贤院学士,任至太子宾客、秘书监,故又称"贺秘监"。天宝三年(744)出于对李林甫专权的不满,上疏请求度为道士,返回故乡。《全唐诗》存其诗一卷。(2)人事:人的各种事情,如悲欢离合、境遇、存亡等。消磨:消失。(3)镜湖:又名鉴湖、长湖、庆湖,在今绍兴会稽山的北麓,方圆三百余里。

【提示】

贺知章《回乡偶书》有两首,其一为:"少小离家老大回,乡音无改鬓毛衰。儿童相见不相识,笑问客从何处来。"诗人晚年回到家乡,闻知家乡人事的种种变化,引起对往昔的追忆和对世事无常的感慨,情绪略显感伤。

陈子昂《登幽州台歌》[1]

前不见古人,后不见来者。念天地之悠悠,独怆然而涕下[2]。

【注释】

(1)陈子昂(659—700),字伯玉,梓州射洪(今四川射洪)人。唐睿宗文明元年(684)中进士,因受武则天赏识,授麟台正字,后历任右卫胄曹参军、右拾遗。曾跟随武攸宜出征契丹,因意见不合,由参谋降为军曹。圣历元年(698)辞官回乡,被县令段简陷害,死在狱中。其诗题材广泛,多用兴寄,气格高古。有《陈伯玉集》。(2)怆(chuàng)然:悲伤的样子。涕:眼泪。

【提示】

古幽州台即蓟北楼,在今北京市。幽州为古燕国所在地,燕昭王曾在此筑黄金台以招揽贤士。陈子昂于万岁通天二年(697)随武攸宜出征,多次献计不被主帅采纳,心情压抑,于此登台远眺,吊古伤今。天地、古人、来者衬托出人生的短暂和诗人的孤独无依、生不逢时。

张旭《桃花溪》(1)

隐隐飞桥隔野烟(2),石矶西畔问渔船(3)。桃花尽日随流水(4),洞在清溪何处边(5)?

【注释】

(1)张旭(约675—约750),字伯高,吴郡(今江苏苏州)人。曾任常熟尉、金吾长史,世称"张长史"。他精通书法,以草书著称,与李白的诗、裴旻的剑舞并称为"三绝"。相传他嗜酒,往往大醉呼喊狂走然后落笔,或以头濡墨而书,世呼为"张颠"。其诗写自然景致,意境深幽,独具一格。(2)飞桥:高桥。(3)石矶:水中积石或水边突出的岩石、石堆。渔船:源自陶渊明《桃花源记》中语句。(4)尽日:整日。(5)洞:指《桃花源记》中武陵渔人找到的洞口。

【提示】

诗人伫立水边石矶旁,看溪,看花,看船,仿佛觉得这里就是通往陶渊明笔下桃花源的路径。他向渔人发问:"桃花尽日随流水,洞在清溪何处边?"他真的将眼前的渔夫认作当年进入过桃花源的武陵渔人了。"洞"是现实与桃花源的联结点,是进入桃花源的唯一通道。此问表达了诗人对理想的迫切向往，又透露出理想世界的渺茫难求。

三、专题衍说

蝉的幻化与"咏蝉三绝"
——说唐代三首咏蝉诗

施补华《岘佣说诗》："三百篇比兴为多，唐人犹得此意。同一咏蝉，虞世南'居高声自远，非是藉秋风'，是清华人语；骆宾王'露重飞难进，风多响易沉'，是患难人语；李商隐'本以高难饱，徒劳恨费声'，是牢骚人语。比兴不同如此。"

古人好咏蝉。唐诗中有若干首咏蝉的，成为此类作品中的经典。

蝉有许多种类，也有许多别称。古人对蝉的称呼，有蜩、蜕、蛁、蟪、蠽、丕蜩、茅蜩、秋蜩、蚱蝉、寒蜩、寒螀、螂蜩、蜻蜻、蜓蚞、螗蜩、蟪蛄、螗蜺、马蜩、蜺蟉等。《诗经·大雅·荡》："如蜩如螗，如沸如羹。"这句诗后来凝缩为一个成语，叫"蜩螗沸羹"，比喻纷扰不宁，就好像蝉噪、水滚、羹沸一样。

古人按蝉的出现时间，将蝉分为春蝉、夏蝉和寒蝉。春蝉出土最早，古书称为"吟母"，《本草纲目》里说它二月中旬即开始鸣叫，体形较小，不能入药。夏蝉中有一种叫"蟪蛄"的，寿命不过数天到数周，就是《庄子·逍遥游》"朝菌不知晦朔，蟪蛄不知春秋"中提到的。最迟出现的是寒蝉，要过了寒露才鸣叫，由于声音哀婉凄惨，不如夏蝉嘹亮，因此被用来形容因害怕而不敢说话 —— 噤若寒蝉。

蝉是一种奇异而神秘的生物。

法国作家法布尔《昆虫记》卷五写到了蝉，描述带有自然主义的细腻与逼真。他说，他在酷热无比的七月，观察蝉的幼虫从地洞里钻出，洞壁光滑，洞口没有浮土，因此判断蝉是出色的建筑家。出洞后的幼虫找一根树枝撑在上面，开始蜕皮：先从背上的中线裂开，同时前胸也裂开，露出眼睛、喙、前爪、后爪、两翼、尾部，直到全部解脱。这一切是在几个小时里完成的。之后，它飞到树上，唱啊，唱啊，寻找配偶，产卵。完成繁殖使命的蝉，大概在九月份就死去了。蝉卵中孵化出来的形似蝌蚪的小昆虫，找一块松软的土地钻入，开始它们黑暗的地底生活。

这样的黑暗生活要多久呢？一般要经过 4—5 年，最短也要 2 年左右，而长的则有 12—13 年的。漫漫等待，竟是为了如此短暂的歌唱。

古人对于蝉是钟爱的，这与他们所领会的蝉的象征意义有关。一关乎生命与轮回，二关乎人品与诗。

蝉是古代玉器的常见题材，出土的商、周、汉直至明清各个时期的墓葬中，都有造型各异的玉蝉。有佩蝉，有冠蝉。还有一种特殊的，叫玉琀蝉，是含在死者口中的玉蝉。这些蝉形玉器，象征变形与复活。如前所述，蝉的幼虫长期蛰居地下，若干年后才能出土、蜕壳、升树、高鸣，确实可以借来表达循环、再生、精神不灭等诸如此类的愿望。

诗人笔下的咏蝉，在意的则更多是品格节操，以及通过蝉的自然环境的窘迫来反观自身的坎坷际遇。蝉如何与品格的高风亮节挂上钩呢？这大概要回溯到魏晋时期的若干"蝉赋"。曹植《蝉赋》借言蝉而言己，表达自己如蝉般的清素之心和举步维艰，其中"实澹泊而寡欲兮，独怡乐而长吟""声皦皦而弥厉兮，似贞士之介心""内含和而弗食兮，与众物而无求"等，完美刻画了士人所推崇的品行。另外，傅玄《蝉赋》"潜玄昭于后土兮，虽在秽而逾馨"写蝉出淤泥而不染，傅咸《鸣蜩赋》"且明明以在公，唯忠谠之是与；佚履道之坦坦，登高衢以自栖"写蝉中正不阿、明白做事，陆云《寒蝉赋》"夫头上有緌，则其文也；含气饮露，则其清也；黍稷不食，则其廉也；处不巢居，则其俭也；应候守节，则其信也"更是说蝉文、清、廉、俭、信"五德"俱全，实为道德楷模。这一切，来自人们对蝉习性的理解，尤其是认为蝉餐风饮露，不食他物，故而品性高洁。

唐诗中有"咏蝉三绝"。

第一首是虞世南的《蝉》："垂绥饮清露，流响出疏桐。居高声自远，非是藉秋风。"初唐虞世南，是宁波余姚人。唐太宗李世民曾让阎立本在皇宫凌烟阁内描绘了二十四位功臣的图像，其中就有虞世南。唐太宗屡次称赏他，认为他有"五绝"，即德行、忠直、博学、文辞、书翰。他写的《蝉》其实就是借蝉的餐风饮露、清高脱俗来展示君子的人格操守。诗尤其强调的是，那只梧桐树上歌声嘹亮的蝉，借助的并非秋风传送之力，而是因为栖高而自守。

第二首是骆宾王的《在狱咏蝉》："西陆蝉声唱，南冠客思侵。那堪玄鬓影，来对白头吟。露重飞难进，风多响易沉。无人信高洁，谁为表予心？"初唐骆宾王，才情绝世却仕途困厄，此时正因贪赃罪名下狱。诗人身陷囹圄，感秋伤怀，闻蝉惊心，抒发含冤莫白之愤和难见天日之忧。霜繁露重，有翅难飞；天凉风寒，有声难传。"露重飞难进，风多响易沉"，写的是蝉，也是诗人自身。无人为之辩白申冤，唯有风露中的秋蝉，是他的知音。

第三首是李商隐的《蝉》："本以高难饱，徒劳恨费声。五更疏欲断，一树碧无情。薄宦梗犹泛，故园芜已平。烦君最相警，我亦举家清。"晚唐李商隐，终生潦倒，一贫如洗，吟诗作文多是抒悲写恨，大有泣泪滴血、伤心断肠之苦。"五更疏欲断，一树碧无情"，秋蝉一夜悲鸣，声嘶力竭，直至五更，稀疏欲绝，如此哀怨，谁能不为之动容？可是亭亭树木，依然青碧，无情无义，无动于衷。或许这就是世态炎凉吧，诗人只可与秋蝉"同气相求，同声相应，同病相怜"了。

此刻盛夏，正是蝉鸣之时。

落霞孤鹜　秋水长天
——说"初唐四杰"

若以这个标题说稼轩词，应该是恰当不过的，倘用来指称初唐四杰的风格气质，多少有些勉强。只是提到四杰，笔者首先想到的是王勃所写的那个令滕王阁名噪天下的句子"落霞与孤鹜齐飞，秋水共长天一色"，于是顺手做了标题。

对初唐四杰的经典评价，前人有不少。闻一多先生在《唐诗杂论》里所说的"年少而才高，官小而名大，行为都相当浪漫，遭遇尤其悲惨"，无非将诸说做了通俗而留有余地的概括，这个余地，尤以"浪漫"二字为甚，前人的褒贬大都可以这二字的不同视角加以解释。至于四人的独特价值，评者大都将其定位在"过渡"的位置上，也就是说，在六朝的香软疲惫之后，盛唐的超逸浑融之前，他们以敏感而充满灵性的姿态，舞出了初唐新人们于大梦初醒时的心花怒放。

与传统儒士的温文中矩相比，四杰更具有民间侠者的气质，一种来自乡野间里的放纵、大胆、自由之风范。他们官职卑微，遭际坎坷，然渴望用世，自视甚高，目空一切。

这种自信与焦灼，一方面源于他们的早慧，骆宾王七岁咏鹅，王勃九岁著《汉书指瑕》，杨炯十岁举神童，卢照邻也早有文名，这使他们从孩提时代起就怀有一种事业敦促感和使命感；另一方面则源于他们的早达，王勃年未弱冠，就应幽素科及第，后为沛王（李贤）府修撰，杨炯授校书郎、卢照邻任邓王府典签、骆宾王为道王府属时，也都不上20岁，少年得志，使他们敢于蔑视传统，毫无顾忌地表现批判精神，甚至于有些横冲直撞，有些嚣张。

卢照邻："其有发挥新题，孤飞百代之前，开凿古人，独步九流之上，自我作古，粤在兹乎！"（《乐府杂诗序》）

王勃："孔夫子何须频删其诗书，焉知来者不如今；郑康成何须浪注其经史，岂觉今之不如古。"（《感兴奉送王少府序》）

《唐才子传》曾记杨炯恃才傲物，视达官贵人如驴马一事："炯恃才凭傲，每耻朝士矫饰，呼为'麒麟楦'。或问之，曰：'今假弄麒麟戏者，必刻画其形覆驴上，宛然异物，及去其皮，还是驴耳！'闻者甚不平。"

这种自期自许，表现在诗歌创作的境界上，即是为理想所激发出来的热情和意气、超拔的眼光和胸次，以及阔大雄壮的风格等。无论是"海内存知己，天涯若比邻"的豁达爽朗、"宁为百夫长，胜作一书生"的慷慨愤懑，还是"昔时人已没，今日水犹寒"的激昂郁闷、"昔时金阶白玉堂，即今唯见青松在"的盛衰之思，都带着挺拔刚健的人格精神。

很喜欢王勃的《别薛华》一诗：

送送多穷路，遑遑独问津。悲凉千里道，凄断百年身。

心事同漂泊，生涯共苦辛。无论去与住，俱是梦中人。

虽则低回悱恻，但明显沉潜着一股功业难成的抑郁不平之气，而正是这种对功业的执着，化解了诗中黯然销魂的感伤意绪，依然成就着雄伟的唐人气象。

早慧，尤其早达，少年得志，对人也许并不是一件好事。四杰都有在京城任职不久即被遣逐或贬谪外地的经历，这与他们的负才任气脱不了干系。他们总是挣扎在权力中心的边缘。王勃入沛王府不久，因看贵族子弟斗鸡，写了一篇游戏文章《檄英王鸡》，被高宗看成挑拨王子争斗，赶出王府；补虢州参军，也因恃才傲物，为同僚所嫉；后因匿杀官奴曹达获罪，遇赦除名。至于骆宾王加入徐敬业讨伐武则天的队伍，并拟写了名闻天下的《讨武曌檄》，也是因"不遇"而产生"不平"的行为。王勃《滕王阁序》表达了他们共同的心理：

时运不齐，命运多舛。冯唐易老，李广难封……孟尝高洁，空怀报国之心；阮籍猖狂，岂效穷途之哭……杨意不逢，抚凌云而自惜；钟期既遇，奏流水以何惭？

四人的悲剧，自然与当时的政治背景有关，尤其是政权易手之际各种力量的较量，作为沛王、太子、邓王、道王的下属，在显庆"政归中宫"之后，成为被排斥摒弃的对象，也是完全有可能的。但初唐毕竟是一个大气的时代，即便是武则天，在读了骆宾王《讨武曌檄》中"一抔之土未干，六尺之孤何托"这样具有煽动性的话时,尚能说:"宰相之过也。人有才如此,而使之流落不偶乎?"其气度亦可见一斑。也正是这样大气的时代,造就了四杰这样一批不驯的人才。因而,主观上的"浮躁浅露"、怨天尤人,同样是他们不幸的缘由。

而且,他们毕竟又死得太早。除杨炯外,均死于非命:卢照邻因不堪风疾之苦自投颍水;骆宾王于徐敬业兵败后逃亡,不知所终(也有说是被诛);王勃渡海落水,惊悸而卒。短促的生命不能给他们更多的机会。尽管如此,作为特定时期的优秀分子,他们是不朽的。

杜甫《戏为六绝句》中对初唐四杰的评价是中肯的,历史证明了这一点:

  王杨卢骆当时体,轻薄为文哂未休。

  尔曹身与名俱灭,不废江河万古流。

专题二

帝都之诗

一、专题要点

本专题主要了解唐代的帝国之都、以帝都为背景的"主旋律"作品的气质风貌,以及跟地点相关且又流传颇广的诗歌故事。本专题选读诗歌作品12首。

(一)唐代的都城

唐代建都长安(今陕西西安)。长安位于渭河平原,东有函谷关(今河南灵宝),南有武关(今陕西丹凤),西有散关(今陕西宝鸡),北有萧关(今宁夏固原),自古以来就被称为"关中之地",形势险要。它是我国历史上建都朝代最多、历时最久的城市,先后有西周、秦、西汉、新莽、西晋(愍帝)、前赵、前秦、后秦、西魏、北周、隋、唐等十几个王朝在此,时间长达1100多年。此外,长安也是赤眉、绿林、大齐(黄巢)、大顺(李自成)等农民起义政权建立都城之选。自公元前约11世纪至公元9世纪漫长的历史岁月里,长安是我国的政治、经济与文化中心,并历来是地方行政机关 —— 州、郡、府、路、省的治所。它与北京、洛阳、南京并称为"中国四大古都",与开罗、雅典、罗马并称为"世界四大古都"。

除了长安,唐代还有一个重要的城市 —— 洛阳。唐太宗李世民在洛阳居住两年多;武则天自立为帝,改国号为周,把都城设置在洛阳,历时十五年;唐玄宗也以洛阳为都城十年之久;唐末的时候还曾迁都洛阳。因此,长安被称为"西京",洛阳被称为"东都"。当然,宗庙、陵寝、社稷主要还是在京师长安。

（二）以帝都为背景的诗歌的主要类型

1. 风物诗。以京师大都为描述对象的作品在唐之前已大量存在，比如汉魏的"京都赋"等。唐代同样有一些描写国都的诗作，不仅写宫阙与贵戚，还写富商、游侠、歌妓、平民，写四季晨昏中风物的繁华，写节日的欢纵，写斗鸡、走马、摴蒲、击鞠的豪兴，写妇女的服饰容颜和士子的冶游艳遇，从而展示真实而自然的社会生活。而这些诗中涉及的地理空间，如宫城、皇城、外郭，太极宫、大明宫、兴庆宫这巍峨的"三大内"，曲江周围的园林，以及长安和洛阳的某些私宅与山庄等，则以地标的方式记录了当时的物质与人文。

2. 怀古诗。长安、洛阳都是历史上的古都，旧迹荒垒易引发人们的抚今追昔之情；而唐朝又几历盛衰，饱经战乱，关怀天下民生的诗人在登临之际，也常常触景生情，抒发感慨。感叹安史之乱前后京城兴衰之状，以及痛悼古都洛阳成败沧桑的题材特别突出。

3. 感怀诗。唐代诗人有"恋都情结"，尤其是眷恋长安。因为长安是他们的理想圣地，是实现功业抱负的场所。于是"长安"成了一个带有丰富文化背景的语码，象征着国家统一、民族昌盛。"恋都"在某个层面上讲就是"恋阙"。无论是目标达成的振奋，还是理想破灭的感伤，都可以通过诗歌传达。

（三）课堂话题

1. 权贵的帝都——威仪和奢靡。帝都是皇权的象征，唐代诗人以帝都为题材的诗歌中，除去迎合帝王嗜好的谀辞外，凸显出的主要是封建知识分子对皇权的敬畏和依赖。王维的《和贾至舍人早朝大明宫之作》写于安史之乱平叛胶着期间，当时唐王朝刚刚收复长安。可诗中"九天阊阖开宫殿，万国衣冠拜冕旒"所映现出来的无比辉煌和威严，根本看不出长安城遭受安史叛军破坏的任何迹象，而稍前杜甫所写的"国破山河在，城春草木深"似乎成为遥远的记忆。好在可贵的是，唐代诗人在表现盛世生活时，会对帝王生活的骄奢淫逸表示出谴责与不安,产生隐忧。杜甫的《丽人行》"三月三日天气新,长安水边多丽人",写的是长安盛况,通过描写杨氏兄妹曲江春游的情景,揭露了统治者荒淫腐朽、作威作福的丑态,从一个角度反映了安史之乱前夕的社会现实。

2. 士子的帝都——长相思,在长安。唐代开放的文化政策和日益完善的科举制度,给文人提供了施展才华抱负的政治舞台,因而长安也成了众多文人涌集的理想场所。深受儒家积极入世思想影响的古代文人,大多把建功立业作为自己人生的首要选择,同时又受官本位思想的影响,将读书做官当作实现理想的第一甚至是唯一的途径。他们满怀希望地从四面八方奔赴长安,或参加科举以期跃过龙门,或干谒权贵以图平步青云,在这里感受人生命运的浮沉。长安科举应试是唐代文人士子走向仕途的第一驿站,高中及第者意气风发,如孟郊《登科后》所说"春风得意马蹄疾,一日看尽长安花";不中落榜者失望伤感,如钱起《长安落第》说"数日莺花皆落羽,一回春至一伤心"。而李白《长相思》云"美人如花隔云端",更是抒写了诗人追求政治理想而不能实现的苦闷。

3. 浪漫的帝都——人面桃花相映红。帝都还是许多浪漫故事的产生地,如"徐德言乐昌公主破镜重圆""陈子昂弃琴成名""王维郁轮袍""韩翃与柳氏""崔护谒浆""红叶题诗"等,有不少故事与诗歌相伴。尤其可以注意其中一些故事演绎发展的过程,以及它们在诗歌、小说、戏曲等不同载体中的表现。

二、专题诗选

李世民《帝京篇》其一⁽¹⁾

秦川雄帝宅⁽²⁾,函谷壮皇居⁽³⁾。绮殿千寻起⁽⁴⁾,离宫百雉余⁽⁵⁾。连甍遥接汉⁽⁶⁾,飞观迥凌虚⁽⁷⁾。云日隐层阙⁽⁸⁾,风烟出绮疏⁽⁹⁾。

【注释】

(1)李世民(599—649),陇西成纪(今甘肃天水)人。即唐太宗,唐朝第二位皇帝,唐高祖李渊次子。早年起兵反隋,协助李渊平定天下。武德九年(626)被立为太子,继帝位。次年改元贞观。在位23年,其间任贤纳谏,勤政省刑,使天下安定,经济繁荣,史称"贞观之治"。雅好吟咏,但总体未脱南朝旧习。《全唐诗》录存其诗一卷。(2)秦川:关中平原。原为秦地,故称。(3)函谷:函谷关,在今河南灵宝境内,是关中通向中原的咽喉要地。(4)绮殿:彩绘的宫殿。寻:古长度单位,八尺为一寻。(5)离宫:行宫,皇帝正宫以外临时居住的地方。雉(zhì):古时计算城墙面积的单位,长三丈、高一丈为一雉。百雉,谓三百丈长的城墙。(6)甍(méng):屋脊。汉:银河。(7)观(guàn):古代宫门外两旁的高建筑物。迥(jiǒng):远。凌虚:凌空。(8)层阙:重重叠叠的宫阙。(9)绮疏:雕镂着花纹的窗户。

【提示】

《全唐诗》的开篇就是李世民的《帝京篇》,共十首诗,描写帝国京都的雄伟壮丽和自己处理政务之余览读经籍、武宴畋猎、临馆听乐、逸游苑林等生活,兼抒情述志,表达敬天保民、励精图治的愿望。诗前有序,批评前代的奢侈之君,表示要借鉴前踪,抚躬自勉。本诗为《帝京篇》的第一首,描写帝京的地理位置及宫殿的壮丽,景观的描述里带有诗人自豪舒畅之情。"云日隐层阙,风烟出绮疏"隐约含有君臣活动,具想象空间。

王维《和贾至舍人早朝大明宫之作》(1)

绛帻鸡人报晓筹(2),尚衣方进翠云裘(3)。九天阊阖开宫殿(4),万国衣冠拜冕旒(5)。日色才临仙掌动(6),香烟欲傍衮龙浮(7)。朝罢须裁五色诏(8),佩声归向凤池头(9)。

【注释】

(1) 王维(701—761),字摩诘,河东蒲州(今山西永济)人。开元九年(721)进士及第,为太乐丞。曾一度贬官。张九龄为相,被任命为右拾遗。"安史之乱"爆发,受胁任伪官。乱平,降为太子中允,后官至尚书右丞。晚年过着亦官亦隐的生活。其诗与孟浩然齐名,并称"王孟",以山水诗著称,其"诗中有画,画中有诗"的描写,深受后人称道。有《王右丞集》。(2) 绛帻(jiàng zé)鸡人:戴红色头巾的负责伺更报时的官员。汉唐制,宫中不得蓄鸡,鸡鸣,卫士候于朱雀门外,专传鸡唱。鸡人,古官名,即鸡供奉。报晓筹:报告天将亮了。晓筹,即更筹,夜间计时的竹签。(3) 尚衣:官职名。隋唐有尚衣局,掌管皇帝的冕服。翠云裘:用翠羽编织的有云纹图案的裘衣。此代指珍贵的龙袍。(4) 九天:极言宫殿高大。阊阖(chāng hé):通天之门,此处指宫殿大门。(5) 万国衣冠:指上朝觐见的外国和各少数民族属国使臣。冕旒(miǎn liú):古代帝王、诸侯及卿大夫的礼冠。这里指皇帝。旒,冠前后悬垂的玉串。天子之冕十二旒。(6) 仙掌:障扇,宫中的一种仪仗,用以蔽日障风。(7) 香烟:指宫中点燃香料的烟气。衮(gǔn)龙:指皇帝的龙袍,上绣饰云龙。(8) 五色诏:指天子诏书,因用五色帛书写,故称。(9) 佩声:唐五品以上官员身上均佩玉,行走时会发出声响。凤池:凤凰池之简称,乃中书省所在地,故可代指中书省。贾至是中书舍人,在中书省任职,故云。

【提示】

大明宫是唐代的宫殿名称,为唐朝廷的正宫。自唐高宗后,皇帝常居此,中书、门下两省亦在此。本诗是一首唱和诗。在这之前,中书舍人贾至写了一首《早朝大明宫呈两省僚友》,描绘宫禁的富丽堂皇,早朝时的庄严肃穆,以及皇帝近臣如何共承龙恩。王维、岑参、杜甫等都写了同题的唱和诗。

王维这首诗写了早朝的整个过程,包括早朝前、早朝中、早朝后三个层次,利用细节描写和场景渲染,描绘出大明宫早朝庄严肃穆的氛围与皇帝的威仪。"九天阊阖开宫殿,万国衣冠拜冕旒"一联,大笔勾勒出早朝的景象:

宫殿中九重天门迤逦打开，深邃伟丽；万国的使节纷纷拜倒朝见天子，威武庄严。从而突出了大唐帝国的威仪，气象非凡。此诗写于安史之乱爆发后收复长安不久，朝廷亟需树立威望以凝聚人心，鼓舞民气，这样的诗作或可看作对唐朝中兴的浪漫期待。

李白《长相思》其一[1]

长相思，在长安。络纬秋啼金井阑[2]，微霜凄凄簟色寒[3]。孤灯不明思欲绝，卷帷望月空长叹[4]。美人如花隔云端[5]。上有青冥之高天[6]，下有渌水之波澜[7]。天长路远魂飞苦，梦魂不到关山难[8]。长相思，摧心肝[9]。

【注释】

（1）李白（701—762），字太白，号青莲居士。祖籍陇西成纪（今甘肃天水），约5岁时举家迁居绵州昌隆（今四川江油）青莲乡。早年在蜀中就学漫游，吟诗作赋，并好行侠。约25岁出川，漫游各地。天宝元年（742）经道士吴筠等举荐，受玄宗召入朝，三年后赐金放还。安史之乱中，怀着平乱之志，曾入永王李璘幕府。后因永王兵败受累，流放夜郎，中途遇赦东还，卒于族叔当涂县令李阳冰处。其诗有遗世独立、傲视人寰之态，充分展现了慷慨激昂的盛唐精神。有《李太白集》。（2）络纬：昆虫名，俗称纺织娘。金井阑：精美的井栏。阑，栏。（3）簟（diàn）：竹席。（4）帷：窗帘。（5）美人：指所思之人。（6）青冥：形容极高极远的天。（7）渌（lù）水：清澈见底的水。（8）关山难：关山险阻。关山，关隘和山川。（9）摧：极度损伤。

【提示】

《长相思》为乐府"杂曲歌辞"旧题之一，现存歌辞多写思妇之情。梁、陈诗人陈后主、徐陵、江总诸人的仿作，往往以"长相思"发端。本篇亦沿用了这一形式。对于诗意的理解，有说是表现长安的女子对出征丈夫的思念，也有说是描写征戍边塞的男子怀想在长安的"美人"。不过,以男女之情爱,写自己忠君报国的理想,写自己的政治抱负,是从屈原《离骚》以来树立起来的古典创作传统。这首诗开篇以"长相思,在长安"的特定指向,将诗歌带入一种特定的抒情氛围,诗里的相思,完全可以看作政治隐喻。因此,本诗极有可能是李白被排挤出长安后回想往事之作,诗中"美人如花隔云端"具托兴意味。当然,如若单纯作情诗看,将思慕的对象虚化甚至仙化,突出可望而不可即,也是别具一格的。

杜甫《丽人行》[1]

三月三日天气新[2],长安水边多丽人[3]。态浓意远淑且真[4],肌理细腻骨肉匀[5]。绣罗衣裳照暮春,蹙金孔雀银麒麟[6]。头上何所有?翠微㔩叶垂鬓唇[7]。背后何所见?珠压腰衱稳称身[8]。就中云幕椒房亲[9],赐名大国虢与秦[10]。紫驼之峰出翠釜[11],水精之盘行素鳞[12]。犀箸厌饫久未下[13],鸾刀缕切空纷纶[14]。黄门飞鞚不动尘,御厨络绎送八珍[15]。箫鼓哀吟感鬼神[16],宾从杂遝实要津[17]。后来鞍马何逡巡[18],当轩下马入锦茵[19]。杨花雪落覆白蘋,青鸟飞去衔红巾[20]。炙手可热势绝伦[21],慎莫近前丞相嗔[22]。

【注释】

(1)杜甫(712—770),字子美,自称杜陵野老、杜陵布衣。其先代是京兆杜陵(今陕西西安)人,后迁襄阳(今湖北襄阳),又从襄阳迁河南巩县。青年时代曾漫游吴、越、齐、鲁。天宝五年(746)到长安求仕,寓居十年,不得志。及安禄山军陷长安,逃至凤翔,谒见肃宗,官左拾遗,后出为华州司功参军。乾元二年(759)弃官,经秦州、同谷入蜀,筑草堂于成都浣花溪。一度在剑南节度使严武幕中任参谋,并检校工部员外郎。后因严武卒,携家东下,流寓夔州。出蜀后,漂泊于岳州、潭州、衡州一带,病死在湘水上。其诗展现了唐代由盛转衰的历史过程，世称"诗史"。有《杜少陵集》。(2)三月三日：农历三月三日，为上巳节。古有三月第一个巳日祓禊之俗，到水边洁身以祓除不祥。后固定为农历三月三日，其内容也改为在水边举行游春一类的活动。(3)水边：指长安城南的曲江边。(4)态浓：姿容艳丽。意远：神情高远不凡。淑且真：贤淑纯真。(5)肌理：肌肤的纹理。骨肉匀：体格匀称。(6)"蹙(cù)金"句：是说在罗衣上用金、银线绣着孔雀和麒麟。蹙，用拈紧的线刺绣，使刺绣品的纹路皱缩起来。(7)翠微：翡翠。匐(è)叶：发髻上的花饰。唇：边。(8)"珠压"句：齐腰的后襟上缀着珍珠，压垂下来，紧贴腰身，使衣服显得非常合体。袺(jié)，衣后襟。(9)"就中"句：以下写杨氏姊妹。就中：其中。云幕椒房：指后妃居处。云幕，如云的帐幕。椒房，汉未央宫有椒房殿，以椒（香料）和泥涂壁。亲：亲属。(10)赐名：赐以封号。唐制文武官一品及国公之母、妻封国夫人，是官吏眷属中最高的封号。虢(guó)与秦：唐玄宗封杨贵妃的大姐为韩国夫人、三姐为虢国夫人、八姐为秦国夫人。因限于诗句字数，举二以概三。(11)紫驼之峰：深色骆驼的驼峰肉，为当时极名贵的食物。翠釜(fǔ)：华美的炊具。釜，锅。(12)水精：水晶。行：盛。素鳞：白色的鱼。(13)"犀箸(zhù)"句：是说什么名贵的菜肴都吃腻了，感到没有可下筷子的菜。犀箸：用犀牛角制成的筷子。厌饫(yù)：吃腻了。饫，饱。(14)"鸾刀"句：是说厨师细切精制，白忙了一阵。鸾刀：饰有铃的刀。鸾，铃，声如鸾鸣。缕切：细切。纷纶：繁忙的样子。(15)"黄门"二句：是说唐玄宗又派宦官送来御厨精制的名贵食品。黄门：宦官。飞鞚(kòng)：飞驰的马。鞚，马笼头，此指马。不动尘：形容马行平稳，没扬起尘。御厨：皇帝的厨房。八珍：此泛指多种珍美的菜肴。(16)哀吟：指音乐柔细、婉转、缠绵。(17)宾从：宾客、随从。杂遝(tà)：众多。实要津：堵塞了交通要道。(18)后来鞍马：最后骑马来的人，指杨国忠，亦即下文的丞相。逡(qūn)巡：原为徘徊，此形容神态舒缓，大模大样的样子。(19)当轩下马：直到厅堂前才下马。锦茵：彩色织花的地毯。(20)"杨花"

二句:描写暮春景物,影射杨国忠与虢国夫人的暧昧关系。杨花:柳絮。谐杨姓。覆:盖。白蘋:大的浮萍。古有杨花入水化蘋之说。青鸟:古代神话中西王母的使者。因西王母和汉武帝的故事,后被用作男女间的信使。红巾:妇女所用的红手帕。古代妇女常以巾帕之类作为寄托感情的信物。(21)炙(zhì)手可热:热得烫手,形容气焰之盛。势绝伦:权势无人可与伦比。(22)嗔(chēn):生气。

【提示】

此诗约作于天宝十二载(753)暮春,安史之乱爆发前不久。诗人以认真的态度正面吟咏虢国夫人等"丽人"的华贵妆容、奢侈生活,描写了杨国忠出行时权大气盛、不可一世的场面,从而抨击以杨氏为代表的上层贵族奢侈淫乱,批判统治者的昏庸,揭露朝廷的腐败。因为杨氏一族的靠山看似是杨贵妃,实则是唐玄宗。清人浦起龙《读杜心解》评:"无一刺讥语,描摹处,语语刺讥;无一慨叹声,点逗处,声声慨叹。"

本诗里"杨花雪落覆白蘋,青鸟飞去衔红巾"二句,历来以为是隐喻,认为是揭露杨国忠和他妹妹虢国夫人通奸的丑行。青鸟、红巾作为信使、信物,较易理解。"杨花"一句,则相对费解些。杨花之"杨"谐杨家兄妹的姓氏;杨花随水,漂流无定性;古人认为浮萍乃杨花落水所化成,杨花与浮萍实为一体,好比杨国忠与虢国夫人本为兄妹关系,"杨花覆白蘋"即为乱伦;北魏胡太后宠幸一个叫杨白花的将军,后来杨白花带部逃离北魏,归降齐朝,胡太后相思不已,作《杨白花》曲,令宫女演唱,词中有"杨花飘荡落南家"及"秋去春来双燕子,愿衔杨花入窠里"之句。以上可以作为理解时的参考。

钱起《长安落第》[1]

花繁柳暗九门深[2],对饮悲歌泪满襟。数日莺花皆落羽[3],一回春至一伤心。

【注释】

（1）钱起（约715—约780），字仲文，吴兴（今浙江湖州）人。天宝十年（751）进士及第，先后任秘书省校书郎、蓝田尉、司勋员外郎、尚书考功郎等职。他是"大历十才子"之一，与郎士元齐名，时号"前有沈宋，后有钱郎"。其诗多赠别应酬，流连光景。有《钱考功集》。（2）花繁柳暗：指春天。唐制，进士考试发榜在春天。九门深：指皇宫十分深邃，欲进无门。暗寓应举落第。九门，古制天子居处有九门，后泛指皇宫。（3）莺花：莺啼花开的意思，泛指春时景物。落羽：落下羽毛，科考不中。

【提示】

唐人最重进士第，谓之"登龙门"。《唐摭言》云："缙绅虽位极人臣，不由进士者，终不为美。"然唐时每试只取进士二三十名，自是登第者少而落第者多了。倘将唐诗中咏落第的作品汇辑，将是一个可观的集子。此诗写每逢春至便触景伤情，暗喻屡试不第。

韦应物《登高望洛城作》(1)

高台造云端(2)，遐瞩周四垠(3)。雄都定鼎地(4)，势据万国尊(5)。河岳出云雨(6)，土圭酌乾坤(7)。舟通南越贡(8)，城背北邙原(9)。帝宅夹清洛(10)，丹霞捧朝暾(11)。葱茏瑶台榭(12)，窈窕双阙门(13)。十载构屯难(14)，兵戈若云屯(15)。膏腴满榛芜(16)，比屋空毁垣(17)。圣主乃东眷(18)，俾贤拯元元(19)。熙熙居守化(20)，泛泛太府恩(21)。至损当受益(22)，苦寒必生温。平明四城开(23)，稍见市井喧(24)。坐感理乱迹(25)，永怀经济言(26)。吾生自不达(27)，空鸟何翩翩(28)。天高水流远，日晏城郭昏(29)。徘徊讫旦夕(30)，聊用写忧烦(31)。

【注释】

（1）韦应物（约737—约792），字、号不详，京兆长安（今陕西西安）

人。天宝十年(751)以恩荫入官廷，为玄宗近侍三卫郎。安史之乱时流落外地。中唐以后历任滁州、江州、苏州刺史等，世称"韦江州"或"韦苏州"。其诗以写田园风物及隐逸生活著称。有《韦苏州集》。(2)造：到达。(3)遐瞰(kàn)：向远方俯视。四垠：四方边际。(4)雄都：雄伟的都城，即洛阳。定鼎地：建都地。九鼎为古代传国的重器，因称定都为定鼎。《左传·宣公元年》："成王定鼎于郏鄏。"周公遂在此营建洛邑。郏鄏(rǔ)是当时洛阳的地名。(5)势据：形势居于中心地位。《史记·周本纪》谓洛阳为"天下之中，四方入贡道里均"。万国尊：意谓各国诸侯都要尊奉洛阳的周天子。周王朝建立后，曾大封诸侯。(6)河岳：黄河和嵩山。(7)土圭(guī)：古天文台。即土石垒筑的测景台，用以测日影。圭，古代测日影的器具。此指在洛阳东登封市的测景台，建于周，用来观测天象，制定节令，是世界上现存最早的一个天文台。酌：斟酌，判断。乾坤：天地。(8)舟通：指运河从北到南沟通。隋炀帝为了加强中央对地方的控制，利用天然河流和旧有渠道，开凿了一条以洛阳为中心，沟通南北的大运河。南越：指长江以南地区。贡：进献给朝廷物品。此指南方物品河运到洛阳。(9)背：背靠、背依。北邙(máng)原：洛阳城北邙山。(10)帝宅：帝王的宫室。夹清洛：指隋唐时洛水从皇城穿流而过。(11)丹霞：五彩云霞。朝暾(tūn)：初升的太阳。(12)瑶台：仙台，指华丽精巧的楼台。榭：建在高台上的敞屋。(13)窈窕：美好貌。双阙门：宫殿大门，左右各建一高台，台上有楼阁。(14)构屯：构搭屯集。古时多木质结构，梁柱之间互相搭勾固定。(15)兵戈：战争。云屯：如云聚集，意谓连绵不断。(16)膏腴：肥沃富饶的土地。榛芜：草木丛杂。(17)比屋：栉比相邻的房屋。毁垣(yuán)：墙壁毁坏倒塌。(18)圣主：指唐肃宗。安史乱起，玄宗奔蜀，肃宗即位，领导平叛，颇受称赞。东眷：眷念东方的洛阳。此指肃宗即位后领导平息安史之乱，派郭子仪等军收复东都洛阳。(19)俾(bǐ)贤：使用有才德的人。此指节度使郭子仪等。元元：庶民百姓。(20)熙熙：和平安乐的情形。守化：守持原来的习俗道德。(21)泛泛：喻宽广。太府：朝廷。(22)至损：损坏到了头。(23)平明：天刚亮。(24)市井喧：市井，即市场。此喻洛阳街市上又热闹起来了。(25)理乱迹：治世与乱世的情景。(26)经济言：经世济民、治理国家的理论。(27)自不达：谦辞，意谓自己没有多大的才能。(28)翩翩：上下飞动的样子。(29)日晏：日落，天晚。(30)讫：到。(31)聊用写忧烦：意谓姑且用此诗来抒发心中的忧愁烦恼。

【提示】

唐代宗广德元年（763），韦应物正式步入官场，担任洛阳丞，历时两年，后陆续转任河南兵曹、京兆府功曹参军、鄠县令、比部员外郎等职。这首诗可能写于任职洛阳期间。此诗追溯周王朝建都洛阳的丰功，写东都洛阳昔日的繁华及安史之乱后的荒芜破败景象，表达诗人对国事的关心。其中"坐感理乱迹，永怀经济言。吾生自不达，空鸟何翩翩"传达出一位年轻官员的功业理想，以及对现实的隐忧。

孟郊《登科后》(1)

昔日龌龊不足夸(2)，今朝放荡思无涯(3)。春风得意马蹄疾，一日看尽长安花(4)。

【注释】

(1)孟郊（751—814），字东野，湖州武康（今浙江建德）人。早年困顿，曾漫游湖北、湖南、广西等地，流寓苏州。屡试不第。46岁中进士，50岁左右任溧阳尉，后为河南水陆转运从事等。与韩愈交厚，并称"韩孟"。其诗苦吟，多穷愁之词，有"诗囚"之称。用字造句追求奇僻、瘦硬，与贾岛齐名，世谓"郊寒岛瘦"。有《孟东野诗集》。(2)龌龊（wò chuò）：局促，困顿。不足夸：不值得一提。(3)放荡：尽情任性，没有拘束。无涯：没有边际。(4)"一日"句：唐人进士及第后，策马遍游长安名园，以示荣耀。

【提示】

唐代进士考试在秋天举行，放榜则在次年的仲春。放榜后，新科进士都要参加朝廷举办的一系列庆贺活动，其中最为盛大者包括曲江赐宴、杏园探花、雁塔题名等。孟郊曾多次应科举试，却屡试不中，直到德宗贞元十二年（796）才折桂及第，时已46岁，可谓苦尽甘来。古人曾在《四喜诗》中概括人生乐事为"久旱逢甘雨，他乡遇故知，洞房花烛夜，金榜题名时"，本诗便是对诗人"金榜题名时"快乐心境的典型写照。成语"春风得意"与"走马观花"，即出自此诗。

"春风"两句的诗歌形象之所以脍炙人口，除了它酣畅淋漓地正面抒发一时间的欢快情绪外，也与它同时具有的象征意味分不开。所谓"春风"，既是自然界的春风，也是诗人感到的可以大有作为的适宜的政治气候的象征。所谓"得意"，既有考中进士以后的洋洋自得，也有得遂平生所愿，进而展望前程的踌躇满志。因而诗歌所展示的艺术形象，就不仅仅限于考中进士以后在春风骀荡中策马疾驰于长安道上的孟郊本人，也是时来运转、长驱在理想道路上的具有普遍意义的艺术形象。

韩愈《早春呈水部张十八员外》[(1)]

天街小雨润如酥[(2)]，草色遥看近却无[(3)]。最是一年春好处，绝胜烟柳满皇都[(4)]。

【注释】

（1）韩愈（768—824），字退之，河南河阳（今河南孟州）人。自谓郡望（即世居某郡为当地所仰望）昌黎（今河北昌黎，一说辽宁义县），后人因称韩昌黎。登贞元八年（792）进士第，为朝官。因上疏论宫市之事，并请缓征京畿灾民租税，谏阻宪宗迎佛骨，先后两度被贬。曾随宰相裴度平定淮西。穆宗时召为国子监祭酒，官至吏部侍郎。其散文高卓，被推为"唐宋八大家"之一。其诗笔力雄健,注重新奇。有《韩昌黎集》。(2)天街:此指皇城街道,因皇城为天子所居,故言。酥:酥油。(3)近却无:春天草芽短小而稀疏,在跟前看不清。(4)绝胜:大大超过。烟柳:绿柳如烟。皇都:指京城长安。

【提示】

此诗为韩愈在长庆三年(823)春任吏部侍郎后为赠张籍而作。诗题中的"水部""员外"是张籍的任职,即水部员外郎;"张十八"是以张籍在同族兄弟中排行十八来指称他。诗人对早春时节的京都长安景色进行了细致入微的描绘,尤其是似无还有的草色。诗人认为,虽然此时的春色还不丰满,甚至草色都是远观青青、近看朦胧的,但已经能让人为之欣喜,它比春盛的时候满城处处烟柳的景色不知要胜过多少倍。黄叔灿《唐诗笺注》赞曰:"正如画家设色,在有意无意之间。"

崔护《题都城南庄》(1)

去年今日此门中,人面桃花相映红(2)。人面不知何处去,桃花依旧笑春风(3)。

【注释】

(1)崔护,生卒年不详,字殷功,博陵(今河北定州)人。贞元十二年(796)进士。宪宗元和元年(806)与元稹、白居易等同登"才识兼茂明于体用科"。曾官京兆尹、御史大夫、岭南节度使等。其诗风格婉丽清新。《全唐诗》存其诗六首。(2)人面:指诗中姑娘的面容。(3)笑:桃花盛开的样子。

【提示】

这是一个发生在长安都城郊外的故事。据孟棨《本事诗》载,崔护曾于清明日独游长安城南,因口渴求饮,有女子殷勤接待,二人相互属意。次年清明寻之,风景依然,而门锁人去,崔护遂题此诗于门上。上述"本事"不尽可信。本诗从"寻春遇艳""重寻不遇"这两幅场景的转换和对比中,体现出诗人细腻的情感。

这首诗叙述动人的爱情,却也抒写了某种带有普遍性的人生体验:在偶然、不经意的情境里遇到某种美好事物,而当人们去有意追求时,却往往失之交臂,不可复得。这大概是这首诗的魅力所在。

杜牧《金谷园》⁽¹⁾

繁华事散逐香尘⁽²⁾,流水无情草自春。日暮东风怨啼鸟,落花犹似坠楼人⁽³⁾。

【注释】

(1)杜牧(803—852),字牧之,京兆万年(今陕西西安)人。因祖居长安下杜樊乡,因称"杜樊川"。文宗大和二年(828)进士及第。同年,考中"贤良方正直言极谏科",授弘文馆校书郎。曾为江西观察使、宣歙观察使沈传师和淮南节度使牛僧孺的幕僚。历任监察御史和黄州、池州、睦州诸州刺史。后入为司勋员外郎,官至中书舍人。其诗或指陈时政或抒情,风格豪爽清俊;与李商隐齐名,时号"小李杜"。有《樊川诗集》。(2)香尘:据《拾遗记》载,石崇为了教练家中歌妓舞步,以沉香屑铺象牙床上,使她们践踏,无印迹者赐以珍珠。这里是说金谷园的繁华已经像香尘一样灰飞烟灭。(3)坠楼人:指绿珠。据《晋书·石崇传》记载,绿珠为石崇爱妾,孙秀想占有她,石崇怒而不给。孙秀便在赵王司马伦面前陷害石崇,石崇因此被捕。被捕时,"崇谓绿珠曰:'我今为尔得罪。'绿珠泣曰:'当效死于君前。'因自投于楼下而死"。

【提示】

金谷园是西晋官僚、富豪石崇的豪华宅第,故址在洛阳。石崇因权力斗争的波及,遭人陷害;被捕时,石崇的爱姬绿珠跳楼自殒。金谷园由晋至唐初曾盛极一时,但到杜牧所在的晚唐时已破败荒芜。唐宋期间,有关金谷园遗址的凭吊吟咏很多,它成了一种悲悼繁华消逝的专用题材。这首诗写诗人暮春时分来到金谷园,看到荒凉的景象,不禁触景生情,抒发吊古之思。

此诗览胜怀古,颇有李商隐《无题》的风范,其心自明,其情自生,但其真实用意却虚无缥缈,似是而非。他是在慨叹繁华逝去,就如同春之逝去一般,还是在用流水落花来哀悯美人之坠楼,甚至惋惜沧桑凄迷的国事?因为东都洛阳的繁华旧事,是很容易引起诗人关于形势的感怀的。

赵嘏《长安秋望》[1]

云物凄凉拂曙流[2],汉家宫阙动高秋[3]。残星几点雁横塞[4],长笛一声人倚楼。紫艳半开篱菊静[5],红衣落尽渚莲愁[6]。鲈鱼正美不归去[7],空戴南冠学楚囚[8]。

【注释】

(1)赵嘏(约806—约852),字承祐,楚州山阳(今江苏淮安)人。唐武宗会昌四年(844)进士,做过渭南尉。其诗善写情景,多兴味。有《渭南集》。(2)云物:云气,灰蒙蒙似有质感,故称物。拂曙:拂晓。(3)汉家宫阙:唐皇宫及周围的环境,唐人习惯以"汉"指"唐"。动高秋:言宫阙高耸,似乎撼动高高的秋空。(4)雁横塞:大雁横越关塞向南飞去。(5)紫艳:指篱下菊花的颜色。(6)红衣:这里指红莲的花瓣。渚(zhǔ):水中的小块陆地。(7)"鲈鱼"句:西晋张翰,吴郡人,官拜齐王冏大司马东曹掾。一次他因秋风起,想念起故乡鲈鱼的美味,便毅然辞官回家。此借用典故写思归之情。(8)"空戴"句:《左传·成公九年》载:晋襄公在军府中看到钟仪戴着楚国的帽子被缚着,就问:"那个戴南冠的是谁?"下面的官吏回答说:"那是郑国献来的楚囚。"南冠楚囚,表示不忘乡土。思乡却无法归乡,诗人自责为"空戴南冠"。

【提示】

此诗诗题又作《长安晚秋》,是一首以写景为主的羁旅诗。诗人是南方人,久居北方,难免思乡。在深秋的清晨,诗人凭高而望,长安宫观楼阁迷蒙而壮阔。见雁归而思乡,闻笛曲而神伤;凋谢的红莲引起好景无常之感,篱畔的紫菊又令其联想到"采菊东篱下"的陶渊明。于是,张翰的典故、钟仪的典故就顺手拈来。全诗营造了深重的孤独感和寂寞感,风格峻峭。尤其是"残星几点雁横塞,长笛一声人倚楼"一联,移情于物,以物理比附人情,有绝妙之意境。诗人杜牧对此联大加赞赏,并戏称他为"赵倚楼"。

帝都题材里有涉及士人求学求仕的各种情绪,这一类值得关注。

李商隐《乐游原》(1)

向晚意不适(2),驱车登古原(3)。夕阳无限好,只是近黄昏。

【注释】

(1)李商隐(约813—约858),字义山,号玉谿生,又号樊南生。原籍怀州河内(今河南沁阳),自祖辈移居郑州荥阳。开成二年(837)考中进士。入"牛党"骨干令狐楚幕,楚死,入"李党"泾原节度使王茂元幕,不久娶王女为妻。从此陷入"牛李党争"旋涡,潦倒终身。曾任县尉、秘书郎和东川节度使判官等职。其诗多歌咏时事,感叹身世,抒发失意的苦闷,寄托遥深,色彩瑰丽。有《玉谿生诗集》。(2)向晚:傍晚。意不适:情绪不好。(3)古原:指乐游原。

【提示】

乐游原在长安城南,地势甚高,四望宽敞。汉宣帝时曾在此建立乐游苑,此地在唐代是游览胜地。后两句面对夕阳的感叹,意蕴非常丰富,包含对人生时光一去不复返的遗憾,也可能隐含对当时王朝国事的忧虑,历来脍炙人口。

三、专题衍说

光荣与梦想

——说唐诗里与帝都相关的作品

《千字文》是南北朝时期编纂的儿童启蒙读物，由1000个汉字组成，四字句式，对仗工整。其中有一个小段落讲到京都："都邑华夏，东西二京。背邙面洛，浮渭据泾。宫殿盘郁，楼观飞惊。图写禽兽，画彩仙灵。"翻译成白话文，就是："中国古代帝王的都城，主要有东京洛阳和西京长安。东京洛阳城，背靠邙山，面对洛水；西京长安城，左边傍着渭河，右边依着泾水。帝王的宫殿，曲折盘旋，巍然壮观；宫中的楼宇亭台高耸入云，像要展翅飞去，令人惊叹。宫中壁上、栋梁上，到处雕刻着飞禽走兽和仙子神灵的彩色图画。"接着，又描写了宫殿的房屋与床帐，酒筵与乐队，文武百官与图书典籍，帝王的车辇与贵臣的肥马，等等，让初识文字的小儿对煌煌帝京充满艳羡与向往之情。

唐朝的都城长安，是现今西安的旧称，与开罗、雅典、罗马并称"世界四大古都"。另外，唐朝还有个陪都，即洛阳。陪都是在国都之外另设的辅助性都城，作为首都长安职能的补充。长安称西京，洛阳称东京，合称"两京"。

唐诗中有些作品写到长安与洛阳，独有一份对国运昌盛、文化发达的自豪感，虽然这种自豪感也常常伴随着诗人由各自的人生际遇而产生的不同感慨。如果要选一些诗歌作为帝都风华印迹的追想，究竟怎样的作品可为代表呢？

《全唐诗》开卷的第一首，是唐太宗李世民的《帝京篇》。"秦川雄帝宅，函谷壮皇居。绮殿千寻起，离宫百雉余。连甍遥接汉，飞观迥凌虚。云日隐层阙，风烟出绮疏。"诗中所呈现的秦川函谷的雄奇地貌、帝宅皇居的壮美景观与诗人文治武功的理想情怀汇聚成英雄主义的崇高感，可否作为帝京之诗的代言呢?

如果说皇家生活离普通人太过遥远,那么卢照邻的《长安古意》该是有着市井的烟火之气的。诗里既有"玉辇纵横过主第,金鞭络绎向侯家"这般街市的熙熙攘攘,也有"北堂夜夜人如月,南陌朝朝骑似云"这般娱乐场所的醉生梦死;既有"专权意气本豪雄,青虬紫燕坐春风"的权豪势要,也有"寂寂寥寥扬子居,年年岁岁一床书"的寂寞书生。不过,诗中给人印象最深的,莫过于"得成比目何辞死,愿作鸳鸯不羡仙"的句子。此句在后世文人的笔下不断地沿用、化用,成为生生不息的爱情誓言。

帝国盛世,令无数在朝廷供职的官员深感荣耀。早朝大明宫,原本是工作状态,贾至的笔下是"共沐恩波凤池里,朝朝染翰侍君王"(《早朝大明宫呈两省僚友》),岑参的笔下是"金阙晓钟开万户,玉阶仙仗拥千官"(《奉和中书舍人贾至早朝大明宫》),杜甫的笔下是"旌旗日暖龙蛇动,宫殿风微燕雀高"(《奉和贾至舍人早朝大明宫》),而王维的《和贾至舍人早朝大明宫之作》则以"九天阊阖开宫殿,万国衣冠拜冕旒"最为出彩。"阊阖"是传说中的天门,"冕旒"是皇帝戴的帽子。层层叠叠的宫殿大门如九重天门,迤逦打开,深邃伟丽;万国的使节拜倒丹墀,朝见天子,气氛庄严。尤其是在"万国衣冠"之后着一"拜"字,利用数量上众与寡、位置上卑与尊的对比,突出了大唐帝国的威仪。

对帝王君主的赞美,有时则以赞美君主身旁美人的方式委婉表达。李白的《清平调词三首》虽是应制的,却也不能说是谀辞。若非对牡丹美人的由衷欣赏,对君主心思的体贴会意,难以写出如此美妙动人的作品。人们喜欢"云想衣裳花想容,春风拂槛露华浓""一枝红艳露凝香,云雨巫山枉断肠"这样的句子,不是没有道理的。特别是第三首:"名花倾国两相欢,长得君王带笑看。解释春风无限恨,沉香亭北倚阑干。"将牡丹、贵妃、君王并列在沉香亭畔,满纸春风,满眼花光,难道不是盛世的颜色吗?

长安有慈恩寺,有大雁塔,有曲江,它们与年轻人的光荣与梦想也是联系在一起的。唐代考取进士难度很大，参加考试的常多达千人，但平均每榜录取不到26人。录取之后，皇帝在曲江赐宴，然后全体新科进士登大雁塔，在塔内题名留念。他们之中若有人日后做到了卿相，还要再来将姓名改为朱笔书写。白居易考中进士时，在录取的17人中年龄最小，因而写过"慈恩塔下题名处，十七人中最少年"的诗句。由此看来，孟郊的《登科后》也是很有帝都特色的诗篇："昔日龌龊不足夸，今朝放荡思无涯。春风得意马蹄疾，一日看尽长安花。"

说到梦想，还有另外一种。崔护写有一首《题都城南庄》，记写了发生在长安郊外的一段邂逅、一份惆怅："去年今日此门中，人面桃花相映红。人面不知何处去，桃花依旧笑春风。"这首小诗，后来有许多人把它编成了故事，演成了戏剧，展现了各种纠葛纠缠，各种死而复生。其实，唐人哪有这般用力啊，去年的人面在桃花中隐去，明年的风华流美在下一个春风里等待呢。

帝都里并非没有烦恼。帝都里的烦恼可以摧肝捣心，但毕竟是令人念念不忘的地方。请看李白的《长相思》："长相思，在长安。络纬秋啼金井阑，微霜凄凄簟色寒。孤灯不明思欲绝，卷帷望月空长叹。美人如花隔云端。上有青冥之高天，下有渌水之波澜。天长路远魂飞苦，梦魂不到关山难。长相思，摧心肝。"

"崔护谒浆"与"云英未嫁"
——说唐诗里的两个小故事是如何被后人演绎的

唐人有不少小诗，玲珑剔透，蕴藉隽永，似有无限伸展的余地，却又忽然中止，令人好不过瘾。于是读诗的人竭尽想象，去发掘诗作后面层层叠叠的因缘故事，甚至不惜虚构、续作，来满足被小诗撩拨起来的"再创造"的欲望。崔护的诗、罗隐的诗，都有过这样的遭遇。

崔护，字殷功，博陵人。博陵也就是现在的河北定州。他的生卒年并不清楚,只知道他在唐德宗贞元十二年(796)的时候考中进士,曾官京兆尹、御史大夫、岭南节度使。他留下来的诗非常少,《全唐诗》里只记录了6首。但他却有一首非常了不得的作品,叫《题都城南庄》:"去年今日此门中,人面桃花相映红。人面不知何处去,桃花依旧笑春风。"诗虽短,却时空流转,人事沉浮,盈虚消长莫可把握,落寞中颇富哲理意味。又因为色彩明丽,斑斓可绘,情感动人,以至令人过目之后难以释怀。于是,就有人相继编排作者本人的艳遇故事,试图将这首诗坐实,并以各种方式加以渲染,从而衍生出大量"人面桃花"的小说戏剧,形成了一种专门的题材。

最早铺写这个故事的是晚唐孟棨的《本事诗》。"本事"是"本来之事"的意思,所谓"本事诗",意谓揭示诗作的背景、由来,以及相关的事件。这部书里的几十个典故,对于理解相应诗歌的情感内涵是有帮助的,所说的故事也好听、好玩,比如"章台柳"的故事、"红叶题诗"的故事、"破镜重圆"的故事等等,但书里的材料基本来源于传闻,也不排除杜撰,所以当不得真。

《本事诗》里写了一个"崔护谒浆"的浪漫故事。说的是某年崔护考进士没有考上,心情不好,清明那天独自去了长安城南的一个村庄。由于酒喝多了,口渴,向一户住宅叩门求水("谒浆"就是讨口水喝的意思)。一位长得很好看的女孩端了杯水给他,并站在小桃树前"仿佛有情"地与他对视,但没有回答他的言语试探。第二年的清明,崔护再一次来到此处,粉墙如故,桃花依旧,然而门户闭锁,未见人面。崔护"怅然若失",于门扉上题写了一首诗,就是"桃花依旧笑春风"那首。又过了几天,他偶尔经过南庄,忍不住再一次寻访,却听到屋中传来哭声。崔护忙叩门问询,一位老翁得知他就是崔护,哭着说:"你杀了我的女儿呀!"原来,自去年见过崔护,老翁的女儿常神思郁郁;前日与父亲外出,归家时见门上有诗,读后伤心欲绝,几日不食而亡。崔护听了大为伤感,进门将女孩尸首抱持怀中,呼唤道:"我在这儿,我在这儿!"须臾,女孩睁开眼睛活了过来。于是,女孩嫁给了崔护。

这样的描写显然是小说家言。如果说此诗真有"本源之事",也很有可能是春天里的邂逅令诗人心动，再度路过时见桃花在春风中摇曳，桃花般的美人不见踪影，心中生出某种莫名的惆怅而已。死而复生的"本事"毕竟太过可疑。所以南宋计有功编《唐诗纪事》，说到崔护《题都城南庄》诗的来由，就删掉了"死而复生"这部分。

不过人们还是执着地把小诗演绎成大故事。宋金时期有崔护故事的诸宫调，元以后又有大量的戏曲和小说。杂剧里有白仁甫的《崔护谒浆》、孟称舜的《桃源三访》、曹锡黼的《桃花吟》、朱景英的《桃花缘》，传奇里有金怀玉的《桃花记》、王澹的《双合记》、无名氏的《登楼记》《题门记》《崔护记》等等。这些作品里"谒浆""邂逅""题门""复生"的主干情节是相似的，虽然与崔护相恋的女子，有时候叫谢菊英、谢娇英、谢婷婷，有时候叫叶蓁儿、庄慕琼、卢氏女。女孩的身份有时候是庄户家的闺女，有时候是尚书家的千金；崔护的形象有时候是不乏轻佻的书生，有时候是率师破敌的将军。加之指腹为婚、抢婚逼婚、朝廷政治、党派之争，串联在不同的作品里，就带来了不同的思想重心与情感倾向。总之，由一首小诗引发的公案，可谓精彩纷呈。

再举一个由小诗牵连出来的热闹话题，是关于晚唐罗隐的。

罗隐原名罗横，字昭谏，新城（今杭州富阳）人。从小就才名出众，与同宗的罗虬、罗邺并称"江东三罗"。但他平生际遇坎坷，屡次科场失意，于是改名为罗隐。他的诗写得真好，尤其是一些精警通俗的诗句，传于人口成为名言，比如"时来天地皆同力，运去英雄不自由"（《筹笔驿》）、"国计已推肝胆许，家财不为子孙谋"（《夏州胡常侍》）、"今朝有酒今朝醉，明日愁来明日愁"（《自遣》）、"若教解语应倾国，任是无情亦动人"（《牡丹花》）、"采得百花成蜜后，为谁辛苦为谁甜"（《蜂》）等。他写过一首小诗《偶题》，虽然不像"崔护谒浆"那样被人编排成各色各样的场景故事，在舞台上搬演不衰，但也同样引起了各种猜测、各种推断、各种评议，以至于小诗中"重见云英""云英未嫁"的表述，成了成语典故。

五代何光远的《鉴诫录》、南宋计有功的《唐诗纪事》、元代辛文房的《唐才子传》,都津津乐道地渲染了一个故事,说的是罗隐年轻的时候初次进京赶考,路过钟陵(江西进贤),与当地一位色艺双全的歌妓云英甚为相得。12年后,罗隐再度落第,又一次路过钟陵,与云英不期而遇。罗隐见云英仍隶名乐籍,未脱风尘,一时不胜唏嘘。未料云英一见罗隐,亦是拊掌惊诧:"罗秀才犹未脱白矣!"(罗秀才怎么竟然还是布衣?)于是罗隐感慨万端,赋诗赠其曰:"钟陵醉别十余春,重见云英掌上身。我未成名君未嫁,可能俱是不如人。"

这个故事,比崔护故事中"死而复生"之类的情节,要可信一些,因为小诗里有时间、地点、人物、感慨,显然诗人是被某种"重遇"触动了身世的悲哀。但是,重遇的对象是谁?又是什么身份?重遇的场景中有什么情况?诗人自己并未作注解,而且诗的重心在"可能俱是不如人"的灰心上——不为官家所用、不为世俗所容的沧桑之感,所以一味地揣测故事,似乎是大可不必的。

至于有人将此诗说成罗隐被云英羞辱后,反唇相讥,以诗嘲讽对方,似乎并不合情理。该诗又称《嘲钟陵妓云英》《答云英见诮》,或许为后人所改的标题。从情绪来看,这首诗更接近白居易《琵琶行》的"同是天涯沦落人,相逢何必曾相识",而并不是讽刺云英,也不是自我贬低,要指责的,倒是那个分不清珍珠与鱼目的选人、用人机制吧。

专题三

中秋诗词

一、专题要点

本课程在相应的学习时间段落里,穿插了关于岁时节令等内容。本专题主要了解中秋节的来历,与中秋诗词相关的传说和典故,以及诗词里所体现的情感内容。本专题选读诗词作品 14 首。

(一)中秋节的来历

在中国的农历里,一年分为四季,每季又分为孟、仲、季三个阶段,农历八月在秋季中间,为秋季的第二个月,故称为"仲秋"。八月十五又处在"仲秋"的中间。

关于中秋节的起源,有人认为应追溯到古代帝王春天祭日、秋天祭月的礼制,月神崇拜是这个节日形成的古老源头。作为节日,它始于唐,盛于宋,积淀下来许多习俗,如赏月拜月,吃月饼,以及玩花灯,玩"兔儿爷",月下踏歌、观潮、吟诗作赋等。不同的地域还有不同的活动内容。

全国的绝大多数地方是在农历的八月十五过中秋,但在浙江的宁波、台州、舟山、温州等沿海一带有八月十六过中秋的做法。有说是与南宋丞相(越王)史浩有关,也有说是与史浩儿子、南宋宰相史弥远有关,还有说是与元末明初农民起义军首领方国珍有关,等等。

(二)与中秋诗词相关的传说和典故

1. 嫦娥奔月。传说嫦娥因服用后羿自西王母处所求得的不死药而奔月成仙,居住在月亮上的广寒宫中。与这个传说相关的还有"吴刚斫桂""玉兔捣药"等。李商隐《嫦娥》:"嫦娥应悔偷灵药,碧海青天夜夜心。"

2. 无盐拜月。无盐为古代齐国丑女钟离春(钟无艳),她因劝谏齐宣王"罢女乐,退谄谀",入了宣王的宫中,并以中秋拜月的美好形象,感动了齐宣王。李白《于阗采花》:"丹青能令丑者妍,无盐翻在深宫里。"

3. 玄宗步月。《唐逸史》等书载:开元年间,中秋之夜,方士罗公远邀玄宗游月宫,掷手杖于空中,即化为银色大桥。过大桥,行数十里,达一大城阙,横匾上有"广寒清虚之府"几字。罗公远说:"此乃月宫也。"见仙女数百,素衣飘然,舞于广庭中。玄宗默记舞曲,回后,命伶官依其声调整理出《霓裳羽衣曲》。陆文圭《王祈伊中秋不见月》:"此际霓裳歌一曲,君王正在月宫游。"

4. 桂子坠月。传说灵隐寺和天竺寺每到秋高气爽时节常有似豆的颗粒从天而降落,称为桂子。宋之问《灵隐寺》:"桂子月中落,天香云外飘。"

5. 南楼赏月。据《世说新语·容止》载,晋人庾亮任江荆豫州刺史治理武昌时,曾赴部属殷浩、王胡之等的南楼赏月之会,与诸人咏谑,甚为快乐。人物的风流儒雅与平易坦率令人雅爱,后以此来比喻高雅的欢娱宴集,或指赏月之事。与此相关的熟语、成语还有"庾楼""玩月楼""元规啸咏""胡床待月"等。李白《陪宋中丞武昌夜饮怀古》:"清景南楼夜,风流在武昌。庾公爱秋月,乘兴坐胡床。"

6. 牛渚玩月。牛渚(今采石矶),汉时属丹阳郡秣陵(今南京)。东晋于南京(建业)建都,镇守牛渚的谢尚月夜泛舟牛渚江上,听到有人在运租船上咏诗,大为赞赏,于是邀请过船,此人即是袁宏。他们一见如故,吟诗畅叙直达天明。当时谢尚为镇西将军,而袁宏只是个靠运租为业的穷书生。袁宏因受到谢尚的赞誉,从此名声大振。这一月下相遇的故事令无数学子艳羡不已。吴融《松江晚泊》:"吟尽长江一江月,更无人似谢将军。"

(三)课堂话题

以中秋节和月亮为主题的诗词作品,其情感类型无外乎有二。

1. 对月怀人。包括对家国的怀想,对亲友的思念。值得注意的是,由于这类主题特有的缠绵,以及月亮本身的清幽,诗词作品常常带有感伤的味道。因此,中秋虽然是一个美好的节日,诗词作品里的色调却往往并不明媚。其中有强调月光的明亮清幽的,如戎昱《中秋夜登楼望月寄人》"万里此情同皎洁,一年今日最分明";有强调一轮孤月同照异地的,如白居易《八月十五日夜禁中独直,对月忆元九》"三五夜中新月色,二千里外故人心";有强调月亮阴晴圆缺、变化无常的,如苏轼[水调歌头]"人有悲欢离合,月有阴晴圆缺,此事古难全";有强调月亮亘古不变而人生短暂渺小的,如白玉蟾《山歌》"中秋夜月白如银,照见东西南北人。古往今来人自老,月生月落几番新"。

2.托物言志。"托物言志"表达了中国古代文人对美好高尚情操的追求。中秋之月本身是非常纯洁和美好的自然物,诗人将其与现实进行对照,看似描述景物,实则借物抒情,正身明节。如张孝祥[念奴娇]《过洞庭》借洞庭夜月之景,抒发自己的高洁忠贞和豪迈气概,同时隐隐透露出被贬谪的悲凉;曹松《中秋对月》以"直到天头天尽处,不曾私照一人家"写月光的无私,也写情怀的光明;苏轼《中秋月》则以探讨时间、历史与生命的态度,写深沉的忧患感和命运感,以及身不由己中的自我坚持。

二、专题诗选

李峤《中秋月》[(1)]

圆魄上寒空[(2)],皆言四海同。安知千里外[(3)],不有雨兼风[(4)]?

【注释】

(1)李峤(约644—约713),字巨山,赵州赞皇(今河北赞皇)人。少有才名。20岁时,擢进士第,举制策甲科,累官监察御史。后因平定邕、严二州僚族起义有功,迁给事中。武后、中宗朝,屡居相位,封赵国公。睿宗时,左迁怀州刺史。玄宗即位,贬滁州别驾,改庐州别驾。其诗多吟风弄月。与苏味道、崔融、杜审言并称"文章四友"。后人辑有《李峤集》。(2)圆魄:指满月。魄,月光。(3)安知:哪里知道。(4)不有:没有。

【提示】

诗题又作《中秋夜》,原题上共两首,此为其二。四海同明月,是人们对于中秋月的美好愿望,然而事实上,并不能排除千里之外有风有雨的可能性。"安知千里外,不有雨兼风?"这看似煞风景的表达,却很有哲理性。清人黄生《唐诗摘抄》言,"喻朝廷之上,不能毕照幽隐,则民之不得其所者多矣。此诗自见宰相胸次",亦是一种视角。

张九龄《望月怀远》(1)

海上生明月,天涯共此时(2)。情人怨遥夜(3),竟夕起相思(4)。灭烛怜光满(5),披衣觉露滋(6)。不堪盈手赠(7),还寝梦佳期(8)。

【注释】

(1)张九龄(678—740),字子寿,韶州曲江(今广东韶关)人。唐中宗景龙初年(707)进士。玄宗时官至同中书门下平章事、中书令,为开元贤相之一。后因被李林甫排挤,贬为荆州长史。其诗多托物喻意,抒写现实处境与内心志向。有《张曲江集》。(2)"天涯"句:是说此时与远在天涯的亲友共望一轮明月。(3)情人:有情之人。遥夜:长夜。(4)竟夕:整夜。(5)"灭烛"句:熄灭烛火顿见月光盈室,更觉其可爱。怜,爱怜。(6)滋:沾润。(7)不堪:不能。盈手:满手。指捧起月光。赠:指赠远人。(8)还寝:重新睡下。佳期:相会之时。

【提示】

这首月夜怀人诗在字面上并未提及中秋,但人们却往往把它当成中秋佳作。"海上生明月,天涯共此时"二句堪称经典。

对月怀人的诗歌意境,古已有之。汉代古诗《明月何皎皎》云:"明月何皎皎,照我罗床帏。忧愁不能寐,揽衣起徘徊。客行虽云乐,不如早旋归。

出户独彷徨,愁思当告谁?引领还入房,泪下沾裳衣。"写宿寐难安,揽衣徘徊,思念远人,情景与张九龄此诗相似。西晋陆机《拟明月何皎皎》云:"安寝北堂上,明月入我牖。照之有余晖,揽之不盈手。凉风绕曲房,寒蝉鸣高柳。踯躅感节物,我行永已久。游宦会无成,离思难常守。"诗中"照之有余晖,揽之不盈手"亦是张九龄此诗"灭烛怜光满""不堪盈手赠"的前声。

李白《把酒问月》[1]

青天有月来几时?我今停杯一问之。人攀明月不可得,月行却与人相随。皎如飞镜临丹阙[2],绿烟灭尽清辉发[3]。但见宵从海上来[4],宁知晓向云间没[5]?白兔捣药秋复春[6],嫦娥孤栖与谁邻[7]?今人不见古时月,今月曾经照古人。古人今人若流水,共看明月皆如此。唯愿当歌对酒时[8],月光长照金樽里[9]。

【注释】

(1)李白:见专题二"帝都之诗"专题诗选《长相思》注释(1)。(2)皎:形容月光皎洁。飞镜:飘飞在天空的镜子。丹阙:朱红色的宫殿。(3)绿烟:指遮蔽月光的浓重云雾。(4)但见:只看到。宵:夜晚。(5)宁知:怎知。没(mò):隐没。(6)白兔捣药:古代神话传说月中有玉兔捣药。傅玄《拟天问》:"月中何有?白兔捣药。"(7)嫦娥:传说中后羿的妻子,她偷吃了后羿的仙药,成为仙人,奔入月中。《淮南子·览冥训》:"羿请不死之药于西王母,姮娥窃以奔月。"汉代因避汉文帝刘恒之讳,改姮娥为嫦娥。(8)当歌对酒时:在唱歌饮酒的时候。曹操《短歌行》:"对酒当歌,人生几何?"(9)金樽:精美的酒具。

【提示】

诗题下原注"故人贾淳令予问之",表明诗是应友人之请而作。向天问月,前有屈原《天问》的"夜光何德,死则又育?厥利维何,而顾菟在腹",以及张若虚《春江花月夜》的"江畔何人初见月?江月何年初照人",后有苏轼[水调歌头]的"明月几时有?把酒问青天",这些作品里都有着对明月踪迹难测的惊异,以及对人生有限而宇宙无穷的慨叹。只是李白这首诗更带有醉态,也更显得迷惘,更具飘逸的风采和浪漫的情调。他想攀月而不可得,月却又与他相随不舍。他发问:月亮晚上从海上升起,早晨却在云间消失,它去了哪儿呢?月中白兔从秋到春一直捣药,是为了什么呢?嫦娥仙子孤寂独栖,有谁跟她相邻呢?古人今人像流水一样逝去,而他们共看的明月却永远如此,这又是什么原因呢?属于人的是刹那,属于月的是永恒,但诗人并未因此堕入虚无,而是期待将自己短暂的生命欢乐与永恒的月色共同融化在可解忧的酒杯里。如此,刹那的快乐也就进入永恒了。

李白《夜泊牛渚怀古》(1)

牛渚西江夜(2),青天无片云。登舟望秋月,空忆谢将军(3)。余亦能高咏,斯人不可闻(4)。明朝挂帆席(5),枫叶落纷纷。

【注释】

(1)李白:见专题二"帝都之诗"专题诗选《长相思》注释(1)。(2)牛渚(zhǔ):山名,在今安徽马鞍山,今称采石矶。西江:古称约自南京至今江西一段长江为西江,牛渚在西江这一段中。(3)空忆:徒然想念。谢将军:东晋谢尚,官镇西将军。谢尚镇守牛渚时,秋夜泛舟赏月,遇袁宏诵诗,听后大加赞赏,邀其登舟长谈至天明,袁宏自此名声大振。(4)"余亦"二句:意谓我也能如袁宏那样高诵自己的诗篇,可惜此人(谢尚)已无法听到了。斯人:此人,指谢尚。(5)挂帆席:扬帆驶船。古代帆或以席为之,故名帆席。

【提示】

此诗题下原有注说:"此地即谢尚闻袁宏咏史处。"据《晋书·文苑传》记载:袁宏少时孤贫,以运租为业。镇西将军谢尚镇守牛渚,秋夜乘月泛江,听到袁宏在运租船上讽咏所作的咏史诗,非常赞赏,于是邀他过船谈论,直到天明。袁宏得到谢尚的赞誉,从此声名大著。题中所谓"怀古",就是指这件事。诗人夜泊牛渚,伤今怀古,以此来表达自己时运不济、不遇知己的身世感慨。诗人另有《劳劳亭歌》,有句云:"昔闻牛渚吟五章,今来何谢袁家郎。"与本诗旨意相同。本诗当作于诗人青年时期名声未振之时。

全诗意境明朗,萧散自然。尾联想象明日小舟离开牛渚而去,枫叶纷纷飘落,余音袅袅,含不尽之意于言外。王士禛《带经堂诗话》称此诗"色相俱空。正如羚羊挂角,无迹可求,画家所谓逸品是也"。

杜甫《月夜忆舍弟》(1)

戍鼓断人行(2),边秋一雁声(3)。露从今夜白(4),月是故乡明。有弟皆分散,无家问死生(5)。寄书长不达(6),况乃未休兵(7)。

【注释】

(1)杜甫:见专题二"帝都之诗"专题诗选《丽人行》注释(1)。(2)戍(shù)鼓:戍楼上用以报时或告警的鼓。断人行:指鼓声响起后,就开始宵禁。(3)边秋:秋天的边地。当时杜甫所在的秦州处于抵御吐蕃入侵的前线,故曰"边"。一雁:孤雁。古人以雁行喻兄弟,一雁,可喻兄弟分散。(4)露从今夜白:指在节气"白露"的夜晚。(5)无家:因为各自分散,消息不明,故有无家之感。杜甫在洛阳附近的老宅也已毁于安史之乱。(6)长:一直,老是。不达:收不到。(7)况乃:何况是。未休兵:此时叛将史思明正与唐将李光弼激战。

【提示】

"舍弟",古时用以对人谦称自己的弟弟。杜甫有四个弟弟:杜颖、杜观、杜丰、杜占。这首诗写于乾元二年(759)秋,安史之乱已经爆发,杜甫当时在秦州(甘肃天水一带),几个弟弟流离分散在河南、山东。杜甫在洛阳附近的老宅也毁于战乱。全诗通过明月白露的烘托，戍楼鼓声和孤雁哀鸣声的映衬，写出了战争的氛围和作者对离散兄弟的思念之情。

诗歌点明的时令是二十四节气中的"白露"，白露一般早于中秋。"月是故乡明"融入了主观感情：普天之下共享一轮明月，本无差别，偏说故乡的月亮最明，是出于对家乡与亲人的牵念。"有弟皆分散，无家问死生"更是伤心折肠之语。兄弟天各一方，生死难卜，既是老杜家的现状，也是安史之乱中人民饱经丧乱的普遍遭遇。可联系诗人"烽火连三月，家书抵万金"（《春望》）、"自经丧乱少睡眠，长夜沾湿何由彻"（《茅屋为秋风所破歌》）等作品来学习。

王建《十五夜望月》⁽¹⁾

中庭地白树栖鸦⁽²⁾，冷露无声湿桂花⁽³⁾。今夜月明人尽望⁽⁴⁾，不知秋思落谁家⁽⁵⁾？

【注释】

（1）王建（约767—约830），字仲初，颍川（今河南许昌）人。代宗大历十年（775）进士，授渭南尉，调昭应县丞，长期沉沦下僚，文宗时官终陕州司马，世称"王司马"。诗工乐府，关心民生，与张籍齐名，人称"张王乐府"。有《王司马集》。(2)地白：指月光满地。(3)冷露：指秋夜天凉出现的霜或露水。(4)尽：都。(5)秋思：秋天的情思，这里指怀人的思绪。

【提示】

诗题中的"十五夜"指农历八月十五的晚上，即中秋夜。前两句写景，咏月色却不带一个"月"字，而用"中庭地白"写出了月光的皎洁，用栖鸦不惊、露湿桂花写出中秋之夜的特征，意境幽美沉静而略带寂寥冷清。到第三句才明点"望月"，很自然地引出了诗人的思念之情。中秋之夜，赏月寄情的人太多了，谁的秋思最浓呢？诗人不直接表明自己的感秋之意、怀人之情，偏偏推出一个委婉的疑问,而他的潜台词也是显而易见的。

白居易《八月十五日夜湓亭望月》[1]

昔年八月十五夜,曲江池畔杏园边[2]。今年八月十五夜,湓浦沙头水馆前[3]。西北望乡何处是,东南见月几回圆。临风一叹无人会[4],今夜清光似往年。

【注释】

(1)白居易(772—846),字乐天,晚号香山居士。祖籍太原,后迁下邽(今陕西渭南),生于郑州新郑。贞元十六年(800)进士及第,两年后再应吏部试,授秘书省校书郎。元和元年(806)又应"才识兼茂明于体用科",登第,补盩厔(今陕西周至)县尉。不久入为翰林学士,入左拾遗、左赞善大夫。元和十年(815)因上书言事,被贬为江州司马。后历任忠州、杭州、苏州刺史。因晚年官太子少傅,故世称"白傅""白太傅"。曾致力于倡导新乐府,讽喻诗、闲适诗等均有成就。与元稹友善,并号"元白";与刘禹锡齐名,并称"刘白"。有《白氏长庆集》。(2)曲江:在长安城南,是著名的游赏胜地。杏园:在长安朱雀门街东,与曲江毗邻。《两京城坊考》:"杏园为新进士宴游之所。"杏园为唐时朝廷举办庆宴的场所。(3)湓(pén)浦:湓水,其与长江交汇处称湓口,在浔阳,即白居易被贬处。沙头:江边沙滩。水馆:水边的建筑。(4)会:理解,领会。

【提示】

湓水(湓江)又叫湓浦,是今江西省龙开河的古称。"湓亭"是湓水边的小亭。本诗作于元和十三年(818),时白居易已因直言进谏触怒权贵,被贬为江州司马,居住在浔阳。关于这个地方,白居易在《琵琶行》中有过描写:"浔阳地僻无音乐,终岁不闻丝竹声。住近湓江地低湿,黄芦苦竹绕宅生。"本诗借着中秋望月,表露了谪居生涯的愁闷,慨叹自己无法主宰命运的无奈和感伤。

前四句是对比。同样是八月十五之夜,过去他在长安的风景胜地曲江杏园边赏月,仕女如云,盛会欢宴,觥筹交错;而今日则在荒僻的江州湓浦水边形影相吊,黯然神伤。今昔的反差越大,凄苦的体验越深。后四句抒发思乡之情。故乡回不去,身边没有朋友,只能苦笑着对自己说:好在今年的月亮和以往一样明亮。然而,月是旧月,人已不是昔年之人,这样的"望月"能不忧伤吗?

曹松《中秋对月》[1]

无云世界秋三五[2],共看蟾盘上海涯[3]。直到天头天尽处[4],不曾私照一人家。

【注释】

(1)曹松(约828—约903),字梦徵,舒川(今安徽安庆)人。前半生流落江湖,奔走于浙江、江苏、两湖及两广等地。唐昭宗天复元年(901)才与王希羽等五人同时及第,年皆七十余岁,号称"五老榜"。朝廷特敕授秘书省正字,不久病卒。其诗多游历之作,风格近似贾岛。《全唐诗》存其诗二卷。(2)秋三五:农历八月十五。(3)蟾(chán)盘:指月圆如盘,中有蟾蜍(蛤蟆)。因传说月中有蟾蜍,故以蟾为月的代称。上海涯:从海际升起。(4)天头天尽:古人认为天圆地方,圆再大也有边缘,所以古人觉得天和地都是有尽头的。

【提示】

中秋佳节能遇到天清气爽,明月皎皎,是一桩赏心乐事。正如司空图《中秋》诗曰:"闲吟秋景外,万事觉悠悠。此夜若无月,一年虚过秋。"本诗应是诗人在赏月时的即兴之作。诗是咏月、赞月,但后两句却由月发出感想。说月对所有人家一视同仁,并无偏私,言外之意就是人间的"私"太多,不公平的事太多了。曹松曾有诗云"富者非义取,朴风争肯还"(《贻世》)、"世路不妨平处少,才人唯是屈声多"(《赠镜湖处士方干》),可参照一读。

苏轼 [水调歌头]⁽¹⁾

明月几时有?把酒问青天⁽²⁾。不知天上宫阙⁽³⁾,今夕是何年。我欲乘风归去⁽⁴⁾,又恐琼楼玉宇⁽⁵⁾,高处不胜寒⁽⁶⁾。起舞弄清影⁽⁷⁾,何似在人间⁽⁸⁾。　转朱阁,低绮户,照无眠⁽⁹⁾。不应有恨,何事长向别时圆⁽¹⁰⁾?人有悲欢离合,月有阴晴圆缺,此事古难全。但愿人长久,千里共婵娟⁽¹¹⁾。

【注释】

(1)苏轼(1037—1101),字子瞻,号东坡居士,眉州眉山(今四川眉山)人。宋仁宗嘉祐二年(1057)进士,授大理评事,签书凤翔判官。熙宁二年(1069)父丧守制期满还朝,为判官告院。与王安石政见不合,反对推行新法,自请外任,出为杭州通判。迁知密州(今山东诸城),移知徐州。元丰二年(1079),罹"乌台诗案",责授黄州(今湖北黄冈)团练副使,不得签书公文。哲宗立,高太后临朝,复为朝奉郎,知登州(今山东蓬莱)。后迁为礼部郎中,任未旬日,除起居舍人,迁中书舍人,又迁翰林学士知制诰,知礼部贡举。元祐四年(1089),出知杭州,后改知颍州、扬州、定州。元祐八年(1093),宋哲宗亲政,被远贬惠州(今广东惠州),再贬儋州(今海南儋州)。徽宗即位,遇赦北归,途中染病,于建中靖国元年(1101)卒于常州。其诗与黄庭坚并称"苏黄",其词与辛弃疾并称"苏辛",其散文与欧阳修并称"欧苏",与其父苏洵、弟苏辙同在"唐宋八大家"之列。有《东坡集》。(2)把酒:端起酒杯。把,执、持。(3)宫阙:宫殿。阙,皇宫门前两边的望楼。(4)归去:回去,这里指回到月宫里去。(5)琼(qióng)楼玉宇:指月中宫殿。(6)不胜(shēng):经受不住。(7)"起舞"句:月下起舞,清影随人。(8)何似:何如,哪里比得上。(9)"转朱阁"三句:是说月光从朱红色的华美楼阁的一面转到另一面,低低地挂在雕花窗户上,照着不能安眠的人。朱阁,朱红的华丽楼阁。绮(qǐ)户,雕饰华丽的门窗。(10)"不应"二句:月亮不该有什么恨事吧,却为什么总在人们离别时圆呢?何事,为什么。(11)千里共婵娟(chán juān):只希望亲人年年平安,虽然相隔千里,也能一起欣赏这美好的月光。共:一起。婵娟:形态美好,此指月亮。

【提示】

这首词是作者于宋神宗熙宁九年(1076)中秋在密州时所作。词前的小序交代了写词的过程:"丙辰中秋,欢饮达旦,大醉,作此篇,兼怀子由。"苏轼因为与当权的变法者王安石等人政见不同,自求外放,辗转在各地为官。他曾经要求调任到离弟弟苏辙较近的地方,以求兄弟多多聚会,但这一愿望一直无法实现。写这首词时,苏轼与弟弟已七年未得团聚。词人面对一轮中秋明月,心潮起伏,于是乘酒兴正酣,挥笔写下了这首名篇。上片望月:既向往天上又留恋人间;下片怀人:既感念人世的离合无常,又渗进浓厚的哲学意味。意境豪放而阔大,情怀乐观而旷达。

学习此词,可留意几处。一是"我欲乘风归去,又恐琼楼玉宇,高处不胜寒"。字面看,苏轼似乎设想自己的前生是月中人,因而起"乘风归去"之念,但又怕那里高寒难耐,不可久居。这种既留恋人间又向往天上的矛盾心理,有人理解为表现的是其道家理念与儒家思想的冲突,最后又是功业理想占上风,有一定道理。二是"人有悲欢离合,月有阴晴圆缺,此事古难全"。情感上有无奈,但也强调了对人事的达观,同时寄托对未来的希望,很有哲理性。

苏轼《中秋月》(1)

暮云收尽溢清寒(2),银汉无声转玉盘(3)。此生此夜不长好(4),明月明年何处看。

【注释】

（1）苏轼：见专题三"中秋诗词"专题诗选[水调歌头]注释（1）。(2)溢：漫出。清寒：清澈而寒冷的月光。(3)银汉：银河。玉盘：指月亮。(4)长好：一直都很美好。

【提示】

这首诗写于熙宁十年（1077），当时苏轼在徐州任刺史，与其弟苏辙久别重逢，共度中秋之夜，不久后苏辙离去。诗里既有家人团聚的欢乐，又含着惜别的情思，还隐寓着人生浮沉、世事多变、后事莫测的忧伤与叹息。"此生此夜不长好，明月明年何处看"，一生中的中秋之夜并不总是这样美好，谁知道明年的这个时候彼此会在哪儿看月亮呢？

晁补之[洞仙歌]《泗州中秋作》(1)

青烟幂处(2)，碧海飞金镜(3)。永夜闲阶卧桂影(4)。露凉时，零乱多少寒螀(5)，神京远(6)，惟有蓝桥路近(7)。　水晶帘不下，云母屏开(8)，冷浸佳人淡脂粉(9)。待都将许多明，付与金尊，投晓共流霞倾尽(10)。更携取胡床上南楼(11)，看玉做人间，素秋千顷(12)。

【注释】

（1）晁补之（1053—1110），字无咎，号归来子，济州巨野（今山东菏泽）人。"苏门四学士"之一。元丰二年（1079）进士，调国子监教授，后为太学正、秘书省正字、校书郎、扬州通判。绍圣初，因修《神宗实录》被控失实，降为亳州通判。徽宗立，召回拜礼部郎中，出知河中府。大观四年（1110），知泗州，卒于任上。其词格调豪爽，有《鸡肋集》《晁氏琴趣外编》。(2)幂（mì）：烟雾弥漫貌。(3)碧海：比喻蓝天。金镜：比喻明月。(4)永夜：长夜。闲：空。(5)寒螀（jiāng）：寒蝉，体小，秋出而鸣。(6)神京：指北宋京城汴梁。(7)蓝桥：在今陕西蓝田东南，唐裴航遇云英之处。据唐人《传奇·裴航》记载：书生裴航遇仙人樊夫人，夫人赠以诗云："一饮琼浆百感生，玄霜捣尽见云英。蓝桥便是神仙窟，何必崎岖上玉清。"后裴航经过蓝桥驿，口渴求浆，得遇仙人云英，与之结为夫妇，一同仙去。此词以蓝桥神仙窟代指嫦娥月宫。(8)云母：云母为花岗岩主要成分，可作屏风，艳丽光泽。此句化用李商隐《嫦娥》"云母屏风烛影深"句意。(9)"冷浸"句：清冷的月光照着淡施脂粉的佳人。(10)投晓：到晓。流霞：流动的云霞，此指美酒。(11)胡床：古代一种可折叠的轻便坐具。此处用东晋庾亮南楼踞胡床赏月典故。(12)"看玉"二句：写月光下大地一片明净洁白的景象。

【提示】

此词作于宋徽宗大观四年(1110)中秋，作者时任泗州知州。有人认为这是晁补之的绝笔之作。全词写足了词人对美好月色的珍惜眷恋。"待都将许多明，付与金尊，投晓共流霞倾尽。更携取胡床上南楼，看玉做人间，素秋千顷。"词人举酒邀月，将明月银辉、流彩朝露统统倾入酒杯中，自夜至晓伴月畅饮；还像东晋庾亮那样，将胡床带上南楼，放眼看中秋明月下的一片明净洁白，大地如同白玉做成的一般。

同时，词中对仕途坎坷也微露怅恨，"神京远，惟有蓝桥路近"隐含政治失意的滋味。作者为"苏门四学士"之一，曾三次任京官，后面两次都是因牵连党争而去职，被贬外郡；作此词前不久，词人虽得脱出党籍，起任泗州知州，但朝中已无知音。"神京远"的"远"，主要是从政治的角度说的。但此词总体上写得疏放达观，境界阔大。

张孝祥［念奴娇］《过洞庭》(1)

洞庭青草(2)，近中秋、更无一点风色(3)。玉鉴琼田三万顷(4)，著我扁舟一叶(5)。素月分辉，明河共影(6)，表里俱澄澈(7)。悠然心会(8)，妙处难与君说。　　应念岭表经年(9)，孤光自照(10)，肝胆皆冰雪(11)。短发萧疏襟袖冷(12)，稳泛沧浪空阔(13)。尽把西江(14)，细斟北斗(15)，万象为宾客⁽¹⁶⁾。扣舷独啸⁽¹⁷⁾,不知今夕何夕⁽¹⁸⁾。

【注释】

（1）张孝祥（1132—1170），字安国，号于湖居士，历阳乌江（今安徽和县）人，生于明州鄞县（今浙江宁波）。绍兴二十四年（1154）举进士第一。孝宗朝，历任中书舍人、直学士院。曾因上疏言岳飞之冤而下狱。在建康留守任内，因力主张浚北伐而被罢职。诗文均有名于当世，词坛上与张元幹并称。有《于湖集》《于湖词》。（2）洞庭青草：分别指洞庭湖与青草湖，俱在湖南省，因两湖相连，所以并称。（3）风色：风势。（4）玉鉴：美玉做成的镜子。琼田：美玉铺成的田地。这是形容月光下广阔的湖面之美。顷：面积单位，一顷为一百亩。（5）著：安放。扁（piān）舟：小船。一叶：形容船小而轻盈，像一片树叶。（6)"素月"二句：洁白的明月将光辉分给湖水；明亮的银河投影到湖中，上下两道银河交相辉映。素月，洁白的月亮。明河，银河。（7）表里：里外、上下。（8）悠然：闲适的样子。心会：心领神会。（9）岭表：岭外，指五岭（大庾、始安、临贺、桂阳、揭阳）以南，今两广一带。经年：过了一年或一年以上。作者曾任静江府（今广西桂林）兼广南西路经略安抚使，因受排挤而被罢官。（10）孤光自照：孤冷的月光照着自己。（11）肝胆：指心灵。冰雪：形容心灵高洁、明亮。（12）萧疏：稀少的样子。襟袖冷：指衣服单薄。（13）稳泛沧浪空阔：安稳地坐着船儿在广阔的湖面上漂泊。（14）尽挹（yì）：舀尽。西江：指长江。（15）细斟北斗：北斗是由七颗星组成的星座，状如长柄勺。这里作者想象将它拿来做舀酒的斗。斟，酌酒。屈原《九歌·东君》："援北斗兮酌桂浆。"（16）万象：指宇宙间的万物。这里作者设想自己是宇宙的主人，以万象为宾客，共同畅饮。（17）扣舷：拍打船边。独啸：独自长啸。（18）今夕何夕：常用以赞叹良辰美景。《诗经·唐风·绸缪》："今夕何夕，见此良人。"

【提示】

宋孝宗乾道元年(1165),词人任广南西路(今广西一带)经略安抚使。第二年,因谗落职,由广西桂林北归,中秋节前夕路过洞庭湖,写下此词。

上片写景,下片抒情。写景时,着重刻画八月洞庭的湖光水色。作者泛舟湖上,见明月皎洁,水色澄澈,仿佛置身于白玉无瑕的世界。这种超尘拔俗、物我交融的境界,与他所经历的坎坷世路恰成对照。抒情时,则强调两点,一是自我如冰雪的肝胆,从而对所蒙受的不白之冤深感凄然和怨愤;二是忘怀荣辱的豪情,他要舀尽长江的浩荡江水,把天上的北斗七星当勺器,邀请天地万物作为宾客,痛饮一番。

中秋圆月之下,作者主观的精神境界与大自然的美妙风光融而为一。

辛弃疾[太常引]《建康中秋夜为吕叔潜赋》⁽¹⁾

一轮秋影转金波⁽²⁾,飞镜又重磨⁽³⁾。把酒问姮娥⁽⁴⁾:被白发、欺人奈何⁽⁵⁾? 乘风好去,长空万里,直下看山河。斫去桂婆娑,人道是、清光更多⁽⁶⁾。

【注释】

(1)辛弃疾(1140—1207),初字坦夫,后改幼安,号稼轩居士,历城(今山东济南)人。绍兴三十一年(1161)聚众两千人参加耿京抗金义军,为掌书记。耿京遇害,率五十骑直冲金人大营,生缚叛徒张安国,献俘投归南宋。历任江阴签判、建康通判、江西提点刑狱、湖北转运副使,及湖南、江西、福建、浙东安抚使等。曾上《美芹十论》《九议》,规划北伐,议论英伟。为政敌攻击,43岁遭谗罢仕,退居江西上饶、铅山二十年之久。嘉泰三年(1203),因韩侂胄倡议北伐,被起用,不久又遭弹劾落职。临终不忘渡江北伐。以词著名,其词时时倾诉壮志难酬之家国悲愤。豪放之作与苏轼并称。有《稼轩集》。(2)秋影:指中秋月。转:月亮在空中移动。金波:指月光。(3)飞镜:

古人多把月亮想象成在天空飞行的铜镜。青铜镜磨洗过后最明亮,故以"重磨"的"飞镜"形容中秋明月。(4)把酒:举杯。姮(héng)娥:即嫦娥。汉文帝名恒,世人为避讳,改称"嫦娥"。(5)被白发、欺人奈何:时光飞逝,好像故意欺人,自己无可作为,这该如何是好?化用薛能《春日使府寓怀二首》"青春背我堂堂去,白发欺人故故生"诗意。(6)"斫去"二句:化用杜甫《一百五日夜对月》诗中"斫却月中桂,清光应更多"句意。斫(zhuó):砍。桂:桂树。婆娑(suō):树影摇曳的样子。《酉阳杂俎》载:"月桂高五百丈,下有一人常斫之,树创随合,人姓吴,名刚,西河人,学仙有过,谪令伐树。"

【提示】

这首词大约作于宋孝宗淳熙元年(1174),作者在建康(今江苏南京)安抚使参议官任上。题中的吕叔潜,生平不详,应是作者的友人。词的上片写中秋美景,但并未完全沉醉在景色之中,而是心事重重,"把酒问姮娥:被白发、欺人奈何"颇有感慨。下片想象于中秋夜插翅凌空,饱览山河,却又以"斫去桂婆娑,人道是、清光更多"借喻,表达除去遮月蔽日的暗影、让人世间清光更多的向往。

联系作者生平,写此词时作者南归已12年。这期间,为了收复中原,他多次上书,力主抗金,却颇受冷落。因而,认为"被白发、欺人奈何"有壮志未酬、人已老去的遗憾,"斫去桂婆娑"有铲除奸佞、恢复清明的愿望,都是有一定道理的。

陆文圭《王祈伊中秋不见月》其四 (1)

开元以后可堪忧(2),秋雨霪霖稼不收(3)。此际霓裳歌一曲(4),君王正在月宫游(5)。

【注释】

(1)陆文圭(1252—1336),字子方,号墙东先生,江阴(今江苏江阴)

人。咸淳六年（1270）中乡试。博通经史百家，兼及天文、地理、律历、医药、算术之学。宋亡，隐居。元廷几次征聘，未出。有《墙东类稿》。(2)开元：唐玄宗年号，共计29年。唐玄宗统治前期任用贤能，改革吏治，国势昌盛，人称"开元盛世"。(3)霪霖（yín lín）：久雨。(4)此际：这时候。霓裳（ní cháng）：《霓裳羽衣曲》的略称。(5)"君王"句：《唐逸史》等书载玄宗游月宫的故事，说是开元年间的中秋夜，玄宗在宫中玩月，被一名叫罗公远的异人接引前往月宫，见到仙女数百，素练霓衣，舞于广庭。玄宗于是密记其乐曲，归召伶官，依其声调作《霓裳羽衣曲》。

【提示】

这首诗从特殊的角度写中秋。民间秋雨霪霖，庄稼颗粒无收，君王却在月宫神游。这样的矛盾与反差，很是精警。

诗题中的"王祈伊"，疑是人名或字号。古人写诗有仿用旁人诗风诗意来命题的做法，如李商隐《杜工部蜀中离席》。

三、专题衍说

中秋之月与中秋之诗
——说几则与中秋诗词相关的典故

农历一年分为四季，每季又分孟、仲、季三月。孟是始，仲是中，季是末，也就是首月、中月、末月的意思。孟秋为七月，仲秋为八月，季秋为九月。八月十五，是秋天最中间的一日，称"中秋"也就顺理成章了。

中秋节源于古代帝王秋日祭月的礼制，不过成为固定的节日，大约在唐朝初的时候。中秋有不少的习俗，祭月烧香，放灯观潮，偷瓜送瓜，馈赠月饼，踏月舞龙，等等。各时各地有不同的流行项目，有些甚至颇为奇特。当然，最为兴盛的则是赏月。月，虽然四季都有，人们却以秋月为最佳，盖秋月无寒暑之酷，而有风露之幽。古人有将赏月称为"玩月"的，以特定的物质形态和特定的心境，面对中秋之夕的一轮朗月。

"牛渚玩月"大概是关于风雅秋月的较早记载。"牛渚"今天称"采石矶"，处长江岸边。东晋的时候，谢尚镇守牛渚，中秋的晚上带着一些人，穿着便服，泛舟于江上观月。忽然听到有人在另外的船上吟诗，"声韵清朗，词意藻拔"，很是赞赏，于是邀请过船，相与谈论至天晓。吟诗的人叫袁宏，当时是个穷书生，父亲死后家道破落，以水上运输租米为生。后来通过谢尚的引荐，进入仕途，得到大司马桓温的器重。这一月下相遇的逸事，引得无数后辈学子艳羡不已。李白《夜泊牛渚怀古》诗云："牛渚西江夜，青天无片云。登舟望秋月，空忆谢将军。余亦能高咏，斯人不可闻。明朝挂帆席，枫叶落纷纷。"

在"青天无片云"的秋月之下，人的心境或许格外澄静，此时身份的差异、地位的悬殊暂时得以淡化。"江畔何人初见月？江月何年初照人？"面对宇宙的永恒、深邃、阔大，人们常常会生出这种艺术性的追问。在这种追问的纠结中，人类的个体尤显渺小，身份、地位之类的羁绊也就容易放下了。相传东晋太尉庾亮镇守江州时，建"南楼"以为秋夜望月之所，人称"庾楼""玩月楼"。一日，他的属下殷浩等人先在楼上赏月吟诗，忽听庾亮的木屐声在楼梯上响起，欲要回避，庾亮说："诸君暂且留步，老夫对这方面兴趣也不浅。"于是坐在胡床上，与大家吟咏说笑，其乐融融。此事后成佳话，形成"庾公爱月""胡床待月"等典故，还留下了诸多缅怀的诗词。司空曙"遥想高楼上，唯君对庾公"，崔峒"陶潜县里看花发，庾亮楼中对月明"，李白"庾公爱秋月，乘兴坐胡床"，杜甫"池要山简马，月净庾公楼"，等等，都将人物的风流儒雅与平易坦率置于秋月朗照之下，显得分外通透澄澈。郑谷的诗里更有"棹倚袁宏渚，帘垂庾亮楼"，将东晋的"牛渚"之事、"庾楼"之事合在一起，传达出对未来得遇高人提携的期盼。

明月不仅能淡化贵贱尊卑，有时竟能消解美丑。战国的时候，齐国的无盐邑有一个丑女名叫钟离春,也叫钟无艳,后人称其"无盐"。"臼头,深目,长指,大节,卬鼻,结喉,肥项,少发,折腰,出胸,皮肤若漆。"说她长得头顶中凹像臼,眼睛深陷,手指粗长,骨节壮大,鼻子上翻露孔,喉咙有结,脖子肥硕,头发稀少,驼背鸡胸,皮肤漆黑,40岁了还待字闺中。一日,她找到齐宣王要求入宫。齐宣王是个花天酒地的昏君,好奇无盐的自荐,想听听自荐的理由。无盐数落了齐宣王"外不修诸侯之礼,内不秉国家之治"的种种弊政,齐宣王听了胆骇心惊,于是幡然醒悟。不过,入宫后的无盐并未得到宠幸。八月十五的晚上,她望月祈拜,无意中被齐宣王看见。沐浴在月光下的无盐,说不出的圣洁、肃穆、端庄,甚至有些妩媚,齐宣王觉得美丽非凡,将她立为了王后。钟离春的故事最早见于西汉刘向的《烈女传》,无论立意还是描摹都有些牵强,但还是被解读为中秋之夜少女拜月习俗的起源。宋代诗人的作品,喜欢从道德层面来分辨美与丑,宋伯仁"美妇未必美,所美貌徒美。丑妇未必丑,所丑行不丑",陆埈"彼姝徒冠玉,争得似无盐",周紫芝"达人大观无不可,无盐未必非西施",于石"西子非妍,无盐非丑",邓林"宁作钟离春,勿学姑瑶草",诸如此类的,大抵就是这样的意思。

不唯尊卑美丑的浑融,更有甚者,明月似乎还能打通人世与天界。《唐逸史》记载,开元中的一个中秋节,唐玄宗与道士罗公远在宫中玩月。道士提出要带皇帝到月亮上一游,于是将挂杖掷向空中,化为银色之桥,向上走了数十里,"精光夺目,寒气侵人"。道士说:"这就是月宫了。"但见仙女数百,皆素练霓裳,合着美妙的曲子舞于广庭。唐玄宗暗暗记下曲子的声调,待回到下界,召来乐官,谱成了《霓裳羽衣曲》。不过,宋代诗人陆文圭写过一组关于中秋的诗,其中一首道:"开元以后可堪忧,秋雨霪霖稼不收。此际霓裳歌一曲,君王正在月宫游。"可见同一片天光之下,君王与百姓的世界还是难以打通的。

传说归传说,毕竟月光下的人生与阳光下的不会有太大的区别,赏月玩月、万众狂欢的习俗容易让人盲从,好诗却往往是在沉静与孤寂中得来。中秋的诗,不外乎对月怀人(如"但愿人长久,千里共婵娟"),托物言志(如"孤光自照,肝胆皆冰雪"),抑或寄托一些哲思妙想(如"安知千里外,不有雨兼风"),无一不是诗人身居喧嚣而能静心自处的表达。

月亮里的那些事
—— 说关于月亮的神话

  月亮是怎么来的?这一按说有真相的问题,目前还无法解答。就连原本的一些测算和猜想,也被人类登月以后获得的材料动摇了。一个科学问题,只能先整成了哲学问题或者宗教问题。

  神话里关于月亮的起源,说法也有很多。有说是由神身体的某部分(头、眼睛、耳朵)化生的,有说由某种物质(蛋壳、石头、火把、镜子)变来的,或者干脆说是由某种植物(比如葫芦)生长出来的。较为流行的是《山海经》里说的,月亮的母亲叫常羲,她是帝俊的妻子,生了十二个月亮。她在水里给这十二个孩子洗澡,洗着洗着,孩子们的脸就变白了。一年有十二个月,十二个孩子大约是在轮流工作吧。

  帝俊还有一个妻子叫羲和,是太阳神的母亲,生有十个太阳。母亲在东方的汤谷给孩子沐浴,令他们在扶桑树上憩息,并驾驭龙车每天送一个孩子巡行天际。十个孩子太淘气了,某个时间他们一起聚在天空嬉戏,烈日炎炎,人间苦不堪言。于是那位天神 —— 神箭手后羿射下了九个太阳,结果他自己也被天帝罚落人间。后羿的妻子,名叫嫦娥,也叫常娥、姮娥、恒娥,人们还常常称她为素娥、素女、桂娥、霜娥、月姊、月主之类。

  嫦娥为什么会到月亮里去呢?因为她偷偷地独自食用了后羿从西王母那里求来的不死之药,于是飘飘荡荡地飞升到了月宫。这个事,在人们的评说里总归是贬多于褒的。本来嘛,夫唱妇随,有好东西不妨二人好商好量地分享，或者起码打个招呼。善意的人又不愿意美丽的嫦娥屡被指责，开始替她找种种理由，比如说她是为了到天庭请求天帝原谅后羿而草率出走的，她是为了抵抗恶人抢夺灵药不得已吞食的，她是因为后羿爱上河伯的妻子洛神而愤愤离开的，等等。不过鲁迅先生似乎并不十分买账，他在小说《奔月》里完全肯定地说，嫦娥是因为吃厌了用乌鸦、麻雀肉做的炸酱面而飞到月亮上去的。

诗词里不太关心嫦娥飞升的原因，更多考虑的是月宫里的清冷和嫦娥的寂寞。诸如"嫦娥断影霜轮冷，帝子无踪泪竹繁"（吴融）、"嫦娥应悔偷灵药，碧海青天夜夜心"（李商隐）、"白兔捣药秋复春，嫦娥孤栖与谁邻"（李白）、"斟酌姮娥寡，天寒耐九秋"（杜甫）、"欲把伤心问明月，素娥无语泪娟娟"（韦庄）等等，大约就是这样的表达。

好在月亮里有屋，有树。据说，月亮里有木棉树和荨麻，有菩提树，有棕榈树。至于桂树，那是一定有的。段成式在《酉阳杂俎》里说，月亮里的桂树高五百丈。四、五月间抑或中秋夜，桂子从月宫洒落人间，大如狸豆，色似白玉，破之辛香，灵隐寺、天竺寺的周围常有人去拾。将桂子捣碎，敷于耳郭后，可以治疗旋耳疮，特别灵验。桂子的另一神奇效用是将它与葱叶子里浓稠的液体蒸在一起，再加上竹子的汁液和龟的脑髓，一起服用，连续七年，可以步行水上，长生不老。宋之问《灵隐寺》诗有"桂子月中落，天香云外飘"之句，虞俦《有怀汉老弟》诗也有"芙蓉泣露坡头见，桂子飘香月下闻"的美言。

如此奇异的桂树却是天天有人在砍伐的，那人叫吴刚，一个学仙犯了错的人。倒不是因为他学仙不用功，被师父惩罚，而是因为家事。吴刚也叫吴权，是西河地方的人，为了学仙离家三年。他的妻子有了外遇，与炎帝的孙子伯陵生了三个儿子。吴刚得知大怒，杀了伯陵而惹恼炎帝，被罚到月中砍树。桂树随砍随合，吴刚的劳作永无休止，就像希腊神话里的西西弗斯。西西弗斯所犯的错与吴刚一样有许多版本，所受的惩罚也如出一辙。他得把一块巨石从山脚顺着斜坡推到山顶，巨石太重，每每未到山顶就又滚下山去,前功尽弃,他得不断重复。日复一日,年复一年,永无止境却又无效无望的劳作应该是最高程度的惩罚了,如若不能自我救赎,找到日常的意义与心安的力量,生命与激情将消耗殆尽。吴刚天天面临的,也是这样交织在一起的希望与失望。

吴刚的妻子惭愧了,让两个儿子到月亮上来陪伴吴刚,他们分别变成了兔子和蟾蜍(蛤蟆)的模样。

将代表月亮的玉兔与代表太阳的金乌并列,指称日月交替如梭,是诗文中常有的意象。唐诗中就有"金乌长飞玉兔走,青鬓长青古无有。秦娥十六语如弦,未解贪花惜杨柳。吴鱼岭雁无消息,水誓兰情别来久。劝君年少莫游春,暖风迟日浓于酒"(韩琮《春愁》)。至于传说中的玉兔捣药,给谁捣药,捣的是什么药,大都语焉不详。但是它们持杵捣药的形象在东汉的画像石中大量出现,且多和蟾蜍在一起,很容易让人联想杵臼中捣的是否是桂子,是否做成药丸用来步行水上或长生不老。

蟾蜍外形虽丑,却金贵无比。一说嫦娥奔月后化为蟾蜍,一说月宫根本就是蟾蜍化出的。大概是蟾蜍生态上变形、再生、繁殖等方面的特性让先民们有此联想,古代许多民族的早期文化里都曾有过蟾蜍崇拜。人们将科举高中称为"蟾宫折桂",将三足金蟾视为招财的象征,似也不无道理。

专题四

盛唐诗况

一、专题要点

本专题主要学习盛唐诗歌的特征、成就，并在"盛唐气象"的视角下体会诗人们表达远行、怀乡、送别、相思等情绪时的独特面貌，以及他们对理想的追寻、对现实的批判。本专题选读诗歌作品13首。

（一）盛唐诗的特点与成就

诗歌史上的盛唐，指的是自玄宗开元元年至代宗永泰元年（713—765），大约52年的时间。这一时期，国家统一，经济繁荣，政治开明，文化发达，对外交流频繁，社会充满自信。这一时期不仅是唐朝社会生活发展的高峰，也是中国封建社会的鼎盛时期。此时涌现出以李白、杜甫、王维等为代表的一大批诗人，他们共同开创了一个气象恢宏的诗歌黄金时代。

这一时期诗歌的特点有：

1. 笔力雄壮，气象浑厚，理想主义色彩很浓。即使是对社会不平现象所发出的怨怼之词，也是出于表达建功立业的理想受挫的内心矛盾。

2. 山水田园诗和边塞征战诗的比重很大。山水田园诗人以王维、孟浩然、储光羲、常建等最为知名；边塞征战诗人以高适、岑参、李颀、王昌龄等为代表。

3. 李白、杜甫是盛唐诗歌最高成就的代表。李白的名作，以安史之乱前为多，题材丰富，气势雄放，风格飘逸，多侧面、多层次地反映盛唐时期的社会生活和时代心理。杜甫的诗则是动乱时代的诗史，忠实地记录了国家的变乱和人民的苦难,博大精深,沉郁顿挫。

(二)所谓"盛唐气象"

"盛唐气象"作为文学批评的专门术语,特指盛唐时期诗歌的总体风貌特征。严羽的《沧浪诗话》等著作最推崇盛唐诗,指出盛唐诗的特征是"既笔力雄壮,又气象浑厚"。后人常承严羽之说,把雄壮、浑厚二者(有时合称雄浑)作为盛唐诗歌的风貌特征,并称之为盛唐气象。

盛唐气象形成的原因,大致有二。一是盛唐诗人的豪情壮志。诗人们面对当时国势强大、经济文化繁荣的局面,大抵胸襟开阔,意气昂扬,希冀建功立业。他们喜欢描写祖国壮丽的山河、边陲奇伟的风光、紧张的战斗和自己的豪情壮志。二是对前代优秀诗歌传统的继承和发扬。盛唐诗人竭力扫除南朝至初唐的浮靡诗风,重视向汉魏古诗、乐府诗学习,注意发扬汉末建安时代明朗刚健的优良诗风。

要注意的是,"盛唐气象"不光是激情洋溢的自信奋发。那些愤懑与苦闷,只要是表达理想与现实的矛盾、表达意欲有作为而不得的挣扎,也是慷慨激越的盛唐力量。罗宗强在《隋唐五代文学思想史》中说:"在盛唐诗人那里,很少有缠绵悱恻,浅斟低唱……不论写什么,总有一种昂扬情思、明朗基调流注其中,不低沉,不纤弱,不颓废,但是,他们写得更多的,是理想和抱负。"

(三)课堂话题

1.远行:从容自信。农业民族的传统是安土重迁,不倡导背井离乡,"父母在,不远游""在家千日好,出门一时难"等表述,就是在这样的心理背景下产生的。关于远行的诗文,历来充满悲辛的感慨。如曹操的"延颈长叹息,远行多所怀"(《苦寒行》),祖咏的"秋风多客思,行旅厌艰辛"(《酬汴州李别驾赠》),杨炯的"行旅相赠言,风涛无极已"(《西陵峡》),杜荀鹤的"客路客路何悠悠,蝉声向背槐花愁"(《隽阳道中》),苏轼的"客路相逢难,为乐常不足"(《送顿起》),等等。而盛唐诗人的远行,则因着远大抱负与理想,因着对社会与自身充满期待,往往是从容而又自信的。如王湾《次北固山下》"潮平两岸阔,风正一帆悬"与"海日生残夜,江春入旧年",不仅毫无哀伤凄婉,反而表现出在昼夜转接、时序交替之际对发现独特的江南景致与蓬勃的自然生机的喜悦,并且形成高朗壮阔的审美境界。

2. 怀乡:深情温暖。虽然安土重迁的民族心理将远行看得很严重,但现实中毕竟有许多人是需要远离家乡到异地谋生的,或出于无奈,或为了更好的发展。但在人们的心底,家乡最终还是要回的,所谓"叶落归根""狐死首丘"。自古思乡念亲的作品多是凄凉悲哀的,甚至还有担惊受怕。初唐宋之问《渡汉江》云:"岭外音书断,经冬复历春。近乡情更怯,不敢问来人。"而看盛唐人的思乡念亲,往往深情而温暖,这是因为社会安定,离开家乡的人对自身的未来有信心。王维《杂诗》写道:"君自故乡来,应知故乡事。来日绮窗前,寒梅著花未?"游子向故乡的来人询问,不问亲人的平安健康,不问其他的重大事况,单单问自家雕花的窗前,那一株寒梅开花了没有。想来是因为自我的状态安好,对家乡的情况也放心。

3. 送别:饱满旷达。农业社会十分讲求人情友道,《诗经》里有"嘤其鸣矣,求其友声",《楚辞·九歌》里有"悲莫悲兮生别离,乐莫乐兮新相知",说明对友情的吟诵源远流长。古代交通不便,山川阻隔,道路坎坷,人们一旦分手,何日相逢难以预料,或经冬历春,或三年五载,或几十年,甚至惜别便成永诀,终身不能相逢,诚所谓"相见时难别亦难"也,难怪送别的作品也沾染上了几分悲情。南朝江淹《别赋》首句就是"黯然销魂者,惟别而已矣"。只是到了唐代,基调有所改变。初唐王勃《送杜少府之任蜀川》中"海内存知己,天涯若比邻。无为在歧路,儿女共沾巾"已有了乐观之气,至盛唐,诗歌在留恋、祝福的深情表白中蕴含的热烈、旷达更是比比皆是。如王维《送元二使安西》:"渭城朝雨浥轻尘,客舍青青柳色新。劝君更尽一杯酒,西出阳关无故人。"热烈美好、春意盎然的写景,频频劝酒、一杯又一杯的厚爱,使得小诗荡气回肠,有壮阔之气。再如李白《黄鹤楼送孟浩然之广陵》:"故人西辞黄鹤楼,烟花三月下扬州。孤帆远影碧空尽,唯见长江天际流。"送别的地点是天下江山第一楼,将去的地点是柳如烟、花似锦的扬州,送别的人伫立江边目送,直到船儿消失在碧空的尽头。云帆变成模糊的一点,天边奔流而来又滚滚而去的一江春水向东流,这意境,这气魄,怎不叫相送的双方陡生豪气呢?高适《别董大》也是在即将分手之际,全然不写千丝万缕的离愁别绪,而是满怀激情地鼓励友人踏上征途,迎接未来。"莫愁前路无知己,天下谁人不识君"两句,既表达了彼此之间的深厚情谊,也是对友人的品格和才能的高度赞美,是对他的未来前程的衷心祝愿。

4.相思:明媚婉丽。有远行,就有怀乡;有送别,就有相思。相思是苦涩的,但在盛唐人的笔下,则往往溢出一种明媚甚至甜蜜来。王维的《相思》:"红豆生南国,春来发几枝。愿君多采撷,此物最相思。"此诗洋溢着少年的热情,青春的气息,满腹情思始终未曾直接表白,句句话儿不离红豆,而又"超以象外,得其环中",把相思之情表达得入木三分。岑参《春梦》是一首写梦诗,梦中的片刻工夫,却行尽江南千里之地,为人们留下无边的美好想象。

5.李白浪漫豪迈,杜甫厚重沉稳。李白诗的主观抒情色彩十分浓烈,感情的表达具有一种排山倒海、一泻千里的气势;常将想象、夸张、比喻、拟人等手法综合运用,从而造成神奇精彩、瑰丽动人的意境。杜甫的创作主要是在"安史之乱"之中和之后,他目睹和体验了唐帝国由盛到衰、急剧变化的严酷现实,最早也最全面、最深刻地反映了这场大战乱所造成的灾难,其诗被誉为"诗史"。

二、专题诗选

王湾《次北固山下》[1]

客路青山外[2],行舟绿水前。潮平两岸阔[3],风正一帆悬[4]。海日生残夜[5],江春入旧年[6]。乡书何处达[7]?归雁洛阳边[8]。

【注释】

(1) 王湾(生卒年不详,一说693—751),字号不详(一说字为德,一说号为德),洛阳(今河南洛阳)人。玄宗先天年间进士。开元初任荥阳主簿,后任洛阳尉。才名早著,曾往来吴楚间,多有著述。《全唐诗》录其诗十首。(2) 客路:大路,旅途。青山:指北固山。(3) "潮平"句:是说涨潮时水面与江岸相齐,江面显得分外宽阔。(4) 风正:风顺,风和。(5) "海日"句:是说当残夜还未消退之时,一轮红日已从江面冉冉升起。(6) "江春"句:是说江南春早,旧年尚未逝去,江上已显露春意。(7) 乡书:家信。达:寄到。(8) "归雁"句:希望托北归的大雁捎一封家信给洛阳的亲人。

【提示】

王湾的家乡在北方洛阳,却也常常往来南方的吴楚之地。这一次,他乘舟抵达京口北固山下,看到青山绿水、潮平岸阔,触发了乡愁,写成此诗。诗题的"次",指的是旅途中的暂时停宿,也就是停泊的意思。北固山在今江苏镇江北,三面临水,倚长江而立。

诗写羁旅他乡的杂感,难得的是基调的高昂和充满生机。说山高水长却没有过于强调离乡的愁恺,说年来岁往也没有诉说去日苦多。"潮平两岸阔,风正一帆悬"一联颇具宏大气象:潮水上涨,与岸齐平,江面变得开阔无边;和风吹拂,风向不偏,一叶白帆好像悬挂在高远江天。作者不但写出了壮阔远大的景观,也寄寓了阔大胸怀。

此外,"海日生残夜,江春入旧年"两句也受人推崇:残夜尚未完全消去,一轮红日已从海中跃出,仿佛是从残夜中"生"出红日;旧年尚未完全逝去,这大江已露春意,仿佛是"春"将旧年赶走。"生"和"入"二字把昼夜更替的壮观景象与新旧相接的时光荏苒描绘得出神入化。这一联得到当时的宰相张说的高度赞赏,亲自书写并悬挂于政事堂上,让文人学士将其作为学习的典范。晚唐郑谷亦说:"何如海日生残夜,一句能令万古传。"

王之涣《登鹳雀楼》(1)

白日依山尽(2),黄河入海流。欲穷千里目,更上一层楼(3)。

【注释】

(1)王之涣(688—742),字季凌,原籍晋阳(今山西太原),迁居绛郡(今山西运城)。开元初,曾官衡水主簿。被诬陷去官,漫游十五年,足迹遍布黄河南北。后官文安县尉。其边塞诗境界开阔,情调高亢。《全唐诗》存其诗六首。(2)白日:太阳。依:依傍。尽:消失。(3)"欲穷"二句:是说要想眼界更广,则须站得更高。穷,尽。千里目,目及千里。

【提示】

鹳雀楼又名鹳鹊楼,旧址在蒲州(今山西永济)西南,因常有鹳雀栖集其上而得名。沈括《梦溪笔谈》中说:"河中府鹳雀楼三层,前瞻中条,下瞰大河。唐人留诗者甚多,唯李益、王之涣、畅诸三篇,能状其景。"文中提到鹳雀楼有三层,面对中条山,下临黄河。

前两句写诗人登楼眺望之所见:一轮落日向楼前的群山西沉,冉冉而没;黄河浩浩荡荡一路奔流,向东直入大海。这种壮观景象,展现了辽阔、雄浑的境界之美。但诗人并不因此满足,"欲穷千里目,更上一层楼"展示了更大的视野,给人一种生活哲理的启迪。

有趣的是,三层的鹳雀楼并不算高。即使登上顶层,见到的恐怕也不过是"白日依山尽,黄河入海流",因为这两句写尽写满的壮阔景象本身已经有了夸张与想象的成分,但诗人依旧将余地留在更高层楼上。前人有咏月者说:"最好莫如十四夜,一分留得到明宵。"王之涣不过是实写了十五的满月,偏又说它是十四夜月罢了。

孟浩然《与诸子登岘山》(1)

人事有代谢(2),往来成古今(3)。江山留胜迹,我辈复登临(4)。水落鱼梁浅(5),天寒梦泽深(6)。羊公碑尚在(7),读罢泪沾襟。

【注释】

(1)孟浩然(689—740),字号不详,襄州襄阳(今湖北襄阳)人。早年在家乡鹿门山隐居读书,壮年曾漫游巴、蜀、吴、越、湘、赣等地。40岁入长安求仕,欲为世用,却落第而归。张九龄罢相后任荆州长史时,征辟他为从事,不久病亡。其诗主要写隐逸生活与旅途风光,风格恬淡孤清。与王维齐名,世称"王孟"。有《孟浩然集》。(2)代谢:交替、更迭。(3)往来:旧的去,新的来。(4)复登临:对羊祜(hù)曾登岘(xiàn)山而言。羊祜镇守襄阳时,常与友人到岘山饮酒赋诗,有过江山依旧人事短暂的感伤。登临,登山观看。(5)鱼梁:沙洲名,在襄阳鹿门山的沔水中。(6)梦泽:云梦泽。云、梦二泽在古代楚地长江两岸,江南为梦泽,江北为云泽,后世大部分淤成陆地,就并称为云梦泽。(7)羊公碑:《晋书·羊祜传》载:"襄阳百姓于岘山祜平生游憩之所,建碑立庙,岁时飨祭焉。望其碑者莫不流涕,杜预因名为堕泪碑。"

【提示】

诗题中的"诸子",指同游的几个朋友;岘山,又名岘首山,在今湖北襄阳以南,是晋代名将羊祜镇守襄阳时经常带僚佐们前去登赏的地方。据《晋书·羊祜传》记载,羊祜曾经对同游者慨叹说:"自有宇宙,便有此山,由来贤达胜士登此远望,如我与卿者多矣,皆湮灭无闻,使人悲伤。如百岁后有知,魂魄犹应登此也。"他身边的参谋邹湛说:"公德冠四海,道嗣前哲,令闻令望,必与此山俱传。至若湛辈,乃当如公言耳。"羊祜为官有德政,死后百姓为他在岘山建碑立庙,"望其碑者莫不流涕,杜预因名为堕泪碑"。孟浩然与友人登上岘山,凭吊古迹,不由百感交集。

"人事有代谢,往来成古今",这是不可逆转的自然法则,大到朝代更替,小到一家兴衰。只有大自然的东西、物质的东西,生命力才会长久一些,比如岘山、鱼梁洲、云梦泽仍与宇宙同在,连羊公碑也安然无恙,诗人不禁生出宇宙无穷而人生短暂的感慨。不过,诗人的感慨并非仅仅在于人生短暂,而是叹息如何在短暂的人生中实现价值。西晋的羊祜虽然已经离开400多年,但他毕竟做出了一番事业,所以羊公碑还屹立在岘山上受人敬仰。反观自己,空有匡世济国的愿望,混迹山林,一无所成,"遑遑三十载,书剑两无成","不才明主弃,多病故人疏"。作为襄阳人,自己又给岘山这一胜迹增添一些什么光彩、留下一点什么痕迹呢?将来注定要湮没于历史的长河之中,没有人再记得了吧。这与"尚在"的、与江山同不朽的羊公碑相比,难免要"读罢泪沾襟"了。全诗气象宏大,情绪慷慨深沉。

王昌龄《芙蓉楼送辛渐》[1]

寒雨连江夜入吴[2],平明送客楚山孤[3]。洛阳亲友如相问[4],一片冰心在玉壶[5]。

【注释】

(1)王昌龄(约698—约756),字少伯,京兆万年(今陕西西安)人。开元十五年(727)进士登第,授秘书省校书郎;二十二年(734)登博学宏词科,授汜水尉;二十七年(739)因事贬岭南,次年遇赦北返,改授江宁丞。天宝中再贬龙标。人称"王江宁""王龙标"。因安史之乱还乡,为濠州刺史闾丘晓所杀。其诗多边塞军旅、宫怨闺情和送别之作,擅长七言绝句,称"七绝圣手""七言长城""诗家夫子"。后人辑有《王昌龄集》。(2)连江:满江。吴:春秋时国名,这里指江苏镇江一带。(3)平明:清晨,天刚亮。楚山孤:沿客人所去的方向远望,只见楚山孤耸。楚,辛渐入洛路线为古时楚地,故称。(4)洛阳:唐时陪都,是作者曾经去过而今天辛渐要去的地方。(5)"一片"

句：是化用鲍照《代白头吟》中"直如朱丝绳,清如玉壶冰"的句意,比喻自己的心地明净纯洁,一尘不染。

【提示】

芙蓉楼,原名西北楼,唐晋王李恭为润州刺史时改称芙蓉楼,遗址在今江苏镇江西北。辛渐,作者的友人,生平事迹不详。《芙蓉楼送辛渐》共有诗两首,此为第一首。

诗人因不拘小节而屡遭毁谤,在送别友人辛渐的时候,或也正处这样的环境中(一说诗写于被贬江宁丞任内)。诗写送别,并没有着重写二人离别的痛楚;托友人向洛阳的亲友捎带口信,内容也不是自己是否平安,而是表达心迹,说自己虽处诽谤当中,仍冰清玉洁,坚持操守,表现出桀骜不驯的精神气质。

王维《少年行》(1)

其一

新丰美酒斗十千(2),咸阳游侠多少年(3)。相逢意气为君饮(4),系马高楼垂柳边(5)。

其二

出身仕汉羽林郎(6),初随骠骑战渔阳(7)。孰知不向边庭苦(8),纵死犹闻侠骨香(9)。

【注释】

(1)王维:见专题二"帝都之诗"专题诗选《和贾至舍人早朝大明宫之作》注释(1)。(2)新丰:地名,故址在今陕西临潼东北。此地盛产美酒。斗(dǒu)十千:一斗美酒值十千钱。形容价格昂贵。(3)咸阳:秦朝的都城,故址在今陕西咸阳东北。此借指唐都长安。游侠:游历四方的侠客。(4)意气:指两人之间感情投合。(5)系(xì)马:拴马。(6)仕汉:做汉朝的官吏。羽林郎：汉代禁卫军官名。(7)骠（piào）骑：指霍去病，曾任骠骑将军。渔阳：古幽州，今天津蓟州区一带，汉时与匈奴经常接战的地方。(8)孰知不向："孰不知向"的倒置。孰，谁。边庭：边地。(9)侠骨：英武刚强的性格与气质。

【提示】

《少年行》组诗共四首，歌颂一群急人之难、豪侠任气的少年英雄，表现了诗人的志向抱负。第一首写长安游侠少年高楼纵饮的场面，"相逢意气为君饮"写他们同声相应的热情，"系马高楼垂柳边"则侧面衬托他们的青春气息和俊爽风致。第二首写游侠的出征边塞，"孰知不向边庭苦，纵死犹闻侠骨香"传达出他们从容坚毅的神情和义无反顾的决心。

王维的作品主要是山水诗，通过山水田园的描绘，表现隐士生活和佛教禅理。但早年还写过一些边塞题材的作品，具有雄浑劲健的风格和浪漫的气息。

王维《送元二使安西》(1)

渭城朝雨浥轻尘(2)，客舍青青柳色新(3)。劝君更尽一杯酒，西出阳关无故人(4)。

【注释】

(1)王维：见专题二"帝都之诗"专题诗选《和贾至舍人早朝大明宫之作》注释(1)。(2)渭城：秦都咸阳，因南临渭水，汉武帝时改名渭城。在长安西北，渭水北岸。浥（yì）：沾湿。(3)客舍：旅店，饯别友人的处所。(4)阳关：古关名，在今甘肃敦煌西南，为出塞要道，是渭城到安西的必经之地。故人：旧日的朋友。

【提示】

这是一首送人赴西北边疆的诗。元二，未详何人，从诗题看，他是奉命出使安西。安西，即安西都护府的治所，在今新疆库车附近。全诗写景抒情,景中有情,情中亦有景。前两句重在写景,渭城朝雨,客舍柳新,虽早春景色,勃勃生机,却仍寓有依依不舍之情。后两句重在抒情,通过敬酒叮咛,虽是表达故人难分的深情,却也含有未写之景:关外大漠,风沙千里,满目荒凉,令人孤寂,何况山川阻隔,天各一方,别时容易见时难。正因为情景深厚,这首诗在当时就为梨园乐工广为传唱,纳入乐府三叠,称为"渭城曲"或"阳关曲"(又叫"阳关三叠"),成为离筵别席的绝唱。

由于"西出"的地点是"阳关",送与被送都显得不同寻常。"西出阳关无故人"一句,一来含赞誉之意,因为慷慨赴边,身系家国安危,不是什么人都能去得的,自然难觅故人;二来含遗憾之情,分别后天各一方,未知何时再聚,双方彼此均有"无故人"的缺憾;三来含体贴之忧心,望好友临行时多饮一杯,分别后好生保重,因为身边再无故人时时慰藉了。诗里一而再的"劝饮"场景意味深长。霍松林先生说:"这首送别诗情深味厚而略无衰飒气象,体现了盛唐诗的时代特征。"

李白《南陵别儿童入京》(1)

白酒新熟山中归(2),黄鸡啄黍秋正肥(3)。呼童烹鸡酌白酒,儿女嬉笑牵人衣(4)。高歌取醉欲自慰(5),起舞落日争光辉(6)。游说万乘苦不早(7),著鞭跨马涉远道(8)。会稽愚妇轻买臣(9),余亦辞家西入秦(10)。仰天大笑出门去,我辈岂是蓬蒿人(11)。

【注释】

(1)李白:见专题二"帝都之诗"专题诗选《长相思》注释(1)。(2)新熟:酿酒完成。唐时白酒为酿制而成,与后世蒸馏之烧酒不同,久贮易变质,故以新熟为佳。(3)黍:黏性黄小米。(4)儿女:李白有女名平阳,有子名伯禽。(5)自慰:自我安慰。(6)"起舞"句:酒酣起舞,光彩焕发,似与落日争辉。(7)游说:战国时期的策士周游列国,凭口才劝说君主采纳自己的主张,以求取官爵,称为"游说"。万乘:周朝制度,天子地方千里,战车万乘,后来称天子为"万乘"。苦不早:恨不在早一些年头去实行。(8)著鞭:挥鞭。远道:遥远的道路,指入京。(9)"会稽"句:据《汉书·朱买臣传》记载:朱买臣,会稽人,早年家贫,以卖柴为生,常担柴走路时还念书。他的妻子嫌他贫贱,离开了他。后来朱买臣得到汉武帝的赏识,做了会稽太守。诗人把那些目光短浅轻视自己的人比作"会稽愚妇"。(10)西入秦:从南陵动身西行到长安去。秦,指唐时首都长安,春秋战国时为秦地。(11)蓬蒿人:草野之人,也就是没有当官的人。蓬、蒿,都是草本植物,这里借指草野民间。

【提示】

这首诗写于何时,"南陵"又是什么地方,历来有不同说法。从全诗内容看,可能写于天宝初年奉召入京之时。诗是离别儿女时作,毫不掩饰喜悦之情;只说"别儿童",又用了"会稽愚妇"之典故,或有所指责。

李白素怀大志,只是苦于无"终南捷径",长期未能得到朝廷的任用。天宝元年(742)时,经道士吴筠等推荐,唐玄宗下诏征赴。其时李白已42岁。诗的前半首写得欢愉,将诗人和儿女热烈兴奋的情绪写足;后半首则转折跌宕。年纪老大不小,迟至今日才始偿夙愿,终觉有些遗憾,所以有"苦不早"三字。但毕竟如今能挥鞭跨马登程入京,还是令人高兴的。他觉得自己就像汉朝时的朱买臣,晚年得志,先前还被目光短浅的"会稽愚妇"轻视过。"会稽愚妇轻买臣,余亦辞家西入秦"将胸中愤恨宣泄殆尽。而"仰天大笑出门去,我辈岂是蓬蒿人"犹如蓄积已久的波涛,汹涌澎湃,将情感波澜推至高潮,一个自负自信、傲视天下的诗人形象,站立人前。

李白《将进酒》(1)

君不见黄河之水天上来(2),奔流到海不复回。君不见高堂明镜悲白发(3),朝如青丝暮成雪(4)。人生得意须尽欢(5),莫使金樽空对月(6)。天生我材必有用,千金散尽还复来(7)。烹羊宰牛且为乐,会须一饮三百杯⁽⁸⁾。岑夫子，丹丘生⁽⁹⁾，将进酒⁽¹⁰⁾，杯莫停。与君歌一曲，请君为我倾耳听。钟鼓馔玉不足贵⁽¹¹⁾，但愿长醉不复醒。古来圣贤皆寂寞，惟有饮者留其名。陈王昔时宴平乐⁽¹²⁾，斗酒十千恣欢谑⁽¹³⁾。主人何为言少钱，径须沽取对君酌⁽¹⁴⁾。五花马⁽¹⁵⁾，千金裘⁽¹⁶⁾，呼儿将出换美酒⁽¹⁷⁾，与尔同销万古愁⁽¹⁸⁾。

【注释】

（1）李白：见专题二"帝都之诗"专题诗选《长相思》注释（1）。（2）君不见：乐府诗常用作提醒人语。天上来：黄河发源于青海，因那里地势极高，故称。（3）高堂：指高大宽敞的厅堂。一说指父母。（4）青丝：指人黑亮的头发。（5）得意：适意高兴的时候。（6）金樽（zūn）：酒杯的美称。（7）千金散尽：李白《上安州裴长史书》："曩昔东游维扬，不逾一年，散金三十余万，有落魄公子，悉皆济之。"（8）会须：正应当。（9）岑夫子：岑勋。丹丘生：元丹丘。二人均为李白的好友。（10）将（qiāng）：请。（11）钟鼓馔（zhuàn）玉：鸣钟鼓，食珍馐，指富贵生活。钟鼓，富贵人家宴会中奏乐使用的乐器。馔玉，形容食物如玉一样精美。（12）陈王：指陈思王曹植。曹植《名都篇》："归来宴平乐，美酒斗十千。"平乐（lè）：汉代宫观名。东汉都洛阳，明帝取长安飞帘、铜马移洛阳西门外，置平乐观。在今洛阳故城西。（13）斗（dǒu）酒十千：一斗酒值十千钱（即万钱），形容酒美价高。恣：纵情。欢谑（xuè）：嬉笑作乐。（14）径须：直须，只管。沽（gū）取：买来。（15）五花马：指名贵的马。一说毛色作五花纹，一说颈上长毛修剪成五瓣。（16）千金裘：价值千金的狐裘。（17）将：拿。（18）尔：你。万古愁：形容无穷无尽的忧虑。

【提示】

天宝初年，李白由道士吴筠等推荐，由唐玄宗下诏进京，为供奉翰林。不久，因权贵谗毁，于天宝三年（744）被赐金放还。这首诗大约写于天宝十一年（752），诗人与友人岑勋应邀到嵩山元丹丘的颍阳山居为客，三人登高饮宴,借酒放歌。

诗歌反映了诗人复杂而矛盾的情绪,流露出政治上不得志的深沉愤懑,同时也表达了淡于富贵、傲视圣贤、及时行乐、醉酒尽欢的思想。由于写得忽翕忽张,大起大落,酣畅淋漓,一泻千里,被人称为"最为豪放,才气千古无双"(徐增《而庵说唐诗》)。学习时,可注意它由悲转乐,转狂放,转愤激,再转狂放,最后结穴于"万古愁"这样一种情绪脉络。诗一开始,悲叹人生短促,从而走向"须尽欢"的纵情与"必有用"的自信,这里隐含被放逐出长安的牢骚,以及自我振作、渴望用世的积极意向;然而自古志士仁人难酬壮志,空耗壮心,就像陈王曹植那样才高八斗的诗人,最终也只能悲欣交集地在平乐观宴饮,这不能不让他和相隔数百载的诗人惺惺相惜。在这种深广忧愤情绪的促动下,酒兴越喝越浓,越喝越狂,主客混淆,醉态毕现,结句落实到"万古愁"之悲,回应开篇,使全诗的格调浑融整一。

崔颢《黄鹤楼》(1)

昔人已乘黄鹤去(2),此地空余黄鹤楼。黄鹤一去不复返,白云千载空悠悠(3)。晴川历历汉阳树(4),芳草萋萋鹦鹉洲(5)。日暮乡关何处是(6)?烟波江上使人愁(7)。

【注释】

(1)崔颢(约704—754),字号不详,汴州(今河南开封)人。唐玄宗开元十一年(723)进士。曾任河东军幕,天宝年间历任太仆寺丞、司勋员外郎。其诗前期多艳体,从军边塞后多写军旅题材,风骨清劲。后人辑有《崔颢集》。(2)昔人:指传说中的仙人。一说三国时蜀人费祎在此楼乘鹤登仙,一说仙人子安曾乘黄鹤经过这里。(3)悠悠:飘荡的样子。(4)"晴川"句:是说晴天从黄鹤楼望对岸汉阳的树木,清晰可辨。晴川,阳光照耀下的汉江。历历,清晰分明的样子。汉阳,在武昌西北,与黄鹤楼隔江相望。(5)萋萋:

草长得茂盛的样子。鹦鹉洲：地名，唐时在汉阳西南长江中，明末逐渐沉没。相传因东汉末年祢衡作《鹦鹉赋》而得名，祢衡被黄祖杀害，葬于洲上。(6)乡关：故乡，家乡。(7)烟波：烟霭笼罩的江面。

【提示】

黄鹤楼是江汉名胜古迹，故址在今湖北武昌蛇山黄鹄矶上，下临长江。楼因山而得名（古"鹄"字与"鹤"字通）。相传三国吴黄武年间创建，后屡毁屡修。昔日黄鹤楼，轩昂宏伟，辉煌瑰丽，几疑"仙宫"，后人附会了许多神话。这首诗前半部分写黄鹤楼的传说，但其中饱含着岁月易逝、世事苍茫的深沉感慨；后半部分面对黄鹤楼周边的景色，尤其是汉阳的亭亭绿树、鹦鹉洲的萋萋芳草，生发出乡关之愁思。《楚辞·招隐士》中"王孙游兮不归，春草生兮萋萋"可视作乡思的媒介。诗歌也就由咏古转入叹今。

此诗被誉为"唐人七律第一"。就律而言，这首诗突破了七律的格律束缚，不讲平仄对偶，甚至多次重复"黄鹤"，这本是用律的大忌，但由于处理得好，诗如行云流水，一气呵成，无雕琢之色。据元人辛文房《唐才子传》载：李白登黄鹤楼欲赋诗题咏，终因崔颢之作过于出色而为之搁笔，并且说："眼前有景道不得，崔颢题诗在上头。"后来李白去了金陵，用崔颢这首诗的韵律，写下了《登金陵凤凰台》："凤凰台上凤凰游，凤去台空江自流。吴宫花草埋幽径，晋代衣冠成古丘。三山半落青天外，一水中分白鹭洲。总为浮云能蔽日，长安不见使人愁。"关于这两首诗孰优孰劣的问题，历来争论不休。

高适《封丘作》(1)

我本渔樵孟诸野(2)，一生自是悠悠者(3)。乍可狂歌草泽中(4)，宁堪作吏风尘下(5)？只言小邑无所为(6)，公门百事皆有期(7)。拜迎长官心欲碎，鞭挞黎庶令人悲(8)。归来向家问妻子(9)，举家尽笑今如此(10)。生事应须南亩田(11)，世情尽付东流水(12)。梦想旧山安在哉(13)，为衔君命且迟回⁽¹⁴⁾。乃知梅福徒为尔⁽¹⁵⁾,转忆陶潜归去来⁽¹⁶⁾。

【注释】

(1)高适(约704—765),字达夫,渤海蓨县(今河北衡水)人。少时生活困顿,随父旅居岭南。开元七年(719)前后,入长安求仕无成,乃东归梁宋、北上蓟门,对东北边塞生活有切身体验。40岁后因人荐举"有道科",及第,授封丘县尉,不久辞去。后客游河西,在哥舒翰幕府中任掌书记。安史乱起,从玄宗至蜀,升侍御史,拜谏议大夫。后历仕淮南节度使及蜀州、彭州刺史,转成都尹、剑南西川节度使。代宗朝,任刑部侍郎、转左散骑常侍,世称"高常侍"。进封渤海县侯。其边塞诗与岑参齐名,并称"高岑"。有《高常侍集》。(2)渔樵:打鱼砍柴。孟诸:古代大泽名,在今河南商丘东北。野:山野。(3)悠悠者:无所拘束、闲散自在的人。(4)乍可:只可,只能够。(5)宁堪:哪堪,怎能。风尘:熙攘纷扰的尘世。(6)邑:县城。无所为:无事可做。(7)公门:衙门。期:规程,期限。(8)挞(tà):打。黎庶:百姓。(9)向家:面对家里的人。妻子:妻子儿女。(10)"举家"句:意指自己不通吏道,与世相悖,故遭家人善意的嘲笑。(11)"生事"句:是说应靠种田谋生。生事,生计。应须,应靠。南亩,田亩,即农田。(12)"世情"句:将利禄世情付诸东流,不再去管它。世情,世态人情。(13)旧山:故乡。(14)衔:奉。君命:皇帝的任命(指任封丘尉)。且:暂且。迟回:犹豫迟疑,不能决断。这一句说自己奉命为吏,欲归而不得。(15)梅福:西汉人,曾任南昌尉,后弃官归隐,居家读书。徒为尔:正是为此。此句意谓这才知梅福弃去县尉之职正是因不堪县尉为政之繁苛扰民。(16)"转忆"句:是说转而想到东晋陶渊明和他的《归去来兮辞》。表示要弃官归田。

【提示】

高适苦苦追求20多年,年过四十,才得到封丘尉这样一个卑微的官职。职任之要求,与他的理想相去甚远,使他再度陷入苦闷痛苦之中。诗的开篇声明自己只能是一位散淡乡野、过着悠闲生活的渔人樵夫，不堪堕入风尘做一俗吏。这思想固然受陶渊明影响，更是对现实失望的牢骚。从诗人此前此后坚持不懈地追求一官半职，以求施展自己的政治才干，实现自己的政治理想的作为来看，这里显然是临时情绪，而不是稳定心态。这种牢骚情绪产生的由来，一是"公门百事皆有期"，时间上受拘束，行动上不自由；二是身心受摧残，逼迫自己做"拜迎长官""鞭挞黎庶"之违背意愿的事。对此，他心里很痛苦，意欲归耕林下，以求解脱，诗里表现出忧患意识和人道情怀。诗人担任封丘尉不久就辞去了。

杜甫《饮中八仙歌》[1]

知章骑马似乘船[2]，眼花落井水底眠[3]。汝阳三斗始朝天[4]，道逢曲车口流涎[5]，恨不移封向酒泉[6]。左相日兴费万钱[7]，饮如长鲸吸百川[8]，衔杯乐圣称避贤[9]。宗之潇洒美少年[10]，举觞白眼望青天[11]，皎如玉树临风前[12]。苏晋长斋绣佛前[13]，醉中往往爱逃禅[14]。李白斗酒诗百篇，长安市上酒家眠[15]，天子呼来不上船[16]，自称臣是酒中仙。张旭三杯草圣传[17]，脱帽露顶王公前[18]，挥毫落纸如云烟[19]。焦遂五斗方卓然[20]，高谈雄辩惊四筵。

【注释】

（1）杜甫：见专题二"帝都之诗"专题诗选《丽人行》注释（1）。（2）知章：指诗人贺知章，其人狂放嗜酒。骑马似乘船：言其醉后骑马，身形摇晃不定。（3）眼花：醉眼昏花。（4）汝阳：指汝阳王李琎，唐玄宗侄子。杜甫居长安初，曾做过他的宾客。朝天：入朝参见天子。（5）曲（qū）车：装有酒曲的车子。涎（xián）：口水。（6）移封：改换封地。封建时代，皇室贵族各有封地。酒泉：酒泉郡，在今甘肃酒泉，传说城下有泉，其味如酒，故名。（7）左相：指李适之。天宝年间曾任左丞相，后为李林甫排斥罢相，贬宜春太守，服毒而死。(8)"饮如"句：古人以为鲸能吞吐百川之水，故以此形容李适之酒量之大。(9)衔杯：贪酒。乐圣：爱酒。古人戏称清酒为"圣人"，浊酒为"贤人"。李适之罢相后，曾与亲友会饮，赋诗曰："避贤初罢相，乐圣且衔杯。为问门前客，今朝几个来？"这里化用其诗句，言其虽丢了相位，但酒兴并不因此而减。(10)宗之：崔宗之，开元时吏部尚书崔日用之子。开元末，官右司郎中侍御史，与李白交情深厚。(11)觞(shāng)：大酒杯。白眼：晋诗人阮籍能作青白眼，遇知己者施以青眼，对庸俗拘泥之人则施以白眼，表示蔑视。这里用此事状崔宗之年少气盛、愤世嫉俗的神情。(12)皎：俊美之姿。玉树：用玉雕的树。此词常被人用作对容貌清俊的人的比喻。这里的"玉树临风"形容崔宗之醉后身形摇晃不能自持的样子。(13)苏晋：开元间进士，曾为户部和吏部侍郎。长斋：长期礼佛斋戒。绣佛：用彩色丝线绣成的佛像。(14)逃禅：这里指逃出禅戒，即不守佛门戒律。佛教戒饮酒，苏晋长斋信佛，却嗜酒，故曰"逃禅"。(15)"长安"句：《新唐书·李白传》记其初至长安，玄宗召见，"赐食，亲为调羹。有诏供奉翰林，白犹与饮徒醉于市"。本句即指此事。(16)"天子"句：据范传正《李白新墓碑》记载，玄宗泛舟白莲池时，曾召李白写序。当时，李白在翰林院喝得烂醉，由高力士扶着上船面圣。本句即指此事。(17)张旭：书法家，善草书，人称"草圣"。(18)脱帽露顶：据说张旭性喜喝酒，每醉后号呼狂走，索笔挥洒，甚至以头濡墨而书。醒后自视手迹，以为神异，不可复得。世称"张颠"。(19)如云烟：形容张旭书法舒卷自如，运笔来去无踪，具有生动瑰奇的特点。(20)焦遂：事迹不详。袁郊《甘泽谣》中称他为"布衣"，想来未做过官。开元年间，他与孟彦深、孟云卿客居于昆山陶岘家中。卓然：卓异超众。

【提示】

此诗约作于天宝五年(746)，其时杜甫初到长安。作品描写了当时八个性格豪放、举止通脱、嗜酒如命的人物：贺知章任纵潇洒，随遇而安；汝阳王不可一日无酒，恨不得生活在酒乡；李适之以酒自慰，躲避时祸；崔宗之风貌俊爽，举杯傲视尘世；苏晋以酒为隐，自得其乐；李白斗酒诗兴大发，尘世的一切权威不在话下；张旭酒后狂性发作，草书落笔"如云烟"；焦遂痛饮五斗，语惊四座。杜甫对他们很是钦佩向慕，戏称他们为"饮中八仙"。整首诗在结构上，每个人物自成一章，八个人物主次分明，人物的性格特点又彼此衬托映照，艺术上有独创性。

杜甫《春日忆李白》(1)

白也诗无敌(2)，飘然思不群(3)。清新庾开府(4)，俊逸鲍参军(5)。渭北春天树(6)，江东日暮云(7)。何时一樽酒，重与细论文(8)。

【注释】

（1）杜甫：见专题二"帝都之诗"专题诗选《丽人行》注释（1）。（2）白也：指李白。也，表称呼之意。呼李白其名，表示亲切。（3）不群：指才能不凡，高于同辈。（4）清新：意境清新。庾开府：北周诗人庾信，曾担任开府仪同三司，世称"庾开府"。这句是说，李白诗的清新，就像庾信。（5）俊逸：精神高远。鲍参军：南朝宋诗人鲍照，曾担任荆州前军参军，世称"鲍参军"。这句是说，李白诗的俊逸，就像鲍照。（6）渭北：指杜甫所在的长安一带。（7）江东：指李白当时正在漫游的江浙一带。（8）论文：讨论诗歌。

【提示】

唐玄宗天宝三年（744），李白与杜甫相识于洛阳，而后同游梁宋（今河南开封、商丘一带），把酒论诗，"醉眠秋共被，携手日同行"，从此结下了深厚的友谊。次年秋，两人分手，李白南游吴越，杜甫则西赴长安，从此两人未能再见。本诗以论诗贯穿始终，将论诗与忆人融为一体，情景交融，既表达了对李白的思念之情，又表达了对李白诗的赞美之意。

"渭北春天树，江东日暮云"一联，即景融情，化景为情，深得后人欣赏。但对这两句的解说，则并不一致。一种较为通行的说法是"同一时间里的彼此相忆",当作者在渭北思念江东的李白之时,也正是李白在江东思念渭北的作者之时,作者遥望南天唯见天边的云彩,李白翘首北国唯见远处的树色,于是"春树""暮云"也染上了离情。有一个成语叫"暮云春树",用来表示思念远方的友人,其出处即在此。

杜甫怀念李白的诗作不少。安史之乱期间,李白因入永王李璘幕而遭流放,杜甫听闻消息后十分牵挂,写《梦李白》《不见》等诗。诗中"死别已吞声,生别常恻恻""魂来枫叶青,魂返关塞黑""江湖多风波,舟楫恐失坠""冠盖满京华,斯人独憔悴""世人皆欲杀,吾意独怜才"等,沉痛而深情。

岑参《春梦》(1)

洞房昨夜春风起(2),故人尚隔湘江水(3)。枕上片时春梦中,行尽江南数千里。

【注释】

(1)岑参(约715—约770),字号不详,荆州江陵(今湖北荆州)人。天宝三年(744)进士及第,授右内率府兵曹参军。曾两次从军边塞,先在安西节度使高仙芝幕府掌书记。天宝末年,封常清为安西北庭节度使时,为其幕府判官。肃宗时历任右补阙、起居舍人、虢州长史等职。大历二年(767)出守嘉州,世称"岑嘉州"。其诗善写边塞风物,风格奇峭。与高适并称"高岑"。有《岑嘉州集》。(2)洞房:深屋。(3)故人尚隔:一作"遥忆美人"。

【提示】

由于诗题叫《春梦》,第二句又作"遥忆美人湘江水",所以常被认作情诗。无论诗之所忆是故友还是情人,其相思之切,意境之美,是无疑的。"枕上片时春梦中,行尽江南数千里",用时间的速度和空间的广度,来显示感情的强度和深度。宋晏几道《蝶恋花》云:"梦入江南烟水路,行尽江南,不与离人遇。"即从此诗化出。

三、专题衍说

渭北春天树,江东日暮云
——说李白与杜甫的友情,兼说辛弃疾与陈亮

"渭北春天树,江东日暮云",出自杜甫所作《春日忆李白》。诗里感人的句子还有"何时一樽酒,重与细论文"等。

公元744年,李白与杜甫相遇于洛阳,前者44岁,后者33岁,一个已诗名远扬,一个还默默无闻。"醉眠秋共被,携手日同行"是杜甫对他们兄弟般亲密交游的记录。之后,再无机缘重聚。尽管李白分手时也有两三首诗留给杜甫,诸如"思君若汶水,浩荡寄南征""飞蓬各自远,且尽手中杯"之类,但杜甫追念李白的诗一直写到晚年,那种刻骨铭心更让后人唏嘘。李白因入永王李璘幕府而获罪,杜甫由衷牵挂:"世人皆欲杀,吾意独怜才。"《梦李白》两首,写尽了对李白的思念,以及理解。"冠盖满京华,斯人独憔悴""千秋万岁名,寂寞身后事",若非知己深交,岂能如此不平,如此维护,如此为之剖白。

论及李杜的交往友情,也有人说这是不完全平等的付出。李白对孟浩然那样的钦佩向往,没有发生在杜甫身上,杜甫是他生命里的一位过客,而杜甫却用一生的时光记住了这个短暂的相会。人的相逢,也许很难衡量对应的深浅重轻,是不是可以这样想:李白是水,水的秉性就是流淌多变的,它无法为任何一个渡口稍事停留,但化云化雨,气蒸波撼,何处又能不受到它的浸润?而杜甫是山,沉稳包容,深情地记载着风霜岁月刻下的层层痕迹,永不改变。山环着水,水映着山,高山流水,风光无限。

高山流水,早已是知音的代名词了。"巍巍乎若泰山","洋洋乎若流水",钟子期死,伯牙摔琴绝弦。管仲与鲍叔牙是知音,郢人与郢匠、庄子与惠子、诸葛亮与司马懿,是对手也是知音吧。

"世人皆欲杀,吾意独怜才"是杜甫为李白写的,无独有偶,辛弃疾在《祭

陈同甫文》里也用"人皆欲杀,我独怜才"来表达他与陈亮的惺惺相惜。直待读到辛陈二人的意气相投,长歌相答,读到五首[贺新郎],才知道这方是声气相合,至深至厚,比之于李杜等佳话更感天动地。

辛弃疾与陈亮初识于临安,不久分别,但友情渐深。淳熙十五年(1188)冬天,陈亮冒严寒从浙江永康到江西上饶,看望阔别10多年的辛弃疾。二人同饮瓢泉,同游鹅湖。此时的辛弃疾被劾落职,陈亮亦遭遇过牢狱之灾,但二人对抗金恢复之业仍充满期待。之前曾邀朱熹同商大事,但朱熹推辞不赴,令二人十分遗憾。陈亮在上饶留住10天后,飘然东去。走后的第二天,辛弃疾念念不舍,拼命追赶,欲挽留他多住些时日。当赶至鹭鸶林时,雪深路滑,无法前行,不得不停步,在方村独饮,怅然叹息。当天夜半投宿于吴氏泉湖四望楼,听到邻人悲凉的笛声,低回不已,写下一首[贺新郎]:

把酒长亭说。看渊明、风流酷似,卧龙诸葛。何处飞来林间鹊,蹙踏松梢残雪。要破帽多添华发。剩水残山无态度,被疏梅、料理成风月。两三雁,也萧瑟。佳人重约还轻别。怅清江、天寒不渡,水深冰合。路断车轮生四角,此地行人销骨。问谁使、君来愁绝?铸就而今相思错,料当初、费尽人间铁。长夜笛,莫吹裂。

将陈亮视作渊明,确为知心。"陶潜酷似卧龙豪,万古浔阳松菊高。"陈亮见词后,步原韵和了一首寄赠辛弃疾:

老去凭谁说。看几番、神奇臭腐,夏裘冬葛。父老长安今余几,后死无仇可雪。犹未燥当时生发。二十五弦多少恨,算世间、那有平分月。胡妇弄,汉宫瑟。树犹如此堪重别。只使君、从来与我,话头多合。行矣置之无足问,谁换妍皮痴骨。但莫使、伯牙弦绝。九转丹砂牢拾取,管精金、只是寻常铁。龙共虎,应声裂。

"只使君、从来与我,话头多合。"这里的知心知意,同样肝胆共照。辛弃疾得到词后,又于来年春天,用前韵和了一首:

老大那堪说。似而今、元龙臭味,孟公瓜葛。我病君来高歌饮,惊散楼头飞雪。笑富贵、千钧如发。硬语盘空谁来听？记当时、只有西窗月。重进酒,换鸣瑟。事无两样人心别。问渠侬：神州毕竟,几番离合？汗血盐车无人顾,千里空收骏骨。正目断、关河路绝。我最怜君中宵舞,道男儿、到死心如铁。看试手,补天裂。

去冬西窗月下的"硬语盘空"历历在目,而"我最怜君中宵舞"更是突出了二人的心意相通。

刘熙载说"陈同甫与稼轩为友,其人才相若,词亦相似",读此二人唱和之词,"则两公之气谊怀抱,俱可知矣"。

何为知己？与分享多少秘密有关吗？或者,只要彼此互相认定、相视一笑,就算是的吧。有时候,语言未必达意,心却早已领得。

辛弃疾与陈亮交游的另二首[贺新郎]如下：

离乱从头说。爱吾民、金缯不爱,蔓藤累葛。壮气尽消人脆好,冠盖阴山观雪。亏杀我、一星星发。涕出女吴成倒转,问鲁为齐弱何年月。丘也幸,由之瑟。斩新换出旗麾别。把当时、一桩大义,拆开收合。据地一呼吾往矣,万里摇肢动骨。这话霸、只成痴绝。天地洪炉谁扇鞴,算于中、安得长坚铁。淝水破,关东裂。

话杀浑闲说。不成教、齐民也解,为伊为葛。樽酒相逢成二老,却忆去年风雪。新著了、几茎华发。百世寻人犹接踵,叹只今两地三人月。写旧恨,向谁瑟？男儿何用伤离别。况古来、几番际会,风从云合。千里情亲长晤对,妙体本心次骨。卧百尺、高楼斗绝。天下适安耕且老,看买犁卖剑平家铁。壮士泪,肺肝裂。

会稽愚妇轻买臣,我辈岂是蓬蒿人
——说李白的婚姻和"会稽愚妇"的可能性指向

天宝元年(742)的秋天,年过四十的李白在安徽南陵县接到唐玄宗的入京诏书,意兴飞扬地写下《南陵别儿童入京》一诗,其中有:"会稽愚妇轻买臣,余亦辞家西入秦。仰天大笑出门去,我辈岂是蓬蒿人。"

"仰天大笑出门去,我辈岂是蓬蒿人"自是李白的不羁口吻,而"会稽愚妇轻买臣"所指的又是什么呢?

朱买臣是西汉武帝时人,性好读书,不置产业,蹉跎到40多岁还是一个落拓儒生,食贫居贱。家中穷困潦倒,只好跟老婆一起到山中砍柴然后出售为生。有一天,二人去集市卖柴,朱买臣口中喃喃地背书,老婆崔氏听得心烦,制止他出声,不想他越背越响亮,竟如唱歌一般,响彻市中,崔氏十分尴尬。崔氏看着丈夫呆头呆脑,家里上顿不接下顿,生活没有盼头,就跟他大闹离婚。朱买臣说:"看相的人说我50岁一定能富贵,你都跟了我20多年,再熬几年又有什么关系?"崔氏决然回答:"别再提富贵的事了,你还是放我生路吧。"见崔氏如此执拗,朱买臣只好写了休书。

差不多50岁的时候,朱买臣到了长安,得到同乡严助的推荐,被汉武帝召见,拜为中大夫,还回乡做了会稽太守。这时,他的前妻已经嫁给一个做劳工的人,衣食虽然不亏,毕竟寄人篱下。朱买臣让这对夫妻坐他的马车来到郡衙,给他们房子住,提供给他们丰厚的衣食。他的前妻羞悔不已,悬梁自尽。

关于崔氏的结局,还有一个版本,说她见朱买臣荣华富贵,想回头再争取做太守夫人。她蓬头垢面,赤着双足,跪在朱买臣的高头大马前,苦苦哀求。朱买臣让人端来一盆清水泼在马前,告诉崔氏,若能将水收回盆中,就答应她回来。崔氏闻言,知道再无可能,疯掉了(或者是自杀了)。这便是"覆水难收"典故的来源。

朱买臣的故事,曾作为历史上的一个励志故事,鼓舞过不少贫寒的书生。不过,朱买臣得意扬扬回到故里,前妻崔氏与现任丈夫一同接受前夫的施舍,甚至于崔氏乞求复合被羞辱,这类描写多少体现了强势性别对于女性的嘲讽。

李白在《南陵别儿童入京》一诗里说"会稽愚妇轻买臣",朱买臣自然是指代自己,而"会稽愚妇"到底是泛指那些低看自己的目光短浅的世俗小人,还是真的跟他自己的婚姻有关系,成了后来人们议论的一个话题。

关于李白的婚姻,记载中并不详尽,以至于后人难以清晰了解,因此也很难搞清楚他的一些"寄内"诗究竟是写给哪一任妻子。

唐代一位叫魏颢(也叫魏万)的人,与李白关系很好,李白曾将自己平生所写诗文托付他编集。由于战乱,诗文遗失了不少,但魏颢最终还是编成了《李翰林集》,并在前面写了个序。这本诗集没能保留下来,《李翰林集序》则存于后世。序中提到李白的婚姻:"白始娶于许,生一女,一男曰明月奴。女既嫁而卒。又合于刘,刘诀。次合于鲁一妇,生子曰颇黎。终娶于宋(宗,"宋"为讹)。"说李白最初娶的夫人是许氏,生了一个女儿、一个儿子,儿子名叫明月奴;在女儿将到出嫁的年龄时,许氏夫人去世了。之后李白与刘氏在一起生活,不久分手。之后又在山东与一妇人同居,生过一个儿子叫颇黎。之后娶了宗氏为夫人。

李白与第一任夫人许氏结婚时大约30岁。许氏的祖父许圉师,曾是唐高宗时期的宰相,许圉师的父亲许绍与唐高祖李渊为少年同学,是高祖、太宗朝的重臣。不过李白结婚的时候,许圉师已经去世多年。婚后10年间,两人感情应该不错。李白远游在外,也会写些诗作表达情意。一次李白写了《长相思》,末句言:"不信妾肠断,归来看取明镜前。"许氏笑话他,说武则天诗里有"不信比来常下泪,开箱验取石榴裙",你的句子可是有抄袭嫌疑的。李白顿觉不好意思。

许氏死后,李白在山东先后跟两位女子一起生活过。一位姓刘,没有生育;另一位不清楚姓什么,生过一个儿子,五年后亡故。她们跟李白都不是正式嫁娶的关系,所以魏颢在写《李翰林集序》的时候,用了"合"字,而非"娶"字。

李白的第二任夫人宗氏,也有宰相的家世。她的祖父宗楚客,是武后时的宰相。那年李白近50岁,醉酒后在梁园的墙壁上题写《梁园吟》,恰巧宗氏路过。她制止旁人擦洗墙上的字,花千金买下了这面墙壁,留下一段佳话。婚后两人聚少离多,李白入狱流放时,她曾与家人竭力营救。李白写过《自代内赠》,以夫人的口吻写二人的深情,其中有"妾似井底桃,开花向谁笑?君如天上月,不肯一回照。窥镜不自识,别多憔悴深。安得秦吉了,为人道寸心"之句。

作为丈夫,李白或许是不称职的。这一点他有自知之明。他写过《赠内》一诗:"三百六十日,日日醉如泥。虽为李白妇,何异太常妻。"天天烂醉如泥,做妻子的能不辛苦?"太常"的典故指的是东汉主持宗庙礼仪的太常卿周泽,此人一年三百五十九天住在斋宫里斋戒,剩下的一天虽然没有斋戒,却喝得烂醉如泥,妻子根本见不到他的面。这首诗虽是戏谑,多少有些歉疚的意思。

不过李白对于刘氏是有怨恨的。刘氏极有可能瞧不起李白,在二人不欢而散后发布过不利于李白的流言,李白很生气。他写有一首《雪谗诗赠友人》,里面说:"彼妇人之猖狂,不如鹊之强强。彼妇人之淫昏,不如鹑之奔奔。"有研究者认为是骂刘氏的。若如此,"会稽愚妇轻买臣",也很有可能说的是刘氏。

专题五

重阳诗词

一、专题要点

本专题主要了解重阳节的来历、习俗，了解与重阳节相关的常见典故，学习以登高、饮酒、赏菊等重阳民俗活动为题材的诗词作品，把握其情感指向及其渊源。本专题选读诗歌作品13首。

（一）重阳节的来历

农历九月九日为中国传统的重阳节。这一节日的来历和古代的历法有关。《易经》中把偶数定为阴数，把奇数定为阳数。"九"为十以内数字中阳数的极点。九月初九，日月并阳，两九相重，故而叫重阳，也叫重九。古人认为这是个值得庆贺的日子。再者，九九重阳之"九九"与"久久"同音，有长久长寿的含义；况且秋季又是一年收获的黄金季节，人们对此抱有特殊的感情。

我国很早就有关于"重阳"的记载。战国屈原《远游》："集重阳入帝宫兮，造旬始而观清都。"此处的"重阳"二字指天，而非节日。但三国曹丕《九日与钟繇书》："岁往月来，忽复九月九日。九为阳数，而日月并应，俗嘉其名，以为宜于长久，故以享宴高会。"这里就已经写到重阳日的饮宴。晋代陶渊明《九日闲居》诗序："余闲居，爱重九之名。秋菊盈园，而持醪靡由，空服九华，寄怀于言。"文中同时提到重阳日的菊花和酒。重阳在唐代被正式定为节日。明清时期，这一日皇宫上下要吃花糕，皇帝要到万岁山登高，以畅秋志。2013年7月1日起实施的《中华人民共和国老年人权益保障法》明确规定,每年农历九月初九为老年节。

(二)重阳诗词中常见的两则典故

1. 白衣送酒。《晋书·陶潜传》:"(陶潜)尝九月九日出宅边菊丛中坐,久之,满手把菊,忽值(王)弘送酒至,即便就酌,醉而归。"

2. 孟嘉落帽。《晋书·孟嘉传》:"九月九日,(桓)温燕龙山,僚佐毕集。时佐吏并著戎服。有风至,吹嘉帽堕落,嘉不之觉。温使左右勿言,欲观其举止。嘉良久如厕,温令取还之,命孙盛作文嘲嘉,着嘉坐处。嘉还见,即答之,其文甚美,四座嗟叹。"

(三)课堂话题

与中秋诗词相比,重阳诗词的情感表达,倾向性没有那么强。中秋咏月,月有阴晴圆缺,这一点会引起人们关于人生圆满与否的联想;月亮皎洁明亮,诗人们也常常借用来表现自身清高纯洁的品德。它的象征意味就特别明显。而重阳诗词,主要围绕着民俗活动展开,但情绪因人而异。当然,"欢愉之辞难工,而穷苦之辞易好",这也是诗词中多苦难情调的缘由。况且又值"悲秋"时节,因此类似于"九月九日望乡台,他席他乡送客杯"(王勃《蜀中九日》)、"落帽台边菊半黄,行人惆怅对重阳"(李群玉《重阳日上渚宫杨尚书》)这样的情绪比较普遍。

1. 重阳与登高、插茱萸。登高、插茱萸的习俗与传说有关。据《续齐谐记》载,东汉桓景跟费长房学道术。一日,费长房告知桓景:九月九日有大灾,可速回家,让全家插茱萸,登高饮菊花酒,即能免灾。从此形成一种风俗。王维《九月九日忆山东兄弟》想象远在家乡的兄弟按照重阳节的风俗登高、插茱萸时,也在怀念自己。杜牧《九日齐山登高》写与友人张祜九日登齐山时的感慨,表达人生多忧、死生无常的悲哀。

2. 重阳与饮酒、赏菊。重阳品赏菊花,在诗人的笔下有象征意义。菊花的高洁品格,一方面来源于菊花的自然属性,它是经得起秋后风霜摧折的,正如黄巢《不第后赋菊》所说:"待到秋来九月八,我花开后百花杀。冲天香阵透长安,满城尽带黄金甲。"另一方面,则是"采菊东篱下,悠然见南山"的陶渊明赋予的,菊花超凡脱俗,被称为花中的隐士。李清照[醉花阴]描述重阳节饮酒赏菊,烘托了一种凄凉寂寥的氛围。范成大《重阳后菊花》借菊花的高洁孤傲来讽刺那些追名逐利、趋炎附势的势利小人。

3. 重阳与风雅典故。"白衣送酒"的典故与陶渊明有关,来说明所渴望的东西朋友正好送来,雪中送炭,遂心所愿。"孟嘉落帽"的典故,一来称扬人的气度宽宏,风流倜傥,潇洒儒雅;二来形容才子名士的风雅洒脱、才思敏捷。不过诗词里化用时,有各种变异,借用来展示各种不同的情状,如"不见白衣来送酒,但令黄菊自开花"(皇甫冉《重阳日酬李观》),"岂有白衣来剥啄,一从乌帽自欹斜"(高适《重阳》),"羞将短发还吹帽,笑倩旁人为正冠"(杜甫《九日蓝田崔氏庄》)等。

二、专题诗选

王勃《蜀中九日》[1]

九月九日望乡台[2],他席他乡送客杯[3]。人情已厌南中苦[4],鸿雁那从北地来[5]。

【注释】

(1)王勃:见专题一"初唐诗况"专题诗选《送杜少府之任蜀川》注释(1)。(2)九月九日:重阳节。望乡台:古人远戍或远旅,往往筑台或登高以望乡。《太平寰宇记》载,四川华阳县北,旧有望乡台。(3)他席:他人设的酒席。送客杯:指送别酒宴。(4)人情:指诗人自己的感情。厌:指饱尝之意。南中:泛指南方,包括川、黔、滇、粤各地。此指蜀中。(5)那:为何。北地:北方。

【提示】

王勃才华早露,未成年即被司刑太常伯刘祥道赞为神童,向朝廷表荐,对策高第,授朝散郎。唐高宗乾封元年(666)为沛王李贤征为王府侍读,然而两年后却因戏为《檄英王鸡》文,被高宗逐出王府,只好客游巴蜀。旅居巴蜀期间,他心境不佳,正如他在《思春赋》中所说:"举目有山河之异。"重阳佳节,登望乡台,内心不免悲苦。

这首诗特别强调的是流落异乡的苦闷。佳节思亲,却无法与家人团聚,凭高瞭望,徒增烦恼;偏偏又在"他乡他席"饮"送客杯",在他人的送客宴席上为别人送行,而自己不得不滞留于此。这看似客观的叙述中埋藏着敏感与遗恨。"人情已厌南中苦,鸿雁那从北地来"二句也写得极苦极痴。秋冬之际,北方的鸿雁飞到南方来,本是天然的事,诗人却表示:南中这地方,我一天都待不下去了,鸿雁啊,你们为什么还要飞过来呢?往深里寻思,这两句颇有"人不如鸟"之意。难怪有人说"读之初似常语,久而自知其妙"。

王昌龄《九日登高》[1]

青山远近带皇州[2],霁景重阳上北楼[3]。雨歇亭皋仙菊润[4],霜飞天苑御梨秋[5]。茱萸插鬓花宜寿[6],翡翠横钗舞作愁[7]。谩说陶潜篱下醉[8],何曾得见此风流[9]。

【注释】

(1)王昌龄:见专题四"盛唐诗况"专题诗选《芙蓉楼送辛渐》注释(1)。(2)带:围绕,环绕。皇州:帝都,这里指长安。(3)霁景:雨止天气放晴之景。(4)"雨歇"句:雨后水边平地上的菊花更加滋润。亭皋(gāo):水边的平地。(5)"霜飞"句:御花园中的梨树经霜之后也有了秋意。天苑:御苑,皇家的园林。御梨:禁苑之梨。(6)茱萸(zhū yú):植物名,有山茱萸、吴茱萸、食茱萸等种类,并属落叶乔木,开花,实可入药。九日登高,有插茱萸以辟邪的风俗。这句说:在重阳节那天鬓边插茱萸可以使人长寿。《西京杂记》载:"汉武帝宫人贾佩兰,九月九日佩茱萸,食蓬饵,饮菊花酒,云令人长寿。"(7)翡翠：鸟名，其青羽者俗称翠鸟，亦名鹬，其羽可为装饰品。此处即指其羽毛，用为舞伎发髻上的装饰物。这句是说：头戴翡翠钗的舞伎们舞姿美好，让人看得眼花缭乱。(8)谩说：漫说，枉说。陶潜篱下醉：《晋书·陶潜传》："(陶潜)尝九月九日出宅边菊丛中坐，久之，满手把菊，忽值(王)弘送酒至，即便就酌，醉而归。"(9)风流：流风余韵，遗留下的风韵及事迹。

【提示】

九月九日，诗人登上长安北楼，即景赋诗。首句从大处落笔，写出长安形势，次句具体点出登高之所和时间。三、四两句是对自然景观的着意描绘，"雨歇"而"仙菊润"，"霜飞"而"御梨秋"，刻画细致入微。五、六两句写节日风俗和欢快场面。最后两句先用"谩说"二字将陶潜篱菊醉饮的风流一笔抹去，再用"何曾"二字强调眼前的风流。

金圣叹评价此诗，认为写得独具一格，不像其他许多人故意用眼泪把重阳节写得苦情苦调，而是隆重地写帝都皇苑的升平繁华，"菊必写仙菊，梨必写御梨"，"寿花簪鬓，侍姬呈态，翠羽流钗，得有如此风流者，实是上荷圣人之至治，下极同人之欢赏"，"则知无一处登高，无不乃心王室者也"。这一评价看到了此诗与其他写重阳节的流行之作的不同套路，然而不免有些迂腐。也有人评价此诗，认为诗人将御苑中歌舞不尽的奢华场面与陶渊明的清静超俗相对照，从而表达一种讽喻。不过，从诗中看，讽喻的意味并不明显。

总体而言，这是一首重阳节的应景之作，写得轻松自然，可以想见诗人愉悦的心情。

王维《九月九日忆山东兄弟》(1)

独在异乡为异客(2)，每逢佳节倍思亲(3)。遥知兄弟登高处(4)，遍插茱萸少一人(5)。

【注释】

（1）王维：见专题二"帝都之诗"专题诗选《和贾至舍人早朝大明宫之作》注释（1）。（2）异乡：他乡。这里指诗人所在的长安。（3）佳节：指重阳节。倍：加倍，格外。（4）登高：重阳节有登高之俗。处：处所，地方。（5）遍插茱萸：古人重阳节有插戴茱萸辟邪的习俗。少一人：指只缺少诗人自己。

【提示】

九月九日，即重阳节。山东，指华山以东地区，诗人的故乡蒲州（今山西永济）也包括在内，所以王维称他在家乡的兄弟为"山东兄弟"。据诗人自注，他写这首诗的时候只有17岁。作品以质朴无华的语言直接道出了客居异地之人"每逢佳节倍思亲"的普遍情绪。由于它具有高度的概括性，能使人产生强烈共鸣，遂成了家喻户晓的千古绝唱。

这首诗还值得称道的是，诗的三、四两句运用反衬法，也就是"从对面写来"的方法，不直接写自己思念家乡，而是说家乡的兄弟们思念自己；也不直接写兄弟思念，而是用他们重阳登高折插茱萸时因少了诗人而感到遗憾这样的画面和心理活动，表达彼此相忆之情。这样的描写既感情深厚，又含蓄蕴藉。

李白《九日龙山饮》⁽¹⁾

九日龙山饮⁽²⁾，黄花笑逐臣⁽³⁾。醉看风落帽⁽⁴⁾，舞爱月留人。

【注释】

（1）李白：见专题二"帝都之诗"专题诗选《长相思》注释（1）。（2）九日：九月九日重阳节。龙山：在安徽当涂南，因其像龙一样蜿蜒盘桓而得名。一说在湖北江陵。（3）黄花：菊花。逐臣：被朝廷排挤放逐的人。（4）风落帽：东晋大司马桓温曾在重阳节登龙山，其部下参军孟嘉被风吹落帽，孟嘉仍浑然不觉，桓温命人作文嘲之，孟嘉作答，挥笔而就，一时传为佳话。这里指诗人的醉态。

【提示】

写重阳,"龙山之会"和"落帽人"是常被引用的典故。李白将典故与自己的龙山之游结合起来,抒发了较为复杂的感情。

重阳日,诗人登上安徽当涂附近的龙山,与好友饮酒赏菊,很自然地想起历史上发生在龙山的"孟嘉落帽"的故事。诗人向往这名士清流,似乎他自己也成了陶醉于风光的孟嘉,醉里落帽,月下起舞。诗人留恋这脱俗忘尘的自然之境,不愿割舍,甚至认定连月亮也不愿他离开,极力地挽留他。诗看起来写得超放旷达,充满愉悦,但"黄花笑逐臣"一句,透出了他内心的牢落不平。这哪里仅仅是一篇吟赏前辈风流之作,分明有其现实遭际的感慨蕴含其间。他就是"逐臣",一而再、再而三地被朝廷抛弃,中年时被"赐金放还"离开长安,晚年又因安史之乱期间追随永王李璘获罪入狱,并遭流放,一腔报国热忱被误解、曲解。这种失意与愤懑有时只能以旷达洒脱的方式呈现。

关于这首诗的写作时间与地点,均有不同说法。一般认为,李白写完这首诗的第二天,又写了一首《九月十日即事》:"昨日登高罢,今朝更举觞。菊花何太苦,遭此两重阳。"唐宋时代,九月十日被称为"小重阳",要继续登高、宴饮、赏菊,诗人说:"菊花为何这样受苦,要遭到两个重阳的采折之罪?"这里的敏感、幽微,颇有借花自惜之意。郭沫若说:"(李白)的一生也是遭了两次大蹭蹬的 —— 赐金还山与长流夜郎。花遭两次重阳,人遭两次重伤。语甚平淡,而意却深远,好像在对自己唱安眠歌了。"

高适《重阳》(1)

节物惊心两鬓华(2),东篱空绕未开花(3)。百年将半仕三已(4),五亩就荒天一涯(5)。岂有白衣来剥啄(6),一从乌帽自欹斜(7)。真成独坐空搔首(8),门柳萧萧噪暮鸦(9)。

【注释】

（1）高适：见专题四"盛唐诗况"专题诗选《封丘作》注释（1）。（2）节物：各个季节的风物景色。两鬓华：两鬓已有白发。（3）东篱：指园圃里的菊花。（4）仕三已：谓三度或多次罢官。语出《论语·公冶长》："令尹子文三仕为令尹，无喜色；三已之，无愠色。"后用来称忠于国家，不以个人升黜为意的人。已，停止。这句的意思是说：自顾年过半百，对国家赤胆忠心，从不计较得失，像令尹子文"三已之"无愠色。（5）"五亩"句：意谓远在天涯，家乡的田园快要荒芜了也从未回去料理。就：接近，将要。（6）白衣：特指送酒的吏人。源出"白衣送酒"典故：东晋文人陶渊明嗜酒好饮，然家中贫穷，不能常得。一年重阳节，家中无酒，只好摘菊盈把，携至野外，侧置久坐，凝思远望。忽见一白衣而至，原是官府小吏，代表江州刺史王弘送酒来。陶大喜过望，立地尽醉而归。后来人们以"白衣送酒"表示雪中送炭，心想事成。剥啄：形容轻轻敲门的声音。（7）一从：完全听任。乌帽：古代官帽。似反用"孟嘉落帽"典故。（8）搔首：以手搔头。焦急或有所思貌。（9）萧萧：此处指风吹柳树的声音。

【提示】

一说该诗为宋代程俱作，诗题《九日写怀》。这首七律咏叹重阳感慨，首联感物伤人，颔联自叹人生，颈联描画放浪的自我形象，尾联抒写幽独的内心苦楚。诗中暗用陶渊明"采菊东篱"与"白衣送酒"的典故，却反其意而用之，一无陶令赏菊之得，二无陶令饮酒之乐，而是倾吐了一腔忧愁，读来倍感悲凉。

杜甫《九日寄岑参》[1]

出门复入门[2]，雨脚但仍旧[3]。所向泥活活[4]，思君令人瘦。沉吟坐西轩[5]，饭食错昏昼[6]。寸步曲江头[7]，难为一相就[8]。吁嗟乎苍生[9]，稼穑不可救[10]！安得诛云师[11]？畴能补天漏[12]？大明韬日月[13]，旷野号禽兽(14)。君子强逶迤(15),小人困驰骤(16)。维南有崇山,恐与川浸溜(17)。是节东篱菊(18),纷披为谁秀(19)?岑生多新语(20),性亦嗜醇酎(21)。采采黄金花,何由满衣袖(22)?

【注释】

(1)杜甫:见专题二"帝都之诗"专题诗选《丽人行》注释(1)。(2)复:再三再四。因为雨所困,故方欲出门访友,又复入门。(3)雨脚:下垂如线的雨点。但:只。(4)所向:到处。泥活活(guō guō):象声词,指走在泥淖中所发出的声响。这里用来形容道路泥泞不堪。(5)沉吟:迟疑不决,低声自语。轩:小室。(6)饭食错昏昼:阴雨不辨昏昼,故饭食颠倒。(7)寸步:极言距离之近。曲江:在长安城南。时岑参寓居于此。(8)难为一相就:是说因雨难得去拜访。就,拜访。(9)吁嗟:感叹之词。苍生:百姓。(10)稼穑(sè):这里泛指农事。稼:种植。穑:收获。(11)安得:怎么能够。诛:杀。云师:传说中的云神。(12)畴(chóu):谁。天漏:指霖雨。(13)大明:日月的光辉。韬(tāo):藏匿。这句犹言"日月韬大明",是说日月隐去了它们的光芒。(14)号禽兽:禽兽吼叫。(15)君子:指朝廷官员。强:勉强。逶迤:犹委蛇,从容自得的样子。这句是说,因为道路泥泞,车马难行,朝廷官员勉强装出一副端庄从容的样子。(16)小人:指普通百姓。困驰骤:困于奔走。指老百姓跋涉不便,难于疾行。(17)"维南"二句:说终南山恐怕要随大水漂去。维:句首语气助词。崇山:高山,这里指终南山。川浸:大水。溜:水流湍急。(18)是:代词,这。(19)纷披:花叶茂盛的样子。秀:指花开得好看。(20)岑生:指岑参。(21)嗜(shì):特别爱好。醇酎(chún zhòu):美酒。(22)"采采"二句:是说虽然有那么多菊花,但自己的好友不在场,又怎能采满衣袖呢?意思是惋惜不能与岑参一同赏菊。采采:繁盛的样子。黄金花:指菊花。

【提示】

唐玄宗天宝十三年（754），从八月到十月，霖雨六十余日，田稼失收，垣屋颓坏。重阳节这天，也是阴雨晦濛。诗人想念好友岑参，欲共饮酒赏菊，但为雨所困，不得造访，于是写此诗寄之。诗在抒写怀友之情的同时，也表现了对人民疾苦的关心，以及对朝政的忧虑。

诗写思友，情极深。出门入门，见思之切；苦雨人瘦，见思之诚；坐轩沉吟，见思之深；饮食错时，见思之沉。"是节东篱菊，纷披为谁秀？岑生多新语，性亦嗜醇酎。采采黄金花，何由满衣袖？"重阳佳节，菊花盛放，好友又嗜酒爱诗，诗人却未能与其一同采菊饮酒，一尽豪兴，十分惋惜。

诗写忧民，同样用情极深。"吁嗟乎苍生，稼穑不可救"，叙述淫雨之害。"安得""畴能"两问，喷薄而出，恼怒不可遏止，加强了感情的分量。"日月""禽兽"的描写，渲染了愁惨气象。"君子""小人"之说，兼寓对统治者的讥讽。"崇山"几"浸溜"于水，则对朝政表示了进一层的关切。

杜甫《九日蓝田崔氏庄》[1]

老去悲秋强自宽，兴来今日尽君欢[2]。羞将短发还吹帽，笑倩旁人为正冠[3]。蓝水远从千涧落[4]，玉山高并两峰寒[5]。明年此会知谁健[6]？醉把茱萸仔细看。

【注释】

（1）杜甫：见专题二"帝都之诗"专题诗选《丽人行》注释（1）。（2）"老去"二句：年纪大了，逢秋悲叹，只好勉强安慰自己；今天兴头来了，要同你尽情一乐。老去：指年岁大。强：勉强。宽：安慰。（3）"羞将"二句：我担心风把帽子吹掉而露出短发，感到难为情，所以请别人为自己正冠。吹帽：风吹帽落。化用"孟嘉落帽"典故。倩（qiàn）：请求。正冠：把帽子戴端正。（4）蓝水：在蓝田县东。千涧：千条涧流。涧，指两山之间的流水。（5）玉山:又名蓝田山,在蓝田县境内。高并:高耸并立。(6)此会:指九月九日重阳登高聚会。健:健在。

【提示】

唐肃宗乾元元年(758),杜甫因上疏营救宰相房琯而被贬为华州司功参军。这年重阳节,他至蓝田(今属陕西)崔氏庄与朋友相会,写下这首诗,表现了对自己日渐衰老却一事无成的感慨。

诗篇首二句拈出一"悲"一"欢"二字,之后作曲折盘旋。诗人自叹年已衰朽,面对萧瑟秋景,他还是愿意宽慰自己,趁兴与主人一起畅饮。这是第一重曲折。东晋的孟嘉,"落帽"是风流雅事,而自己短发稀疏,羞于让人窥见,只能倩人扶正。如此满腹愁怀而又强为欢笑,是第二重曲折。席间眺望远方,千涧汇流,两峰并峙,雄健挺拔,境界阔大,然而一"落"一"寒",又不免给人以高危萧飒之感,令人对照联想到江山美景长存与个人生命的短暂、年岁的易逝。这是第三重曲折。山水无恙,人事难料,明年的这个时候,在座的这些人还有机会聚在一起开怀畅饮吗?诗人醉眼蒙眬地盯着手中茱萸细看,不发一言,却胜过千言万语。这是第四重曲折。

刘禹锡《九日登高》(1)

世路山河险(2),君门烟雾深(3)。年年上高处(4),未省不伤心(5)。

【注释】

(1)刘禹锡(772—842),字梦得,洛阳(今河南洛阳)人。贞元九年(793)进士,同年登博学宏词科。贞元十一年(795),授太子校书。永贞革新时,参加王叔文集团,失败后,被贬朗州司马;又贬连州刺史,历夔州、和州刺史,前后度过22年的贬谪生活。后回朝历主客郎中,苏州、汝州、同州刺史等职。官至检校礼部尚书兼太子宾客。故世称"刘宾客""刘尚书"。与柳宗元、白居易交谊甚厚,时称"刘柳""刘白"。其诗题材广泛,风格清新爽朗。

有《刘梦得文集》。(2)世路：处世的经历。(3)君门：皇帝居住的宫门。这里指官场。(4)上高处：指重阳节登高。(5)未省(shěng)：未曾。

【提示】

诗写于诗人被贬朗州时。重阳节登高，诗人看到山势峻峭，江流奔涌，便由此而想到世路的艰险；看到烟霭弥漫，云雾深沉，便由此而想到障蔽皇帝耳目的群小奸佞。诗里说年年登高，年年伤心，"未""不"两个否定副词的运用，既见出心情的动荡不平，也使得文势伸缩吞咽，增强了感染力。

白居易《重阳席上赋白菊》(1)

满园花菊郁金黄(2)，中有孤丛色似霜(3)。还似今朝歌酒席，白头翁入少年场(4)。

【注释】

(1)白居易：见专题三"中秋诗词"专题诗选《八月十五日夜湓亭望月》注释(1)。(2)郁金黄：郁金，多年生宿根草本。根茎肉质，肥大，黄色。故用以指金黄色。(3)孤丛：花丛中的孤芳。色似霜：形容白色菊花的颜色如同霜雪一样。(4)白头翁：白发老者，此处指诗人自己。少年场：少年们活动的场合。

【提示】

此诗作于唐文宗大和四年(830)，白居易此时在洛阳任太子宾客。诗人在重阳佳节赏菊，由黄色菊花中孤单的一丛白菊，联想到自身年岁已长，犹然与少年一般饮酒赏花，歌舞饮宴。比喻巧妙，把菊花的白色与老者的白发联系到了一起。品味诗中之意，诗人虽有自我调侃、感叹时光易逝之意，但更多的是一种豁达洒脱的人生观。

杜牧《九日齐山登高》[1]

江涵秋影雁初飞[2],与客携壶上翠微[3]。尘世难逢开口笑[4],菊花须插满头归。但将酩酊酬佳节[5],不用登临恨落晖。古往今来只如此,牛山何必独沾衣[6]。

【注释】

(1)杜牧:见专题二"帝都之诗"专题诗选《金谷园》注释(1)。(2)江涵秋影:秋色倒映于江中。初飞:因为雁在秋季刚刚开始南迁,故云初飞。(3)客:指杜牧的朋友、晚唐诗人张祜。翠微:山色淡青,此代指齐山。一说指齐山上的翠微亭。(4)"尘世"句:人生当中,很难遇到十分得意的时机。化用了《庄子·盗跖》中的句子:"人上寿百岁,中寿八十,下寿六十,除病瘦死丧忧患,其中开口而笑者,一月之中不过四五日而已矣。"(5)但:只。将:用。酩酊(mǐng dǐng):酒醉后迷迷糊糊的样子。这里暗用陶渊明"白衣送酒"的典故。此句谓只用痛饮一醉来酬答重阳节的到来吧。(6)牛山:在今山东淄博。《晏子春秋·内篇谏上》:"(齐)景公游于牛山,北临其国城而流涕曰:'若何滂滂去此而死乎?'艾孔、梁丘据皆从而泣。"

【提示】

唐武宗会昌五年(845)九月九日,在池州(今安徽池州)任刺史的杜牧与好友张祜登上池州城东南的齐山,写下这首诗。诗歌看似写人生的旷达,却难免有人生无常的感伤和怀才不遇的牢骚。当时诗人由黄州调任池州,地僻人稀,心境不愉快;友人张祜诗名早著,却由于受到排抑而未能见用于时。

开头两句,写登上齐山俯瞰江水,见到倒映于碧波之中的一派秋光,感到兴致勃勃。三、四两句,转而慨叹人世的忧多乐少。五、六两句,进一步写出因登临而产生的光阴易逝之感。最后两句,用齐景公牛山泣涕事,而以反诘语气出之,委婉曲折地抒发了积郁于胸中的不平和感慨。

"牛山泣涕"是一个典故,出自《晏子春秋》。说的是齐景公带人到牛山游览,从山上北望自己的国都建筑,突然泪流满面:"如果没有死亡这样的事情,我怎么会舍得离开这个地方!"陪同的大臣艾孔和梁丘据也听之落泪,晏子却在边上笑。齐景公问原因,晏子说:"要是贤德可以长寿的话,那么,太公、桓公肯定长寿不死;要是勇猛可以长寿的话,那么,庄公、灵公现在将还活在世上。要是他们这些人都活下来,王位还有您的份吗?新陈代谢,代代相传,这才传到您的名下。所以,您只为自己的生死而哭泣,是不仁啊!不仁的帝王您哭在前,阿谀逢迎、谄媚的臣子艾孔和梁丘据紧跟其后,如此这般,我怎能不笑?"

苏轼用[定风波]词牌重新编排组合了这首诗:"与客携壶上翠微,江涵秋影雁初飞。尘世难逢开口笑,年少,菊花须插满头归。酩酊但酬佳节了,云峤,登临不用怨斜晖。古往今来谁不老,多少,牛山何必更沾衣。"诗之沉稳,词之流丽,可见一斑。

赵嘏《重阳》[1]

节逢重九海门外[2],家在五湖烟水东[3]。还向秋山觅诗句,伴僧吟对菊花风。

【注释】

(1)赵嘏:见专题二"帝都之诗"专题诗选《长安秋望》注释(1)。(2)海门:海口,内河通海之处。此处不能确指。(3)五湖:此处指江苏太湖。

【提示】

诗的写作背景不详。从字面上看,是重阳日羁旅在外所作。诗中有对家乡亲友的思念,也有对孤寂清淡的节日消遣的强调。

李清照［醉花阴］《重阳》⁽¹⁾

薄雾浓云愁永昼⁽²⁾,瑞脑消金兽⁽³⁾。佳节又重阳,玉枕纱厨⁽⁴⁾,半夜凉初透。　东篱把酒黄昏后⁽⁵⁾,有暗香盈袖⁽⁶⁾。莫道不销魂⁽⁷⁾,帘卷西风⁽⁸⁾,人比黄花瘦⁽⁹⁾。

【注释】

(1)李清照(1084—约1155),自号易安居士,济南章丘(今山东济南)人。其父李格非曾受苏轼赏识,为"苏门后四学士"之一。丈夫赵明诚是宰相赵挺之之子,历任州郡行政长官。其一生以建炎南渡(1127)为界分前后两个时期。前期平静幸福,与夫琴瑟相合,志趣相投,诗词酬唱之余,共同收集、校勘金石书画。赵明诚所著《金石录》,其亦曾笔削其间。居历城、汴京、青州、莱州和淄州。宋钦宗靖康元年(1126),汴京沦陷,其经历了国破、家亡、夫死、改嫁、离异等一系列悲惨遭遇,漂泊至建康、越州、临安和金华。其词前期写闺情,后期叹身世,有《漱玉词》。(2)愁永昼:整天发愁。永昼:漫长的白天。(3)瑞脑:龙脑香,是一种香料。金兽:兽形铜香炉。(4)玉枕:瓷枕的美称。纱厨:纱帐。(5)东篱:指栽有菊花的园地。语出陶渊明《饮酒》"采菊东篱下"。把酒:端起酒杯。(6)暗香:幽香,指菊花的香味。盈:充满。(7)莫道:不要说。销魂:形容愁苦悲伤之极,好像魂魄要离开躯体一样。(8)帘卷西风:秋风吹开帘子。(9)黄花:菊花。

【提示】

时值重阳佳节,词人深闺寂寞,怀念远行在外的丈夫赵明诚,写了这首词寄给他。全篇极力写"愁":"薄雾浓云",因天色阴沉而"愁";"佳节又重阳",因倍思亲而"愁";秋意袭人,"半夜凉初透",更使人"愁";为遣发愁绪而东篱把酒,可又因只影赏菊,尤添一份销魂的"愁"。

词中有精致含蓄的用笔,如"有暗香盈袖"一句,化用了《古诗十九首·

庭中有奇树》"馨香盈怀袖,路远莫致之"句意。独自饮酒赏花,菊再美再香,也无法送给远在异地的亲人,所以化用的这一句在此处就十分妥帖。由于再无饮酒赏菊的意绪,她从室外移进闺房,西风吹开帘子送来寒意,联想到园中的菊花,菊瓣纤长,菊枝瘦细,尚能斗风傲霜,而人则悲秋伤别,消愁无计,顿生人不如菊之感。"人比黄花瘦"一句,写绝了人的清丽俊秀和高洁淡雅。

元伊世珍《瑯環记》云:"易安以重阳《醉花阴》词函致赵明诚。明诚叹赏,自愧弗逮,务欲胜之。一切谢客,忘食忘寝者三日夜,得五十阕,杂易安作以示友人陆德夫。德夫玩之再三,曰:'只三句绝佳。'明诚诘之。答曰:'莫道不销魂,帘卷西风,人比黄花瘦。'正易安作也。"此话虽系传言,却见出人们对此作的赞赏。

范成大《重阳后菊花》(1)

寂莫东篱湿露华(2),依前金靥照泥沙(3)。世情儿女无高韵(4),只看重阳一日花(5)。

【注释】

(1)范成大(1126—1193),字至能,号石湖居士,平江吴县(今江苏苏州)人。宋高宗绍兴二十四年(1154)进士。历任中书舍人、参知政事等职。曾出使金国,坚强不屈,全节而归,为朝野所称道。晚年隐居苏州石湖。其诗多关心国事、同情百姓疾苦之作,尤以田园诗著称。与尤袤、杨万里、陆游齐名,是南宋"中兴四大诗人"之一。有《石湖居士诗集》。(2)东篱:指菊花栽种之地。湿露华:菊花带着湿露,尤鲜嫩可爱。(3)依前:不异重阳之日。金靥(yè):形容金黄色的菊蕊。照泥沙:光彩照地,然只独照泥沙,有伤叹之意。(4)世情儿女:指世俗之人。无高韵:没有超脱的情趣,所以只能应着节日旧俗。(5)看重阳一日花:意在求福求寿,不解赏花。

【提示】

诗作于宋孝宗淳熙十三年(1186),诗人居于石湖。借菊讽世,有别致之处。

菊花作为傲霜之物,一直得到文人墨客的青睐,有人称赞它坚强的品格,有人欣赏它清高的气质。而范成大这首诗借菊花的高洁孤傲来讽刺那些追名逐利、趋炎附势的势利小人。重阳节那一日的菊花,被人前呼后拥;而过了节以后的菊花,则门庭冷落,无人瞻顾。同是菊花,竟如此不同。"世情儿女无高韵,只看重阳一日花",是讽刺那些附庸风雅的人重阳赏菊不过是凑热闹,而非真正了解、喜爱菊花。同时作者也借赞美菊花表达了自己不与世浮沉、清高自守的坚贞品格。

此诗同题另有一首,可互相参看:"过了登高菊尚新,酒徒诗客断知闻。恰如退士垂车后,势利交亲不到门。"

三、专题衍说

重阳:"白衣送酒"与"孟嘉落帽"
—— 说重阳节的两个典故

古人是将数字分出阴阳来的。十以内的数字可以分两大数列,奇数为阳,偶数为阴。"九"为阳数之最;九月初九,二"九"相重,是谓"重阳"。

"重阳"也叫"重九""九日"等。这一日被人们赏爱,很早就有记载。三国时魏文帝曹丕,写有《九日与钟繇书》:"九为阳数,而日月并应。俗嘉其名,以为宜于长久,故以享宴高会。"东晋诗人陶渊明写有《九日闲居》一诗,诗前有个小序,曰:"余闲居,爱重九之名。秋菊盈园,而持醪靡由,空服九华,寄怀于言。"可见那时,宴集、饮酒、赏菊,视重九为佳日,已颇流行。至唐代,重阳被定为正式的节日,民间有种种活动与习俗。2013年7月1日起实施的《中华人民共和国老年人权益保障法》以法律的形式将每年九月初九定为老年节,是传统文化中"长久长寿"的寓意与现代文明精神的巧妙对接。

民间的很多习俗,来源于祛灾避害的心理,重阳也不例外。据南朝梁吴均《续齐谐记》载,东汉汝南桓景,访名道费长房为师,游学累年。费长房预测到九月九日桓景汝南家中有难,让他回去与家人一起做绛囊,内放茱萸,带在身上,远出登高,并饮菊花酒。桓景依计而行,携全家出游。回来后,见家中所有牲畜皆死,方知躲过一场灾难。由此,九月九日登高、佩茱萸囊、饮菊酒的习俗就流传开来。当然,"齐谐"之类的书,当不得正史看,但从汉代的《西京杂记》、晋代的《风土记》、南朝梁的《荆楚岁时记》,到宋代的《东京梦华录》、明代的《帝京景物略》等,对于重阳风俗的描述里,依然还是可以看到对于祈寿祈福心理的强调。

茱萸是一种具有芳香气味的落叶小乔木,品种不少,主要有山茱萸和吴茱萸。山茱萸能安五脏,通九窍;吴茱萸能止痛止咳,逐风邪,开腠理。总之这个季节的茱萸,既能辟邪求吉,又能抵御秋天的寒气。可以制成香囊佩戴,或泡酒饮用,也可以直接插在发鬓之上,作为应景的装饰。当然,诗词里的茱萸,则另有一番滋味,曹植"茱萸自有芳,不若桂与兰",江总"蘼芜摘心心不尽,茱萸折叶叶更芳",灵澈"山僧不记重阳日,因见茱萸忆去年",司空曙"强向衰丛见芳意,茱萸红实似繁花",文天祥"去年醉与茱萸别,不把今年作健看",各有各的情怀在。人们最熟悉的当是王维17岁时所写的《九月九日忆山东兄弟》:"独在异乡为异客,每逢佳节倍思亲。遥知兄弟登高处,遍插茱萸少一人。"诗朴素地写出了游子心中俱有的生活体验,故而易引发共鸣;同时使用了"从对面写来"的方法,不说自己对家人的思念,而说兄弟对自己的惦记,曲折有致。

与茱萸一样,菊花与酒也是重阳必备的物品。菊花既可观赏,又有食疗作用。菊花酒可以明目,治头昏,降血压,有减肥、轻身、补肝气、安肠胃、利血之妙。不唯如此,菊花还有文化意义上的品格象征。这一方面来源于它的自然属性,不畏秋后风霜摧折,"我花开后百花杀";另一方面,陶渊明"采菊东篱下,悠然见南山"的超凡脱俗,成就了它"花中君子""花中隐士"的美誉。正如林黛玉《咏菊》诗里说的那样:"一从陶令平章后,千古高风说到今。"

　　陶渊明爱菊,宅边遍植菊花。陶渊明爱酒,其自酿之酒始成,竟不及过滤,取头上葛巾漉酒,漉毕,还重新戴到头上,这显然不是什么人都能如此天真不做作的。陶渊明嗜酒,家贫不能常得。有一年的重阳节,苦于无酒,只好久坐在东篱边与菊花为伴,正惆怅之际,江州刺史王弘派一个穿白衣的小吏送酒过来,如雪中送炭。陶渊明也不推辞,开怀畅饮,饮则醉,醉则归,颓然自放,纯任自然。"白衣送酒"的典故指的便是这件事情。据说陶渊明的《九日闲居》,就是"白衣送酒"后所写,诗写得很含蓄,有不尽之意在于言外。后世的重阳诗词,常引此典,或表达欣慰,或表达遗憾。如杜审言《重九日宴江阴》"降霜青女月,送酒白衣人",皇甫冉《重阳日酬李观》"不见白衣来送酒,但令黄菊自开花",李贽《恨菊》"满庭秋色无人见,敢望白衣送酒来",欣慰或者遗憾,都与诗者当时的境遇相关。

　　重阳诗词常用的典故还有"孟嘉落帽"。《晋书·孟嘉传》载:九月九日东晋大司马桓温在龙山(今安徽当涂南)大宴僚佐,有风吹来,将孟嘉的帽子吹落地下,孟嘉毫无知觉。后孟嘉离开片刻,桓温令左右取帽放其座上,并命孙盛作文嘲讽他。孟嘉返回,作文回赠,"其文甚美,四座嗟叹"。后世遂将"孟嘉落帽"作为重阳节的一个典故,一来称扬人的气度宽宏,风流倜傥,潇洒儒雅;二来形容才子名士的风雅洒脱、才思敏捷。孟浩然的"共美重阳节,俱怀落帽欢",阴行先的"今日桓公座,多愧孟嘉才",用的就是这则典故。

　　有趣的是,重阳诗词中"白衣送酒""孟嘉落帽"、茱萸菊花诸典,常常联合使用。如杜甫《九日蓝田崔氏庄》有"羞将短发还吹帽,笑倩旁人为正冠""明年此会知谁健?醉把茱萸仔细看",李新《重阳舟次高邮》有"白衣送酒知何在,疏放终难学孟嘉",陈耆卿《九日阻雨晚晴》有"不见白衣人送酒,难偕乌帽客登山",程炎子《登高感兴》有"破帽西风里,龙山忆孟嘉。白衣谁送酒,黄菊自开花",等等,似乎成了重阳的专属语言。

对了,孟嘉是陶渊明的姥爷,二人的性情与才华,倒还是蛮像的。

"真人"陶渊明
—— 说陶渊明的真性情

古代有一个词叫作"任真",意思是"听任自然",人们常常用这个词来形容陶渊明。《晋书·陶潜传》里说他"博学善属文,颖脱不羁,任真自得,为乡邻之所贵"。宋代的苏东坡,这样说陶渊明:"欲仕则仕,不以求之为嫌;欲隐则隐,不以去之为高。饥则扣门而乞食,饱则鸡黍以迎客。古今贤之,贵其真也。"说他想当官了,就去求官做,不会觉得自己丢人;想归隐了,便去归隐,也不把它当作一件清高的事情。困顿挨饿了,就敲敲人家的门,乞求点食物;自己温饱的时候,端出鸡肉、黄米饭来招待客人。

在陶渊明的身上,人们很难去分辨哪些思想行为是属于道家的,哪些又是属于儒家的,因为他本人压根就无意于谨守学派门户。他读各家的书,和各类人物接触,把吸收过来的不同东西融会成自己的整个心灵。如树叶的摇落飘零,超然恬淡,自由自在。正如他的《饮酒》诗所云:"结庐在人境,而无车马喧。问君何能尔?心远地自偏。"精神原本已超然于现实的纷纭扰攘之上,结庐人境又何妨呢?如果非躲避于深山、幽栖于岩穴而不能安静,则只能说明心体实在是为欲望所累、为物质所滞而不得解脱罢了。一切都无须刻意。他在东篱采菊,无意中抬起头来,不管见没见到南山,胸次都是"悠然"的。

他曾经几番出仕。成就功业的想法,或者是维持生计的想法占上风时,他会选择出来谋一份差事。但由于每次踏上仕途都像是鸟儿被关进笼子一般地如拘如囚,不多久他都会脱身离开,后来索性将自己留在了田园。

陶渊明有着诗人独有的敏感，风从田间过，露随草叶生，无不在他心头拨出声响。目接南山，夕晖烟岚弥漫，飞鸟相伴着回归山间的巢窠，这样的情景，会使他怦然心动，似乎听到生命的琴音铿然，受到感动与洗礼，但他却不刻意地去分析这种"感动"，更不愿意组织文辞去表达这种"感动"，因为那样的"表达"太容易变形走样甚至夸饰，以致不再是"感动"的本体原态。他宁可沉浸于这种"感动"之中，而不强求解释这种"感动"，"此中有真意，欲辨已忘言"。

不清楚陶渊明于音乐上辨音识律的水平如何，但他或者真的是不会弹琴的。不会弹不等于没有音乐的表达欲望和对音乐的深刻理解，往琴前一坐，两手一抚，胸中的曲调自然而然地汩汩流出。至于琴是不是真的被拨响，倒是次要了。所以陶渊明的琴，没有置弦，是名副其实的"无弦琴"。他说："但识琴中趣，何劳弦上音？"音乐的优美、深邃和力量难道仅仅是用耳朵听取的吗？

陶渊明爱酒，有酒辄醉。但他既不是纵酒佯狂，也不是借酒浇愁。他是真爱酒，共饮也好，独酌也罢，喜欢的就是那种醺醺然不知有我、物我两忘的感觉。他有钱的时候喝，没有钱的时候，朋友招饮，他也是欣然前往的。到了就喝，喝尽兴了就离开，全然不理会往来客套的繁文缛节。有时候，朋友在他家里喝，他喝饱了，就把旁人晾在一边，说："你们自管离开，我要去睡了。"这种洒脱，让李白极为欣赏，写了一首《山中与幽人对酌》："两人对酌山花开，一杯一杯复一杯。我醉欲眠卿且去，明朝有意抱琴来。"不过就诗来看，李白还是过于用力了，费了劲在讲风雅。陶渊明根本就不在意风雅与否。

陶渊明的朋友圈里不乏达官贵人，但他们之间的交往在意的是性情投合。他不因朋友富贵而巴结，也不因朋友受挫而冷落，更不会像通常人们所做的那样，原先的朋友发达了，为了避嫌，为了自尊，为了其他的什么，而有意保持某种距离。当然，发达的朋友能够"如常"地和旧友相处，也应是性情中人。

江州刺史王弘与陶渊明的交往就很有意思。王弘是东晋宰相王导的曾孙，门第显贵，本人也官运亨通。他对南朝宋武帝刘裕非常忠诚。有一次刘裕宴集群臣时，感慨地说："我就是一个布衣出身，没想到会得到这一切！"左右大臣们都挖空心思地想出些恭维的话来，只有王弘爽快地说："此所谓天命，求之不可得，推之不可去。"这话是最得刘裕心意的，当时人称赞他说得最简要却是最得体。陶渊明曾经在刘裕的手下做过一年左右的参军，对刘裕的篡晋自立并不认同。所以说，他跟王弘的政见显然是不一样的。但王弘又颇有文人习气，从小好学，"以清恬知名"，书法也非常棒。王弘十分仰慕陶渊明的才华与气节，煞费苦心地想要跟他结识。曾经让朋友庞通之半路设酒，专门等候路过的陶渊明，自己则假装中途偶然进到宴席中。通过这样的"中介"，总算达成夙愿。而陶渊明看人，只要投缘了，"相逢意气为君饮"，政见之类的，是可以"和而不同"的。重阳节，陶渊明有花无酒，王弘遣白衣使者载酒而来，陶渊明尽饮至醉。陶渊明没鞋子穿，王弘说要找人替他做一双，他可以直接就把脚跷起来让人量。

不过，同样是刺史的檀道济就没有那么好的运气。檀道济过了些年也来做江州刺史，慕陶渊明的名望前来拜访。当时陶渊明贫病交加，卧床不起。檀道济说："贤人出仕或者隐居，是有他的法则的，一般是天下无道就隐居，天下有道就出来。你生在当今盛世，为什么要如此为难自己呢？"陶渊明回答："我哪里是什么贤人。我的志趣与水平够不上你说的那样啊！"檀道济带给他的粮食和酒肉，他看都不看，挥手让带回，不肯接受。

专题六

唐人山水田园诗

一、专题要点

本专题主要学习山水诗与田园诗的内涵与发展、唐代山水田园诗的特征,以及不同时期代表诗人的创作成就。本专题选读诗歌作品14首。

(一)山水田园诗的内涵与发展

1. 山水诗

山水诗指的是以山水等自然景观为主要描写对象的诗歌。也有一些诗,虽然就整首作品看不完全是纯写山水,但其中有关山水的描写,在诗中占据比较突出的地位,或者诗里所描写的山水之美,给读者的审美感受相对比较强烈,也可纳入山水诗的学习及研究范围。

《诗经》和《楚辞》里已有对自然山水的描写,或作为比兴,或作为背景。之后,曹操的《观沧海》正面描写自然山水,是山水诗形成过程中的杰作。到了魏晋南北朝,山水诗日渐成熟,原因一是部分寒门士人由于仕途受挫,转向山水寻求慰藉;二是南渡之后士大夫借山水体玄,成为普遍风气。谢灵运山水诗的"极貌写物""穷力追新"为山水诗歌的发展奠定基础;谢朓将山水景色与情致初步交融,进一步为唐代山水诗的繁荣创造了条件。

2. 田园诗

田园诗指的是歌咏田园生活的诗歌,多以农村景物和农民、牧人、渔父等的劳动为题材。自从东晋诗人陶渊明挂冠归隐田园、开创田园诗一体后,唐宋诗歌中的田园诗,便主要变成了隐居不仕的文人和从官场退居田园的仕宦们所作的以田园生活为描写对象的诗歌。

　　就客观的大自然而言，田园是包含在山水之中的，因此田园诗跟山水诗无法截然分开。加之唐代（尤其是盛唐）山水田园诗创作的兴盛，诗人山水诗和田园诗的落脚点都在回归自然上，因此本专题不专门区分山水诗、田园诗。

（二）唐代山水田园诗的特征

　　1.盛唐山水田园诗的特点。盛唐出现了一批山水田园诗人，重要作家有孟浩然、王维、储光羲、常建、祖咏、裴迪、綦毋潜、丘为等，他们大多有长期隐居的经历，但大多不甘心隐居，怀有建功立业的抱负，因而在山水田园诗中常表现出矛盾的思想。主要特征有三：一是把隐居田园的情趣和欣赏山水的审美加以融合，丰富了意境；二是保留了陶渊明的纯朴而更趋优美；三是在诗中寄托了自己高尚的情操和难言的身世之感。

　　2.中晚唐山水田园诗的变迁。中唐时期的山水田园诗人主要有韦应物、"大历十才子"、刘长卿、柳宗元等人。他们的作品再难找到盛唐山水田园诗的画面和气势，传达出冷落寂寞甚至衰飒暗淡的气息。而晚唐山水田园诗歌沿着中唐的萧瑟一路走来，更加注重表达诗人不染尘念的孤寂闲远的生活情趣，幽微尖巧成为诗歌意境创作的一个重要特征。自然界的一株小草、一片落花、一缕清风、一眼山泉、一阵飞絮都会成为诗歌的材料。这类诗歌的意境中没有激荡澎湃的感情激流，而是包含了诗人心态意绪中轻柔细腻的感受。

　　盛唐山水田园诗与中晚唐山水田园诗最大的不同表现在气韵风格上。胡应麟在《诗薮》里曾说："盛唐句如'海日生残夜，江春入旧年'，中唐句如'风兼残雪起，河带断冰流'，晚唐句如'鸡声茅店月，人迹板桥霜'，皆形容景物，妙绝千古，而盛、中、晚界限斩然，故知文章关气运，非人力。"

（三）课堂话题

　　1.将山水田园与隐士生活联系在一起的陶渊明

"山水田园诗"可以有字面上的意思,但从东晋的陶渊明开始,产生了一种狭义的概念,就是指吟咏农村宁静悠闲生活的牧歌。陶渊明(约365—427),字元亮,一说名潜,字渊明,世号靖节先生。浔阳柴桑(今江西九江)人。他先后做过江州祭酒、镇军参军、彭泽令等一类小官,因乱世而不得施展抱负,鄙弃官场污浊,又不肯为五斗米折腰,40岁以后遂弃官归乡,躬耕田园,自食其力。陶渊明在东晋末最混乱的时期里,屡屡出仕,说明他不仅是因贫困生活的逼迫,也有建功立业的打算;而他屡屡辞归,固然是因为生性不堪吏职束缚,但也与理想的破灭有关。在乡间,他思考人如何顺应自然的问题,认为美德和正义是"天道";他用诗文描绘了一个理想的桃花源,那是一个没有剥削的平等社会。他的人格为后人所赞赏,他真率淳朴的山水田园诗作也成了后世同类题材的范本。如《归园田居》(其一)写方宅草屋,绿树掩映,远村墟烟,鸡鸣狗吠,纯净幽美,俨然是和平宁静、没有世俗纷争的"桃花源"世界。《饮酒》(其五)写自己悠闲自在的隐居生活,"心远地自偏""悠然见南山""飞鸟相与还"等时有思辨色彩。

2. 唐代山水田园诗主要代表作家的个性

(1)平和冲淡的孟浩然。孟浩然是唐代第一个大量写作山水田园诗的诗人。他的诗歌以山水诗居多,或写游历所见各地山水景色,或写家乡自然风光,在抒写孤高的情怀中往往夹杂着失意的情绪,在以景自娱中融入了旅愁乡思的情怀;他的田园诗主要是写隐居生活的高雅情怀和闲情逸致。诗的风格大多平和冲淡,清新自然,不尚雕饰,而又能超凡拔俗,语淡而味浓。如《秋登万山寄张五》通篇抒写心旷神怡的感受,又嵌入一幅疏朗明净的村渡晚归图,韵致飘逸,风格淡雅。《过故人庄》描写田家留饮的情景,将一个普通的村庄和一餐简单的鸡黍饭写得极富诗意。

(2)画意禅境的王维。王维的山水田园诗是诗情与画意的高度统一。苏轼曾评论说:"味摩诘之诗,诗中有画;观摩诘之画,画中有诗。"他善于发现和捕捉自然景物的形象特征和状态,以画家的绘画技巧去构图和选择色彩,并将诗人对自然的独特的情感体验、审美感受和精神境界融入景物之中,创造出宁静淡泊而又优雅秀美的艺术境界。而有些山水田园诗,在幽邃、寂静、空灵的艺术境界中,直接透入了禅宗佛理的观照,是禅意、禅趣在诗境中的艺术体现。如《山居秋暝》描绘了秋雨初晴后傍晚时分山村的旖旎风光和山居村民的淳朴风尚,表现了诗人寄情山水田园并对隐居生活怡然自得的满足心情,以自然美来表现人格美和社会美。《终南别业》"行到水穷处,坐看云起时"所表现的自由自在、纯任自然的意兴,与玄学家有相通之处,而人心与水穷云起之景的默契,包含着南宗所说"放舍身心,全令自在""心无所行,心地若空,慧日自现"(怀海《大乘顿悟法要》)的旨趣。

(3)阴澹清幽的韦应物。如《滁州西涧》"春潮带雨晚来急,野渡无人舟自横",描述冷僻幽静而又略带萧瑟的意境,而林木幽深、碧草遮岸、春水满涧、孤舟独系的景色也历历如在目前。

(4)清高孤傲的柳宗元。如《江雪》"孤舟蓑笠翁,独钓寒江雪",在一个经过放大的绝对洁净幽寂的环境里突出了渔翁形体的孤独,诗人超尘脱俗的清高气质也就得到了充分的显示。

二、专题诗选

刘眘虚《阙题》[1]

道由白云尽[2],春与青溪长[3]。时有落花至,远随流水香。闲门向山路[4],深柳读书堂[5]。幽映每白日,清辉照衣裳[6]。

【注释】

(1)刘眘(shèn)虚,生卒年不详,字全乙,洪州新吴(今江西宜春)人。开元二十一年(733)进士,又登博学宏词科。官弘文馆校书郎。调洛阳尉,迁夏县令。其诗多写山水隐逸,《全唐诗》存录一卷。(2)"道由"句:指山路在白云尽处，也即在尘境之外。道：道路。由：因为。（3）春：指春天的景色。与：共。此句的意思是，春意蔓延至溪水的尽头。（4）闲门：指门前清净，环境清幽，俗客不至。（5）深柳：茂密的柳林。（6）"幽映"二句：阳光透过密林，投在身上如沐清辉一片。幽映：指透过树林的隐约日光。

【提示】

此诗原题已佚，唐代殷璠《河岳英灵集》录其诗时，标为"阙题"（"阙"同"缺"），后来就沿用下来。虽标阙题，看全诗语意，似乎是诗人访隐居的友人而作。首句言道出云中，正在空迹之外；次言春到山中，溪流不断，有"空山无人，水流花开"之趣。三句之落花，承上之"春"字，四句之流水，承上之"溪"字，如明珠走盘，且颇有禅谛。五、六句，说门外则山翠迎人，说门内则柳荫重重，足见隐居者的志趣高雅。最后两句写诗人对友人平日读书情景的想象：当日光透过茂密的柳林，友人当堂读书，衣裳上应是遍洒清辉的。至此，一位超脱尘俗、怡然自乐的隐者形象立在人们眼前，同时也表达了诗人的淡泊情怀。

储光羲《钓鱼湾》[(1)]

垂钓绿湾春[(2)]，春深杏花乱[(3)]。潭清疑水浅，荷动知鱼散。日暮待情人，维舟绿杨岸[(4)]。

【注释】

（1）储光羲（约707—约760），字号不详，祖籍兖州（今山东济宁），润州延陵（今江苏镇江）人。开元十四年（726）进士。仕宦不得意，隐居终南山别业，与王维为"伯仲之欢"。后迁监察御史。安史之乱，叛军攻陷长安，他被俘，被迫接受伪职，后得以脱身归朝。乱平后，贬死岭南。其诗多写闲适情调，有《储光羲集》。（2）绿湾：绿水如茵的湖湾。（3）乱：形容花瓣纷纷飘零。（4）维舟：系船停泊。

【提示】

全诗描绘了一幅钓鱼湾的图画,赞美了景色宜人、知音相待的情景。"日暮待情人"的"情人",有人说是爱人,有人说是与诗人志同道合的隐者,因为自屈原以来,以"美人香草"比喻"君子贤人"早已形成传统。这首《钓鱼湾》虽然不是政治隐喻诗,但以"情人"拟"君子"的手法则与那一类作品相同。钓鱼湾的钓鱼者(渔夫)就是隐逸者的理想生活形象。

诗中写景抒情,寓情于景,色彩鲜明,有动有静。"杏花"着一"乱"字,带来浓浓春意,还有诗人在等待时心里的些许烦乱。"潭清疑水浅,荷动知鱼散",一动一静,一疑一知,十分巧妙。

孟浩然《秋登万山寄张五》[1]

北山白云里,隐者自怡悦[2]。相望始登高[3],心随雁飞灭[4]。愁因薄暮起[5],兴是清秋发[6]。时见归村人,平沙渡头歇。天边树若荠,江畔洲如月[7]。何当载酒来[8],共醉重阳节[9]。

【注释】

(1)孟浩然:见专题四"盛唐诗况"专题诗选《与诸子登岘山》注释(1)。(2)"北山"二句:南北朝陶弘景《诏问山中何所有赋诗以答》:"山中何所有?岭上多白云。只可自怡悦,不堪持赠君。"这两句由此变化而来。北山:指张五隐居的山。隐者:指张五。其人一说是诗人同乡至交张子容,一说是张谭。怡悦:欢欣愉悦。(3)相望:互相遥望。(4)灭:消失,指心已随着雁阵飞到友人身边。(5)薄暮:傍晚,太阳快落山的时候。(6)兴:兴致。发:激发。(7)"天边"二句:隋薛道衡《敬酬杨仆射山斋独坐》中有:"遥原树若荠,远水舟如叶。"这两句似是据此变化而成,意思是说,远望中天边的树木细小得像荠菜,远处沙洲犹如一弯新月。荠(jì):荠菜。洲:水中沙洲。(8)何当:何时当能。(9)共醉重阳:古人在九月九日重阳节有登高赏菊饮酒的习俗。

【提示】

　　这是一首怀人之作。诗人的友人张五,此时隐居于襄阳岘山南约两里的白鹤山。孟浩然园庐在岘山附近,因登岘山对面的万山以望张五,并写诗寄意。

　　首二句"北山白云里,隐者自怡悦",叙写隐者张五面对青山白云的淡然心境,二句化用南北朝陶弘景《诏问山中何所有赋诗以答》"山中何所有？岭上多白云。只可自怡悦,不堪持赠君"的诗意,点出隐者的超尘脱俗,表露诗人的倾慕之情。"相望始登高"四句写久望而不得见的惆怅。诗人由思念而"登高""相望",然直至薄暮时分只见北雁南飞而不见友人身影,心头不禁泛起淡淡的哀愁。"时见归村人,平沙渡头歇。天边树若荠,江畔洲如月",是写从山上眺望四方之所见。素朴的语言,形象的比喻,既表现出清秋时节汉江两岸农村的静谧气氛,又为下文对友人的盼待做了铺垫。诗人即景入咏,不假雕饰,当巧不巧,贵在自然。"何当载酒来,共醉重阳节",照应开端数句,在点破题中"秋"字的同时,也表明了对张五的思念,显示出友情的真挚。全诗情因景起,景促情生,情景交融,浑然一体。

孟浩然《过故人庄》(1)

　　故人具鸡黍(2),邀我至田家(3)。绿树村边合(4),青山郭外斜(5)。开轩面场圃(6),把酒话桑麻(7)。待到重阳日(8),还来就菊花(9)。

【注释】

　　(1)孟浩然:见专题四"盛唐诗况"专题诗选《与诸子登岘山》注释(1)。(2)故人:老友。具:备办。鸡黍:鸡和黄米饭,泛指丰美的饭菜。黍,黄米。(3)田家:农舍。(4)合:四面环绕。(5)郭:外城。(6)轩:这里指窗。面:面对着。场:打谷场。圃:菜园。(7)把酒:端起酒杯。话桑麻:泛指闲谈农事。(8)重阳:重阳节。(9)就菊花:指赏菊。就,靠近。

【提示】

过故人庄,即"到老朋友的山庄拜访"。诗歌描写了老朋友山庄的优美风光,赞美了庄户人家的热情淳朴,表现了诗人对田园生活的喜爱之情。

开篇自然简单,老友之间邀之即来,随意中显示出友情的非同寻常。诗人又以绿树、青山、场圃、桑麻等农村平常景物构成田园平淡风光景色,远景、近景交相辉映,怡悦之情溢于言表。结尾的不邀自来,真率质朴,老友亲密无间的友谊在不经意间见出。全诗恬淡淳厚,但不平浅枯燥,是孟浩然田园诗中的优秀代表。

孟浩然《宿桐庐江寄广陵旧游》(1)

山暝听猿愁(2),沧江急夜流(3)。风鸣两岸叶,月照一孤舟。建德非吾土(4),维扬忆旧游(5)。还将两行泪,遥寄海西头(6)。

【注释】

(1)孟浩然:见专题四"盛唐诗况"专题诗选《与诸子登岘山》注释(1)。(2)暝:天色昏暗,这里指黄昏。(3)沧江:指桐庐江。(4)建德:今属浙江,居桐庐江上游。这里泛指桐庐、建德一带江域。非吾土:语出王粲《登楼赋》"虽信美而非吾土兮,曾何足以少留",意谓不是我的故乡。(5)维扬:扬州的别称。旧游:指故交。诗人在入京前曾一度游历广陵,即今天的扬州一带。(6)海西头:指扬州。语出隋炀帝《泛龙舟歌》:"借问扬州在何处?淮南江北海西头。"因扬州近海,且处于西边,故称海西头。

【提示】

诗人40岁长安应试落第后,为了排遣苦闷,漫游吴越。这种漫游,不免被罩上一层悒悒不欢的情绪。此诗即是诗人乘舟停宿桐庐江(即桐江,新安江的一段,在今浙江桐庐)的时候,怀念广陵(今江苏扬州)友人之作。诗中既有独客异乡的惆怅，又有怀念友人而引发的孤寂。意境上显得清峭，情绪上有较重的苍凉感。

桐庐江的风景原本十分优美。南朝梁文学家吴均曾在《与朱元思书》中称赞说："自富阳至桐庐，一百许里，奇山异水，天下独绝。"然而对奔波不定、身在旅途的诗人而言，听到的是山中猿猴悲愁的啼声和两岸树叶飒飒的鸣响，看到的是夜幕里的江水伴着时光急逝，以及冷月下的一弯孤舟。这样的景物，完全是诗人主观感受的投影。

"风鸣两岸叶，月照一孤舟"写江上夜色，凄清动人，与诗人《宿建德江》中"野旷天低树，江清月近人"异曲同工。

王维《山居秋暝》(1)

空山新雨后(2)，天气晚来秋(3)。明月松间照，清泉石上流。竹喧归浣女(4)，莲动下渔舟(5)。随意春芳歇，王孙自可留(6)。

【注释】

（1）王维：见专题二"帝都之诗"专题诗选《和贾至舍人早朝大明宫之作》注释（1）。（2）空山：空旷、空寂的山野。新雨：刚下的雨。（3）晚来秋：秋日薄暮已临。（4）竹喧：是说竹林中传出喧笑声。喧，喧哗。浣（huàn）女：水边洗衣物的女子。浣，洗涤衣物。（5）"莲动"句：是说见到水上的莲花摇动，方知有渔船正顺流而下。（6）"随意"二句：《楚辞·招隐士》："王孙游兮不归，春草生兮萋萋……王孙兮归来，山中兮不可以久留。"此反用其意，是说春草随它凋谢去吧，秋色如此令人流连，王孙自可留居山中。随意：指随春芳之意。春芳：此指春草。歇：消歇，凋谢。王孙：原指贵族子弟，后来也泛指隐居的人。

【提示】

"秋暝"指秋天的傍晚。诗写于王维居于辋川时。描绘了秋雨初晴后傍晚时分山村的风光和村民的淳朴,展现了诗人对隐居生活怡然自得的满足心情。

在诗中,诗人描写了一个桃源般的山中世界。一方面是大自然之美:新雨过后,空气清新,明月映照青松,泉水流淌石上,一切都是那样清幽、明净。另一方面,又是人情之美:竹林里传来了一阵阵欢声笑语,那是姑娘们洗罢衣服结伴归来;亭亭玉立的荷叶纷纷向两旁披分,掀翻了无数珍珠般晶莹的水珠,那是顺流而下的渔舟划破了荷塘的宁静。在这青松明月与翠竹青莲之中,生活着这样无忧无虑、勤劳善良的人们。正因为如此,诗人觉得山居生活比之于官场尘俗,要好得多。

这首诗写景如画。如中间两联,静中有动,景中有声,绘声绘色,情景交融,给人以清空明净而又充满生机的美感。

王维《终南别业》(1)

中岁颇好道(2),晚家南山陲(3)。兴来每独往,胜事空自知(4)。行到水穷处,坐看云起时。偶然值林叟(5),谈笑无还期(6)。

【注释】

(1)王维:见专题二"帝都之诗"专题诗选《和贾至舍人早朝大明宫之作》注释(1)。(2)中岁:中年。好(hào):喜好。道:这里指佛教。(3)晚:晚年。家:安家。南山:终南山。陲(chuí):旁边。南山陲指辋川别墅所在地。(4)胜事:快意之事。空:只。(5)值:遇见。林叟(sǒu):山中的老翁。(6)无还期:忘了回家的时间。

【提示】

别业,即别墅。终南别业就是辋川别墅,诗人的庄园。这里原是初唐诗人宋之问的别墅,后来被王维得到,成为他晚年常住的地方。

首联叙说自己中年时喜欢上研究佛理,次联写寄情山林的兴致和欣赏美景的乐趣。"兴来每独往,胜事空自知",透露出一种内心的闲适和心灵的纯净。作者似乎已经放下世俗的羁绊和困扰,游走于天地之间而不谙所往,活出了一种超然物外、自由自在的生命状态。第三联"行到水穷处,坐看云起时",写自己随意而行,无拘无束,自由自在。溪水不因外物而停止流淌,云彩不因外物而放弃飘游,一切都随意自然,彼此欣赏却不可以干涉对方,体现出的是物我的契合和自我的超脱。最后一联,进一步写出悠闲自得的心情。"偶然值林叟,谈笑无还期",诗人与林叟朋友,偶然遇到,兴致突发,则畅谈心声,彼此深刻体悟着对方的心灵;兴致尽,心归于平静,就各居一地,相安无事。字里行间,渗透着禅机佛理。

张继《枫桥夜泊》(1)

月落乌啼霜满天,江枫渔火对愁眠(2)。姑苏城外寒山寺(3),夜半钟声到客船(4)。

【注释】

(1)张继,生卒年不详,襄州(今湖北襄阳)人。天宝十二年(753)进士。曾佐戎幕,又做过盐铁判官。唐代宗大历年间入朝为内侍,大历末年任检校祠部员外郎。其诗写景状物,清丽自然。有《张祠部诗集》。(2)江枫:江边枫树。渔火:渔船上的灯火。对愁眠:指作者怀着羁旅乡愁睡下。(3)姑苏:苏州的别称,因苏州西南有姑苏山而得名。寒山寺:在枫桥西一里,建于南朝梁代。相传名僧寒山曾住此寺,因而得名。(4)夜半钟声:传说当时寺院有半夜敲钟的习惯。

【提示】

安史之乱后的唐肃宗至德年间,诗人曾游吴越,诗或作于此时。枫桥位于今苏州城西,原来叫"封桥",后因张继此诗而更名。

本诗精确而细腻地讲述了一个客船夜泊者对江南深秋夜景的观察和感

受,勾画了月落乌啼、霜天寒夜、江枫渔火、孤舟客子等景象,有景有情有声有色。此外,这首诗也将作者羁旅之思、家国之忧,以及身处乱世尚无归宿的顾虑充分地表现了出来,是写愁的代表作。从结构逻辑上看,首句写霜天夜景,暗指时令属秋,统摄全诗;次句写失眠人眼中所见,影影绰绰的枫树和忽明忽暗的渔船灯火显出暗夜的凄凉寂寥;第三、四句转折,写寒山寺传来的钟声悠扬清亮,它告诉人们又有新的客船到达码头了,这让诗人更难入睡,对故乡亲人的思念、对环境形势的忧虑也更加强烈。

刘长卿《寻南溪常山道人隐居》[1]

一路经行处[2],莓苔见屐痕[3]。白云依静渚[4],春草闭闲门[5]。过雨看松色[6],随山到水源[7]。溪花与禅意[8],相对亦忘言[9]。

【注释】

(1)刘长卿(约709—约780),字文房,籍贯一说河间(今河北沧州),一说宣城(今安徽宣城)。开元二十一年(733)进士。历任长洲县尉、南巴县尉、淮西鄂岳转运使、睦州司马、随州刺史,世称"刘随州"。有过数次贬谪。其诗多身世之叹与山水隐逸,风格冲淡洗练。长于五言,自诩"五言长城"。与钱起并称"钱刘"。有《刘随州集》。(2)经行:行程中经过。(3)莓苔:青苔。屐(jī)痕:指足迹。屐,一种木底有齿的鞋子。(4)渚(zhǔ):水中小洲。(5)闲门:不常开的门。(6)过雨:雨后。(7)随:沿。(8)禅意:指佛教清寂凝定的思想境界。这里隐指常道士。(9)忘言:《庄子·外物》:"言者所以在意,得意而忘言。"这里是说,彼此会意,不必言传。

【提示】

诗题一作《寻南溪常道士》,"南溪""常道士"所指不详。诗写寻隐者不遇,却得到别的情趣,领悟到"禅意"之妙处。全诗由"寻"发起,首联一路"寻"来,颔联写远望和近看,"寻"到了隐士的居处。颈联写隐者不在,看松寻源,别有情趣。最后写"溪花自放"而"悟"禅理之无为,即使寻到了道士,也只能彼此默契、相对忘言了。

戴叔伦《兰溪棹歌》[1]

凉月如眉挂柳湾[2],越中山色镜中看[3]。兰溪三日桃花雨[4],半夜鲤鱼来上滩。

【注释】

(1)戴叔伦(732—789),字幼公,润州金坛(今江苏常州)人。少时拜著名学者萧颖士为师。曾在盐铁使刘晏幕下任职,后任东阳令、抚州刺史、容州刺史、容管经略使等职,故后人称为"戴容州"。晚年出家为道士。其诗多表现隐逸生活和闲情逸致,有《戴叔伦集》。(2)凉:形容月色清冷。柳湾:有柳树的水湾。(3)越中:今浙江一带。浙江东部春秋时为越国之地。镜:指清澈平静的河水。(4)桃花雨:桃花盛开季节所下的春雨。

【提示】

"兰溪"是浙江富春江上游的一个支流,"棹(zhào)歌"是船家的歌曲。此诗以清新灵妙的笔触,描绘出春雨过后兰溪一带的夜景,意境幽美,宛如一幅山水小品。前二句写静景:首句是抬头仰望所见,次句是低头俯视所见。后二句写动景,颇为传神,写出了兰溪的一派生机。四句诗看似句句写景,其实却是景中有人,景中有情,情与景已经自然交融在一起,诗人的喜悦欢快之情浑然无迹地洋溢在对兰溪春夜图景的描绘之中。

韦应物《滁州西涧》[1]

独怜幽草涧边生[2],上有黄鹂深树鸣[3]。春潮带雨晚来急,野渡无人舟自横[4]。

【注释】

(1)韦应物:见专题二"帝都之诗"专题诗选《登高望洛城作》注释(1)。(2)独怜:偏爱。怜,怜爱。幽草:形容草色深浓和繁茂。(3)深树:树林深处。(4)野渡:无人管的荒僻渡口。

【提示】

"滁州"在今安徽滁州,"西涧"在滁州城外,俗称上马河。写这首诗时,诗人任滁州刺史。诗写得表面平淡,但内蕴深厚,含蓄地流露出复杂的情感和思绪,交融着恬淡的心境和忧伤的情怀。

诗中的一、二句是近景,写涧边野草,生机勃勃,惹人怜爱;树林深处,黄鹂鸣叫,清脆婉转。诗人以"独怜"开篇,幽草、黄鹂并提,写春潮带雨,水涨流急,岸边渡口,小舟横置。在看似闲淡幽远的心境中,其实隐约透露出作者矛盾无奈的处境和心情。作者当时为官滁州,思欲归隐,故独怜幽草;因无所作为,恰同水急舟横。

司空曙《江村即事》(1)

钓罢归来不系船(2),江村月落正堪眠(3)。纵然一夜风吹去(4),只在芦花浅水边。

【注释】

(1)司空曙,生卒年不详,字文明,广平(今河北邯郸)人。举进士,曾入剑南节度使韦皋幕。历任洛阳主簿、长林县丞、左拾遗、水部郎中、虞部郎中等。与钱起、卢纶等合称"大历十才子"。其诗多酬赠唱和之作,诗格清华。《全唐诗》录存其诗二卷。(2)系船:用缆索把船拴定在岸边。(3)正堪眠:正是睡觉的好时候。(4)风吹去:指把船吹走。

【提示】

诗题中的"即事",原意为"就眼前的情事写诗"。这首诗写钓罢归来睡在渔舟之上的一个小场面,表现隐逸者逍遥适意的自在生活。关键是"不系船",懒得系船,任渔舟随意飘荡。既见隐逸环境的恬静、安宁,又见自己纯任自然的悠闲的生活态度。次句补充了地点、时间、人物的行动等;末二句以虚拟口气回答了"不系船"的问题。

常建《题破山寺后禅院》[1]

清晨入古寺,初日照高林[2]。曲径通幽处,禅房花木深[3]。山光悦鸟性[4],潭影空人心[5]。万籁此俱寂[6],但余钟磬音[7]。

【注释】

(1)常建(约708—约765),字号不详,长安(今陕西西安)人。开元十五年(727)进士,曾任盱眙尉。仕宦不得意,辞官隐居湖北樊山(今鄂州西山)。其诗题材多为山水寺院,淡泊空灵。有《常建集》。(2)初日:早上升起的太阳。高林:高树之林。一说指禅院,因为佛家称僧徒聚集之处为"丛林"。(3)禅房:寺院中供僧人打坐参禅的房舍。(4)"山光"句:是说秀美的山光使飞鸟的性情欢悦。悦:此处为使动用法,使……高兴。(5)"潭影"句:是说潭水清澈,临潭顾影,不觉心中一切俗念都涤除殆尽了。空:此处为使动用法,使……空。(6)万籁(lài):各种声音。籁,从孔穴里发出的声音,泛指声音。此:在此,即在后禅院。(7)但余:只留下。钟磬(qìng):佛寺中召集众僧的打击乐器,通常由玉、石制成。寺庙里用钟磬作为诵经、斋供时的信号。

【提示】

破山寺即兴福寺,在今江苏常熟市西北虞山北麓。原为南朝齐郴州刺史倪德光住宅,倪德光后来皈依佛教,遂舍宅为寺。寺院通常分前后院,前院供佛,后院居住。本诗诗题表明诗人清晨游览的是破山寺的后禅院。

诗歌状写寺院清晨,着笔轻灵,几无尘响;造意精巧,出人意料。诗的

二、三联以禅悦态度静观景物,为千古传诵。"曲径通幽处,禅房花木深",于曲折幽深疑无路处,忽见花团锦簇禅院房,暗示禅院远离尘嚣、深藏不露,也寄托诗人内心的幽意和淡泊情怀。"山光悦鸟性,潭影空人心",举目望见寺后的青山焕发着日照的光彩,看见鸟儿在自由自在地飞鸣欢唱;走到清清的水潭旁,只见天地和自己的身影在水中湛然空明,心中的尘世杂念顿时涤除。佛门即空门。佛家说,出家人禅定之后,"虽复饮食,而以禅悦为味"(《维摩经·方便品》),精神上极为纯净怡悦。此刻此景此情,诗人仿佛领悟到了空门禅悦的奥妙,摆脱尘世一切烦恼,像鸟儿那样自由自在,无忧无虑。尾联写寺之玄寂,用钟磬声作反衬,也颇具兴象。似是大自然和人世间的所有其他声响都寂灭了,只有钟磬之音,这悠扬而洪亮的佛音引导人们进入纯净怡悦的境界。显然,诗人欣赏这禅院幽美绝世的居处,领略这空门忘怀尘俗的意境,寄托自己遁世无门的情怀。

柳宗元《渔翁》[1]

渔翁夜傍西岩宿[2],晓汲清湘燃楚竹[3]。烟销日出不见人[4],欸乃一声山水绿[5]。回看天际下中流[6],岩上无心云相逐[7]。

【注释】

(1)柳宗元(773—819),字子厚,河东(今山西运城)人,世称"柳河东"。贞元九年(793)登进士第,十四年(798)考中博学宏词科。曾任秘书省校书郎、集贤殿正字、蓝田尉、监察御史里行。永贞元年(805),参加主张政治革新的王叔文集团,任礼部员外郎。革新失败后,贬为永州(今湖南永州)司马。元和十年(815),被召回京,再次改贬柳州(今广西柳州)刺史,故又称"柳柳州"。与韩愈同列为"唐宋八大家",并称"韩柳"。其山水诗凄清冷淡,与韦应物并称"韦柳"。有《柳河东集》。(2)傍:靠近。西岩:永州的西山。岩,高峻山崖。(3)汲(jí):打水。湘:湘水,流经永州。燃楚竹:将竹当柴燃烧。楚,湖南古属楚地。(4)烟:朝雾。人:指渔翁。(5)欸乃:象声词,指摇橹声。(6)"回看"句:是说渔翁回望天边昨晚宿处,乘流直下。(7)无心云相逐:化自陶渊明《归去来兮辞》中的"云无心以出岫,鸟倦飞而知还"句。

【提示】

诗写于诗人被贬谪永州时期。描写寄情山水的渔翁,寄托自己的情怀。

夜幕降临时,渔翁傍着江边的岩壁停船休息;天刚拂晓,他汲水燃竹准备晨炊。待晨雾散去,阳光普照,渔翁却早已不见人影,只听得摇橹的号子回荡在山谷之中。好一个自由自在、行踪飘忽的渔翁!与青山绿水做伴,几乎不食人间烟火。写此诗时,诗人备受挫折,极度愤慨之余,便向往一种遗世独立、回归自然、无拘无束、自由自在、自食其力、自得其乐的理想生活境界。渔翁的形象中,隐隐寄寓了诗人的苦闷牢骚。

三、专题衍说

红颜弃轩冕,白首卧松云

——说功业未遂的隐士孟浩然

盛唐山水诗人大多有着隐逸的情怀,其中不少人做过隐士。储光羲一度隐居终南山,与僧侣往来频繁;常建长期漫游,辞官后隐居在鄂渚的西山;綦毋潜两度挂冠,最后在江淮一带不知所终;应试时以一首《终南望余雪》搁笔的祖咏,晚年迁居汝水以北,以农耕、渔樵自终;刘眘虚壮年即辞官归田,寄意山水,构筑了一个"深柳读书堂",著书自娱;还有那位跟王维关系很好的裴迪,多年里与王维在辋川的山壑林泉之间,练赋敲诗,鼓琴唱和,他流传到今天的二十几首诗,全部都是与王维的赠答、同咏之作。

至于"诗佛"王维,虽然一生都在官场上,但说他是一个隐逸之士,大约许多人都是同意的。

隐士这类人物，指的是有能力做官、有机会做官，而选择不做官的人。"做官"的另外一个称呼，叫作"功名"，是古代读书人关乎大道、大义的正当职业，只有进入官场，他们的人生理想才得以实现。但是，通往官场的路毕竟是狭窄的，进入官场的人也未必一直走得顺畅。如果"立功"的路走不通，一些人会尝试其他的"立德""立言"的途径，"隐逸"即是这番立场和态度。更何况，"仕"与"隐"，有时还呈"转换"的关系。

历朝历代，具有高德大才的隐士总会被求贤的王者慕求。一方三顾茅庐地"求取"，另一方"岭上白云"般地谢绝，由此构成的"佳话"着实也不少，顺带还留给后人"真隐士""假隐士"的诸般论题。世道清明，隐逸可能是这些人的一种变通；世道恶浊，隐逸或许就是他们对主流价值观的否定。初盛唐人的隐逸，居前种情况的更多些。

唐时对隐士十分尊崇，许多知名的隐士受到历任皇帝的召见、馈赠，或者干脆被请到朝廷来做官。渐渐地，隐遁变得和科举一样，成为登上社会政坛的另一条路子。一些人索性不去应试，先找个深山幽谷住下来，等到名气大了，自然会有州郡官员来推荐他，会有朝廷来征召他。司马承祯是一个道家的隐士，常年住在天台山。武则天执政时，将他召到洛阳，但他对做官毫无兴趣，仍然回到天台山。唐睿宗的时候，又召他到长安，可他坚持要回天台去。睿宗和一些大臣送他回程，那日尚书右丞卢藏用也在场。卢尚书指着终南山对司马承祯说："这山也很好，你不一定要回天台山嘛。"司马承祯回答说："终南山是好，在我看来，分明是谋求官职的一条捷径呀。"卢藏用听出了挖苦的味道，面有惭色。因为当年卢藏用正是隐居在终南山上翘首以待，武则天一来召他，他就兴冲冲地出来当官了。"终南捷径"这一成语的来历，便出于此。

盛唐山水诗人中，孟浩然被称为"诗隐"。

孟浩然是"真"隐士。在他51年的人生经历里，他始终是一介布衣。他留给后人的,是二三百首诗,和一些少得可怜的个人信息。提起他的诗,有不少是妇孺皆知、耳熟能详的,比如"春眠不觉晓,处处闻啼鸟""开轩面场圃,把酒话桑麻"之类。但他的名字究竟叫什么,后人都不能完全确定:他到底是"名浩,字浩然"?还是"名浩然,字浩然"?或者说他的名,人们已经不知晓了,"浩然"只是他的字?

比孟浩然年轻12岁的李白,对他十分仰慕。李白写过一首《赠孟浩然》诗:"吾爱孟夫子,风流天下闻。红颜弃轩冕,白首卧松云。醉月频中圣,迷花不事君。高山安可仰,徒此揖清芬。"他景仰孟浩然"从少年时起即鄙视功名不爱冠冕车马,到了高龄白首还隐逸在山林云际间摒弃尘杂","这高山似的品格怎么仰望都看不到顶,只能远远地揖敬他道德的光华"。

不过,孟浩然其实是想要仕进的。

他年轻的时候和弟兄们一起闭门读书,并且学剑,"好节义","救患释纷",有着侠士风采。他的家乡襄阳,自古有着隐逸传统,汉阴丈人、庞德公、诸葛亮、司马徽、徐庶、庞统等,对他产生很深的影响。他饮酒赋诗,弹琴垂钓,放情山水,结交各类人物。昼夜自强的最终目的,是为了步入仕途,实现"忠欲事明主,孝思侍老亲"(《仲夏归汉南园寄京邑旧游》)的理想。30岁前后,他仕宦的愿望非常强烈。他在《田园作》一诗里写道:"望断金马门,劳歌采樵路。乡曲无知己,朝端乏亲故。谁能为扬雄,一荐《甘泉赋》?"

40岁,他去长安应试,没有考中。落第后在京城滞留,打算向皇帝献赋以求赏识,但未有结果,只好失意回乡。返回襄阳时,他写了一首《岁暮归南山》:"北阙休上书,南山归敝庐。不才明主弃,多病故人疏。白发催年老,青阳逼岁除。永怀愁不寐,松月夜窗虚。"关于这首诗,《唐摭言》《新唐书》等记载了一则故事,说在长安时孟浩然曾去王维内署,适逢唐玄宗来。唐玄宗向孟浩然索诗,孟浩然就读了这首。唐玄宗听了很生气:"朕未曾弃人,自是卿不求进,奈何反有此作?"因命放归南山,终身不仕。此故事虽不足信,但孟浩然遭"弃"的痛苦甚或激愤则是明显的,其他诗也有类似的表达,比如

"世途皆自媚,流俗寡相知""当路谁相假,知音世所稀"之类。

他毕竟是做了一辈子的隐士。长期养成的淡泊情志、自由精神,还是让他在审时处事时更倾向于适情适意。他临洞庭向张丞相干谒说"欲济无舟楫,端居耻圣明",是适情,真实表达寻求引荐的心意;而当与采访使韩朝宗约好,准备向朝廷推荐他,他却可以因为和老朋友喝酒而失约,这就是"适意",正像他所说的:"业已饮,遑恤他!"(既然已经喝开了,哪里还管什么别的事!)

一生几许伤心事,不向空门何处销
——说亦官亦隐的王维

王维被称作"诗佛"。

王维与佛教的因缘,来自家庭。他的母亲崔氏,笃信佛教,"师事大照禅师三十余岁"。王维出生时,父母给他取的名字,单名维,字摩诘。名与字合起来,是"维摩诘",与佛教中那位有无上神力、智慧善辩的维摩诘居士同名。王维后来与南禅宗的高僧神会,也有很深的交往。

王维向佛,其表现形态即是寻找桃花源。这种"寻找",包括物质的,比如在终南山一带得到宋之问的旧庄园——辋川别业,其中有山有水,气象高华;也包括心灵的,劝人劝己万事不要太执着——他认为陶渊明就是太执着了,当初不能忍受"为五斗米折腰向乡里小儿",结果一辈子挨饿受冻,屡屡扣门乞食。"一惭之不忍,而终身惭乎?"于是,王维随缘任运,宁静淡泊,长期处在亦官亦隐的生活状态中。

只是,田园也好,禅心也罢,一切往往是事出有因的。文学史上的许多"隐逸诗人",当年也都曾有济世雄心。王维也是如此。

清朝诗论家徐增在《而庵诗话》中说:"诗总不离乎才也。有天才,有地才,有人才。吾于天才得李太白,于地才得杜子美,于人才得王摩诘。"王维自小多才多艺,17岁写的《九月九日忆山东兄弟》以"每逢佳节倍思亲"脍炙人口。他懂音律,善书画,风流蕴藉,年轻时在长安、洛阳,深得诸王和公主们的赏识。有一则"郁轮袍"的故事,讲王维年轻时的风姿仪态如何讨人喜欢,才情才华又如何为自己挣得前程。

这个故事记载在薛用弱的《集异记》里,后来《太平广记》《唐才子传》也都有引用。说的是王维年纪轻轻来到京城,得到唐玄宗的弟弟岐王李隆范的眷重。岐王取出"鲜华奇异"的"锦绣衣服"让王维穿上,将他带到公主的府第,弹琵琶新曲给公主听。公主见到"妙年洁白,风姿都美"的王维,听着"声调哀切"的《郁轮袍》曲子,不禁动容,又听说自己平素喜爱的诗文出自这个妙人,于是放弃了原来答应推荐张九皋为"京兆解头"的允诺,直接召唤科举主考官到公主府,向他推荐了王维。由此王维"一举登第"。

出于某种考虑,后来的许多人认为这个通过权贵"请托"来干预考试录取的故事只不过是小说家言,王维断不会如此;甚至于有些小说戏剧还努力改造这个故事,将王维塑造成一个拒绝亲近权贵的清高之士,那个利用公主的人并非"纟"旁的"王维"而是"扌"旁的"王推"。其实啊,"郁轮袍"的故事并没有抹黑王维,工诗文、擅琵琶、妙姿态、近王侯本来就是好才华、好风采的表现。至于走动豪门贵戚,请他们帮自己说话,在唐代的文人士子那里,原是再普通不过的事情。

不过,王维出道虽早,起点虽高,光鲜亮丽的背后,冷暖自知。他21岁进士擢第,很快被任命为太乐丞(一个管理宫廷音乐的官职)。可是不久就出了事,他因为演员们不谨慎,私自表演了只为皇帝演出的黄狮子舞而受牵连,被贬为济州司仓参军,继而又被发落到远离京师的淇上去做个禄薄的微官。这一贬就是十几年。"舞黄狮子"的事,他并不是主要的责任者,处罚得那么严厉当是应了"木秀于林,风必摧之"这句话。当初与诸王关系密切得令人羡慕,但是在登第之后还频频往来,就未必是一件好事了,因为唐玄宗为了防止诸王与自己争位,严令禁止诸王与群臣交结。

开元二十三年(735),王维35岁,当时的宰相张九龄,与王维观念一致,性情投合,将他擢升为右拾遗。这令王维精神振奋。但好景不长,张九龄受李林甫的排挤,被罢去相位,王维也离开京城出使塞外,在河西节度使幕中供职,将近40岁的时候才重回长安。

天宝十四年(755),王维55岁,安史之乱爆发。叛军攻陷了两京,唐玄宗逃难到四川。王维来不及护驾跟从,被安禄山控制,强行押送到洛阳。对这段经历,后人有的说安禄山看重王维的声名,善待了他。但从王维自己文章中看,他是颇受虐待的:"勺饮不入者一旬,秽溺不离者十月;白刃临者四至,赤棒守者五人。"他"服药取痢,假称喑病"(吃泻药,假装哑巴),但最终还是没有扛过去,接受了安禄山授给的职务 —— 这成了王维政治上的一个污点。后来官军收复两都,唐皇帝回到长安,凡做过伪官的都要定罪处罚。好在他的弟弟王缙平叛有功,愿意降职"以赎兄罪",再就是陷贼时他写的《凝碧池》救了他。诗是这样写的:"万户伤心生野烟,百官何日再朝天?秋槐花落空宫里,凝碧池头奏管弦。"这首诗的传播成为王维思念朝廷的表白,也成为此后得免重罚的关键。

据《明皇杂录补遗》记载:安禄山攻入长安,数百梨园弟子皆为俘虏,乐师雷海青也在其中。一日,安禄山在长安西内苑重天门北的凝碧池举行大宴,命梨园弟子奏曲作乐,雷海青对着安禄山怒摔琵琶,面西而哭,被安禄山在试马殿前肢解示众。王维闻说此事,悲愤交加,写下了这首《凝碧池》。

后来的人谈起王维,总是说他身处盛世、年少成名、仕途通达,似乎是顺得不能再顺了。确实,他官做得不小,像后来做到中书舍人、尚书右丞之类。而且他官做得也潇洒,在辋川购置别业,在终南山上看云起云飞,俨然一个带着官衔的山水隐士。他还虔诚敬佛,长年与药臼、经案、绳床为伴,61岁去世之前,干脆捐舍庄园为寺庙。这样的人,似乎散淡绝顶,清寂绝顶,但若是细读他的那首《叹白发》,或许人们就不那么想了。诗曰:"宿昔朱颜成暮齿,须臾白发变垂髫。一生几许伤心事,不向空门何处销。"

专题七

唐人边塞征战诗

一、专题要点

本专题主要学习唐代边塞征战诗繁荣的原因、特征,以及主要代表诗人的创作风貌。本专题选读诗歌作品14首。

(一)唐代边塞征战诗繁荣的原因

所谓边塞征战诗,指的是表现边塞的军事战争、描写边塞的风俗民情和自然风光的作品。虽然唐之前,就已经有了边塞题材的诗歌,但到了唐代,它才真正进入发展的黄金时代。据统计,唐以前的边塞诗,现存不到200首,而《全唐诗》中所收录的边塞诗就达到了2000多首。

唐代边塞征战诗的繁荣与唐朝廷同契丹、吐蕃等少数民族政权之间长期存在的表现为战与和、攻与守相交织的错综复杂的关系是分不开的。而诗人们大量创作边塞作品,一方面是强大的边防和高度自信的时代风貌的体现,另一方面是建功立业的壮志和"入幕制度"的刺激。文人普遍投笔从戎,赴边求功。正如杨炯诗句"宁为百夫长,胜作一书生",王维诗句"忘身辞凤阙,报国取龙庭。岂学书生辈,窗间老一经",岑参诗句"功名只向马上取,真是英雄一丈夫"。

(二)唐代边塞征战诗的特征

1. 初唐边塞征战诗的雄浑阳刚。有两类题材这时期特别引起诗人关注,一是抒写人生理想,如刘希夷《从军行》"丈夫清万里,谁能扫一室";二是颂扬军威军容,如张说《破阵乐词》"匹马城西挑战,单刀蓟北从军"。

2. 盛唐边塞征战诗的大气磅礴。其一是豪迈的情怀：这一时期的诗歌总体充满立功边塞的慷慨豪情，表达不甘平庸、渴望以功业追求不朽人生的凌云壮志，如王昌龄《从军行》"黄沙百战穿金甲，不破楼兰终不还"。其二是奇丽的风光：盛唐诗人将边地的自然风光纳入审美视野，在他们笔下，绝域大漠不再像前人渲染得那么可怕，而是多姿多彩，瑰丽雄奇，如高适《塞上听吹笛》"借问梅花何处落，风吹一夜满关山"。其三是深沉的内涵：盛唐边塞征战诗的着眼点往往不在于具体的战事，而是把边塞战争作为一种历史现象来思考，将人们的视线引向历史深处。如王维的《陇头吟》将"长安少年"的壮怀与"关西老将"的悲哀绾合在一起，将苏武的典故带入眼前的战争，从历史的深度上写出一代代志士壮心难酬的相同遭遇，意味深长。其四是大胆的揭露：开明的政治风气使盛唐人敢于大胆直言，将边塞生活中的阴暗面暴露无遗，如刘湾《出塞曲》"死是征人死，功是将军功"。

3. 中唐边塞征战诗的愁苦悲凉。其中，"望乡"是一个重要话题。

4. 晚唐边塞征战诗的忧虑颓丧。诗中常能见到诗人对功业的怀疑与否定。如曹松《己亥岁》"凭君莫话封侯事，一将功成万骨枯"，罗隐《塞外》"汉王第宅秦田土，今日将军已自荣"。

（三）课堂话题

1. 唐人边塞征战诗的主题类型

虽然统称为边塞征战诗，但它们的主题却是多种多样的。这种多样性来源于汉民族与周边民族之间的复杂关系。唐王朝进行的战争有防止和对抗少数民族统治者侵扰的正义战争，也有征伐少数民族地区的非正义战争。诗人对不同性质的战争自然会有不同的反应。另外，战争和长期戍边导致了边防将士的苦难和牺牲，也导致了将士家属和边疆人民生活上的困难以至于流离失所、辗转沟壑。这一切不能不激起诗人的同情和义愤，由此形成了边塞诗主题的多样性。

（1）描写正义战争，歌颂英雄气概。边塞征战诗由于涉及与其他民族政权之间的矛盾和斗争，涉及国家的兴衰与存亡，所以保家卫国便成为它的主基调。如王昌龄的《出塞》一面希望边境能有像李广那样的将军临边抗敌，一面表达了对久戍士卒的深切同情。王翰的《凉州词》以饱蘸激情的笔调，描写边地将士开怀痛饮、一醉方休的情景，"醉卧沙场"所表现的不仅是战士的豪放、开朗，更是他们视死如归的勇气，将生死置之度外的无畏精神。

（2）揭露将帅无能，忧患民族危机。揭露统治者昏庸无能，举措失当，以致边事不修，边防危急，加深了民族危机和军民苦难，是边塞征战诗的另一重要主题。如陈子昂《感遇诗》的"何知七十战，白首未封侯"，李白《古风》的"李牧今不在，边人饲豺虎"，张籍《凉州词》的"边将皆承主恩泽，无人解道取凉州"等，角度不同，怨望之情则一。高适的《燕歌行》更是揭露了主将骄逸轻敌，不恤士卒，致使战事失利的现实。

（3）反对穷兵黩武，主张民族和谐。如陈子昂《感遇诗》的"圣人御宇宙，闻道泰阶平。肉食谋何失，藜藿缅纵横"，批评某些大臣向朝廷献出的攻占羌族地区以开辟进袭吐蕃通道等劳民伤财的错误计策，反对滥用武力解决民族纠纷。杜甫的《兵车行》谴责"边庭流血成海水，武皇开边意未已"的黩武国策。白居易的《新丰折臂翁》是对宰相杨国忠发动征伐南诏的不义战争的强烈抗议。有的诗人则提出了希望民族间和平相处的善良愿望，如常建的《塞下曲》写的"玉帛朝回望帝乡，乌孙归去不称王。天涯静处无征战，兵气销为日月光"，雍陶在《塞路初晴》中写的"胡人羊马休南牧，汉将旌旗在北门。行子喜闻无战伐，闲看游骑猎秋原"，都是这种愿望的形象体现。

（4）"闺怨"和"征人怨"。有的诗抒写了征人夫妻分离的哀怨情绪，如高适《燕歌行》的"少妇城南欲断肠，征人蓟北空回首"，沈佺期《杂诗》的"可怜闺里月，长在汉家营。少妇今春意，良人昨夜情"。有的写出了征夫的痛苦心情，如李白《古风》的"三十六万人，哀哀泪如雨。且悲就行役，安得营农圃"，李益《从军北征》的"碛里征人三十万，一时回首月中看"，柳中庸《征人怨》的"岁岁金河复玉关，朝朝马策与刀环。三春白雪归青冢，万里黄河绕黑山"。

而更多的则是写思妇的"闺怨",如张仲素《秋闺怨》的"梦里分明见关塞,不知何处向金微",张籍《征妇怨》的"妇人依倚子与夫,同居贫贱心亦舒。夫死战场子在腹,妾身虽存如昼烛",金昌绪《春怨》的"打起黄莺儿,莫教枝上啼。啼时惊妾梦,不得到辽西"等。

(5)描写边塞风光,展示奇丽风情。写边塞自然景物的最多,其中有的被称为绝唱,如王维《使至塞上》的"征蓬出汉塞,归雁入胡天。大漠孤烟直,长河落日圆",李白《塞下曲》的"五月天山雪,无花只有寒。笛中闻折柳,春色未曾看"等。再有岑参《白雪歌送武判官归京》所描绘的边地雪景,《热海行送崔侍御还京》所描绘的热海奇景,《轮台歌奉送封大夫出师西征》所描写的两军鏖战前夜山雨欲来风满楼的充满动态的战地风光,以及王之涣的《凉州词》对西北荒寒边城的寄托深远,都是边塞风光诗中的压卷之作。

2.唐人边塞征战诗主要代表诗人的个性

代表诗人有高适、岑参、王昌龄、李颀、王翰、崔颢、王之涣等。此外,李白、杜甫、王维也都写过边塞诗。他们中有些人,有过军旅生活的体验。作品格调雄浑、磅礴,以七言为多。

(1)高适边塞征战诗的悲壮美。高适边塞作品的特色是深刻揭示边防政策的弊端,以政论的笔调表达自己对战争的意见,同时流露出对士兵的同情,对将帅的讽刺。《燕歌行》即是如此。他的诗沉雄雅健,境界壮阔,以骨力取胜。

(2)岑参边塞征战诗的奇丽美。岑参的作品善于以浓重的色调描绘西北边疆的奇异景色,以及将士英勇报国不畏艰苦的精神。他的诗感情炽热,想象奇特,色彩瑰丽,又富于变化。雄奇瑰丽的浪漫色彩是其主要基调。

二、专题诗选

王翰《凉州词》[1]

葡萄美酒夜光杯[2],欲饮琵琶马上催[3]。醉卧沙场君莫笑[4],古来征战几人回?

【注释】

(1)王翰,生卒年不详,字子羽,并州晋阳(今山西太原)人。唐睿宗景云元年(710)进士。曾任秘书省正字、驾部员外郎、汝州长史、仙州别驾,官终道州司马。以边塞诗著称,格调豪迈激昂。《全唐诗》存其诗一卷。(2)夜光杯:用白玉精制而成的晶莹透亮的酒杯,可以光明照夜。(3)琵琶马上:是说在马上弹奏琵琶的声音。催:催饮。这里有借乐助饮之意。(4)沙场:战场。

【提示】

《凉州词》是唐乐府名。凉州即今甘肃武威。本诗描写了在荒寒艰苦的边地,军中盛宴欢饮的场面。

前两句用"葡萄""夜光杯""琵琶"这些富有地域色彩的事物来烘托军中饮宴的气氛,而军中乐曲的频频助饮更是让原本热闹的场面沸腾起来。在这两句的渲染铺垫之下,后两句写征人互相斟酌劝酒,传达出一种豪情壮志。关于"醉卧沙场君莫笑,古来征战几人回",基本有两种理解:一是认为其意为拼得今宵沉醉,君莫笑其放浪形骸醉卧沙场,但观古来征战有几人生还。故其今宵纵情豪饮,不过是于百死中姑且作片时之乐,其豪迈旷达之语,更让人不胜沉痛。二是认为它并非悲伤之情,而是席间的劝饮之词,"醉卧沙场"四字不仅表现了豪放、兴奋的感情,还有着视死如归的勇气,开朗昂扬,明快热烈,正体现了盛唐边塞征战诗的特色。

王之涣《凉州词》(1)

黄河远上白云间,一片孤城万仞山(2)。羌笛何须怨杨柳,春风不度玉门关(3)。

【注释】

(1)王之涣：见专题四"盛唐诗况"专题诗选《登鹳雀楼》注释(1)。(2)万仞(rèn)：极言其高。仞，古代计算长度的单位，一仞等于七尺或八尺。(3)"羌(qiāng)笛"二句：是说玉门关外的边塞地区春意甚少，因此不必抱怨听到羌笛吹奏《折杨柳》所引起的客愁。羌笛：我国古代西北少数民族——羌族的一种管乐器，后多用于军中。杨柳：古有折柳送别的习俗，这里指《折杨柳》，古乐府曲名，曲调哀怨。玉门关：在凉州境，今甘肃敦煌西，为古代通往西域必经的关塞。

【提示】

开元年间，诗人游历西北边疆，不仅饱览塞外风光，还了解了将士的艰苦生活和思乡情绪。

诗的写景，取象宏大。首句写河，由近及远，神飞云端，境界开阔；次句写山，由下而上，万仞耸立，气势雄伟。两句一横一竖，构成一个气象雄阔的背景。在这背景的映衬下，"一片孤城"愈显突兀和险要，而整个画面也呈现出一派荒寒萧索之象，令人产生一种苍凉寥廓之感。"羌笛何须怨杨柳，春风不度玉门关"二句，字面上说：羌笛里何必要吹出《折杨柳》那样悲怨的曲调，来埋怨杨柳迟迟不发芽长叶呢？要知道那柔和的春风是不会吹到玉门关这边来的。细味之，"春风不度"有两层含义：明写边地苦寒，春风不至；暗寓朝廷恩泽不及塞上征人。一语双关，措辞委婉，而思乡之情、怨君之意自见。明人杨慎读解这首诗说："此诗言恩泽不及于边塞，所谓君门远于万里也。"

李颀《古从军行》[1]

白日登山望烽火，黄昏饮马傍交河[2]。行人刁斗风沙暗[3]，公主琵琶幽怨多[4]。野云万里无城郭[5]，雨雪纷纷连大漠。胡雁哀鸣夜夜飞[6]，胡儿眼泪双双落[7]。闻道玉门犹被遮，应将性命逐轻车[8]。年年战骨埋荒外，空见蒲桃入汉家[9]。

【注释】

（1）李颀（690—751），字号不详，东川（今四川绵阳）人，流寓颍阳（今河南登封）。开元二十三年（735）进士，官新乡尉，久不得升迁，后辞官归隐。其边塞诗写军旅生活，风格豪放。有《李颀诗集》。(2)交河：河名，在今新疆吐鲁番西。(3)行人：行军作战的士兵。刁斗：古代军用铜器，容量一斗，白天作炊具，夜间敲击用以打更报警。(4)公主琵琶：相传汉武帝与乌孙和亲，以江都王刘建之女细君为公主，嫁乌孙王。远嫁时，令人在马上弹琵琶来解除她途中的思乡之情，故称"公主琵琶"。(5)郭：外城。(6)胡雁：在边境少数民族地区飞的大雁。(7)胡儿：指与唐王朝交战的少数民族的青少年。(8)"闻道"二句：是说皇帝不准罢兵，战士还得豁出性命随将军打仗。据《史记·大宛传》：汉武帝太初元年，命贰师将军李广利攻大宛，欲至贰师城取善马。攻战不利，请罢兵。武帝闻之大怒，"使使遮玉门曰：'军有敢入者辄斩之。'"玉门：玉门关，汉武帝时置，因西域输入玉石取道于此而得名，故址在今甘肃敦煌西北小方盘城，和西南的阳关同为当时通往西域各地的交通门户。遮：掩，指掩上、关门。逐：跟随。轻车：汉时有轻车将军及轻车都尉，唐时有轻车都尉。(9)"年年"句：意为战士年年埋骨边地，所换来的不过是从西域引进的葡萄在宫苑中栽种，供统治者享受。蒲桃：葡萄，汉时从西域引入。汉家：汉宫。

【提示】

唐朝前期边境战争性质的复杂性，导致盛唐边塞征战诗在对待战争的态度上呈现出不同的倾向。天宝年间，开边黩武的战争时有发生，李白、杜甫都写过反黩武战争的诗篇，李颀的这首《古从军行》，同样具有鲜明的反黩武战争倾向。诗的具体写作时间不详，但其借汉喻唐、托古讽今的意旨却相当明显。诗人特意在诗题前面冠一"古"字，倒未必是由于怕触犯忌讳，而是故意向读者暗示借古题讽慨现事的创作意图。

诗开首四句写塞外军中的日常生活；次四句，写塞外恶劣的环境和所闻悲声;末四句,是对这场战争的黩武性质的集中揭示。本诗的高妙之处有二:第一,借汉武帝派遣使者到边关阻挡李广利班师回朝之事,影射唐玄宗的好大喜功和穷兵黩武,表达了诗人对统治者的强烈义愤和对捐躯沙场者的无限同情。篇末点睛,黩武战争反人民、反人道的性质在"战骨埋荒外"与"蒲桃入汉家"的鲜明对照中得到了最深刻的揭示。第二,通过"胡雁哀鸣夜夜飞,胡儿眼泪双双落",对被征讨的"胡儿"寄予了深切的同情,体现出超越民族矛盾、对所有被卷入战争的"人"的悲悯情怀。当时大部分的边塞征战诗都站在汉族立场上,从汉族的角度来写战争,即使写战争给人民造成的苦难和不幸,也止于汉族征人和内地的百姓,而李颀这首诗写到了战争给"胡儿"带来的灾难,这一点非常可贵。

王昌龄《出塞》(1)

秦时明月汉时关(2),万里长征人未还。但使龙城飞将在(3),不教胡马度阴山(4)。

【注释】

(1)王昌龄:见专题四"盛唐诗况"专题诗选《芙蓉楼送辛渐》注释(1)。(2)"秦时"句:是说自秦汉以来,明月便照临关塞。意即秦汉已筑长城防御外敌。(3)但使:只要。龙城飞将:汉朝右北平太守李广,他勇敢善战,威震龙城,被匈奴称为"飞将军"。龙城,又作"卢城",指卢龙县,为唐北平郡(即汉右北平)治所。此处泛指边关。(4)不教:不叫,不让。胡:泛指西北少数民族。此指当时常来扰边的匈奴。阴山:昆仑山脉北支。起于河套西北,绵亘于内蒙古自治区,东与内兴安岭相接,为古代抵御北方游牧民族的屏障。汉武帝时屯兵镇守,以御匈奴。

【提示】

此诗被推为唐人七绝的压卷之作。作者从历史沉思和对现实讽喻的结合上,希望消弭边境战争,结束边关将士与闺中思妇的千年离别,赢来万家团圆。

就诗的主题而言,有两个层面:一是消弭边战,祈求和平;二是呼唤李广式的英雄,一举而绥靖边患。那么,因何边境战争延续千百年而得不到消除?原因有二:一是时无英雄,缺少李广式的时代大英雄;二是统治者不能选贤任能。诗人对此表露了不满。

王昌龄《从军行》其四(1)

青海长云暗雪山(2),孤城遥望玉门关(3)。黄沙百战穿金甲(4),不破楼兰终不还(5)。

【注释】

(1)王昌龄:见专题四"盛唐诗况"专题诗选《芙蓉楼送辛渐》注释(1)。(2)青海:指今青海西宁的青海湖,当年是唐与吐蕃争夺交战之地。雪山:今甘肃祁连山。(3)玉门关:在今甘肃敦煌西。(4)穿:磨破。金甲:铠甲。(5)楼兰:汉时西域的鄯善国,在今新疆维吾尔自治区吐鲁番市鄯善县一带地方。汉昭帝时,楼兰王与匈奴勾通,屡杀汉朝使臣,大将军霍光派傅介子用计杀楼兰王而返。这里泛指外族入侵之敌。

【提示】

这组诗共有七首,本诗为第四首。除本诗外,著名的还有其一("烽火城西百尺楼,黄昏独坐海风秋。更吹羌笛关山月,无那金闺万里愁")、其二("琵琶起舞换新声,总是关山旧别情。撩乱边愁听不尽,高高秋月照长城")、其五("大漠风尘日色昏,红旗半卷出辕门。前军夜战洮河北,已报生擒吐谷浑")等。

诗的前两句概写西北边塞的景象,意境阔大而晦暗,孤寂而苍凉。后两句直接抒情。"黄沙百战穿金甲"可以想见将士们克服艰难、出生入死以至于壮烈牺牲的情形,但他们的报国壮志并没有被黄沙消磨,反而更加坚定;

"不破""终不"的否定句式,正是身经百战的将士们以身许国的誓言。

王维《使至塞上》(1)

单车欲问边(2),属国过居延(3)。征蓬出汉塞(4),归雁入胡天(5)。大漠孤烟直(6),长河落日圆(7)。萧关逢候骑,都护在燕然(8)。

【注释】

(1)王维:见专题二"帝都之诗"专题诗选《和贾至舍人早朝大明宫之作》注释(1)。(2)单车:轻车简从。问:慰问。边:边塞。(3)属国:有两种解释:一指少数民族附属于汉族朝廷而存其国号者。汉、唐两朝均有一些属国。"属国过居延"的意思就是"过居延属国"。二指官名,秦汉时有一种官职名为典属国,苏武归汉后即授典属国官职。属国,即典属国的简称,汉代称负责外交事务的官员为典属国,唐人有时以"属国"代称出使边陲的使臣,这里诗人用来指自己使者的身份。居延:地名,汉代称居延泽,唐代称居延海,在今内蒙古额济纳旗北境。整句的意思指作为使者的王维路过居延这个地方。(4)征蓬:随风远飞的蓬草,比喻征人。此为作者自指。(5)归雁:雁是候鸟,春天北飞,秋天南行,这里是指大雁北飞。胡天:胡人的领地。这里是指唐军占领的北方。(6)大漠:沙漠。孤烟:指边防上传递消息的烽烟。(7)长河:指黄河。(8)"萧关"二句:是说从萧关的侦察兵那里得知,首将还在更远的燕然山。萧关:在今宁夏回族自治区固源县东南,为关中四关之一。候骑(jì):骑马的侦察兵。都护:官名,唐朝在西北边疆置安西、安北等六大都护府,其长官称都护,每府派大都护一人,副都护二人,负责辖区一切事务。这里指前敌统帅。燕(yān)然:古山名,即今蒙古国杭爱山。东汉窦宪出击匈奴,至燕然勒石纪功而还。这里代指前线。

【提示】

开元二十五年(737),河西节度副使崔希逸战胜吐蕃,王维以监察御史的身份受命去大西北军中慰问。这首诗即是写他这次出使途经今甘肃、宁夏一带所见的情景。诗题中的"使",就是出使的意思。

诗的首联点明诗人出塞的目的是"欲问边",他的身份是"属国";颔联用"征蓬"和"归雁"作比,说自己像"征蓬"随风飘向远方,像"归雁"飞入胡天,可见长途跋涉的孤寂和艰辛。颈联写诗人看到的塞外奇特壮丽的风光,意境雄浑;尾联写诗人与守边骑兵相遇,得知他们的统帅"都护"却在更远的前线,已占领敌人的阵地,功劳可与东汉名将窦宪相比。

"大漠孤烟直,长河落日圆"一联,历来为人传诵。浩瀚无边的沙漠,孤烟直上苍穹;滔滔奔流的黄河,浑圆的落日正缓缓落入河面。几何形的空间交叉,各类物体的色彩对照,流动与静止的搭配,以及广阔苍凉的意境和英雄豪情的悲壮,共同展示了诗人兼画家的本色与才情。这一联的孤烟、落日、大漠、长河与前一联组合成画境,画幅的上方有"归雁",下方有"征蓬",内涵丰富,景中含情。《红楼梦》作者曹雪芹借香菱之口说出了自己的感受:"'大漠孤烟直,长河落日圆',想来烟如何直?日自然是圆的。'直'字似无理,'圆'字似太俗。合上书一想,倒像是见了这景的。"

李白《关山月》(1)

明月出天山(2),苍茫云海间。长风几万里,吹度玉门关(3)。汉下白登道(4),胡窥青海湾(5)。由来征战地(6),不见有人还。戍客望边邑(7),思归多苦颜(8)。高楼当此夜(9),叹息未应闲(10)。

【注释】

(1)李白:见专题二"帝都之诗"专题诗选《长相思》注释(1)。(2)天山:祁连山,在今青海、甘肃两省交界处。因汉朝时匈奴称"天"为"祁连",所以祁连山也被称为天山。(3)玉门关:古关名,在今甘肃敦煌西,是古代通向西域的要塞。(4)下:出兵。白登:白登山,在今山西大同东。刘邦和匈奴交战,曾被困在此。(5)胡:胡人,此处指吐蕃。窥:窥探侵扰。青海湾:青海湖,在今青海西宁附近,是唐和吐蕃频繁交战的地方。(6)由来:从来。(7)戍客:指戍守边疆的战士。边邑:边地城堡。(8)苦颜:愁容。(9)高楼:指中原内地于高楼之上思念戍客的妻子们。(10)未应闲:应该不会停歇。

【提示】

《关山月》是乐府旧题,多写征戍别离的哀伤之情。这首诗的起首四句将题目中的"关""山""月"三字一一析出,构成一幅万里边塞月夜图。中间四句叙写古往今来的边塞战争,突出战争的残酷。"汉下白登道"化用汉高祖刘邦兵困白登山七天的典故,以此来暗示边关作战兵败自古是常事;青海湾是唐人与吐蕃相争之地,诗人用"胡窥"而非"唐戍",则暗示了吐蕃觊觎青海湾使得戍边战士常常陷于防不胜防的境地。这种历代无休止的战争,使得多数出征的战士都无法生还故乡。最后四句从征人的角度直抒思乡之苦。战士们望着边地的景象,思念家乡,脸上多现出愁容,他们推想自家高楼上的妻子,在此苍茫月夜,叹息之声当是不会停止的。

可以注意的是,诗人放眼于自古以来边塞漫无休止的冲突,揭示了战争所造成的巨大牺牲和给无数征人及其家属所带来的痛苦,但对战争并没有作单纯的谴责,而像是沉思着一代代人为它所付出的沉重代价,并隐隐透露出一种想法。这种想法,诗中没有直接给出,但与"乃知兵者是凶器,圣人不得已而用之"(李白《战城南》)相类似。再有,离人思妇之情在一般诗人笔下,往往写得纤弱和过于愁苦,境界也往往狭隘。但李白却用"明月出天山,苍茫云海间。长风几万里,吹度玉门关"的万里边塞图景来引发这种感情,显得意境深远。

高适《燕歌行》(1)

汉家烟尘在东北(2),汉将辞家破残贼。男儿本自重横行(3),天子非常赐颜色[4]。摐金伐鼓下榆关[5]，旌旆逶迤碣石间[6]。校尉羽书飞瀚海[7]，单于猎火照狼山[8]。山川萧条极边土[9]，胡骑凭陵杂风雨[10]。战士军前半死生[11]，美人帐下犹歌舞[12]。大漠穷秋塞草腓[13]，孤城落日斗兵稀。身当恩遇恒轻敌[14]，力尽关山未解围[15]。铁衣远戍辛勤久[16]，玉箸应啼别离后[17]。少妇城南欲断肠[18]，征人蓟北空回首[19]。边庭飘飖那可度[20]，绝域苍茫更何有[21]。杀气三时作阵云[22]，寒声一夜传刁斗[23]。相看白刃血纷纷，死节从来岂顾勋[24]？君不见沙场征战苦，至今犹忆李将军[25]。

【注释】

（1）高适：见专题四"盛唐诗况"专题诗选《封丘作》注释（1）。（2）汉家：此指唐代。烟尘在东北：开元十八年（730）以后的数年间，唐与东北边境的契丹、奚常有战事，故云。烟尘，烽烟与尘土，指战争。（3）横行：指驰骋奋战。（4）赐颜色：给面子，即赏识。（5）摐（chuāng）金伐鼓：指行军。摐，撞击。金，指钲、铃一类的铜制乐器，行军时敲打以节制步伐。伐，击。下：出。榆关：山海关。（6）旌旆（jīng pèi）：指军中的各种旗帜。旌，用羽毛装饰的旗子。旆，边上镶着杂色的旗子。逶迤（wēi yí）：延续不绝的样子。碣石：山名，在今河北昌黎县北。（7）校尉：武官名，位次于将军。羽书：古时军书。上插羽毛，以表示它的传递应像鸟飞一样急迫。瀚海：大沙漠。（8）单（chán）于：古代匈奴部族君主的称号。这里用作北方民族首领的通称。猎火：打猎时燃起的火。古代游牧民族出征前往往举行大规模的打猎活动，作为军事演习。狼山：狼居胥山，在今内蒙古西北部。这里泛指交战前线。（9）"山川"句：是说汉军转战来到景色萧条的狼山一带。极，穷尽。（10）"胡骑（jì）"句：是说敌人的骑兵来犯，其势凶猛，有如风雨交作。凭陵：侵凌，进逼。（11）军前：军事前线。半死生：死生的机会各半，指出生入死。（12）帐下：军帅的营帐中。（13）穷秋：深秋。腓（féi）：病，枯萎。

(14)当：承受。恩遇：指皇帝的恩德、厚待。恒：长久，经常。轻敌：蔑视敌人。(15)"力尽"句：是说士卒们豁出性命去战斗，仍不能解除敌人的围困。(16)铁衣：铠甲。此借指远征士兵。(17)玉箸（zhù）：玉石做的筷子，这里用来形容思妇的眼泪。(18)城南：长安城之南。唐代长安城北为宫廷所在地，城南为居民住宅区。(19)蓟（jì）北：此泛指今河北、东北边地。(20)边庭：边疆。飘飖（yáo）：随风飘荡的样子。度：度日。(21)绝域：极远的边疆。苍茫：旷远迷茫。(22)三时：指晨、午、晚，即一整天，与下句"一夜"相对。阵云：战云。(23)一夜：整夜。刁斗：军中所用的铜器。白天用来煮饭，夜里用来打更。(24)死节：为国事而奋不顾身的志节。勋：功勋。(25)李将军：指汉代名将李广。据载，他作战时身先士卒，平时能与士卒同甘苦。

【提示】

此诗写于唐玄宗开元二十六年（738）。诗前有一个序："开元二十六年，客有从御史大夫张公出塞而还者，作《燕歌行》以示适，感征戍之事，因而和焉。"序中所说的"张公"，指的是张守珪。他在开元二十三年（735）因与契丹作战有功，拜辅国大将军兼御史大夫。其后部将败于奚族余部，张隐瞒败状而妄奏功，事泄，贬括州刺史。高适从"客"处得悉实情，作此诗暗寓讽刺之意。当然，诗的用意不仅限于针对张守珪之事，而是综合包含了作者对战争的看法。

全诗以浓缩的笔墨写了一个战役的全过程：前八句，写出师；接着八句，写战败；再八句，写被围；最后四句，写死斗的结局。诗人着意暗示和渲染悲剧的场面，以凄凉的惨状，揭露好大喜功的将军们的罪责。尤可注意的是，诗人在激烈的战争进程中，描写了士兵们复杂变化的内心活动，凄恻动人，深化了主题。

全诗处处隐伏着鲜明的对比，士兵效命死节与汉将怙宠贪功，士兵辛苦久战、室家分离与汉将临战失职、纵情声色。而结尾提到李广，则又是古今对比。这种对比，矛头所指十分明显，因而大大加强了讽刺的力量。

专题七　唐人边塞征战诗

岑参《走马川行奉送封大夫出师西征》[1]

君不见走马川行雪海边[2],平沙莽莽黄入天[3]。轮台九月风夜吼[4],一川碎石大如斗[5],随风满地石乱走。匈奴草黄马正肥,金山西见烟尘飞[6],汉家大将西出师[7]。将军金甲夜不脱,半夜军行戈相拨[8],风头如刀面如割。马毛带雪汗气蒸,五花连钱旋作冰[9],幕中草檄砚水凝[10]。虏骑闻之应胆慑[11],料知短兵不敢接[12],车师西门伫献捷[13]。

【注释】

（1）岑参：见专题四"盛唐诗况"专题诗选《春梦》注释（1）。（2）走马川：其地不详。一说走马川即且末河,距播仙城（且末城）五百里。雪海：今新疆别迭里山西北、吉尔吉斯斯坦伊塞克湖以东一带,以经年雨雪苦寒著称。（3）黄入天：是大风将尘沙带入高空而形成的特别景象。（4）轮台：唐代隶北庭都护府,今新疆乌鲁木齐西北。（5）川：指旧河床。（6）金山：阿尔泰山。这里泛指塞外大山。烟尘飞：指战事已发生。（7）汉家大将：指封常清。（8）戈相拨：兵器互相撞击。（9）五花：五花马,指名贵的马。连钱：这种良马毛色有深浅,隐约如波纹。旋作冰：指马身上的汗和雪很快便凝结成冰。（10）幕：军幕,营帐。草檄(xí)：草拟讨伐敌人的文书。（11）虏骑(jì)：指敌军。慑(shè)：惧怕。（12）短兵：指刀、剑一类兵器,与长射程的弓箭相对而言。不敢接：不敢交接,指不敢迎战。（13）车师：地名,安西都护府所在地,在今新疆吐鲁番附近。伫：等候。献捷：报捷。

【提示】

天宝十三年（754）,封常清受命为北庭都护、伊西节度使、瀚海军使,奏调岑参为安西、北庭节度判官。当时军府就设在轮台（今新疆乌鲁木齐附近）。封常清率军西征,岑参留守,未得随行,所以作诗以送。

诗歌先写边塞的险阻,突出雪（雪海严寒）、沙（黄沙入天）、风（狂风怒吼)、石(斗石乱走),既渲染了出师西征和激战前夕的紧张气氛,又烘托了将士豪迈、坚强的精神风貌。继而写西征的英姿,尤其是雪夜行军的艰苦,用夜不解甲、半夜行军、戈相拨、风如刀、马汗成冰、砚水冻结等细节描写,表现将士们的英勇、威武。再后,写预祝胜利。岑参诗的特点是意奇语奇,本诗即着意用奇险的自然环境来反衬将士的英勇,其奇特的夸张与急促的节律(句句用韵,三句一转)所构成的奔放雄肆的气势,足令读者感奋不已。

岑参《白雪歌送武判官归京》[1]

北风卷地白草折[2],胡天八月即飞雪[3]。忽如一夜春风来,千树万树梨花开[4]。散入珠帘湿罗幕[5],狐裘不暖锦衾薄[6]。将军角弓不得控[7],都护铁衣冷难着[8]。瀚海阑干百丈冰[9],愁云惨淡万里凝[10]。中军置酒饮归客[11],胡琴琵琶与羌笛[12]。纷纷暮雪下辕门[13],风掣红旗冻不翻[14]。轮台东门送君去[15],去时雪满天山路[16]。山回路转不见君[17],雪上空留马行处。

【注释】

(1)岑参:见专题四"盛唐诗况"专题诗选《春梦》注释(1)。(2)白草:西北边境的一种牧草,秋天变白,冬枯而不萎。(3)胡天:指塞北的天空。胡,古代汉民族对北方各民族的通称。(4)梨花:这里比喻雪花积在树枝上,像梨花开了一样。(5)珠帘:用珍珠串成或饰有珍珠的帘子。罗幕:用丝织品做成的帐幕。这句说雪花飞进珠帘,沾湿罗幕。(6)狐裘:狐皮袍子。锦衾:锦缎做的被子。(7)角弓:两端用兽角装饰的硬弓。不得控:拉不开。控,引,拉开。(8)都护:镇守边镇的长官,此为泛指,与上句的"将军"是互文。铁衣:铠甲。着:穿。(9)瀚海:大沙漠。阑干:纵横。百丈冰:很厚的冰层。(10)惨淡:阴暗。凝:聚。(11)中军:古时分兵为中、左、右三军,中军为主帅发号施令之所。此指主帅营帐。置酒:摆设酒宴。饮归客:宴饮归京的人,指武判官。饮,动词,宴饮。(12)胡琴琵琶与羌笛:胡琴等都是当时西域地区少数民族的乐器。羌笛,原是西北羌人吹的笛子。这句说在饮酒时奏起了乐曲。(13)辕门:军营的门。古代军队扎营,用车环围,出入处以两车车辕相向竖立,状如门。这里指帅衙署的外门。(14)"风掣(chè)"句:是说雪大天寒,军旗冻上了冰,不能迎风飘动了。掣:拉,扯,指风吹。(15)轮台:唐代隶北庭都护府,今新疆乌鲁木齐西北。(16)天山:一名祁连山,横亘新疆东西,长六千余里。(17)山回路转:山势回环,道路盘旋曲折。

【提示】

本诗写于天宝十三年(754)至至德元年(756)间,当时岑参在轮台(今新疆乌鲁木齐附近)。诗题中的"武判官",未详其人。

全诗以一天雪景的变化为线索,记叙送别武判官归京的过程,文思开阔,结构缜密。前八句,描写早晨起来看到的奇丽雪景和感受到的突如其来的奇寒。其中"忽如一夜春风来,千树万树梨花开"为著名的咏雪诗句。白色的梨花与雪片类比,并非从岑参开始,南朝萧子显就写过"洛阳梨花落如雪",但那是以梨花比雪,而岑参则是以雪比梨花。若非对塞外严寒的环境产生深厚的欣赏,是很难由落雪联想到梨花的,更何况前面还有"一夜春风"的铺垫。中间四句描绘白天雪景的雄伟壮阔和饯别宴会的盛况。"中军置酒饮归客,胡琴琵琶与羌笛",笔墨不多,却表现了送别的热烈与隆重。最后六句,写傍晚送别友人踏上归途。"山回路转不见君,雪上空留马行处",这一结句余味隽永,别离之哀、怀恋之情,就在这远远的凝望中显露无遗。

卢纶《塞下曲》其三(1)

月黑雁飞高,单于夜遁逃(2)。欲将轻骑逐(3),大雪满弓刀(4)。

【注释】

(1)卢纶(约748—约800),字允言,蒲州(今山西永济)人。大历初,数考进士不中。唐代宗时,经人推荐,任阌乡尉,升监察御史。官至检校户部郎中。世称"卢户部"。其诗大多送别酬答之作,为"大历十才子"之一。有《卢户部诗集》。(2)单(chán)于:匈奴君主的称号。遁(dùn)逃:逃走。(3)将:率领。轻骑(jì):轻装迅捷的骑兵。逐:追赶。(4)弓刀:像弓一样弯曲的军刀。

【提示】

诗人这一组《塞下曲》共六首,此为第三首。另外,组诗中的第二首("林暗草惊风,将军夜引弓。平明寻白羽,没在石棱中")亦很有名。

本诗描写了一个追歼敌军的场面。"月黑雁飞高",暗写白天战斗场面的激烈。"单于夜遁逃",写敌军逃跑之狼狈。"欲将轻骑逐",写汉军主帅判断敌情之迅捷。"大雪满弓刀",写严寒边地的艰苦。尤其是后二句,主帅立欲追击,整顿出营时,大雪瞬间落满弓刀,形象十分生动。诗篇未涉及追击的过程和结果,留给读者想象的空间。

李益《夜上受降城闻笛》(1)

回乐烽前沙似雪(2),受降城外月如霜(3)。不知何处吹芦管(4),一夜征人尽望乡(5)。

【注释】

(1)李益(748—827),字君虞,陇西姑臧(今甘肃武威)人。大历四年(769)进士及第,两年后又登制科举。曾二度出塞。后官至礼部尚书。其诗以边塞题材著称,风格雄浑深婉。有《李益集》。(2)回乐烽:在回乐县(故址在今宁夏灵武西南)。(3)受降城:唐代有三处受降城,这里指灵州(今宁夏灵武)的西受降城。(4)芦管:此指笛。(5)征人:戍边的将士。尽:全。

【提示】

这是一首描写边关将士乡情的诗。开头两句描绘了登城所见的塞上月夜的悲凉之景：回乐烽前，沙地如雪；受降城下，月色如霜。这是一幅令人望而生寒的凄苦场景，是征人思乡的典型环境。后两句写征人由于听到芦笛声而唤起了乡关之情。"不知"两字写出了征人身处边疆的迷惘心情，"尽"字又写出了士兵们不可按捺的思乡情绪。诗将景色、乐声、思情三者融为一体，意境浑成，简洁空灵，而又含蕴不尽。

张籍《凉州词》其三⁽¹⁾

凤林关里水东流，白草黄榆六十秋⁽²⁾。边将皆承主恩泽，无人解道取凉州⁽³⁾。

【注释】

（1）张籍（约767—约830），字文昌，原籍吴郡（今江苏苏州），后迁居和州乌江（今安徽马鞍山）。贞元十五年（799）进士。元和元年（806）任太常寺太祝。后官至秘书郎、水部员外郎、主客郎中、国子司业。世称"张水部""张司业"。其诗关心社会，语言质朴。其乐府诗与王建齐名，并称"张王乐府"。有《张司业集》。（2）"凤林"二句：凤林关里的水不断东流，六十年来这儿仍然被吐蕃占领，白草黄榆一片荒凉。凤林关：今甘肃临夏西，唐时为凤林县地。（3）"边将"二句：守边的将领都受到皇帝的恩惠，却没有一个懂得收复凉州是他们应尽的责任。解道：懂得。

【提示】

安史之乱以后，吐蕃乘虚大兴甲兵，东下牧马，占据了唐西北凉州（今甘肃永昌以东、天祝以西一带）等几十个州镇，时间从8世纪后期到9世纪中叶，长达半个多世纪。诗人张籍目睹这一现实，感慨万千，写了《凉州词》三首，从边城的荒凉、边塞的侵扰、边将的腐败三个方面，再现了边城惨淡的情景，表达了诗人对边事的深切忧患。这是第三首。

前两句借景言事，写出边防长时期以来的状况。安史之乱前，唐朝同吐蕃的交界处在凤林关以西,随着边城四镇的失守,凤林关亦已沦陷。在吐蕃的野蛮掠夺、横暴奴役下,凤林关内,土地荒芜,无人耕种,岁岁年年只见寒水东流,白草丛生,黄榆遍地,一片萧条。这里,诗人既用"白草黄榆"从空间广度来写凤林关的荒凉,又用具体数字"六十秋"从时间深度来突出凤林关灾难的深重。后两句揭示造成该状况的原因:守边的将领们都蒙受着皇帝的浩大恩泽,本该为国效力,但是,现在却没有谁知道收复凉州这回事了。这两句一扬一抑,对比鲜明,有力地谴责了边将的长期失职。事实上不仅如此,守边者还有骚扰百姓、谎报军功、骗取奖赏等腐败行径。

陈陶《陇西行》其二[1]

誓扫匈奴不顾身,五千貂锦丧胡尘[2]。可怜无定河边骨[3],犹是春闺梦里人[4]。

【注释】

(1)陈陶,生卒年不详,字嵩伯,自称三教布衣,剑浦(今福建南平)人。举进士不第。曾游学长安,后隐居洪州西山。其诗多乐府,后人辑有《陈嵩伯诗集》。(2)貂锦:汉代御林军穿貂裘锦衣。此借指精锐的唐军将士。胡尘:胡马荡起的烟尘。这里指边塞战场。(3)无定河:发源于今内蒙古,流经陕西榆林、米脂诸地,至清涧入黄河。因急流挟沙,经常改道,故名。(4)春闺:闺中少妇。

【提示】

《陇西行》为乐府旧题,内容多写边塞战争。陇西,即今甘肃宁夏陇山以西的地方。陈陶有《陇西行》四首,此为其二,反映了唐代长期的边塞战争给人民带来的痛苦和灾难。

首二句以精炼概括的语言,叙述了一个慷慨悲壮的激战场面。唐军誓死杀敌,奋不顾身,但结果五千将士全部丧生"胡尘"。接着,笔锋一转,逼出正意："可怜无定河边骨，犹是春闺梦里人。"这里没有直写战争带来的悲惨景象，也没有渲染家人的悲伤情绪，而是匠心独运，把"河边骨"和"春闺梦"联系起来，写闺中妻子不知征人战死，仍然在梦中想见丈夫，使全诗产生震撼心灵的悲剧力量。

三、专题衍说

"旗亭画壁"三才子

—— 说唐代三位写边塞诗的高手

唐朝的一个冬日，天下着小雪，有点冷。三位年轻的才子——王昌龄、高适、王之涣，相约来到旗亭。（"旗亭"也就是酒楼。古代的酒家经常在道边筑个亭，挑一面旗子在门前，因此也叫作"旗亭"或者"旗楼"。）这三位才子都是当时著名的人物，不仅倜傥卓荦，诗还写得好，每有新作，往往被乐工索去，谱成乐曲，广为传唱。

这一日，他们在旗亭边饮边聊，酒酣情畅之际，看见十几个梨园弟子进来，其中有四位美貌的女歌手。这些人是宫廷艺人，主要为皇帝表演歌舞。不一会儿管弦渐起，悠扬婉转，演唱的都是当时的名曲。三才子忽发奇想：平日里哥仨各负诗名已久，彼此难以自定高低，今日不妨悄悄听取伶人们所唱曲目，谁的诗入乐的最多，谁就是最为拔萃的。这种较量，岂不是最为客观、最为公平的？三人一致同意。

平缓抒情的弦乐响起，只见一女子合拍轻唱："寒雨连江夜入吴，平明送客楚山孤。洛阳亲友如相问，一片冰心在玉壶。"王昌龄一听，得意地在墙上划了一条记数的痕，说："我的一首绝句。"

这首绝句的题目是《芙蓉楼送辛渐》。芙蓉楼在润州（今江苏镇江），辛渐是王昌龄的朋友。写这首诗时王昌龄被贬官在江宁（南京）。朋友要往洛阳去，王昌龄从江宁一直送他到润州，在芙蓉楼上饯别。朋友理解他这些年里受到的委屈，临别时应有一些宽慰的表达，王昌龄以"洛阳亲友如相问，一片冰心在玉壶"，说自己内心磊落澄澈，光明通透，外在的毁谤、非议并不能让他屈服。

一曲唱罢，弦乐声变得缓慢低沉，另一位歌手起身唱道："开箧泪沾臆，见君前日书。夜台何寂寞，犹是子云居。"高适听了，也微露得意之色，顺手在壁上做了一道记号，说："这可是我的诗。"

这首诗的标题叫《哭单父梁九少府》，诗比较长，唱的是前四句。"单父"是地名，在今天的山东；"梁九"名叫梁洽，是高适的友人，做过单父的县尉（"少府"是县尉的通称）。梁九少府一生落拓不遇、不幸早逝。高适翻开信盒，见到亡友以前的书信，禁不住泪湿衣襟；朋友生前门庭冷落，死后泉台寂寞，真的如同古代的扬雄（汉代学者扬雄，字子云）一般。诗哭亡友的命运多舛，也未尝不是感慨自身的困顿。

两曲歌毕，王昌龄、高适各占了一首。此时又一女伶施施然登场，开口一曲："奉帚平明金殿开，且将团扇共徘徊。玉颜不及寒鸦色，犹带昭阳日影来。"歌未毕，王昌龄已喜不自胜："又是我的一首绝句！"

这首绝句叫《长信秋词》，是宫怨诗，借汉代班婕妤失宠的故事暗喻宫女的苦闷生活和幽怨惆怅。班婕妤是汉成帝的一位嫔妃，最初很得宠爱，后来，汉成帝又宠幸赵飞燕、赵合德姊妹，班婕妤担心自己的安全，主动请求幽居长信宫，侍奉太后。相传她做了一首《怨歌行》，以秋扇被弃比喻君恩断绝。这首诗中的"玉颜不及寒鸦色，犹带昭阳日影来"写得很是巧妙。赵飞燕姊妹居住昭阳殿，君恩如太阳，日日照临昭阳殿，以至于寒鸦从昭阳殿上飞过，都带着太阳的光色。这种人不如乌鸦的比喻，直接指向君王的昏庸与荒淫。

比试到现在，王昌龄的诗唱了两首，高适的诗唱了一首，王之涣有些不是滋味，说："刚才唱曲的歌手显然风雅不够，唱的都是俗曲。"他指着一位长相气质绝佳，一直没有开过腔的女伶说："听听她会唱什么。要是她唱的不是我的诗,我以后就不跟你们争高低了。"过了一会儿,那女子唱了起来:"黄河远上白云间,一片孤城万仞山。羌笛何须怨杨柳,春风不度玉门关。"王之涣用眼神扫了扫王昌龄、高适,得意地说:"怎么样,我没有说错吧?"

这首压轴的诗是《凉州词》,唱的是西北风光:幅员辽阔的高原上,雄伟的黄河从天际奔腾而来,远远望过去,好像一条丝带迤逦飞上白云;与辽阔的原野相称的是矗立的高山,群山环抱着一片孤城,相形之下,越见山势的巍峨雄壮,境界苍凉。驻守边关的将士吹奏起《折杨柳》的曲子,笛声哀怨,似乎在诉说造物之不公,连春风都不愿眷顾这个偏僻遥远的地方。"羌笛何须怨杨柳,春风不度玉门关"一联,涵蕴深厚,因为"春风"一词,除了季节的含义外,谁又能说它不兼顾着其他种种期待呢?

旗亭里这场画壁争胜,不过玩笑一场:数量唱得多的,未必是最好的;最漂亮的歌手唱的,也未必是最棒的。薛用弱《集异记》里编排的这桩故事,渲染的主要是盛唐的诗酒风雅。三才子的名声都很响亮,诗都写得很好,且都是写作边塞诗的大家,因为各自的经历不同,作品流传的情况也不太一样。

王昌龄被称为"七绝圣手""诗家夫子",存诗近200首。他活了不到60岁,际遇蹉跎,多次被贬,安史之乱爆发不久,被刺史闾丘晓所杀。至于为什么被杀却成了千古之谜,有人说是因为闾丘晓忌恨王昌龄的才气。高适活到约62岁,早年坎坷失意,50岁以后官职升得较快,做到散骑常侍,还被封为渤海县侯,存诗200多首。王之涣过世的时候55岁,做的一直是底层的官吏,《全唐诗》只保留了6首他的诗,数量虽少,却都是精品,其中"白日依山尽,黄河入海流"更是脍炙人口。

可怜闺里月,长在汉家营
——说边塞征战诗中的闺怨题材

诗歌的题材类型里,有边塞诗,也有闺怨诗。

边塞诗主要描写边关的军旅生活、将士们的军事斗争，以及他们的情感、情绪。深刻一些的作品，会涉及军事政策、军中问题，对具体的事件、人物展开批评。此外，边塞异于内地的自然风光、风俗民情等，也是这类题材乐于表现的内容。唐代的高适、岑参、王昌龄、王之涣、王翰、崔颢、李颀等，都有边塞佳作流传于世，"战士军前半死生，美人帐下犹歌舞""忽如一夜春风来，千树万树梨花开""但使龙城飞将在，不教胡马度阴山""醉卧沙场君莫笑，古来征战几人回""大漠孤烟直，长河落日圆"之类，如酒之醇香，历久弥新。

与边塞诗的爽朗刚健不同，闺怨诗是另一种格调的作品。它主要反映弃妇、思妇的忧伤，以及少女恋爱中的委曲与抱怨。这些女子相思的对象，或者是辞家远出、羁旅忘返的荡子（"荡子行不归，空床难独守"），或者是为公事奔波、顾不上家的官员（"无端嫁得金龟婿，辜负香衾事早朝"），或者干脆是重利轻别离的商人（"嫁得瞿塘贾，朝朝误妾期"）等。由于作品本身大都由男性书写，出于性别角度的审美特征，诗中女子的形象，基本是美艳而柔弱，多情且嗔怨。

到了唐代，闺怨诗的写作强化了另一个角度，就是女子思念的对象是征人。这种闺怨诗，也被称为"边塞闺怨诗"，或者"闺怨边塞诗"。这些诗作塑造了各式各样的思妇形象，表现她们对久戍难归的丈夫的思念之情以及心中难以排解的忧愁和痛苦。在这种情感的表达中，诗人选取不同的意象来使诗歌更具感染力。其中，寒月、寒衣、寒梦、寒砧四个意象十分具有代表性。这四个意象或单独使用，或互为组合，共同表现了边塞诗中的闺怨之音。

李白有一首诗叫《子夜吴歌》："长安一片月，万户捣衣声。秋风吹不尽，总是玉关情。何日平胡虏，良人罢远征。"诗写到秋天，写到夜晚的月色，还有千家万户在捣衣砧上捣衣服发出的声音。诗里的女子边捣衣服边思念着远征的丈夫，希望边患早日平定，家人团聚。"捣衣"的情景在古诗词里表现得十分普遍，但是由于生活方式的变化，今人几乎已经说不太清楚"捣衣"是一种什么状况。它与河边洗衣时用衣杵敲打使衣物洁净的行为显然不同，因为洗衣并非秋天的专利，而且也大可不必在夜晚进行。人们大体认为，捣衣是制作寒衣的一道工序。为了让织好的布帛线缕严实，易于保暖，人们会把布帛铺放在砧石上，用杵捶打，或者捶打时在布上添加粉末或糨糊，这样捣好的衣料平整、柔软、防风。至于为什么总在夜间捣衣，则很有可能是因为夜晚有露之时织物容易软熟。

秋天到了，为了给远方的亲人赶制寒衣，夜晚捣衣的声音此起彼伏，听起来急促而紧张。杜甫《秋兴》诗里即说："寒衣处处催刀尺，白帝城高急暮砧。"沈佺期的《独不见》里则说："九月寒砧催木叶，十年征戍忆辽阳。白狼河北音书断，丹凤城南秋夜长。"

"寒砧"毕，制"寒衣"。说到向服役的人寄送寒衣，人们往往想到孟姜女千里送寒衣的故事。古代军中有着向家属征求寒衣的传统，张籍《望行人》诗"无因见边使，空待寄寒衣"句，可以见出这种情况。因此诗歌里描述捣衣、制衣，再加上"玉关""辽阳""白狼河"这样的地理名词，由边塞而形成的闺怨就完整呈现了。如若笼罩上"月"和"梦"的背景，其"怨"的清冷感伤尤甚。如杜牧的《秋梦》："寒空动高吹，月色满清砧。残梦夜魂断，美人边思深。孤鸿秋出塞，一叶暗辞林。又寄征衣去，迢迢天外心。"凄寒的秋夜里，月光照在捣衣石上，闺中女子夜半梦醒，独自思念远在塞外戍边的丈夫。想起自己寄去的征衣，不知是否已经到了丈夫的手中，盼归的情感中渗透着期望国家安定、和平的愿望。

晚唐诗人陈陶写的一首《陇西行》，是边塞诗里的佳篇："誓扫匈奴不顾身，五千貂锦丧胡尘。可怜无定河边骨，犹是春闺梦里人。""可怜无定河边骨，犹是春闺梦里人"二句没有直写战争带来的悲惨景象，也没有渲染家人的悲伤情绪，而是匠心独运，把"河边骨"和"春闺梦"联系起来，写闺中妻子不知征人战死，仍然在梦中想见丈夫，使全诗产生震撼心灵的悲剧力量。知道亲人死去，固然会引起悲伤，但确知亲人的下落，毕竟是一种告慰。而这里，长年音讯杳然，征人早已变成无定河边的枯骨，妻子却还在梦境之中盼他早日归来团聚。灾难和不幸已降临到身上，不但毫无觉察，反而满怀着热切美好的希望，这才是真正的悲剧。

专题八

诗仙李白

一、专题要点

本专题主要了解李白的生活状况与诗歌创作，了解他在唐代诗坛上的独特地位。本专题选读诗歌作品10首。

（一）李白生平中的要点

1. 家世与少年时代。李白（701—762），字太白，号青莲居士。关于李白的籍贯，有不同说法。一般认为其祖籍陇西成纪（今甘肃天水），约5岁时举家迁居绵州昌隆（今四川江油）青莲乡。他的幼年与青少年时期是在蜀中度过的，同时受汉和西域两种文化的熏陶。读书泛览百家，且喜游侠击剑。

2. 前期漫游与干谒。约25岁出蜀，广事交游。其间一度入长安。

3. 二入长安的风光与失落。天宝元年（742）经道士吴筠等举荐，被唐玄宗召入朝，受礼遇。但由于恃才傲物，遭到谗谤，三年后赐金放还，离开关中。

4. 后期的沉沦与漂泊。其间漫游各地，颇有出世之念。安史之乱起，应永王李璘的邀请，入其幕府，然未入一月，李璘与唐肃宗内战兵败，李白以"附逆作乱"罪入狱，后长流夜郎，中途遇赦。

（二）李白的思想与创作特色

李白的思想比较复杂，以儒、道为主，兼有儒、道、游侠、纵横家的成分。

盛唐士人积极入世、进取的人生态度，在李白身上更为理想化。他功名心强，有强烈的"济苍生""安社稷"的儒家用世思想。但他看不起"白发死章句"的儒生，不愿科举入仕，又不愿从军边塞；而是隐逸于世，广为交游，寄希望于风云际会，以便名动京城，做帝王之师，建立奇功，待理想实现，他可以功成身退。这种过于理想的人生设计，在现实中难免遭遇失败。而每当遇到挫折和不平，他都爆发出强烈的愤慨，对现实秩序进行批判和否定，或者用隐居求仙、狂饮颓放来暂时消解精神的痛苦。

李白的诗歌创作带有强烈的主观色彩，自由奔放，不受诗歌格律形式的束缚，特别擅长采用古风和乐府歌行的体式；想象丰富，构思奇绝，善于运用比喻和夸张的手法创造新奇鲜明的艺术形象；语言清新自然，明白晓畅。

（三）课堂话题

1. 生活中的李白 —— 理想者。着重介绍李白的家世渊源、应诏进京、获罪入狱等。

2. 故事中的李白 —— 骑鲸客。可以从"太白金星转世"（李阳冰《草堂集序》"惊姜之夕，长庚入梦，故生而名白，以太白字之"）、"海上钓鳌客"（王说《唐语林》"李白开元中谒宰相，封一板，上题曰：'海上钓鳌客李白。'宰相问曰：'先生临沧海，钓巨鳌，以何物为钩线？'白曰：'风波逸其情，乾坤纵其志。以虹霓为线，明月为钩。'又曰：'何物为饵？'白曰：'以天下无义气丈夫为饵。'宰相竦然"）、"御手调羹与力士抹靴"（辛文房《唐才子传》"白浮游四方，欲登华山，乘醉跨驴经县治。宰不知，怒，引至庭下曰：'汝何人，敢无礼！'白供状不书姓名，曰：'曾令龙巾拭吐，御手调羹，贵妃捧砚，力士脱靴。天子门前，尚容走马；华阴县里，不得骑驴？'宰惊愧，拜谢曰：'不知翰林至此。'白长笑而去）等话题谈起，并结合他的《清平调词》《登金陵凤凰台》等作品。

3. 诗歌中的李白 —— 苦闷人。如《行路难》慨叹"冰塞川""雪满山"之后，又恍然神游千载之上，仿佛看到姜尚、伊尹由微贱而忽然得到君主重用。诗人心理上的失望与希望、抑郁与追求，急遽变化交替。"行路难，行路难，多歧路，今安在？"是急切不安状态下的内心独白，传达出进退失据而又要继续探索追求的复杂心理。《宣州谢朓楼饯别校书叔云》通过"抽刀断水水更流，举杯消愁愁更愁"二句,在抒写强烈苦闷的同时表现出倔强的性格,表明他尽管精神上经受着苦闷的重压,但并没有放弃对理想的追求。诗中仍然贯注着豪迈慷慨的情怀。

二、专题诗选

李白《襄阳歌》[1]

落日欲没岘山西[2],倒著接䍦花下迷[3]。襄阳小儿齐拍手,拦街争唱《白铜鞮》[4]。旁人借问笑何事,笑杀山翁醉似泥[5]。鸬鹚杓,鹦鹉杯[6]。百年三万六千日,一日须倾三百杯。遥看汉水鸭头绿[7],恰似葡萄初酦醅[8]。此江若变作春酒[9],垒曲便筑糟丘台[10]。千金骏马换小妾[11],笑坐雕鞍歌落梅[12]。车旁侧挂一壶酒,凤笙龙管行相催[13]。咸阳市中叹黄犬[14],何如月下倾金罍[15]?君不见晋朝羊公一片石[16],龟头剥落生莓苔[17]。泪亦不能为之堕,心亦不能为之哀。清风朗月不用一钱买,玉山自倒非人推[18]。舒州杓,力士铛[19],李白与尔同死生。襄王云雨今安在[20]?江水东流猿夜声。

【注释】

(1)此诗可能是开元二十二年(734)李白游襄阳时作。襄阳:县名,唐襄阳治所在今湖北襄阳。(2)岘(xiàn)山:一名岘首山,在今湖北襄阳南,东临汉水。(3)接䍦(lí):古代一种白色头巾。此处用山简事。《晋书·山简传》:"永嘉三年,出为征南将军,都督荆、湘、交、广四州诸军事、假节,镇襄阳……简每出嬉游,多之池上,置酒辄醉,名之曰高阳池。时有儿童歌曰:'山公出何许,往至高阳池。日夕倒载归,酩酊无所知。时时能骑马,倒著白接䍦。'"李白另有乐府诗《襄阳曲四首》,专咏山简事。(4)白铜鞮(dī):南朝童谣名,流行于襄阳一带。(5)山翁:指山简,此为诗人自喻。(6)鸬鹚杓:

一种长柄酒杓,形如长颈水鸟鸀鹥。鹦鹉杯:一种用螺壳制成的酒杯,形状和颜色都像鹦鹉嘴。(7)鸭头绿:一种像鸭头上的绿毛一样的颜色,形容水清澈。(8)酦醅(pō pēi):重酿而未滤过的酒。这句的意思是说清澈的汉水正像刚酿就的葡萄酒。(9)春酒:古代冠以"春"字称美酒。(10)垒:堆叠。曲:酒糟。糟丘台:用酒糟垒成的高台。相传桀、纣都曾以酒为池,以糟为丘。(11)骏马换小妾:反用三国时曹彰的故事。《独异志》说曹彰一次遇到一匹骏马,就用美妾把它换过来。(12)落梅:《梅花落》的曲调。(13)凤笙:笙形像凤,又有王子晋吹笙作凤鸣的传说,此用作对笙的美称。龙管:对笛的美称,其声似龙吟,故名。催:劝酒。(14)"咸阳"句:用"秦相李斯被杀"的典故。据《史记》载,秦二世二年,李斯被腰斩于咸阳市,临刑时对他的儿子说:"吾欲与若复牵黄犬,俱出上蔡(李斯的故乡)东门,逐狡兔,岂可得乎?"(15)金罍(léi):饰金的酒器。(16)羊公:羊祜。一片石:指堕泪碑。羊祜镇守襄阳时,常游岘山,死后,襄阳人在岘山立碑纪念,见者多感伤流泪。(17)龟头:古时碑座下的石刻动物,形似龟。(18)玉山:比喻人的形体仪容之美。《世说新语·容止》说,嵇康酒醉,"傀俄若玉山之将崩"。(19)舒州杓:舒州产的酒杓。舒州,今安徽潜山。力士铛(chēng):一种瓷制饮器。(20)襄王云雨:据宋玉《神女赋》载,楚襄王曾游于云梦之台,梦与巫山神女相会。

【提示】

李白诗歌的创作时间往往不易确定,这对理解分析作品特定的情绪造成一定影响,但他因抱负、才气、与现实环境的冲突而形成的思想感慨是长期的、较为稳定的。本诗借山简故事发兴,竭力渲染豪饮,并以生前未得善终的李斯、身后有人树碑的羊祜、尊贵到能与巫山神女相会的楚襄王,最终都归结于虚空、湮没于历史,来表达唯饮酒才是最自在、最惬意的生活。这样的情绪虽然放诞,却并不颓废,展现出他对自由人世、自然人生的追求与向往,醉眼中蕴含着对社会的清醒认识。

全诗横放恣肆,对饮酒的描写极尽夸张。百年三万六千日,日日须饮三百杯;若使汉江化春酒,酒曲垒作糟丘台;骏马雕鞍,凤笙龙管,歌姬美酒,俯仰开怀。"清风朗月不用一钱买,玉山自倒非人推",一派烂漫天真。

李白《蜀道难》[1]

噫吁嚱[2],危乎高哉[3]!蜀道之难,难于上青天。蚕丛及鱼凫[4],开国何茫然[5]!尔来四万八千岁,不与秦塞通人烟[6]。西当太白有鸟道[7],可以横绝峨眉巅[8]。地崩山摧壮士死[9],然后天梯石栈相钩连[10]。上有六龙回日之高标[11],下有冲波逆折之回川[12]。黄鹤之飞尚不得过,猿猱欲度愁攀援[13]。青泥何盘盘[14],百步九折萦岩峦[15]。扪参历井仰胁息[16],以手抚膺坐长叹[17]。问君西游何时还[18]?畏途巉岩不可攀[19]。但见悲鸟号古木[20],雄飞雌从绕林间。又闻子规啼夜月[21],愁空山[22]。蜀道之难,难于上青天,使人听此凋朱颜[23]。连峰去天不盈尺[24],枯松倒挂倚绝壁[25]。飞湍瀑流争喧豗[26],砯崖转石万壑雷[27]。其险也若此,嗟尔远道之人胡为乎来哉[28]!剑阁峥嵘而崔嵬[29],一夫当关,万夫莫开。所守或匪亲,化为狼与豺[30]。朝避猛虎,夕避长蛇;磨牙吮血[31],杀人如麻。锦城虽云乐[32],不如早还家。蜀道之难,难于上青天,侧身西望长咨嗟[33]!

【注释】

(1)《蜀道难》:乐府《相和歌·瑟调曲》名。郭茂倩《乐府诗集》引《乐府解题》云:"《蜀道难》备言铜梁、玉垒之阻。"此诗约作于唐玄宗开元末,诗人初入长安时;一说作于天宝初,诗人身在长安为送友人入蜀而写。(2)噫吁嚱(yī xū xī):惊叹声,蜀方言,表示惊讶的声音。宋庠《宋景文公笔记》卷上:"蜀人见物惊异,辄曰'噫吁嚱'。"(3)危乎高哉:高啊高啊。危即高,此叠用,以加强对蜀道艰险的惊叹。(4)蚕丛及鱼凫(fú):传说中古蜀国的两个先王。(5)茫然：是说蜀国开国久远，其事迹渺茫难详。(6)"尔来"二句：是说蜀、秦两地长期隔绝。战国时秦惠文王灭蜀，置蜀郡，从此蜀地才与秦交通。尔来，指从开国以来。四万八千岁，形容时间久远，非实数。秦塞(sài)，犹言秦地。秦中自古称四塞之国。塞，险要的地方。(7)太白：山名，又名太乙山，秦岭主峰，在今陕西周至、太白县一带。旧说因其终年积雪，故名。太白山在京城长安之西，故云"西当太白"。鸟道：鸟飞的径道。指太白山高入云端，无路可通，唯有飞鸟可度。(8)横绝：横渡。峨眉：山名，在今四川乐山峨眉山。巅：山顶。(9)"地崩"句：据《华阳国志·蜀志》所载，秦惠文王知蜀王好色，特送他五个美女。蜀王派五个大力士去迎接。回到梓潼时，见一大蛇钻入山洞中，五力士共同抓住蛇尾往外拉，忽然间山崩地裂，把壮士和美女全埋在了底下，山也分成了五岭。秦王因此打通了蜀地。(10)天梯：形容山路陡峭，有如登天的梯子。石栈(zhàn)：在高山险绝处凿石架木而成的道路。(11)六龙：古代神话记载，给日神赶车的羲和，每天驾着六条神龙拉的车子，载着太阳在空中运行。回日：是说太阳车至此要迂回绕道而过。高标：指蜀中的最高山峰。标，本义是树梢，此引申为峰巅。(12)冲波：奔腾的波涛。逆折：往回倒流。回川：旋涡。(13)猱(náo)：猿类动物，体矮小，攀援树木轻捷如飞。(14)青泥：岭名，在今陕西略阳县西北，为当时入蜀要道。盘盘：迂回曲折的样子。(15)萦(yíng)：盘绕。岩峦：山峰。(16)扪(mén)：抚摸。参(shēn)、井：均为星宿名。参宿是蜀地的分野(古人将天上二十八宿的星座与地上的州国对应起来，分成若干界域，称"分野")，井宿是秦地的分野。"扪参历井"，是说由秦入蜀好似摸到参星，擦过井宿。历：越过。胁息：屏住呼吸。(17)膺(yīng)：胸口。(18)君：此指入蜀的友人。西游：指入蜀。(19)畏途：艰险可怕的道路。巉(chán)岩：高峻的山峰。(20)号：悲鸣。(21)子规：杜鹃鸟，又名杜宇，相传为古代蜀王杜宇(号望帝)的魂魄所化，蜀地最多，暮春即鸣。其声凄切，似乎在说"不如归去"。故在古诗文中，常以杜鹃悲啼衬托离人的乡思。(22)愁空山：是说愁满空山。

(23)凋朱颜：容颜失色。(24)去：离。盈：满。(25)倚：靠，依。(26)飞湍(tuān)：飞奔而下的急流。喧豗(huī)：水流相冲击的轰响声。(27)"砯(pīng)崖"句：是说急流在一道道山沟中奔腾冲击，使石翻滚，发出雷鸣般的声响。砯，水击岩石声，此作动词"冲击"解。(28)胡为乎：为什么。(29)剑阁：剑门关，在今四川广元剑阁县北，是大、小剑山之间的一条栈道。峥嵘：高峻的样子。崔嵬(wéi)：高险崎岖。(30)"一夫"四句：西晋张载《剑阁铭》："一人荷戟，万夫趑趄(zī jū，犹豫不进)。形胜之地，匪亲勿居。"此化用其语，以形容剑阁的险要。或匪亲，如果不是可信赖的人。匪，同"非"。化，变。狼、豺，及下两句的猛虎、长蛇，均比喻分裂者或叛乱者。(31)吮(shǔn)：吸。(32)锦城：锦官城的简称，即成都，蜀国的都城。(33)咨嗟(zī jiē)：叹息。

【提示】

孟棨《本事诗》："李太白初自蜀至京师，舍于逆旅。贺监知章闻其名，首访之。既奇其姿，复请所为文。出《蜀道难》以示之。读未竟，称叹者数四，号为'谪仙'，解金龟换酒，与倾尽醉，期不间日，由是称誉光赫。"这首诗，一方面描写蜀地山川的险峻和壮丽，另一方面，通过"所守或匪亲，化为狼与豺"，似乎也隐含着对时局的忧虑和提醒。

"蜀道之难，难于上青天"是诗的主旋律，它重复出现，一唱三叹。为了突显这个"难"字，诗人先是运用蚕丛、鱼凫、武丁开山的神话传说，描写蜀道的历史悠久与险峻；继而又用"扪参历井"的极度夸张，用黄鹤飞不过、猿猱愁攀援的想象，写蜀道的高耸入云和盘旋迂回；之后，又将枯木悲鸟、夜月空山与绝壁飞瀑、剑阁雄关形成对照，将清冷与壮阔统一到惊心动魄的画面里。殷璠《河岳英灵集》称这首诗"可谓奇之又奇，自骚人以还，鲜有此体"。

李白《行路难》其一 [1]

金樽清酒斗十千[2]，玉盘珍羞直万钱[3]。停杯投箸不能食[4]，拔剑四顾心茫然。欲渡黄河冰塞川,将登太行雪满山。闲来垂钓碧溪上,忽复乘舟梦日边(5)。行路难,行路难,多岐路,今安在(6)?长风破浪会有时,直挂云帆济沧海(7)。

【注释】

(1)《行路难》:乐府《杂曲歌辞》旧题。这组诗共三首,约为天宝三年(744)作者被逐离长安时所作。(2)樽(zūn):古代的盛酒器具。清酒:清醇的美酒。斗十千:一斗酒值钱十千钱,说明酒美价昂。斗,酒器,此作量词用。(3)羞:同"馐",珍美的菜肴。直:同"值",价值。(4)箸(zhù):筷子。(5)"闲来"二句:是说自己目前虽然退隐,仍希望有一天能忽然回到皇帝身边。相传吕尚(姜尚,姜子牙)在未遇周文王时,曾在渭水的磻溪钓鱼;伊尹受商汤聘请前,曾梦见乘船从日月旁边经过。此用吕、伊故事。(6)"多岐路"二句:是说人生道路艰难,我今置身何处。(7)"长风"二句:是说总有一天自己会乘风破浪去实现理想。《宋书·宗悫传》载:宗悫少年时,叔父问其志向,他说:"愿乘长风破万里浪。"后以此典故喻宏大抱负得以施展。会:当。云帆:高帆。济:渡。

【提示】

唐玄宗天宝元年(742),李白被招至长安,自以为可以宏图大展,但不久便受到排挤,于天宝三年(744)被"赐金放还"。他由此感觉人生道路的艰难险阻,写下三首《行路难》,此为其一。其二"大道如青天,我独不得出",其三"且乐生前一杯酒,何须身后千载名",都是这类苦闷的表达。

在这首诗里,李白慨叹"冰塞川""雪满山"之后,又恍然神游千载之上,仿佛看到吕尚、伊尹由微贱而忽然得到君主重用。诗人心理上的失望与希望、抑郁与追求,急遽变化、交替。"行路难,行路难,多岐路,今安在?"是急切不安状态下的内心独白,传达出进退失据而又要继续探索追求的复杂心理。

李白《送友人》

青山横北郭⁽¹⁾,白水绕东城⁽²⁾。此地一为别⁽³⁾,孤蓬万里征⁽⁴⁾。浮云游子意⁽⁵⁾,落日故人情⁽⁶⁾。挥手自兹去⁽⁷⁾,萧萧班马鸣⁽⁸⁾。

【注释】

(1)郭:古代在城外修筑的一种外墙。内城称城,外城称郭。(2)白水:明澈的水。(3)一:语气助词,加强语气。为别:作别。(4)孤蓬:比喻孤身远行的友人。蓬:蓬草,枯后断根,随风飞扬,所以又名飞蓬。征:远行。(5)"浮云"句:以浮云喻友人的漂泊。(6)"落日"句:以落日迟迟未下山,喻对友人的依依惜别之情。(7)挥手:作别的手势。兹:此,这里。去:离别。(8)萧萧:马鸣声。班马:指载人远离的马。班,本义为分离,此指分别。

【提示】

诗人巧用"浮云""落日"的意象,以天空中浮动的云来喻行踪不定的友人,用天边徐徐下坠的夕阳似乎不忍落下,来表现对友人的不忍分别之情,情景交融地写出了彼此间的深厚情谊。而"萧萧班马鸣"则化用《诗经·小雅·车攻》"萧萧马鸣,悠悠旆旌。徒御不惊,大庖不盈。之子于征,有闻无声。允矣君子,展也大成"之意。原诗写出征,此处写远行。

李白《梦游天姥吟留别》⁽¹⁾

海客谈瀛洲⁽²⁾,烟涛微茫信难求⁽³⁾。越人语天姥⁽⁴⁾,云霞明灭或可睹⁽⁵⁾。天姥连天向天横,势拔五岳掩赤城⁽⁶⁾。天台四万八千丈⁽⁷⁾,对此欲倒东南倾⁽⁸⁾。我欲因之梦吴越⁽⁹⁾,一夜飞度镜湖月⁽¹⁰⁾。湖月照我影,送我至剡溪⁽¹¹⁾。谢公宿处今尚在⁽¹²⁾,渌水荡漾清猿啼⁽¹³⁾。脚著谢公屐⁽¹⁴⁾,身登青云梯⁽¹⁵⁾。半壁见海日⁽¹⁶⁾,空中闻天鸡⁽¹⁷⁾。千岩万转路不定,迷花倚石忽已暝⁽¹⁸⁾。熊咆龙吟殷岩泉,栗深林兮惊层巅⁽¹⁹⁾。云青青兮欲雨[20]，水澹澹兮生烟[21]。列缺霹雳[22]，丘峦崩摧[23]。洞天石扉[24]，訇然中开[25]。青冥浩荡不见底[26]，日月照耀金银台[27]。霓为衣兮风为马[28]，云之君兮纷纷而来下[29]。虎鼓瑟兮鸾回车[30]，仙之人兮列如麻[31]。忽魂悸以魄动[32]，恍惊起而长嗟[33]。惟觉时之枕席[34]，失向来之烟霞[35]。世间行乐亦如此[36]，古来万事东流水。别君去兮何时还？且放白鹿青崖间[37]，须行即骑访名山。安能摧眉折腰事权贵[38]，使我不得开心颜！

【注释】

（1）诗题又作《梦游天姥（mǔ）山别东鲁诸公》《别东鲁诸公》，为天宝初年作者将由东鲁游吴越时所作。天姥，山名，在今浙江绍兴新昌县境内。吟，歌行体的一种。留别，留赠给分别的人。（2）海客：海上来客。瀛（yíng）洲：传说东海中仙人所居山名。（3）微茫：隐约，迷离。信：实在。求：寻访。（4）越人：越地之人。越，春秋时国名，在今浙江省一带。（5）云霞明灭：指天姥山在云彩中时隐时现。（6）势拔五岳：山势高出于五岳。五岳，指东岳泰山、西岳华山、中岳嵩山、北岳恒山、南岳衡山。掩：盖过。赤城：山名，在今浙江台州天台县北。（7）天台：山名，在今浙江天台县北，天姥山东南，与赤城山同为仙霞岭的支脉。（8）"对此"句：是说天台山虽高，但与天姥山相比，仍显得气势不足，仿佛要被压倒似的。此，指天姥山。（9）因：据。之：指前面越人的话。（10）镜湖：又名鉴湖、长湖、大湖、庆湖，在今浙江绍兴市南。（11）剡（shàn）溪：水名，在今浙江嵊州，即曹娥江上游。（12）谢公宿处：指南北朝诗人谢灵运当年旅游剡溪时的投宿处。谢灵运有诗云："暝投剡中宿，明登天姥岑。"（13）渌（lù）水：清澈的流水。清猿："清"字形容猿啼声清厉。（14）谢公屐（jī）：谢灵运特制的登山木鞋，鞋底装有活动锯齿。上山时去掉前齿，下山时去掉后齿，便于行走山路。（15）青云梯：指高入云霄的山路。（16）半壁：半山腰。壁，指石壁。（17）天鸡：古代传说东南方有桃都山，山上有桃都树，树枝间相距三千里，上有天鸡。每当朝晖照到树上，天鸡即鸣，天下的鸡也随之而鸣。(18)迷花：因赏花而迷路。暝：天黑。(19)"熊咆"二句：是说熊咆龙吟之声震荡在岩石、泉水之间，使深林战栗，高崖惊惧。殷(yǐn)，震动。栗，战栗，恐惧。层巅，一重重的高山之巅。(20)青青：黑沉沉的。(21)澹(dàn)澹：水波动荡的样子。(22)列缺：闪电。霹雳：响雷。(23)丘峦：山峰。(24)洞天：神仙居所。扉(fēi)：门。(25)訇(hōng)然：形容声音大。(26)青冥：青天高空。浩荡：茫无边际的样子。这句指洞府中天地广阔。(27)金银台：指神仙居处。郭璞《游仙诗》说："神仙排云出，但见金银台。"(28)霓：彩虹的一种。(29)云之君：云之神，这里泛指自天而降的众仙。(30)鼓：弹奏。鸾回车：鸾鸟驾着车。鸾，传说中凤凰一类的鸟。(31)如麻：形容多。(32)魂悸以魄动：惊心动魄。(33)恍：心神不定的样子。长嗟：长叹。(34)觉时：指梦醒时。(35)向来：原来，指刚才。烟霞：指仙境。(36)如此：是说如同梦中的景象变化莫测。(37)白鹿：传说中神仙常用的坐骑。(38)摧眉：低头。折腰：弯腰。事：服侍。

【提示】

天宝三年(744)，李白受权贵排挤被玄宗"赐金放还"而离开长安，次年由东鲁（今山东南部）南游吴越（今浙江一带），行前向朋友们告别时作此诗。诗一开始先以传说中的瀛洲陪衬出现实中的天姥山，然后极尽夸张之能事，描绘了一幅瑰丽奇崛、不可思议的天姥胜景。接着，诗人因热切向往而梦游天姥，见海日升空，听天鸡高唱，感熊咆龙吟，观仙人如麻。但当诗境越出越奇之时，大梦忽然醒来，万象消失殆尽，诗人从而悟出"世间行乐亦如此，古来万事东流水"这一本相，于是他想要骑上白鹿去访问名山洞天，不再纠结于世路荣枯、功名进退。这不免是李白遭遇挫折时的一种心态。诗的结尾"安能摧眉折腰事权贵，使我不得开心颜"既突现了诗人狷介狂放的性格，又大大深化了全诗的主题，提升了境界。

李白《答王十二寒夜独酌有怀》[1]

昨夜吴中雪,子猷佳兴发[2]。万里浮云卷碧山,青天中道流孤月[3]。孤月沧浪河汉清[4],北斗错落长庚明[5]。怀余对酒夜霜白,玉床金井冰峥嵘[6]。人生飘忽百年内,且须酣畅万古情[7]。君不能狸膏金距学斗鸡[8],坐令鼻息吹虹霓[9]。君不能学哥舒,横行青海夜带刀[10],西屠石堡取紫袍[11]。吟诗作赋北窗里,万言不直一杯水[12]。世人闻此皆掉头[13],有如东风射马耳[14]。鱼目亦笑我,谓与明月同[15]。骅骝拳跼不能食[16],蹇驴得志鸣春风[17]。折杨黄华合流俗,晋君听琴枉清角[18]。巴人谁肯和阳春[19],楚地由来贱奇璞[20]。黄金散尽交不成,白首为儒身被轻。一谈一笑失颜色,苍蝇贝锦喧谤声[21]。曾参岂是杀人者,谗言三及慈母惊[22]。与君论心握君手,荣辱于余亦何有[23]?孔圣犹闻伤凤麟[24],董龙更是何鸡狗[25]!一生傲岸苦不谐[26],恩疏媒劳志多乖[27]。严陵高揖汉天子[28],何必长剑拄颐事玉阶[29]。达亦不足贵,穷亦不足悲。韩信羞将绛灌比,祢衡耻逐屠沽儿[30]。君不见李北海[31],英风豪气今何在!君不见裴尚书[32],土坟三尺蒿棘居[33]!少年早欲五湖去[34],见此弥将钟鼎疏[35]。

【注释】

(1)本诗约作于天宝八年(749)六月之后。王十二:李白的朋友,排行十二,名字不详。他曾写了一首《寒夜独酌有怀》赠李白,李白这首诗是答诗。(2)"昨夜"二句:《世说新语·任诞》:"王子猷居山阴,夜大雪,眠觉,开室,命酌酒,四望皎然……忽忆戴安道,时戴在剡,即便夜乘小船就之。经宿方至,造门不前而返。人问其故,王曰:'吾本乘兴而行,兴尽而返,何必见戴?'"此用其事。这里以子猷指王十二。他们同姓,且王十二寒夜独酌时怀念李白,与子猷雪夜怀念戴逵有相似处,故以之作比。(3)中道:中间。流孤月:月亮在空中运行。(4)沧浪:沧凉寒冷。河汉:银河。(5)北斗:星名。错落:交错纷杂。长庚:金星。(6)床:此指井架。玉、金:形容月下井床的美洁。峥嵘:这里形容冰厚而奇突。(7)酣畅:指畅饮而产生的快适之感。(8)能:会。狸膏:狐狸油。据说鸡惧怕狐狸捕食,闻狐狸气味而逃。所以斗鸡时以狸膏涂于鸡头,对方的鸡闻到气味便逃走。金距:装在鸡爪上的金属芒刺,用以刺伤对方的鸡。(9)"坐令"句:极言斗鸡者气焰之盛。坐令:遂使。李白《古风·大车扬飞尘》:"路逢斗鸡者,冠盖何辉赫。鼻息干虹霓,行人皆怵惕。"(10)哥舒:指安西节度使哥舒翰。民谣说:"北斗七星高,哥舒夜带刀。"(11)"西屠"句:天宝八年(749)哥舒翰攻取石堡城,得到玄宗嘉奖,拜特进鸿胪员外卿。紫袍:唐制三品以上大官着紫袍,此代指高官厚位。(12)直:同"值"。(13)掉头:指不愿理睬。掉,转。(14)"有如"句:是说就像马耸着耳朵不怕风吹一样,"世人"根本听不进你的话。射,吹。(15)"鱼目"二句:是说那些世俗小人也讥笑我,夸耀他们如同明月珠。鱼目,谓世俗小人。明月,明月珠。(16)骅骝(huá liú):骏马,此喻贤才。拳跼(quán jú):不得伸展的样子。(17)蹇(jiǎn)驴:跛驴,此喻世俗小人。(18)"折杨"二句:是说曲高和寡,贤能之士不被任用。折杨、黄华,古代流行的两支通俗歌曲。晋君,指春秋时代的晋平公。清角,相传为黄帝所作的乐调,只能演奏给有才德的人听。晋平公德薄,却强迫师旷为他演奏,结果风雨大作,平公吓病,晋国也遭了三年大旱。事见《韩非子·十过》。(19)"巴人"句:是说那些爱唱通俗歌曲《下里巴人》的人,总不肯相和而唱高雅的歌曲《阳春白雪》。此喻自己才德高而知音少。巴人,既指《下里巴人》曲,也指唱这种曲子的"世人"。巴人、阳春,都是春秋战国时代楚国的歌曲。(20)"楚地"句:《韩非子·和氏》载,和氏得玉璞(内藏美玉的石头),献厉王,王以为是骗他,断和氏左足。武王即位,又献,王又断其右足。至文王即位,命玉工凿开了璞,才发现了美玉。此用和氏献璞故事讽刺玄宗不识人才。由来,从来。(21)"一谈"二句:是说小人的谗谤声比比皆是,谈笑间闻之令人失色。苍蝇，即青蝇，喻谗人。典出《诗经·小雅·青蝇》。贝锦，像贝壳一样有文采的锦，喻谗人的花言巧语。语出《诗经·小雅·巷伯》。(22)"曾参"二句：《战国策·秦策二》载，曾参在郑国时，有个与之同姓名的人杀了人，别人两次告诉曾参的母亲她儿子杀了人，她都不信，第三次她竟然也相信了，投杼下机，逾墙而逃。这两句是说谗言可畏。(23)亦何有：又算得了什么。(24)"孔圣"句：是说孔子这个圣人尚且为不能实现政治理想而感伤，何况自己。伤凤麟，古以为麒麟和凤凰这些祥瑞之物，只有天下太平时才会出现。孔子曾为凤鸟不至而哀叹(见《论语·子罕》)，并为麒麟被获而悲愁(见《公羊传》)，以为生逢乱世，理想落空。(25)"董龙"句：借王堕斥骂董龙的话，斥骂玄宗的宠臣李林甫、杨国忠之流。前秦宰相王堕，性刚峻，右仆射董荣(小字龙)以佞幸得宠，王堕疾之如仇，每上朝不与之交言。有人劝他敷衍一下，他骂道："董龙是何鸡狗，而令国士(指自己)与之言乎！"事见《资治通鉴》。(26)傲岸：高傲。苦不谐：苦于与世俗不协调。(27)"恩疏"句：《楚辞·九歌·湘君》："心不同兮媒劳，恩不甚兮轻绝。"此借用其语，是说自己虽被吴筠荐举入都，却不为玄宗赏识，致使壮志未酬。恩疏，此指皇恩薄少。媒，引荐者。劳，徒劳。乖，不顺利。(28)严陵：隐士严光，字子陵，此是简称。严光少时与光武帝刘秀是同学，光武即位，他不愿称臣，仍以朋友之礼相见，长揖而不肯下拜。(29)长剑拄颐(yí)：佩剑很长，上端可以顶到下巴。事玉阶：在殿前玉阶上侍奉皇帝。(30)"韩信"二句：是说自己羞与凡庸的人同列。汉初韩信本封王，后降为淮阴侯，与绛侯周勃、颍阴侯灌婴同爵。他不服，羞与绛、灌同列。祢(mí)衡，东汉末人，他到魏国的都城许都(今河南许昌)后，有人问他与陈长文、司马伯达的交往如何，他答道："吾焉能从屠沽儿耶！"屠沽儿，杀猪卖酒的人。(31)李北海：指玄宗时北海太守李邕。李邕颇有文采，刚直重义。天宝六年(747)被李林甫所害。(32)裴尚书：指曾任刑部尚书的裴敦复。他因立有战功，受李林甫猜忌而被贬为淄川太守，与李邕同时遇害。(33)蒿棘：蓬蒿荆棘。(34)"少年"句：春秋时越国大夫范蠡助越王勾践打败吴国后,功成身退,泛舟于五湖。此借范蠡说自己早年就有浪迹江湖之意。(35)此:指李邕、裴敦复遭忌遇害这类祸事。弥:愈加。钟鼎:古代贵族鸣钟列鼎而食,喻富贵。鼎,烹煮用的器物,三足两耳。疏:远离。

【提示】

王十二《寒夜独酌有怀》原诗已佚,但从李白的这一首答诗中可以推知,其内容除了怀念李白,还应有抒发怀才不遇的苦闷牢骚。李白为友人的怀想所感动,通过答诗来倾情相诉相慰,述说世道不平、人生落拓,最后以豁达之意加以排解。全诗运用大量典故,出入于历史和现实之间;感情激越,议论纵横,形象狂放。

诗中写道,能够得到皇帝宠信的有两类人,一是斗鸡小儿,一是开边悍将,因为他们迎合了皇帝的享乐癖好和黩武意旨,至于"吟诗作赋"的能文之士,即便诗赋中有规讽劝诫的微言大义,也是"万言不直一杯水"的。而整个社会又是贤愚混淆倒置,贤才受屈,小人得志,毁谤满天飞,就连李邕、裴敦复这样的朝臣名士都不免丧生于李林甫之手,可见现实政治的黑暗和残酷。诗人将天宝以来的政治事件指名道姓地点示出来,毫不顾忌事件的背后是唐玄宗的宠信奸佞,显示出特有的诗心诗胆。

诗的最后说,自己于荣辱穷达无所挂怀,更耻于和董龙式的奸佞以及欺世盗名的屠沽之辈为伍,加之有感于李邕、裴敦复被害的血淋淋的惨剧,坚定了早年就有的扁舟五湖的隐逸之志,他决心远离腐朽黑暗的政局。当然,诗虽然这样写,李白却未必真能远离政治的,他的积极入世精神终其一生都没有泯灭过,这是他的执着之处,也是他的天真之处。

李白《忆旧游寄谯郡元参军》[(1)]

忆昔洛阳董糟丘[(2)],为余天津桥南造酒楼[(3)]。黄金白璧买歌笑,一醉累月轻王侯[(4)]。海内贤豪青云客[(5)],就中与君心莫逆[(6)]。回山转海不作难,倾情倒意无所惜[7]。我向淮南攀桂枝[8],君留洛北愁梦思。不忍别,还相随[9]。相随迢迢访仙城[10],三十六曲水回萦[11]。一溪初入千花明[12],万壑度尽松风声。银鞍金络到平地[13],汉东太守来相迎[14]。紫阳之真人[15],邀我吹玉笙。餐霞楼上动仙乐[16],嘈然宛似鸾凤鸣[17]。袖长管催欲轻举[18],汉东太守醉起舞。手持锦袍覆我身,我醉横眠枕其股。当筵意气凌九霄[19],星离雨散不终朝[20],分飞楚关山水遥[21]。余既还山寻故巢[22],君亦归家渡渭桥[23]。君家严君勇貔虎[24],作尹并州遏戎虏[25]。五月相呼渡太行[26],摧轮不道羊肠苦[27]。行来北京岁月深[28],感君贵义轻黄金。琼杯绮食青玉案[29],使我醉饱无归心。时时出向城西曲[30],晋祠流水如碧玉[31]。浮舟弄水箫鼓鸣,微波龙鳞莎草绿[32]。兴来携妓恣经过[33],其若杨花似雪何。红妆欲醉宜斜日[34],百尺清潭写翠娥[35]。翠娥婵娟初月辉[36],美人更唱舞罗衣[37]。清风吹歌入空去,歌曲自绕行云飞。此时行乐难再遇,西游因献《长杨赋》[38]。北阙青云不可期[39],东山白首还归去[40]。渭桥南头一遇君,酂台之北又离群[41]。问余别恨今多少,落花春暮争纷纷。言亦不可尽,情亦不可及。呼儿长跪缄此辞[42],寄君千里遥相忆。

【注释】

(1)谯(qiáo)郡:亳州,天宝元年改为谯郡,唐代属河南道,在今安徽省亳州市。参军:唐制,各州郡置录事参军事,简称参军。元参军:名演,李白好友。(2)董糟丘:姓董的酒商。糟丘,酿酒所余之酒糟可堆成小丘。(3)天津桥:故址在今河南洛阳市旧城西南。(4)累月:一连好几个月。(5)青云客:指身居高位的人。(6)就中:其中。莫逆:莫逆之交,指彼此志趣相投。(7)倾情倒意:竭尽心力。(8)"我向"句:这里化用汉代淮南王刘安《招隐士》诗"攀援桂枝兮聊淹留"之意,是说诗人隐居深山,求仙访道。李白曾在开元二十七年(739)前往淮南。(9)还相随：指李白与元演在开元二十七年(739)冬同游随州。(10)仙城：这里指仙城山。(11)回萦：迂回旋绕。形容去仙城山的道路迂回曲折。(12)千花明：指春花盛开，明艳非常。(13)银鞍金络：银饰的马鞍，金饰的络头，代指骏马。(14)汉东：汉东郡，也就是随州，在今湖北随州一带。汉东太守，不详。(15)紫阳之真人：胡紫阳，唐代道士。真人，道士的敬称。(16)餐霞楼：道士胡紫阳在随州苦竹院中所建造的楼。仙乐：指笙管等乐器。(17)嘈然：形容众乐齐奏。(18)轻举：道家指身体变轻而飞升。(19)"当筵"句：写筵席上高朋豪饮，意气风发，气冲云霄。(20)星离雨散：指分散、离别。不终朝：未及至早晨，形容时间非常短。(21)楚关：指随州，此地在古时属于楚国。(22)还山：回乡。开元二十八年(740)李白曾回东鲁家中。(23)渭桥：在长安。(24)严君：父亲。貔(pí)：似熊之猛兽。勇貔虎：这里指元参军的父亲是勇猛的武将。(25)尹(yǐn)：官的通称。并州：州治在今山西太原市。遏：阻止，抵挡。戎虏：此指太原以北的突厥族。(26)"五月"句：开元二十三年(735)五月，元演曾约李白同游太原，途中翻越太行山。(27)"摧轮"句：曹操《苦寒行》说"北上太行山，艰哉何巍巍。羊肠坂诘屈，车轮为之摧"。然而李白到太行，兴致高，时令好，所以"摧轮不道羊肠苦"。(28)北京：今山西太原。天宝初年曾一度称太原为"北京"。(29)琼杯：玉杯。绮食：精美的食物。青玉案：古代进食时所用的饰以青玉的短足木盘。(30)城西曲：城西隅。(31)晋祠：周代晋国始祖唐叔虞的祠庙，在今山西省太原市西南。叔虞始受封为唐侯，后改国号为晋。(32)微波龙鳞：微波如龙鳞。莎(suō)草：多年生草本植物。(33)恣(zì)：放纵。(34)宜斜日：这里指所携之妓在斜阳的照映下，容颜更加美丽了。(35)写：画。翠娥：指美女。(36)婵娟：秀丽、美好的样子。(37)更唱：轮番歌唱。(38)"西游"句：写李白进京时曾想通过献诗赋取得皇帝的信任。西游，到长安。《长杨赋》，西汉扬雄献给汉成帝的一篇赋。此处隐喻李白自己的诗赋。长杨，指汉宫长杨殿。(39)北阙：指朝廷。汉初萧何为汉高祖建未央宫，立东阙、北阙，尚书奏事及谒见时，皆至北阙。青云不可期：指做官没有希望。（40）东山：在今浙江绍兴，晋宰相谢安曾在此地隐居。这里代指隐居之地。（41）酂（cuó）台：酂亭，在谯郡。（42）长跪：长坐。古人的习惯是席地而坐，坐时两膝踞地，臀部靠在脚跟上叫"坐"，而伸直腰身，臀部离开脚跟则叫"跪"。缄：封。

【提示】

这首"忆旧游"的诗是作者写给好友元演的。由于诗中提到长安失意之事，可大致认为该诗写于天宝三年（744）至十二年（753）之间。诗中历叙李白与元演的四番聚散：第一回相聚于洛阳，"黄金白璧买歌笑，一醉累月轻王侯"，之后，李白去了淮南，元演留在了洛阳。第二回相聚于随州，他们一同寻访仙城山，交游汉东太守和紫阳真人，之后，二人各自归家。第三回，相聚于太原，他们翻越太行山，观览古迹晋祠，李白受到在太原做官的元演父亲的热情款待，之后，他应诏入长安。第四回，关中匆匆一晤，元演随即赴任谯郡。前三次相聚，写得详细而又风光旖旎，第四回，则是欲言又止。这与李白在长安的境遇应是分不开的。那么在长安，李白又是如何的呢？诗里只有"北阙青云不可期，东山白首还归去"两句，包含了无尽的人事感慨。由此看来，诗人笔下恣意行乐的生活，是作为"使我不得开心颜"的官场生活的对立面来写的；诗人笔下脱略形迹的人物，也是作为虚伪势利的上层社会的对立面来写的。往日的旧梦重温，都是为了突出现实的缺憾。

李白《宣州谢朓楼饯别校书叔云》[1]

弃我去者，昨日之日不可留。乱我心者，今日之日多烦忧。长风万里送秋雁，对此可以酣高楼[2]。蓬莱文章建安骨[3]，中间小谢又清发[4]。俱怀逸兴壮思飞[5]，欲上青天览明月[6]。抽刀断水水更流，举杯消愁愁更愁。人生在世不称意[7]，明朝散发弄扁舟[8]。

【注释】

（1）宣州：治所在今安徽宣城。谢朓楼：又名谢公楼或北楼，南朝齐诗人谢朓官宣州太守时所建。校书：官名，秘书省校书郎的省称。叔云：李白族叔李云，此时任秘书省校书郎。（2）此：指上句长风秋雁的景色。酣（hān）：畅饮。高楼：指谢朓楼。（3）蓬莱：传说中的海上三神山之一，据说是仙人收藏图书典籍的地方。汉代皇帝藏书处叫东观，因其收藏丰富，学者把它比为传说中的蓬莱山。这里的蓬莱借指唐代的秘书省，唐人多以蓬山、蓬阁指称秘书省。李云是秘书省校书郎，故称他的文章为"蓬莱文章"。建安骨：建安是东汉汉献帝年号，当时曹操父子和建安七子等所写的诗，风格刚健遒劲，后人称为"建安风骨"。这句是说李云的文章有建安风骨。（4）小谢：谢朓。世称谢灵运为大谢，谢朓为小谢。清发：指清新秀发的诗风。唐汝询解释此句说："子（李云）校书蓬莱宫，文有建安风骨；我（李白）若小谢，亦清发多奇。"（《唐诗解》）（5）逸兴：超逸的兴致、雅兴。壮思：豪壮的思绪。（6）览：同"揽"，摘取。（7）不称（chèn）意：不如意。（8）散发：古人束发戴冠，散发有不受拘束、放荡不羁和不再出仕等意思。弄扁（piān）舟：避世隐居，这里用的是范蠡"乘扁舟浮于江湖"的典故。

【提示】

这首诗是天宝末年李白在宣城饯别秘书省校书郎李云所作，题名一作《陪侍御叔华登楼歌》。诗题为"饯别"，其实从头到尾抒发的都是诗人自己的怀才不遇与愤世不平。他认为自己和李云，与前辈的建安诗人及谢朓一样，才华盖世，却无人看重，只好带着一身的狂傲去归隐江湖了。

思想感情的瞬息万变，波澜迭起，和艺术结构的腾挪跌宕，跳跃发展，在这首诗里被完美地统一起来。诗一开头就平地突起波澜，揭示出郁积已久的强烈苦闷精神；紧接着却完全撇开"烦忧"，放眼万里秋空，从"酣高楼"的豪兴到"揽明月"的壮举，扶摇直上九霄，然后却又迅即从九霄跌入苦闷的深渊。直起直落，大开大合，没有任何承转过渡的痕迹。这种起落无端、断续无迹的结构,最适宜于表现诗人因理想与现实的尖锐矛盾而产生的急遽变化的感情。

李白《流夜郎赠辛判官》(1)

昔在长安醉花柳,五侯七贵同杯酒(2)。气岸遥凌豪士前(3),风流肯落他人后(4)!夫子红颜我少年(5),章台走马著金鞭(6)。文章献纳麒麟殿(7),歌舞淹留玳瑁筵(8)。与君自谓长如此,宁知草动风尘起(9)。函谷忽惊胡马来(10),秦宫桃李向明开(11)。我愁远谪夜郎去(12),何日金鸡放赦回(13)?

【注释】

(1)夜郎:汉代我国西南地区古国名。唐代有夜郎郡(郡治在今贵州遵义正安县西北),有夜郎县。唐肃宗至德二年(757)冬李白因参加永王李璘幕被判长流夜郎。辛判官:名与事迹未详。据诗意,辛氏与诗人天宝初曾同在长安。(2)"昔在"二句:指天宝初供奉翰林时同权贵们一起在长安游宴纵酒的情景。花柳,指游赏之地。五侯七贵,泛指当时权贵。同杯酒,有平起平坐之意。(3)气岸:傲岸不羁的气概。凌:逼。(4)风流:指文人纵酒放荡的生活。肯:岂肯。(5)夫子:尊称,这里指辛判官。红颜:形容年轻。(6)章台:汉代长安街名,借指唐代长安热闹的街道。章台走马,特指冶游之事。著金鞭:挥金鞭策马。(7)麒麟殿:汉长安城未央宫中殿名,为皇帝藏书之处。此借指唐长安宫殿,或指翰林院。(8)淹留:久留。玳瑁筵:珍美的筵席。(9)宁知:岂知。草动风尘起:指安史之乱爆发。(10)函谷:关名,古关在今河南灵宝市。胡马:指安禄山叛乱军队。(11)桃李向明开:比喻许多人得到唐肃宗任用。明:太阳,指皇帝的恩遇。(12)谪(zhé):封建时代特指官吏降职,调往边外地方,此指流放。(13)金鸡放赦:唐代大赦的日子,会用长竿立金饰彩鸡,故云。

【提示】

这首诗当是李白于唐肃宗乾元元年(758)流放夜郎途中赠友之作。诗歌从回忆昔日长安之游开始,中间转入叙乱,最后写到流放,直而不婉。有人认为,诗人夸饰当初在长安的得意之日,不免有庸俗炫耀的心理。不过细读,诗人奢叙长安昔日之气岸、风流、走马章台、献纳麒麟的往事,更多的是表现了国家当日之盛。最后几句颇为悲凉,人为桃李,我独远谪,面对友人,期待援引之意也隐隐传递出来。

李白《早发白帝城》[1]

朝辞白帝彩云间[2],千里江陵一日还[3]。两岸猿声啼不住,轻舟已过万重山。

【注释】

(1)这首诗约写于乾元二年(759)春,作者流放夜郎,行至白帝城(今重庆市奉节县)遇赦,将还江陵(今属湖北)时所作。早发,清早出发。(2)朝:早晨。辞:告别。彩云间:因白帝城在白帝山上,地势高耸,从山下江中仰望,仿佛耸入云间。(3)一日还:一天就可以到达。还,归、返回。

【提示】

李白因参加永王李璘幕府事,被唐肃宗拘捕治罪,判长流夜郎。写此诗时遇赦免罪,内心喜悦,调子也就分外轻快。

郦道元《水经注》中关于三峡的描写,可以与此诗参读:"自三峡七百里中,两岸连山,略无阙处。重岩叠嶂,隐天蔽日,自非亭午夜分,不见曦月。至于夏水襄陵,沿溯阻绝。或王命急宣,有时朝发白帝,暮到江陵,其间千二百里,虽乘奔御风,不以疾也。春冬之时,则素湍绿潭,回清倒影。绝巘多生怪柏,悬泉瀑布,飞漱其间,清荣峻茂,良多趣味。每至晴初霜旦,林寒涧肃,常有高猿长啸,属引凄异,空谷传响,哀转久绝。故渔者歌曰:'巴东三峡巫峡长,猿鸣三声泪沾裳。'"

三、专题衍说

从江湖到丹墀

——说李白的"长安"之遭际

李白是不凡的。

这个不凡,当从他出生说起。据说他的母亲生他的时候,"长庚入梦"。"长庚"是金星、启明星,也叫太白金星,所以李白名白、字太白,他是太白金星的化身。李白初到长安造访贺知章,把自己写的《蜀道难》拿给他看,贺知章看后赞叹不已,说:"公非人世之人,可不是太白星精耶?"直接将李白称为"谪仙"。李白后来在《对酒忆贺监》的诗中回忆这段经历时说:"四明有狂客,风流贺季真。长安一相见,呼我谪仙人。"

不单是旁人的夸赞,李白也觉得自己是太白金星下凡。他曾给岳阳楼写过一副对联,叫作"水天一色,风月无边",落款署的即是"长庚李白"。安史之乱爆发后,李白入永王李璘幕府,写了一首《胡无人行》的诗,其中有"云龙风虎尽交回,太白入月敌可摧"这样的句子,认为自己也能够像太白星侵蚀月亮一样,在"安史之乱"中痛击乱军。后来据说安禄山死的时候,天上恰巧出现月食。至于李白本人骑鲸仙去的传说,更是加重了这种不凡的仙气。

李白的不凡,还在于他扑朔迷离的身世。

李白说他自己是陇西成纪人,自称是西凉武昭王李暠的第九世孙,而李暠是汉代飞将军李广的第十六世孙。也就是说,李白是李广的后代。有意思的是,李唐王朝的皇帝们的祖先也是李暠,唐高祖李渊是李暠的七世孙,唐玄宗李隆基是李暠的第十一世孙,如果这么算,李白的辈分很高,唐玄宗还得管李白叫族爷爷。根据李白与许多李唐宗室贵族交往的诗文来看,他与他们的关系比较密切。但是因为李白的家族经历过逃亡、迁徙、流落,族谱遗失,李白没有办法与唐王室建立合法的宗亲关系。

了解这些,人们大致能够理解为什么李白常与唐宗室的人称兄道弟,李白的两任妻子为什么都出于权贵之门,虽然李白与她们结婚时,她们各自的家族已非从前那么显赫。他的第一任妻子许氏的祖父叫许圉师,是当年唐高宗时期的宰相,许圉师的父亲许绍曾与唐高祖李渊为少年同学,是高祖、太宗朝的重臣。第二任妻子宗氏是宗楚客的孙女,宗楚客是武则天堂姐的儿子,在武后、中宗时代曾三次被拜为宰相。

当然,李白的不凡,最主要的还是在于他的抱负和作为。

李白的诗文,在当时已纵横天下,享有很高声誉,但他并不满足于做一位诗人或文学家。他有着远大的政治抱负:一是要做宰相,二是要做帝王师。他在《代寿山答孟少府移文书》中自抒胸怀:"申管、晏之谈,谋帝王之术。奋其智能,愿为辅弼,使寰区大定,海县清一。事君之道成,荣亲之义毕,然后与陶朱、留侯,浮五湖,戏沧洲,不足为难矣。"(伸张管仲、晏婴的王霸学说,谋划帝王的统治之术。竭尽智能,愿为宰相,使天下安定,神州清平、统一。等到君王的大业成功,光宗耀祖的事情完毕,然后与范蠡、张良一样,在五湖中划船,在沧洲中隐居,也不是难事。)

理想抱负如此之大,他当然无法接受像平常人一样,通过科举谋个差使,一点点升迁,七老八十的时候做到三四品的官。他需要的是一飞冲天,一鸣惊人。所以他放弃了科举考试的途径,走上了一条跨越式发展的道路。

这也是一条辛苦的路,需要不断地干谒、自荐,以获得高官权贵们的赏识。他漫游各地,拜访益州长史苏颋、安州郡督马正会、安州长史李京之等,给安州裴长史上书自荐,给荆州太守韩朝宗写信自荐,可以说是"遍干诸侯,历抵卿相"。

在李白40多岁的时候,他遇到了一个重要的推荐人。这个人是唐睿宗的女儿、唐玄宗的妹妹玉真公主。玉真公主崇信道教,玄宗朝的时候出家为道士，法号无上真人，后来又赐法号为持盈法师。向玉真公主推荐李白的，是他的朋友、道士元丹丘。李白《将进酒》诗里有"岑夫子，丹丘生，将进酒，杯莫停。与君歌一曲，请君为我倾耳听"，诗里的丹丘生就是元丹丘。元丹丘将李白写的一首《玉真仙人词》呈给玉真公主，玉真公主向唐玄宗推荐了李白。推荐李白的，还有著名道士吴筠。

唐玄宗下诏书将李白召入长安宫中。由此，这位气宇不凡的"谪仙人"从江湖来到了丹墀旁，来到了皇帝的身边。唐玄宗下了步辇，走上前来迎接李白，这是很隆重的礼遇。皇帝还设宴款待李白，让他坐在七宝床上，并亲自为他调制汤羹。李白供奉翰林，主要的工作是为皇帝诗文助兴。李白在皇帝身边待了不到三年，最有文学意义的事件大约就是沉香亭畔咏牡丹与杨贵妃吧。传说那日唐玄宗从酒楼里召来喝得醉醺醺的李白，高力士替他脱靴，杨贵妃替他捧砚，他一口气写下《清平调词》三首："云想衣裳花想容，春风拂槛露华浓。若非群玉山头见，会向瑶台月下逢。""一枝红艳露凝香，云雨巫山枉断肠。借问汉宫谁得似，可怜飞燕倚新妆。""名花倾国两相欢，长得君王带笑看。解释春风无限恨，沉香亭北倚阑干。"

不凡的李白并没有做成宰相，也没有当上帝王师，虽然他跟皇帝的距离很近。唐玄宗接受玉真公主的推荐，就是将他看作侍从文人的人选，而不是政治人物的人选。这与李白的政治理想有很大的差距，他最终选择离开长安。

道士李白
——说李白的"道缘"

说李白是道士，应该没有太大的问题。那年他被"赐金放还"，从长安离开，到了齐州的临淄郡（今山东济南），请紫极宫的道士高如贵为他授道箓，后又请安陵（今河北景县附近）的道士盖寰为他书写真箓。所谓"道箓"就是道士的凭证，拥有道箓就意味着成了有"文凭"的正式道士。

取得道士的资格，对李白而言，不是心血来潮，也不单是经历了从江湖到丹墀的失意之后在精神追求上的选择。崇尚道家的自由风范，是李白一直以来的取向。

唐朝思想开放，儒、释、道三家流行于世，而道家尤盛，因为李唐王朝将自己视为老子的后代。《唐会要》里有这样一则记载，说的是唐高祖武德三年（620）的时候，有一个叫吉善行的晋州人在羊角山见到一位白袍金冠的老者，骑着红鬃白马，相貌伟岸。老者自称是老子李耳（李聃，道家的始祖），他对吉善行说："你去告诉唐天子，我是他的祖先，平定逆贼之后，他的家族将享国千年。"唐高祖李渊得知此事后非常惊异，便在当地建立了老子祠，将老子尊为祖先予以祭祀。武德八年（625），李渊钦定了三教的排位次序，道教为首，佛教次之，儒教第三。到了唐玄宗的时候，更是给老子加封"大圣祖玄元皇帝"等一系列称号，大兴老子庙，广铸老子像，将《道德经》排在《论语》之前作为科举考试的正式科目。

李白自幼生活在巴蜀，这个地区是张道陵创立天师道（五斗米道）的地方。李白的家乡绵州昌明西南40里有一座紫云山，是著名的道教圣地。李白从小接受道家的熏陶，用他自己的话来说，就是"五岁诵六甲，十岁观百家，轩辕以来，颇得闻矣"。"六甲"为神仙方术之书，据说精通此术可役使鬼神；"轩辕"也是道家所托，所谓黄老。在他15岁左右，他和一位叫东岩子的"逸人"隐居于岷山好几年，养了成千的奇异禽鸟，训练得能够一呼即来，翱翔翻飞着从他们手掌里吃东西，与他们亲近，竟无半点畏惧。李白后来说，这件事情还惊动了广汉太守，太守来到山里观看，认为他们两人非同一般，招呼他们出山，许以前程，可他们偏偏没有答应。李白解释说这是他们"养高忘机，不屈之迹"（《上安州裴长史书》），于是他们的名声就更响亮了。确实，道家人物常隐居于岩壑，与禽兽群，因为在他们的理念里人与禽兽类同，均为大自然中的成员。

李白25岁的时候，"仗剑去国，辞亲远游"，在长江边的一处驿馆，与年近80岁的道士司马承祯相遇。这是李白学道生涯中的一件大事。司马承祯是道界的著名学者，道术精湛，常年隐居在天台山玉霄峰，武则天、唐睿宗、唐玄宗都曾将其迎入宫中，赞赏嘉美他的道德文章。他还亲授唐玄宗法箓，度皇上为道士。李白亲聆司马承祯讲《道德经》，并拜见了司马承祯。二人相见恨晚，很快成为忘年之交。鹤发童颜的司马大师极为欣赏眼前这位年轻的信徒，连连夸他"有仙风道骨，可与神游八极之表"。司马承祯的道教理论核心是"守静"，以"藏晖"（"藏身"）而致"道"。这对如饥似渴地学习道经以圆成仙之梦的李白产生了重大影响，他后来的不少涉道诗便谈及对"藏晖""藏身"的体会，如《沐浴子》："沐芳莫弹冠，浴兰莫振衣。处世忌太洁，至人贵藏晖。沧浪有钓叟，吾与尔同归。"

李白平生有两大嗜好，一是饮酒，二是服丹。而服丹就是道教徒修炼的内容。道教养生修炼分外丹和内丹。外丹为金石烹炼成丹，即长生不老药。内丹则属司马承祯所主张的"守静"范畴，其原理完全仿照炼外丹而来，也就是"含精炼气，吐故纳新，上入泥丸，下注丹田，谓之内丹"（《谷神论》）。李白相信服了仙药可以长生不老，继而进入仙界，成为神仙中的一员，所以到处求药寻仙。他曾经寻访嵩山的女道士焦炼师，人们说她活了三百多岁，看上去只有五六十岁，"游行若飞，倏忽万里"，靠的就是丹药的功效。李白希望成为她的弟子，但是寻遍了三十六峰，终于未能谋面。李白的诗里常常能见"西山玉童子，使我炼金骨""药物秘海岳，采铅青溪滨""昆山采琼蕊，可以炼精魄""炼丹费火石，采药穷山川""弃剑学丹砂，临炉双玉童""倾家事金鼎，年貌可长新"这样的描述。

虽然在李白的人生轨迹中，求道寻仙的分量很重，就像他诗里所说："五岳寻仙不辞远，一生好入名山游。"但他毕竟是一个有自由思想的知识分子，同时也受过传统儒学的熏陶，还受传统侠义的影响，因此他跟"仙"与"道"的关系，有时走得近，有时走得远。他不是"蓬蒿人"，他要"上青天览明月"，因此一路行来的那些道士朋友，间接或直接地成为他走向现实政治的引路人，如元丹丘，如吴筠，如玉真公主。

专题九

唐玄宗与杨贵妃

一、专题要点

本专题主要了解帝妃题材所承载的情感倾向,尤其是唐玄宗与杨贵妃的故事对后世的思想文化、文学创作所带来的影响。本专题选读诗歌作品11首。

(一)古代帝妃题材

古代关于君王情爱的描述有不少,而且大多都成为典故。商纣王与妲己、周幽王与褒姒、楚襄王与巫山神女、吴王与西施、汉元帝与王昭君、汉武帝与陈阿娇、唐玄宗与杨贵妃等,诗文与戏曲中屡屡可见。由于帝王自身的特点,他们的故事与民间情爱的表达相异,因此构成了一个自足的体系。

这一类题材的特点有:人物身份——九五之尊的皇帝,看似尊贵实则悲戚的嫔妃;矛盾冲突——帝王特权与嫔妃专情追求的矛盾,帝妃情场与国家朝纲的矛盾;情感模式——现实的爱情悲剧,超现实的团圆理想;艺术取向——创作者对历史沧桑的关怀,接受者对猎奇心理的体认。

(二)唐玄宗与杨贵妃的故事以及常见的诗歌意象

1. 故事。唐玄宗(庙号玄宗,谥号明皇)李隆基是唐王朝的第六位皇帝,在位40多年。他的统治时期可以划分为两个阶段:第一个阶段为开元时期,一共29年;第二个阶段是天宝时期,一共15年。前一个阶段励精图治,后一个阶段沉溺享乐。唐玄宗与杨贵妃故事的要点有:父纳子妻,宠冠六宫,政治危机,安史之乱,马嵬兵变,长恨悲歌,蓬莱相会,坟茔之谜。

2. 意象。唐诗里反映唐玄宗与杨贵妃故事的意象，常见的有"荔枝""霓裳羽衣曲""雨霖铃""华清宫""骊山""马嵬坡"等。

(三)课堂话题

诗歌是唐人最擅长的一种倾诉方式。唐诗里关于唐玄宗与杨贵妃这段史实，不同诗人留下了不同的态度。李白的《清平调词》描绘杨贵妃的容貌之美，是唐帝国强盛之音的一种表达。而随着时间的推移，随着国况的颓败，文人渐渐对国家政局伤心失望，他们反思历史，总结经验，从而留下了包含不同思想倾向的作品。

1. 尤物祸水 —— 圣明天子斩断私情。在许多人的笔下，贵妃杨玉环被归入最可怕的祸水人物妲己、褒姒之列。杜甫《北征》里就有"不闻夏殷衰，中自诛褒妲"(大唐帝国经过磨难之后，不见夏朝、商朝那样衰落的迹象，是因为褒姒、妲己那样的祸水已被诛杀)。唐人在有关诗歌中，常常将杨贵妃视为亡国的罪魁祸首，特别是在反省天宝战乱因由的时候，总是把唐玄宗宠幸杨贵妃视作其荒淫失政、招致倾败的主要根源。

2. 因果反思 —— 女色误国，千年冤情。将祸国责任一边倒地全推到封建朝廷的一个妃子身上，对拥有至高无上权力的天子唐玄宗不置一词，显然不符合历史的真实。在李唐本朝，就有相当一部分人不再遵循女色祸国亡国的观念，而是坦然地面对真实的历史，认为安史之乱、唐朝国运衰微，都不能归咎于杨贵妃，杨贵妃是被冤枉的。他们试图找出祸国殃民的真正原因，并存警诫意味。

3. 同情帝妃 —— 君王也有常人悲情。部分诗歌赞美二人的爱情，同情他们的悲剧。白居易的《长恨歌》较为典型。

二、专题诗选

李白《清平调词》(1)

其一

云想衣裳花想容(2),春风拂槛露华浓(3)。若非群玉山头见(4),会向瑶台月下逢(5)。

其二

一枝红艳露凝香(6),云雨巫山枉断肠(7)。借问汉宫谁得似(8),可怜飞燕倚新妆(9)。

其三

名花倾国两相欢(10),长得君王带笑看。解释春风无限恨(11),沉香亭北倚阑干(12)。

【注释】

(1)李白:见专题二"帝都之诗"专题诗选《长相思》注释(1)。清平调:乐曲调名,始创于唐玄宗天宝年间,乐律在古清调与平调之间,别名"清平词"。(2)想:似,好像。也可理解为"想要,向往"。(3)槛(jiàn):栏杆。露华浓:带露水的牡丹更鲜艳。华:同"花",此指牡丹。(4)群玉:群玉山,传说中西王母居住的仙山,以山多玉石,故名。(5)会:应该。瑶台:瑶池,神话中神仙居住之处。(6)露凝香:指牡丹花承雨露而芳香四溢。(7)云雨巫山:宋玉《高唐赋》描写楚王与巫山神女欢会,神女离去时辞别说:"妾在巫山之阳,高丘之阻,旦为朝云,暮为行雨,朝朝暮暮,阳台之下。"后用来指男女欢会离别。枉:徒然。(8)得似:能相像。(9)可怜:可爱。飞燕:赵飞燕,汉成帝宠妃。倚新妆:梳妆完毕。(10)名花:指牡丹。倾国:《汉书·外戚传》载《李延年歌》:"北方有佳人,绝世而独立。一顾倾人城,再顾倾人国。"后遂以倾城、倾国作为绝代佳人的代称,这里指杨贵妃。(11)解释:消除。"解释春风无限恨",说的是春风吹拂下的牡丹解开花苞,摇曳怒放。古人的诗词里有将花苞的固结不解,说成是人的脉脉含愁,如"芭蕉不展丁香结,同向春风各自愁"。另一说,"春风"指唐玄宗,整句的意思是花与美人可以消解君王的所有烦恼。(12)沉香亭:唐宫苑之亭名,以沉香木建造,在兴庆宫龙池畔。阑干:栏杆。

【提示】

此诗为天宝年间李白供奉翰林时所作。相传某日唐玄宗与杨贵妃在沉香亭观赏牡丹,玄宗说:"赏名花,对妃子,焉用旧乐辞为?"令李白另写新词。李白带醉挥笔,三首诗一气呵成。诗歌将牡丹与美人交融一体,从虚处着笔,写风神意态。

第一首以繁茂富丽、花枝摇曳的牡丹衬托袅娜多姿的杨贵妃,并将其置于群玉山头、瑶台月下,使之具有超凡绝尘的仙气。第二首巧用比拟,借慨叹楚王梦遇神女、醒后枉自断肠,来赞羡唐玄宗能与佳人朝暮相对;又以历史上的帝王后妃之事作比,说杨贵妃之美足以与赵飞燕争胜,杨贵妃所得的恩宠也毫不逊色于赵飞燕。第三首强调唐玄宗对杨贵妃的无限赏爱,而"君王带笑看"实际上也正衬托渲染了杨贵妃之美。作为应制诗,《清平调词》自属上品,它虽然有对君王的捧场,但并无出格的谀颂。

李益《过马嵬》[1]

路至墙垣问樵者[2],顾予云是太真宫[3]。太真血染马蹄尽[4],朱阁影随天际空[5]。丹窨不闻歌吹夜[6],玉阶唯有薜萝风[7]。世人莫重霓裳曲[8],曾致干戈是此中[9]。

【注释】

(1)李益:见专题七"唐人边塞征战诗"专题诗选《夜上受降城闻笛》注释(1)。马嵬:马嵬驿,又名马嵬坡,在今陕西咸阳兴平。安史之乱时,唐玄宗从长安出奔成都,到马嵬驿,六军停止不进,要求诛杀杨贵妃,玄宗无奈,只好令高力士将杨贵妃缢死。(2)墙垣(yuán):指围墙,垣是矮墙。(3)"顾予"句:樵夫看着我说这是杨贵妃的坟茔地。予,我。太真,原为道教传说中的女仙人,这里指杨贵妃。杨贵妃度为女道士时,道号为太真。宫,本指生前住的地方,这里借指死后的墓室以及附属的其他建筑。(4)血染马蹄尽:谓血迹已经消失于马蹄之下。此句是说杨贵妃为乱军所杀,死于兵刃之下。这也是关于杨贵妃之死的另一种说法。(5)"朱阁"句:意思是那些华贵的楼阁宫室也逐渐消失在天外。朱阁,华丽的楼阁。(6)丹壑(hè):红色的沟谷,这里指埋葬杨贵妃的地方。壑,坑地、深河沟以及山谷都可以称之为壑,远古有弃尸沟壑的习俗,后就用壑作为弃尸之处的代称。歌吹夜:彻夜歌舞。吹,吹奏乐曲。(7)玉阶:用白玉砌成的台阶,这里指马嵬的太真宫。薜萝风:带有薜荔和女萝气味的风。薜萝,指薜荔和女萝,传说山鬼以薜荔为衣,以女萝为带,故薜萝有时暗指山鬼,这里用来形容太真宫的荒凉。(8)霓裳曲:《霓裳羽衣曲》,唐代著名宫廷乐舞曲。开元中西凉节度使杨敬述献《婆罗门曲》,经唐玄宗润色改称今名。(9)干戈:干是盾牌,戈是一种横刃的兵器,后用干戈代指战争。这里特指安史之乱。

【提示】

大约在唐德宗贞元初年,李益从军去邠宁节度使幕,路过马嵬坡,写了两首七律诗《过马嵬》,此是其一。其二云:"金甲银旌尽已回,苍茫罗袖隔风埃。浓香犹自随鸾辂,恨魄无由离马嵬。南内真人悲帐殿,东溟方士问蓬莱。唯留坡畔弯环月,时送残辉入夜台。"

本诗写的是杨贵妃血染马嵬、草莽荒野的凄凉景象,并指出沉湎歌舞是酿成这次悲剧的主要原因。

白居易《长恨歌》(1)

汉皇重色思倾国(2),御宇多年求不得(3)。杨家有女初长成,养在深闺人未识。天生丽质难自弃,一朝选在君王侧[4]。回眸一笑百媚生[5],六宫粉黛无颜色[6]。春寒赐浴华清池[7],温泉水滑洗凝脂[8]。侍儿扶起娇无力[9],始是新承恩泽时[10]。云鬓花颜金步摇[11],芙蓉帐暖度春宵[12]。春宵苦短日高起,从此君王不早朝[13]。承欢侍宴无闲暇[14],春从春游夜专夜[15]。后宫佳丽三千人,三千宠爱在一身。金屋妆成娇侍夜[16],玉楼宴罢醉和春[17]。姊妹弟兄皆列土[18],可怜光彩生门户[19]。遂令天下父母心,不重生男重生女。骊宫高处入青云[20],仙乐风飘处处闻。缓歌慢舞凝丝竹[21],尽日君王看不足[22]。渔阳鼙鼓动地来[23],惊破霓裳羽衣曲[24]。九重城阙烟尘生[25],千乘万骑西南行[26]。翠华摇摇行复止[27],西出都门百余里[28]。六军不发无奈何[29],宛转蛾眉马前死[30]。花钿委地无人收[31],翠翘金雀玉搔头[32]。君王掩面救不得,回看血泪相和流。黄埃散漫风萧索[33],云栈萦纡登剑阁[34]。峨嵋山下少人行[35],旌旗无光日色薄[36]。蜀江水碧蜀山青,圣主朝朝暮暮情[37]。行宫见月伤心色[38],夜雨闻铃肠断声[39]。天旋日转回龙驭[40],到此踟蹰不能去[41]。马嵬坡下泥土中,不见玉颜空死处[42]。君臣相顾尽沾衣,东望都门信马归[43]。归来池苑皆依旧,太液芙蓉未央柳[44]。芙蓉如面柳如眉,对此如何不泪垂?春风桃李花开日,秋雨梧桐叶落时。西宫南内多秋草[45],落叶满阶红不扫。梨园弟子白发新[46],椒房阿监青娥老[47]。夕殿萤飞思悄然[48],孤灯挑尽未成眠[49]。迟迟钟鼓初长夜[50],耿耿星河欲曙天[51]。鸳鸯瓦冷霜华重[52],翡翠衾寒谁与共[53]?悠悠生死别经年[54],魂魄不曾来入梦[55]。临邛道士鸿都客[56],能以精诚致魂魄[57]。为感君王辗转思[58],遂教方士殷勤觅[59]。排空驭气奔如电[60],升天入地求之遍。上穷碧落下黄泉[61],两处茫茫皆不见。忽闻海上有仙山,山在虚无缥缈间。楼阁玲珑五云起[62],其中绰约多仙子[63]。中有一人字太真,雪肤花貌参差是[64]。金阙西厢叩玉扃[65],转教小玉报双成(66)。闻道汉家天子使，九华帐里梦魂惊(67)。揽衣推枕起徘徊，珠箔银屏迤逦开(68)。云鬓半偏新睡觉(69)，花冠不整下堂来。风吹仙袂飘飘举(70)，犹似霓裳羽衣舞。玉容寂寞泪阑干(71)，梨花一枝春带雨(72)。含情凝睇谢君王(73)，一别音容两渺茫。昭阳殿里恩爱绝(74)，蓬莱宫中日月长(75)。回头下望人寰处(76)，不见长安见尘雾。唯将旧物表深情(77)，钿合金钗寄将去(78)。钗留一股合一扇(79)，钗擘黄金合分钿(80)。但令心似金钿坚(81)，天上人间会相见。临别殷勤重寄词(82)，词中有誓两心知(83)。七月七日长生殿(84)，夜半无人私语时。在天愿作比翼鸟，在地愿为连理枝(85)。天长地久有时尽(86)，此恨绵绵无绝期(87)。

【注释】

（1）白居易：见专题三"中秋诗词"专题诗选《八月十五日夜湓亭望月》注释（1）。（2）汉皇：本指汉武帝，此借指唐玄宗李隆基。倾国：喻美女。（3）御宇：统治天下。（4）"杨家"四句：是说杨玉环被选入宫中。史载，开元二十三年（735）杨玉环被册封为玄宗之子寿王李瑁的王妃，后被玄宗看中，度为女道士，号太真，召入宫中。这里作者有意为帝王避讳。难自弃：难以自我埋没，即终将被人发现。（5）眸（móu）：眼中瞳仁。百媚：种种迷人的姿态。（6）六宫粉黛：指宫内所有嫔妃。六宫，古代后妃的居所。粉黛，本为女性化妆用品，粉以抹脸，黛以描眉，此代指六宫中的女性。无颜色：是说与杨贵妃相比，她们都失去了美色。（7）华清池：唐代华清宫的温泉浴池，在今陕西西安骊山上。（8）凝脂：凝固的油脂，形容白嫩柔润的皮肤。（9）侍儿：指宫女。（10）新承恩泽：刚得到玄宗的宠爱。（11）云鬓：形容女子鬓发盛美如云。金步摇：一种金首饰，用金银丝盘成花之形状，上面缀着垂珠之类，插于发鬓，走路时摇曳生姿。（12）芙蓉帐：绣着莲花的帐子，形容帐子的精美。春宵：喻新婚之夜。（13）不早朝：不上早朝听政。（14）承欢：得到皇帝的欢心。侍宴：陪皇帝饮酒作乐。（15）"春从"句：是说无论白天游玩或夜间休息,玄宗都只要杨贵妃作陪。(16)金屋:《汉武故事》说,汉武帝幼年时,他姑母指着自己的女儿阿娇问他可喜欢,他说:"若得阿娇作妇,当作金屋贮之。"后来就以"金屋"指男子所宠爱的妇女的住处。娇:阿娇,此处喻杨玉环。(17)玉楼:华美的楼阁。醉和春:指玄宗带醉入寝。(18)"姊妹"句:杨玉环受册封后,其大姐封韩国夫人,三姐封虢国夫人,八姐封秦国夫人。叔伯兄弟杨铦官鸿胪卿,杨锜官侍御史,杨钊赐名国忠,封魏国公,天宝十一年(752)为右丞相。列土,分封爵位和领地。(19)可怜:可羡。(20)骊宫:骊山华清宫。(21)缓歌:舒缓悠扬的歌声。慢舞:轻盈的舞姿。凝丝竹:形容歌舞与管弦乐配合得紧密和谐。(22)不足:不厌。(23)渔阳鼙(pí)鼓:指安禄山从渔阳(今天津蓟州区一带)出兵。天宝十四年(755)安禄山反于范阳,渔阳是范阳节度使所领八郡之一,故用以泛指范阳一带。鼙鼓,古代骑兵用的小鼓,此借指战争。(24)霓裳羽衣曲:本是印度舞曲,原名《婆罗门曲》,开元时经中亚传入,由西凉节度使杨敬述采编,经唐玄宗润色并制作歌词,后改用此名,为唐代教坊流行舞曲。(25)九重:指皇帝居所。城阙:指京城。烟尘生:指发生战争。(26)西南行:天宝十五年(756)六月,安禄山破潼关,杨国忠主张逃向蜀中,玄宗命陈玄礼率"六军"出发,他自己和杨玉环等跟着出延秋门向西南而去。(27)翠华:指皇帝仪仗中用翠鸟羽毛装饰的旗子。摇摇:形容旌旗仪仗飘扬。(28)"西出"句:是说到了马嵬驿。其驿在长安西面百余里,在今陕西咸阳兴平。(29)六军:指皇帝的禁卫军。(30)宛转:缠绵悱恻的样子。蛾眉:美女的代称,此指杨贵妃。马前死:玄宗等逃至马嵬驿时,龙武大将军陈玄礼代表将士意见,请诛杨贵妃。玄宗无奈,命高力士将她缢死。(31)花钿(diàn):用金翠珠宝等制成的花朵形首饰。委:散落。收:拾取。(32)翠翘:首饰,形如翡翠鸟尾。金雀:金雀钗,钗形似凤(古称朱雀)。玉搔头:玉簪。(33)散漫:形容尘土飞扬弥漫。萧索:肃杀凄凉。(34)云栈(zhàn):高入云端的栈道。自陕入蜀,经秦岭有北栈道,巴山有南栈道。萦纡(yíng yū):曲折环绕。剑阁:剑门关,在今四川广元剑阁县。(35)峨嵋山：在今四川乐山峨嵋山市。此泛指蜀山。(36)日色薄：形容光景惨淡。(37)朝朝暮暮情：用宋玉《高唐赋》巫山神女的典故，喻玄宗与杨玉环生前情好。(38)行宫：皇帝外游的临时住处。(39)"夜雨"句：《明皇杂录》载，玄宗入蜀经斜谷时，遇连日阴雨，于栈道上闻雨中铃声隔山相应，十分凄凉，愈加思念杨贵妃，因令张野狐谱成《雨霖铃曲》以寄恨。(40)"天旋"句：是说局势大转，玄宗又由蜀还京。至德二年(757)九月，郭子仪收复长安，十二月玄宗还京。龙驭，皇帝车驾。(41)此：指杨贵妃被缢处。(42)"不见"句：《旧唐书·后妃传》载："玄宗自蜀还，令中使祭奠杨贵妃，密令改葬于他所。初瘗时，以紫褥裹之，肌肤已坏，而香囊仍在，内官以献，上皇视之凄惋，乃令图其形于别殿，朝夕视焉。"玉颜，指杨贵妃。(43)都门：指长安城门。信马：听任马自行，形容心神不定。(44)太液：汉宫中有太液池。未央：汉有未央宫。此皆借指唐长安皇宫。(45)西宫：西内太极宫。南内：兴庆宫。玄宗回京后先住在南内，后迁西内。(46)梨园弟子：指当年玄宗在梨园教练出来的乐工。(47)椒房：后妃居住之所，因以花椒和泥抹墙，故称。阿监：宫中的侍从女官。青娥：年轻的宫女。(48)夕殿萤飞：化用谢朓《玉阶怨》"夕殿下珠帘，流萤飞复息"诗意。思悄然：愁闷不语。(49)孤灯挑尽：是说夜已深，灯芯屡挑殆尽。古代宫中燃烛，不点油灯，此衬托玄宗晚年生活环境的凄苦。(50)钟鼓：报更的钟鼓声。(51)耿耿：光亮，明净。(52)鸳鸯瓦：正反成对、相嵌在一起的瓦。霜华：霜花。(53)翡翠衾：绣着翡翠鸟的被子。(54)经年：过去了一年。(55)魂魄：指杨贵妃的亡魂。(56)"临邛(qióng)"句：是说一个来长安的蜀地道士。临邛，今四川成都邛崃。鸿都，东汉都城洛阳的宫门名，此借指长安。(57)"能以"句：是说这道士能以诚心招来死者的灵魂。(58)辗转思：反复不止地思念。(59)教：使得。方士：有法术的人，指临邛道士。殷勤觅：尽力去寻找。(60)排空：凌空。驭气：驾风。(61)穷：尽。碧落：天上，这是道家的说法。黄泉：指地下。(62)玲珑：华美精巧。五云：五色瑞云。(63)绰约：柔婉优美。(64)参差:仿佛,差不多。(65)金阙:金碧辉煌的仙宫。扃(jiōng):门环。(66)"转教"句:是说由小玉、双成两个侍女辗转通报杨贵妃。小玉,传说是吴王夫差的小女,殉情而死,死后曾保护其情人。双成,董双成,传说中西王母的侍女。这里以小玉、双成借指太真的侍女。(67)"闻道"二句:是说太真正在睡梦中,被通报惊醒。汉家天子使,喻玄宗所派方士。九华帐,绣饰华美的帐子。九华,重重花饰的图案。(68)珠箔:珠帘。银屏:饰银的屏风。迤逦:接连不断地。(69)新睡觉:刚睡醒。觉,醒。(70)袂(mèi):衣袖。(71)阑干:纵横交错。(72)"梨花"句:是说她哭泣着像一枝春天带雨的梨花。(73)凝睇(dì):凝视。(74)昭阳殿:汉成帝宠妃赵飞燕所住的宫殿,此喻杨贵妃生前居所。(75)蓬莱宫:指杨贵妃成仙后所居的仙宫。(76)人寰(huán):人间。(77)旧物:指生前和玄宗定情之物,即下句所说的"钿合金钗"。(78)钿合:嵌有金花的盒子。钗:妇女的一种首饰。寄将去:托请捎去。(79)"钗留"句:钗有两股,捎去一股,留下一股。盒有上下两扇,捎去一扇,留下一扇。(80)擘(bò):剖。合分钿:将钿合分成两半,各留一半。(81)但令:但愿让。(82)重(chóng)寄词:再托方士捎话。(83)两心知:指唯有玄宗及杨贵妃两人心里明白。(84)长生殿:在华清宫,天宝元年(742)造,又名集灵台,用以祭神。又,唐时寝殿均称作长生殿,此所谓长生殿,当指华清宫之寝殿。(85)"在天"二句:是说愿意世代为夫妻。比翼鸟,传说一种雌雄并翅而飞的鸟。连理枝,两棵树的干相抱,枝相连。均象征男女相爱。(86)有时尽:有完结之时。(87)此恨:指玄宗和杨贵妃生离死别之遗憾。绵绵:长远不尽的样子。

【提示】

本诗作于唐宪宗元和元年(806)。陈鸿在《长恨歌传》里说到作品的来由:"元和元年冬十二月,太原白乐天自校书郎尉于盩厔,鸿与琅琊王质夫家于是邑,暇日相携游仙游寺,话及此事(指唐玄宗、杨贵妃的故事),相与感叹。质夫举酒于乐天前曰:'夫希代之事,非遇出世之才润色之,则与时消没,不闻于世。乐天,深于诗,多于情者也。试为歌之,如何?'乐天因为《长恨歌》。"

关于《长恨歌》的主题,历来观点不一:有人认为是批判唐玄宗重色误国,有人认为是讴歌李、杨二人忠贞不渝的爱情,还有人认为二者兼而有之。其实,作者将李、杨在天宝年间的爱情生活极力铺排张扬,写得那样繁华热烈,而将他们在安史乱后的不幸结局又叙述得那样哀伤缠绵,凄婉欲绝,是因为在李、杨爱情生活的背后有着一个特定的时代:前期的繁花似锦、浓烈如酒与唐王朝那个全盛的时代紧密联系,后来的爱情落空的凄悲哀伤、如泣如诉则与安史之乱后的社会凋敝的景象一脉相通。因此,这不仅是李、杨二人的爱情悲剧,还是整个社会的悲剧。白居易正是从这个侧面,反映了唐王朝的兴衰变迁,抒发了黄金时代已逝而如今"只是近黄昏"的深沉感慨。

刘禹锡《马嵬行》[1]

绿野扶风道[2],黄尘马嵬驿。路边杨贵人[3],坟高三四尺。乃问里中儿[4],皆言幸蜀时[5]。军家诛佞幸[6],天子舍妖姬[7]。群吏伏门屏,贵人牵帝衣。低回转美目,风日为无晖[8]。贵人饮金屑[9],倏忽舜英暮[10]。平生服杏丹[11],颜色真如故。属车尘已远[12],里巷来窥觑[13]。共爱宿妆妍[14],君王画眉处。履綦无复有,履组光未灭[15]。不见岩畔人,空见凌波袜[16]。邮童爱踪迹,私手解鞶结。传看千万眼,缕绝香不歇[17]。指环照骨明,首饰敌连城[18]。将入咸阳市[19],犹得贾胡惊[20]。

【注释】

(1)刘禹锡:见专题五"重阳诗词"专题诗选《九日登高》注释(1)。(2)扶风:汉代右扶风,在今陕西西安附近。(3)杨贵人:杨玉环,天宝初册封为贵妃。(4)里中儿:当地人。(5)幸蜀:驾临四川。幸,皇帝到某处去。(6)军家:指龙武大将军陈玄礼等将士。佞幸:指杨国忠及其家族。据《资治通鉴》载：玄宗"至马嵬驿，将士饥疲，皆愤怒，陈玄礼以祸由杨国忠，欲诛之……国忠走至西门内，军士追杀之……并杀其子户部侍郎杨暄及韩国、秦国夫人"。(7)妖姬：妖艳的姬妾，指杨贵妃。(8)"低回"二句：是说杨贵妃的眼珠一转，致使风景惨淡，太阳无光。形容杨贵妃的姿色。(9)饮金屑：谓吞金。此诗写杨贵妃吞金而死，与史载不合，或系当时的一种传说。(10)倏忽(shū hū)：很快地。舜英：木槿花，此花朝开暮落。此喻杨贵妃之死。(11)杏丹：药名。《云笈七签》卷七四《夏姬杏丹方》："日三服……令人颜色好。"(12)属车：此指唐玄宗侍从的车子。(13)窥觑(qù)：细看。(14)宿妆：旧妆。妍(yán)：美丽。(15)"履綦(lǚ qí)"二句：是说杨贵妃的鞋子虽然不见了，但鞋子华丽的光色似乎仍在闪烁。履綦、履组，都是鞋子上的装饰物。(16)凌波：形容女子步履轻盈。《洛神赋》有"凌波微步，罗袜生尘"的句子。(17)"邮童"四句：是说驿站的小孩子也来观看，拿走了一个小囊袋，大伙互相传看，把袋子上的丝缕都弄破了，可是香气还是经久不歇。邮，驿站。鞶(pán)结，小袋子的扎口。(18)"指环"二句：是说遗物中闪闪发光的戒指，可以照见指骨内外；其他的金银首饰也价值连城。《西京杂记》卷一："戚姬以百炼金为驱环，照见指骨。"此即用此典故。敌，超过。连城，价值连城，喻指极珍贵的物品。(19)咸阳市：本为秦都，此指唐都长安。(20)贾(gǔ)胡：指西域胡商。贾，古指设肆售货的商人。

【提示】

诗题中的"马嵬"即马嵬驿，故址在今陕西咸阳兴平。唐玄宗天宝十五年(756)六月，安史叛军攻破潼关，玄宗与杨国忠、杨贵妃姊妹仓皇奔蜀。行至马嵬驿，随行将士杀杨国忠，并坚决要求杀死杨贵妃。玄宗不得已令贵妃自缢，史称"马嵬之变"。贵妃死后，埋于驿西道侧，历代骚人墨客，对此多有题咏。"行"是古诗体裁的一种。

本诗较为详细地描绘了"马嵬之变"的经过和事变后的余波轶闻。关于"经过"，写了事发时随行的官员们跪伏在驿站的门屏前，请求玄宗答应军士的要求;贵妃恐惧地手牵皇帝的衣服,哀求免其一死;贵妃吞金而亡,死后容颜如故等。关于余波轶闻,则写了待皇帝车驾离开,当地人发现了杨贵妃的袜子、香囊、戒指,以及其他价值连城的首饰,并争相传看。而"军家诛佞幸,天子舍妖姬"的诗句,大体表达了作者的情感倾向。

张祜《集灵台》其二⁽¹⁾

虢国夫人承主恩⁽²⁾,平明骑马入宫门⁽³⁾。却嫌脂粉污颜色,淡扫蛾眉朝至尊⁽⁴⁾。

【注释】

(1)张祜(约785—约849),字承吉,清河(今河北)人,一说南阳(今属河南)人。举进士不第。元和(806—820)中赴许州入忠武军节度使李光颜幕。宝历二年(826)南游姑苏。大和三年(829)为令狐楚赏识,楚上表举荐,献诗于朝。为元稹所贬抑,无成而归。客居淮南,与杜牧友善。终生未仕,闲隐而终。诗风近似王建,以宫词和山水诗闻名。有《张处士诗集》。(2)虢国夫人:杨贵妃三姐的封号。承主恩:受到皇帝恩宠。(3)平明:天刚亮的时候。(4)"却嫌"二句:乐史《太真外传》载:"虢国不施脂粉,自炫美艳,常素面朝天。"淡扫,轻描。至尊,皇帝,指唐玄宗。

【提示】

集灵台即长生殿,在华清宫。张祜的《集灵台》共两首。第一首为:"日光斜照集灵台,红树花迎晓露开。昨夜上皇新授箓,太真含笑入帘来。"写唐玄宗在华清宫将儿媳杨玉环度为女道士、继而宠爱的经过。

本首诗写的是唐玄宗与杨贵妃的三姐虢国夫人的暧昧之事。据《旧唐书·杨贵妃传》记载:"太真有姊三人,皆有才貌,并封国夫人,大姨封韩国,三姨封虢国,八姨封秦国,并承恩泽,出入宫掖,势倾天下。""承主恩"三字似羡似讽,已将虢国夫人置于宠妃地位;平明骑马直闯宫门,享有自由出入的特权,写出了她的恃宠骄纵。后二句写虢国夫人素面朝圣,淡扫蛾眉,既表现她的绝色,无须浓妆艳抹,更写出了她自知已深得君心的张扬与轻狂。当然,更深的意味是,杨贵妃姐妹骄横一时,正是因为唐玄宗的荒唐昏庸。

杜牧《过华清宫》[1]

其一

长安回望绣成堆[2],山顶千门次第开[3]。一骑红尘妃子笑,无人知是荔枝来[4]。

其二

新丰绿树起黄埃,数骑渔阳探使回[5]。霓裳一曲千峰上,舞破中原始下来[6]。

其三

万国笙歌醉太平[7],倚天楼殿月分明[8]。云中乱拍禄山舞,风过重峦下笑声[9]。

【注释】

(1)杜牧:见专题二"帝都之诗"专题诗选《金谷园》注释(1)。(2)绣成堆:骊山右侧有东绣岭,左侧有西绣岭。玄宗时,岭上多植树木花卉,望之锦绣一片。(3)千门:形容山顶宫殿壮丽,门户众多。次第:一个接一个。(4)"一骑(jì)"二句:是说驿马飞驰,卷起尘土,看不清马上载有何物,唯有杨贵妃知是荔枝将至,欣然而笑。骑,一人一马谓骑。红尘,飞扬的尘土在日光下呈现出红色。妃子,指杨贵妃。据说她喜欢吃荔枝,唐玄宗命人远从四川、广东乘驿马日夜兼程运送鲜荔枝,为此跑死了很多人和马。(5)"新丰"二句:是说探使从渔阳快马回转长安。安禄山叛前,玄宗曾派宦官辅璆琳去渔阳探听虚实,辅受贿,未回报实情。新丰,在今陕西西安临潼东北。黄埃,马队奔驰踏起的尘土。渔阳,当时是安禄山叛军的根据地。(6)"霓裳"

二句：是说唐玄宗纵情声色，直至安禄山叛军攻破中原，方罢歌舞。霓裳，即《霓裳羽衣曲》。千峰，指骊山的众多山峰。舞破中原，指唐玄宗耽于享乐而误国，导致安史之乱。(7)万国：指全国。(8)倚天：形容骊山宫殿的雄伟壮观。(9)"云中"二句：《旧唐书·安禄山传》载，禄山体肥，重三百三十斤，但却能在唐玄宗面前表演《胡旋舞》，其疾如风。旁边的宫人拍掌击节，因为舞得太快，节拍都乱了。乱拍：节拍乱。

【提示】

华清宫是唐代的行宫，故址在今陕西西安临潼的骊山上，内有温泉多处。初名温泉宫，后更名华清宫。这是一组咏史的七言绝句，是诗人经过华清宫有感而作。诗人以唐玄宗和杨贵妃在骊山纵情享乐为题材，将他们穷奢极欲的生活和国家的灾难联系在一起，有借以讽喻唐敬宗挥霍无度的意图。

组诗的第一首写唐玄宗命驿使飞马送荔枝，以博美人欢心，"妃子笑"令人联想周幽王烽火台的故事，"褒姒一笑失天下"，含意深远。第二首将安禄山收买玄宗信使，谎报军情，与骊山上的霓裳歌舞相互对照，极写帝妃的荒淫无度，耽误朝政。第三首尤具讽刺意味，当初安禄山在骊山上觐见唐玄宗和杨贵妃时，于大殿中拖着肥壮的身体翩翩作《胡旋舞》，博得杨贵妃的欢心，竟被其收作干儿子，唐玄宗对他也非常器重，委任他为三镇节度使。诗篇对皇帝的荒淫失政给予了辛辣的嘲讽。

李商隐《马嵬》⁽¹⁾

海外徒闻更九州，他生未卜此生休⁽²⁾。空闻虎旅传宵柝⁽³⁾，无复鸡人报晓筹⁽⁴⁾。此日六军同驻马⁽⁵⁾，当时七夕笑牵牛⁽⁶⁾。如何四纪为天子，不及卢家有莫愁⁽⁷⁾。

【注释】

（1）李商隐：见专题二"帝都之诗"专题诗选《乐游原》注释（1）。

(2)"海外"二句：徒然听说海外另有神仙世界，来生究竟怎样不可预知，而这一世的夫妇关系则肯定完结了。战国时齐人邹衍创"九大州"之说，认为中国的九个州总合一大州，名赤县神州，在海内；而海外另有像赤县神州这样的大州共九个。这里借"海外九州"指传说中的仙境。杨贵妃死后，玄宗曾命方士用法术找寻她的魂魄，方士报告说在海外仙山找到了她，并提及生前与玄宗约定"愿世世为夫妇"的盟誓。徒闻，空闻。更，再，还有。他生，来生。卜，预料。(3)虎旅：指跟随玄宗入蜀的禁卫军。宵柝(tuò)：又名金柝，夜间巡逻报更的刁斗、梆子。(4)鸡人：皇宫里负责报晓的卫士。古制，宫中不养鸡，夜间由卫士候在宫门外，听到鸡鸣，传报宫中，称作"鸡人"。筹：更筹，用来敲击报时的竹签。(5)此日：指夜宿马嵬驿这一天。六军同驻马：指禁军哗变后不肯上路，迫使唐玄宗处死杨贵妃。六军，泛指皇帝的军队。(6)当时：当年，往日。七夕笑牵牛：民间传说农历七月七日晚上，天上的牵牛星和织女星渡过鹊桥相会。据传玄宗与杨贵妃在某年七夕曾对天发誓，愿世世为夫妇。他们认为天上的牛郎织女只能一年相会一次，而他们却可以永世相守，所以说"笑牵牛"。(7)"如何"二句：为什么当了四十多年皇帝，连自己的爱妃也不能保全，还不如民间夫妇能白头偕老呢？四纪，十二年为一纪。莫愁，梁武帝《河中之水歌》的女主人公，嫁给卢家为妇，诗中对她的婚后生活有具体描述。这里借指普通民间妇女。

【提示】

本诗借马嵬事变批评唐玄宗自取祸乱。先叙玄宗命方士为杨贵妃招魂的事，点明悲剧的结局。中间回溯马嵬事变的经过，不仅写出兵荒马乱的真切情景，还联系过去的宴乐生活和爱情盟誓作鲜明对照，加深了悲剧的情味。末尾则以冷冷一问作结，发人深省。

诗的中间两联用了"逆挽法"。所谓逆挽法，指的是把事物发生过程的前后顺序颠倒过来写的手法。它同倒叙比较接近，但又有所区别。倒叙是把结局或精采片段挪前，目的是造成悬念，使文势跌宕；而逆挽法则颠倒事件的前后顺序,主要是为了形成强烈的对比。"空闻虎旅传宵柝,无复鸡人报晓筹。此日六军同驻马,当时七夕笑牵牛。"将马嵬之日与宫中情景两两对举,极纵横排宕之致。

郑畋《马嵬坡》[1]

玄宗回马杨妃死[2],云雨难忘日月新[3]。终是圣明天子事,景阳宫井又何人[4]。

【注释】

(1)郑畋(约825—约883),字台文,荥阳(今河南荥阳)人。会昌二年(842)进士及第。刘瞻镇北门,辟为从事。瞻作相,荐为翰林学士,迁中书舍人。乾符(874—879)中,以兵部侍郎同平章事,出为凤翔节度使,拒黄巢有功,授检校尚书左仆射。《全唐诗》存其诗十六首。(2)回马:指唐玄宗由蜀还长安。(3)"云雨"句:意谓玄宗、贵妃之间的恩爱虽难忘却,但国家却已一新。云雨,出自宋玉《高唐赋》"旦为朝云,暮为行雨",后引申为男女欢爱。(4)"终是"二句:是说马嵬赐死杨贵妃终是天子果断圣明,否则,不知道藏在景阳宫井中的将是谁了。景阳宫井,故址在今江苏南京玄武湖边。南朝亡国之君陈后主听说隋兵已经攻进城来,就和宠妃张丽华躲到景阳宫井中,结果还是被隋兵俘虏。

【提示】

此诗以"马嵬事变"作为背景。前两句写唐玄宗回马长安,杨贵妃却已身死。"云雨难忘"与"日月新"对举,表达玄宗欣喜与长恨兼有的复杂心理。后两句以南朝陈后主偕宠妃躲在景阳宫井中,终为隋兵所虏的事,来对比唐玄宗马嵬坡赐杨贵妃自缢的举动。

诗的后两句特别耐人玩味。"终是圣明天子事",字面上是表彰玄宗在危亡之际识大体,有决断,堪称"圣明",但从末句"景阳宫井又何人"来看,不过是说玄宗没有落到陈后主这步田地,要说"圣明",也仅仅是比陈后主"圣明"一些而已。"圣明天子"扬得很高,却以昏昧的陈后主来作陪衬,颇有几分讽意。

韦庄《立春日作》[1]

九重天子去蒙尘[2],御柳无情依旧春[3]。今日不关妃妾事,始知辜负马嵬人[4]。

【注释】

(1)韦庄(约836—约910),字端己,长安杜陵(今陕西西安)人。唐僖宗广明元年(880)参加科举考试时,恰逢黄巢率兵入京,身陷兵乱,随后在江南各地漂泊十余年。至唐昭宗乾宁元年(894)才考中进士,任校书郎。其后入蜀从王建为掌书记。唐亡后,力劝王建称帝,官至宰相。其诗多为纪游怀古,抒发感伤离乱之情,有《浣花集》。其词与温庭筠齐名,为《花间集》的主要作者,词风清丽。(2)九重天子:古制天子之居有门九重,因代指帝王。蒙尘:古代多指帝王失位逃亡在外,蒙受风尘。(3)御柳:宫禁中的柳树。(4)辜负:亏负,对不起。马嵬人:指杨贵妃。

【提示】

唐僖宗广明元年(880)黄巢攻陷长安,僖宗西逃入蜀,韦庄避难长安附近的山中。次年,韦庄闲居长安城内,于立春日触景生情,写下此诗。

唐玄宗于安史之乱爆发后,仓皇逃至西蜀避难,如今僖宗也沿着同样的路线逃奔西蜀。这首诗将两者巧妙地联系起来,隐含着对君王昏聩导致天下大乱的责怨。僖宗逃难总不能说也与妃妾们的事情有关了吧?可见当年将杨贵妃定为"祸本"(祸的根源),实在是冤枉她了。

黄滔《马嵬》[1]

锦江晴碧剑峰奇[2],合有千年降圣时[3]。天意从来知幸蜀[4],不关胎祸自蛾眉(5)。

【注释】

（1）黄滔，生卒年不详，字文江，泉州莆田（今福建莆田）人。乾宁二年（895）进士，任四门博士，后迁监察御史里行。五代时，投奔闽王王审知。有《黄御史集》。《全唐诗》存其诗三卷。（2）锦江：江名，在四川成都南，又名流江、汶江、府河。相传织锦濯于此江中，则锦色鲜艳，濯于他水则锦色暗淡，故称。剑峰：剑门山，在今四川广元剑阁，有剑门七十二峰，山峰险峻。（3）合有：应当有。降圣：皇帝降临。（4）天意：帝王的心意。幸蜀：此指唐玄宗逃奔蜀中。（5）胎祸：祸患的根源。蛾眉：女子长而美的眉毛，也用为美女的代称。此指杨贵妃。

【提示】

唐玄宗因安史之乱而奔蜀，唐僖宗又因黄巢起义军入长安而奔蜀，作者说这是因为蜀地山水奇秀，与杨贵妃无关，含有辛辣的讽刺意味。

徐夤《马嵬》(1)

二百年来事远闻(2)，从龙谁解尽如云(3)。张均兄弟皆何在(4)，却是杨妃死报君。

【注释】

（1）徐夤，生卒年不详，字昭梦，泉州莆田（今福建莆田）人。乾宁元年（894）进士，官秘书省正字。曾依附闽王王审知，辟为掌书记，后归隐延寿溪。据说朱温代唐，徐夤不肯仕，为朱温所害。有《探龙》《钓矶》二集。（2）二百年来：指从玄宗奔蜀到诗人写此诗时，大约是两百年。（3）从龙：《易·乾·文言》："云从龙，风从虎，圣人作而万物睹。"后谓随从帝王为"从龙"。此处指随从唐玄宗奔蜀。谁解尽如云：此处是怀疑从龙尽"如云"的说法。因为很明显,张均兄弟没从行。(4)张均兄弟:指张均、张垍。他们是宰相张说之子。安禄山入长安,二人均接受伪职,张垍做了安禄山的宰相,张均做了中书令。

【提示】

张均兄弟指开元宰相张说的儿子张均、张垍。据《新唐书》卷一二五《张说传》载,张家兄弟均受恩宠重用,张均为刑部尚书、大理卿;张垍娶宁亲公主,为太常卿。但在安史之乱中,两兄弟非但未随护唐玄宗,反而接受伪职,可谓背国恩而事贼。因此此诗的意思是在安史之乱中,本来如张均兄弟等受国恩的大臣们是最应该奋力报国的,可惜并非如此,反而是让杨贵妃以死报君主,这未免太不应该了。这议论固然有怜惜杨贵妃乃至为她鸣不平之意,但最主要的却意在指责当时如张均之类的大臣们。

三、专题衍说

玉环小传(上)

—— 说杨玉环是如何成为贵妃的

据说杨玉环出生的时候,手腕上有个环形的痕迹,如同玉镯,所以取名玉环。

关于杨玉环的家世和出生地,诸说纷纭。野史里说她是广西容州(今广西玉林容县)人,父亲叫杨维,母亲为叶氏。由于天生丽质,为地方官杨康收养为女儿,后来杨玄琰做容州长史,又从杨康处夺去杨玉环,带到长安。

不过正史《新唐书》上是这样说的:杨玉环的祖上本是河南弘农郡(今河南灵宝)人,曾祖还做过隋朝梁郡(今河南商丘)通守的官职,后来迁到了黄河北岸的蒲州(今山西永济)永乐县居住,于是就成了蒲州人。她的祖父杨令本,在唐朝出仕,任金州刺史;她的父亲杨玄琰,担任过蜀州司户参军之职,是个从七品的小官吏。杨玄琰生过好多孩子,大都夭折了,只留下四个女儿,长得都很漂亮,尤其是小女儿杨玉环。

杨玉环很小的时候,父亲去世了,一家人离开蜀州,依靠叔父杨玄璬生活。杨玄璬此时在洛阳的河南府做士曹参军,是个正七品的官吏。由于杨玉环美貌动人,在开元二十三年(735)的年底,被选为唐玄宗第十八个儿子寿王李瑁之妃,当时李瑁19岁,杨玉环17岁。

李瑁的母亲武惠妃,是武则天的侄孙女,深得唐玄宗的宠爱。在杨玉环被册封为李瑁妃子后两年,武惠妃患病去世。此时唐玄宗53岁,为武惠妃的过世深为惋悼。后宫数以万计的妃嫔宫女,没有一个能够填补他内心的荒凉,如此忽忽不乐地过了两年,直到发现儿媳妇杨玉环。

开元二十八年(740)十月十一日,唐玄宗前往骊山华清宫避寒,当天他颁布了一个诏书《度寿王妃为女道士敕》。他让杨玉环成为女道士,并在宫中专门修建了一座太真宫作为其修行的地方。当然,这只是掩人耳目,因为杨玉环入太真宫的几天之后,就被宣召到了华清宫温泉洗浴。觐见皇帝时,杨玉环穿的是道士服,道号为"太真"。白居易在《长恨歌》里写道:"春寒赐浴华清池,温泉水滑洗凝脂。侍儿扶起娇无力,始是新承恩泽时。"

天宝四年(745)七月,唐玄宗给李瑁另纳了妃子。一个月后,杨玉环结束女冠身份,被正式册立为贵妃。此时,杨玉环27岁,唐玄宗61岁。

唐玄宗纳儿媳杨玉环为妃,在唐代倒也算不上十分惊世骇俗之举。唐高祖李渊时,太子建成与其弟元吉,就曾与其父的宠妃张婕妤和尹德妃淫乱。唐太宗李世民时,还曾多次在皇族发生夺取弟媳甚至叔伯长辈的伯叔母为己妻的事例。唐太宗本人也曾纳弟弟元吉之妃为己妃。武则天是唐太宗的才人,后来成了唐高宗的皇后。可见唐代皇室贵族以至于士大夫不拘礼法,是谓常态。史学大师陈寅恪曾指出,唐代创业及初期的君主,都有胡族的血缘,许多社会风俗是胡汉文化的融合,婚姻风俗就是其中的主要方面。加之魏晋以来传统儒家伦理道德趋于沦丧,这样的事情也就司空见惯了。

起初杨玉环是因为惊人的美貌而得到唐玄宗的宠爱的,正如白居易《长恨歌》说的"天生丽质难自弃,一朝选在君王侧,回眸一笑百媚生,六宫粉黛无颜色"。但后来,唐玄宗对杨玉环的感情,应该超越了单纯的色欲之爱,甚至一定程度上有着民间夫妻的生活情趣。在天宝时代的人们心中,唐玄宗与杨贵妃公开表露的爱情,曾使当时的臣下叹为观止。

一个夏末,长安西内宫中太液池里的千叶白莲花盛开,唐玄宗与杨贵妃及她的姊妹秦国夫人、虢国夫人等贵戚在池边宴饮,唐玄宗指着杨贵妃对左右臣下说:"池中莲花虽好,怎么比得上在我身边的解语花。"又有一次,唐玄宗在宫中的百花便殿看《汉成帝内传》的小说,杨贵妃过来问他在看什么,他故意不说。杨贵妃抢过来一看,唐玄宗读的正是汉成帝宠爱赵飞燕的故事,说汉成帝制造了一个水晶盘,让宫人捧着,令身体轻盈的赵飞燕在上面旋转舞蹈;汉成帝还为赵飞燕造了一个七宝避风台,让她处在其中,怕她瘦小的身子不胜风力。唐玄宗见杨贵妃看完,对她说:"你恐怕随便多大的风吹也没有关系吧!"这是因为杨贵妃身段丰满,所以唐玄宗拿这个话来和她开玩笑。杨贵妃娇嗔地说:"我能舞蹈《霓裳羽衣曲》,总是比赵飞燕强!"唐玄宗说:"我跟你开玩笑的,别当真呀。"再有一次,唐玄宗在宫中和亲王下棋,杨贵妃在旁观战。百余着之后,唐玄宗眼看陷入困境,将要输,杨贵妃急中生智,将手中抱着的康国卷毛小狗往棋盘上一扔,顿时扰乱了棋局,无法再判断输赢。唐玄宗由此摆脱窘境,非常高兴。

晚年的唐玄宗迷恋音乐,迷恋戏曲,迷恋美人,对国家政事不再关心。

唐王朝在繁荣盛世的表象下,隐藏着深重的危机。一方面,是制度运行的危机,作为土地制度的均田制、作为赋税制度的租庸调制、作为军事制度的府兵制、作为管理制度的节度使制,都存在着许多弊端,导致农民生活困窘,军费开支剧增,边将权力过大等。另一方面,是统治者本身的危机,唐玄宗不思进取,对神仙鬼怪等诞妄之说越来越感兴趣,王公贵族豪奢极侈,贪图享乐。

安禄山在天宝十四年(755)发动叛乱,改变了唐代历史,也改变了唐玄宗与杨贵妃的命运。

玉环小传（下）
——说杨贵妃是如何香消玉殒的

安禄山是出生于营州（今辽宁朝阳）的胡人，通晓九种蕃族语言，起初在幽州节度使张守珪的麾下做翻译。张守珪喜爱安禄山的骁勇，收他为义子。天宝二年（743）入朝长安，受到唐玄宗的宠遇。他善于察言观色，投人所好，职位做到了平卢、范阳、河东三镇节度使。他故意以胡人的身份装痴弄呆，以讨好皇帝和杨贵妃。天宝六年（747），杨贵妃29岁，安禄山约45岁，他提出要做杨贵妃的儿子，得到唐玄宗和杨贵妃的同意。安禄山生日那天，杨贵妃把他召入宫内，让宫女用锦绣做成大襁褓，把他从头到脚裹起来，然后用五彩绢帛装饰的轿子抬着，在宫中四处巡游。唐代有个风俗，小儿出生三天，家人要为小儿沐浴，亲友都要前来送礼，表示庆贺和对孩子的祝福。抬安禄山的轿子所到之处，无不欢呼动地。唐玄宗听见喧闹，派人前来询问，宫人答曰："贵妃对安禄山作三日洗儿，洗后把他缠裹起来，所以大家在宫内欢笑。"唐玄宗于是也来看热闹，见此场景，十分高兴，当即赏赐贵妃洗儿的金银钱物，尽欢方罢。从此，宫中都称安禄山为"禄儿"，后宫不再禁止他出入，他甚至有时与杨贵妃一道吃饭。

不过杨钊不喜欢安禄山。杨钊是杨贵妃的堂兄，因为杨氏姐妹的裙带关系进入宫廷，也得到唐玄宗的宠幸。他名字里的"钊"，犯了图谶中的"金刀"之嫌（典故"卯金刀"，谓有帝王之兆），请求改名，以示忠诚，唐玄宗于是赐名"国忠"。杨国忠在李林甫死去之后，继任宰相。他跟安禄山互相看不起，成了死对头。杨国忠多次在唐玄宗的面前进言，说安禄山有叛逆之心。但是唐玄宗并不相信。杨国忠决定采用激怒安禄山反叛的办法来获得唐玄宗对自己的信任，他搜查安禄山的宅第，逮捕安禄山的亲信，贬斥安禄山在朝中的同党。安禄山果然愤怒了。天宝十四年(755)十一月,爆发了以讨伐杨国忠为借口的"安史之乱"。

　　杨贵妃与唐玄宗虽然感情甚好,仍不免有吵架斗嘴的时候,如同民间夫妻一样。天宝五年(746)七月的一天,杨贵妃与宫内其他嫔妃发生冲突,不听劝阻,唐玄宗一怒之下,下令把她送回她族兄杨铦的府第。但一整天唐玄宗怅然若失,当夜就把她接回宫中。天宝九年(750)春天,杨贵妃又与唐玄宗斗气,被送还杨氏私第。杨国忠请人说情,唐玄宗有些后悔,派宦官送御膳给杨贵妃。杨贵妃对着使者泪如雨下,剪下自己的一缕头发带给唐玄宗,唐玄宗马上召还了杨贵妃。杨贵妃这两次被遣回杨家的原因,在有些文学作品里被描写成她因嫉妒梅妃、嫉妒虢国夫人,而惹恼了唐玄宗。作品里尤其喜欢写二人在某年七夕于长生殿向牛郎织女祷祝,愿生生世世为夫妻。这情景确实极像民间夫妇,深情动人。

　　天宝十五年(756)安史叛军占领洛阳,攻破潼关,兵临长安。六月十三日黎明,唐玄宗带领杨贵妃姊妹、皇子、皇妃、公主、皇孙,以及宰相杨国忠、宦官高力士等,从长安禁苑的延秋门出发,开始了向蜀地的逃亡。第二天来到马嵬驿,军士们怨恨杨国忠的奸佞,认为如果不是他的逼迫,安禄山不会造反,所以情绪十分不满。陈玄礼担心军士哗变,对太子李亨身边的宦官李辅国说,如果不杀杨国忠,恐怕难平众怒。未待太子表态,军士们已经杀了杨国忠父子和杨贵妃的两个姐姐,继而围住了唐玄宗休息的处所。

　　唐玄宗听到军士们的叫喊声,问清缘由,想安抚军士,但军士们根本不加理会。陈玄礼对唐玄宗说:"杨国忠虽已死,但'祸本(祸根)'尚在,所以将士们心不服。"唐玄宗问:"谁是祸本?"陈玄礼说:"杨国忠之所以得势,就是因为贵妃,所以贵妃就是祸本。"唐玄宗听了不高兴,说:"这事朕会处理,由不得你们问。"军士们仍在外面嚣闹,情势一触即发。这时京兆尹府司录韦谔向前说:"现在众怒难犯,大家安危如燃眉之急,请速裁决。"唐玄宗闷闷不乐:"贵妃一直在深宫中,怎知杨国忠的过错?"高力士言:"贵妃诚然无罪,但现在军士们把杨国忠杀了,贵妃天天在皇上身边,他们仍会疑心贵妃日后会进言要皇上替杨国忠报仇,所以军士们心里疑惧,到现在这地步,不得不杀贵妃了。"

于是在乐史的小说《杨太真外传》里,就有了这么一段描述:

> 过了一会儿,玄宗才移动了脚步,回到行宫,把贵妃带出来,交给高力士处决。贵妃泣不成声,柔情万种,让人看了为之断肠。她也知道活不成了,在哭泣声中喃喃地说道:"希望大家都能过得很好。我委实对不起国家,现在死了,自然没什么怨意。只希望让我去佛堂祈求佛给我保佑。"玄宗只说了一句:"希望你转世后过得很好!"其他只有在不言之中了。贵妃来到佛堂,高力士取出绳子把她吊死在佛堂前的梨树下。刚刚断气,南海进贡的荔枝也正好送到。那年,杨贵妃38岁。

专题十

安史之乱和"诗史"

一、专题要点

本专题主要了解安史之乱的过程以及对唐帝国的深远影响,了解杜甫在安史之乱前后写作的诗篇因何会被称为"诗史"。本专题选读诗歌作品10首。

(一)安史之乱始末

"安史之乱"指唐玄宗天宝十四年(755)安禄山和史思明发动的叛乱。这次叛乱遍及整个中国北部,规模很大,破坏严重,影响深远,实际上成了唐朝由兴盛走向衰落的转折点。

"安史之乱"有两个主要人物:一是安禄山,粟特族人,曾任平卢、范阳、河东三镇节度使。叛乱后称帝,国号燕。后被其子安庆绪所杀。二是史思明,突厥人,与安禄山为同乡。肃宗时降唐,再叛称帝,后被其子史朝义所杀。

安史之乱前后共经历了约7年(755年12月至763年2月)。经过的主要事件有:范阳叛变,洛阳称帝;潼关失守,擒杀大将;长安攻陷,肃宗继位;禄山被杀,两京收复;玄宗还都,安史内讧;思明复叛,范阳称帝;邺城之战,全线溃败;借兵回纥,平定乱事。

(二)杜甫的生平与创作

1. 生平要点

杜甫(712—770),字子美,号少陵野老、杜陵布衣。祖先是京兆杜陵(今陕西西安)人,后迁襄阳(今湖北襄阳),又迁河南巩县。

（1）年少优游。19岁出游齐鲁，20岁漫游吴越，24岁进士落第，33岁结识李白。

（2）仕途不顺。35岁困顿长安，44岁任右卫率府兵曹参军。

（3）战乱流离。安史之乱爆发时于羌村避难，肃宗继位后投奔灵武，途中被俘，押至长安。

（4）为官时期。左拾遗、华州司功参军，约两年。

（5）漂泊西南。47岁流离甘肃天水、四川成都和重庆夔州（奉节）等地，59岁长逝江舟。

2. 思想与创作

杜甫的思想核心是儒家的仁政思想，他有"致君尧舜上，再使风俗淳"的宏伟抱负。他爱国爱民，对国计民生特别关注。安史之乱以前，杜甫在其诗作中严厉地抨击了唐王朝统治者穷兵黩武给广大人民带来苦难的社会现实，同时对统治阶级的穷奢极欲、好大喜功、重用边将等黑暗政治现实予以了深刻的讽刺。安史之乱后，国土沦陷，京都被占，人民惨遭杀戮，诗人面对满目疮痍，长歌当哭；而当诗人听到胜利的消息，则是涕泪交加，欣喜若狂。杜诗是安史之乱前后那个历史时期的时代写照，是用韵语的形式写成的一代历史，后人称之为"诗史"。

(三) 课堂话题

1. 洞察：长安水边多丽人，千村万落生荆杞。安史之乱前，杜甫写过一些具有前瞻性的诗歌作品，暗示朝政腐败即将导致山河破碎、民不聊生的社会危机和时代剧变。如《兵车行》《丽人行》《前出塞》《自京赴奉先县咏怀五百字》等。

2. 矛盾：三男邺城戍，努力事戎行。杜甫关注战事，其在忧国，亦在忧民。虽然杜甫曾经大力揭露兵役的黑暗，同情伤兵役的人民，可是当国家危难之时，杜甫却又不能不站在更高的、国家民族长远利益的立场上来考虑问题，赞美新婚即送丈夫上前线的妻子，劝勉未成丁的"中男"走上战场。如"三吏三别"(《新安吏》《石壕吏》《潼关吏》《新婚别》《无家别》《垂老别》)。

3. 悲悯：已诉征求贫到骨，血污游魂归不得。目睹战乱与国势的衰败，杜甫既哀伤百姓生活艰辛，也为君王曾有的辉煌盛事一掬同情之泪。如《又呈吴郎》《哀江头》等。

4. 家恨：遥怜小儿女，家书抵万金。安史之乱期间，杜甫的家庭也受到极大的冲击。他穷愁潦倒，辗转奔波。在关心战事、体恤民情的同时，他也写下了不少有关自己家庭和个人境遇的作品，成为当时千万家庭的缩影。

二、专题诗选

杜甫《兵车行》[1]

车辚辚[2]，马萧萧[3]，行人弓箭各在腰[4]。耶娘妻子走相送[5]，尘埃不见咸阳桥[6]。牵衣顿足拦道哭，哭声直上干云霄[7]。道旁过者问行人[8]，行人但云点行频[9]。或从十五北防河，便至四十西营田[10]。去时里正与裹头[11]，归来头白还戍边。边庭流血成海水，武皇开边意未已[12]。君不闻汉家山东二百州[13]，千村万落生荆杞[14]。纵有健妇把锄犁，禾生陇亩无东西[15]。况复秦兵耐苦战[16]，被驱不异犬与鸡[17]。长者虽有问[18]，役夫敢申恨[19]？且如今年冬，未休关西卒[20]。县官急索租，租税从何出？信知生男恶[21]，反是生女好。生女犹得嫁比邻[22]，生男埋没随百草。君不见青海头[23]，古来白骨无人收。新鬼烦冤旧鬼哭[24]，天阴雨湿声啾啾[25]。

【注释】

(1)此诗约写于天宝十年(751)，可能是针对用兵南诏一事而作。行，古诗的一种体裁。(2)辚(lín)辚：车辆走动声。(3)萧萧：马鸣声。(4)行人：指被征出发的战士。(5)耶：同"爷"，父亲。妻子：妻子、儿女。走：前往。

(6)"尘埃"句：是说沿路灰尘弥漫，咸阳桥也看不见了。咸阳桥，又叫便桥，汉武帝时建，唐代称咸阳桥，后来称渭桥，在咸阳城西渭水上，是长安西行必经的大桥。(7)干(gān)：冲上。(8)过者：路过的人。这里指诗人自己。(9)"行人"句：自此至篇末均是"行人"的答话。但云，只说。点行频：征调频繁。点行，按户籍点招壮丁。(10)"或从"二句：是说有的人十五岁起就远戍西北，直到四十岁还没回家。北防河、西营田，均泛指西北边防。唐玄宗时，吐蕃常于秋季入侵，抢掠百姓的收获。为抵御侵扰，唐王朝每年征调大批兵力驻扎河西(今甘肃河西走廊)一带，叫"防秋"或"防河"。营田，即屯田。戍守边疆的士卒，不打仗时须种地以自给，称为营田。(11)里正与裹头：里正，唐制凡百户为一里，置里正一人管理。与裹头，给他裹头巾。新兵入伍时须着装整齐，因年纪小，自己还裹不好头巾，所以里正帮他裹。(12)武皇：汉武帝，此借指唐玄宗。开边：用武力扩张疆土。(13)汉家：指唐朝。山东：指华山以东。二百州：唐代潼关以东有七道，共二百十七州，此约举成数。诗中实指关东以外广大地区。(14)荆杞(jīng qǐ)：荆棘和杞柳。此泛指野生灌木。(15)"禾生"句：是说田里的庄稼种得不成行列。陇亩，田地。陇，同"垄"。无东西，不成行列。(16)况复：更何况。秦兵：关中兵。关中为古秦地。此指眼前被征调的壮丁。耐苦战：善于吃苦，耐战。(17)驱：驱遣。(18)长者：对老年人的尊称。这里是说话者对杜甫的称呼。(19)"役夫"句：我怎么敢申诉怨恨呢？役夫，应政府兵役的人，这里是说话者的自称之词。敢，岂敢。申恨，诉说怨恨。(20)未休：指征调不止。关西卒：秦兵。函谷关以西称关西。(21)信知：确知。恶(è)：不好。(22)比邻：近邻。(23)青海头：青海湖边，在今青海东部，唐军与吐蕃常在此作战。(24)烦冤：含冤愁苦。(25)啾(jiū)啾：古人想象中的鬼哭声。

【提示】

这是一首缘事而发、即事名篇的新题乐府诗，大约作于天宝十年(751)杜甫旅居长安时。当时唐王朝对西南吐蕃不断发动战争，频繁的战争使百姓陷入水深火热之中。这首诗揭露了唐玄宗穷兵黩武给人民带来莫大的灾难,体现了对百姓征役的同情,具有非战色彩。

本诗在写法上有两大特点:一是画面感强。开篇写兵车响声隆隆,战马嘶鸣,壮丁们披挂弓箭,在官吏的押送下奔赴前线。他们的亲人奔跑哭送,捶胸顿足,车马人流扬起的尘土,遮天蔽日,就连近在咫尺、横跨渭水的咸阳桥都看不清了。这是一幅生死离别的悲惨画面。二是通过问答的方式拓展时空。"过者"(诗人自拟)与"行人"(征夫)的问答,涉及血流成河的边庭和满目凋敝的家园,涉及民众身体的重负和心灵的摧残,而"问答"告知读者这一切都是诗人的亲聆目睹,增加了诗歌的真实感。

杜甫《自京赴奉先县咏怀五百字》[1]

杜陵有布衣[2],老大意转拙[3]。许身一何愚[4],窃比稷与契[5]。居然成濩落[6],白首甘契阔[7]。盖棺事则已[8],此志常觊豁[9]。穷年忧黎元[10],叹息肠内热[11]。取笑同学翁[12],浩歌弥激烈[13]。非无江海志[14],潇洒送日月[15]。生逢尧舜君[16],不忍便永诀[17]。当今廊庙具[18],构厦岂云缺[19]。葵藿倾太阳[20],物性固莫夺[21]。顾惟蝼蚁辈[22],但自求其穴。胡为慕大鲸[23],辄拟偃溟渤[24]?以兹悟生理[25],独耻事干谒[26]。兀兀遂至今[27],忍为尘埃没[28]。终愧巢与由[29],未能易其节[30]。沉饮聊自遣[31],放歌破愁绝[32]。岁暮百草零,疾风高冈裂。天衢阴峥嵘[33],客子中夜发[34]。霜严衣带断,指直不得结[35]。凌晨过骊山[36],御榻在嵽嵲[37]。蚩尤塞寒空[38],蹴蹋崖谷滑[39]。瑶池气郁律[40],羽林相摩戛[41]。君臣留欢娱,乐动殷樛嶱[42]。赐浴皆长缨[43],与宴非短褐[44]。彤庭所分帛[45],本自寒女出。鞭挞其夫家,聚敛贡城阙[46]。圣人筐篚恩[47],实欲邦国活[48]。臣如忽至理,君岂弃此物[49]?多士盈朝廷,仁者宜战栗[50]。况闻内金盘[51],尽在卫霍室[52]。中堂舞神仙,烟雾蒙玉质。煖客貂鼠裘,悲管逐清瑟。劝客驼蹄羹,霜橙压香橘[53]。朱门酒肉臭,路有冻死骨。荣枯咫尺异(54)，惆怅难再述。北辕就泾渭(55)，官渡又改辙(56)。群冰从西下，极目高崒兀(57)。疑是崆峒来(58)，恐触天柱折(59)。河梁幸未坼(60)，枝撑声窸窣(61)。行旅相攀援(62)，川广不可越(63)。老妻寄异县(64)，十口隔风雪。谁能久不顾？庶往共饥渴(65)。入门闻号咷(66)，幼子饥已卒。吾宁舍一哀(67)，里巷亦呜咽(68)。所愧为人父，无食致夭折。岂知秋禾登(69)，贫窭有仓卒(70)。生常免租税，名不隶征伐(71)。抚迹犹酸辛(72)，平人固骚屑(73)。默思失业徒(74)，因念远戍卒。忧端齐终南(75)，澒洞不可掇(76)。

【注释】

（1）此诗为天宝十四年（755）十一月作。是时正值安禄山叛乱前夕，而玄宗却还在骊山华清宫与杨贵妃纵情享乐。作者由长安往奉先（今陕西渭南蒲城）探亲，途经骊山，忧愤交集，回家后便写了这首诗。(2)杜陵：在长安东南，原是汉宣帝的陵墓。杜甫的远祖杜预是京兆杜陵人，所以他常自称"京兆杜甫""杜陵布衣""杜陵野客"。布衣：平民百姓。此时杜甫虽任右卫率府兵曹参军这一八品小官，但仍自称布衣。(3)"老大"句：是说年龄越大，越不能屈志随俗。拙，这里有愚直、真率之意。(4)许身：期待自身。(5)窃：私下。稷(jì)：舜的农官。契(xiè)：舜时司徒。均为传说中的贤臣。(6)居然：果然。濩(hù)落：瓠落，此指无所成就。(7)甘：甘心。契阔：勤苦。(8)盖棺：身死。事：指自比稷、契的大志。(9)觊(jì)豁：希望达到。(10)穷年：一年到头。黎元：老百姓。(11)肠内热：内心焦急，忧心如焚。(12)取笑：招人讥笑。同学：因儒家弟子同师孔子，故称同师受业者、同辈人为同学。(13)浩歌：放声歌唱。此言自守志趣。弥：越发。(14)江海志：隐遁江海的愿望。(15)"潇洒"句：是说自由自在地生活。(16)尧舜君：此以尧舜比唐玄宗。(17)诀(jué)：辞别。(18)廊庙：指朝廷。具：才具，才能。(19)构厦：建造巨屋。缺：指缺少栋梁之材。(20)葵藿：作者自比，表其对君主的忠诚。葵，一种蔬菜。藿，豆叶。曹植《求通亲亲表》："若葵藿之倾叶，太阳虽不为之回光，然终向之者，诚也。"(21)夺：强行改变。(22)顾：望。惟：思。蝼蚁辈：比喻目光短浅的人，这里指一般的小人物。(23)胡为：为何。大鲸：比喻有为之士。(24)辄：每每。拟：打算。偃(yǎn)溟渤(míng bó)：到大海中去。偃，侧身于其中。溟渤，溟海和渤海，泛指大海。(25)以兹：因此。生理：生计，此指人生的道理。(26)事干谒(yè)：从事奔走权门、请求引荐一类的事情。干，干谒，即求官。谒，求见。(27)兀(wù)兀：勤苦的样子。(28)忍：怎忍。(29)巢与由：巢父和许由，相传他们是古代极清高的隐者。(30)易其节：指改变"许身稷契"的初志。(31)沉饮：喝醉酒。聊自遣：姑且自我排遣。(32)愁绝：极愁。(33)天衢(qú)：天空。峥嵘：此处形容层云叠起。(34)客子：作者自谓。中夜：半夜。发：出发。(35)"霜严"二句：是说严酷的霜雪将衣带都冻断了，冻得僵直的手指无法再将它系上。指直，手指被冻得僵直而不能弯曲。结，系。(36)骊山：在今陕西西安临潼。(37)御榻：皇帝的坐榻，即寝宫。此指华清宫。每年冬天至初春，唐玄宗常携嫔妃来此避寒作乐。嶻嵲(dié niè)：高峻之山。此指骊山。(38)蚩尤：远古传说蚩尤与黄帝作战曾兴大雾。此借指雾。(39)蹴(cù)：踩。(40)瑶池：神话中西王母与周穆王宴会之地。此指华清宫内的温泉浴池。郁律：暖气蒸腾的样子。(41)羽林：皇帝的卫队。摩戛(jiá)：武器相触。此形容卫兵众多。(42)殷(yǐn)：震动。樛嶱(jiū kě)：同"胶葛"，空旷深远的样子。这里形容乐声远近传布，四处荡漾。(43)长缨：指权贵。缨，帽带。(44)短褐：粗布短衣。此指平民百姓。(45)彤(tóng)庭：朝廷。彤，红色，宫殿饰色。帛(bó)：丝织品的总称。(46)聚敛(liǎn)：聚集，此指搜刮。城阙：京城。(47)圣人：指皇帝。筐篚(fěi)恩：古代礼制，天子宴会时，用筐篚盛着币帛分赐大臣，以示恩宠。筐、篚，都是盛物的竹器。(48)邦国活：使国家得以生存发展。(49)"臣如"二句：臣子如果忽视此理，那么皇帝的赏赐不是白费了吗？忽，忽视。至理，最高原则,指"实欲邦国活"。(50)"多士"二句:朝臣众多,其中的仁者应当惶恐不安地尽心为国。多士,指权贵们。(51)内金盘:泛指宫内珍宝。(52)卫霍:卫青与霍去病,都是汉武帝的外戚。此指杨氏一家。(53)"中堂"六句:设想杨家的宴会盛况。神仙,唐时对歌伎的一种称呼。烟雾,轻薄的纱衣。玉质,洁美的身体。悲、清,均形容乐声。逐,伴随,此指管、弦相互伴奏。(54)荣:指朱门的豪华。枯:指冻死骨。咫(zhǐ)尺:形容距离很近。咫,古代长度名,古代八寸为咫。(55)北辕:车向北行。泾、渭:二水名,汇合于昭应县(今陕西临潼)。(56)官渡:公家设立的渡口。此指泾、渭二水的渡口。改辙:改道,指把渡口换到另一条道上。(57)"群冰"二句:意谓天气寒冷,那水中聚集到一起的冰块顺水自西而来,波翻浪滚,放眼望去,像起伏的山岭。崒(zú)兀:高峻的样子,这里形容波涌之势。(58)"疑是"句:泾、渭二水均发源陇西,故云。崆峒(kōng tóng),山名,在甘肃境内。(59)天柱折:《淮南子·天文训》:"昔者共工与颛顼(zhuān xū)争为帝,怒而触不周之山,天柱折,地维绝。"此形容水势凶猛。(60)河梁:河桥。坼(chè):冲毁。(61)枝撑:指架桥的柱子。窸窣(xī sū):摇动声。(62)行旅:行人旅客。相攀援:相互牵携。(63)川广:河面宽阔。川,河流。广,宽阔。(64)寄:客居。异县:指奉先。(65)庶:希望。共饥渴:共度艰苦的日子。(66)号咷(táo):号哭,大哭。(67)宁:怎能。舍一哀:抛却一哀之礼,即忍不住悲痛,逢人便哭。一哀,按古代士大夫丧礼,主家守灵时,凡有人来祭奠,须先哭一场再行礼,谓之"一哀"。又按"父不祭子"的规定,杜甫本不必履行"一哀"礼制。(68)里巷:指邻居。(69)秋禾登:庄稼秋收。(70)窭(jù):贫。仓卒(cù):突然,此指幼子意外夭折。(71)"生常"二句:是说世代为官,自己也在朝廷任职,按例享有免租免役的封建特权。隶,属。(72)抚迹:追抚往事,指幼子饿死。(73)平人:平民。骚屑:不安。(74)失业徒:失去产业的人。(75)忧端:愁绪。终南:山名,在长安南五十里,秦岭主峰之一。(76)颒(hòng)洞:形容浩大无边的样子。掇(duō):拾取,收拾。

【提示】

天宝十四年(755)十月,杜甫任右卫率府兵曹参军。十一月由长安赴奉先县探家,当时安禄山已反于范阳,而唐玄宗与杨贵妃还在骊山宴游。诗人途经山下,感念国事,忧愤交集,写下此诗。

诗篇主要有三层意思。第一层,申述平生怀抱和壮志未酬的感慨。第二层,记述赴奉先县沿途的所见所闻,运用强烈对比的画面,揭露上层统治集团醉生梦死、穷奢极欲、横征暴敛的罪恶,高度概括地描绘了贫富对立的严酷现实。第三层,写回到家的情景,由个人的不幸想到广大人民的痛苦,以对国家安危的深广忧思收束全篇。

诗中屡有警言佳句。"穷年忧黎元,叹息肠内热""葵藿倾太阳,物性固莫夺""多士盈朝廷,仁者宜战栗""朱门酒肉臭,路有冻死骨"等诗句脍炙人口。

杜甫《春望》(1)

国破山河在(2),城春草木深。感时花溅泪,恨别鸟惊心(3)。烽火连三月(4),家书抵万金(5)。白头搔更短,浑欲不胜簪(6)。

【注释】

(1)此诗是杜甫于至德二年(757)三月在沦陷后的长安所作。(2)国:国都,即京城长安。破:长安陷落。(3)"感时"二句:是说感慨国事时局,见花而流泪,觉得花也在落泪;怅恨与家人离别,听鸟鸣而惊心,觉得春鸟也在心惊。(4)"烽火"句:是说战火延续了整整一个春天。(5)抵万金:家书可值万两黄金,极言家信之难得。抵,值。(6)"白头"二句:是说自己的白发越搔越稀少,竟然连簪(zān)子也插不稳了。此处形容因战乱而焦愁万分。浑,简直。欲,将要。胜,承受。簪,古代成年男子用以束发连冠的头饰。

• 专题十 安史之乱和"诗史"

【提示】

唐玄宗天宝十五年(756)七月,安史叛军攻陷长安,肃宗在灵武即位,改元至德。杜甫在投奔灵武途中,被叛军俘至长安,至德二年(757)写此诗。

诗的一、二两联,写春城败象,饱含感叹;三、四两联写心念亲人境况,充溢离情。北宋司马光论此诗曰:"山河在,明无余物矣;草木深,明无人矣。花鸟平时可娱之物,见之而泣,闻之而悲,则时可知矣。"

杜甫《哀江头》⁽¹⁾

少陵野老吞声哭⁽²⁾,春日潜行曲江曲⁽³⁾。江头宫殿锁千门⁽⁴⁾,细柳新蒲为谁绿⁽⁵⁾?忆昔霓旌下南苑⁽⁶⁾,苑中万物生颜色⁽⁷⁾。昭阳殿里第一人⁽⁸⁾,同辇随君侍君侧⁽⁹⁾。辇前才人带弓箭⁽¹⁰⁾,白马嚼啮黄金勒⁽¹¹⁾。翻身向天仰射云⁽¹²⁾,一笑正坠双飞翼⁽¹³⁾。明眸皓齿今何在?血污游魂归不得⁽¹⁴⁾。清渭东流剑阁深⁽¹⁵⁾,去住彼此无消息⁽¹⁶⁾。人生有情泪沾臆,江水江花岂终极⁽¹⁷⁾?黄昏胡骑尘满城⁽¹⁸⁾,欲往城南望城北⁽¹⁹⁾。

【注释】

(1)本诗是至德二年(757)三月,杜甫在长安时所作。江:指曲江,在长安城东南,由流水曲折而得名,是当时有名的游览胜地。(2)少陵:杜甫祖籍京兆杜陵。少陵是汉宣帝许皇后的陵墓,在杜陵附近。杜甫曾在少陵附近居住过,故自称"少陵野老"。吞声哭:不敢哭出声来。(3)潜行:因在叛军管辖之下,只好偷偷地走到这里。潜,偷偷地。曲江曲:曲江曲折隐僻之处。(4)"江头"句:写曲江边宫门紧闭,游人绝迹。(5)蒲(pú):蒲柳,即水杨。为谁绿:意思是国家破亡,连草木都失去了故主。(6)霓旌:色似霓虹般灿烂的旗帜,指皇帝的旗饰仪仗。南苑:指曲江东南的芙蓉苑。因在曲江之南,故称。(7)生颜色:焕发光辉。(8)昭阳殿:汉成帝宠妃赵飞燕所居殿名。此借指杨贵妃生前居所。第一人:最得宠爱之人。(9)辇(niǎn):皇帝乘坐的车子。古代君臣不同辇，此句指杨贵妃的受宠超出常规。(10)才人：唐代宫中女官名。(11)嚼啮(jiáo niè)：咬。黄金勒(lè)：用黄金做的衔勒。(12)仰射云：仰射云间飞鸟。(13)一笑：杨贵妃因才人射中飞鸟而笑。正坠双飞翼：暗寓唐玄宗和杨贵妃的马嵬驿之变。(14)"明眸"二句：写安史之乱起，玄宗从长安奔蜀，路经马嵬驿，禁卫军逼迫玄宗缢杀杨贵妃。血污游魂，指杨贵妃殒于马嵬驿。(15)清渭：渭水。杨贵妃被埋葬在渭水之滨。剑阁：指今四川广元剑阁县的剑门关，玄宗入蜀所经之地。(16)"去住"句：意为唐玄宗和杨贵妃阴阳相隔。(17)"人生"二句：言人有情，见此变故，不禁黯然；而花草无知，流水无情，年年依旧，没个尽头。臆，胸。终极，犹穷尽。(18)胡骑：指叛军的骑兵。(19)"欲往"句：言欲往南而反向北走，极言因悲哀而致恍惚的情态。望城北，走向城北。

【提示】

　　位于长安城南的曲江，曾是唐王朝贵族官僚以及仕女们游览的胜地，富丽繁华，盛极一时。由于安史叛军的盘踞和破坏，变得千门紧闭，萧条冷落。诗人抚今追昔，痛感玄宗君臣行乐无度，以致酿成悲剧。

　　诗的中间部分，以追叙的手法极写昔日游苑之盛与杨贵妃的恃宠豪奢。表面上是写昔日之"乐"，但乐中含哀，以乐衬哀，倍增其哀。诗人在表达爱国情感的时候，分明也流露出对蒙难君王的伤悼之情。这是李唐盛世的挽歌，也是国势衰微的悲歌。世人常将这首诗与元稹的《连昌宫词》、白居易的《长恨歌》并举。

杜甫《石壕吏》(1)

　　暮投石壕村(2)，有吏夜捉人(3)。老翁逾墙走(4)，老妇出看门。吏呼一何怒(5)，妇啼一何苦(6)。听妇前致词(7)，三男邺城戍(8)。一男附书至(9)，二男新战死(10)。存者且偷生(11)，死者长已矣(12)。室中更无人(13)，惟有乳下孙(14)。有孙母未去(15)，出入无完裙(16)。老妪力虽衰(17)，请从吏夜归⁽¹⁸⁾。急应河阳役⁽¹⁹⁾,犹得备晨炊⁽²⁰⁾。夜久语声绝,如闻泣幽咽⁽²¹⁾。天明登前途,独与老翁别。

【注释】

(1)此诗写于乾元二年(759)三月。(2)投:投宿。(3)吏:低级官员,这里指抓壮丁的差役。(4)逾(yú):越过,翻过。走:逃跑。(5)呼:叫喊。一何:何其、多么。怒:凶狠。(6)啼:哭啼。苦:凄苦。(7)前致词:指老妇走上前去对差役说话。(8)三男:三个儿子。邺城:相州,在今河南安阳。戍(shù):防守,这里指服役。(9)附书至:捎信回来。(10)新:刚刚。(11)存:活着,生存着。且偷生:姑且活一天算一天。(12)长已矣:永远完了。(13)室中:家中。更无人:再没有别的男人了。(14)惟:只,仅。乳下孙:正在吃奶的孙子。(15)未:还没有。去:离开,这里指改嫁。(16)完裙:完整的衣服。(17)老妪(yù):老妇人。衰:弱。(18)"请从"句:请让我和你连夜一起回去。从,跟从,跟随。(19)"急应"句:赶快到河阳去服役。应,响应。河阳,今河南孟州,在黄河北岸,洛阳对面。唐军在邺城战败,退至河阳。(20)犹得:还能够。备:准备。晨炊:早饭。(21)泣幽咽:吞声而哭。泣,哭。

【提示】

唐肃宗乾元元年(758)冬,郭子仪等九节度使率大军包围安庆绪于邺城,由于指挥不统一,被叛军打败。唐王朝为扭转败局,便在洛阳以西至潼关一带,强行抓丁服役,给人民带来巨大的灾难。此时,杜甫正由洛阳经过潼关,赶回华州任所。途中目睹百姓的痛苦,写成了著名的《新安吏》《石壕吏》《潼关吏》《新婚别》《无家别》《垂老别》,史称"三吏三别"。《石壕吏》是"三吏"中的一篇。

诗中,诗人用白描的手法,客观叙述了在投宿乡村时,遇到小吏捉丁之事。诗中老翁逾墙而跑,老妇出门张望,小吏凶残暴虐,老妇悲苦啼诉,如在眼前。诗人对此虽未作评论，却将自己的主观情感融注在客观具体的描写中，表现出对百姓疾苦的深切同情，对官吏残暴凶虐的气愤、无奈等复杂情感。

杜甫《新婚别》[1]

兔丝附蓬麻[2]，引蔓故不长[3]。嫁女与征夫，不如弃路旁。结发为君妻[4]，席不暖君床[5]。暮婚晨告别，无乃太匆忙[6]。君行虽不远，守边赴河阳[7]。妾身未分明，何以拜姑嫜[8]？父母养我时，日夜令我藏[9]。生女有所归[10]，鸡狗亦得将[11]。君今往死地[12]，沉痛迫中肠[13]。誓欲随君去，形势反苍黄[14]。勿为新婚念，努力事戎行[15]。妇人在军中，兵气恐不扬[16]。自嗟贫家女，久致罗襦裳[17]。罗襦不复施[18]，对君洗红妆[19]。仰视百鸟飞，大小必双翔。人事多错迕[20]，与君永相望！

【注释】

（1）此诗写于唐肃宗乾元二年（759）春。（2）兔丝：菟丝子，一种蔓生植物，必须缠绕在其他植物的枝干上才能向上生长。古代经常用来比喻妻子依附丈夫。蓬麻：蓬蒿、大麻，都是矮小植物。（3）引蔓：牵藤。故：所以。不长：一语双关，表面上说兔丝依附于同样矮小的蓬麻上成长，自然不会长，实指嫁给征夫，则两人无法白头偕老。（4）结发：古代男子二十岁、女子十五岁开始用簪束发，表示已经成年，可以进行婚嫁。这里指结婚。（5）席不暖：形容分别非常快，相处的时间很短。（6）无乃：岂不是。（7）河阳：今河南孟州，当时唐军与叛军在此对峙。（8）"妾身"二句：是说刚结婚一天，婚礼还没举行完毕，身份尚未分明。古时婚礼，女嫁三日，告庙上坟，叫成婚。婚礼完毕后方可称丈夫的父母为姑嫜（zhāng）。姑嫜，即公婆。古时将丈夫的母亲称为姑，丈夫的父亲称为嫜。（9）藏：指深居闺阁中。（10）归：指女子出嫁。（11）"鸡狗"句："嫁鸡随鸡，嫁狗随狗"之意。将：跟随。（12）死地：

生死未卜之地,指战场。(13)迫:煎熬、压抑。中肠:内心。(14)"誓欲"二句:意谓本打定主意随夫从军,但又怕会带来麻烦。形势,情势。苍黄:本指草木青黄变化,此指反复变化。(15)事戎行:从军打仗。戎行,军队。(16)"妇人"二句:意谓妇女随军,会影响士气。扬,高昂。这两句是对之前所说的"反苍黄"的解释。(17)"自嗟"二句:是说由于家贫,历时甚久才置办起结婚穿的衣服。久致,许久才制成。罗襦(rú)裳,用丝罗缝制的衣服。襦,短衣。裳,下衣。(18)不复施:不再穿。(19)洗红妆:洗去脂粉,不再打扮。(20)错迕(wǔ):错杂交迕,即不如意的意思。

【提示】

　　本诗为杜甫"三别"中的第一篇,写一对新婚夫妇,新婚次日,丈夫就被征入伍,妻子当生离死别之际,虽难按抑心中痛苦,但仍能以国事为重,勉励丈夫努力从军。作品反映了诗人既不满兵役之繁苛以致扰民过甚,又不忘忧患天下、尽忠报国的复杂心态。杜甫在安史之乱期间写的诗歌,往往在维护国家政权与保护人民生命安全的问题上,呈现出矛盾与痛苦。

　　诗歌以新娘子对丈夫说话的口吻贯穿全篇,口角神情,惟妙惟肖;心理起伏,缠绵婉转;有情有义,义正情深。"罗襦不复施,对君洗红妆"的表达,脱胎于《诗经·卫风·伯兮》的"自伯之东,首如飞蓬,岂无膏沐,谁适为容",展示了女子的坚贞与忠诚。

杜甫《茅屋为秋风所破歌》(1)

　　八月秋高风怒号(2),卷我屋上三重茅(3)。茅飞渡江洒江郊,高者挂罥长林梢(4),下者飘转沉塘坳(5)。南村群童欺我老无力,忍能对面为盗贼(6)。公然抱茅入竹去,唇焦口燥呼不得(7),归来倚杖自叹息。俄顷风定云墨色(8),秋天漠漠向昏黑(9)。布衾多年冷似铁(10),娇儿恶卧踏里裂(11)。床头屋漏无干处,雨脚如麻未断绝(12)。自经丧乱少睡眠(13),长夜沾湿何由彻(14)!安得广厦千万间(15),大庇天下寒士俱欢颜(16),

风雨不动安如山。呜呼！何时眼前突兀见此屋(17)，吾庐独破受冻死亦足(18)！

【注释】

（1）此诗为唐肃宗上元二年（761）在成都作。茅屋，指成都草堂。（2）秋高：秋深。怒号（háo）：大声吼叫。（3）重（chóng）：层。（4）挂罥（juàn）：挂着。长（cháng）：高。（5）塘坳（ào）：低洼积水的地方。（6）忍能：忍心如此。对面：当面。为：做。（7）呼不得：喝止不住。（8）俄顷（qǐng）：不久，一会儿。（9）漠漠：灰蒙蒙的样子。向：将近。（10）布衾（qīn）：布质的被子。衾，被子。（11）恶卧：睡态不好。踏里裂：被里被踏裂。（12）雨脚：接近地面的雨点。（13）丧（sāng）乱：指死亡祸乱的事。此指安史之乱。（14）何由彻：如何能挨到天亮。彻，彻晓，达旦。（15）安得：哪得。广厦（shà）：宽敞的大屋。（16）庇（bì）：遮盖。（17）突兀（wù）：高耸的样子。见（xiàn）：同"现"，出现。（18）庐：茅屋。足：值得。

【提示】

杜甫在唐肃宗乾元二年（759）辞去华州司功参军，携家迁到秦州（今甘肃天水）。不久，由于生活窘迫，先迁到同谷（今甘肃陇南成县），后又来到四川成都，在朋友的帮助下，于城西浣花溪边盖了茅屋，总算有了一个栖身之所。不想这个茅草房在第二年秋天就被大风揭了顶。这首诗就是为此而作。诗中描写了诗人在茅屋被秋风揭顶后的生活苦况，表现了诗人虽然自己身处困境，仍能忧国忧民，推己及人，甚至舍己为人的思想情操。

读者往往将杜甫此诗与白居易的《新制布裘》作比，认为白居易诗里所说的"安得万里裘，盖裹周四垠。稳暖皆如我，天下无寒人"，在境界上不如杜甫。因为杜甫在自己最困苦、最难过、最无法忍受的时刻，仍能想到更困苦、更无法忍受的人。

杜甫《闻官军收河南河北》(1)

剑外忽传收蓟北(2),初闻涕泪满衣裳(3)。却看妻子愁何在(4),漫卷诗书喜欲狂(5)。白日放歌须纵酒(6),青春作伴好还乡(7)。即从巴峡穿巫峡,便下襄阳向洛阳(8)。

【注释】

(1)此诗为唐代宗宝应二年(763)春杜甫在梓州(今四川绵阳三台)作。宝应元年(762)十月,仆固怀恩等屡破史朝义军,克东京。次年正月,史军兵变,降唐。作者在流离中闻讯而写下这首诗。河南、河北,指大河南北,今洛阳一带及河北北部。(2)剑外:剑门关以南,这里指四川。蓟北:泛指唐代幽州、蓟州一带,今河北北部地区,是安史叛军的根据地。(3)涕(tì):眼泪。(4)却看:回头看。妻子:妻子和孩子。愁何在:哪还有一点的忧伤?愁已无影无踪。(5)漫卷(juǎn):胡乱地收卷起。唐代的书籍都是写在绢帛上的。(6)放歌:放声高歌。须:应当。纵酒:开怀痛饮。(7)青春:指春天。(8)"即从"二句:预拟还乡路线,即出江峡东下而抵襄阳(今属湖北),然后转由陆路向洛阳进发。巴峡,四川东北部巴江中的峡。巫峡,三峡之一,在今重庆巫山县东。末句下原注:"余田园在东京。"东京即洛阳。

【提示】

作品写于宝应二年(763)春,当时杜甫因避成都之乱住在梓州(今四川绵阳三台)。在此前一年的十月,朝廷军队第二次收复了洛阳以及洛阳以东的郑州、滑州、汴州等大片地区(当时属河南道);接着大军进攻河北,到这一年的正月,河北叛军纷纷归降,叛军头目史朝义被迫自缢身亡。持续了约7年的安史之乱,到此宣告彻底平定。杜甫在梓州听到了这个消息,欣喜若狂,含着泪水写了这首诗。

诗的前半部分写初闻喜讯的惊喜,后半部分写诗人手舞足蹈做返乡的准备,处处渗透着"喜"字。全诗八句,后六句都是对偶,但却明白自然,像说话一般。诗中"忽传""初闻""却看""漫卷""即从""便下",一气流注,曲折尽情,于仓促间写出欲歌欲哭之状,使人千载如见,因此该诗被称为杜甫"生平第一快诗"。

杜甫《又呈吴郎》[1]

堂前扑枣任西邻[2],无食无儿一妇人。不为困穷宁有此[3]?只缘恐惧转须亲[4]。即防远客虽多事,便插疏篱却甚真[5]。已诉征求贫到骨[6],正思戎马泪盈巾[7]。

【注释】

(1)大历二年(767)秋,诗人从夔州的瀼西迁至东屯,将瀼西草堂让给亲戚吴郎居住。刚到东屯不久,写了这首诗。又呈:指再次寄诗。此前有一首《简吴郎司法》。郎:对少年人的通称。(2)扑:打。任:听任。西邻:就是下句说的"妇人"。(3)不为:要不是因为。宁有此:怎么会有这事。此,指打枣。(4)"只缘"句:是说只因她怀有恐惧心理,我们更应对她表示亲切。(5)"即防"二句:是说那妇人见你一来就存戒备之心,不敢再去打枣,虽说是多余的顾虑,但你插上稀疏的篱笆,就会使她信以为真。远客,指吴郎,他从忠州迁此。多事,多心,不必要的担心。(6)"已诉"句:西邻妇人诉说自己的贫困遭遇。征求,征敛。贫到骨,穷到极点。(7)戎(róng)马:兵马,指战争。盈:满。

【提示】

由一件邻妇打枣的小事,诗人联想到国事和广大民众,并揭示造成人民贫困的社会根源是官府剥削和连年战祸,这正体现出作者的思想情怀。

作为一封劝导人的"信简",诗人是动了一番心思的。他在诗题里用了一个"呈"字,向年辈比自己小的吴郎表示尊敬,是为了让吴郎易于接受自己的想法。在诗里,他先是从自己过去怎样对待邻妇扑枣说起,告诉吴郎这是一个无食无儿的贫苦妇人,是值得同情的;接着又委婉地提到吴郎或者并不是不许可邻妇打枣,但因为插上了稀疏的篱笆,让邻妇多心而不敢前来,因此杜甫希望吴郎对这位担惊受怕的穷苦人表达一些亲切和关爱。全诗感情真挚深切,语言质朴平易。

杜甫《登高》(1)

风急天高猿啸哀(2),渚清沙白鸟飞回(3)。无边落木萧萧下(4),不尽长江滚滚来。万里悲秋常作客(5),百年多病独登台(6)。艰难苦恨繁霜鬓(7),潦倒新停浊酒杯(8)。

【注释】

(1)此诗约作于大历二年(767)秋,时诗人病困夔州。(2)哀:凄凉。(3)渚(zhǔ):水中的小洲。鸟飞回:鸟在急风中飞舞盘旋。回,回旋。(4)落木:落叶。萧萧:风吹叶落声。(5)万里:指远离故乡。常作客:长期漂泊他乡。(6)百年:犹言一生,这里借指晚年。(7)艰难:兼指国运和自身命运。苦恨:极恨。苦,极。繁霜鬓:多了很多白发,如鬓边着霜雪。繁,这里作动词,增多。(8)"潦倒"句:是说穷愁潦倒本可借酒排遣,偏又因病况而被迫戒酒。潦倒,衰颓不振。新,近。

【提示】

诗前四句写景,述登高见闻,紧扣秋天的季节特色,描绘了江边空旷寂寥的景致。首联为局部近景,颔联为整体远景。后四句抒情,写登高所感,围绕作者自己的身世遭遇,抒发了穷困潦倒、年老多病、流寓他乡的悲哀之情。颈联自伤身世,将前四句写景所蕴含的比兴、象征、暗示之意揭出;尾联再作申述,以衰愁病苦的自我形象收束。此诗语言精练,通篇对偶,一二句尚有句中对,充分显示了杜甫晚年对诗歌语言声律的把握运用已达圆通之境。

宋代罗大经《鹤林玉露》品评"万里悲秋常作客,百年多病独登台"一联说:"万里,地之远也;悲秋,时之惨凄也;作客,羁旅也;常作客,久旅也;百年,暮齿也;多病,衰疾也;台,高迥处也;独登台,无亲朋也。十四字之间含有八意,而对偶又极精确。"

三、专题衍说

"安史之乱"始末
——说叛乱及平叛过程

李林甫做了19年的宰相,"口有蜜,腹有剑"成了他的招牌。他死以后,杨国忠继任宰相,民间的口碑更差。

杨国忠与安禄山矛盾颇深。安禄山身兼平卢(治所在营州,即今辽宁朝阳)、范阳(治所在幽州蓟县,即今北京西南)、河东(治所在太原,即今山西太原)三镇节度使(唐时边境数州为一镇,节度使是一镇最高军政长官)。杨国忠常常在唐玄宗面前挑唆,说安禄山存谋反之心,唐玄宗不太相信。

安禄山原本是想等唐玄宗过世之后起兵夺皇位的,谁知杨国忠紧追不舍地要灭了他,于是把节奏提前了。他先是以番将替换了三镇中的汉人将领,然后假传圣旨,说皇帝要他领兵入京,诛杀奸相杨国忠,然后于天宝十四年(755)十一月,率15万大军,号称20万,向南发动了战争。

几天后,唐玄宗才得知消息,坐卧不安。全国十镇节度使共领兵49万,安禄山的三镇之兵就占了17万,而中央禁军仅12万人,况且作战能力极差。

果然,安禄山很快攻下荥阳,进占东都洛阳,第二年(756)的正月初一,就在洛阳自称"大燕皇帝",年号圣武。

六月九日,潼关失守。六月十三日,唐玄宗带一班君臣,急急如漏网之鱼,惶惶如丧家之犬,往四川逃奔。第二天到达马嵬驿,禁卫军军士盛怒之下杀了杨国忠,逼迫唐玄宗缢死了杨贵妃。此时,原本跟从唐玄宗往四川去的太子李亨听从各方建议,去往灵武,七月十二日宣布"顺应天意"继任皇帝,登基大典之后才派人把消息传送给远在四川的父亲。他就是唐肃宗。

"安史之乱"的"安"是安禄山,"史"是史思明。史思明也是胡人,安禄山的同乡。安禄山做三镇节度使时,史思明是他的心腹大将。

唐朝政府在平叛的过程中,有诸多失误。这种"失误",与长期以来的政治颟顸、官僚虞诈脱不了干系。比如一开始就杀了守卫潼关的封常清、高仙芝两位大将,内耗了战斗力;哥舒翰坚守潼关,本是妥当的保卫长安的办法,但唐玄宗听从杨国忠的计划,硬是叫哥舒翰部队开关出战,结果中了安禄山的埋伏,失了潼关;唐肃宗组织各路军队平叛时,不信任将领们,反而让不懂战事的宦官鱼朝恩做监军,枉失了许多时机。

当然,平叛的英雄也数不胜数,如擅长书法的颜真卿和他的堂兄颜杲卿召集义士,不惜自我牺牲;河东节度使李光弼、朔方节度使郭子仪在河北战败史思明,同时两位大将在收复长安、保卫河阳战役中也有上佳表现;睢阳保卫战的张巡、许远、南霁云坚强不屈,流尽最后一滴血。

平定叛乱花了约7年的时间,其中,唐政府官军的艰苦卓绝自不待言。同时,安史叛军内部的自相残杀也是其败亡的重要原因。

安禄山在洛阳当了皇帝后身体一直不好,眼睛瞎了,脾气暴躁得很,动不动就责罚属下,连辅佐他登上皇位的谋士严庄、贴身侍从李猪儿等一班人也不例外。这些人心里都憋着一口气。他的儿子安庆绪,以为自己可以当太子,谁知安禄山又娶了段氏当妃子,生下了小儿子安庆恩,宠爱得不得了。于是严庄、李猪儿、安庆绪三人合谋,在至德二年(757)正月的一天夜里,暗杀了安禄山,安庆绪做了皇帝。

同年九月、十月,借助回纥骑兵的力量,郭子仪部队收复长安和洛阳。唐肃宗回到长安,又从四川接回了太上皇唐玄宗。

安庆绪做皇帝时,史思明是不以为然的。他认为即便是安禄山死了,做皇帝的也应该是自己,哪里轮得到安庆绪这小子。因此他根本不听安庆绪的指挥。唐肃宗收得两京后,他一度投降了唐朝政府,但不久又再一次反叛。乾元二年(759)的正月初一,史思明在魏州(今河北大名)自称"大圣燕王"。他假意去救被唐军围困在邺郡(今河南安阳)的安庆绪,将安庆绪骗到自己的营中杀了,自立为"大燕皇帝",改元顺天。

跟安禄山的情形相似,史思明不喜欢长子史朝义,喜欢小儿子史朝清。深受压制的史朝义于上元二年(761)三月二十三日谋杀了父亲,自己做了"大燕皇帝",改元显圣,并杀死了弟弟史朝清。

至此,叛军内部四分五裂,有安禄山余党,有史思明旧部,有史朝清一派,还有史朝义一派,谁也不服谁。之后两年多的时间里,叛军节节败退,唐官军和借来的回纥骑兵长驱直入。战争带来的景象惨不忍睹,荒草蔓延田野,村落渺无人迹,尸骨成堆,百姓生路断绝。史朝义在穷途末路之中上吊自杀。

从唐玄宗天宝十四年(755)到唐代宗广德元年(763)的安史之乱虽然结束,但唐帝国已然走上日益衰败的道路。

平民杜甫

——说杜甫的家世和身世

杜甫算不算平民?

人们一般是将"平民"与"官员"相对来看的。官与民,二元对立。那么问题的关键似乎就是:杜甫的"官缘"如何?

杜甫当然是想要做官的。不仅想,而且想做大官。他在诗里说,他从小的志向就是"致君尧舜上,再使风俗淳"。这句话用现代汉语表达即为"辅佐皇帝,使之成为堪与历史上的尧舜相比肩的有道明君,让老百姓过上男耕女织、秩序良好、民风淳朴的生活"。这样的人生目标,如果没有合适的官场职位,是很难实现的。

事实上,为了走入仕途,他经历了比许多人艰难得多的困窘。

杜甫的家世不凡。父亲这一系,乃北方大世族——京兆杜氏。汉朝的时候有一句流行的俗谚,将其与京兆韦氏相提并论,说是"城南韦杜,去天尺五"。这个"天",是宫廷,是皇室,是极高的地位。京兆杜氏历朝为官,名人辈出,从魏晋到隋唐皆与各大门阀皇族宗室联姻,单做过唐代宰相的就有十来人。西晋的杜预,唐代的杜如晦、杜审言、杜佑、杜牧等都是这个家族的名人,当然后二位所处时代要比杜甫晚。杜甫母亲这一系的清河崔氏,也是高门望族。所以,杜甫在《进雕赋表》一文里自豪地谈起自己的家世,说"自先君恕、预以降,奉儒守官,未坠素业",意思是说,"奉儒守官"是他的世代家传,他自然也无例外地要承续这一家传。

只是,他的路途很不顺利。他的父亲杜闲,只做过奉天令这样的小官,没有多少名气;他的母亲崔氏,在他出生几年后就去世了。

青年时,杜甫离乡漫游。20岁到30岁前后,他去过江南的吴越,又去过齐赵(山东、河北)。其间,参加过科举考试,没有考中,他也并不十分在意。不久,他结识了李白与高适。那段日子,真的是"裘马颇清狂"。他写过一首赠给李白的绝句,其中有"痛饮狂歌空度日,飞扬跋扈为谁雄"的句子,说的是李白,也未尝不是说他自己。

35岁的时候,杜甫来到长安寻求发展。他认为,凭着自己的出类拔萃,在长安获取功名应该顺理成章。他在诗里这样形容自己:"读书破万卷,下笔如有神。赋料扬雄敌,诗看子建亲。李邕求识面,王翰愿卜邻。自谓颇挺出,立登要路津。"(饱读万卷藏书,每每下笔,文思泉涌,简直快得如笔端有神。我的辞赋能与西汉的扬雄匹敌,我的诗篇也可以和三国的曹植媲美。北海太守李邕曾托人来和我谋面,前辈诗人王翰竟然一再表示愿意与我毗邻而居。我认为自己在同辈之中是脱颖而出的,因此我总想一入帝京,便占据要职,平步青云。)

怀着这样的自信和热情,他于到长安的第二年(747),参加了朝廷举行的制举考试。

所谓"制举考试",是帝王下诏临时设置的考试科目,目的是根据国家的特别需要,选拔特殊的人才。这一年,唐玄宗下的诏书,说是天下但凡有一技之长的人,都可以参加选拔。主试官是宰相李林甫。在李林甫的操纵之下,这场考试无一人被录取。宰相向皇帝恭贺,说"野无遗贤",民间再也没有遗漏的人才了,哪怕有一技之长的人也都早已被搜罗到朝廷之中,说明世道清平开明,繁荣昌盛。唐玄宗十分高兴,但广大的考生包括杜甫,成了"野无遗贤"的牺牲品。

考试不成,只有到处干谒,拜访权贵,求取推荐,但都没有什么结果。如此十年光景,忽忽而过。这时,杜甫的父亲已经去世,他没有经济来源,生活十分贫困。他采草药,到集市上去卖;靠朋友接济,或者在豪门中做一段时间的门客。走投无路之下,杜甫想到了延恩匦。

"匦"是箱子,小匣子。武则天的时候,为了开言路,掌握民情动向,在公共场所设置"铜匦"。它是一种呈方形的铜箱,按东南西北的方位分成四格,分别涂上青红白黑四色,上面有孔窍,可以投入信函,功能跟现在的邮筒差不多。东面青色的称"延恩匦",献赋颂、求仕进者投之;南面红色的称"招谏匦",言朝政得失者投之;西面白色的称"申冤匦",有冤抑者投之;北面黑色的称"通玄匦",言天象灾变及军机秘计者投之。投入匦中的材料由专人报送皇帝。这种密匦制度一直延续到后来。

杜甫先是将一篇《雕赋》投入延恩匦,后来又分别为唐玄宗在太清宫祭老子、太庙祭皇室祖先、南郊祭天地写了"三大礼赋",再一次投入匦中。唐玄宗读到了三篇赋作,大为赞赏,把杜甫叫到集贤院,接受宰相主持的考试。考完之后,获得了一个"参列选序"的机会(作为候选官员备案登记)。后来他又将《封西岳赋》投入延恩匦中,但没有回音。直到44岁那年,得到了右卫率府兵曹参军的职务,也就是太子卫戍仪仗部队中的参谋属官,具体管理兵甲器仗，大约属从八品下。这实在也算不上谋到了什么官衔，一个公职罢了。可惜即便如此也好景不长，这一年，安史之乱爆发了。之后，杜甫的大部分日子，是与贫穷饥饿为伍、与灾民难民相伴的。

那么，杜甫到底有没有做过官呢？史书上不是称他为"杜拾遗""杜工部"吗？

安史之乱爆发的第二年，唐肃宗在灵武继位。杜甫前去投奔，途中被安史叛军掳回长安。又过了一年，安禄山被杀，局势朝着唐军有利的方向转变，唐肃宗来到了长安附近的凤翔。杜甫脚穿麻鞋，衣服残破，两肘都露在外面，风尘仆仆地从长安逃奔到凤翔，面见唐肃宗。唐肃宗任命他为左拾遗。左拾遗是个级别较低的谏官，但可以接近皇帝，参与议论朝政，还可以推荐人才。但任职没有几天，就因为上书反对唐肃宗罢免宰相房琯一事被问罪，一年后被贬为华州司功参军。又过了一年弃官，开始了流离漂泊的生活。从左拾遗到华州司功参军，前后两年光景。

之后，杜甫一直流离于西南一带，其间，唐玄宗、唐肃宗相继去世，唐代宗继位，安史之乱平息。他的好友严武出任剑南东西川节度使时（764），向朝廷举荐他为节度参谋、检校工部员外郎，那年他53岁。第二年，他辞去严武幕府的职务。至于检校工部员外郎，只是个虚职，他一天也没有上任过。

专题十一

中唐诗况

一、专题要点

本专题主要学习中唐诗歌的成就与特色,了解由于时代精神与审美趣尚的转变所带来的诗歌面貌的变化,并关注几类带有"落魄"色彩的诗歌题材。本专题选读诗歌作品14首。

(一)中唐诗的成就与特色

诗歌上的中唐,指的是唐代宗大历元年(766)至唐文宗大和九年(835),大约70年的时间。与安史之乱期间相比,虽然时局相对稳定,但藩镇割据、宦官专权、朋党之争以及日益尖锐的阶级矛盾,使社会陷于严重的无法摆脱的危机之中。盛唐那积极浪漫主义的热情和理想退潮了,严峻、冷酷的现实使诗人们不得不倾向冷静地观察与思考,所以诗歌转向了现实主义道路。

中唐诗家辈出,风格多样,为唐诗发展史上的第二次高潮,明代高棅称之为"中唐之再盛"。自大历到贞元年间,主要有元结、顾况、刘长卿、韦应物、李益、"大历十才子"等人;自贞元到长庆年间,主要有"韩孟诗派""元白诗派"、李贺、刘禹锡、柳宗元等。

(二)中唐诗的创新之处

1.诗人的创新与分化。尽管创新求变的方法与途径不同,但诗人们主观上的追求是一致的。重要的诗歌流派主要有:大历十才子,大历江南诗人,吴中诗派,韦柳清澹一派,韩孟诗派,元白诗派,等等。

2.审美趣味与诗风的变化。(1)从外拓到内敛。中唐诗歌以徘徊苦闷、哀怨惆怅、凄凉感伤为基调。（2）从天然到锻炼。中唐诗人或雕琢炼饰，追求丽藻与远韵的统一；或崇俗尚质，追求浅切尽露的平易之风；或崇奇尚怪，追求"笔补造化"的人工之美。（3）由昂扬到低沉。诗歌的气象内敛，意境狭窄。（4）齐梁诗风的复兴。出现不少模仿齐梁格调的作品，宫词也取得较高成就。

3. 诗思与佛性玄心的融合。中唐时期流行佛教和道教，它们不仅直接影响了诗人的世界观、人生观、认识论和方法论，使他们有机会从一个新的视角来认识宇宙、人生和自我，而且也为他们的诗歌创作注入了新的活力。

（三）课堂话题

1. 失意遭贬："海天愁思正茫茫"。古代遭贬谪的原因有多种，有人因志大才高，如屈原、贾谊；有人因革除弊政，如柳宗元、刘禹锡；有人因直言进谏，如韩愈；有人因党争失利，如李德裕、苏轼。因此迁谪诗的情绪内容也比较丰富：或伤心凄楚，或辩诬自白，或思念亲友，或憎恨权奸，或意欲归隐，或体认生命。其间，标榜屈原与贾谊来表达怨悱、讽喻，是常见的手法。

2. 别易会难："西楼望月几回圆"。送别与重逢，作为人之常情，任何时代都有相应的深情表达。但受时代背景的影响，不同时间里的作品，气格风貌则会有些不同。中唐是一个社会急剧变化的时期，理想的幻灭，自信的崩溃，使许多人身心疲惫。他们渴望亲友的安慰和知己的倾诉，所以一旦离别来临，就会有前途渺茫、相见无期之感。如韦应物《寄李儋元锡》、司空曙《云阳馆与韩绅宿别》、刘禹锡《酬乐天扬州初逢席上见赠》等。

3. 叹老嗟卑："我有迷魂招不得"。"叹老嗟卑"这个词的意思是感叹年已老大而犹未显达。至于是不是真实的年纪老大，倒并不一定的。如苦吟诗人孟郊的《秋怀》抒写老病哀怨与穷愁境遇；年纪轻轻的李贺在《致酒行》里写客居长安，求官而不得的困难处境和潦倒感伤的心情，人未老，心则已然衰颓。

二、专题诗选

刘长卿《长沙过贾谊宅》[1]

三年谪宦此栖迟[2],万古惟留楚客悲[3]。秋草独寻人去后,寒林空见日斜时[4]。汉文有道恩犹薄[5],湘水无情吊岂知[6]?寂寂江山摇落处[7],怜君何事到天涯[8]。

【注释】

(1)刘长卿:见专题六"唐人山水田园诗"专题诗选《寻南溪常山道人隐居》注释(1)。过:拜访。贾谊宅:长沙县(今湖南长沙市)南有贾谊旧宅,后改为贾谊庙。贾谊,洛阳人,汉文帝时为太中大夫,遭谗被贬为长沙王太傅。(2)三年谪宦:贾谊被贬长沙王太傅,历时三年。谪宦,贬官。栖迟:像鸟儿那样敛翅歇息,飞不起来,用以暗喻贾谊的失意。(3)楚客:流落楚地的客子,此指贾谊。长沙旧属楚地,故称。(4)"秋草"二句:化用贾谊《鵩鸟赋》的句子。贾谊在长沙时,看到古人以为不祥的鵩鸟(猫头鹰),深感自己的不幸,因而在赋中发出了"庚子日斜兮,鵩集予舍……野鸟入室兮,主人将去"的感喟。诗人借用其字面,创造了"人去后""日斜时"的倍觉神伤的气氛。(5)"汉文"句:意为汉文帝是有道的明君,但终是不能重用贾谊。汉文,指汉文帝。有道:指治国有方。(6)"湘水"句:屈原自沉湘水支流汨罗江而死,贾谊曾经在被贬长沙时作《吊屈原赋》,以此凭吊屈原。此句的意思是说,贾谊当年凭吊屈原,屈子不知,如今我凭吊贾谊,贾谊岂知?(7)摇落:秋景的荒凉,与上文的"秋草""寒林"相照应。出自宋玉的《九辩》:"萧瑟兮草木摇落而变衰。"(8)君:指贾谊,也是说自己。作者和贾谊一样,都是被贬而来的迁客。何事:为何,何故。天涯:天边,这里指长沙。

【提示】

贾谊(前200—前168)是西汉文帝时著名的政论家、文学家,世称贾生。文帝时任博士,迁太中大夫。因受大臣周勃、灌婴等排挤,贬谪为长沙王太傅,故后世亦称贾长沙、贾太傅。三年后被召回京城,为梁怀王太傅。梁怀王坠马而死,贾谊深自歉疚,抑郁而亡,时仅33岁。刘长卿有过数次贬谪,此诗的写作时间,一说是唐肃宗至德三年(758)由苏州长洲尉贬潘州南巴(今广东茂名)尉,途经长沙,凭吊贾谊故宅之时;另一种说法,是唐代宗大历八年(773)至十二年(777)间的一个深秋,由淮西鄂岳转运留后贬为睦州(今浙江建德)司马,途经长沙凭吊贾谊故居时。诗人因自己的遭遇与贾谊相似,遂借凭吊贾谊,寄寓仕途失意、怜才自伤的情怀。

颈联写得既婉转又精警。"汉文有道恩犹薄",号称"有道"的汉文帝,对贾谊尚且如此薄恩,那么诗人当时的唐代君主又会如何,自然可想而知。"有道"和"犹"字,意味深长。而"湘水无情吊岂知"同样颇得含蓄之妙。湘水无情,流去经年。屈原哪能知道上百年后,贾谊会来到湘水之滨吊念自己;同样,贾谊更想不到近千年后的诗人会来凭吊自己。诗中,屈原、贾谊、刘长卿三个"同病者"的形象叠合在一起。诗人苦苦寻求知音而不得,抑郁无诉、徒然自呼的心境跃然纸上。

韦应物《寄李儋元锡》⁽¹⁾

去年花里逢君别,今日花开又一年。世事茫茫难自料,春愁黯黯独成眠⁽²⁾。身多疾病思田里⁽³⁾,邑有流亡愧俸钱⁽⁴⁾。闻道欲来相问讯,西楼望月几回圆⁽⁵⁾。

【注释】

(1)韦应物:见专题二"帝都之诗"专题诗选《登高望洛城作》注释(1)。李儋(dān)元锡:作者的密友。关于"李儋元锡"有两种说法,一种认为是同一个人,名李儋,字元锡。另一种认为是两个人,李儋曾任殿中侍御史;元锡字君贶(kuàng),为作者在长安鄠县时旧友。(2)春愁:因春季来临而引起的愁绪。黯(àn)黯:低沉暗淡。(3)思田里:想念田园乡里,即想到归隐。(4)邑有流亡:指在自己管辖的地区内还有百姓流亡。愧俸钱:感到惭愧的是自己食国家的俸禄,却未能为百姓完全免除痛苦。(5)"闻道"二句:意谓听说朋友想来探访我,我常在西楼盼望,已经等候好几个月了。问讯,探望。

【提示】

唐德宗建中四年(783)暮春入夏时节,韦应物从尚书比部员外郎调任滁州刺史,离开长安,秋天到达滁州任所。在滁州任职的一年里,他亲身接触到人民的生活情况,对朝政紊乱、军阀嚣张、国家衰弱、民生凋敝,有了更具体的认识,深为感慨,极为忧虑。也就在这年冬天,长安发生了叛乱,朱泚称帝号大秦,唐德宗仓皇出逃,直到第二年五月才收复长安。在此期间,韦应物曾派人北上探听消息,到写此诗时,探者还没有回滁州。可以想见诗人的心情是焦虑、忧患的。

在这首诗中,诗人一方面叙述别离之情,由花开花落引起对茫茫世事的感叹,而这"世事茫茫"既包括国家的前途(皇帝逃亡在外),也包括个人的前途(音讯不通,报国无路)。另一方面,诗歌还坦陈了自己内心的矛盾:因多病想辞官归隐,但对民生疾苦仍念念不忘;看到百姓贫穷逃亡,自己未尽职责,心中觉得愧对俸禄,更做不到一走了之。"身多疾病思田里,邑有流亡愧俸钱"一联,披露了作为一个有良知的官吏的矛盾思想和苦闷内心。这两句自宋代以来颇受赞扬,范仲淹叹为"仁者之言",朱熹盛称"贤矣"。

李益《喜见外弟又言别》(1)

十年离乱后(2),长大一相逢(3)。问姓惊初见,称名忆旧容。别来沧海事(4),语罢暮天钟(5)。明日巴陵道(6),秋山又几重。

【注释】

(1)李益:见专题七"唐人边塞征战诗"专题诗选《夜上受降城闻笛》注

释(1)。外弟：表弟。言别：话别。(2)十年离乱：在社会大动乱中离别了十年。(3)一：副词，可作"竟然"或"忽而"解。(4)沧海事：指十多年来如同沧海桑田一般的世事变化。(5)暮天钟：黄昏时寺院里传出的钟声。这句是极言二人叙旧的时间之长。(6)巴陵：唐郡名，即岳州（今湖南岳阳），即诗中外弟将去的地方。

【提示】

此诗当作于安史之乱之后的藩镇割据时期。唐代自唐玄宗天宝十四年（755）爆发安史之乱始，至唐代宗广德元年（763）结束，旋即又发生了吐蕃、回纥的连年侵扰，以及各地藩镇的不断叛乱，大大小小的战争时断时续，一直延续到唐德宗贞元元年（785）才大体告一段落，历时30年。此诗就是在这种动乱的社会背景下创作的。

离乱动荡的社会，将亲人天涯隔绝。十年以后再度相逢，竟然如同陌生人。"问姓惊初见，称名忆旧容"二句，写得极为动人：先问到姓氏，心里已在惊疑，待说出名字，这才想起旧容，不禁化惊为喜。这情形，世事无常下或会遇到，却未必是人人心中欲言而能脱口道出的，写得亲切感人。这样的重逢，辛酸多于欣喜，一来是劫后相见，二来是乍逢旋别，后会难期，"明日巴陵道，秋山又几重"。遭逢乱世，渺小的个体无法把握自己的命运，只能随其飘零。诗句的背后，蕴涵着沉重的悲苦情调。

孟郊《秋怀》其二(1)

秋月颜色冰(2)，老客志气单(3)。冷露滴梦破(4)，峭风梳骨寒(5)。席上印病文(6)，肠中转愁盘(7)。疑怀无所凭(8)，虚听多无端(9)。梧桐枯峥嵘，声响如哀弹(10)。

【注释】

(1)孟郊：见专题二"帝都之诗"专题诗选《登科后》注释(1)。(2)颜色冰：言月色清寒。(3)老客：久客他乡者，孟郊自称。单：孤单，孤怯。(4)"冷露"句：是说秋夜天凉，常常冻醒，睡梦好像是被一滴滴寒冷的露水滴破似的。(5)"峭风"句：是说秋风犀利，寒冷透骨，一根根骨头都好像被爬梳过。(6)"席上"句：是说卧病太久了，席子上都像印上了形体的痕迹。文，同"纹"。(7)转愁盘：比喻愁绪连绵不断。(8)疑怀：疑虑。无所凭：没有什么根据。(9)虚听：幻觉中的声音。无端：没来由。(10)"梧桐"二句：是说梧桐叶落，树势反而显得高大突出；但是秋风吹来，它发出的声响却好像在弹奏着悲哀的歌曲。峥嵘：突兀高耸的样子。哀弹：令人悲伤的曲调。

【提示】

组诗《秋怀》共有十五首，写于洛阳，表达年老多病、生活穷困、不满世事的种种悲愁。此为第二首，写秋夜睡梦冻醒后充满疑虑愁闷的情怀。

孟郊写得最多的是中下层文人对穷愁困苦生活的怨恨情绪。这类诗歌，他不作流畅明白的揭示，而是通过生涩的词语组合、乖僻的意象搭配，构成晦涩阴冷的画面。这首诗是一个范例。"冷露"四句写贫士的穷愁潦倒，表述的方式就十分怪异。诗人用暗、冷、枯、硬的意象，构成一组组险怪、生硬、艰涩的句子，传达心中难言的愤懑愁苦。诗的最后，提取了一个富有诗意的形象，也是诗人自况的形象：枯桐。桐木是制琴的美材，寄托着诗人苦吟一生而穷困一生的失意和悲哀。苏轼说"我憎孟郊诗，复作孟郊语。饥肠自鸣唤，空壁转饥鼠。诗从肺腑出，出辄愁肺腑"（《读孟郊诗二首》），元好问则称他"东野穷愁死不休，高天厚地一诗囚"（《论诗三十首》）。

司空曙《云阳馆与韩绅宿别》(1)

故人江海别(2)，几度隔山川(3)。乍见翻疑梦(4)，相悲各问年(5)。孤灯寒照雨，湿竹暗浮烟(6)。更有明朝恨(7)，离杯惜共传(8)。

【注释】

（1）司空曙：见专题六"唐人山水田园诗"专题诗选《江村即事》注释（1）。云阳馆：云阳馆驿。云阳，县名，在今陕西咸阳泾阳县西北。韩绅：《全唐诗》注一作"韩绅卿"。韩愈的叔父名绅卿，曾任泾阳县令，可能即为其人。宿别：同宿后又分别。（2）江海：指上次的分别地，也可理解为泛指江海天涯，相隔遥远。（3）几度：几次，这里犹言几年。（4）乍（zhà）：突然，骤然。翻：反而。（5）问年：询问几年来的情况。（6）"孤灯"二句：意谓孤灯在雨夜中闪烁，竹林深处似飘浮着片片烟云。通过写景，表现夜不能寐的复杂心情。（7）明朝恨：明天早晨离别的遗憾。（8）离杯：饯别的酒。惜：伤心。共传：互相举杯。

【提示】

诗歌先从二人的上一次离别写起，表达了在战乱年代偶遇故友时喜出望外的心情以及惜别的感伤，抒发了人生漂泊、世事难料的沧桑之感。又因为这种漂泊是建立在国家大动乱的基础上，所以内涵更显得深厚，读来分外悲切。"乍见"两句，将重逢疑为梦境，写出了这次相会的来之不易、难能可贵，淋漓尽致地抒发了惊喜之意，成为传诵的名句。诗人还善于用景物烘托气氛，孤灯、寒雨、湿竹、浮烟，生动传神地衬出悲凉的心境，于是旧友之情在这一片凄冷中也就尤其显得温暖。这种写法，可谓"不着一字，尽得风流"。

韩愈《左迁至蓝关示侄孙湘》[1]

一封朝奏九重天[2]，夕贬潮阳路八千[3]。欲为圣明除弊事，肯将衰朽惜残年[4]。云横秦岭家何在[5]，雪拥蓝关马不前[6]。知汝远来应有意[7]，好收吾骨瘴江边[8]。

【注释】

（1）韩愈：见专题二"帝都之诗"专题诗选《早春呈水部张十八员外》注

释(1)。左迁：降职，贬官，指作者被贬到潮州。蓝关：蓝田关，在今陕西西安蓝田县。湘：韩愈的侄孙韩湘，字北渚。(2)封：封事，上给皇帝的奏表，即《谏迎佛骨表》。朝(zhāo)奏：早晨送呈奏章。九重(chóng)天：古称天有九层，第九层最高，此指朝廷、皇帝。(3)夕贬：晚上就被降职，极言得罪之速。潮阳：今广东潮州潮安区，唐潮州州治所在地。(4)"欲为"二句：想替皇帝除去有害的事，哪能因衰老就吝惜残余的生命。圣明：指皇帝。弊事：政治上的弊端，指迎佛骨事。肯：岂肯。衰朽(xiǔ)：衰弱多病。惜残年：顾惜晚年的生命。时韩愈52岁。(5)秦岭：在陕西南部，蓝田山为其一部分。东西走向，海拔两千米以上，为黄河与长江流域重要分水岭之一，也是北方与南方的重要分界线。(6)拥：阻隔、阻塞。(7)汝(rǔ)：你，指韩湘。应有意：应知道我此去凶多吉少。(8)"好收"句：意思是自己必死于潮州，向韩湘交代后事。瘴(zhàng)江：指潮州。唐时岭南一带河流多瘴气，谪宦者视作畏途。

【提示】

唐宪宗元和十四年（819）正月，唐宪宗命宦官从凤翔府法门寺真身塔中将释迦文佛的一节指骨迎入宫廷供奉，并送往各寺庙，要官民敬香礼拜。时任刑部侍郎的韩愈写了一篇《谏迎佛骨表》（又称《论佛骨表》）劝谏唐宪宗，指出信佛对国家无益，并说自东汉以来信佛的皇帝都短命，结果触怒了唐宪宗，韩愈几乎被处死。经裴度等人说情，最后韩愈被贬为潮州刺史，责求即日上道。韩愈大半生仕宦蹉跎，近五十岁才因参与平淮而擢升刑部侍郎。两年后又遭此难，情绪十分低落，满心委屈、愤慨、悲伤。潮州州治潮阳在广东东部，距离当时的京师长安有千里之遥。韩愈只身一人，仓促上路。这首诗就是韩愈赴潮州途中写给前来送行的侄孙韩湘的。

首联写自己被贬的缘由，"朝奏"与"夕贬"呼应，表明获罪的意外和迅速；"路八千"用贬谪地的僻远说明获罪之重，具有高度概括力。颔联是一流水对，表现韩愈"以文为诗"的特点，"欲为""肯将"两个虚词委婉表达了自己一心为国反遭贬斥的怨愤。五、六句即景抒情,在苍凉的景色中有着诗人自己的形象,表现出英雄失路之悲,但诗人刚直不阿的性格不变。在结句中从容交代后事。全诗大气磅礴,风格沉雄,感情深厚,笔势纵横开合,产生撼动人心的力量。

"云横秦岭家何在,雪拥蓝关马不前"一联甚为著名。"云横""雪拥",既是实景,又不无象征意义,明写天气寒冷,暗写政治气候恶劣。"家何在""马不前"表现了诗人对亲人、对国都的眷恋与依依不舍。

刘禹锡《游玄都观》(1)

紫陌红尘拂面来(2),无人不道看花回(3)。玄都观里桃千树,尽是刘郎去后栽(4)。

【注释】

(1)刘禹锡:见专题五"重阳诗词"专题诗选《九日登高》注释(1)。诗题又作《元和十年自朗州召至京戏赠看花诸君子》。玄都观(guàn):长安市郊的一处道观,以桃花著称。(2)紫陌:指京城街道。红尘:车马扬起的尘土。拂面:迎面。(3)无人不道:无人不说。(4)刘郎:作者自指。

【提示】

唐顺宗永贞元年(805),刘禹锡参加王叔文"永贞革新"失败后,被贬为朗州司马。到了唐宪宗元和十年(815),朝廷召回他与柳宗元等人。这首诗的真正作意是讥讽当时的权贵:前两句以桃花的繁盛与看花人的趋之若鹜讽刺投机取巧的新贵和趋炎附势之徒;后两句字面上说玄都观里的千树桃花,都是诗人离开长安后栽种的,实际的意思是指,那些飞黄腾达的新贵们,不过是诗人被排挤出外后得势的罢了。

由于此诗刺痛了当权者,刘禹锡和柳宗元等再度被贬为远州刺史。直到唐文宗大和二年(828)才重回长安。相隔14年,他又写了一首《再游玄都观》:"百亩庭中半是苔,桃花净尽菜花开。种桃道士归何处?前度刘郎今又来。"将满目的荒芜景色与从前的繁花千树进行对照,表明权贵的荣华富贵不可能长保,而自己则是压不垮的。

刘禹锡《酬乐天扬州初逢席上见赠》(1)

巴山楚水凄凉地(2),二十三年弃置身(3)。怀旧空吟闻笛赋,到乡翻似烂柯人(4)。沉舟侧畔千帆过,病树前头万木春(5)。今日听君歌一曲(6),暂凭杯酒长精神(7)。

【注释】

(1)刘禹锡:见专题五"重阳诗词"专题诗选《九日登高》注释(1)。酬:答谢,酬答,这里是指以诗相答的意思。乐天:指白居易,字乐天。见赠:送给(我)。(2)巴山楚水:指四川、湖南、湖北一带。古时四川东部属于巴国,湖南北部和湖北等地属于楚国。刘禹锡被贬后,迁徙于朗州、连州、夔州、和州等边远地区,这里用"巴山楚水"泛指这些地方。(3)二十三年:作者自唐顺宗永贞元年(805)被贬连州刺史至今共历二十二年,预计回到京城已跨进第二十三个年头。弃置身:被丢在一旁的人。(4)"怀旧"二句:是说自己在外二十余年,许多老朋友都已故去,回到家乡怕是连同乡人都不相识了。旧,老友。闻笛赋,指晋人向秀所作《思旧赋》。向秀经过亡友嵇康的旧居,闻邻人笛声,感慨万端,写《思旧赋》以寄幽思。刘禹锡借用这个典故怀念已故去的王叔文、柳宗元等人。翻,反而。烂柯(kē)人,指王质。据《述异记》载,晋人王质进山打柴,见两童子下棋,当他看完这局棋时,手里的斧柄(柯)都朽烂了。他回到村里,才知已过去了一百年,同时代的人均已作古。这里作者自比王质,说明被贬离京之久,京中已人事全非,恍如隔世。(5)"沉舟"二句:以沉舟、病树自况,感慨世事的变迁。(6)君:指白居易。歌一曲:指白居易所作的《醉赠刘二十八使君》。(7)长(zhǎng)精神:是说自当抖擞振奋起来。

【提示】

此诗作于唐敬宗宝历二年(826),刘禹锡罢和州刺史返回洛阳,同时白居易从苏州返洛阳,二人在扬州初逢时,白居易在宴席上作《醉赠刘二十八使君》诗赠与刘禹锡:"为我引杯添酒饮,与君把箸击盘歌。诗称国手徒为尔,命压人头不奈何。举眼风光长寂寞,满朝官职独蹉跎。亦知合被才名折,二十三年折太多。"在诗中,白居易对刘禹锡被贬谪的遭遇,表示了同情和不平。于是刘禹锡写了这首《酬乐天扬州初逢席上见赠》回赠白居易。

诗中写了永贞革新失败以来二十多年间的世事沧桑、亲友凋零,以及自己转徙巴山楚水的颠沛流离之痛,含蓄抒发了对自己二十年来受压抑,而一群小人却得志的无比愤慨,也体现了诗人在久遭贬斥之后意气仍然不衰的豪迈精神。诗中最精彩处在第五、六句,这是回答白居易赠诗中"举眼风光长寂寞,满朝官职独蹉跎"两句的。刘禹锡以沉舟、病树自喻,固然感到惆怅,但又相当达观。他反而劝白居易不必为自己的寂寞、蹉跎而悲伤,指出对世事变迁和仕途起落应表现出豁达的心胸,可见贬谪生活并未使他消沉。由于这两句诗形象鲜明生动,至今仍常被引用,并被赋予新的意义,用以说明新生事物必然取代旧事物。

白居易《望月有感》(1)

时难年荒世业空[2],弟兄羁旅各西东[3]。田园寥落干戈后[4],骨肉流离道路中。吊影分为千里雁[5],辞根散作九秋蓬[6]。共看明月应垂泪,一夜乡心五处同[7]。

【注释】

(1)白居易:见专题三"中秋诗词"专题诗选《八月十五日夜湓亭望月》注释(1)。原诗题类似小序,为《自河南经乱,关内阻饥,兄弟离散,各在一处。因望月有感,聊书所怀,寄上浮梁大兄、於潜七兄、乌江十五兄,兼示符离及下邽(guī)弟妹》。(2)时难年荒:指遭受战乱和灾荒。世业:祖传的产业。(3)羁旅:漂泊流浪。(4)寥落:荒芜零落。干戈:两种兵器,此代指战争。(5)吊影:一个人孤身独处,形影相伴,没有伴侣。千里雁:比喻兄弟们相隔千里,皆如孤雁离群。(6)辞根:草木离开根部,比喻兄弟们各自背井离乡。九秋蓬:深秋时节随风飘转的蓬草,古人用来比喻游子在异乡漂泊。九秋,秋天。(7)乡心:思亲恋乡之心。五处:指浮梁、於潜、乌江、符离、下邽等。

【提示】

此诗约写于唐德宗贞元十六年(800)秋天。在头一年,宣武(治所在今河南开封)节度使董晋死,其部下举兵叛乱。不久,彰义(治所在今河南驻马店汝南县)节度使吴少诚也叛乱。唐朝廷分遣十六道兵马讨伐,大战都发生在河南道境内。平叛战乱规模较大,时间亦长。交通阻绝,南方的物资无法运送到关内(今陕西中部、北部及甘肃部分地区),加上旱灾严重,关内发生饥荒。白居易的这首诗正反映了这一社会现实。当时他家族的产业凋敝,兄弟姐妹们有的在江西,有的在浙江,有的在安徽,有的在陕西,田园荒芜,骨肉分离。

诗的前两联从"时难年荒"这一时代的灾难起笔,以亲身经历概括出战乱频仍、家园荒残、手足离散这一具有典型意义的苦难的现实生活。接着诗人再以"雁""蓬"作比:兄弟手足离散,天各一方,如同失群的孤雁,只能顾影自怜;辞别故乡游离四方,又多么像深秋中断根的蓬草,随着萧瑟的西风,飞空而去,飘转无定。尾联以绵邈真挚的诗思,构出一幅五地望月共生乡愁的图景,从而收结全诗。"吊影分为千里雁,辞根散作九秋蓬"这两句诗有很强的艺术表现力和感染力,既有形象贴切的比拟,又有尽相传神的描绘,故历来为人们所传诵。

柳宗元《登柳州城楼寄漳汀封连四州刺史》(1)

城上高楼接大荒(2),海天愁思正茫茫(3)。惊风乱飐芙蓉水(4),密雨斜侵薜荔墙(5)。岭树重遮千里目(6),江流曲似九回肠(7)。共来百越文身地(8),犹自音书滞一乡(9)。

【注释】

(1)柳宗元:见专题六"唐人山水田园诗"专题诗选《渔翁》注释(1)。柳州:今广西柳州。漳:今福建漳州。汀:今福建龙岩长汀。封:今广东肇庆封开。连:今广东清远连州。《旧唐书·宪宗纪》:"乙酉(元和十年)三月,以虔州司马韩泰为漳州刺史,永州司马柳宗元为柳州刺史,饶州司马韩晔为汀州刺史,朗州司马刘禹锡为播州刺史,台州司马陈谏为封州刺史。御史中丞裴度以禹锡母老,请移近处,乃改授连州刺史。"(2)接:目接,指视线所及。大荒:旷远的荒野。(3)海天愁思:像大海一般无边无际的愁绪。(4)惊风:骤起的狂风。乱飐(zhǎn):指水面因风吹而波动。芙蓉水:荷花塘里的水。(5)侵:泼打。薜荔(bì lì):又名木莲,一种蔓生植物,可以攀附在墙上生长。(6)重(chóng)遮:层层遮住。千里目:指远眺的视线。(7)江:指柳江。九回肠:形容愁肠九转。(8)共来:指一起被贬到今广东、广西、福建一带。百越:古时对今福建、广东一带少数民族的称呼。文身:在身上刺花纹,古代南方少数民族风俗。(9)犹自:仍然是。音书:音讯。滞:阻隔。

【提示】

柳宗元与刘禹锡、韩泰、韩晔、陈谏等因参与永贞革新(805)而同时被贬为远州司马。直到十年后的元和十年(815),五人才被召回京城,不料却又被派到更为荒凉边远的柳州、漳州、汀州、封州、连州为刺史。这首诗就是柳宗元初到柳州任上时所写。全诗气脉贯通,先从登城楼写起,感物而起兴,既有高屋建瓴的气势,又以辽阔的境界为下面的抒写创造了氛围。第二联写近景,"惊风""密雨"既是写自然界的风雨,又使人联想到政治斗争的风暴,是赋中兼有比兴的写法,景物描写中投射了诗人的主观感受。第三联自然过渡到极目远眺的远景,抒发了对挚友的关切之情,同样景中寓情,表达了无限愁思。尾联承第三联而来,由好友间共同的政治命运想到目前的处境,隐含了惆怅和愤慨之情。这首诗虽是写哀怨之情,但用词、造境都十分阔大,音节高亮,使苍茫的景色与沉郁的感情交织在一起。

柳宗元《别舍弟宗一》(1)

零落残魂倍黯然(2),双垂别泪越江边(3)。一身去国六千里,万死投荒十二年(4)。桂岭瘴来云似墨(5),洞庭春尽水如天(6)。欲知此后相思梦,长在荆门郢树烟(7)。

【注释】

(1)柳宗元:见专题六"唐人山水田园诗"专题诗选《渔翁》注释(1)。宗一:柳宗元堂弟,生平事迹不详。(2)零落:本指花、叶凋零飘落,此处用以自比遭贬漂泊。黯然:形容分别时心绪暗淡伤感。江淹《别赋》:"黯然销魂者,唯别而已矣。"(3)双:指柳宗元和宗一。越江:粤江,今名珠江,流经柳州的柳江是其支流。(4)"一身"二句:柳州距长安近六千里;自永贞元年(805)被贬至元和十一年(816)作此诗,恰好十二年。去国,离开国都长安。万死,指历经无数次艰难险阻。投荒,贬逐到偏僻边远的地区。(5)桂岭:山名,在今广西,山多桂树,故名。此指柳州一带的山。瘴(zhàng):旧指热带山林中的湿热蒸郁致人疾病的气。(6)洞庭:洞庭湖,在今湖南北部。宗一赴荆州必经之地。(7)荆门郢(yǐng)树:荆、郢,古楚都,今湖北荆州一带。是宗一将游之地。

【提示】

永贞元年(805)柳宗元在朝任礼部员外郎,支持并参加了王叔文等革除弊政的活动，失败后被贬为永州司马。在永州近十年，身心受尽煎熬。元和十年（815）正月召还京师，三月，出为柳州刺史，亦是贬谪。本诗即作于在柳州的第二年，即元和十一年（816）的春夏之交。

柳宗元亲属极少，本无兄弟，父亲早逝；贞元十二年（796）结婚，妻杨氏，未三年即卒，未留子嗣；母卢氏，陪柳宗元赴永州贬所，次年病逝。再贬柳州时，他的堂弟柳宗直和柳宗一也随同前往；宗直到柳州后不久就因病去世，年仅23岁，柳宗元伤悼不已，为其撰《志从父弟宗直殡》及《祭弟宗直文》。柳宗一住了一段时间，约半年以后又要离开柳州到江陵（今湖北荆州）去。同来柳州的两个堂弟一死一别，让柳宗元甚感凄然，于是写了这首诗为柳宗一送别。

诗所抒发的不单纯是兄弟之间的骨肉之情，还包含了诗人因参加"永贞革新"而被贬南荒的愤懑愁苦。诗的第二联"一身去国六千里，万死投荒十二年"，表现了抑郁不平之气。第三联"桂岭瘴来云似墨，洞庭春尽水如天"，则用比兴手法把彼此的境遇加以渲染对照，说自己所在的柳州山林瘴气弥漫，天空乌云密布，象征处境险恶；而遥想行人所去之地，春尽洞庭，水阔天长，山川阻隔，今后相见很难。承接着这个意思，尾联说，今日一别，相思难寄，恐怕只能在梦中见到荆门郢树，以慰离情了。其中"烟"字神远，状出梦境的迷离之态。

贾岛《题李凝幽居》(1)

闲居少邻并(2)，草径入荒园(3)。鸟宿池边树，僧敲月下门。过桥分野色(4)，移石动云根(5)。暂去还来此(6)，幽期不负言(7)。

【注释】

（1）贾岛（779—843），字阆（láng）仙，自号碣石山人，范阳（今河北涿州）人。早年屡试不中，出家为僧，法名无本。后结识韩愈等，在韩愈劝说下还俗。再应试,仍不中。唐文宗开成二年(837)被任命为长江(今四川遂宁蓬溪)主簿,故世称"贾长江"。唐武宗会昌年初由普州司仓参军改任司户,未任病逝。他是著名的苦吟诗人,人称"诗奴",与孟郊共称"郊寒岛瘦"。其诗风格清奇僻苦,以写荒凉枯寂之景见长。有《长江集》。(2)邻并:邻居。(3)径:小路。入:进入,通向。荒园:指李凝荒僻的居处。(4)分野色:山野景色被桥分开。(5)"移石"句:山顶云脚腾挪飘移,仿佛山石在移动。云根,古人认为云生在山石上,石为云根。(6)去:离开。(7)幽期:约定相聚隐居的日期。负言:食言。

【提示】

李凝是诗人的友人,也是一个隐者,其隐居的处所,即是诗里所称的"幽居"。诗用简洁的笔法,描写了李凝居所的清幽静谧,并表达诗人对隐居生活的向往。第三、四句是历来传诵的名句。五代何光远《鉴诫录》说:(贾岛)忽一日于驴上吟得"鸟宿池边树,僧敲月下门"。初欲著"推"字,或欲著"敲"字,炼之未定,遂于驴上作"推"字手势,又作"敲"字手势……俄为宦者推下驴,拥至尹(按:指当时任京兆尹的韩愈)前,岛方觉悟。顾问,欲责之,岛具对……韩(愈)立马良久,思之,谓岛曰:"作'敲'字佳矣。"遂与岛并辔语笑,同入府署,共论诗道,数日不厌,因与岛为布衣之交。

这则反映苦吟的故事,千百年来一直被传为佳话,"推敲"的典故即由此而来。

李贺《致酒行》(1)

零落栖迟一杯酒(2),主人奉觞客长寿(3)。主父西游困不归(4),家人折断门前柳(5)。吾闻马周昔作新丰客(6),天荒地老无人识(7)。空将笺上两行书(8),直犯龙颜请恩泽(9)。我有迷魂招不得(10),雄鸡一声天下白。少年心事当拏云(11),谁念幽寒坐呜呃(12)。

【注释】

(1) 李贺(790—816),字长吉,福昌昌谷(今河南宜阳)人,故后世称"李昌谷"。唐王室远支。因避父亲晋肃讳,不能参加进士考试,只做过几年奉礼郎的九品小官,后辞官回乡。一生抑郁不得志,英年早逝。其诗多抒写怀才不遇的郁愤,作品想象奇特,词采秾丽,诗风奇峭冷艳,具"诗鬼"之称。有《昌谷集》。(2) 零落:原指草木凋谢,引申为困窘、失意。栖迟:滞留,漂泊。(3) 奉觞(shāng):捧觞,举杯敬酒。客长寿:敬酒时的祝词,祝身体健康之意。(4) 主父:主父偃(yǎn),西汉临淄(今山东淄博临淄)人。家贫,北游燕、赵、中山,无所遇。乃西至长安,客卫青门下,久不得进,困甚。后上书阙下,为汉武帝所信任,授官郎中,一年之中连升四次,官至齐相。见《史记·主父偃列传》。困不归:穷困得不能回家。(5) 折断门前柳:折尽门前柳枝,指家人倚门攀柳盼望已久。(6) 马周:唐太宗时人,少孤,家贫,好学。曾客新丰(今陕西西安临潼东北),受逆旅主人冷遇。至长安,客中郎将常何家。唐太宗贞观五年(631),诏百官言朝政得失。马周代常何陈二十余事,都切中时弊。太宗大为激赏,拜监察御史。后官至中书令,摄吏部尚书,进银青光禄大夫。事见《新唐书·马周传》。(7) 天荒地老:天长地久。识:赏识。(8) 空:只,仅仅。将:拿,指呈上。笺(jiān):书信,此指奏章。两行书:指主父偃、马周的上书陈事。(9) 直犯龙颜:是说直接由皇帝过目。犯,指进谏。龙颜,指皇帝。请:求赐。恩泽:垂青。(10) 迷魂:旧指迷失在外的灵魂,此指心情抑郁,行止彷徨。招不得:招不回来。(11) 心事:指志向。拏(ná)云:指凌云高举。拏,同"拿"。(12) 念:顾念。幽寒:形容失意贫困,处境艰难。坐:总是,徒然。呜呃(è):悲叹。

【提示】

"致酒"指的是劝酒;"行"是乐府诗的一种体裁。此诗大约作于唐宪宗元和三年(808)或者四年(809),《文苑英华》录本诗时,题下有"至日长安里中作"七字,"至日"为冬至日。诗的背景与场合当为诗人困守长安,逆旅主人捧酒劝慰,诗人答谢以表心曲。"主人"以主父偃和马周这两个历史人物为例,开导诗人,说明囊锥终有出头之日。而诗人听后似乎心胸豁然开朗,称赞主人的话如同"雄鸡一声天下白",继而勉励自己不能一蹶不振,而应该具有擎云壮志。全诗以抒情为主,运用主客对白的方式,具有情节性。

李贺《秋来》[1]

桐风惊心壮士苦[2],衰灯络纬啼寒素[3]。谁看青简一编书[4],不遣花虫粉空蠹[5]？思牵今夜肠应直[6],雨冷香魂吊书客[7]。秋坟鬼唱鲍家诗,恨血千年土中碧[8]。

【注释】

(1)李贺:见专题十一"中唐诗况"专题诗选《致酒行》注释(1)。(2)桐风:指秋风吹动桐树,桐叶日渐凋落。因桐叶凋落,想及年华老去,故感惊心动魄。(3)衰灯:昏暗的灯。络纬:昆虫名,俗称纺织娘。鸣声如纺绩,故谓"啼寒素"。寒素:此指寒衣。(4)青简:古无纸,用竹简书写。编:古时用以穿联竹简的皮条或绳子。联简牍成书称"一编"。(5)"不遣"句:是说有谁来赏识我的作品,不让它被蠹(dù)虫蛀空成为粉末呢？不遣,不让。花虫,即蛀蚀器物、书籍的蠹虫,又名蠹鱼。它身上有银白色细鳞,所以称为"花虫"。粉,指蠹虫把书蛀蚀留下的粉末。(6)"思牵"句:是说念及自己呕心沥血写成的文字无人赏识,既愤恨又无奈,曲曲之回肠每每因此而被牵得平直起来。(7)"雨冷"句:是说幽风冷雨之中,乃有古代诗人的阴魂来悯吊我这个著书人。香魂,指古代诗人才士之魂。书客,著书的人,这里是自指。(8)"秋坟"二句:是说秋天坟地里的鬼魂,吟唱着鲍照写的诗歌,恨血入土,历经千年已化为碧玉。《庄子》:"苌弘死于蜀,藏其血,三年化为碧。"

【提示】

本诗是作者辞官家居时,感念盛年将逝、壮心易衰而写的抒愤之作。作品表面写作者忧虑他的著作能否流传后世,实际是抒发自己怀才不遇的愁苦悲愤。颈联写幻境。一般只有生者凭吊死者,而诗人突发奇想,写一个赏识自己的阴间鬼魂来凭吊尚在阳间的自己。尾联又写到在风雨淋涔之中,他仿佛听到秋坟中的鬼魂,在唱着鲍照当年抒发"长恨"的诗,鲍照的遗恨就像苌弘的碧血那样永远难以消释。诗人表面上是说鲍照,实际上是借他人的酒杯,浇自己胸中的块垒。志士才人怀才不遇,这正是千古同恨的事情。

三、专题衍说

迁谪之人
——说贬谪诗人的愁苦心境

古时做官的人里,不少有过贬谪、流徙的经历,用现在的话来讲,就是"仕途坎坷"。在官场里,一不留神,出了状况,被降级了,被削职了,甚至被流放到某个偏僻艰苦的地方接受惩罚,进行反省。至于以后还有没有机会留在官场,有没有机会得到升迁,每个人的情况是不一样的。一般来说,流放属于法律范畴,贬谪属于行政范畴,它们对于官员以后的生活处境产生的影响是有区别的。白居易被贬至江州,韩愈被贬至潮州,苏东坡被贬至黄州,黄庭坚被贬至涪州,都曾留下过十分经典的作品。尤其是苏东坡,经历过数次贬谪,地方越贬越远,以至于他都自嘲:"问汝平生功业,黄州惠州儋州。"

作为一种独特的政治、文化现象,贬谪制度起源甚早。战国时的屈原被楚怀王贬黜,曾被流放到沅湘一带;汉文帝时候的贾谊,从太中大夫的职位上被贬谪到长沙。从今天人们的眼光来看,历史上的不少迁谪事件其实是"冤案"。为了表达某种理念,现代人把贬谪分为"正向"的和"负向"的。坏人被贬,罪有应得,称为"正向贬谪",比如武则天时的酷吏来俊臣、北宋的权相蔡京之类;而好人被贬,明明不该贬谪,甚至应该升迁的人遭遇此类打击,则称为"负向贬谪",如唐代的张九龄、陆贽、韩愈、柳宗元、刘禹锡、元稹、白居易、李德裕,宋代的王禹偁、寇准、范仲淹、苏轼、黄庭坚、晁补之、胡铨等。这些"负向"的贬谪,原因很多,比如志大才高,因小人谗毁而被贬;革除弊政,因斗争失败而被贬;直言进谏,因触怒龙颜而被贬;党争激烈,因本派失利而被贬;等等。其实不管哪一种原因,本质是在封建专制社会中,君主握有生杀予夺大权,万钧之所压,无不糜灭者。

中唐时期的五大诗人——韩愈、柳宗元、刘禹锡、元稹、白居易,在当时重要的身份首先是活跃的政治家。他们都遭遇过贬谪,且大多是一贬再贬,究其原因也都是因为正道直行,开罪了权贵,因此均属于"负向贬谪"。

凤翔法门寺收藏有释迦牟尼佛的指骨舍利,极受历代帝王的尊崇与信奉,尤其在唐朝,佛骨曾多次被奉迎到宫中。元和十四年(819),唐宪宗派专使从法门寺将佛骨迎入宫廷供养三天,率皇室人员及文武百官虔诚礼拜,并交京城佛寺轮流供奉。整个京城的王公士庶掀起了崇佛的狂潮,有的人倾家荡产献与佛门,甚至做出"焚顶烧指,断臂脔身"的事来。韩愈当时52岁,任刑部侍郎,写了《谏迎佛骨表》上书给唐宪宗,他说:"佛教是在东汉明帝的时候传到中国的,传入后不久东汉就灭亡了,从此中国战火连绵,民不聊生。南北朝的时候,各个朝代对佛教也比较尊崇,结果这些朝代的寿命都不长。"还说:"皇上应该让人把佛骨投到火中,扔到海里,让它彻底消失,这样天下人才知道皇上的圣明。如果佛真的有灵,能够降祸,就由我来承担好了。"

唐宪宗听后勃然大怒,打算杀了韩愈。幸亏宰相裴度、崔群等为韩愈求情,韩愈才免于一死,最后被贬到广东潮州担任刺史。贬官令宣布当日,就逼他立即离开京城,不得耽误。不数日,家中老小也被迫离京赴潮,年仅12岁、卧病在床的小女儿也未能幸免。因为病重不能走路,只好用轿子抬着她上道。来到商南山区,女儿病体不支,死在路旁的驿馆里。没有棺木殓尸,只好用树皮和野藤捆绑着,埋在山下。韩愈的名篇《左迁至蓝关示侄孙湘》就是写此次被贬,"云横秦岭家何在,雪拥蓝关马不前"饱含着无尽的哀伤。从长安到潮州,大约八千里,足足走了两个多月。所幸的是,韩愈初贬潮州,再转移到袁州,前后过了差不多一年的时间,就被召回京城担任了国子祭酒。

其他贬官的诗人里,白居易前后贬谪六年,元稹前后贬谪十年,柳宗元、刘禹锡几乎半生时间都在万死投荒中度过。

唐顺宗李诵做太子的时候,颇有改革政治的想法,与太子侍读王叔文、翰林待诏王伾关系甚好。王叔文把柳宗元、刘禹锡等朝士推荐给李诵,形成了一个以"二王刘柳"为核心的革新党派。唐德宗驾崩后,李诵继位做了皇帝,在永贞元年(805)的时候革新政治,抑制藩镇,打击宦官,惩贪鄙,用贤能,免苛征,恤百姓,史称"永贞革新"。但仅仅维持了146天,唐顺宗被迫禅位于太子李纯,即唐宪宗,改革宣告失败。王叔文被杀,王伾病死,革新党派中的八位成员(韦执谊、韩泰、陈谏、柳宗元、刘禹锡、韩晔、凌准、程异)分别被贬谪到边远的八个州做司马。由此,历史上有了"二王八司马"事件。

起初柳宗元被贬到永州,刘禹锡被贬到朗州,一待就是十年。元和十年(815),二人奉召回京。刘禹锡在京游玄都观,写了一首诗:"紫陌红尘拂面来,无人不道看花回。玄都观里桃千树,尽是刘郎去后栽。"用千树桃花来讽刺自己离开的十年以来,那些投机取巧而在政治上愈来愈得意的朝廷新贵。这首诗得罪了当权者,他们再一次被贬往远方。柳宗元去了柳州,五年后死在那里。刘禹锡辗转去过连州、夔州、和州,直到唐文宗大和元年(827),才被朝廷召回,授予主客郎中,分司东都,脱离谪籍。

刘禹锡因永贞革新失败而被贬,前后达二十三年之久。他在写给白居易的一首诗里说道:"巴山楚水凄凉地,二十三年弃置身。怀旧空吟闻笛赋,到乡翻似烂柯人。"不过,他还是坦荡豪爽的,当他再一次游玄都观时,他写道:"百亩庭中半是苔,桃花净尽菜花开。种桃道士归何处?前度刘郎今又来。"当年那得意忘形的千树桃花呢?倒是我刘某,今天又回来了。

"诗鬼"的"诗囊"
——说李贺的诗情诗才

人们给许多诗人取了名号。

比如李白叫"诗仙",杜甫叫"诗圣",陈子昂叫"诗骨",王勃叫"诗杰",贺知章叫"诗狂",王维叫"诗佛",白居易叫"诗魔",刘禹锡叫"诗豪",孟郊叫"诗囚",贾岛叫"诗奴",唐求叫"诗瓢",张籍叫"诗肠",王仁裕叫"诗窖",罗邺叫"诗虎",诸如此类。那一个用来形容的字眼,虽然未必得到所有人的认同,但多少还是传神的。

李贺有一个名号,叫作"诗鬼"。

李贺是唐高祖李渊的叔父郑王李亮的后裔。作为帝室世系、宗孙的身份,按说是比较尊贵的,李贺本人对此也颇为自矜自诩,有一种优越感。但是,由于他的远祖"世远名微",他并没有获得与这个身份相埒的地位与富贵。相反,他始终生活在一个地位卑下、生活又极度困顿的环境之中。这使得他一方面极端压抑与愤懑,另一方面又极欲显亲扬名,对于功名的向往与追求,令其十分急躁、焦虑。

他的父亲叫李晋肃,曾经在边疆地方做过管理文书档案之类的九品小官。这说明到了李晋肃这一代,贵族之家已经没落。李晋肃与杜甫是远房的表兄弟,杜甫对李晋肃直称"二十九弟",写过《公安送李二十九弟晋肃入蜀,余下沔鄂》一诗。

李贺自幼的长相很有特征,瘦瘦的,高高的,两条眉毛连接在一起,手指特别长。他才思聪颖,7岁就能写诗。每天早上太阳刚出,他就骑着一匹弱驴出门,带着个小书童,背着一只锦囊。路上有了灵感,就赶紧记在小纸片上,丢在锦囊里;一日下来,积成许多。晚上回到家,斟酌成篇。几乎天天如此,那只锦囊其实就是"诗囊"。他的母亲有时会去翻翻,见着里头有那么多的散句,心疼地说:"我儿,你这是要把心呕出来呀。"

由于早慧早熟，才华横溢，李贺的声名早早地就传遍京师。《唐摭言》里有这么一段：韩愈和皇甫湜听到关于李贺的传言之后，将信将疑，决定登门考察一番。二人到了李贺的家，就来访一事命题让李贺写诗，李贺当即写了一首《高轩过》，令二人叹为观止。虽然今天有许多人认为这么一首高度老成的诗作出自一位7岁孩童之手，太不可思议，尤其是"庞眉书客感秋蓬，谁知死草生华风。我今垂翅附冥鸿，他日不羞蛇作龙"颇具沧桑之感，朱自清先生就认为这诗当写于其20岁时。但不管怎样，李贺在童年时期就显示了不凡的才华，确也是事实。由于他的健康状况本来就不好，再加上读书写作过于辛苦，在他不到10岁的时候，头发就已经斑白，且屡屡脱落。

年稍长，他开始漫游、干谒。李贺非常明白，自己虽为王孙，但家道中落，父亲官小名微，所以要通过科举考试做官，以此实现自己的人生价值与理想。另外，完全靠才名是不够的，需要获得那些地位高、名望大的人物来推荐。他往来于家乡昌谷与洛阳之间，或以诗谒韩愈，或与新科进士、权门之子权璩等往来。他去见韩愈的时候，带上了自己最得意的作品《雁门太守行》。韩愈读到"黑云压城城欲摧，甲光向日金鳞开"十分欣赏，在公卿名士间极力推荐李贺。

李贺是否因为有才华而傲慢，不得而知，但年少得志遭人嫉恨，还是可能的。有个故事说是李贺死了以后，有一位叫李藩的人搜集他的诗作打算做个集子，听说李贺的表兄手上有一部分诗稿，就找上门去。表兄说："我跟李贺从小一起读书，彼此十分了解，不如将你手上的稿子交给我，由我来做诗集的校勘。"李藩同意了。过了很久，没有后续的消息，李藩就去找那个表兄。表兄说："我最讨厌李贺的骄傲劲儿了，就是想找机会报复。我把你给我的诗稿，统统丢到厕所里了。哈哈！"这故事未必真实，然而，才华出众的人难免恃才傲物，有些还特别孤僻。李贺就不太善于与人交往。

最让李贺悲哀的事，是参加科举考试。

18岁的时候，他的父亲去世。守孝三年之后，他先参加了河南府试，轻易获得"乡贡秀才"的资格，这是获得进士的必经之路。接着，他抵达长安，准备参加进士考试，似乎一切都很顺利。没想到，李贺的声名与才华在这个时候却成了他应举的牵累与羁绊。与他一起应举的秀才们因为嫉妒，纷纷散布流言，说李贺的父亲名叫"晋肃"，与"进士"谐音，他要是参加进士考试，就是对父不孝。确实，古代的文化中有"避讳"一说，不能直接称呼君主或尊长的名字，凡是遇到君主或尊长名字相同的字，就要用"缺笔"或"改字"的办法予以回避。如唐代要避李世民讳，改"世"为"代、系、太"等字，"民"也改称"人"。中唐的"避讳"要求非常苛刻，凡文人，还得避"家讳"。如果在考场上遇到考题有"家讳"，就要以"文字不便"的理由，假托有病，请求退出考场。

李贺承受着避"家讳"的巨大压力。韩愈为其打抱不平，特意写了《讳辩》一文，说："父名晋肃，子不得举进士；若父名仁，子不得为人乎？"尽管韩愈为李贺据理力争，却很难扫除那些流言蜚语，李贺最终还是没有参加应举考试。

之后的若干年里，他几乎一直急切凄惶地到处奔走，祈求援引。这其间，他曾入京在太常寺做了两年奉礼郎。奉礼郎的职责是为宗庙、皇陵及王郊社稷祭礼作赞导和礼相。他还去军队做过幕僚。大部分的时候，是在家乡休养病体，直到27岁英年早逝。

由于健康的原因，李贺对生与死的体认尤其深刻。在诗歌里，他较多选择与绝望、死亡相关的意象，"死亡"和"病"是他的诗歌主题，他写有大量的鬼神诗。他的《苏小小墓》中，"无物结同心，烟花不堪剪"，"油壁车，夕相待"，描写了鬼魂世界的幽冷与凄苦。至于墓园、秋坟、尸骨、鬼火、棺材、烧化的纸钱等，这些一般诗人不愿触及的东西，李贺都给予关注并作细致的描绘。

只能说，他是不一般的。李商隐在《李长吉小传》里说，在李贺将死的时候，大白天来了一个穿红衣服的人，驾着赤虬，拿着一封信，笑着对他说："天帝要召见你。"李贺哀求，说自己母亲年纪大了，需要人照顾。这个红衣"天使"便安慰他："天帝特地为你建造了一座白玉楼，让你去写文章。天上的生活很悠闲的，你不用担心。"然后李贺就死了。据说当时他的房间荡起青烟，人们还听见了行车与音乐的声音。

专题十二

献诗干谒

一、专题要点

本专题主要了解唐代干谒诗兴盛的原因与干谒诗的功能、创作特色，以及从干谒诗里所见到的唐代士子的生存境遇和心态。本专题选读诗歌作品10首。

（一）唐代干谒诗兴盛的原因

"干谒"，《辞海》释为"有所干求而请见"。它是古代文人为寻求入仕门径而向当朝达官贵人或有名望者呈送书信、进献诗文赋作，以求援引的行为方式。从汉代起，干谒的风气便与荐举取士的制度一起产生了。至唐以来，此风更甚，最终形成百官乐于举贤、众士勇于干谒的局面，干谒也成为和唐代士子仕途休戚相关的大事。

1. 荐举之风

荐士之风在武后时期形成，中宗时过滥，玄宗则以严加遴选、务求公允的态度将其制度化、日常化，至盛唐形成"举仇且不弃，何必论亲疏"的理想荐举生态。朝士以荐士为乐，士人以干谒为荣。

2. 科举制度

唐代科举分两大类，即常科和制科。

常科的科目有秀才、明经、进士、明法、明字、明算等，尤以明经、进士为要。明经重帖经，进士重诗赋。取得进士头衔后，还不能立即做官，需要经过吏部主持的"释褐试"的身、言、书、判四项考核，才有机会授官出仕。

制科的名目则有贤良方正、直言极谏、军谋宏远、武足安边等数十种,由皇帝亲自主持,一旦中第,立即授官。

由于唐代的科举依然保留了魏晋九品中正制的一些因素,荐举在科举中发挥重要作用。一方面,举子们要通过县、州、府关于才艺与品德的层层选拔,需要干谒州县长官,进京之后,还需要向达官贵人进行干谒,请求延誉和举荐。其中行卷就是一种方式。所谓"行卷",就是应试的举子将自己的诗文向社会上有地位的人投献,请求他们向主司即主持考试的礼部侍郎推荐。唐朝科举考试不糊名,一旦试前积累了声誉,即便考场发挥不尽如人意,亦有可能凭借成功的行卷而登第。

3. 铨选制度

一是举子守选。唐代的举士和选官是截然分开的两个过程,分属于礼部和吏部。对于举子来说,礼部省试中举只是完成入仕的第一步,何时释褐出仕、做什么官,还要经过吏部复杂的铨选过程。举子守选的年限,因科目不同而不同,据考,进士守选三年,明法守选五年,明经守选七年,童子科守选十一年等。"守选制"的实施,使得绝大多数登科举子都有漫长的等待时间,他们会四处干谒寻求铨试机会。

二是官员守选。为了缓解官位少而选人多的矛盾,唐代规定六品以下的官员考满罢秩后,得守选若干年后,才能再次参加铨试,再根据前任考课等第量资注官。做官一任后又是考满罢秩,再守选,再冬集铨试,再授官,如此周而复始,直到官阶升至五品方不再守选。这叫"循资格"。漫长的守选,自然是干谒活动产生的环境。

4. 幕府制度

幕府指的是开府设幕的军政与行政府署,包括诸王府、地方州郡等。中唐以后方镇的兴盛,总揽地方大权的节度使幕府吸引了不少士子。一些屡试不中的失意者、科举中第的出身人、考满罢秩的前资官、官场失意的贬谪客纷纷由官场走向方镇,由京城来到幕府,从而也产生了请求入幕的干谒诗。

5. 时代精神

唐代士子身处积极进取的大唐盛世,面对众多的入世机遇,又深受儒家"修身齐家治国平天下"入世模式的影响,他们比历史上任何其他时代的士子更急切地想入世,而干谒是实现匡时理想的途径之一。

(二)干谒诗的类型及内容

1. 以干谒对象为传播对象的干谒诗。如骆宾王《咏怀古意上裴侍郎》、孟浩然《临洞庭湖赠张丞相》、王维《上张令公》、韩愈《喜雪献裴尚书》等。

2. 以干谒活动为创作题材的"省谒诗"。在这类反思干谒活动的诗里,有的表达干谒失败后的无奈、失落和悲愤,如杜甫《赠郑十八贲》;有的表达对干谒对象的指责和讽刺,如杜荀鹤《将过湖南经马当山庙因书三绝》;有的表达对干谒对象的感激之情,如李群玉《始忝四座奏状闻荐蒙恩授官旋进歌诗延英宣赐言怀纪事呈同馆诸公二十四韵》。

3. 以送行他人去干谒为创作题材的"送谒诗"。这类诗中,有的是向将行者表达祝愿和祝福,如李白《送张秀才谒高中丞》;有的是对将行者的干谒对象进行赞美或评价,如白居易《春送卢秀才下第游太原谒严尚书》。

4. 以他时诗文为行卷向人投献的"行谒诗"。行卷的文体范围包括古诗、律诗、词赋、骈文、散文、小说等,目的是显示才华,内容可不止于干谒活动本身。如白居易以《赋得古原草送别》向顾况行卷,李贺以《雁门太守行》向韩愈行卷。

5. "被干谒者"回应干谒者所作的"答谒诗"。这类作品较少,如传诵久远的张籍写给朱庆馀的《酬朱庆馀》、杨敬之写给项斯的《赠项斯》。

(三)课堂话题

1. 大气磅礴奖 —— 孟浩然《望洞庭湖赠张丞相》。作为一首投赠之作,诗通过面临烟波浩渺的洞庭欲渡无舟的感叹,以及临渊羡鱼的情怀,曲折地表达了诗人希望张九龄予以援引之意。诗中对于本来是借以表意的洞庭湖,进行了泼墨山水般的大笔渲绘,呈现出了八百里洞庭的阔大景象与壮伟景观,取得了撼人心魄的艺术效果。

2. 明艳娇媚奖 —— 朱庆馀《闺意上张水部》。此诗以新妇自比,以新郎比张籍,以公婆比主考官,借以征求张籍的意见。全诗选材新颖,视角独特,以"入时无"三字为灵魂,将自己能否踏上仕途与新妇紧张不安的心绪作比,寓意自明,令人惊叹。

3. 自负豪迈奖 —— 李白《上李邕》。此诗通过对大鹏形象的刻画与颂扬,表达诗人的凌云壮志和强烈的用世之心,对李邕瞧不起年轻人的态度非常不满,呈现了李白勇于追求而且自信、自负、不畏流俗的精神。年轻的李白敢于向大人物挑战,充满了初生犊儿不怕虎的锐气。

4. 不卑不亢奖 —— 杜甫《奉赠韦左丞丈二十二韵》。诗歌叙写了杜甫自己的才学以及生平志向和抱负,倾吐了仕途失意、生活困顿的窘状,并且抨击了当时的社会政治。由于韦济是当时在长安唯一器重杜甫的一个贵人,所以诗人将自己的抱负和情况向韦济陈述,抱有万一的希望。但最后"白鸥没浩荡,万里谁能驯"两句,则表现了诗人桀骜的性格。

5. 情思婉转奖 —— 张籍《节妇吟寄东平李司空师道》。这首诗是写给平卢淄青节度使李师道的,是为谢绝地方藩镇势力的拉拢,决意效忠朝廷而作。诗人托女子之口,婉转明志。李师道名义上是朝廷的重臣,实际上已成为地方割据势力。面对李师道这种特殊的身份,诗人只能一方面表示感谢,一方面婉言谢绝。诗歌用比兴手法,对这种尴尬的拒绝做了恰如其分的表达。

6. 哀怨不平奖 —— 高蟾《下第后上永崇高侍郎》。此诗前两句比喻别人考中进士并表达羡慕之意,委婉含蓄地表达了对借皇家权贵雨露之恩者的不满;后两句比喻自己的自信和进取态度,也有希望得到高侍郎援引赏识的意思。全诗运用比体,寄兴深微。

二、专题诗选

孟浩然《望洞庭湖赠张丞相》(1)

八月湖水平,涵虚混太清(2)。气蒸云梦泽(3),波撼岳阳城(4)。欲济无舟楫(5),端居耻圣明(6)。坐观垂钓者,徒有羡鱼情(7)。

【注释】

(1)孟浩然:见专题四"盛唐诗况"专题诗选《与诸子登岘山》注释(1)。诗题一作《临洞庭》,又作《岳阳楼》。洞庭湖:在今湖南北部,长江南岸。张丞相,指张九龄,一说指张说。(2)"八月"二句:是说八月洞庭湖秋水上涨,与岸齐平,湖面与天空浑为一体。涵,包含。虚,空。太清,天。(3)气蒸:水气蒸腾。云梦泽:古大泽名,位处洞庭湖北岸。云泽在大江北,梦泽在大江南,后来大部淤积成陆地。(4)撼:摇动。岳阳城:今湖南岳阳,在湖南省东北部,靠近洞庭湖。(5)"欲济"句:意思双关,既说无船渡湖,又指欲仕而无人引荐。济,渡。楫(jí),划船的用具,船桨。(6)端居:闲居。耻:有愧于。圣明:常用于指皇帝,也指圣明时代。(7)"坐观"二句:《淮南子·说林训》:"临河而羡鱼,不如归家织网。"比喻倘若无人援引,则空有从政的愿望。垂钓者,喻仕者。羡鱼情,喻自己出仕的愿望。

【提示】

这是一首赠送给张九龄的干谒诗,写作时间不确定。一说写于开元二十一年(733),张九龄时任宰相,孟浩然西游长安;另一说写于开元二十五年(737),张九龄由尚书右丞贬荆州长史,孟浩然当年秋天游洞庭湖。诗的前两联描绘洞庭湖壮丽阔大而充满活力的景色;后两联抒情,表达了作者希望有人援引他入仕从政。孟浩然一生都没有出仕做官,因此后代的诗人都赞美他为隐士,欣赏他的淡泊名利。然而从诗里看,孟夫子还是希望在政治上有所作为的。

品读此诗可以注意两点。一是以雄健豪迈的笔调再现八百里洞庭浩渺无边的气势,境界十分阔大,有别于孟浩然一般山水诗作清淡冷寂的风格。二是用巧妙的比喻,写欲渡洞庭却没有舟楫,含蓄表明想效力朝廷却无人引荐的困惑,其实是希望张丞相能够予以引荐提携。但由于紧扣临湖、渡湖、观钓的情节来写,显得委婉得体,不卑不亢,极力淡化了干谒的痕迹。

王维《献始兴公》[1]

宁栖野树林,宁饮涧水流。不用坐梁肉,崎岖见王侯[2]。鄙哉匹夫节,布褐将白头[3]。任智诚则短,守仁固其优[4]。侧闻大君子,安问党与仇[5]。所不卖公器[6],动为苍生谋[7]。贱子跪自陈[8],可为帐下不[9]?感激有公议,曲私非所求[10]。

【注释】

(1)王维:见专题二"帝都之诗"专题诗选《和贾至舍人早朝大明宫之作》注释(1)。始兴公:盛唐名相张九龄,开元二十三年(735)加金紫光禄大夫,受封始兴伯。(2)"宁栖"四句:谓宁肯栖居山林,过穷困淡泊的生活,也不为荣华富贵而耗费心思巴结权贵。宁,宁愿。栖,栖身,住。用,为。坐,因为。梁肉,以梁为饭,以肉为肴,指精美的膳食。崎岖,困厄,历经险阻。(3)"鄙哉"二句:说自己生性鄙陋,宁守匹夫之节,一生不做官,布衣白头。匹夫节,平民之节操。布褐(hè),粗布衣服。(4)"任智"二句:如果要论才用智,那是我的短项;而要是说到固仁守道,那确是我的长处。任智,此处指以心机谋利。诚,确实。仁,儒家学说的伦理中心,此处指人的德行、节操。固,原本,本来。其,自己。(5)"侧闻"二句:我听说您是德高望重的大君子,任人唯贤,不问他是同党还是仇敌。侧闻,从旁处听来。大君子,对张九龄的美称。党与仇,同党与仇人。(6)公器:天下共有而不可私占的东西。此指名位、官爵之类。(7)动:举动,行动。苍生:百姓。(8)贱子:作者对自己的谦辞。陈:陈述。(9)帐下:谓下属,部下。不(fǒu):同"否"。(10)"感激"二句:您若出于公心任用我,我自感激,若为偏私而施恩,则非我所求。公议,公正地评价任用。曲私,有私心、偏袒。

【提示】

王维深得张九龄的赏识。张九龄为相时,将王维擢拔为右拾遗。这首诗表达了王维对张九龄的感激,同时希望得到更大的任用。

诗的前半部分抒写情志,说明自己宁愿栖隐山林过清贫淡泊的生活也不愿为了追求富贵享乐而阿谀巴结王侯;后半部分则表达由于欣赏张九龄的人格风尚而愿意追随其麾下,以施展自己的理想抱负。诗末特意强调,希望对方出于公正而任用自己,不需要对方为他而徇私情。作为一首干谒诗,写得如此气骨高朗而声色凛然,实不多见。钟惺在《唐诗归》中评此诗云:"不读此等诗,不知右丞胸中有激烈悲愤处。"

李白《上李邕》⁽¹⁾

大鹏一日同风起⁽²⁾,扶摇直上九万里⁽³⁾。假令风歇时下来⁽⁴⁾,犹能簸却沧溟水⁽⁵⁾。时人见我恒殊调⁽⁶⁾,闻余大言皆冷笑⁽⁷⁾。宣父犹能畏后生⁽⁸⁾,丈夫未可轻年少⁽⁹⁾。

【注释】

(1)李白:见专题二"帝都之诗"专题诗选《长相思》注释(1)。上:呈上。李邕(678—747):字泰和,广陵江都(今江苏扬州)人,唐代书法家、文学家,曾任户部员外郎、括州刺史、北海太守等职。(2)大鹏:传说中的大鸟。(3)扶摇:由下而上的旋风。语出《庄子·逍遥游》:"鹏之徙于南冥也,水击三千里,抟扶摇而上者九万里。"(4)假令:假使,即使。(5)簸(bǒ)却:激荡。簸,指上下颠动。沧溟:大海。(6)恒:经常。殊调:发表不同于常人的论调。(7)余:我。大言:放言高谈。(8)宣父:孔子,唐太宗贞观十一年

(637)诏尊孔子为宣父。畏后生:后生,年轻人。语出《论语·子罕》:"后生可畏,焉知来者之不如今也?"(9)丈夫:古代对男子的通称,此指李邕。

【提示】

此诗应是李白青年时代所作。相传李白曾谒见时为渝州刺史的李邕,由于言谈间放言高论,纵谈王霸,令李邕不悦。李白此诗,似对李邕当时的态度有所不满。他以孔子的"后生可畏"来揶揄李邕的怠慢,表现出年轻人的锐气和桀骜。

大鹏是李白诗赋中常常借以自况的意象,它象征着惊世骇俗的理想和志趣。这首诗化用《庄子·逍遥游》里大鹏的"水击三千里,抟扶摇而上者九万里"的形象,并加以夸大,说大鹏即使不借助风的力量,它从天而降时的翅膀一扇,也能将沧溟之水一簸而干。这一改造了的大鹏正是李白本人自由浪漫形象的生动体现。

杜甫《奉赠韦左丞丈二十二韵》[1]

纨绔不饿死[2],儒冠多误身[3]。丈人试静听[4],贱子请具陈[5]。甫昔少年日,早充观国宾[6]。读书破万卷[7],下笔如有神[8]。赋料扬雄敌[9],诗看子建亲[10]。李邕求识面[11],王翰愿卜邻[12]。自谓颇挺出[13],立登要路津[14]。致君尧舜上,再使风俗淳[15]。此意竟萧条[16],行歌非隐沦[17]。骑驴十三载[18],旅食京华春[19]。朝扣富儿门[20],暮随肥马尘[21]。残杯与冷炙[22],到处潜悲辛[23]。主上顷见征[24],欻然欲求伸[25]。青冥却垂翅[26],蹭蹬无纵鳞[27]。甚愧丈人厚[28],甚知丈人真[29]。每于百僚上,猥诵佳句新[30]。窃效贡公喜[31],难甘原宪贫[32]。焉能心怏怏[33],只是走踆踆[34]。今欲东入海[35],即将西去秦[36]。尚怜终南山[37],回首清渭滨[38]。常拟报一饭[39],况怀辞大臣[40]。白鸥没浩荡[41],万里谁能驯[42]。

【注释】

(1)杜甫：见专题二"帝都之诗"专题诗选《丽人行》注释(1)。奉：敬辞。韦左丞：韦济，时任尚书左丞。丈：对老年男子的尊称。二十二韵：指本诗押二十二个韵。(2)纨(wán)绔(kù)：借指富家子弟。纨，丝织的细绢。绔，同"裤"。不饿死：不学无术却无饥饿之忧。(3)儒冠：古时儒生戴的帽子，引申为读书人。这里是杜甫自谓。多误身：满腹经纶的儒生却穷困潦倒。(4)丈人：对长辈的尊称。这里指韦济。(5)贱子：杜甫自称。请：意谓请允许我。具陈：细细陈述。(6)"甫昔"二句：是指开元二十三年(735)杜甫以乡贡(由州县选出)的资格在洛阳参加进士考试的事。杜甫当时才24岁，就已是"观国之光"(参观王都)的国宾了，故曰"早充"。充，充当。(7)破万卷：形容书读得多。(8)如有神：形容才思敏捷，写作如有神助。(9)赋：作赋。料：估量。扬雄：西汉著名的辞赋家。敌：匹敌。(10)诗：写的诗。看：比拟。子建：曹植的字。曹植，三国建安时期著名诗人，曹操之子。亲：接近。(11)李邕(yōng)：唐代杰出的诗人、书法家，曾任北海太守。杜甫少年在洛阳时，李邕奇其才，曾主动去结识他。(12)王翰：唐代诗人。卜邻：做邻居。(13)自谓：自以为。挺出：突出，杰出。(14)立：立即。要路津：喻指重要的官职。(15)"致君"二句：如果自己得到重用的话，可以辅佐皇帝实现超过尧舜的业绩，使已经败坏的社会风俗再恢复到上古那样淳朴敦厚。致，促使。君，皇帝。尧舜，传说中上古的圣君。上，超过。淳，淳厚，淳朴。(16)此意：指上述诗人的政治抱负。萧条：此处为落空之意。(17)行歌：边走边唱歌、赋诗，抒发感情。隐沦：隐逸之士。(18)骑驴：指代没能做官。十三载：从开元二十三年(735)杜甫参加进士考试，到天宝六年(747)在长安应制举，恰好十三年。(19)旅食：寄食。京华：国都长安。春：青春年华。(20)朝：早晨。扣：敲。(21)肥马：喻指有权势的人。尘：飞扬的尘土、灰尘。(22)残杯与冷炙(zhì)：指达官贵人吃剩的饭菜。(23)潜：藏。(24)主上：指唐玄宗。顷：不久前。见征：被征召。(25)欻

(xū)然：忽然。欲求伸：指意欲施展自己的才华与抱负。(26)青冥：青天。垂翅：鸟垂下翅膀不得高飞。(27)蹭(cèng)蹬(dèng)：失势的样子，指遭受挫折，困顿、失意。无纵鳞：以鱼为喻，谓没有跃进龙门。纵鳞，鱼得意地畅游。(28)愧：愧对。厚：厚意。(29)真：真心。(30)"每于"二句：承蒙您经常在百官面前吟诵我新诗中的佳句，并极力加以奖掖推荐。百僚：众多同僚。猥(wěi)：谦辞，承蒙。表示辱没他人。(31)窃：私下。效：效法。贡公：西汉人贡禹。他与王吉为友，听说王吉做了官，十分高兴，便"弹冠相庆"，以为自己即将出头。这里诗人自比贡禹，以韦济比王吉，期待韦济能荐拔自己。(32)难甘：难以忍受。原宪：孔子的学生，家境贫寒，后人常用他作为贫穷读书人的代称。(33)怏(yàng)怏：气愤不平的样子。(34)只是：如此这样。踆(cūn)踆：进退两难的样子。(35)东入海：指避世隐居。孔子曾言："道不行，乘桴浮于海。"(36)去秦：离开长安。(37)怜：眷恋。终南山：山名，在长安南。(38)清渭：渭水，在长安北。这里借终南山、渭水指长安，也指朝廷。(39)拟：准备，打算。报一饭：报答一饭之恩。春秋时灵辄报答赵宣子，汉代韩信报答漂母，都是历史上有名的报恩故事。(40)况：何况。辞大臣：指辞别韦济。(41)白鸥：一种水鸟，诗人自比。没(mò)浩荡：出没于浩荡的烟波之间。(42)谁能驯：没有人能拘束。

【提示】

　　诗写于唐玄宗天宝七年(748)，韦济时任尚书左丞。杜甫曾赠过韦济两首诗，希望得到他的提拔。韦济虽然也很赏识杜甫的诗才，却没能给以实际的帮助。杜甫自24岁在洛阳参加进士考试，到36岁参加制举考试已有十三年。特别是到长安寻求功名也已三年，结果却是处处碰壁，素志难伸。尤其是在天宝六年(747)，唐玄宗下诏天下有一技之长的人入京赴试，李林甫命尚书省试，对所有应试之人统统不予录取，并上贺朝廷演出一场"野无遗贤"的闹剧。这也就是本诗"青冥却垂翅"四句所指事实。这对当时急欲施展抱负的杜甫是一个沉重的打击。通过这首诗，杜甫抒发了内心的不平，同时表达了对韦济的感激及期望落空后决心离去而又恋恋不舍的复杂心情。

本诗的创作特色有二:一是顿挫曲折。正如《潜溪诗眼》所云:"山谷言:文章必谨布置……如杜子美赠韦见素诗云:'纨绔不饿死,儒冠多误身。'此一篇立意也,故使人静听而具陈之耳;自'甫昔少年日'至'再使风俗淳',皆儒冠事业也;自'此意竟萧条'至'蹭蹬无纵鳞',言误身如此也,则意举而文备……然宰相职在荐贤,不当徒爱人而已,士故不能无望,故曰'窃效贡公喜,难甘原宪贫';果不能荐贤则去之可也,故曰'焉能心怏怏,只是走踆踆',又将入海而去秦也;然其去也,必有迟迟不忍之意,故曰'尚怜终南山,回首清渭滨';则所知不可以不别,故曰'常拟报一饭,况怀辞大臣'。夫如是可以相忘于江湖之外,虽见素亦不得而见矣,故曰:'白鸥没浩荡,万里谁能驯。'终焉。"二是运用对比。先是以他人(纨绔)和自己(儒冠)对比,表达强烈不平;继而以自己的今昔对比,抒写年少得意蒙荣、眼下误身受辱的无穷感慨。

钱起《赠阙下裴舍人》(1)

二月黄鹂飞上林(2),春城紫禁晓阴阴(3)。长乐钟声花外尽(4),龙池柳色雨中深(5)。阳和不散穷途恨(6),霄汉常悬捧日心(7)。献赋十年犹未遇(8),羞将白发对华簪(9)。

【注释】

(1)钱起:见专题二"帝都之诗"专题诗选《长安落第》注释(1)。阙下:宫阙之下,指帝王所居之地。裴舍人:生平不详。舍人,指中书舍人,官名,负责为皇帝草拟诏书。(2)上林:指上林苑,秦汉时的皇家宫苑,这里借指唐宫苑。(3)紫禁:皇宫。(4)长乐:长乐宫,汉代皇宫主殿。这里借指唐宫殿。(5)龙池:唐玄宗登位前王邸中的一个小湖,后王邸改为兴庆宫,玄宗常在此听政,日常起居也多在此。(6)阳和:指二月仲春。(7)霄汉:指高空。

捧日心：三国魏程昱梦中上泰山两手捧日。后兖州反，昱力保三城，曹操闻之大喜，叹道："卿当终为吾腹心。"遂在其本名"立"上加"日"。诗人用此典，是说自己有报国立功之心。(8)献赋：西汉时司马相如向汉武帝献赋而被进用，后为许多文人所效仿。此指参加科举考试。遇：指被重用。(9)华簪：古人戴帽，为固定帽子，便用簪子连帽穿结于发髻上。有装饰的簪，就是华簪，是达官贵人的冠饰。

【提示】

这是作者落第期间的投赠诗，献给在朝姓裴的中书舍人，希望对方给予援引。首联、颔联以写景为主，描写了宫禁中清丽的春景，但这两联并不是为写景而写景，目的在于通过"景语"烘托出裴舍人的特殊身份地位，恭维的意味也由此传递出来。颈联、尾联点明主题，写自己怀才不遇、希求对方援引。全诗以景表达情怀，隐约曲折。

张籍《节妇吟寄东平李司空师道》(1)

君知妾有夫(2)，赠妾双明珠。感君缠绵意(3)，系在红罗襦(4)。妾家高楼连苑起(5)，良人执戟明光里(6)。知君用心如日月(7)，事夫誓拟同生死(8)。还君明珠双泪垂，恨不相逢未嫁时。

【注释】

(1)张籍：见专题七"唐人边塞征战诗"专题诗选《凉州词》其三注释(1)。节妇：指古代能够坚守贞操的妇女，特别指忠贞于丈夫的妻子。吟：一种诗体的名称。东平：今山东郓城。李司空师道：李师道，时任平卢淄青节度使。唐宪宗元和十一年(816)加司空，故称。(2)妾：古代妇女对自己的谦称，这里是诗人自喻。(3)缠绵意：曲折委婉的深情。(4)罗襦(rú)：丝织面料的短袄。(5)高楼连苑起：耸立的高楼连接着园林，形容第宅之崇丽。苑，园囿。起，矗立着。(6)良人：旧时女人对丈夫的称呼。执戟(jǐ)：指担任宫廷侍卫官。以秦汉时宫廷侍卫值勤手持戟而名。明光:汉宫名,即明光宫,武帝时建。后泛指宫殿。(7)用心:动机,目的。如日月:谓其心如日月长悬,喻真情长久。此句暗指李师道殷勤征聘。(8)事夫:服侍丈夫。此句喻指自己对朝廷忠心不二。拟:打算。

【提示】

中唐时期,地方政权(藩镇)割据一方,形成尾大不掉之势。李师道家族政权盘踞齐鲁一带达数十年之久,他们网罗人才,以巩固其势力。一些失意士人也往往依附藩镇以谋出路。但拥护朝廷、致力统一的士人则持不与藩镇合作的态度,张籍即是如此。李师道曾拟聘请张籍为幕僚,张籍以此诗婉谢。古人往往以妻之事夫与臣之事君相比拟,忠与贞在道德上也是类似的。谚语说"忠臣不事二君,烈女不嫁二夫",就是这种封建观念的表现。

不过,抛开本事不论,此诗亦是言情佳作。基调深情婉转,刻画细腻熨帖,"恨不相逢未嫁时"成为千古名句。

白居易《见尹公亮新诗偶赠绝句》[1]

袖里新诗十首余,吟看句句是琼琚[2]。如何持此将干谒[3],不及公卿一字书[4]?

【注释】

(1)白居易:见专题三"中秋诗词"专题诗选《八月十五日夜湓亭望月》注释(1)。尹公亮:生平不详。(2)琼琚(qióng jū):佩玉。比喻华美的诗文。琼,美玉。琚,佩玉名。(3)干谒:对人有所求而请见。(4)公卿:三公九卿,泛指朝廷中掌握实权的高官。一字书:犹云"一纸书",一封简短的书信。

【提示】

此诗约为元和初年所作。唐代科举考试有所谓"行卷",就是考试之前,试者持诗文稿谒见公卿名士,请予赞赏推荐。如王维之于岐王李范,白居易之于顾况等,求荐者有才,举荐者有识。但还是有不少公卿高官缺乏公心,只有私利,他们举荐的原则是关系的亲疏而非诗文的好坏,于是抱璞怀玉之士常常名落孙山,而种种关系户则蟾宫折桂。此首诗不只是为尹公亮鸣不平,事实上也讽刺了当时存在的不合理不公正现象。

朱庆馀《闺意上张水部》(1)

洞房昨夜停红烛(2),待晓堂前拜舅姑(3)。妆罢低声问夫婿(4),画眉深浅入时无(5)?

【注释】

(1)朱庆馀,生卒年不详,名可久,以字行,越州(今浙江绍兴)人。唐敬宗宝历二年(826)进士,授秘书省校书郎。仕途坎坷,曾游西北边陲。其诗多赠别酬答、行旅题咏,风格清新细腻。《全唐诗》存其诗二卷。(2)洞房:新婚卧室。停红烛:让红烛通宵点着。停:留置。(3)待晓:等候天亮。舅姑:公婆。这里隐喻主考官。(4)夫婿:丈夫。这里借指张籍。(5)深浅:浓淡。入时无:是否时髦。这里是问自己的文章能不能合主考官的意。

【提示】

题中"闺意",指闺中情意,言男女艳情。诗题又作《近试上张水部》,是朱庆馀参加进士考试前呈献给水部郎中张籍的"行卷"之诗。诗人将自己比作新妇,将张籍比作"夫婿",将主考官比作"舅姑",希望能在"拜舅姑"前得"夫婿"一言。据尤袤《全唐诗话》说,张籍看了朱庆馀所献的这首诗后,即写了一首酬答诗:"越女新妆出镜心,自知明艳更沉吟。齐纨未是人间贵,一曲菱歌敌万金。"将朱庆馀比作一位采菱姑娘,说她才艺出众,受人赞赏,暗示其不必为考试担心,可以打消"入时无"的顾虑。沈祖棻说:"朱的赠诗写得好,张也答得妙,可谓珠联璧合,千年来传为诗坛佳话。"而喻守真又进一步说:"此诗就是丢开讽喻不讲,即以诗言诗,也是一首极尽新婚夫妻旖旎风光的好诗。"

高蟾《下第后上永崇高侍郎》⁽¹⁾

天上碧桃和露种,日边红杏倚云栽⁽²⁾。芙蓉生在秋江上,不向东风怨未开⁽³⁾。

【注释】

(1)高蟾,生卒年与字号均不详,河朔(今河北一带)人。唐僖宗乾符三年(876)登进士第。唐昭宗乾宁年间(894—897)为御史中丞。诗工绝句,以感怀、行旅为主,气势雄伟。有《高蟾诗》一卷。(2)"天上"二句:暗示新及第进士的特势得意。"碧桃""红杏"喻新进士,"天上""日边"喻新进士倚仗的有利处境,"和露种""倚云栽"喻新进士承受权要的特殊照顾。(3)"芙蓉"二句:比喻自己如秋江芙蓉,生不得地,开不逢时,不敢怨主考官的不予拔举。

【提示】

诗题中的"永崇",为唐时长安的坊名;高侍郎为谁不详,有说是指高骈,他居于长安永崇坊。本诗为高蟾考试落榜后作。

诗以三种植物设喻,婉转含蓄而寓意深刻。"碧桃"在天,"红杏"近日,方得"和露""倚云"之势,这不是僻居于秋江之上无依无靠的"芙蓉"所能比拟的。然而"秋江芙蓉"又孤高而自甘清冷,其风神标格与作者的人品相统一;说"未开"而非"不开",当然是因为芙蓉开花要等到秋高气爽的时候,这就表现出作者对自己才识的自信。不怨天尤人,也不趋炎附势,这样的风度与襟怀,难能可贵。

杜荀鹤《乱后宿南陵废寺寄沈明府》⁽¹⁾

只共寒灯坐到明⁽²⁾,塞鸿冲雪一声声⁽³⁾。乱时为客无人识,废寺吟诗有鬼惊。且把酒杯添志气,已将身事托公卿⁽⁴⁾。男儿仗剑酬恩在⁽⁵⁾,未肯徒然过一生⁽⁶⁾。

【注释】

（1）杜荀鹤（846—约907），字彦之，号九华山人，池州石埭（今安徽池州石台）人。早年屡试不中，唐昭宗大顺二年（891）中进士第。后任五代梁太祖朱温的翰林学士、主客员外郎、知制诰。其擅长作宫词，部分作品反映唐末军阀混战局面下的社会矛盾。诗歌语言通俗，清新秀逸，后人称"杜荀鹤体"。有《唐风集》。（2）"只共"句：是说投宿于破庙中，守着油灯，一夜未眠坐到了天亮。作者无疑是想到自己已是不惑之年，却半生坎坷，仕途蹭蹬，怀才不遇，壮志难伸，于是对烛无眠。（3）塞鸿：边塞的大雁。（4）身事托公卿：把自己的仕进前途托付给公卿，希望能够得到其推荐和任用。公卿，三公九卿的简称，后泛指高官，这里指沈明府。（5）酬恩：指报答知遇之恩。（6）徒然：白白地。

【提示】

唐僖宗乾符二年（875）王仙芝等在长垣（今河南长垣）起义，黄巢随后在冤句（今山东菏泽）起兵响应，唐末农民战争爆发。黄巢于广明元年（880）底攻入长安，建立大齐政权；中和四年（884）兵败，为部将所杀。战争动荡历时九年余。这是作者在战乱结束后写的一首干谒诗。"南陵"在今安徽省芜湖市南陵县。"沈明府"其人不详，唐时称县令为"明府"。

三、专题衍说

干谒诗：尊严与乞求的平衡
—— 说求谒者的心态

"干谒"这个词语，如今用得少，看着生疏，但它所代表的事情，无论过去还是现在，都还算得是司空见惯的。

从词义上说，"干"是求取的意思，"谒"指拜见、拜谒；"干谒"二字表示

"为了某种目的而求见地位高的人"。国人向来讲情份和关系,往来周旋是平常的事。至于为着某种私心或者功利,在有身份地位的人那儿走走门、探探路,祈得对方有所关照,适当的时候给予援引、擢拔,这种做法,在人与人之间也并不少见。当然,由于交往双方地位的不对等,若彼此不甚相熟,拜访的过程中难免拘束,上门的人惶恐、忐忑,接待的人把握不好分寸,那么此次干谒的效果就大打折扣了。

　　作为一种请托,以增加入仕做官的希望,这种目的性明确的干谒活动,滥觞于汉代,至唐已蔚然成风。唐人这类干谒的特殊性表现在,一是奔走于公卿门下的大都是年轻的士子,在科举考试前后活动尤为频繁;二是奔走的门户往往对考试录取、官员提拔诸方面有决定权或话语影响权;三是用来干谒的媒介主要不是珍宝、金银等物质上的厚礼,而是将自己的诗文创作加以编辑,写成卷轴,呈送给贵人们过目,以求得赞誉、推荐。这种做法,也叫作"行卷"。它在当时,是一种合情合理合法的行为,为读书人所广泛接受。因为唐代考试的试卷本来就是不糊名的,所有的考生信息在卷面上都公开。一纸试卷的成绩代表了考生临场的机智应变,但考官并不唯此来判断考生的水平能力,而是要依据他们平日的作品和誉望来决定去取。如果考生平素与那些有地位、有学问的人有过交集,得到过他们的揄扬褒奖,成功的概率就大了许多。白居易将"野火烧不尽,春风吹又生"一诗递送给顾况,顾况大赞"有句如此,居天下有甚难",给白居易带来了极大的声誉。

　　伴随着炽热的干谒活动,也就出现了专门的干谒诗,用以展现个人形象,表达个人诉求。文人清高,短短几行字里,既要达意传情,又要保持尊严,还要打动对方,使之留下深刻印象,分寸的拿捏就显得格外重要。当然,各人有各人的性情,与投赠对象关系的亲疏远近也不同,于是在这些干谒诗里,呈现出迥然不同的缤纷色彩。

　　杜甫35岁来到长安,在十年时间里奔波周旋于公卿贵族门庭,"朝扣富儿门,暮随肥马尘。残杯与冷炙,到处潜悲辛",向翰林学士张垍、京兆尹鲜于仲通、都护高仙芝等投献过干谒诗文,并向朝廷献大赋颂德歌功。他曾多次写诗给尚书左丞韦济,表达自己的抱负,希望得到援引推荐。不过韦济并没有给予他多少实质性的帮助。《奉赠韦左丞丈二十二韵》是杜甫干谒诗里的名篇。诗中,他愤懑于现实社会的不公("纨绔不饿死,儒冠多误身"),倾吐失意与困窘("骑驴十三载,旅食京华春"),陈述才华与能力("读书破万卷,下笔如有神"),阐发政治理想("致君尧舜上,再使风俗淳"),表达对韦济的感恩("甚愧丈人厚,甚知丈人真"),期待对方勉力提携("窃效贡公喜,难甘原宪贫")。一番感慨之后,强压下委屈不平,透露出了骨子里的骄傲:"白鸥没浩荡,万里谁能驯。"

李白不但干谒诗写作数量多,干谒活动历时也相当长。虽然他希望在世间能够"不屈己,不干人","安能摧眉折腰事权贵,使我不得开心颜",但他还是在"行万里路"的过程中"遍干诸侯,历抵卿相"。益州长史苏颋、渝州刺史李邕、荆州太守韩朝宗、玉真公主、秘书监贺知章等等,都收到过他递上去的诗文。这些诗文中,当然有"摧眉折腰"的表情,但由于他灵魂中的平等意识和对于自我才华的高度肯定,使得他即便是干谒诗,也有着别具一格的豪纵之气。他的《上李邕》说自己如同"大鹏一日同风起,扶摇直上九万里",并对李邕的怠慢表示十分不满:"宣父犹能畏后生,丈夫未可轻年少。"孔圣人还说"后生可畏"呢,你李邕李大人可千万不能小看人!

干谒诗里写得含蓄委婉、独标风韵的是孟浩然的《望洞庭湖赠张丞相》。孟夫子长期以隐士的形象示人,并不是不愿意出仕为官,而主要是性情散淡,机缘又不甚巧合。到了年纪一大把,再经不起耽搁,于是借着"望洞庭湖"写了一首"赠张丞相"的自荐诗。诗首先描写了洞庭湖壮丽阔大而充满活力的景色,"气蒸云梦泽,波撼岳阳城"即是景语,也是胸臆;接着顺势由欲渡湖而无舟楫的比喻,表达希望通过张丞相的引荐来实现入仕从政的理想。他说:"欲济无舟楫,端居耻圣明。坐观垂钓者,徒有羡鱼情。"生在太平盛世,闲居无事是令人惭愧的,执政的张大人啊,有没有可能给我一个追随左右的机会呢？全诗干谒的意图能让对方领会，却又不露寒乞相，还将八百里洞庭的浩浩汤汤于纸上挥洒得淋漓尽致，这样的才华，怎能不令人看好呢？

当然，如果干谒的双方脾性投合，彼此欣赏，遇合过程愉快，甚或相见恨晚，从而留下鱼水相得的佳话也不是没有可能的。朱庆馀在科考行卷时，投奔的是水部郎中张籍。张大人对小朱的诗文很是赏识，特选了26篇广加推荐，官员们知道张籍通常不对人轻许褒奖，因此皆对朱庆馀另眼相看。考试结束以后，朱庆馀心中忐忑，写了一首《闺意上张水部》向张籍打听考试结果："洞房昨夜停红烛，待晓堂前拜舅姑。妆罢低声问夫婿，画眉深浅入时无？"将自己比作新嫁娘，将张籍比作丈夫，羞涩、紧张、谨慎、期待地询问：那些像公婆一样的主考官会看得上自己的容颜吗？张籍读后，会心一笑，回赠诗曰："越女新妆出镜心，自知明艳更沉吟。齐纨未是人间贵，一曲菱歌敌万金。"委婉地告诉朱庆馀不用担心。果不其然，小朱当年进士及第。这段逸事，有人说是发生在考试之前的，因此也有将此诗题为《近试上张水部》。

张籍本人对用男女关系喻现实政治的诗歌写法颇为喜好，也颇有心得。平卢淄青节度使李师道欲拉他依附，他写了一首《节妇吟寄东平李司空师道》，婉转地加以拒绝，其中"还君明珠双泪垂，恨不相逢未嫁时"令后来的各路读者感叹不已。

逢人说项斯

——说被拜见者的做派

察举制度产生于汉代，由地方长官在辖区内考察选取人才，将其推荐给上级。考察的科目有孝廉、秀才、明经、贤良方正等，它是选拔官吏的一种途径。魏晋时期则采用九品中正制，有声望的专家担任中正一职，根据士人的家世背景与德行才能进行品级评定，向朝廷荐举。在这些用人制度里，"举荐"是主导，是中心环节，虽然期间也有一些考察的科目，但毕竟是辅助形式，而且后期世袭、门荫的色彩很重。到了隋唐，科举制确立，才开启了以考试定取舍、定去留的选拔路子，打破了门第藩篱。但即便如此，荐举的方式仍旧存在。

唐初，为了广举人才，令"天下英雄尽入吾彀中"，朝廷专门诏敕官员访择人选。宰相能否有所荐引及举贤多寡，往往成为评判其政绩优劣的重要标准。太宗贞观时，封德彝为相，因久无所举，受到太宗诘难；于志宁为相，因不能有所荐达，"为士议所少"；朱敬则、狄仁杰在相位时，因知人善荐，颇获时誉。由于科举与荐举两途并用，荐举对科举录取结果的干预程度又颇高，所以社会上的干谒请托之风盛行。

在被请托的官员中，有许多秉公推荐、援引后辈者。如顾况举荐未成名的白居易，就是一个典型的例子。传为美谈的，还有杨敬之与项斯。

杨敬之是河南人，做过工部尚书兼祭酒，人称"杨祭酒"。有一个浙江的书生叫项斯，考试落榜，拜谒杨敬之时呈上自己的诗。杨祭酒很欣赏，写了一首《赠项斯》："几度见诗诗总好，及观标格过于诗。平生不解藏人善，到处逢人说项斯。"诗里说项斯的诗好，人品风采更好；又说自己从来不懂得藏匿别人的长处，别人但凡好，自己总是逢人便夸，赞不绝口。这首夸人同时又夸了自己的诗，广受好评，以至于形成"代人说项"这样的成语，意思是替人说好话。据说在杨敬之的赞誉之下，项斯后来科举及第。

对于这则传说，后人有不甚服气的。宋代的时候，有人与张耒（字文潜）等一同聊天，提起项斯的诗，说好像没听说他有多大的诗名，张耒说："必不足观。你只要看看杨敬之本人的诗不过如此，就可想他所喜欢的诗也就那样了。"这话有些苛刻。项斯留下来的诗少归少，但还是字清意远、工整细腻的，如"客来因月宿，床势向山移""独存过江马，强拂看花衣"之类。至于杨敬之，《全唐诗》虽只留存两首诗，可"平生不解藏人善"一句，就脍炙人口了。

不只杨敬之赏识项斯的诗，水部郎中张籍对他也存偏爱之心，曾写七律一首《赠项斯》："端坐吟诗忘忍饥，万人中觅似君稀。门连野水风长到，驴放秋原夜不归。日暖剩收新落叶，天寒更著旧生衣。曲江亭上频频见，为爱鹧鸪雨里飞。"尽管该诗有说是寄贾岛的，但张籍与项斯二人关系密切，诗风近似，则时人尽知。太子少师郑薰诗里就有"项斯逢水部，谁道不关情"这样的句子。可见前辈们对自己看上眼的后生是可以不遗余力地抬举的。

当然，抬举的前提是趣味上两相投合。这里的"趣味"又涉及三观、审美以及其他种种。因此今人看起来，当年的大咖对晚辈们的取舍，并不完全在于他们诗文的才华如何。

李邕是名人，善诗文，工书法，历经中宗、睿宗、玄宗朝，做过多地的刺史、太守，世称"李北海"。他眉目长相不同凡俗，每在京城路上行走，均受人围观，以为他是前朝古人。他好尚义气，爱惜英才，士子们更是争相结纳，登门拜访。天宝四年（745），杜甫漫游来到齐州（今山东济南），李邕听说后，特地从青州赶到齐州，设宴款待34岁的杜甫，而李邕当时已经68岁了。二人相见甚欢，杜甫写下了《陪李北海宴历下亭》诗，其中"海右此亭古，济南名士多"颇为人传诵。

不过李白就没那么好的运气了。传说李白年轻时拜访名震朝野的李邕，由于放言高论，令李邕不以为然。受了冷落的李白写了一首《上李邕》，以"宣父犹能畏后生，丈夫未可轻年少"表示自己的不满。不过，李白对李邕还是崇敬的，在他后来的诗里，有赞扬李邕政绩的，也有对李邕被杀表示不平的，如"君不见李北海，英风豪气今何在""平生种桃李，寂灭不成春"等。

运气不好的还有崔颢。崔颢见李邕之前，早已有了些声名，尤其他题写黄鹤楼的诗，给他带来极高的美誉。李邕将自己的府第整理打扫了一番，郑重其事地邀请崔颢来做客。不料崔颢献上的诗，却令李邕大不欢喜。这首诗叫《王家少妇》："十五嫁王昌，盈盈入画堂。自矜年最少，复倚婿为郎。舞爱前溪绿，歌怜子夜长。闲来斗百草，度日不成妆。"写的是一个女子优裕惬意的婚后生活，虽跟淫词艳曲挨不上边，但还是被李邕叱责为"小子无礼"。

在人才荐举活动中，总还是存在着论利益、论亲疏情况的，一些公卿以权谋私,全然不顾所推荐者的品格学识。这可以说是荐举制度的漏洞所在。白居易"如何持此将干谒,不及公卿一字书",杜荀鹤"空有篇章传海内,更无亲族在朝中",就是针对这样的状况发出的感慨。

  在这种风气里,士子的投机也时有所见。欧阳修曾说:"士子奔竞者多,至有偷窃他人文字,干谒权贵以求荐举。"偷窃他人文字,甚至有偷到被拜访者头上的。某次,某大员接见某生,看着递上来的诗文,大惊:"这是我年轻时的文字呀。"对方倒也不慌:"我从旧书肆里淘得这文字,多少年里不知用它拜谒过多少名人,没想到今儿遇到原作者了。"

专题十三

大唐艺术

一、专题要点

本专题主要介绍唐代艺术与艺术诗,并通过诗作对艺术作品的反映,了解不同的艺术种类各自的特征以及对生活的不同表现。本专题选读诗歌作品 14 首。

(一)唐代艺术成就

艺术的门类很宽,涉及建筑、雕塑、绘画、音乐、戏剧、文学、舞蹈、服饰、工艺美术等领域。唐代的艺术,一方面继承本土的文化,体现出写实的精神、时代的气息、伟大澄澈之美,以及通体显示结构的完整洗练;另一方面又增进域外技法,如音乐吸收胡乐、绘画吸收印度的凹凸画法、杂技由中南亚传入新技巧等。

雕塑:洛阳龙门、永靖炳灵寺等石窟中,有许多唐代的石雕造像,或造型雄伟,或刻画细腻,有很高的艺术价值。四川乐山的石雕大佛坐像,高 71 米,雄伟自然,是中国最大的石佛像。乾陵和顺陵前的巨大雕刻群都极为壮观、精美,也是唐代石雕中的珍品。著名的敦煌千佛洞是世界上罕见的艺术宝库,现存的 490 多个洞窟中,唐窟几乎占了总数的一半,其中的立体泥塑佛像形态各异,栩栩如生,放射出健美的光彩,它们常常与壁画和谐地结合在一起,显示出雕塑艺人的高超智慧和才能。

美术:唐朝绘画不仅名家辈出,而且在题材内容、绘画技法方面都有很大进步。初唐绘画,以宗教佛像和贵族人物画为主,名家有阎立德、阎立本兄弟等，现存的《步辇图》和《历代帝王图》就是阎立本的杰作。盛唐以后，人物画开始以世俗生活为内容，山水画也日益兴盛起来，吴道子有"画圣"之称，现存的《送子天王图》，据说就是他的作品；李思训、李昭道父子以画金碧山水著名，设色绚丽，描绘工细，是山水画北派之祖；诗人王维首创水墨山水画，他的山水画精炼、淡雅，富有诗意，为山水画南派之祖，对后世影响很大；此外唐朝还有许多长于画花鸟禽兽的画家，如曹霸、韩干善画马、韩滉善画牛，薛稷善画鹤，边鸾善画孔雀等。

书法：唐朝是中国书法史上继往开来的重要阶段。初唐的楷书潇洒飘逸，端严遒劲，继承了东晋二王书体的风格。欧阳询笔力严谨，《九成宫醴泉铭》为其名作；虞世南字体柔圆，代表作品有《孔子庙堂碑》《汝南公主墓志》等。唐中期，颜真卿把篆、隶、行、楷四种笔法结合起来，创造了方正敦厚、沉着雄浑的新书体，称为颜体，对后世影响极大。唐后期的名书法家柳公权以楷书见长，他融化诸家笔法，自成一体，世称柳体。此外还有怀素、张旭等草书家，深具个人风格。

音乐：唐朝音乐发达。唐太宗平高昌得高昌乐，并入原有的九部乐，扩充为十部乐：燕乐、清商乐、西凉乐、天竺乐、高丽乐、龟兹乐、安国乐、疏勒乐、康国乐、高昌乐。唐高宗以后，十部乐衰落，音乐家开始研究新的乐舞，各部乐间的区别逐渐消失，至玄宗朝撤销。玄宗本人就是音乐家，爱好演奏琵琶、羯鼓等多种乐器，擅长作曲，传说作有《霓裳羽衣曲》《小破阵乐》等百余首乐曲；他非常重视雅乐事业，将十部乐分为坐部伎（坐在堂上演奏）和立部伎（立在堂下演奏），曾经亲选坐部伎三百人，号为"皇帝梨园弟子"，李龟年和永新娘子都是名噪一时的歌唱家。

舞蹈：唐朝的舞蹈则以健舞和软舞最为出名。健舞因其节奏明快、雄健豪爽而得名，有《阿辽》《柘枝》《拂林》《大渭州》《黄獐》《阿连》《剑器》《胡旋》《胡腾》《杨柳枝》等多种。软舞即文舞，优美柔婉，节奏舒缓，有《垂手罗》《回波乐》《兰陵王》《春莺啭》《借席》《乌夜啼》《凉州》《绿腰》《屈柘枝》《甘州》等。著名的舞蹈"七德舞""上元舞""九功舞"合称"三大舞",流行于宫廷。舞蹈家则有公孙大娘、谢阿蛮等。晋朝永嘉之乱后西域舞乐东传中原,华夏舞乐与之融合两个多世纪,至唐代已有很强的胡风特色。多种健舞软舞都采用一种昂首望上,双脚原地急转如旋风的动作,因来源西域,谓之"胡旋"。唐代散乐多含杂技,统称"百戏",包括浑脱、寻橦、跳丸、吐火、吞刀、筋斗、踢毯等项目。

(二)唐代艺术诗

艺术诗是指以诗歌的形式反映音乐、舞蹈、绘画、书法、戏剧、杂技、建筑、雕塑、刺绣等的艺术风貌的作品。唐诗中有一些反映当时艺术及艺术家活动的零星作品,虽然很多并非名篇杰作,但它们像一个个小窗口,使我们可以窥见当时的艺术面貌。

(三)课堂话题

1. 绘画。(1)吴道子画 —— 盛世丹青中的佛国与地狱。可结合吴道子的《送子天王图》《地狱变相图》,还有杜甫的《冬日洛城北谒玄元皇帝庙》诗。(2)周昉画 —— 贵族仕女图的标本。可结合周昉的《簪花仕女图》《纨扇仕女图》,还有杜牧的《屏风绝句》诗。

2. 剑与舞。(1)"剑圣"裴旻与公孙大娘。可结合王维《赠裴旻将军》、杜甫《观公孙大娘弟子舞剑器行》等诗。(2)来自西域的三大乐舞 —— 胡旋、胡腾、柘枝。可结合和凝《宫中曲》等诗。

3. 音乐。可结合韩愈《听颖师弹琴》、白居易《琵琶行》等诗。

二、专题诗选

王维《赠裴旻将军》[1]

腰间宝剑七星文[2],臂上雕弓百战勋[3]。见说云中擒黠虏[4],始知天上有将军[5]。

【注释】

（1）王维：见专题二"帝都之诗"专题诗选《和贾至舍人早朝大明宫之作》注释（1）。裴旻（mín）：唐玄宗时名将，勇武善战，剑法、射技都很有名。曾随幽州都督孙佺北伐，为奚人所围。他舞刀斩断四面射来的箭，奚人大惊而去。后带龙华军守北平州。北平多虎，裴旻善射，一日得虎三十一只。胡人慑于其声威，不敢南牧。（2）七星文：指剑上有七星纹样。据《吴越春秋》载，伍子胥自称他的佩剑是其前君之剑，中有七星，价值百金。此处以七星形容宝剑名贵。（3）雕弓：雕刻着花纹的强弓。（4）云中：汉郡名。汉代名将李广曾镇守云中，打败匈奴。此处借指裴旻勇武。黠虏（xiá lǔ）：狡猾的入侵之敌。（5）"始知"句：谓裴旻神武异常，乃天上之将军。

【提示】

裴旻是盛唐开元时代的一位奇人，不但武艺高强，而且深通艺术，当时名声远播。《新唐书·文艺传》中说："文宗时，诏以白（李白）歌诗、裴旻剑舞、张旭草书为'三绝'。"

此诗赞美裴旻将军身经百战、英勇擒敌、屡建奇功的事迹。诗的后两句，以字面的"云中"带出"天上"，可作多重解说：汉代飞将军李广曾镇守云中，此或以裴旻比李广；汉代名将周亚夫曾用奇兵克敌，人称"将军从天而下"，或以裴旻比周亚夫；突厥颂唐太宗为"天可汗"，称唐朝为"天朝上国"，此处将裴旻誉为天将，展示超越个人荣耀的盛唐豪气。

李白《草书歌行》[(1)]

少年上人号怀素[(2)]，草书天下称独步[(3)]。墨池飞出北溟鱼[(4)]，笔锋杀尽中山兔[(5)]。八月九月天气凉，酒徒词客满高堂[(6)]。笺麻素绢排数箱[(7)]，宣州石砚墨色光[(8)]。吾师醉后倚绳床[(9)]，须臾扫尽数千张[(10)]。飘风骤雨惊飒飒[(11)]，落花飞雪何茫茫[(12)]。起来向壁不停手[(13)]，一行数字大如斗。恍恍如闻神鬼惊[(14)]，时时只见龙蛇走[(15)]。左盘右蹙如惊电，状同楚汉相攻战⁽¹⁶⁾。湖南七郡凡几家⁽¹⁷⁾，家家屏障书题遍⁽¹⁸⁾。王逸少，张伯英⁽¹⁹⁾，古来几许浪得名⁽²⁰⁾。张颠老死不足数⁽²¹⁾，我师此义不师古⁽²²⁾。古来万事贵天生，何必要公孙大娘浑脱舞⁽²³⁾。

【注释】

（1）李白：见专题二"帝都之诗"专题诗选《长相思》注释（1）。歌行：古诗的一体。（2）上人：对僧人的敬称。怀素：字藏真，俗姓钱，以"狂草"名世，史称"草圣"。与张旭齐名，合称"颠张醉素"。（3）独步：独一无二，一时无双。（4）墨池：洗笔砚的水池因池水尽墨，故称。王羲之有"临池学书，池水尽墨"的传说。这里指怀素练书法用墨之多。（5）中山兔：指笔。中山，山名，该地所产兔毛是制笔的上等材料。这里是说怀素写秃了许多笔。（6）高堂：高大的殿堂。（7）笺（jiān）麻素绢：都是书写的材料。麻是麻做的纸，上面有花样者为笺。绢是丝织品，精白者为素。（8）宣州：今安徽宣城。宣州石砚在历史上十分有名。（9）吾师：对怀素的尊称。绳床：又称胡床、交床、交椅，一种可以折叠的坐具。（10）须臾：片刻，形容书写飞快。（11）"飘风"句：是说走笔之声如风似雨飒飒作响。飒飒，象声词。（12）"落花"句：是说怀素字写得快而多，纸片如落花飞雪飘下来，顷刻之间，一片白茫茫。茫茫，无边无际的样子。（13）向壁：对着墙壁书写。（14）怳（huǎng）怳：心神不定的样子。此处以神鬼惊诧形容怀素狂草感人至深。（15）龙蛇走：形容笔画蜿蜒曲折，迅速行进。（16）"左盘"二句：是说书写迅疾，着笔有力，字字勾连，富有气势，如雷电行空，兵家相斗。盘、蹙（cù），屈曲回绕。楚汉相攻战，指西楚霸王项羽和汉王刘邦为争夺天下而进行的战争。（17）湖南七郡：指洞庭湖以南的长沙、桂阳、零陵、连山、江华、邵阳、衡阳七郡，即湖南全境。（18）屏障：屏风。（19）王逸少：王羲之，东晋时大书法家，被书家尊为"书圣"。张伯英：张芝，汉代书法家，善草书。（20）"古来"句：是说古来有多少像王逸少、张伯英这样的人徒有书法家的美名。几许，多少。浪得名，徒有其名。(21)张颠：张旭，字伯高，性嗜酒，大醉后呼叫狂走，乃下笔疾书，或以头蘸墨而书，时人呼为张颠，亦被尊为"草圣"。不足数：排不上数，远不能与怀素并提。(22)我师：指怀素。此义：草书之道。不师古：不师法前人，独步书坛。(23)"古来"两句：是说怀素草书独步天下，乃是天才所致，并非模仿公孙大娘舞蹈所取得的。天生，造化赋予。公孙大娘，唐玄宗开元时人，善舞剑器。相传张旭、怀素因见其舞剑而草书大进。浑脱，唐时舞名。杜甫《观公孙大娘弟子舞剑器行序》："观公孙氏舞剑器浑脱，浏漓顿挫，独出冠时……往者吴人张旭，善草书书帖，数常于邺县见公孙大娘舞西河剑器，自此草书长进，豪荡感激，即公孙可知矣。"

【提示】

草书起于西汉之初，发展成为"章草"。东汉末，张芝脱去这种书体残留的隶书笔意，使上下字之间的笔势牵连相通，偏旁互相假借，形成真正的草书，称为"今草"。至唐代，张旭、怀素更加恣肆狂放，笔势连绵回环，字体变化繁多，终成"狂草"。本诗通过一系列生动的比喻，描绘了怀素挥毫草书的神情，赞美其书法艺术的高度成就，绘形绘声，淋漓尽致，给人以深刻印象。

需要说明的是，苏轼、胡应麟等都认为这首诗非李白所作，是后人假托的。不过给出这一判断的证据尚不够充分。本诗笔力雄奇，挥洒自如，流利洗练，恣肆狂放，有李白的精神气度。

刘长卿《听弹琴》[1]

泠泠七弦上[2]，静听松风寒[3]。古调虽自爱[4]，今人多不弹。

【注释】

(1)刘长卿：见专题六"唐人山水田园诗"专题诗选《寻南溪常山道人隐居》注释(1)。(2)泠（líng）泠：本指水声，这里形容琴声清越。七弦：古琴有七根弦。此处代指琴。(3)松风：指《风入松》琴曲，或指松间风声，双关。

寒：凄清。(4)自爱：自己喜欢。

【提示】

琴瑟是汉魏六朝的流行乐器，到了唐代，由于与西域交往频繁，开始风靡"燕乐"，于是琵琶之类的胡器大行其道，公众的审美倾向也逐渐偏于欢快、繁复。以琴瑟为主、音色相对单调的古曲没落，成为"古调"。前两句写琴音，以"泠泠"起，以"寒"字终，引出孤清寂寞、知音难觅之感。而后两句的感叹，似乎又不单单限于音乐，表现出诗人不合流俗之悲、怀才不遇之恨。

杜甫《冬日洛城北谒玄元皇帝庙》[1]

配极玄都閟[2]，凭虚禁御长[3]。守祧严具礼[4]，掌节镇非常[5]。碧瓦初寒外[6]，金茎一气旁[7]。山河扶绣户[8]，日月近雕梁[9]。仙李盘根大[10]，猗兰奕叶光[11]。世家遗旧史[12]，道德付今王[13]。画手看前辈，吴生远擅场[14]。森罗移地轴[15]，妙绝动宫墙[16]。五圣联龙衮[17]，千官列雁行[18]。冕旒俱秀发[19]，旌旆尽飞扬[20]。翠柏深留景[21]，红梨迥得霜[22]。风筝吹玉柱[23]，露井冻银床[24]。身退卑周室[25]，经传拱汉皇[26]。谷神如不死[27]，养拙更何乡[28]。

【注释】

(1)杜甫：见专题二"帝都之诗"专题诗选《丽人行》注释(1)。洛城北：指洛阳城北的北邙山。谒：拜访。玄元皇帝：老子李耳，道家的始祖。唐高宗乾封元年(666)追谥老子为太上玄元皇帝，唐玄宗开元二十九年(741)在东都洛阳、西都长安及天下各州立庙。(2)配极：犹谓位极。极指北极，因玄元庙在洛阳城北，故称。玄都：本指老子在天上的居处，此处指玄元庙。閟(bì)：深闭。(3)凭虚：凌空，在高处俯临大地。禁御：宫禁之守御，此指庙的围墙。(4)守祧(tiāo)：看管庙宇的人。祧，祖庙。严：认真。具礼：安排仪式，按礼仪供设酒食。(5)掌节：手持符节。镇：制伏。非常：意外事变。

(6)碧瓦：青碧的琉璃瓦。(7)金茎：用以擎承露盘的铜柱。一气：指天空。(8)绣户：彩绘的门窗。(9)雕梁：雕花的梁柱。(10)"仙李"句：意谓李氏像李树一样盘根错节，枝干高大。《四库全书》句下注："老子生而能言，指李树为姓。唐以李氏出自老君，追崇为祖。"(11)猗(yī)兰：汉殿名。汉武帝生于猗兰殿，故用指汉武帝。此处以汉武帝喻指唐玄宗。奕(yì)叶：犹累世，代代。(12)"世家"句：指《史记》未能将老子列为"世家"，应感遗憾。旧史，指《史记》。(13)"道德"句：指的是唐玄宗曾亲注《道德经》，并下令列为学子习读之书。今王，指唐玄宗李隆基。(14)吴生：指唐著名画家吴道子，曾在玄元庙中画有《五圣图》。擅场：画技高超出众。(15)森罗：指万象森严罗列的景色。地轴：古人认为地有三千六百轴，彼此之间互相牵制。此泛指大地。(16)动宫墙：形容画使殿宇生辉。(17)五圣：指唐高祖、太宗、高宗、中宗及睿宗。玄宗天宝八年(749)为他们分别追封谥号，玄元庙的墙壁上有吴道子画的五圣真容。龙衮(gǔn)：天子礼服，上绣龙纹。(18)千官：指画中的众多朝臣。雁行：排列有序。(19)冕旒(miǎn liú)：皇帝的礼帽，借指皇帝。秀发：形容气宇轩昂。(20)旌旆(jīng pèi)：指画中的旗帜仪仗。(21)景：同"影"。(22)迥(jiǒng)：远，高远。得霜：凝霜。(23)风筝：挂在殿宇檐前的风铃，俗称风马儿。吹玉柱：指风筝经风一吹发出美妙悦耳的声音。玉柱，指以玉为弦柱的筝。(24)露井：没有盖的井。银床：辘轳架。(25)"身退"句：《史记·老子韩非列传》载：老子曾为周守藏室之史，"居周久之，见周之衰，乃遂去"。卑周室：为"周室卑"的倒装，卑指式微、衰微。(26)拱：护卫。《老氏圣纪图》："河上公授汉文帝《道德二经》旨奥，帝斋戒受之。"此句以汉喻唐。(27)谷神：指人身体中的元神，即丹田之气。"谷神不死"是《老子》里的话。此代指老子。(28)养拙：守拙，隐居不仕。何乡：无何有之乡，泛指虚无之处。出自《庄子·逍遥游》："今子有大树，患其无用，何不树之于无何有之乡，广莫之野。"

【提示】

李唐王朝尊老子李耳为始祖,封其为太上玄元皇帝。唐玄宗开元二十九年(741),诏两京及诸州各置玄元皇帝庙一所。东都洛阳玄元皇帝庙在城北北邙山上。天宝八年(749)冬杜甫来到这里,写下本诗。原诗题下有一小注:"庙有吴道子画五圣图。"说明作者对吴道子画的《五圣图》给予了特别的留意。全诗介绍了玄元皇帝庙的建筑情形、周边环境,叙述了老子和李唐的关系以及李唐对老子的种种崇敬,继而发表了感想。于细处琢磨,诗人对王朝隆重祀奉老子的做法,似略有嘲讽。

当时,唐玄宗认为祥瑞不断出现,都是祖宗的圣德,于是封了"五圣":封高祖李渊为神尧大圣皇帝,太宗李世民为文武大圣皇帝,高宗李治为天皇大圣皇帝,中宗李显为孝和大圣皇帝,睿宗李旦为玄真大圣皇帝。吴道子在洛阳玄元皇帝庙的墙壁上,描绘了"五圣"的壁画,被称作《五圣图》或《五圣千官图》。壁画中"五圣"衣冠整齐,千官排列成行,加之逼真的山水,使殿宇生色。而杜甫诗中"五圣联龙衮,千官列雁行。冕旒俱秀发,旌斾尽飞扬"也表现了吴道子宗教人物画中冠带衣袂、云霓旌旗的线条特点,所谓"吴带生风"。

杜甫《观公孙大娘弟子舞剑器行》[(1)]

昔有佳人公孙氏,一舞剑器动四方。观者如山色沮丧[(2)],天地为之久低昂[(3)]。㸌如羿射九日落[(4)],矫如群帝骖龙翔[(5)]。来如雷霆收震怒[(6)],罢如江海凝清光[(7)]。绛唇珠袖两寂寞[(8)],晚有弟子传芬芳[(9)]。临颍美人在白帝[(10)],妙舞此曲神扬扬[(11)]。与余问答既有以[(12)],感时抚事增惋伤[(13)]。先帝侍女八千人[(14)],公孙剑器初第一[(15)]。五十年间似反掌[(16)],风尘澒洞昏王室[(17)]。梨园子弟散如烟[(18)],女乐余姿映寒日[(19)]。金粟堆前木已拱[(20)],瞿塘石城草萧瑟[(21)]。玳筵急管曲复终[(22)],乐极哀来月东出。老夫不知其所往,足茧荒山转愁疾[(23)]。

【注释】

（1）杜甫：见专题二"帝都之诗"专题诗选《丽人行》注释（1）。公孙大娘弟子：李十二娘。公孙大娘是唐代开元时著名的舞蹈家。剑器：古代乐舞之一。舞者为女子，着戎装而舞。行：古诗的一种体裁。（2）观者如山：形容观看的人多。色沮丧：形容惊叹失色。（3）"天地"句：形容天地为之震动。低昂，一起一伏，表示震动。（4）爟（huò）：闪烁的样子。羿（yì）：上古神话中善射的英雄。传说尧时天上十日并出，草木为之焦枯，羿射去九日。（5）"矫如"句：形容舞姿矫健如同群神驾龙翱翔。矫，矫健。群帝：众天神。骖（cān），本意为拉车两边的马，此处作动词用，驾车。骖龙，犹言驾着龙。（6）来：指开场。剑器舞主要以鼓伴奏，舞前鼓乐喧阗，形成一种紧张的战斗气氛。鼓声一落，舞者登场，所以说"雷霆收震怒"。震怒，盛怒，大怒。（7）"罢如"句：言舞罢时，舞者神闲气定，如宁静的江海清光凝然。罢，结束，指收场。凝，凝固。（8）绛唇：大红的嘴唇，代指青年时代的公孙大娘。珠袖：饰有珍珠的衣袖，借指公孙大娘的舞姿。两寂寞：是说人舞俱亡。（9）传芬芳：指公孙大娘的弟子继承了她的舞技。（10）临颍（yǐng）美人：指临颍（今属河南）人李十二娘。白帝，即白帝城。故址在夔州（今重庆奉节县城东的白帝山上），这里指夔州府所在地。（11）神扬扬：神态飞动。（12）既有以：意指已经知道有此原委。以，因由，原委。（13）感时：感慨时事。抚事：追思往事。惋（wǎn）伤：怅恨悲伤。（14）先帝：指已故的唐玄宗。（15）初第一：本第一。（16）五十年间：自杜甫于唐玄宗开元五年（717）在郾城观看公孙大娘舞《剑器》《浑脱》，到唐代宗大历二年（767）在夔州见李十二娘舞《剑器》而写此诗，其间正好是五十年。似反掌：形容时间过得飞快。（17）风尘：比喻战乱，指安史之乱。澒（hòng）洞：弥漫无际。昏：昏暗，比喻国运衰退。王室：指朝廷。（18）梨园子弟：唐玄宗时宫廷歌舞艺人的统称。（19）女乐余姿：指李十二娘的舞蹈犹存开元盛世的风貌。女乐，歌舞伎。余姿，过去流传下来的舞姿。（20）金粟（sù）堆：金粟山。在今陕西渭南蒲城县东北,玄宗死后葬此。木已拱:言墓木已拱,死去已久。拱,两手合围。(21)瞿(qú)塘:瞿塘峡。此指夔州一带。石城:指白帝城。(22)玳筵(dài yán):华丽的筵席。急管:节奏急促的管乐曲。泛指酒宴伴奏乐曲。(23)"老夫"二句:足茧原是妨碍速行,此时却不忍离去,像是行走荒山,虽有足茧碍行,但仍感到走得太快了。老夫,杜甫自称。转,反而。疾,快速。

【提示】

本诗前有一序:"大历二年十月十九日,夔府别驾元持宅,见临颍李十二娘舞剑器,壮其蔚跂。问其所师,曰:'余公孙大娘弟子也。'开元五载,余尚童稚,记于郾城观公孙氏舞剑器浑脱,浏漓顿挫,独出冠时。自高头宜春、梨园二伎坊内人,洎外供奉,晓是舞者,圣文神武皇帝初,公孙一人而已。玉貌锦衣,况余白首,今兹弟子,亦匪盛颜。既辨其由来,知波澜莫二,抚事慷慨,聊为《剑器行》。往者吴人张旭,善草书书帖,数常于邺县见公孙大娘舞西河剑器,自此草书长进,豪荡感激,即公孙可知矣。"

公孙大娘是开元时有名的舞伎,声名冠绝一时。她善舞剑,对一种戎装执剑的健舞——"剑器"有很深的造诣。杜甫早年在郾城曾欣赏过一回。五十年之后,即大历二年(767)十月,当他在夔州看到其弟子李十二娘的表演,在惊叹她们师徒技艺精绝的同时,心中不免有一种深深的今昔盛衰之感涌动。想当日观公孙大娘舞,自己尚在童稚,而今已垂垂老矣;至于唐王朝,饱经动乱,也早不复往日的繁盛,正走向衰微。一念及此,不禁百感交集,写下这首诗。从咏李十二娘,而思公孙大娘,又转而感怀唐玄宗,寄托了诗人不忘盛世、慨叹当今的思绪。

皎然《观王右丞维〈沧洲图〉歌》(1)

沧洲误是真(2),蓁蓁忽盈视(3)。便有春渚情(4),褰裳掇芳芷(5)。飒然风至草不动,始悟丹青得如此(6)。丹青变化不可寻,翻空作有移人心(7)。犹言雨色斜拂座,乍似水凉来入襟(8)。沧洲说近三湘口(9),谁知卷得在君手。披图拥褐临水时，翛然不异沧洲叟[10]。

【注释】

(1) 皎然（约720—约793），僧人。俗姓谢，字清昼，湖州长城（今浙江湖州长兴）人，南朝刘宋谢灵运十世孙。开元、天宝年间曾进士试未第，失意穷困，安史之乱后在杭州灵隐寺出家为僧，久居吴兴杼山妙喜寺。诗多送别赠答、山水游赏之作，语言简淡，格调闲放。有《杼山集》（或称《吴兴集》）。(2) 沧洲：指远离尘俗的山水清幽之处。误是真：误画为真。(3) 萋萋：草盛貌。盈视：满目。(4)"便有"句：意谓看了此画，便产生到水边游春之情。渚（zhǔ），水中小洲，此指水边。(5)"褰（qiān）裳"句：意谓预备撩起衣服到沧洲上摘取芳草。褰裳，拎起衣裳。《诗经·郑风·褰裳》："子惠思我，褰裳涉溱。"掇（duō），拾取，采摘。芷（zhǐ），即白芷，水生香草。(6)"飒然"二句：是说风吹而草却不动，才明白这是画。飒然，风声。悟，明白。丹青，绘画所用的颜料，指代绘画。(7) 翻空作有：把没有的变成有的。移人心：使人心移，即使人产生错觉。(8)"犹言"二句：是说观画时，似乎雨丝从画面中飞出，斜拂到座中来，让人感到凉飕飕的水珠沾湿了衣襟。(9) 三湘口：指洞庭湖地带。湘水分为漓湘、潇湘、蒸湘三湘，流入洞庭湖，故称。(10)"披图"二句：是说打开《沧洲图》，披衣临水（画中的水），便感到自己悠闲自在，和《沧洲图》中的隐士没有两样。拥褐（hè），穿着粗布短衣，不受冠带束缚。翛（xiāo）然，自由自在貌。沧洲叟，指画中徜徉山水间的高人隐士。

【提示】

诗题中的"王右丞维"，指的是王维，他官至尚书右丞。《沧洲图》是王维的画，已佚。据诗意，该画当是以洞庭水云之乡为描绘背景的，而且画得气韵生动，形神俱佳。这首诗主要描写观画者的心灵感受，也就是画作的"移人心"功用。诗人观画，即误以画为真，而生春渚掇芳之情，因风至而草不动，始悟是画;接着又因画随风卷,由悟复迷,而生"雨色斜拂座,水凉来入襟"之感,疑是真而非画;最后,竟情不自禁,身入画境,披图拥褐临水,悠然自得地做起画中人来,达到物我相忘、真画混一的境地。

王维为南宗画之祖,其画不但重视形象逼真,更特别重视气韵,重视画外之意,但其真迹今已难觅。皎然这首诗也是研究王维画风的可贵资料。

李端《鸣筝》[1]

鸣筝金粟柱[2],素手玉房前[3]。欲得周郎顾[4],时时误拂弦[5]。

【注释】

(1)李端,生卒年不详,字正己,赵州(今河北石家庄赵县)人。唐代宗大历五年(770)进士,曾任秘书省校书郎、杭州司马。晚年辞官隐居湖南衡山,自号衡岳幽人。他是"大历十才子"之一,以诗思敏捷受人称道。其诗多为应酬之作,一些闺情诗写得清婉可人。《全唐诗》录其诗三卷。(2)筝:拨弦乐器。金粟柱:桂木做的弦柱,或指雕饰华美如金桂斑纹的弦柱。金粟,桂花的别名,因其色黄如金,花小如粟,故称。柱,定弦调音的短轴。(3)素手:女子纤细洁白的手。玉房:玉制的筝枕。房,筝上架弦的枕。一说"玉房"为弹琴的房屋的美称。(4)周郎顾:《吴志·周瑜传》:"曲有误,周郎顾。"三国时吴国周瑜二十四岁拜建威中郎将,当时吴中呼为"周郎"。他精于音乐,即使是在半醉时,听到别人所奏之曲有误,也要转头看一下。顾,回头看。(5)拂弦:拨动琴弦。

【提示】

诗题一为《听筝》。全诗写一位弹筝女,为博取听筝者的青睐而故意出差错的情态。诗将"曲有误,周郎顾"这个典故用活了,"周郎"比喻弹筝女子属意的知音者。写人物心理,洞察入微,刻画细腻。俞陛云《诗境浅说》评价说:"此诗能曲写女儿心事。银筝玉手,相映生辉,尚恐未当周郎之意,乃误拂冰弦，以期一顾。夫梅瓣偶飞，点额效寿阳之饰；柳腰争细，息肌服楚女之丸。希宠取怜，大率类此，不独因病致妍以贡媚也。"

韩愈《听颖师弹琴》[1]

昵昵儿女语，恩怨相尔汝[2]。划然变轩昂[3]，勇士赴敌场。浮云柳絮无根蒂，天地阔远随飞扬[4]。喧啾百鸟群，忽见孤凤凰[5]。跻攀分寸不可上[6]，失势一落千丈强[7]。嗟余有两耳，未省听丝篁[8]。自闻颖师弹，起坐在一旁[9]。推手遽止之[10]，湿衣泪滂滂[11]。颖乎尔诚能[12]，无以冰炭置我肠[13]。

【注释】

（1）韩愈：见专题二"帝都之诗"专题诗选《早春呈水部张十八员外》注释（1）。颖师：名颖，师是对僧的通称。来自天竺，元和间在长安，以弹琴著名。（2）"昵昵"二句：状琴声有如青年男女窃窃私语，卿卿我我。昵昵，亲切貌。尔汝，挚友间不讲客套，径以你我相称。（3）划然：以刀破物之声，此处即突然之间。轩昂：高举，昂扬。（4）"浮云"二句：是说琴声如浮云柳絮，在天地间漫无边际地飞扬。蒂，果实与枝茎相连之处。（5）"喧啾"（xuān jiū）二句：是说在一片和声泛音中，主调突然高扬，如百鸟叽叽啾啾的叫声中，忽然听到一只凤凰发出清越的鸣叫。喧啾，百鸟喧叫声。（6）跻（jī）攀：指调子越弹越高。跻，登。分寸不可上：形容高到不能再高。（7）千丈强：千丈有余，极言其低。（8）"嗟余"二句：叹惜自己白白长着两只耳朵，一向不懂得欣赏音乐。嗟，感叹词。余，我。未省（xǐng），不懂。丝篁（huáng），丝、竹，即弦乐器和管乐器，这里泛指音乐。（9）起坐：忽起忽坐，坐立难安。（10）遽（jù）：急忙。（11）滂滂：大水涌流貌，此状泪如雨下。（12）尔：你。诚：的确，果真。能：指颖师擅长弹琴。（13）无：同"毋"，不要。以：用。冰炭置我肠：冰极冷，炭火极热，指两种相反的情感剧烈冲击。这里指完全被琴声的悲欢所左右,一会儿高兴,一会儿悲伤,无法自持。

【提示】

此诗与白居易的《琵琶行》、李贺的《李凭箜篌引》并称,同为唐诗中摹写音乐的名篇。

作者通过一系列形象化的比喻,对琴声之高低抑扬作了生动的摹写。颖师的琴声,开篇如同小儿女亲昵的话语声,继而忽然变调,雄壮激昂,如勇士赴战场。慢慢地,乐声逐渐转为悠扬舒缓,如空中的浮云,如飘扬的柳絮。音高步步跻升,最后如百鸟群中忽有凤凰朗鸣,嘹亮震耳。音调攀到最高以后,突然跌落。如此繁复错综的变化,令听者如痴如醉,泪流不已。诗人用"冰炭置我肠"比喻不同音乐声带来感觉上的强烈差异,非常新颖。

白居易《琵琶行》[1]

浔阳江头夜送客[2],枫叶荻花秋瑟瑟[3]。主人下马客在船[4],举酒欲饮无管弦[5]。醉不成欢惨将别[6],别时茫茫江浸月。忽闻水上琵琶声,主人忘归客不发。寻声暗问弹者谁?琵琶声停欲语迟[7]。移船相近邀相见[8],添酒回灯重开宴[9]。千呼万唤始出来,犹抱琵琶半遮面。转轴拨弦三两声[10],未成曲调先有情。弦弦掩抑声声思[11],似诉平生不得志。低眉信手续续弹[12],说尽心中无限事。轻拢慢捻抹复挑[13],初为《霓裳》后《六幺》[14]。大弦嘈嘈如急雨[15],小弦切切如私语[16]。嘈嘈切切错杂弹,大珠小珠落玉盘。间关莺语花底滑[17],幽咽泉流冰下难[18]。冰泉冷涩弦凝绝[19],凝绝不通声暂歇。别有幽愁暗恨生[20],此时无声胜有声。银瓶乍破水浆迸[21],铁骑突出刀枪鸣[22]。曲终收拨当心画[23],四弦一声如裂帛[24]。东船西舫悄无言[25],唯见江心秋月白。沉吟放拨插弦中[26],整顿衣裳起敛容[27]。自言本是京城女,家在虾蟆陵下住[28]。十三学得琵琶成,名属教坊第一部[29]。曲罢曾教善才服[30],妆成每被秋娘妒[31]。五陵年少争缠头[32],一曲红绡不知数(33)。钿头银篦击节碎(34),血色罗裙翻酒污(35)。今年欢笑复明年,秋月春风等闲度(36)。弟走从军阿姨死(37),暮去朝来颜色故(38)。门前冷落鞍马稀,老大嫁作商人妇。商人重利轻别离,前月浮梁买茶去(39)。去来江口守空船(40),绕船月明江水寒。夜深忽梦少年事,梦啼妆泪红阑干(41)。我闻琵琶已叹息,又闻此语重唧唧(42)。同是天涯沦落人,相逢何必曾相识(43)。我从去年辞帝京(44),谪居卧病浔阳城(45)。浔阳地僻无音乐,终岁不闻丝竹声。住近湓江地低湿(46),黄芦苦竹绕宅生(47)。其间旦暮闻何物?杜鹃啼血猿哀鸣。春江花朝秋月夜,往往取酒还独倾(48)。岂无山歌与村笛,呕哑嘲哳难为听(49)。今夜闻君琵琶语,如听仙乐耳暂明(50)。莫辞更坐弹一曲(51),为君翻作《琵琶行》(52)。感我此言良久立(53),却坐促弦弦转急(54)。凄凄不似向前声(55),满座重闻皆掩泣(56)。座中泣下谁最多?江州司马青衫湿(57)。

【注释】

(1)白居易:见专题三"中秋诗词"专题诗选《八月十五日夜湓亭望月》注释(1)。(2)浔阳江:在今江西九江市北,是长江的一段。头:江畔。(3)荻(dí)花:多年生草本植物,生在水边,叶子长形,似芦苇,秋天开紫花。瑟瑟:风吹草木声。(4)主人:诗人自称。(5)管弦:乐器,这里指音乐。(6)醉不成欢:酒虽喝得多,但没有什么欢乐。(7)欲语迟:想说又迟疑。(8)移船:把客船移近弹琵琶女子的船。(9)回灯:把撤下的灯拿回来。重:再次。(10)转轴:拧转琵琶上弦轴,以调音定调。三两声:是说试弹几声。(11)掩抑:形容弦声低徊,情调幽咽。思:悲伤的情思。(12)信手:随手。续续:连接不断。(13)拢:左手手指按弦向里(琵琶的中部)推。捻:左手手指按弦在柱上左右捻动。抹:右手手指向左拨动。挑:右手手指向右拨弦。都是弹琵琶的指法。(14)《霓裳》:《霓裳羽衣曲》。《六幺》:本名《录要》,将乐工所进曲调录要成谱,故名,又名《绿腰》。(15)大弦:粗弦,即低音弦。嘈嘈：形容声音舒长浑厚。(16)小弦：细弦，即高音弦。切切：形容声音急促细碎。(17)间关：象声词，鸟音。滑：轻快流利。(18)"幽咽"句：是说琵琶声像冰下的泉水，幽咽难通。幽咽，遏塞不畅快。(19)"冰泉"句：是说犹如冷涩的泉水那样沉滞，弦像要凝固而断了。(20)幽愁：藏在心灵深处的悲哀。暗恨：无人知道的隐恨。(21)"银瓶"句：形容乐声突然转为清脆的强音。乍，突然。迸，溅射。(22)铁骑(jì)：形容乐声的雄壮铿锵，变得高扬。(23)拨：套在指上拨弦的拨子，用象牙、牛角等材料制成。当心画：用拨子从琵琶中部划过四弦，一般表示曲终。画，同"划"。(24)四弦一声：四根弦同时发声。裂帛(bó)：撕裂丝织品，形容乐声的尖锐、清脆。(25)舫(fǎng)：船。(26)沉吟：有话说而又沉静思忖的样子。(27)敛容：严肃矜持而有礼貌的表情。(28)虾蟆陵：在长安城东南，曲江附近。西汉董仲舒墓在此，其门人经此，都要下马致敬，所以叫"下马陵"，后讹为"虾蟆陵"。(29)教坊：唐玄宗时设置左右教坊，是教习训练歌舞技艺的机构。部：队。(30)善才：乐师的通称。(31)秋娘：泛指当时长安著名的乐伎。(32)五陵年少：泛指长安富贵人家子弟。五陵，汉代五个皇帝的陵墓(高祖长陵、惠帝安陵、景帝阳陵、武帝茂陵、昭帝平陵)，均在长安附近。汉代每建一陵，都迁富豪、外戚到陵旁居住。争：抢着送。缠头：古代舞女以锦缠头，故歌舞完毕，有以绢帛之类为赠的风俗，称"缠头彩"。(33)绡(xiāo)：生丝制成的纺织品，指缠头。(34)钿(diàn)头银篦(bì)：两头镶着花钿的银篦子(梳发用具)。钿，把金属、宝石、贝壳等镶嵌在器物上作装饰。击节：打拍子。(35)血色：鲜红色。翻酒污：是说被与少年们戏谑时打翻的杯酒弄脏。(36)秋月春风：指一年中的良辰美景。等闲度：随随便便度过。(37)走：去。阿姨：教坊中管歌女的女管事人。(38)颜色故：容貌衰减。(39)浮梁：唐饶州浮梁县，治所在今江西景德镇北。(40)去来：自商人去浮梁以来。(41)妆泪：眼泪与脸上的脂粉相混。阑干：泪水纵横的样子。(42)重唧唧：又叹息起来。(43)"同是"二句：是说彼此过去虽不相识，但人生遭遇有共同之处，因而偶然相逢,也可倾吐心事。(44)帝京:指长安。(45)浔阳城:今江西九江。(46)湓(pén)江:湓水,源出江西瑞昌西清湓山。(47)苦竹:竹的一种,其笋味苦。(48)独倾:一个人倒酒喝。(49)呕哑嘲哳(ōu yā zhāo zhā):形容声音杂乱,不悦耳。难为听:不堪入耳。(50)耳暂明:耳朵一时感到清悦了。(51)更坐:重新坐下。(52)翻:此指按曲调写成歌辞。(53)良久:许久。(54)却坐:退回原位坐下。促弦:把声调定高。(55)向前:刚才。(56)掩泣:掩面而泣。(57)司马:官名,刺史的副佐。青衫:唐代低级官员(八品、九品)穿青色官服。作者当时职位的官阶是将仕郎,从九品,故着青衫。

【提示】

诗前原序说:"元和十年(815),予左迁九江郡司马。明年秋,送客湓浦口,闻舟中夜弹琵琶者,听其音,铮铮然有京都声,问其人,本长安倡女。尝学琵琶于穆、曹二善才,年长色衰,委身为贾人妇。遂命酒使快弹数曲,曲罢悯然。自叙少小时欢乐事,今漂沦憔悴,转徙于江湖间。予出官二年,恬然自安,感斯人言,是夕始觉有迁谪意。因为长句,歌以赠之,凡六百一十二言,命曰《琵琶行》。"

作品借着叙述琵琶女的高超演技和她的凄凉身世,抒发了作者个人政治上受打击、遭贬斥的抑郁悲凄之情,从而发出"同是天涯沦落人,相逢何必曾相识"的感慨。其中在摹写音乐上,运用一连串新颖的比喻,把音声错落、瞬息忽变、清幽抑扬描写得精妙传神。

据五代时人王定保《唐摭言》记载:"白乐天去世,大中皇帝(唐宣宗)以诗吊之曰:'缀玉联珠六十年,谁教冥路作诗仙。浮云不系名居易,造化无为字乐天。童子解吟《长恨》曲,胡儿能唱《琵琶》篇。文章已满行人耳,一度思卿一怆然。'"

元稹《舞腰》[1]

裙裾旋旋手迢迢[2],不趁音声自趁娇[3]。未必诸郎知曲误[4],一时偷眼为回腰(5)。

【注释】

（1）元稹（779—831），字微之，排行九，世称元九，洛阳（今河南洛阳）人。唐德宗贞元九年（793）明经及第，贞元十九年（803）登书判拔萃科，元和元年（806）登"才识兼茂于体用科"第一名，曾任监察御史、江陵士曹参军、通州司马。唐穆宗长庆二年（822）拜为宰相，不久出为同州刺史、越州刺史、浙东观察史。又官鄂州刺史、武昌军节度使，卒于任所。曾与白居易共同提倡新乐府，常相唱和，世称"元白"。其诗辞浅意哀，色彩浓烈，有《元氏长庆集》。（2）裙裾（jū）：指舞衣。旋旋：旋转貌。迢迢：手修长柔弱貌。（3）"不趁"句：不顾音乐节奏，随意而舞，只欲以娇态迷人。趁，利用。（4）诸郎：指在座诸位看客。知曲误：暗用三国周瑜故事，而反用其意。周瑜精晓音乐，酒半醉，听人奏曲有误，也要回头看看，故时谣说："曲有误，周郎顾。"（5）偷眼：暗中一顾。回腰：回转腰身。《回腰》也是舞曲名。此处双关。

【提示】

这是一首描写人物舞姿的绝句，头两句正面描写舞姿，裙裾旋旋，玉手纤纤，靠的不是声音而是绝美的舞姿。后两句侧面描写，着重于观者反应，观者回头不是因为"曲误"，而仅仅是为了看她"回腰"，便更加显出舞者"舞腰"的不同之处，及观者的喜爱之情。

梁锽《咏木老人》(1)

刻木牵丝作老翁，鸡皮鹤发与真同(2)。须臾弄罢寂无事，还似人生一梦中(3)。

【注释】

（1）梁锽（huáng），生卒年、字号、籍贯均不详。倜傥不羁，半生落魄，四十岁尚无禄位。天宝初年,曾为郎官。《全唐诗》存其诗十五首。(2)"刻木"二句:谓木老人宛如真人。牵丝,木偶的关节部位用丝线连缀起来,以便于艺人操纵,是为提线木偶。鸡皮鹤发,谓老人皮肤多皱,头发雪白。(3)"须臾"二句:借木偶戏慨叹人生如梦。须臾,时间极短。弄,搬演。

【提示】

诗题亦作《傀儡吟》《咏窟磊子人》。木老人即木刻老人,也就是木偶,或称傀儡。傀儡的制作,始于战国时代,至隋唐已用于表演戏文故事。此诗将那些政治上不能自主,受人操纵、任人摆布的人物比喻为木老人,颇具讽刺意味。《唐诗纪事》卷二十九"梁锽"条引《明皇杂录》:"李辅国矫制迁明皇西宫,力士窜岭表。帝戚戚不乐,日一蔬食。吟诗云:'刻木牵丝作老翁'至'一梦中'。不知明皇作,或咏锽诗也。"此诗为明皇所作虽不可信,但却形象地刻画出玄宗失去权力后的尴尬处境与戚戚不乐的心态。

李贺《李凭箜篌引》(1)

吴丝蜀桐张高秋(2),空山凝云颓不流(3)。江娥啼竹素女愁(4),李凭中国弹箜篌(5)。昆山玉碎凤凰叫(6),芙蓉泣露香兰笑(7)。十二门前融冷光(8),二十三丝动紫皇(9)。女娲炼石补天处(10),石破天惊逗秋雨(11)。梦入神山教神妪(12),老鱼跳波瘦蛟舞(13)。吴质不眠倚桂树(14),露脚斜飞湿寒兔(15)。

【注释】

(1)李贺:见专题十一"中唐诗况"专题诗选《致酒行》注释(1)。(2)吴丝:指箜篌的弦。吴地蚕丝最精美,是制作箜篌弦的最适宜材料。蜀桐:指箜篌的器身。四川桐木古称宜制作琴瑟。张:弹奏。高秋:深秋。(3)凝云颓不流:指箜篌乐声响遏行云。颓,集聚。颓不流,停止不动。(4)江娥啼竹:传说舜南巡时,死于苍梧,葬于九嶷山。他的妃子娥皇、女英追至洞庭,向南痛哭,泪洒竹枝,竹上尽留斑点,所以湘江一带有斑竹。素女:古代传说中的霜神,会弹瑟,乐调悲伤。(5)中国:国之中心,此指当时京城长安。(6)昆山:昆仑山,盛产美玉。玉碎:形容乐声清脆。凤凰叫:形容乐声高昂激越。(7)芙蓉泣露:芙蓉,荷花的古称。泣露,像带露珠的荷花在哭,形容乐声幽咽。香兰笑:像芳香的兰花在笑,形容乐声的欢快明丽。(8)十二门:长安城东西南北每面各有三门,共十二门,指全城。融冷光:形容乐声和美,消融了长安深秋的寒气。融,消融。(9)二十三丝:竖箜篌有二十三弦。紫皇:道教称天上最尊的神为紫皇。(10)女娲(wā):古代神话传说,女娲曾炼五彩石补天。(11)逗:引。(12)"梦入"句:干宝《搜神记》载:"有妪(yù)号成夫人,好音乐,能弹箜篌,闻人弦歌,辄便起舞。"这里意指神妪的所长乃李凭梦入神山时所教。(13)"老鱼"句:老鱼、瘦蛟都被乐声感动得起舞。(14)吴质:月宫中的神人吴刚。古代传说吴刚学仙有过,被罚去砍伐月中高大的桂树,他一拔出斧头,砍痕立即复合,他只好不停地砍树。(15)露脚:指像雨点一样连续落下来的露水。寒兔:玉兔,古代传说月宫中有玉兔捣药。

【提示】

李凭是当时善弹箜篌、供奉宫廷的梨园弟子。箜篌为古代的一种弦乐器,根据弦数的多少有大、小箜篌之分,又分竖式、卧式两类。"箜篌引"为乐府旧题,属《相和歌·瑟调曲》。

李贺擅长结合神话传说,用幻觉描述自己聆听乐声后的感受,而且将这种幻觉转移到外物之上。箜篌声之动听,居然让空山浮云为之颓然凝滞,让善于鼓瑟的湘娥与素女为之悲愁而潸然泪下。乐声之清脆繁杂,如昆山玉碎;乐声之情感多变,悲抑时如芙蓉泣露,欢快时如香兰含笑;乐声之高亢嘹亮,如石破天惊。音乐的出神入化效果真是"惊天地,动鬼神",神山中的神妪也要向李凭学习;甚至可以让老鱼跳波、瘦蛟起舞,让月宫中的仙人为之痴迷而忘记了睡眠。诗人用幻意识组合神话及怪诞意象,光怪陆离,令人耳目一新。

杜牧《屏风绝句》(1)

屏风周昉画纤腰(2)，岁久丹青色半销(3)。斜倚玉窗鸾发女(4)，拂尘犹自妒娇娆(5)。

【注释】

(1)杜牧：见专题二"帝都之诗"专题诗选《金谷园》注释(1)。(2)屏风：室内陈设，用以挡风或遮蔽的器具，上面常有字画。周昉(fǎng)：字景玄，唐代画家，长安人，工仕女，兼工肖像。纤腰：细腰，指细腰美女。(3)丹青：指画像。色半销：颜色褪去大半。(4)玉窗：窗的美称。鸾发：鸾形发髻。(5)拂尘：掸除尘埃。犹自：还是，尚自。娇娆：柔美妩媚，代指画上的美女。

【提示】

周昉是活跃在盛唐、中唐之际的画家，善画仕女，精描细绘，层层敷色。头发的勾染、面部的晕色、衣着的装饰，都极尽工巧之能事。相传《簪花仕女图》是他的手笔。杜牧此诗所咏的"屏风"上当有周昉所作的一幅仕女图。诗写屏风上所画的仕女即便颜色褪掉，也能引起美少女的嫉妒，这样从美的效果来写美的表达方式，展现了周昉画作的高妙和画艺的精湛。

和凝《宫中曲》(1)

身轻入宠尽恩私(2)，腰细偏能舞柘枝(3)。一日新妆抛旧样(4)，六宫争画黑烟眉(5)。

【注释】

(1)和凝（约898—955），字成绩，郓州须昌（今山东东平）人。十七岁举明经,十九岁登进士第。历事梁、唐、晋、汉、周五代,累官中书侍郎、同中书门下平章事、太子太傅。以文章见长,尤其擅长短歌艳曲,被誉为"曲子相公"。《全唐诗》存其诗二十四首。(2)入宠:进入后宫,受到君王宠爱。恩私:恩宠。(3)柘枝(zhè zhī):柘枝舞的省称,是一种由西域传入中原的健舞。(4)新妆:谓女子新颖别致的打扮修饰。(5)黑烟眉:黑墨眉,当时的时尚眉形。

【提示】

柘枝舞传入中原,逐渐流行,社会上出现以舞柘枝为业的艺人,称作"柘枝伎"。跳柘枝舞时,舞女穿五色绣罗的宽袍,头戴胡帽,帽上有金铃,腰系饰银腰带。舞蹈开场时击鼓三声为号,随后以鼓声为节奏。柘枝舞动作明快,旋转迅速,刚健婀娜兼而有之,同时,注意眉目传情,所以也特别注重面部的妆,眉毛要画得浓黑,两眉之间贴着花钿。和凝《宫中曲》写了一位善跳柘枝舞的妃子,深得君王宠爱,这一日她抛弃旧样化了新妆,惹得皇宫内的宫女妃嫔争着学她画粗黑的眉形。

三、专题衍说

唐代仕女画的标本
——说张萱与周昉的画

女性形象在人物画中,历来占有重要位置,同时也产生了一些以描绘女性人物而著名的画家,比如晋代的顾恺之,他的《女史箴图》和《洛神赋图》闪耀着不可磨灭的光辉。

在唐代,有两位高成就的描绘仕女图中的绮罗人物的画家,一位是盛唐的张萱,一位是中唐的周昉。

张萱是京兆(今陕西西安)人,唐玄宗开元、天宝年间在集贤院中任画师,特别擅长画女性和婴儿。唐朝之前的女性画题材,大多与道德说教相关,人物在体形样貌上,也还是比较瘦削窈窕的。而到了此时,画家们往往关注丰富多彩的现实生活,尤其是贵族女性的优雅与闲适。至于描摹女子身形的健美丰腴,一方面与富足的生活环境及开放的生活风气有关,另一方面,大概也源于统治者群体血统里的审美观念。李唐皇室有鲜卑血统的成分,游牧民族的生活特点造就了剽悍、健硕的体魄,所以唐朝的几代国君均宠爱丰腴的女性也就不难理解了。

  从资料里看到,张萱曾经画过唐玄宗"击梧桐""斗鸡射雁""出门授带""按乐""夜游""纳凉",画过杨贵妃"教鹦鹉",画过虢国夫人的"游春"和"踏青"等,但辗转至今天,真迹留存已绝少。现藏于美国波士顿博物馆的《捣练图》和辽宁省博物馆的《虢国夫人游春图》,都是北宋的摹本,而且据说都出自宋徽宗之手。宋徽宗对书画的热爱在历史上是出了名的,他特别推崇张萱和周昉的画风,不仅极力搜求,而且能精准摹绘。这种"摹"的方法,一般是将素绢覆盖在原作上,勾描原作轮廓,再对照敷色。宋徽宗让画院的画师们精心摹画前代佳作,摹下来的东西,有时也作为对臣下的赏赐品。

  《捣练图》表现的是女子捣练缝衣的工作场景。"练"是一种丝织品,刚刚织成的时候质地坚硬,必须经过沸煮、漂白、杵捣、熨烫等工序之后,才变得柔软洁白。这幅图上有12个人物,分成三组单位。第一组4个人用木杵捣练,第二组2个人在缝纫制作,第三组人员铺排得较开,有扇火的女童,有两头展练的人和中间撑练的人,有拿熨斗熨练的人,还有个顽皮的女孩钻在白练的下面仰头张望。全画没有杂物作背景,完全以人物的表情、服饰、动态,以及各人物之间的呼应来组织画面,足见画家功夫。尤其是细节的精致,令人叹服,如捣练者的挽袖动作、缝衣者的理线动作、扯练者微微着力的后退、扇火者避开烟火的情态,都十分精当。而女子们丰硕的外形,开启了盛唐仕女画"曲眉丰颊"的新风格。

  《虢国夫人游春图》与杜甫诗歌《丽人行》的题材相似,描绘杨贵妃姊妹于三月三郊外游春的场景。画面同样不着一点背景，纯以数人骑马行进作为表现对象。全卷的起首三骑，前后略有参差。头一位骑黄色骏马，戴乌纱冠，青色衫装袖口的鸾凤团花隐约可见；第二位少女着红衫白裙，身后黑骏马上乘坐着穿白衫的从监，手摇着马鞭，却没有急着赶路的样子，不紧不慢地悠闲漫步。三骑之后，是两位并辔而行的贵族女子，近的一位应该是虢国夫人，远的应该是秦国夫人，她正回过头来看后面的三骑。似乎是后排居中与保姆同坐的幼女不高兴了，保姆正哄着，秦国夫人扭头探询情况，后排左侧的从监也侧着头观望。只有虢国夫人，顾自走着，似乎没有被周边的动静干扰，沉浸在自己的世界里。画的主题是"游春"，画面里却没有青山绿木、春水鲜花，只用湿笔点出若有若无的斑斑草色，但从人马动势的舒缓从容里，观画的人能感受到风和日丽的春天气息。

继张萱之后，影响最大的人物画家是周昉。

周昉活跃于唐代宗、唐德宗时期，他早先学习过张萱的画，画风跟张萱比较相似，但也有不少创新。他画女性，用细劲而柔和的游丝描法、匀净精妙的赋色来展示如蝉翼的纱罗、如凝脂的肌肤，人物几乎都是高髻云鬟，体态婀娜，长裙广袖，安适而雍容。另外，他创造了"水月观音"的佛教形象，也就是将观音绘于水畔月下，很有艺术魅力。后来的人将周昉的仕女画和佛像画的造型尊称为"周家样"，与"曹家样"（北宋曹仲达创）、"张家样"（南朝梁张僧繇创）、"吴家样"（唐代吴道子创）并立，合称"四家样"。

某年，尚书郭子仪请人为他的女婿赵纵侍郎画像。先请了著名画师韩干，画完之后，大家都认为形象逼真，赞不绝口。后来郭子仪又请周昉画了一张，大家也齐声称妙。二位画师在当时都颇有名气，究竟谁画得更好，一时难以定夺。这时，恰好赵夫人回家探亲，郭子仪询问女儿，女儿说，两张都画得很像，但周昉这幅画，画出了"神思、情性、笑言之姿"，因此更高一筹。周昉的仕女画也是这样，他能挖掘深宫的女子们在"安史之乱"之后的忧郁、感伤、怨叹、惆怅，反映她们颓唐的精神状态。相传他的代表作有《簪花仕女图》《挥扇仕女图》《调琴啜茗图》等。

《簪花仕女图》保存在辽宁省博物馆,描绘的是6位衣着艳丽的女子于春夏之交赏花游园。她们身着轻罗外衣,内为晕缬团花曳地长裙,头上簪着荷花、牡丹、芍药等硕大花朵。广额浓黛染蛾翅双眉,眉心贴圆金钿。双瞳如点漆,体态丰盈。她们逗犬、拈花、戏鹤、扑蝶,看上去悠闲自得,却又透露出寂寞空虚之感。

"摹音三绝"
——说三首描摹音乐的唐诗

最为精湛、空前绝后的东西,人们往往称之为"绝"。而"三绝"似乎比"一绝"的说法更为警醒,比如有人介绍某事某物"堪称一绝",尚不如说"此地有三绝"来得更撩人兴致,更令人愿意探个究竟。

被谈论为"三绝"的东西,貌似也不少。河南临颍有一座"受禅碑",三国魏时所立,记写曹丕代汉称帝之事。该碑据说是王朗撰文,梁鹄书丹,钟繇刻字,故又称"三绝碑"。三国吴主孙权的夫人手很巧,织锦、刺绣和丝幔被称为"机绝""针绝""丝绝",故亦谓"吴有三绝,四海无俦其妙"。晋代画家顾恺之,多才艺,工诗赋,由于他的小号叫虎头,时称"虎头三绝",即"才绝、画绝、痴绝"。唐文宗时,诏以李白之诗歌、裴旻之剑舞、张旭之草书为"三绝"。还有《三国演义》里的人物,曹操被称为"奸绝",诸葛亮被称为"智绝",关羽被称为"义绝",合称"三绝"。

唐代诗歌里,我们曾介绍过"咏蝉三绝",即虞世南的《蝉》("居高声自远,非是藉秋风")、骆宾王的《在狱咏蝉》("露重飞难进,风多响易沉")和李商隐的《蝉》("五更疏欲断,一树碧无情")。

这里我们要说的是唐诗中描摹音乐的三首佳作——"摹音三绝"。

大唐是"诗国",同时也是"乐国",音乐艺术十分发达,而诗歌本身又是一种音乐化的结构形式。就作品的内容看,《全唐诗》里直接描写音乐舞蹈的诗篇有1000多首,有描写乐器的,有描写乐师的,有描写乐声的,完全就是一部音乐的百科全书。李白不经意间写音乐,一挥手即是"谁家玉笛暗飞声,散入春风满洛城。此夜曲中闻折柳,何人不起故园情";杜甫亦歌亦能舞,江南逢李龟年时,遥想"岐王宅里寻常见,崔九堂前几度闻",在对往昔演出盛况的回顾里,寄托了时代沧桑与人生巨变;白居易有170多首写音乐的诗,而以音乐为标题的,就有40多首。这些都可以见出唐代音乐诗的盛行。

而被公认为三大音乐诗的,分别是白居易的《琵琶行》、韩愈的《听颖师弹琴》、李贺的《李凭箜篌引》。清代人方扶南对这三首诗有一段评论:"白香山江上琵琶,韩退之颖师琴,李长吉李凭箜篌,皆摹写声音至文。韩足以惊天,李足以泣鬼,白足以移人。"惊天、泣鬼、移人,正可以看作这三首摹音诗的不同风格。

白居易是在得罪权贵、贬官江州的第二年,在那个江寒月白的夜晚,听到琵琶声的。当时他45岁,离开繁华的长安京城,贬居在偏僻的浔阳溢江,心灰意冷。看看所处的环境,是"黄芦苦竹绕宅生",满耳听到的声音,是"杜鹃啼血猿哀鸣";除了"往往取酒还独倾"之外,又可以用什么来打发时日呢?尤其令他苦恼的是,"终岁不闻丝竹声",连个排遣愁闷的动听乐声都听不到——"岂无山歌与村笛,呕哑嘲哳难为听"。

这晚,送别难得相见的友人,愁闷更是无以复加。执手临别之际,"忽闻水上琵琶声,主人忘归客不发",他听到了来自京城的琵琶鸣奏,唤起了他对美好时光的记忆。他似乎就是那个琵琶女,想起曾经"五陵年少争缠头,一曲红绡不知数。钿头银篦击节碎,血色罗裙翻酒污"的光景。于是,他贪婪地、如饥似渴地辨别着琵琶曲的音质、音量、行进与休止,抑制不住琵琶曲给他带来的感知上的兴奋与愉悦,他以异乎寻常的敏感敏锐用诗句将音调、节奏表现得楚楚动人。

大弦嘈嘈如急雨,小弦切切如私语。嘈嘈切切错杂弹,大珠小珠落玉盘。间关莺语花底滑,幽咽泉流冰下难。冰泉冷涩弦凝绝,凝绝不通声暂歇。别有幽愁暗恨生,此时无声胜有声。银瓶乍破水浆迸,铁骑突出刀枪鸣。曲终收拨当心画,四弦一声如裂帛。

诗中的比喻准确传神,珠玉落盘、花间莺语、冰下泉流,以及水浆迸、刀枪鸣、锦帛裂,这些可以调动人们日常生活经验的想象,目的只有一个,就是为了突出音乐"悦耳目"。"耳之于声也,有同听焉",白居易不仅将美妙乐声如实地记录下来,还将琵琶女的身世和自己的遭际委婉真切地加以表达,确实能够沁人心脾,移人性情。

颖师是一位从天竺来到中国的和尚,有一方桐木制成的八尺一寸的古琴。他的琴音直攫人心,能够令转侧病榻的人霍然而起,沉疴顿愈。韩愈听颖师弹琴,表达的正是那种揪心的微妙感受。

昵昵儿女语,恩怨相尔汝。划然变轩昂,勇士赴敌场。浮云柳絮无根蒂,天地阔远随飞扬。喧啾百鸟群,忽见孤凤凰。跻攀分寸不可上,失势一落千丈强。嗟余有两耳,未省听丝篁。自闻颖师弹,起坐在一旁。推手遽止之,湿衣泪滂滂。颖乎尔诚能,无以冰炭置我肠。

古琴的音响极具画面感。轻音细柔,如互吐恩爱的痴情儿女,忽而蜜语甜言,忽而埋怨嗔怪;高音激昂,如冲锋陷阵的战士,挥刀跃马杀入敌阵。继而琴声舒缓,似乎能见到蓝天上几朵白云轻轻浮过,离枝的柳絮随着春风飘向远方;继而乱弦清音,犹如森林里百鸟争鸣、众声繁会,而在千啼百啭声中,有一只孤凤凰,引吭长鸣,其声不凡,远在百鸟声音之上,且愈拔愈高,愈高愈奇,像一个即将攀上泰山极顶的登山者,"跻攀分寸不可上",再向上攀登一分一寸都极为困难。琴声正值顶峰之际,骤然一落,如从泰山极顶跌进深渊,"失势一落千丈强",人心也猛地为之一沉。听琴的人举止失措,坐立不安,只有推手制止颖师:别再弹了,我的心房里一会儿炭火,一会儿冰块,已经无法承受了。

在"三绝"诗中,李贺的《李凭箜篌引》颇为特别:

> 吴丝蜀桐张高秋,空山凝云颓不流。江娥啼竹素女愁,李凭中国弹箜篌。昆山玉碎凤凰叫,芙蓉泣露香兰笑。十二门前融冷光,二十三丝动紫皇。女娲炼石补天处,石破天惊逗秋雨。梦入神山教神妪,老鱼跳波瘦蛟舞。吴质不眠倚桂树,露脚斜飞湿寒兔。

李贺描摹的是他主观世界里的非常规的音响,谁都无法通过生活经验去把握音乐的特征,只能通过情绪去体会箜篌之音的欢快与悲伤。芙蓉的哭声是怎样的?香兰的笑声是怎样的?"石破天惊"与"江娥啼竹",还有山海中的老鱼瘦蛟,月宫里的吴刚玉兔,它们所呈现出来的音乐境界,若是不能"超以象外"地加以联想,是难以意会的。这大概就是方扶南说"李足以泣鬼"的原因吧。

专题十四

晚唐诗况

一、专题要点

本专题主要学习晚唐诗歌的成就与特色，了解诗歌面貌与社会背景的关系。本专题选读诗歌作品 14 首。

（一）晚唐诗的特点

诗歌上的晚唐，指的是唐文宗开成元年（836）至唐哀帝天祐四年（907），约 70 年。

1. 在忧时悯乱、感叹身世之中，流露出深厚的感伤气息，形式也日益向着华艳纤巧发展。以杜牧、李商隐、温庭筠、韦庄、许浑等为代表。

2. 以现实主义精神反映唐末的阶级矛盾。以罗隐、皮日休、杜荀鹤、陆龟蒙、秦韬玉等为代表。

（二）晚唐诗歌的"末世情结"

至晚唐，李氏政权日薄西山，江河日下。面对不尽如人意的现实，文人们感到回天无力。此时的诗歌少了初唐的功业意识，更没有盛唐的乐观向上和浪漫豪情，却多了些许个人情怀。

1. 表现内容

中下层文人清晰地看到上层统治阶级的腐败，对其不满并有所揭露。但他们基于个人人生遭遇的揭露又往往流于感伤和颓废。如李商隐大量创作爱情诗，既反映仕途失意后寻找安慰与寄托的心理，又表达对政治极度失望而产生的灰暗情绪。杜牧长期浪迹于繁华江南，饮酒作乐，征歌狎妓，用放浪形骸来排解痛苦,其背后则是空怀报国热忱却无处施展才华的苦闷。

2. 表现风格

采用象征等较为隐微的手法将情感表达得含蓄隽永,回味无穷。如李商隐和杜牧都有登乐游原之作,杜牧诗云:"长空澹澹孤鸟没,万古销沉向此中。看取汉家何事业,五陵无树起秋风。"李商隐诗写道:"向晚意不适,驱车登古原。夕阳无限好,只是近黄昏。"两首诗不约而同地选取乐游原黄昏作背景,既象征大唐帝国的陨落,也暗含诗人对自身身世和生命的慨叹。诗歌看似平和、淡然,实际却用深刻的笔触道出作者面对末世无以言表的哀痛、失望和无奈。

(三)课堂话题

1. 兵家诗人杜牧

杜牧有注释古代兵书的专门性著作《孙子注》,其中有多篇专门讨论兵事的实用性很强的论文,还写下了许多与历代或当时兵事相关的诗歌。他的诗,注重布局、立意、气象、虚实,颇有兵家之风貌。如《过华清宫》其一:"长安回望绣成堆,山顶千门次第开。一骑红尘妃子笑,无人知是荔枝来。"作者计议并谋划的意图,是儒家的讽谏,但表达时却采用了兵家的奇正之法。所谓"奇",是非常规的思路,出奇制胜的意思;所谓"正",则指正面对敌。诗的前两句写回望骊山的锦绣景色,想象不同台地之间各宫殿之门次第而开的状况,第三句却突然转向对两个细节"一骑红尘"和"妃子笑"的叙说,这犹如一支奇兵。其出现,不仅说明了不同台地的宫殿之门为什么次第而开的原因,也批评了唐玄宗和杨贵妃让下级官吏供奉荔枝的荒唐。这样,"正"的讽谏之意就通过"奇"的手段,在灌注着作者气质、性情的辞彩与章句之间展开了。

2. 才子诗人李商隐

李商隐是晚唐诗坛巨匠,有"七律圣手"之称。与杜牧齐名,并称"小李杜";与李白、李贺并称"三李";与温庭筠合称"温李"。其诗对后世影响深远,宋诗(西昆派等)乃至金元明清的诗歌,在诗风上均不同程度受其影响。处于"牛李党争"夹缝中间的坎坷仕途,造成了他的创作个性。他的政治诗忧愤时世,咏史诗以古喻今,爱情诗在朦胧的意境和悲剧的气氛中塑造苦于爱情折磨而又执着于爱情的人物形象。尤其是他的无题诗,或是托美人香草以写志,或是借缥缈仙踪以写情,肌理密致,色彩秾丽,讲究典故辞藻,多具有一定的思想深度。

3. 风流诗人温庭筠

温庭筠恃才不羁,行为放浪,人讥"薄于行,无检束";其词作多写闺情,华丽秾艳,被尊为"花间派"之鼻祖。但就诗而言,于时政有所反映,吊古行旅之作感慨深切,气韵清新,犹存风骨。

二、专题诗选

许浑《咸阳城东楼》[1]

一上高城万里愁,蒹葭杨柳似汀洲[2]。溪云初起日沉阁[3],山雨欲来风满楼。鸟下绿芜秦苑夕[4],蝉鸣黄叶汉宫秋[5]。行人莫问当年事[6],故国东来渭水流[7]。

【注释】

(1)许浑(约791—约858),字用晦,一作仲晦,润州丹阳(今江苏丹阳)人。唐文宗大和六年(832)进士,曾任当涂、太平县令,监察御史,虞部员外郎,睦、郢二州刺史。晚年归居润州丹阳丁卯桥。其诗以律诗为主,内容多登高怀古、山水田园,格调清新,律法圆熟。因诗中用"水"字甚多,人称"许浑千首湿"。有《丁卯集》。本诗诗题一作《咸阳城西楼远眺》。咸阳:秦汉故都,旧址在今陕西咸阳。(2)蒹葭(jiān jiā):芦苇一类的水边植物。汀洲:水中的小沙洲,此指诗人家乡的某处汀洲。(3)"溪云"句:溪,指磻溪。阁,指慈福寺阁。此句下作者自注:"(咸阳城)南近磻溪,西对慈福寺阁。"这句的意思是说磻溪开始升起乌云,夕阳已沉没在慈福寺阁的背后。(4)绿芜:杂草丛生的荒地。秦苑:秦朝旧时禁苑。咸阳古为秦都,至唐时仍保留了许多秦时的古建筑。此句意谓当时秦皇的宫廷禁苑,在夕阳残照中,已是飞鸟栖息的荒芜草丛。(5)"蝉鸣"句:当年的汉宫秋色苍茫,凋残的黄叶间传来阵阵寒蝉的哀鸣。(6)行人:旅行者。当年事:指秦汉以来的兴废变化。(7)故国:秦汉故都,指咸阳。东来:向东流去。渭水:黄河支流,横贯陕西中部。这句的意思是说,秦汉早已灭亡,只有渭河水依旧向东流淌。

【提示】

诗人在一个秋日的黄昏登上咸阳城东楼,一览秦汉宫阙遗迹和京郊秋色,感慨万分。他先是眼见芦苇杨柳联想到家乡景色引起思乡之愁,接着由风云变幻想到王朝更替、人事变迁。中间两联写云起日沉、雨来风满,以及旧时禁苑、往日深宫的绿芜黄叶,不单单是写景,而是融入了对历史和人生的感喟。"山雨欲来风满楼"一句,十分形象地写出了暴风骤雨来临之前的紧张气氛,是晚唐危机四伏的社会现实的写照,寓意深远,成为千古名句。尾联"莫问"两句,也颇具哲理意味。诗人缅怀往事,想及现在,不禁涌起一阵忧国忧民的情感。

张祜《宫词》(1)

故国三千里(2),深宫二十年。一声何满子(3),双泪落君前。

【注释】

(1)张祜:见专题九"唐玄宗与杨贵妃"专题诗选《集灵台》其二注释(1)。诗题一作《何满子》。(2)故国:故乡。(3)何满子:又作《河满子》,唐代教坊舞曲名。白居易有诗道:"世传满子是人名,临就刑时曲始成。一曲四调歌八叠,从头便是断肠声。"并自注云:"何满子,开元中沧州歌者,临刑进此曲以赎死,竟不得免。""何满子"既是人名,也是歌名,后来衍生为词牌名。

【提示】

据记载,唐武宗李炎宠爱善歌才人孟氏,后值武宗病重,孟才人侍其侧。武宗问之曰:"我或不讳,汝将何之?"孟才人对曰:"若陛下万岁之后,无复为生。"当时,武宗令其于病榻之前歌《何满子》一曲,声调凄咽,闻者涕零。不久武宗驾崩,孟才人哀痛数日而死(一说孟才人于悲歌之时气绝殒命)。张祜为孟才人殉情之事写了三首诗,包括《宫词》两首。如此,"故国三千里,深宫二十年"即谓孟才人远离家园,入宫年深岁久;而"双泪落君前"的"君",指的也就是唐武宗。

不过,读者一般并不拘泥于这一说法。人们通常将此诗理解为幽居深宫的女性之哀怨。而作为宫怨作品,本诗有独特性:大部分的宫怨诗把宫人产生怨情的原因写成是见不到皇帝或失宠于皇帝,而此诗所写的怨情则是在"君前"、在宫人歌舞受到皇帝赏识的时候,表达的是对被夺去青春、幸福和自由的抗议。正如刘皂《长门怨》中所说"珊瑚枕上千行泪,不是思君是恨君"。诗中每句都用数字,却极为熨帖自然,毫无拼凑之嫌。此诗在唐代已广泛传诵于民间和宫中,杜牧曾有酬作云:"可怜故国三千里,虚唱歌词满六宫。"

杜牧《题宣州开元寺水阁》⁽¹⁾

六朝文物草连空⁽²⁾,天淡云闲今古同。鸟去鸟来山色里,人歌人哭水声中⁽³⁾。深秋帘幕千家雨,落日楼台一笛风⁽⁴⁾。惆怅无日见范蠡⁽⁵⁾,参差烟树五湖东⁽⁶⁾。

【注释】

(1)杜牧:见专题二"帝都之诗"专题诗选《金谷园》注释(1)。诗题又名

《题宣州开元寺水阁，阁下宛溪，夹溪居人》。宣州：唐代州名，今安徽宣城。开元寺：建于东晋，初名永安寺，唐开元二十六年(738)改名开元寺。水阁：开元寺中临宛溪而建的楼阁。(2)六朝：指吴、东晋、宋、齐、梁、陈六个朝代。文物：指礼乐典章等文化遗迹。(3)人歌人哭：语出《礼记·檀弓下》："晋献文子成室，晋大夫发焉。张老曰：'美哉轮焉！美哉奂焉！歌于斯，哭于斯，聚国族于斯。'"意思是祭祀时可以在这里奏乐，居丧时可以在这里痛哭，也可以在这里宴聚国宾及会聚宗族。诗中借指宛溪两岸的人世世代代居住在这里。(4)笛风：笛声随风飘动。(5)范蠡(lǐ)：春秋时越国大夫，辅佐越王勾践灭吴，事成后乘扁舟泛五湖而去。(6)参差：高低不齐的样子。五湖：指太湖及与其相属的四个小湖。

【提示】

诗写于唐文宗开成三年(838)，当时杜牧在宣州任团练判官。诗人于开元寺水阁之上，俯瞰宛溪，眺望城东北的敬亭山，怀古思今。其感慨围绕着人事之"变"与自然之"不变"展开。全诗八句无一不是景，无一不是情；八句皆是眼前景，又皆非眼前景。明是风景，实是一层套一层的感慨。

诗人由晋时古阁联想到六朝繁华已成陈迹，而天淡云闲的自然景象则一如往昔，这是怀古。长空中鸟之来去与夹溪而居的人之歌哭是变的，而诉诸视觉的"山色"与诉诸听觉的"水声"则是不变的，帘幕楼台与千家一笛是变的，深秋雨和落日风则是不变的，这是抚今。在古与今、变与不变的二重奏之后，尾声则归结到地不在远的太湖（五湖），以及人去已远的春秋时代越国大夫范蠡。范蠡功成身退，隐遁五湖，求得了精神上的自由与解放，而杜牧进不能如范蠡实现自己的高怀伟抱，退不能效法范蠡之江湖归隐独善其身，观古视今，念天地之悠悠，叹逝波之渺渺，怎能不百感交集？

杜牧《登乐游原》(1)

长空澹澹孤鸟没(2)，万古销沉向此中(3)。看取汉家何事业(4)，五陵无树起秋风(5)。

【注释】

(1)杜牧：见专题二"帝都之诗"专题诗选《金谷园》注释(1)。乐游原：长安城南游览胜地，地势高敞，可以眺望。因汉宣帝在此建乐游苑，故名。(2)澹澹(dàn dàn)：广阔无边的样子。没：消失。(3)销沉：形迹消失、沉没。此中：指乐游原四周。(4)事业：功业。(5)五陵：指西汉五个皇帝的陵墓，即高帝的长陵、惠帝的安陵、景帝的阳陵、武帝的茂陵、昭帝的平陵。在京城郊外。

【提示】

此诗约作于唐宣宗大中四年(850)秋，其时杜牧将赴湖州任刺史，曾登乐游原观览。前两句托物起兴，借孤鸟之飞逝，慨古来盛世之湮没；而广阔的长空与伶仃的孤鸟对照，又隐含着永恒的宇宙对有限的人事的销蚀。后两句以五陵之兴废，抒其今昔之感，寓其对朝政之忧虑。汉元帝以前，每立陵墓，辄迁外戚及四方豪族居于陵侧，以供奉园陵，称陵县，因此此地也成为豪族聚居之地。汉王朝曾何等显赫一时，而今五陵衰败，竟然连可以兴起秋风的树木亦荡然无存了。"汉家""五陵"，乃借汉喻唐、讽唐，寓寄着诗人对时局与朝政的不满。

《诗法易简录》评此诗"寄慨深远，借汉家说法，即殷鉴不远之意"。《岘佣说诗》亦称"小杜'看取汉家何事业，五陵无树起秋风'是加一倍写法。陵树秋风，已觉凄惨，况无树耶？用意用笔甚曲"。

杜牧《将赴吴兴登乐游原》(1)

清时有味是无能(2)，闲爱孤云静爱僧。欲把一麾江海去(3)，乐游原上望昭陵(4)。

【注释】

(1)杜牧:见专题二"帝都之诗"专题诗选《金谷园》注释(1)。吴兴:今浙江湖州。(2)"清时"句:当这清平可为之时,自己有此闲情,实因无能(即无所作为)。清时,指天下清平之时。有味,指日子过得有趣味。(3)把:持,拿着。一麾(huī):颜延之《五君咏》中有"屡荐不入官,一麾乃出守"。麾,指旌旗。这里指出任外省官职。江海去:吴兴在长江以南,东南近海,故云。(4)昭陵:唐太宗李世民的陵墓,在今陕西咸阳礼泉。

【提示】

这首诗作于唐宣宗大中四年(850)诗人将离长安去湖州任刺史时。之前,他在京城任吏部员外郎,职位清闲。诗人48岁,追求理想的心境有所淡漠,也少了对朝廷的幻想。他三次乞求到湖州(吴兴)做刺史,其理由是照顾双目失明的弟弟和孀居的妹妹,解决经济拮据问题。但这不过是"障眼法",是壮志难酬才无可奈何的选择,他想找个安静的所在。本诗表达了诗人情感上"出世"与"入世"的矛盾。

首句的"清时""无能",是反语,牢骚语。当时朝中党争正炽,宦官擅权专政,藩镇割据日剧,周边外族入侵,根本就不是太平清明之时;而诗人的投闲置散,也并非无能无用,相反他是有经国济世的抱负和才能的。第二句写自己的"闲"和"静",一方面为首句的"有味"做注脚,补充叙述自己的"无能",并试图在表达对现实不满的同时,努力调节内心的暂时平衡;另一方面,又流露出一缕禅意,闲静清空的境界正是佛教禅宗所追求的妙谛。第三句的"江海"既指湖州,又隐含了归隐,此"江海"即为"身在江海之上,心居魏阙之下"的"江海"。最后一句是诗人复杂情感的归宿。昭陵是唐太宗陵墓,位于今咸阳礼泉九嵕山。杜牧在即将离开长安之际,向西遥望昭陵,感慨非常。唐太宗是唐朝的贤明君主,他重用人才,勇于纳谏;相形之下,当今君王良莠不辨,使自己空有才智而无处施展。"望昭陵"是诗人对自己退隐思想的一种否定,又颇有生不逢时之感。可见,他的"闲""静"并不是真闲静。

短短的小诗,有牢骚语,有壮志难酬之慨,有寄托禅门之意,有退隐之情,也有对明君的憧憬。

温庭筠《过陈琳墓》[1]

曾于青史见遗文[2],今日飘蓬过此坟[3]。词客有灵应识我[4],霸才无主始怜君[5]。石麟埋没藏春草[6],铜雀荒凉对暮云[7]。莫怪临风倍惆怅,欲将书剑学从军[8]。

【注释】

(1)温庭筠(约812—约870),原名岐,字飞卿,并州祁(今山西祁县)人。出身世家,才思敏捷,性格倨傲,放荡不羁,为时所忌,屡试不第。曾授隋县及方城尉,官终国子助教。其诗歌内容丰富,辞藻华丽,亦有清拔脱俗之体。与李商隐齐名,并称"温李"。其词多写闺情,风格秾艳,为"花间派"之首。有《温飞卿诗集》。陈琳:汉末著名的建安七子之一,擅长章表书记。陈琳墓:在今江苏徐州邳州。(2)青史:古代以竹简记事,故称史籍为"青史"。遗文:此指陈琳所作书檄。(3)蓬:草名,茎高尺余,叶如柳叶,开小白花;秋枯根拔,风卷而飞,因此又叫飞蓬。飘蓬,以飞蓬形容人的行踪不定。(4)词客:擅长文词的人,这里指陈琳。(5)霸才:谓能辅佐明主成霸业之才,这里指诗人自己。无主:意即没有礼贤下士的贤明君主。(6)石麟:石麒麟,陵墓前石雕的麒麟。(7)铜雀:铜雀台。汉末建安十五年(210)冬曹操所建。周围殿屋120间,连接榱栋,侵彻云汉。铸大孔雀置于楼顶,舒翼奋尾,势若飞动,故名铜雀台。故址在今河北邯郸临漳县西南。与金虎、冰井合称"三台"。(8)"莫怪"二句:由于自己失意,临风吊古,无怪格外伤神;但仍思振奋,收拾书剑,投身军幕,做一番事业。将,带。书剑,书和剑,代指文才武略。

【提示】

陈琳是东汉广陵射阳(今属江苏)人,字孔璋。初为大将军何进主簿,曾向何进献计诛灭宦官,不被采纳;后避难冀州,归袁绍,曾为袁绍作檄文讨伐曹操;袁绍败灭后,陈琳归附曹操。曹操十分爱惜陈琳的才华,不计前嫌,予以重用。《三国志·魏书·王粲传》:"军国书檄,多琳、瑀所作也。"裴松之注引三国魏鱼豢《典略》:"琳作诸书及檄,草成呈太祖(指曹操)。太祖先苦头风,是日疾发,卧读琳所作,翕然而起曰:'此愈我病。'数加厚赐。"这首诗是温庭筠凭吊陈琳墓有感而作。

首联交代诗人对陈琳的景仰,以及拜谒陈琳墓的经过,"飘蓬"二字点出了诗人身不由己、天涯沦落的不幸命运。颔联将"我"与"君"对举夹写,设想出跨越历史时空的对话,包含着文人才士灵犀相通、惺惺相惜的精神共契。"应识我"表达对自己才能的自负自信;"始怜君"的"怜"字,则充满怜慕、欣羡的意思。同有盖世超群之才,陈琳遇到曹操那样一位豁达大度、爱惜才士的主帅,应该说是"霸才有主"了,而自己的际遇则正与陈琳相反,是"霸才无主",生不逢时。颈联从眼前一代才人坟墓的荒没,想象远在邺都的铜雀台的荒凉,寄托诗人对前贤、明主以及那个重才的时代的追思缅怀,从而表达对当前这个弃贤毁才的时代的不满。尾联临风惆怅,黯然神伤。他意欲效仿当年的陈琳携带书剑去从军,建立一番功勋,但世易时移,又焉知不是无所遇合、再历飘蓬?

全诗贯串着诗人自己和陈琳之间不同时代、不同际遇的对比,即霸才无主和霸才有主的对比、青史垂名和书剑飘零的对比,文采斐然,寄托遥深。

温庭筠《商山早行》[(1)]

晨起动征铎[(2)],客行悲故乡[(3)]。鸡声茅店月[(4)],人迹板桥霜[(5)]。槲叶落山路[(6)],枳花明驿墙[(7)]。因思杜陵梦,凫雁满回塘[(8)]。

【注释】

（1）温庭筠：见专题十四"晚唐诗况"专题诗选《过陈琳墓》注释（1）。商山：在今陕西省商洛市丹凤县商镇，汉初"四皓"隐居之地。（2）动征铎（duó）：指远行的车马铃响。铎，挂于车马身上的铃铛。（3）悲故乡：思故乡。（4）"鸡声"句：是说当鸡鸣唤醒旅客时，天上还悬有残月。（5）"人迹"句：是说板桥上白霜未消，留下赶路者的足迹。（6）槲（hú）：落叶乔木。叶子在冬天虽枯而不落，春天树枝发芽时才落。（7）枳（zhǐ）：落叶灌木，似橘而小，春天开白花，其果实及壳可入药。明驿（yì）墙：鲜艳地开在驿站墙边。驿，古时候递送公文的人或来往官员暂住、换马的处所。（8）"因思"二句：是说忆及长安情景恍然若梦。杜陵，地名，在长安城南（今陕西西安东南），古为杜伯国，秦置杜县，汉宣帝筑陵于东原上，因名杜陵，这里指长安。凫（fú），野鸭。回塘，曲折的池塘。

【提示】

诗的准确写作年代不可考，可能于唐宣宗大中末年（约858）诗人离开长安出任隋县县尉路经商山之时作。诗写旅行之辛苦、客思之苍凉，且紧扣"早行"展开。

"鸡声茅店月，人迹板桥霜"二句历来受人称颂，用宋代梅尧臣的话说，就是"状难写之景如在目前，含不尽之意见于言外"。二句只用若干名词写景，充分表现了行路之难和羁旅愁思。住在茅店中的诗人，听到鸡叫声，看到天边挂着的残月，便开始收拾行装起身赶路，而从"板桥"和"霜"上依稀的足迹看，其实早在诗人起身之前，就已经有人匆忙赶路了。正所谓"莫道君行早，更有早行人"。这两句称得上是"意象具足"的佳句。

诗以回忆作结，昨宵梦境里和暖的杜陵春水、回塘中成群的凫雁，安详而有生机，与眼前的旅途奔波恰成对照，表现诗人的无归宿感和思乡之情。温庭筠虽是山西人，但久居杜陵，已视之为故乡。他久困科场，年近五十又为生计所迫出为一县尉，说不上有太好心绪，去国怀乡之情在所难免。

李商隐《安定城楼》⁽¹⁾

迢递高城百尺楼⁽²⁾,绿杨枝外尽汀洲⁽³⁾。贾生年少虚垂涕⁽⁴⁾,王粲春来更远游⁽⁵⁾。永忆江湖归白发⁽⁶⁾,欲回天地入扁舟⁽⁷⁾。不知腐鼠成滋味,猜意鹓雏竟未休⁽⁸⁾。

【注释】

(1)李商隐:见专题二"帝都之诗"专题诗选《乐游原》注释(1)。安定:郡名,即泾州(今甘肃平凉泾川县北),唐代泾原节度使的治所。(2)迢递(tiáo dì):形容楼宇高耸且绵延的样子。(3)汀洲:水边平地。(4)贾生:指汉代贾谊。他上书汉文帝议论政事,有"可为痛哭者一,可为流涕者二,可为长太息者六"等语,建议文帝进行变革,但文帝没有采纳,贾谊死时33岁。所以诗中称他"虚垂涕"。李商隐以贾生自比。(5)王粲:字仲宣,东汉末年山阳高平(今山东邹城)人,建安七子之一。董卓之乱后,他从长安到荆州避难,依附刘表,不被重用。他曾登麦城城楼,作《登楼赋》,抒发自己寄人篱下、壮志难酬的痛苦。此处诗人以王粲自比。(6)永忆:时常向往。归白发:年老时归隐。(7)"欲回"句:意谓想做一番扭转乾坤的大事业之后再退隐江湖。入扁舟,指春秋时范蠡助越王勾践灭吴,功成身退,泛舟五湖之事。李商隐用此事说自己总想着年老时归隐江湖,但必须等到把治理国家的事业完成,功成名就之后。(8)"不知"二句:《庄子·外篇·秋水》中说,惠施在魏国为相,有人对他说庄子要来夺他的相位。惠施很害怕,下令在国中搜捕三天三夜。庄子听说后,跑去对他讲了个故事,说南方有一种叫鹓雏(yuān chú,即凤凰)的鸟,非梧桐树不栖,非竹实不吃,非甘泉不饮。有只鸱(猫头鹰)得到一只腐鼠正想吃,抬头见鹓雏飞过,以为要来抢吃,便仰起头威胁它。庄子将自己比作凤凰,说自己志向远大,根本不会去抢惠施的相位。李商隐表白自己也如庄子那样光明磊落,不热衷权势官位,但排挤压制他的人像猫头鹰一样,把腐鼠当成美食,无休止地猜疑别人要来抢夺。

【提示】

　　这是一首登临抒怀诗。安定城是泾原节度使的驻地,在今甘肃省平凉市泾川县北。李商隐在唐文宗开成二年(837)进士及第,次年入泾原节度使王茂元幕,并成了王茂元的女婿。婚后他参加博学宏词科考试落选,又回到泾原做幕僚。这首诗就是他应试失意后的自慰之作。当时朝廷中以李德裕为首的李党和以牛僧孺为首的牛党互相倾轧,李商隐原来依附的令狐楚是牛党,而此时他在泾原节度使王茂元幕府工作,王茂元被认为是李党。李商隐的应试落选,或与党争牵连有一定关系。

　　诗从安定城楼及城外景色,写到两位怀才不遇的古人,又联想到自己的抱负和志趣。最后,巧用《庄子》中的一则寓言,对排斥压制他的人加以痛斥和讽刺。本诗在典故的使用上非常成功。由于贾谊、王粲的身世遭遇与作者有相似之处,诗人抓住相似的典型事例——贾生垂涕、王粲远游,比拟自己的忧时羁旅之感,使一位奋发有为又遭受压抑的少年志士形象跃然纸上。再者,作者的曲曲心事,本不可能用片言只语表达出来,现在借助庄子寓言,不但足以表露他不汲汲于荣利的狷介品质,又反映他睥睨一切的精神状态,还反击了政敌的恶意中伤。

李商隐《贾生》[1]

　　宣室求贤访逐臣,贾生才调更无伦[2]。可怜夜半虚前席,不问苍生问鬼神[3]。

【注释】

　　(1)李商隐:见专题二"帝都之诗"专题诗选《乐游原》注释(1)。贾生:西汉著名政论家贾谊。(2)"宣室"二句:是说汉文帝在宣室(汉未央宫前正殿)接见贾谊,很赞赏他的才学。访,征询、咨询。逐臣,贬谪在外的官吏,此指贾谊。贾谊因受排挤而被贬为长沙王太傅,后被文帝召回长安。才调,才气。无伦,无比。(3)"可怜"二句:是说汉文帝同贾谊谈至夜深,甚是投机,但所问的都是有关鬼神的事,不是治国之根本,不免令人叹惋。可怜,可惜。虚前席,指虚有求贤之举。前席,古人席地而坐,谈得投机时,则不自觉在座席上向前移动,接近对方。苍生,百姓。

【提示】

诗歌欲抑先扬。先写贾谊从流放地回来,在宣室受到汉文帝的垂问,英气勃发的贾谊遇到求贤若渴的汉文帝,二人促膝深谈至夜半,似乎是君臣鱼水般遇合的难得场景。然而"可怜"一转,点明帝王郑重其事地虚心征询,并不是为了寻求治国安民之道,而只是请教荒唐的鬼神之事。贾谊怀经世济邦之才,却没有受到真正的重视,这是更深意义上的怀才不遇,其不幸更有甚于此前被贬谪长沙。

诗歌借古伤今。诗人以贾谊自比,写才高不得重用的痛苦,矛头直指不能识别人才的帝王。西汉文帝、景帝被称为贤明君王,其统治时期人称"文景之治"。然文帝贬谪贾谊在前,召回后只询问鬼神之事在后。明君尚且如此,何况等而下之者。诗人在现实中的落魄也就是必然的了。

李商隐《宿骆氏亭寄怀崔雍崔衮》(1)

竹坞无尘水槛清(2),相思迢递隔重城(3)。秋阴不散霜飞晚(4),留得枯荷听雨声。

【注释】

(1)李商隐:见专题二"帝都之诗"专题诗选《乐游原》注释(1)。骆氏亭:骆姓人家的亭轩,地址不详。崔雍(yōng)、崔衮(gǔn):李商隐的从表兄弟,崔戎的儿子。(2)竹坞(wù):丛竹掩映的池边高地。水槛(jiàn):指临水有栏杆的亭榭。此指骆氏亭。(3)迢递:遥远的样子。重(chóng)城:一道道的城关、城防。(4)"秋阴"句:由于连日阴云不散,下霜的日子又迟了。

【提示】

这是一首怀人诗。诗人与他的从表叔、早期幕主兼知遇者崔戎的两个儿子告别后,于旅途中所见,感而寄怀。

诗的首句点出投宿骆氏亭的环境,"竹坞""水槛"幽雅、清寥,但对于相思之人而言,更易生出孤寂惆怅之感。第二句写别绪思情,以地理上的阻隔强调精神上的联系。第三句写天阴欲雨,飞霜也晚,使诗人客居他乡、思念朋友的心更是黯淡凄楚。第四句格外精彩,写出诗人聆听雨打枯荷的声音和心情变化的过程:起先因相思苦闷对环境的变化没有察觉,直到听见秋雨敲打残荷的声响。这错落有致的清澈声音别有一番韵味,它似乎是来消解诗人的寂寞、来安慰诗人的思友心境的。如此,衰残破败的枯荷带给了诗人一种不期而遇的惊喜,它虽然萧瑟,却也有情。它由青莲碧荷转化而来,又生自无尘的竹坞清水之中,以顽强挺立的生命执着和即将消逝的珍贵身躯陪伴永夜不寐的诗人。诗人对枯荷的"留",深感庆幸和欣慰。

李商隐《锦瑟》[1]

锦瑟无端五十弦[2],一弦一柱思华年[3]。庄生晓梦迷蝴蝶[4],望帝春心托杜鹃[5]。沧海月明珠有泪[6],蓝田日暖玉生烟[7]。此情可待成追忆,只是当时已惘然[8]。

【注释】

(1)李商隐:见专题二"帝都之诗"专题诗选《乐游原》注释(1)。锦瑟:装饰华美的瑟。瑟:拨弦乐器。(2)无端:无缘无故。(3)柱:系弦的木柱。思:追忆。华年:指自己早年的经历。(4)"庄生"句:《庄子·齐物论》:"庄周梦为蝴蝶,栩栩然蝴蝶也;自喻适志与!不知周也。俄然觉,则蘧蘧然周也。不知周之梦为蝴蝶与?蝴蝶之梦为周与?"李商隐此引庄周梦蝶故事,以言人生如梦,往事如烟之意。(5)"望帝"句:此喻自己的宏伟抱负已化为泡影。望帝,即周末蜀王杜宇,传说他死后魂魄化为啼血的杜鹃。(6)"沧海"句:相传南海中有鲛人,不废织绩,泣泪出珠。此喻自己内心的悲痛。(7)"蓝田"句:是说蓝田美玉虽沉埋土中,但在阳光下仍生烟,喻自己虽不为世所用,但文章词采却显露于世。玉生烟,一说言可望而不可即。(8)"此情"二句:是说上述感慨哪里要等到今日追忆时才产生,在当时就早已令人不胜惘然了。可待,岂待,何待。惘然,失意的样子。

【提示】

李商隐平生因有一些难言之隐,故此写了不少"无题"诗。因其"无题",而给读者留有许多联想、补充的余地,同时也留下许多难解之谜。这首《锦瑟》,仿《诗经》章法,取首句二字为题,实际上仍是一首无题诗。对本诗主旨的理解历来莫衷一是,有自伤身世说、悼亡说、爱恋说、音乐境界说等。

聊以"自伤身世"之意作解。首联以锦瑟起兴,并以其象征诗人命运。颔联用庄周梦蝶和望帝化鹃的典故,既写出了梦境的迷离恍惚、梦醒后的惘然若失,又渲染了一种笼罩着哀怨凄迷的气氛。颈联描绘了沧海月明、遗珠有泪、蓝田日暖、良玉生烟的图景,既是对锦瑟清寥悲苦之意境的描摹,又是对诗人不为世用的寂寥身世的一种喻解。尾联是对"思华年"的总括。"此情"统指颔、颈二联所概括抒写的情事,即自己悲剧命运的各种境界。以昔衬今,加倍渲染了今日追忆时难以禁受的怅惘悲凉。

韦庄《台城》(1)

江雨霏霏江草齐(2),六朝如梦鸟空啼(3)。无情最是台城柳,依旧烟笼十里堤(4)。

【注释】

(1)韦庄:见专题九"唐玄宗与杨贵妃"专题诗选《立春日作》注释(1)。

台城:故址在今江苏南京鸡鸣山南乾河沿北。本是三国吴后苑,东晋成帝时改建,为东晋、南朝台省和宫殿所在地,故名。(2)霏(fēi)霏:细雨纷纷状。(3)六朝:指六个曾定都金陵(今南京市)的朝代,包括吴、东晋、宋、齐、梁、陈。(4)烟:指柳树碧绿一片,像清淡的烟雾一样。堤:河岸。

【提示】

台城旧址位于今江苏南京鸡鸣山南麓,原为三国时期吴国皇城的后苑,后在东晋成帝时改建为中央政府和皇城所在地,同时又先后作为六朝帝王的游乐场所。南朝陈后主曾在台城的基础上修建结绮、临春、望仙三座高楼,作为满足个人淫乐的场所。然而这个六朝君臣歌舞宴欢的场所,到中唐就已是"万户千门成野草",及至唐末,更荒废不堪。韦庄登临台城古迹,抚今追昔,无限感怀。

前两句通过烟雨迷离的春景,感叹六朝繁华兴废的虚无幻灭。"鸟空啼"的"空"字,一来表达荒败的空间里无人欣赏鸟儿的啼叫,二来则提示再悦耳动听的啼叫也挽留不了逝去的历史。六朝所有的过往在短短三百年间灰飞烟灭,只剩下不解人事的鸟儿独自啼唱。

后两句则专注于台城之畔烟柳景致的描摹。"无情最是台城柳,依旧烟笼十里堤。"人事已非,景物依旧,垂柳见证了六朝的盛衰兴废,成了后人抚今追昔的"活化石",引发人们对于自然永恒而人事变幻的无限感伤。说柳树"无情",实则无理而妙,是咏叹历史兴亡,也是悲怨人生漂泊,并对晚唐国运的现实充满了忧患。

皮日休《汴河怀古》其二(1)

尽道隋亡为此河,至今千里赖通波(2)。若无水殿龙舟事(3),共禹论功不较多(4)。

【注释】

(1)皮日休(约834—约883),字逸少,后改字袭美,号醉吟先生、闲气布衣、鹿门子等,复州竟陵(今湖北天门)人。唐懿宗咸通八年(867)进士,曾任著作郎、太常博士、毗陵副使。后参加黄巢起义,任翰林学士。黄巢败亡后不知所终。其诗继承白居易新乐府传统,反映现实,关心民瘼。与陆龟蒙合称"皮陆"。有《皮子文薮》,《全唐诗》录其诗九卷。汴河:通济渠,隋炀帝令人开凿的大运河。(2)赖通波:赖以通航。大运河是南北水陆交通的总干线,在当时对中原与江淮地区之间经济、文化的交流发展起了促进作用。(3)水殿龙舟:指隋炀帝几次游玩江南所乘的龙舟,高四层,龙舟上设有正殿、内殿、水殿等。(4)共禹论功:诗人认为隋炀帝开凿京杭运河的意义可以与大禹治水相提并论。禹,传说中的古代圣王,以疏通江河、治理洪水闻名于世。不较多:差不多。

【提示】

隋炀帝动用全国人力、物力开凿运河,是为了畅游江南,即出于个人穷奢极欲的享受目的,故后人多把大运河的开通视为隋亡的一大罪状。皮日休的这首诗以全新的角度审视这一历史事件,认为如果撇开隋炀帝"水殿龙舟"奢侈淫逸的巡游,则大运河沟通南北的贡献,可以和治水的大禹相提并论。本诗议论新奇,出人意料,却又不违背情理。

杜荀鹤《再经胡城县》(1)

去岁曾经此县城,县民无口不冤声(2)。今来县宰加朱绂(3),便是生灵血染成(4)。

【注释】

(1)杜荀鹤:见专题十二"献诗干谒"专题诗选《乱后宿南陵废寺寄沈明府》注释(1)。再经:第二次经过。胡城县:在今安徽阜阳市西北。(2)无口不冤声:没有不喊冤屈的。(3)县宰:县令。朱绂(fú):朱红色官服,唐代

四、五品官着朱绂。县宰一般属七、八品,能加此服,属破格晋升。一说朱绂为系在官印上的红色丝带,加朱绂指升官。(4)生灵:百姓。

【提示】

作品描写了诗人"初经"与"再经"胡城县的见闻,反映了地方官吏草菅人命、踏着百姓血迹爬升的残酷现实,指出了人民与官府之间的尖锐对立。这首诗不但是对一个胡城县令的斥责,也是对整个黑暗官场的指斥。唐朝行将灭亡之时,兵祸频繁,盘剥日益加剧,暴虐更甚。县令作为基层的官员,是百姓的直接剥削者。盘剥越厉害,越能博得上司的欢心,这个令百姓叫苦连天的县令才能获得特别嘉奖。这样的县宰"加朱绂"之后,又将有多少百姓受其荼毒,是可想而知的。

三、专题衍说

十年扬州梦,青楼薄幸名

——说杜牧的放浪与不遇

杜牧的家世很好。

京兆杜氏为魏晋以来数百年之高门世族。远祖杜周,是西汉的御史大夫;西晋的杜预,是杜周的十世孙,为荆州刺史、征南大将军、当阳侯,不但擅长军事,而且博学多才,因注解《左传》而名垂千古。杜预的第十四代孙杜佑,是杜牧的祖父,做过唐德宗、顺宗、宪宗三朝的宰相。杜氏一族有好几支,大诗人杜甫是杜预的第十三代孙,所以杜牧与杜甫,虽然辈分不同,但都是杜预的后代,他们之间有着同宗连枝的关系。杜氏各支,在唐代最为煊赫,担任过宰相的有十几人。

杜牧的父亲杜从郁是杜佑的小儿子,体弱多病。杜牧10岁的时候,祖父去世;15岁,父亲去世。他与母亲、弟弟相伴,家境衰落下来。好在他的大伯父、二伯父都是朝廷重臣,堂兄弟们也都官运亨通,多少可以有些帮衬。

杜牧自小研读史书,尤爱兵法。他注解《孙子兵法》所作的言论,足见其极其深厚的兵学素养。23岁那年,他写《阿房宫赋》,讽刺唐敬宗的好兴土木,不惜人力物力,奴役人夫,浪费资财,有似于当年秦始皇建造阿房宫。这篇赋作,不仅反映了他在政治上的卓越见识、文学上的非凡才华,同时也显示出这位初出茅庐的青年殷忧国事和以天下国家为己任、匡时救世的远大胸怀。

他26岁参加进士考试,被录取为第五名。据说前几名若非早有内定,杜牧必然名拔头筹。紧接着又参加了制举考试,应的是"贤良方正直言极谏科",百多人应试,只录取了19人,他是其中之一。两番获隽,名播四海,这令杜牧意气风发。美好的前程,似乎在向他招手。

此时发生了一件有意思的小插曲,如同一则难以解索的预言。

登科后,他与几位一起中试的伙伴同往城南游览,在丈八寺遇到一位禅师。禅师问杜牧的姓名,杜牧做了回答。禅师又问杜牧:"你是做什么的?"没等杜牧答话,同伴们就抢着说了:"他就是当今最出众的才子呀!不久前刚进士及第,今儿又制策登科。师父您怎么会没听说过?"禅师看着杜牧,悠闲地笑着说:"这些事,我真的一点也不知道。"杜牧很有感触,写了一首诗道:"家在城南杜曲旁,两枝仙桂一时芳。禅师都未知名姓,始觉空门意味长。"

那么,杜牧之后的经历是怎样的呢?

先是在江西观察使、宣歙观察使沈传师的幕府中做幕僚,于洪州(今江西南昌)、宣州(今安徽宣城)待了七年;后来又到淮南节度使牛僧孺的幕府中做幕吏,于扬州待了两年。结束幕僚生活之后,他开始有了行政职务,除了极短的时间里做过朝廷的监察御史、司勋员外郎等职,大部分时间里是担任宣州、黄州(今湖北黄冈)、池州(今安徽贵池)、睦州(今浙江建德)、湖州(今浙江湖州)的刺史。直到49岁回到京师长安,任考功郎中、知制诰;50岁升迁为中书舍人,正五品官阶,同年病逝。

杜牧所处的时代，是唐王朝不断走下坡路的时代，藩镇割据，宦官专权，吐蕃侵扰，党争剧烈，社会问题重重。他个人的志向，正如他诗中所述是"平生五色线，愿补舜衣裳"，辅佐皇帝治国。他在多个时间、多种场合里提及的建设性意见，往往也是切合实际的，非纸上谈兵。只是，在他整个的人生履历中，沉沦下僚的时间长，地方供职的位置不高，可为的也就有限。

至于为什么杜牧长期得不到升迁的机会，一般认为原因有二：一是关于"牛李党争"——杜牧曾做过牛僧孺的幕僚，而且二人的关系十分好。不过，就杜牧的主观来看，从入仕之初他就不愿陷入党争之中，他跟李德裕的关系也是友好的，他十分支持弟弟杜颛去做李德裕的幕僚。李德裕执掌朝政时，他也多次上书，恳切地陈述自己的用兵方略，也得到李德裕的称许。当然，他在牛李之间保持的这种将党争"置身事外"的姿态，是否对自己有负面的影响，就不好说了。另一个原因，则是杜牧性情放浪，不拘小节，浮华冶游。今人说起杜牧，也常津津乐道于他的青楼风月，尤其是他在扬州留下的旖旎故事。

唐代的扬州，繁华富丽甲天下。交通发达，又得鱼盐之利，商业繁盛，商贾云集。富饶的经济带来了发达的娱乐，扬州的声色享受多姿多彩。张祜《纵游淮南》诗曰："十里长街市井连，月明桥上看神仙。人生只合扬州死，禅智山光好墓田。"徐凝《忆扬州》诗云："萧娘脸薄难胜泪，桃叶眉长易觉愁。天下三分明月夜，二分无赖是扬州。"

杜牧来到扬州时，风华正茂，风流倜傥，于青楼红袖间颇为沉溺。《太平广记》记载过杜牧入幕扬州的生活片段，其中写道：丞相牛僧孺出镇扬州的时候，杜牧在幕府中做掌书记，夜间经常出没青楼。牛僧孺为了杜牧的安全，常常吩咐若干士卒暗中保护。后来杜牧被朝廷征召为侍御史，牛僧孺设宴为他饯行，席间对他说："以你的才能气魄，自当前途无量，就是今后要节制风流情感，不然的话会影响身体。"杜牧掩饰说："这方面我还是很检点的。"牛僧孺笑而不答，让人拿来一个小书箱，当着杜牧的面打开，原来都是士卒的密报,写着杜牧某晚在某家,共有数千张。杜牧看了十分惭愧。

杜牧留下了不少写扬州风情的诗,诸如"二十四桥明月夜,玉人何处教吹箫""春风十里扬州路,卷上珠帘总不如""谁知竹西路,歌吹是扬州",其中最为著名的是一首《遣怀》:"落魄江湖载酒行,楚腰纤细掌中轻。十年一觉扬州梦,赢得青楼薄幸名。"

"十年一觉扬州梦。"杜牧的浪漫扬州故事无疑是被放大了的,这种"放大"不仅是在时间上(杜牧的扬州幕僚生涯只有两年),而且是在地域与情节上(比如渲染他与歌妓张好好交往,以及编纂他与湖州女子的十年之约)。这种"放大"多少有着传播者的趣味。不过,醉梦青楼的确连累了杜牧的名誉,这使他心中郁闷,他自嘲地说:"十年一觉扬州梦,赢得青楼薄幸名。"我的落魄江湖远多于十年,长安梦远,扬州梦近,为什么人们只记得我负情于青楼佳人的名声呢?

尴尬的李商隐
——说李商隐在党争夹缝中的生存状态

李商隐实在是个尴尬的人。

这个尴尬,首先表现在政治的立场站队上。

唐代好几个姓李的名人,身世都有些玄幻。他们自称是李氏皇室的宗亲,但由于支派遥远,原籍失编,未被列入宗正寺(宗正寺是管理皇族、宗族、外戚的谱牒,守护皇族陵庙的官署)。李白是这样,李贺是这样,李商隐还是这样。

李白当初说他是陇西成纪人,是西凉武昭王李暠的第九世孙,而李暠又是汉代飞将军李广的第十六世孙。李商隐从族谱论起,原籍也是陇西成纪人,是李广的第三十一世孙、西凉武昭王李暠的第十五世孙。由于唐代开国皇帝高祖李渊是李广的第二十三代孙、李暠的第七代孙,因此李白与李商隐作为皇室后裔似乎还能找到一定的垂直脉统。

李商隐的高祖李涉,做过县尉之类的小官;曾祖李叔恒,虽然诗写得好,但也只是做过安阳县令,官不挂朝籍。祖父李俌,以疾早逝。父亲李嗣,在李商隐出世时,于今天的河南新乡一带做县令;然而不久罢官,到江南的绍兴、镇江做了几年幕僚。李商隐10岁的时候,父亲去世了。

"四海无可归之地,九族无可倚之亲。"无奈之下,少年李商隐靠替人抄书,谋得一些报酬,补贴家用。他的人生理想,就是在李氏宗族衰微、簪缨殆歇之时,担当起重振家声的重任,进而为国家建立功业。

就在这时李商隐遇到了对他恩重如山的人。那个人叫令狐楚,是他的表叔崔戎的故交。令狐楚认李商隐做了学生,留他入幕为巡官,还让自己的几个儿子与之兄弟相称,并亲自教授他们文赋。为了李商隐能够考中进士,他也曾多方荐引,打通关节。而在令狐楚的几个儿子中,李商隐与令狐绹的关系最为密切。李商隐考中进士那年,已经做了京官的令狐绹特意向交情不错的主考官高锴打了招呼。

对此李商隐是感恩的。他考中进士之后写给令狐楚一封充满真挚谢意的信。信中说:能有此成就,并非自己人才出众,完全依赖于令狐大人的教诲与扶助,今后将穷其一生追随门下,以报答深恩大德。

然而,虽则感恩,李商隐的内心还是自卑的。他看着令狐兄弟们似乎很容易就仕途顺达,而自己得到些微的长进都颇不容易,难免心里不是滋味。门第寒微,家境困窘,不得不长期接受他人的恩惠赐予,让他这位生性敏感的人觉得痛苦。他生怕别人看不起他,希望凭着自己的才华与实力成就一番功业。因此,令狐楚死后,他入了泾原节度使王茂元的幕府,不久还做了王茂元的女婿。

当时朝官中有两个朋党,一个以牛僧孺为首,被叫作牛党,一个以李德裕为首,被叫作李党。"牛李"两个党派的斗争从科场伸展到官场,从父辈延续到儿辈,斗争的时间长、范围广,人员的进退分化、势力的消长起伏,呈十分复杂的状态。之前李商隐结交的多半是牛党人士,令狐楚即是牛党的骨干,人们一般也把李商隐视为具有牛党色彩的人。然而王茂元是李党人士,于是李商隐应聘王府、"先牛后李",就被人说成是丧气节、"背家恩"、"无持操",也就是"无行"了。

李商隐当时还不到30岁。赴王茂元幕府任职,在他或许只是为了生计,并没有经过深思熟虑和反复计算。更何况,所谓"牛李党争",乃是朝廷高级官僚之间的争斗,并且主要是宰相一级大官之间的争斗。李商隐年纪轻轻,毫无官场经验,又哪里会知道党争的种种内幕,了解党争的尖锐激烈和对于个人前途的利害关系呢?城门失火,殃及池鱼,李商隐成了一条被党争的烈火所殃及的池鱼,最终还成了别人的俎上之肉。牛党得势时,因为他是李党骨干王茂元的女婿,故而痛恨他的"背恩",对他百般排挤;李党得势时,又因为他是令狐楚的义子而将他视为"非我族类",投以鄙夷的白眼。

婚后他去长安应博学宏词科的考试,考完,据说主考官周墀、李回对他的评价很高,录取了他。但当名字上报到中书省,一个负责审核的大员看后,竟用红笔划掉了他的名字,说:"此人大不堪!"

他跟令狐绹的关系更加难堪,由友人化为怨敌,何况令狐绹又恰恰是个心胸褊狭而官运亨通的人。他几次专程去拜访令狐绹,对方都托故不见;后来虽然见了,又一副冷淡敷衍的样子。某一个重阳节,李商隐到令狐府上拜访,令狐绹不见。他在客厅枯坐很久,明白二人之间的隔阂已如楚河汉界、天堑鸿沟,无可弥补;望着窗外篱笆边一片如雪如霜的白菊花,他在客厅屏风上留下一首《九日》诗,拂袖而去。诗云:"曾共山翁把酒卮,霜天白菊绕阶墀。十年泉下无消息,九日樽前有所思。不学汉臣栽苜蓿,空教楚客咏江篱。郎君官贵施行马,东阁无因再得窥。"表达了对令狐楚的思念和对令狐绹的不满。

令狐绹读了诗后,默然不语,欲让人擦拭去,但得身旁一个清客提醒,诗里"楚客"二字有令狐父亲的名讳,不宜擦去涂削,于是下令关闭客厅,终生不再进去。

李商隐在感情生活上,也是颇不顺遂的。

早年在河南济源县的玉阳山,得遇灵都观的女道士宋华阳,她原是侍奉贵主入道的宫人,与李商隐不过机缘巧合时的萍水相逢,或谓人神相恋,恋情被人发现之后即告结束。后来遇见了歌舞伎姐妹桃根、桃叶,虽是心意相通,最终还是风流云散。再后来又相识了柳枝姑娘,一位卑微人家的女孩,但由于两人身份不属,终不是良缘,犹豫徘徊之后还是放弃了。约26岁时娶了王茂元的女儿,夫妻恩爱,却又姻缘不长,约39岁时妻子王氏去世。他留下不少朦胧而又凄美动人的爱情诗篇,深为后人赏爱。

专题十五

爱情与诗

一、专题要点

本专题主要通过作品的选读,了解古代爱情诗的情感内容与审美特征,尤其是唐宋爱情诗词的面貌。本专题选读诗歌作品15首。

(一)古代爱情诗的发展

民间情歌与文人爱情诗或此起彼伏,或波浪相推,共同构成了我国古代爱情诗的亮丽风景。

1. 先秦:民间情歌胜于文人爱情诗

《诗经》中的爱情诗纯朴自然、热烈优美,以现实主义精神首开民间情歌之先河。"窈窕淑女,君子好逑"(《关雎》)、"投我以木瓜,报之以琼琚,匪报也,永以为好也"(《木瓜》)、"挑兮达兮,在城阙兮,一日不见,如三月兮"(《子衿》),这些表现男女青年爱悦钟情、慰藉相思的诗篇,再现了那个时代乐观而自主的爱情。《诗经》爱情诗对后世影响最大的是思妇诗与弃妇诗,前者以情深思切打动人,如《君子于役》《伯兮》;后者通过被弃女子的幽怨和悲诉,反映出女性被抛弃、受欺凌的社会现象,具有一定的社会意义,如《氓》。

屈原笔下的爱情诗浪漫神奇、色彩瑰丽,神神相恋、人鬼之情的爱情模式,开创爱情诗坛的浪漫之风,为后代文人超现实的爱情描写奠定了基础。如《湘君》《湘夫人》《山鬼》等,是古代文人最早的爱情佳作,想象丰富,感情缠绵。而且,屈原的作品,表面上看是一首首爱情受阻的恋歌哀曲,可实际上有一些是蕴含着深刻政治内容的抒情诗。"悲莫悲兮生别离,乐莫乐兮新相知"(《少司命》)的千古情恋名句,当是诗人饱尝热恋欢愉和离别之苦后的深切感受,是政治挫折中对美政百折不回的执着追求。他那些隐喻着政治感受的爱情诗,赋予爱情诗歌以双重意蕴,对后世文人产生极大影响。

2. 汉末至魏晋南北朝:民间情歌与文人爱情诗交相辉映

汉代民间爱情诗中,更多的是怨女弃妇的悲诉与抗议,表现出许多新的时代特点,比如"山无陵,江水为竭,冬雷震震,夏雨雪,天地合,乃敢与君绝"(《上邪》)、"愿得一心人,白首不相离"(《白头吟》)等表现女性的坚定与决绝。在汉乐府叙事诗歌中,反映爱情、婚姻最具震撼力的作品是《孔雀东南飞》。

东汉以后文人张衡、秦嘉、徐干、曹丕、曹植等,都有爱情诗传世,其内容大多是表现相思离别或女子被弃的幽怨之情。如曹植《七哀》诗,描写一位"君行逾十年"的"愁思妇"于长期孤栖寂寞中,对月怀人、忧思不尽的愁苦处境。无名氏文人的《古诗十九首》里有不少写爱情的,虽然只涉及游子思妇的相思离别,其内容显得有些单薄,但它们抒情真挚、质朴无华,代表了文人爱情诗发展的一种新风尚。

南朝与北朝的爱情诗,在风格和特色上截然不同。北方诸民族因不曾或很少受封建礼教的约束,其乐府情歌的特点是心直口快,毫无遮掩;而南朝民歌则婉曲传情,如《西洲曲》。

3. 唐宋:文人爱情诗词盛况空前

初唐张若虚的《春江花月夜》尽情抒写了游子思妇的相思离别,最早预示了唐代爱情诗的发展变化,它将爱情与宇宙、自然、生命和青春统一起来,摆脱了千百年来痴男怨女们的卿卿我我,将逸怀浩气与似水柔情完美融合。盛唐爱情诗内容开拓,男女恋情、女性之美在诗人笔下得到进一步展现,更可贵的是反映夫妻情爱的诗歌不断涌现,如杜甫《月夜》、李白《寄远》等。此时代表盛唐爱情诗最高成就的是那些代言体的闺怨诗和宫怨诗,其中的商妇形象和宫女形象,既反映她们在婚姻生活中的追求和不幸,同时又或隐或显地寓含着下层知识分子怀才不遇而又不甘绝望的情怀,部分可看作是爱情意识与政治意识相融的产物。

中唐文人在吸收民间情歌营养的基础上，大幅度开拓爱情题材，表现手法也不断更新，民间情歌和文人爱情诗得到完美融合，白居易、元稹、张籍、王建、刘禹锡等诗人均有这类爱情佳作传世，其中刘禹锡成就最高。表现婚内情感的诗中，元稹的悼亡诗《遣悲怀》三首是古代悼亡诗中情文并茂的佳作。白居易《长恨歌》借唐玄宗与杨贵妃的爱情故事，写尽千古有情人的心愿与憾恨。晚唐社会动荡不安，文人似乎厌倦了政治斗争和名利场上的相互倾轧，精神上退避到爱情和山水之中，爱情诗以捕捉心情和意绪而取胜，此时的爱情诗已成为诗人生活中不可或缺的镇静剂，起着抚慰心灵的作用。

五代至宋，爱情的主题在诗歌中减少，更多地转向在词中表现。

（二）带有比兴意味的爱情诗

屈原《楚辞》里的香草美人意象，往往隐喻"进德修业"，与期待才能、抱负的施展有关。曹植《美女篇》继承了这一精神，"佳人慕高义，求贤良独难……盛年处房室，中夜起长叹"，以"贤女必得佳配"来暗喻"贤臣必得圣主"。唐代一些闺怨、宫怨诗歌，如王昌龄《长信秋词》"玉颜不及寒鸦色，犹带昭阳日影来"、杜甫《佳人》"天寒翠袖薄，日暮倚修竹"，都有着诗人的"托寓"成分，是诗人个人关乎社会政治的心理投射。李商隐的许多诗歌，即是把"文人不遇"投射在他所同情的、对爱情追求落空的女性身上，并由此营造出一个极其特异而深刻的女性寂寞的深闺世界。

（三）课堂话题

1."却话巴山夜雨时"——夫妻之情

古诗中有一类"赠内""寄内"的诗，是诗人写给自己妻子的诗篇，内容多半描述别离后的思念，预想再见时的欢乐，或者妻子与自己同甘共苦的家庭生活。这类诗与虽不是专门写给妻子但反映夫妻相思的作品相比，感情都比较内敛而深沉。如张若虚《春江花月夜》"此时相望不相闻，愿逐月华流照君"、李白《春思》"当君怀归日，是妾断肠时"、权德舆《相思树》"空见相思树，不见相思人"、白居易《赠内》"生为同室亲，死为同穴尘。他人尚相勉，而况我与君"、陈玉兰《寄夫》"一行书信千行泪，寒到君边衣到无"。李商隐的《夜雨寄北》（又名《夜雨寄内》）："君问归期未有期，巴山夜雨涨秋池。何当共剪西窗烛，却话巴山夜雨时。"语句浅显，意味深长，情调也比较明快，是脍炙人口的杰作。

2."贫贱夫妻百事哀"—— 悼亡之情

"悼亡诗"特指丈夫追悼亡妻之作。西晋潘岳《悼亡诗》（"之子归穷泉，重壤永幽隔"）、唐朝元稹《遣悲怀》（"诚知此恨人人有，贫贱夫妻百事哀"）、北宋苏轼［江城子］（"十年生死两茫茫，不思量，自难忘"）、贺铸［鹧鸪天］（"梧桐半死清霜后，头白鸳鸯失伴飞"）、南宋陆游《沈园》（"伤心桥下春波绿，曾是惊鸿照影来"）等，都是传世佳作。

3."赢得青楼薄幸名"—— 萍水之情

"青楼"一词，原意为"青漆粉饰之楼"。起初所指并非妓院，而是华丽的屋宇，或是豪门大户。在人们的意识中，富丽堂皇的豪宅与奢华艳丽的生活必然有一定关系，所以青楼的意思逐渐就与娼妓有了关联。随着时间的推移，从唐代开始，青楼的本意被其引申之意代替，成了烟花之地的专称。古代文人与青楼女性的交往，是一种生活方式，其中不乏真心真情。李白《邯郸南亭观妓》（"把酒领美人，请歌邯郸词"）、白居易《泛太湖书事寄微之》（"报君一事君应羡，五宿澄波皓月中"）、元稹《寄赠薛涛》（"别后相思隔烟水，菖蒲花发五云高"）、柳永［雨霖铃］（"多情自古伤离别，更那堪、冷落清秋节"）等等，写得都是这类情景。

4."此情可待成追忆"—— 私隐之情

"私隐"指不愿意为人所知或不愿意公开的感情，诗人通过诗词隐讳、曲折地吐露。李商隐"春心莫共花争发，一寸相思一寸灰"、黄景仁"似此星辰非昨夜，为谁风露立中宵"即属此类。

二、专题诗选

王昌龄《闺怨》[1]

闺中少妇不知愁[2],春日凝妆上翠楼[3]。忽见陌头杨柳色[4],悔教夫婿觅封侯[5]。

【注释】

(1)王昌龄:见专题四"盛唐诗况"专题诗选《芙蓉楼送辛渐》注释(1)。(2)闺:指闺房,旧时女子居住的地方。(3)凝妆:盛妆。翠楼:装饰华丽的楼阁。(4)陌头:路边。(5)悔教:后悔要求,后悔让。觅封侯:指建功立业以寻求封官加爵的机会。觅,寻找。

【提示】

先说"不知愁",继而由"柳色"触动离愁,这首诗表现了一个心理动程;"忽见"二字转得突然,却在情理之中。可以想象,在此之前,少妇是支持丈夫远行求取功名的,但当看到新春柳树发芽吐绿,顿感逝者如斯,韶华被辜负的孤独感受陡然而起,萌生了前所未有的"悔教夫婿觅封侯"的强烈念头,从而表现出追求世俗荣华不如朝夕相爱的思想。

回过来看,那位闺中少妇也并非完全"不知愁","凝妆上翠楼"原本就有排解幽思的潜意识,只是她登楼时未曾深思。陌头"柳色"除了代指春光,它还有更多的暗示性:折柳送别的习俗和《折杨柳曲》的流传,使"柳色"极易激发伤离情绪;"蒲柳之姿",韶华易老,又往往令女性见"柳色"而联想自己的青春年华。本诗对于少妇刹那变化的微妙心理把握得相当准确。

李白《长干行》其一[1]

妾发初覆额[2],折花门前剧[3]。郎骑竹马来[4],绕床弄青梅[5]。同居长干里,两小无嫌猜[6]。十四为君妇,羞颜未尝开[7]。低头向暗壁[8],

千唤不一回。十五始展眉(9),愿同尘与灰(10)。常存抱柱信(11),岂上望夫台(12)。十六君远行,瞿塘滟滪堆(13)。五月不可触,猿声天上哀(14)。门前迟行迹,一一生绿苔(15)。苔深不能扫,落叶秋风早。八月蝴蝶黄,双飞西园草。感此伤妾心,坐愁红颜老(16)。早晚下三巴(17),预将书报家(18)。相迎不道远(19),直至长风沙(20)。

【注释】

(1)李白:见专题二"帝都之诗"专题诗选《长相思》注释(1)。长干:地名,今江苏南京秦淮河南,古时有长干里,其地靠近长江,为当时船民停船集居的地方。行:古诗的一种体裁。(2)妾:古代妇女自称。初覆额:头发尚短,指幼年时期。古时女子幼年不束发,从十五岁开始挽发戴簪。(3)剧:游戏。(4)郎:古代妻子对丈夫的称呼。竹马:儿童游戏,用竹竿当马骑。(5)床:庭院中的井床,即井口的护栏。一说打水的辘轳架。弄,逗弄,玩。(6)无嫌猜:天真烂漫,没有猜忌之心。(7)"羞颜"句:指结婚后,女子还很害羞。(8)向暗壁:向着墙角暗处坐着。(9)始展眉:意谓才懂得一些人事,感情也在眉宇间显露出来。(10)"愿同"句:意谓愿意永远结合在一起。尘与灰,犹至死不渝,死了化灰化尘也要在一起。(11)抱柱信:相传古代有一叫尾生的人,与一女子约会于桥下,届时女子不来,潮水却至,尾生为表示自己的守信,抱着桥柱不肯离去,结果被水淹死。事见《庄子·盗跖》。(12)"岂上"句:因深信两人的情爱都是牢固的,所以自己决不会成为望夫台上的人物。望夫台:丈夫久出不归,妻子便在台上眺望,日久变成一块石头,此台即望夫台。(13)瞿塘:峡名,长江三峡之一,在重庆奉节县东。滟(yàn)滪(yù)堆:瞿塘峡口的一块大礁石。农历五月,江水上涨,滟滪堆被水淹没,船只不易辨识,易触礁致祸,故下句云"不可触"。(14)"猿声"句:三峡多猿,其叫声悲切;在高山上居高临下,所以诗中有天上之感。(15)"门前"二句:意谓女主人常望着丈夫出门时的足迹而等待着,只见足迹上都已生出青苔。(16)坐：因。(17)早晚：何时。三巴：巴郡、巴东、巴西的总称，指四川东部地区。(18)书：家书，信。(19)不道远：不会嫌远。(20)长风沙：地名，在今安徽省安庆市东长江边上。据陆游《入蜀记》卷三记载，自金陵至长风沙有七百里，地极湍险。这里极言思妇迎接丈夫不辞遥远。

【提示】

长干行，又作长干曲，是乐府旧题《杂曲歌辞》调名，原本是长江下游一带的民歌，内容多写江上船家妇女的生活。在魏晋和唐朝，许多文人向往金陵的富丽繁华和婉转情致，便借用《长干行》这一乐府旧题来谱写心声。李白的《长干行》是文人仿作乐府诗中的名篇。成语"青梅竹马"和"两小无猜"正是来源于此诗。

这首诗以一位少妇回忆自己和丈夫从结合到离别的人生经历，表达了对远离家乡的丈夫的怀恋，带有故事性。首六句写双方儿时的天真行为。"十四"两句写初嫁时的羞态。"十五"两句写婚后的亲昵美满。"十六"四句写为丈夫远行而操心，并寄以叮嘱。"门前"八句，看到苔深叶落，蝴蝶双飞，不禁为自己的青春流逝而感触，也更盼望丈夫早日归来。末四句是全诗的归宿：只要一接到预报回家的信，哪怕远至七百里的长风沙，她也会去迎接。全诗巧妙地把抒情、写景、叙事糅合在一起，诗的风格缠绵婉转，格调清新隽永。

李白《长干行》写有两首，本诗为其一。其二的开首为："忆妾深闺里，烟尘不曾识。嫁与长干人，沙头候风色。"与其一相比，增加了幽怨的色彩。

杜甫《月夜》(1)

今夜鄜州月(2)，闺中只独看(3)。遥怜小儿女，未解忆长安(4)。香雾云鬟湿，清辉玉臂寒(5)。何时倚虚幌(6)，双照泪痕干(7)。

【注释】

(1)杜甫：见专题二"帝都之诗"专题诗选《丽人行》注释(1)。(2)鄜

(fū)州：今陕西延安富县。当时杜甫的家属在鄜州的羌村，杜甫在长安。(3)闺中：原意是指内室，此处指妻子。(4)"遥怜"二句：小儿女不懂母亲思念长安的心情。怜，怜惜。解，懂得。(5)"香雾"二句：想象妻子立在月下的情景。香雾，妻子在雾中站立太久，周围的雾气都染上了她云鬟中散发出来的香气。云鬟(huán)，古代妇女所梳的环形发髻，发髻蓬松如云。清辉，指月光。(6)虚幌(huǎng)：指轻薄近乎透明的窗帷。幌，帷幔。(7)双照：月光共照两人，喻指未来家人的团聚。

【提示】

唐玄宗天宝十五年(756)六月，安史叛军攻进潼关，杜甫携带妻小逃到鄜州，客居羌村。这年七月唐肃宗即位于灵武，八月，杜甫只身前往灵武，欲为国效力，不料半道被安史叛军抓获，带到沦陷了的长安。这首诗就是当年秋天望月思念鄜州家人时所作。

本诗之妙，在于从对方写起，使意思更增进一层。首联想象妻子思念自己的情形。杜甫此时身处险境，已失掉自由，生死未卜，他当然会为自己的处境焦心，但他更挂念的还是妻子儿女。"独看"二字，含义颇丰，一谓丈夫未在，故曰独看，二谓虽然孩子在身边，但他们还不明白母亲望月怀远的心理，更令人感慨。颈联进一步想象妻子凝神望月的情景，用词锦丽，意境朦胧美妙，表现出对妻子深沉真挚的爱。喻守真说："这一联风光旖旎，杜集中不大多见。"尾联以美好的愿望作结，使全诗之情味虽缠绵悱恻却不衰飒颓唐。

诗题为"月夜"，全诗便紧围月色来写，"独看""双照"为全诗之眼。"独看"是现实，虽全从对方落笔着墨，而诗人的"独看"自然包含其中。"双照"兼包回忆与希望，而更多的是希望。同时，诗歌表面上只写夫妻分别相思，但察其背景，便可将诗人的悲苦放诸更广大的社会环境下，这是动乱对民生所造成的悲剧。词旨深婉，章法细密。

刘禹锡《柳枝词》⁽¹⁾

清江一曲柳千条⁽²⁾,二十年前旧板桥。曾与美人桥上别,恨无消息到今朝。

【注释】

(1)刘禹锡:见专题五"重阳诗词"专题诗选《九日登高》注释(1)。(2)一曲:犹一湾。

【提示】

首句营造环境,杨柳暗关别离。次句暗示旧事,略寓风景不殊人事已非的感慨。第三句倒叙二十年前的情事,画面极其生动。尾句写抱憾,"恨"字惊醒沉睡的相思,愈是无消息,愈是情难抑。本诗被明代杨慎、胡应麟誉为"神品"。

这首《柳枝词》是刘禹锡戏改白居易原作而成。白居易《板桥路》云:"梁苑城西二十里,一渠春水柳千条。若为此路今重过,十五年前旧板桥。曾共玉颜桥上别,不知消息到今朝。"经刘禹锡改写,诗句更加精炼,诗情更加深厚。

元稹《离思》其四⁽¹⁾

曾经沧海难为水⁽²⁾,除却巫山不是云⁽³⁾。取次花丛懒回顾⁽⁴⁾,半缘修道半缘君⁽⁵⁾。

【注释】

(1)元稹:见专题十三"大唐艺术"专题诗选《舞腰》注释(1)。离思:离别思念。(2)"曾经"句:此句由孟子"观于海者难为水,游于圣人之门者难为言"脱化而来,意思是沧海无比深广,使别处的水都相形见绌。曾,曾经。

经,经历。难为,不足为顾。(3)"除却"句:此句化用宋玉《高唐赋》里"巫山云雨"的典故,意思是巫山之外所有的云彩都称不上彩云。除却,除了。巫山,在今重庆、湖北边境。(4)取次:漫不经心,随随便便。花丛:比喻美人之多。(5)缘:因为。修道:专心于品德学问的修养和尊佛奉道。君:指所爱的人,即诗人的亡妻韦丛。

【提示】

《离思》共五首,此为第四首。一般认为该诗是为了追悼亡妻韦丛而作,也有认为是写给其他女性的。首二句设喻巧妙,推陈而出新,概括了具有普遍意义的心理情结,是千百年来传诵不衰的名句。

元稹《遣悲怀》其二[1]

昔日戏言身后意[2],今朝都到眼前来。衣裳已施行看尽[3],针线犹存未忍开[4]。尚想旧情怜婢仆[5],也曾因梦送钱财[6]。诚知此恨人人有[7],贫贱夫妻百事哀[8]。

【注释】

(1)元稹:见专题十三"大唐艺术"专题诗选《舞腰》注释(1)。遣悲怀:排遣悲痛的情怀。(2)戏言:以开玩笑的方式说。身后意:指对于死后景象的设想。(3)衣裳:指妻子生前所遗衣服。施:赠予别人。行看尽:眼看不多了。行,快要。(4)"针线"句:意思是不忍心打开亡妻生前做过的针线,害怕睹物思人。(5)"尚想"句:意思是因思念妻子而对曾经服侍妻子的婢仆也平添了一种哀怜之情。(6)因梦:依凭梦中所见。送钱财:指给亡妻烧纸钱。(7)诚知:确实知道,明确知道。此恨:死别之恨。(8)贫贱夫妻:元稹与韦丛共同生活时,境况贫困,故称。

【提示】

韦丛20岁嫁与元稹,唐宪宗元和四年(809)七月去世,年仅27岁。两人感情甚深,元稹为之伤悼不已,写了不少悼亡诗,其中《遣悲怀》三首最为著名。本诗为其中第二首,写妻子去世后,家中的遗物、身边的婢仆,都常常引发自己的哀思,甚至在梦中也一片痴情。全诗笔笔带及昔日共处时的欢爱,在浅显的语言中流露出至深至真的感情。

《遣悲怀》组诗共三首。其一:"谢公最小偏怜女,自嫁黔娄百事乖。顾我无衣搜荩箧,泥他沽酒拔金钗。野蔬充膳甘长藿,落叶添薪仰古槐。今日俸钱过十万,与君营奠复营斋。"其三:"闲坐悲君亦自悲,百年都是几多时。邓攸无子寻知命,潘岳悼亡犹费词。同穴窅冥何所望,他生缘会更难期。惟将终夜长开眼,报答平生未展眉。"

杜牧《遣怀》(1)

落魄江湖载酒行(2),楚腰纤细掌中轻(3)。十年一觉扬州梦(4),赢得青楼薄幸名(5)。

【注释】

(1)杜牧:见专题二"帝都之诗"专题诗选《金谷园》注释(1)。遣怀:排遣情怀。(2)落魄:困顿失意、放浪不羁的样子。作者早年在洪州、宣州、扬州等地做幕僚,一直不甚得意,故云"落魄"。载酒行:装运着酒漫游。意谓沉浸在酒宴之中。(3)"楚腰"句:意思是说扬州歌女体态苗条。楚腰:指美人的细腰。史载楚灵王喜欢细腰,宫中女子及大臣多节食以讨君王欢心。掌中轻:据说赵飞燕身体轻盈,能在掌上翩翩起舞。(4)十年:表示时间长。一觉:一梦醒来。(5)青楼:这里指歌楼妓院。薄幸:负心、薄情。

【提示】

这首诗是杜牧回顾当幕僚那段生活的抒情之作。前两句是十年的缩影和总括,叙写自己饮酒纵情,放浪形骸,沉湎于声色之中;后两句是对自己虚掷光阴的反躬自省,颇有几分悔恨。这是诗的表面意思,但其中还有更深的含义。因为杜牧不仅是风流才子,更是名门之后,他关心国家、敢论大事,是有理想、有抱负的正直文人,所以诗中"落魄"两个字,实际上流露出诗人放荡生涯是和他沉沦下僚、潦倒江湖的不得志有关;而一个"梦"字,更说明诗人醒悟之后,发现自己两手空空而感到抑郁和痛苦。总之这首诗抒发了杜牧多年来几处调转、功业无成的烦闷,大有前尘如梦、不堪回首的意味。

杜牧《赠别》(1)

其一

娉娉袅袅十三余(2),豆蔻梢头二月初(3)。春风十里扬州路(4),卷上珠帘总不如(5)。

其二

多情却似总无情(6),唯觉樽前笑不成(7)。蜡烛有心还惜别(8),替人垂泪到天明(9)。

【注释】

(1)杜牧:见专题二"帝都之诗"专题诗选《金谷园》注释(1)。(2)娉(pīng)娉袅(niǎo)袅:形容女子容貌美丽体态苗条。(3)豆蔻(kòu):多年生草本植物,形似芭蕉,初夏开花,二月初尚含苞未放,故常用以比喻少女。后称十三四岁女子豆蔻年华,即本于此。(4)十里扬州路:唐代扬州有一条街,最为繁华,歌楼舞院集中,长近十里。(5)卷上珠帘:将珠帘卷起来,以使外面能够看到里面之人。(6)"多情"句:多情者满腔情绪,一时无法表达,只能无言相对,倒像彼此无情。(7)樽(zūn):酒杯。(8)蜡烛有心:"心"与"芯"谐音。(9)垂泪:以蜡泪比作眼泪。

【提示】

《赠别》二首大约作于唐文宗大和九年(835),杜牧由淮南节度使幕府掌书记升任监察御史,将离开扬州赴长安,是留赠妓女之作。

第一首赞美意中人无与伦比的美貌。首句正面写女子的美丽,点出轻盈的体态和芳龄。次句用一精彩贴切的比喻,为后世创造了一个"豆蔻年华"的成语,更是神奇。豆蔻产于南方,花呈穗状,初生时包裹在嫩叶中,叶渐展开,花从中伸出渐渐开放,颜色由深红转淡。南方人称其含苞待放者为"含胎花",常用来比喻处女。此花在梢头随风轻轻摇曳,其神韵也酷肖首句"娉娉袅袅"四字。后两句是加倍写法,写诗者称之为"尊题格",即强此以弱彼,加强自己描写对象的某一方面,而弱化其他,用对比手法给人造成强烈印象。本诗以明媚的春天为背景,以最繁华热闹的扬州十里长街为舞台,让所有的美女都将自己的珠帘卷起来,最后说"总不如",即在如云的美女中,诗人的意中人是其中翘楚,其美可称天下第一。

第二首重点写惜别。前两句用白描手法写情人分别时的场面,强调人在最动情之时,往往反而不知说什么好,因而"多情却似总无情"。后两句用蜡泪衬托人泪,抒情极其强烈。蜡烛流泪,自人眼中看出,实际便是人垂泪。而"垂泪到天明"暗示一对情人彻夜未眠,守蜡而坐,难舍难分的情形历历在目。

李商隐《无题》(1)

相见时难别亦难(2),东风无力百花残(3)。春蚕到死丝方尽,蜡炬成灰泪始干(4)。晓镜但愁云鬓改,夜吟应觉月光寒(5)。蓬山此去无多路(6),青鸟殷勤为探看(7)。

【注释】

(1)李商隐:见专题二"帝都之诗"专题诗选《乐游原》注释(1)。李商隐《无题》诗有近二十首,非一时之作,多写爱情,有的或有所托。(2)"相见"句:"别易会难",古人常语。这句翻进一层,说相见固然困难,离别更是煎熬。(3)东风:春风。残:凋零。(4)"春蚕"二句:说此身如春蚕,到身死化蛹,相思之情方尽;此身如蜡炬,至身死后,相思之泪始干。丝,与"思"谐音双关,隐"相思"之意。蜡炬,即蜡烛。蜡烛燃烧时烛脂流溢如泪,称"蜡泪"。(5)"晓镜"二句:设想对方晨起对镜梳妆时心忧鬓发变白,年华虚度;凉夜吟诗,当感月色凄寒。镜,用如动词,照镜。云鬓,年轻女子浓密的鬓发,代指青春容颜。但愁、应觉,都是揣想对方心理的口吻。但,只,仅仅。(6)蓬山:蓬莱山,传说中的海上仙山。此指对方居处。(7)青鸟:神话中为西王母传递音讯的信使。

【提示】

首联"难"字重叠,表离恨不可排遣。颔联连设"春蚕""蜡炬"两喻,借以抒写虽后会无期,而相思之情永在的信念。此两句已超越爱情而具有执着人生的永恒意义。颈联撇开自己身在情长的彻骨相思,而悬想对方别后思念自己的情景,再现了对对方心意的体贴关注,可见两心之眷眷、两情之依依。末联"蓬山",是说人神之隔,可望而不可即。至于说蓬山"无多路",可托"青鸟"探看,完全是"末路不作绝望语",这种近乎无望中的希望更显悲楚。

诗大约写于唐文宗开成四年(839),诗人正身陷"牛李党争"的漩涡中。因而也有人认为,这是一首以失恋的爱情诗为躯壳的陈情诗,是诗人向令狐绹传递情怀和信息的一只"青鸟"。

李商隐《无题》(1)

昨夜星辰昨夜风,画楼西畔桂堂东(2)。身无彩凤双飞翼(3),心有灵犀一点通(4)。隔座送钩春酒暖,分曹射覆蜡灯红(5)。嗟余听鼓应官去(6),走马兰台类转蓬(7)。

【注释】

(1)李商隐:见专题二"帝都之诗"专题诗选《乐游原》注释(1)。(2)"昨夜"二句：回忆与意中人见面的时间、地点。星辰：星星。画楼、桂堂：均指构造精美、陈设华丽的楼阁厅堂。(3)"身无"句：谓双方都不能像生有双翅的凤凰那样飞到意中人身边去。彩凤，毛色成五彩的凤凰。双飞翼，能飞动的双翅。(4)"心有"句：谓两人心心相印。灵犀(xī)，相传犀牛是神兽，犀角中心有一条白纹自角端直通大脑，叫"通天犀"，感应灵敏。一点通，即指犀角中心上下贯通的白色髓质。(5)"隔座"二句：说的都是古代宴席之间的游戏。送钩，一人藏钩于手中让他人猜，不中者罚酒。分曹，分成几队。射覆，在器皿下覆盖物品让人猜。射，猜。蜡灯，点着的蜡烛。(6)嗟：可叹。听鼓：听到报晓的更鼓。应官去：到衙门应付公事。(7)走马：骑着马跑。兰台：指秘书省。兰台本为汉时宫廷藏书处名称，唐高宗时一度改秘书省为兰台，后习惯以兰台称呼秘书省。李商隐曾任秘书省校书郎。类：好像。转蓬：被风吹动到处飘转的蓬草。

【提示】

这首是李商隐无题诗中人们争论分歧比较大的作品。分歧之一，是关于主旨，即这是一首有寄托的寓言诗，还是一首有本事所依的艳情诗？分歧之二，是诗里呈现的时间与空间如何确定，诗里的情景是"昨夜"的事情，还是"今夜"的事情，或者是在"昨夜"与"今夜"之间有所切换？有一种解读是，诗的前半部分写的是"昨夜"及之前。二人情意相通，但由于某种原因不方便经常见面，"昨夜"来之不易的"画楼西畔桂堂东"的旖旎幽会令诗人倍感温馨与珍贵。后半部分写的是"今夜"，虽然星辰和好风与昨夜相仿佛，但斯人已不在身边，他只能想象对方身处灯红酒暖的热闹场所，与自己完全不在同一个世界，落寞抑郁之情自在言外。末联自叹身如蓬草，命运不能自主。诗将爱情失意与仕途不顺结合在一起，写出了诗人在重重压抑下难以舒展的苦闷。

"身无彩凤双飞翼，心有灵犀一点通"两句是全诗的魂。一个"无"，一个"有"，既写出了不能见光的爱情的遗憾，也写出了两人心灵相通的喜悦。其中有苦涩悲怆,又有阻隔中的契合、苦闷中的欣喜和寂寞中的慰藉,情绪十分复杂。清代诗人黄景仁有句云:"似此星辰非昨夜,为谁风露立中宵。"与本诗的意境相似。

张先 [千秋岁][1]

数声鶗鴂[2],又报芳菲歇[3]。惜春更把残红折。雨轻风色暴,梅子青时节。永丰柳[4],无人尽日花飞雪[5]。　莫把幺弦拨[6],怨极弦能说。天不老[7],情难绝。心似双丝网,中有千千结[8]。夜过也,东窗未白凝残月[9]。

【注释】

(1)张先(990—1078),字子野,乌程(今浙江湖州)人。宋仁宗天圣八年(1030)进士,曾任安陆县知县,故人称"张安陆"。官至尚书都官郎中,晚年退居湖杭之间。曾与梅尧臣、欧阳修、苏轼等游。擅作小令,也作慢词,与柳永齐名。因其词中曾三处妙用"影"字,世称"张三影"。其词多反映士大夫的诗酒闲适生活和男女之情,含蓄工巧。有《安陆词》。(2)鶗鴂(tí jué):鸟名,通常认为是子规、杜鹃,啼叫之时即是春去之日。一说是伯劳鸟。(3)芳菲歇:指百花凋谢。(4)永丰柳:唐代洛阳城中有永丰坊,其西南角园中有垂柳,白居易赋《杨柳枝词》:"一树春风千万枝,嫩于金色软于丝。永丰西角荒园里,尽日无人属阿谁?"后诗传入乐府,流遍京城,有诏旨,遂取两枝植于禁苑。此处泛指杨柳,用白居易诗意。(5)花飞雪:指柳絮纷飞如雪。(6)幺(yāo)弦:琵琶的第四弦,又叫小弦、细弦、危弦,其音哀而细。(7)天不老:语出李贺《金铜仙人辞汉歌》"天若有情天亦老"句。(8)"心似"二句:比喻心中情结像双丝网上的千万个结一样难解。双丝网,用两根丝织成的网。(9)残凝月:黎明时天色不亮,太阳将升未升时,还能看见月亮。凝,停留、冻结的意思。

【提示】

这首词将伤春与怀人融为一体,写景寓情,即景寓情。上片,织入鹧鸪悲鸣、风雨凄凄、柳絮飞雪的残春景象,依稀包蕴着某种深意,似指恋情的被阻抑。下片转而抒情,以苍天不老寓情之不绝,以双丝网结寓情之缠绵,表达出不为风雨所摧残的决绝和抗争。末句以东窗残月的景语见出长夜未眠,相思入骨。

"天不老,情难绝。心似双丝网,中有千千结。"此四句比喻新颖贴切,直抒胸臆,堪称千古爱情名句。

欧阳修 [玉楼春](1)

尊前拟把归期说(2),未语春容先惨咽(3)。人生自是有情痴,此恨不关风与月(4)。　　离歌且莫翻新阕,一曲能教肠寸结(5)。直须看尽洛城花,始共春风容易别(6)。

【注释】

(1)欧阳修(1007—1072),字永叔,号醉翁、六一居士,庐陵(今江西吉安)人,卒谥文忠。宋仁宗天圣八年(1030)进士,历官至西京留守推官、监察御史、枢密副使、参知政事等职。文学上倡导诗文革新,反对"务高言而鲜事实"的形式主义文风,被认为是一代宗师。创作以散文成就最大,是"唐宋八大家"之一。诗作畅达自然,其词虽承袭南唐遗风,却有不少风格清隽的佳篇,小令与晏殊齐名,号称"晏欧"。有《欧阳文忠公集》《六一词》。
(2)尊前:樽前,饯行的酒席前。(3)春容:美丽的颜容。此指别离的佳人。惨咽:神情凄恻,语音哽咽。(4)"人生"二句:意谓人生悲欢离合之"情痴",原内在于人心灵情感的追求之中,而非古人所谓外在的风花雪月感动人心所致。有情痴,专注、痴迷于所钟爱的人而不能自拔。(5)"离歌"二句:不要再唱新的离别的歌了,一支曲子已能使人无限悲痛。离歌,惜别之歌。翻,指演唱。阕（què），乐曲的一遍称为一阕，此处指曲调。新阕，犹言新曲。肠寸结，形容极度悲伤。（6）"直须"二句：真应该把洛阳的牡丹都看遍，然后才伴着消逝的春光一同离去。意谓希望尽情享受快乐与幸福，然后无怨无悔地告别青春的大好年华。直，真。须，应该。洛城花，指牡丹。

【提示】

宋仁宗景祐三年（1036），欧阳修在洛阳任职期满，离别之际，写有多首［玉楼春］词送给洛阳旧友。此为其中之一，可能是留别一位红粉知己的。本词蕴含深重的离别哀伤与春归的惆怅，同时又具旷放之气。

词的上片前两句刻画了两人分别前各自的心事和表情。一个为了安慰对方，打算虚拟一个回来的日期，以免她失望，不料自己这话还没出口，对方已猜到他的心事，未语泪先流。接下来的两句是作者由此生发的慨叹：人本来就是痴情种，与风花雪月等外在东西根本没有关系，只不过是有情人把风、月当成引人伤心断肠的媒介。

词的下片前两句写别情。这离别之歌不要再唱下去了，一曲就足以使人断肠。接着词人由此又提出了对于人的感情的见解——既然人的感情是如此丰富，却又那样容易受到伤害，那么就应该让感情尽情地抒发出来，唯有此，人生才不觉遗憾。正如把洛阳城里城外的牡丹看够以后，人就容易同洛阳的春风分手了。当然，虽然"直须""始共"的口吻豪宕有力，诗人力图以名满天下的"洛城花"这一乐景来冲淡离别哀愁，但"洛城花"毕竟有"尽"，"春风"也毕竟要"别"，因此豪宕之中又委实隐含了沉重的悲慨。

苏轼［江城子］《乙卯正月二十日夜记梦》[1]

十年生死两茫茫[2]，不思量，自难忘。千里孤坟[3]，无处话凄凉。纵使相逢应不识，尘满面，鬓如霜[4]。　　夜来幽梦忽还乡[5]，小轩窗，正梳妆[6]。相顾无言[7]，惟有泪千行。料得年年肠断处[8]，明月夜，短松冈[9]。

专题十五 爱情与诗

【注释】

(1)苏轼:见专题三"中秋诗词"专题诗选[水调歌头](明月几时有)注释(1)。乙卯:宋神宗熙宁八年(1075),苏轼时知密州(今山东潍坊诸城)。(2)十年生死:苏轼妻子王弗卒于宋英宗治平二年(1065),距写作此词恰是十年。茫茫:空虚渺茫的样子。(3)千里孤坟:王弗的坟墓在四川眉州彭山,和苏轼所在的密州远隔千里,故云。(4)"尘满面"二句:风尘满面,两鬓斑白如霜。这是作者自叹生活不安定,奔走劳碌,人已衰老。(5)幽梦:指怀着幽情入梦。(6)"小轩窗"二句:谓梦见妻子正在当窗梳妆。轩:有窗槛的小室。(7)相顾:相互看着。(8)料得:料想,想来。肠断:形容极度悲伤。(9)短松冈:种着松树的山岗。指王弗的坟。古人葬地多植松柏。

【提示】

这是一首悼亡词。苏轼19岁时,与年方16的王弗(四川青神县进士王方之女)结婚。王弗年轻貌美,侍翁姑恭谨,对苏轼温柔贤惠,二人恩爱情深。宋英宗治平二年(1065)五月二十八日,王弗病逝于汴京(今河南开封)。熙宁八年(1075),苏轼知密州。这年正月二十日,他梦见王弗,便写下此词。

上片写现实(梦前)。写生离死别之久,自己又遭遇坎坷。"尘满面,鬓如霜"把对妻子的怀念和现实遭遇的辛酸相交融,将十年来政治生涯中的种种不幸和感慨融入对亡妻的思念之中。

下片前五句写梦中,末三句写梦后。"小轩窗,正梳妆。相顾无言,惟有泪千行。"熟悉而温馨的场景反衬出的却是残酷现实的悲哀,所以即使是难得的梦中相逢,夫妻两人却连"一晌贪欢"也不能实现,只能在这"相顾无言"中默默倾诉十年的苦痛,最后更是悲从中来,禁不住泪流千行。

悼亡诗在苏轼之前屡见不鲜,如魏晋的徐干、潘岳,唐时的元稹,宋时的梅尧臣等都有这方面的佳作。以词的形式悼亡,当时则不多。苏轼这首"记梦"词以虚映实,虚中见实,具有强烈的艺术感染力。本诗与贺铸的[鹧鸪天]《半死桐》一起被称为悼亡词双璧。贺铸词云:"重过阊门万事非,同来何事不同归?梧桐半死清霜后,头白鸳鸯失伴飞。原上草,露初晞。旧栖新垅两依依。空床卧听南窗雨,谁复挑灯夜补衣!"

李之仪[卜算子]⁽¹⁾

我住长江头,君住长江尾。日日思君不见君,共饮长江水。　　此水几时休⁽²⁾,此恨何时已⁽³⁾。只愿君心似我心,定不负相思意⁽⁴⁾。

【注释】

(1)李之仪(?—1117),字端叔,自号姑溪居士,沧州无棣(今属山东)人。大约为熙宁三年(1070)进士。元祐初为枢密院编修官。苏轼知定州时,他曾为幕僚,受苏轼赏识。宋徽宗初年以文章得罪蔡京,除名编管太平州(今安徽马鞍山当涂县)。官终朝议大夫。工于词,小令尤为清婉。有《姑溪词》。(2)休:停止。此处指枯竭。(3)已:完结,停止。(4)定:此字为衬字。在词规定的字数外适当地增添一两个不太关键的字词,以更好地表情达意,谓之衬字,亦称"添声"。

【提示】

悠悠长江水,既是双方万里阻隔的天然障碍,又是一脉相通、遥寄情思的天然载体;既是悠悠相思、无穷别恨的触发物与象征,又是双方永恒相爱与期待的见证。全词以长江水为抒情线索,明白如话,复叠回环,深得民歌风味,又具有文人词的构思新巧。

吴文英[唐多令]《惜别》⁽¹⁾

何处合成愁?离人心上秋⁽²⁾。纵芭蕉、不雨也飕飕⁽³⁾。都道晚凉天气好⁽⁴⁾,有明月、怕登楼⁽⁵⁾。　　年事梦中休,花空烟水流⁽⁶⁾。燕辞归、客尚淹留⁽⁷⁾。垂柳不萦裙带住,漫长是、系行舟⁽⁸⁾。

【注释】

（1）吴文英（约1200—1260），字君特，号梦窗，晚号觉翁，四明（今浙江宁波）人。本姓翁，过继为吴氏后嗣。一生未第，游幕终身，曾任浙东安抚使吴潜幕僚，出入苏杭一带权贵之门。词人为南宋末年大家，风雅词派主要代表，与姜夔并称"姜吴"，与周密（草窗）并称"二窗"。其词典丽而工，多雕琢，韵律和谐。有《梦窗甲乙丙丁稿》。（2）"何处"二句：愁字由"秋"与"心"二字组成，所以说合成愁。心上秋，亦指心中悲秋之情。（3）"纵芭蕉"句：意为即使不下雨，芭蕉也发出凄凉的飕（sōu）飕之声，引人愁思。古人以为雨打芭蕉为凄苦之声。（4）"都道"句：化用辛弃疾［丑奴儿］词"却道天凉好个秋"句意。（5）"有明月"句：意谓自己心绪不好，虽风月清明，但因怕触动离愁别恨，害怕登楼观赏。（6）"年事"二句：意谓岁月像是在梦中消逝，犹如花落水流一般。年事，往事。花空，花已落尽。（7）"燕辞归"句：化用曹丕《燕歌行》"群燕辞归雁南翔……何为淹留寄他方"句意。客，旅居他乡之人，作者自称。淹留，滞留。（8）"垂柳"二句：垂柳不系住她的裙带将她留下，反而系住我的行舟不让我回去。萦（yíng），系，缠绕。裙带，指代别去的女子。漫长是，徒然是，费空心思。系行舟，垂柳系住行船，喻指自己淹留他乡，不能随她同去。

【提示】

这首《惜别》与吴文英词句密意繁的主导词风相比较，显示出另一种格调，它疏快而略带空灵、明朗而包含机巧，开篇时拆字格的妙用，结尾处对垂柳的轻怨，都显示了这一特色。

三、专题衍说

处处沧海处处水,处处巫山处处云
—— 说元稹的几段感情

元稹是鲜卑族之后,本姓拓跋。作为北魏的皇室,元稹的祖先在北朝时是极为煊赫的。不过隋代以后,家世渐趋衰落。他的父亲元宽,只是做到郎官,而且事迹无考,默默无闻。元稹8岁死了父亲,母亲带着幼小的儿女们,依靠舅族,勉强生活。

为了尽早地获取功名,解决生计问题,元稹14岁赴长安应试,报考的是明经科,第二年被录取。唐代科举名目甚多,但读书人选择的科目主要还是进士科、明经科两种。进士科最为人所看重,难度也最大,相比较明经科要容易些。所以当时有"三十老明经,五十少进士"的说法,意谓30岁考取明经就算很晚了,而50岁考取进士则并不算迟。元稹不考进士而考明经,固属趋易避难,但15岁一举登科,还是足以证明其才华出众的。

但是由于唐人重进士、轻明经的社会风气,由明经登第者颇被人看不起。康骈《剧谈录》等书中有这样一条记载:元稹考中明经后,久仰李贺的诗才,很想与他结交,就去登门拜访李贺。李贺闭门不见,还把元稹的拜帖退了回来,说:"你是明经及第的,有必要见我吗?"元稹"惭恨而退"。有的书里就说,后来元稹当了礼部郎中,李贺要去参加进士考试,他就与一些人议论李贺应该避其父亲李晋肃的名讳放弃考试。再后来,李贺果真退出了。这些传言未必可信,但明经出身的事实确实令元稹颇有压力。他苦读十年,参加吏部的制科考试,25岁时登书判拔萃科,终于改变了被人轻视的身份。

在这勤奋苦读的若干年里,元稹很有可能遭遇了一件事情,那就是他与崔莺莺小姐的恋爱。

《莺莺传》只是元稹创作的一篇小说,是作为"行卷"在考试前送给达官要人以博取赞誉的作品,并非元稹的个人自传。尽管有不少学者坚持认为,不能以小说中的人物来比附作者,但从宋代赵令畤《侯鲭录》开始,直到近现代的研究者,大都认为小说是作者的"自寓",小说中的张生就是元稹自己。鲁迅《中国小说史略》说:"元稹以张生自寓,述其亲历之境。"陈寅恪《元白诗笺证稿》说:"《莺莺传》为微之(元稹字微之)自叙之作,其所谓张生即微之之化名,此固无可疑。"这几乎成为学界的一个"公论"。因为人们从相关史料、人物关系,以及元稹本人的其他作品中涉及的情景,印证了元稹确实有过"结托萧娘只在诗"的往事。

如果按照这个思维,那么,元稹遇到的爱情可能是这样的:大约在元稹22岁之时,他在河中府任低级官吏,因蒲州兵乱保护崔氏孀妇一家而结识莺莺,莺莺的母亲与元稹的母亲大概是姐妹。元稹对莺莺一见钟情,莺莺对元稹也颇有好感。尤其是莺莺,在情感的挣扎之后,自荐枕席。其后,元稹至京城应吏部试,其间二人还有些书信往来,后来就断了联系。按说莺莺的家世不错,母亲那一脉为荥阳郑氏,也是名门之后,并非不可娶来为妻。元稹借小说张生的口,表达放弃感情的原因是:"大凡天之所命尤物也,不妖其身,必妖于人……予之德不足以胜妖孽,是用忍情。"意思是说,莺莺这类女子,就像商纣王的妲己、周幽王的褒姒,是有可能成为祸害的,我的抵御能力不足,还是早早分开比较好。

元稹的言行得到了当时人们的理解与赞同,因为他的这种表白十分吻合唐人指斥唐玄宗沉溺女色而误国的政治议论。在唐人的笔下,一方面可以由衷赞美唐玄宗与杨贵妃地老天荒的爱情,一方面又认为,正是这种极深的用情,才导致国家的灾难和个人的悲剧。所以,元稹对莺莺的"始乱终弃",并没有太多影响到人们对元稹的品格评判,更多是为他强制性地压抑内心对莺莺的爱而"深叹"。

当然,小说流传到后代,读者越来越不满意故事的结局,有人开始加以改造,于是也就有了王实甫《西厢记》"愿天下有情的都成了眷属"的大团圆。

事实上，元稹登科后授官校书郎，经人介绍结识了当时的京兆尹韦夏卿，并娶了他的女儿韦丛。韦家的显赫权势，自然不是莺莺家可与比拟的，莺莺虽非贫寒之家，但其父已故，政治上可仰仗之处匮乏。用婚姻来攀结豪门，为自己将来的事业发展助力，似乎也无可厚非，更何况元稹跟妻子韦丛的感情很好。

韦丛容貌是否艳于莺莺，不得而知，才华上应该是比不过莺莺的。元稹提到韦丛的时候说过"检得旧书三四纸，高低阔狭粗成行"，即说她的字写得高高低低，参差不齐，行距也时阔时狭，不大匀称，只能勉强成行，而莺莺则是"工刀札，善属文"的。但韦丛贤淑温柔，二人夫唱妇随，育有一子，感情甚笃。可惜的是，韦丛与元稹只生活了约7年，就因病去世。元稹深为悲痛，写下了许多怀念韦丛的诗，如"诚知此恨人人有，贫贱夫妻百事哀""惟将终夜长开眼，报答平生未展眉""怪来醒后傍人泣，醉里时时错问君""今宵还似当时醉，半夜觉来闻哭声""今夜商山馆中梦，分明同在后堂前""孤琴在幽匣，时进断弦声""伤心落残叶，犹识合昏期""君骨久为土，我心长似灰"等。最著名的当是《离思》（其四）："曾经沧海难为水，除却巫山不是云。取次花丛懒回顾，半缘修道半缘君。"自从有了你之后，其他人就再也入不了我的眼了。

韦丛去世后的第二年，元稹纳安仙嫔为妾。安氏生一子二女，不到4年过世。安氏去世后的第二年，元稹娶裴淑为妻，两人共同生活了16年。有人因为元稹这样的婚史，认为他是个薄情之人；也有人认为，无论如何，家中有个女主人，料理生活，照顾孩子，并不能因此说明元稹对前妻亡妾的背叛和薄幸。甚至于有人觉得，元稹的宿娼饮妓，并将其写入诗篇，也都是唐代的风气使然，不必以今天的道德标准加以苛求。好歹元稹还是一个有作为的官员，态度上支持"永贞革新"，直言敢谏；担任监察御史时，劾奏不法官吏，平反许多冤案，得到民众的广泛欢迎和崇高赞誉。他曾四次遭朝廷贬谪，不改匡扶国家的志向。

至于传说中元稹跟名妓薛涛的一段，可信程度不算太高，虽然这个话题历来有人乐于传播。从资料上看,均非正史所记。说是元稹授监察御史出使东川的时候,与薛涛交往。当时元稹30岁,薛涛41岁。此后,一个有心托付,一个无意流连,虽然元稹写有"别后相思隔烟水,菖蒲花发五云高",薛涛写有"诗篇调态人皆有,细腻风光我独知",最后还是不了了之。这段公案众说纷纭,有说是两人压根儿不认识,没有任何交集;有说是两人仅有诗词唱和,没有其他方面的联系;还有研究者发现,元稹当年25岁吏部制科考中的时候,薛涛已经是个50多岁的人了,二人没有相恋的可能性。

隐身在女人后面的男人
—— 说男性词人如何在词中为女性代言

唐宋词里有相当多的作品展现的是女子的形象。她们有着曼妙的身姿,娇艳的眉黛,高超的才艺,多情善感的心性。她们在浅吟低唱中以婉转的口吻传递着某种思念和期待,从而形成了这一类词作的特殊面貌。然而,这一类的作品,却主要是男子写的。是男性词人模拟着女性的口吻,描写女性的行为和心理。它被称为"代言体"词。

虽然将"香草美人"作为政治的托喻,在我国文学中早有传统;在词的写作里,作者也常常会以男女关系作为某种影射和象征,诸如"众里寻他千百度,蓦然回首,那人却在、灯火阑珊处"。但我们这里所说的,是单纯将女性作为审美对象的作品。在词这类载体中,大量采用代言体,与词的传播途径与方式有关。在社交和娱乐场所,歌妓以歌舞侑酒(为饮酒者助兴),她们所唱的歌辞,即是士大夫们依着曲拍填写出来的,甚至不少是即兴填写、随即演唱。士大夫们在写这些歌辞的时候,轻松随意,没有"文以载道""诗以言志"这样宏大的写作目的。而且,因着配合这样的场合,这样的演唱者,歌辞以女性的口吻,说女性的情感,讲女性的故事,当然也很自然,很搭调。欧阳炯在《花间集》的序文里说的就是这种状态:"则有绮筵公子,绣幌佳人,递叶叶之花笺，文抽丽锦；举纤纤之玉指，拍按香檀。不无清绝之词，用助娇娆之态。"

不过，词里的形象虽然是女人，背后却充满了男性的眼光。作者自觉或不自觉地通过女人的口，流露出男人的道德评判、审美意识，以及男女交往中的立场和优越感。

他们代言的对象是歌者，也就是那些不具伦理身份的女性。这些女子，有技艺，有才貌，就是没有人身自由，脱籍从良对她们来说并不是容易的事。士大夫在与她们的交往中，一方面惊羡她们的美艳，同情她们的遭际，为她们的人生幽怨与创痛代言，抒写"溅酒滴残歌扇字，弄花熏得舞衣香。一春弹泪说凄凉"（晏几道[浣溪沙]）之类的悲哀，另一方面，却又不免对这些沦落风尘者投以世俗的鄙夷。有时候这种鄙夷写得很婉转，比如赞美一位心仪的歌妓，就说她像一个好人家的女儿，"烟花丛里不宜他，绝似好人家"（辛弃疾[眼儿媚]）。他们既希望这样的女性可以近距离观赏，可以亲近，又希望她们具备传统女性美丽、温顺、贤惠、贞洁的品格。柳永[少年游]大致就是这样的代表："世间尤物意中人，轻细好腰身。香帏睡起，发妆酒酽，红脸杏花春。娇多爱把齐纨扇，和笑掩朱唇。心性温柔，品流详雅，不称在风尘。"

词人们流连花陌柳巷，获取婚外恋情，往往是作为婚姻生活的补偿。士大夫的婚姻是他们政治追求的一部分，当事人的情感成分未必被特别看重。歌妓们聪明美丽，善解人意，在歌舞侑酒的社交活动中与之产生真挚感情也非常自然。这种感情使他们痛惜这些女子的艰难处境，理解她们的喜怒哀乐，在为她们代言的过程中情不自禁地流露出体贴与爱恋。如韦庄[女冠子]："四月十七，正是去年今日，别君时。忍泪伴低面，含羞半敛眉。不知魂已断，空有梦相随。除却天边月，没人知。"但是，婚姻补偿的心愿本来就不是期望寄托于某一稳定对象来实现的，由更新带来的惊喜才可能在一成不变的婚姻生活之外给士大夫以滋润与慰藉。何况将这种交往视为不影响德行与功业建树的无伤大雅的风流韵事，抱持优游行乐的姿态，更容易消除士大夫的顾虑与压力。所以在"代言体"中的女性，普遍接受"花红易衰似郎意,水流无限似侬愁"的交往方式,并以怨而不怒的形象对他们创造的"落花有意,流水无情"的结局表示认同。这种知情知趣无非就是男子的立场。

"代言体"词还体现了男性的主体优越意识。词中的女性形象,无论是外貌还是心理,都带有男性所赋予的理想化色彩。首先,她们的容貌千篇一律的是娇媚、香软、慵懒,体现出特殊的审美趣味。其次,词中女子的生活目的不外乎取悦男性,她们或者竭尽所能地献媚邀宠,或者喋喋不休地诉说幽怨以求重新获得垂怜。即便是一些气格颇高的作品,本质上仍是在强化男性性别的绝对优势。如果说李煜[一斛珠]"绣床斜凭娇无那,烂嚼红茸,笑向檀郎唾"和[菩萨蛮]"画堂南畔见,一向偎人颤。奴为出来难,教郎恣意怜",表现的是男性处于浪漫情节中的一种自得,那么牛峤的[菩萨蛮]则通过对女性心理欲望的发掘再现男性意识中根深蒂固的性别控制力量:"玉楼冰簟鸳鸯锦,粉融香汗流山枕。帘外辘轳声,敛眉含笑惊。柳阴烟漠漠,低鬓蝉钗落。须作一生拼,尽君今日欢。"这类作品中,恶俗的也不少。

相当一部分士大夫与歌妓的交往持的是逢场作戏的态度,甚至于不排除做戏给自己看,以试验自己的恋爱能力及无限才华。即便有人对歌妓抱有真情,相思似海深,但由于双方社会地位的悬殊和社会法律的束缚,这种相思也难以得到圆满的结果。及时抽身或忍痛退去的不乏其人。词作中涉及这种"抽身"和"退去",传达出来的男性立场就更加明显,他们会说自己是忍情,是无奈。他们通常以不伤及对方的两种话语作为托词:一是强调自己为命运奔波,羁旅流浪,无暇维护两人的情谊,尽管酒醒时面对"杨柳岸、晓风残月",内心充满了痛楚。这种表白既显示了男性坚忍的责任感,又不失有情有义,最为冠冕堂皇。二是干脆将女方比作难以高攀的仙姑,人神虽然一时缱绻,但交会处永远是幻境,不可能有世俗的圆满结局。不可跨越的天人河汉使他们不得永聚。既是天命使然,所以悲剧的责任就不该在士大夫身上。这种解释尽管有些狡辩的意味,但是因为它美化了女性,又将悲剧置于缥缈虚幻的纯美境界之中,竟使这一托词的美学立意十分高远。

专题十六

新年诗词

一、专题要点

本专题主要了解传统新年的相关礼俗及文化活动，并通过相关作品的学习，了解新年诗词的情感趋向。本专题选读诗歌作品9首。

（一）新年礼俗及文化活动

1."年"的来历

"年"的最初含义来自农业生产，是谷物成熟的意思。甲骨文的"年"字，字形就是成熟的禾苗果实累累的样子。《说文·禾部》曰："年，谷熟也。"最初，一年的确定就是依据谷物播种、收获一次的周期。后来，人类知识经验不断积累，文明水平不断提高，为了合理安排农业生产，不误农时，人们开始通过天文观测确立年岁节候。

年节的日期，各朝代也不相同。夏朝定在一月初一，商朝定在十二月初一，周朝定在十一月初一，秦朝定在十月初一。到西汉太初元年（前104），汉武帝使用《太初历》，恢复了夏历（即农历），以正月为岁首，把二十四节气订入历法。后来历朝历代虽对历法有过修改，但基本上仍然以《太初历》为蓝本，以夏历的孟春正月为岁首，正月初一为元旦、元日，即新年的第一天，并一直沿用到今天。

1911年辛亥革命以后，清朝统治被推翻，孙中山在南京建立中华民国政府。各省都督府代表在南京召开会议，讨论历法问题。会上达成了"行夏历，所以顺农时；从西历，所以便统计"的共识，决定使用公历，把公历1月1

日定作"新年",把农历正月初一称作"春节",但并未正式命名和推广。1949年9月27日,中国人民政治协商会议第一届全体会议通过使用"公历纪年法",将公历1月1日定为"元旦",把农历正月初一定名为"春节"。

2. 新年礼俗活动的发展

先秦:此时的庆祝活动主要是在一年农事完毕之际,为报答神的恩赐而举行"腊祭",以感谢百神上一年的赐予,祈求来年风调雨顺、五谷丰登,同时伴随驱疫禳灾。

汉至南北朝:酬神、祭祀和庆祝活动,具体包括燃爆竹、换桃符、饮屠苏酒、守岁卜岁、游乐赏灯等。其间有腊八、除夕、元旦、破五、元宵节等一系列重要节日。

唐宋:虽然仍有祭神祀祖活动,但庆祝新年的重点由祭神转向了娱人,转向了人们自己的娱乐游艺。比如元旦的爆竹不再是驱鬼辟邪的手段,而成了欢乐、喜庆的方式;祭灶由神秘庄重的宗教性仪式,转变成敷衍灶王的世俗化例行公事;元宵节娱神的灯火变成了人们游艺的花灯。

明清:新年习俗一方面礼仪性、应酬性加强,如相互拜谒、互送名帖、登门叩拜、馈赠礼品,另一方面游艺性加强,玩狮子、舞龙、演戏、说书、高跷、旱船等娱乐活动缤纷夺目。

(二)新年诗词的情感倾向

关于新年的作品,并不都是表现岁时年俗的,在这个特殊的辞旧迎新的日子里,作者或感慨时光流逝、功业未成,或怀念故乡亲人,外界的热闹与内心的孤独形成对照,希望在今后的人生里获得更多的理解和温暖。在这类作品中,伤感的情绪甚至会比欢天喜地来得多。

(三)课堂话题

1. 新年是一个过程

在中国民间,传统意义上的春节是指从腊月初八的腊祭,或腊月二十三、二十四的祭灶,一直到来年的正月十五。其中以除夕和正月初一为春节的高潮。

2. 新年是一种风俗

（1）新年序曲：腊月，腊八，腊八粥；小年，祭灶；忙年。

（2）除夕：贴春联、挂年画、放鞭炮、祭神祀祖、吃团圆饭、守岁。

（3）春节：接年；拜年，压岁钱，贺年帖；饺子，汤圆；新年游艺。

（4）正月总是年：小年朝、破五、人日戴胜、闹元宵；二月二后方无年。

3. 新年是一份心境

新年诗词除了表现新年各个环节的活动风俗礼仪，更多的是表现诗人辞旧迎新时的种种感慨，有励志自勉的，也有失落惆怅的，等等。

二、专题诗选

武则天《腊日宣诏幸上苑》(1)

明朝游上苑(2)，火急报春知(3)。花须连夜发，莫待晓风吹(4)。

【注释】

（1）武则天（624—705），名曌（zhào），并州文水（今山西文水）人。太宗时被召入宫，为才人，年十四。太宗崩，为尼感业寺。高宗复召入宫，拜昭仪。永徽六年（655）立为皇后。中宗即位，尊为皇太后，临朝称制。天授元年（690），自称帝，改国号周。当国数十年。能诗。《全唐诗》存其诗四十六首。腊日：农历十二月八日。宣诏：宣布传达皇帝的命令。幸：指皇帝驾临。上苑：是上林苑的简称，为帝王和贵族游玩和打猎的风景园林。（2）明朝：明天早晨。（3）春：春神。（4）"花须"二句：花儿必须在当晚开放，不要等到明天早晨被风吹开。连夜，当晚。

【提示】

据说这首诗写于武则天登上帝位的第二年（691）的农历十二月初八。诗里说的是：武则天要在严冬游上苑，命令苑中连夜百花开放，以迎候女皇驾临。伴随此诗有一个故事，且故事有多种版本，其中一个版本说武则天看到园中蜡梅开放，诗兴勃发，宣旨明日驾幸上林苑，命花神令上林苑的百花连夜开放。是日，苑中果然百花齐放，但唯有牡丹傲骨不放，武则天大怒，令火灸牡丹逼其开放，并将苑内数千枝牡丹皆谪迁洛阳，于是有了"牡丹数洛阳"之说。另一个版本是《唐诗纪事》里记的：腊日，图谋复李唐皇祚的大臣们诈称上苑花开，请武则天观赏，欲乘机发难。武则天起疑，作此诗，不去。第二日凌晨，百花果然盛开，大臣皆惊。

苏味道《正月十五夜》[1]

火树银花合[2]，星桥铁锁开[3]。暗尘随马去[4]，明月逐人来。游伎皆秾李[5]，行歌尽落梅[6]。金吾不禁夜[7]，玉漏莫相催[8]。

【注释】

（1）苏味道（648—705），赵州栾城（今河北栾城）人。乾封二年（667）进士。圣历初入相，后因亲附张易之兄弟，中宗时被贬。工诗文，与李峤、崔融、杜审言号"文章四友"；又与稍晚的沈佺期、宋之问齐名，时有"苏、李居前，沈、宋比肩"之语。其诗风清正挺秀，绮而不艳，对律诗的发展起了推动作用。《全唐诗》存其诗一卷。正月十五：古称"上元"，即后来的元宵。（2）火树银花：形容灯火、焰火的绚丽。合：连成一片。（3）"星桥"句：唐朝都城都有宵禁，但在正月十五这天取消宵禁，连接洛水南岸的里坊区与洛北禁苑的天津桥、星津桥、黄道桥上的铁锁打开，任平民百姓通行。（4）暗尘：夜间走马，尘土暗中飞扬。（5）游伎：歌女、舞女。秾李：此处指观灯歌伎打扮得艳若桃李。（6）行歌：边走边唱。尽：皆。落梅：曲调名。（7）金吾：金吾卫，负责京城治安。唐置左、右金吾卫，有金吾大将军。不禁夜：指取消宵禁。（8）玉漏：精美的漏刻。漏，漏刻，古代计时器。

【提示】

唐代都城极为繁华,市井活动丰富多彩。此诗即描写元宵节夜的盛况。先从灯火写起,"合""开"二字从两个角度说明灯火之盛,而"开"又引起下文。接着写人如潮涌,"暗尘""明月"点出时当十五月夜。再接写游人中特殊的一队,使人潮具体化、生动化,并在缤纷色彩的铺写之外写到婉转声音。末句写人们流连陶醉,同时也暗示出灯火彻夜、游赏中宵。这首诗是写元宵的名篇,描足风情,写尽繁华。

高适《人日寄杜二拾遗》[1]

人日题诗寄草堂[2],遥怜故人思故乡[3]。柳条弄色不忍见,梅花满枝空断肠[4]。身在南蕃无所预[5],心怀百忧复千虑。今年人日空相忆,明年人日知何处。一卧东山三十春,岂知书剑老风尘[6]。龙钟还忝二千石[7],愧尔东西南北人[8]。

【注释】

(1)高适:见专题四"盛唐诗况"专题诗选《封丘作》注释(1)。人日:旧俗以农历正月初七为人日。杜二拾遗:杜甫。杜甫排行第二,拾遗是他在唐肃宗至德年间的官职,这时已辞去,但诗中仍称他的旧职。(2)草堂:杜甫于上元元年(760)在成都浣花溪旁建造的住处。(3)故人:老朋友,这里指杜甫。(4)"柳条"两句:意指初春景致惹人思乡思友。弄色,指柳条变成绿色。断肠,极度愁苦。折柳、折梅与思乡思人在古俗古诗中常有联系。(5)"身在"句:意为自己身处僻远的蜀地,不能参与中央朝廷的大计。南蕃(fān),指南方的遥远地区,此时高适任蜀州刺史。预,参与,此处是参与朝政之意。(6)"一卧"二句:言自己年轻时曾不屑于出来做官,有如谢安的隐居东山,哪里知道后来虽有文才武艺,仍然无所成就,白白地在宦途之中老去。东山,东晋谢安曾高卧东山(今浙江绍兴上虞区西南)。书剑,喻文武。风尘,指纷扰的宦途。(7)龙钟:老迈迟钝。忝(tiǎn):常用作谦辞,有愧于之意。二千石(dàn):汉朝时一郡的官长称太守,官俸二千石,汉人由此多以"二千石"称太守。唐刺史之职相当于太守,故诗人有此说。(8)尔:你,这里指杜甫。东西南北人:四方漂泊、居无定所之人,这里仍指杜甫。杜甫自长安陷落后,由凤翔至秦州(今甘肃天水)、同谷(今甘肃陇南成县),最后到达成都,故诗人如此说。

【提示】

此诗为唐肃宗上元二年(761)正月初七高适于蜀州(治所在今四川成都崇州)刺史任上奉寄杜甫之作。玄宗开元末年,诗人与杜甫在汶上相识,彼此钦慕,结下深厚的友谊。杜甫寓居成都期间,高适与之过从甚密,并时予接济。当时叛乱未平,干戈未息,诗中除了表达深沉的怀友思乡之情外,更有着对自身遭遇的慨叹和对国家前途的担忧。

全诗四句一层。首四句寄慰杜甫,"怜"字为情感核心。"思故乡"既是言杜,亦是自谓,二人故乡同为当时正处战乱的中原,怜杜与自伤自然混融为一。次四句写自身,表白忧国情怀。空有一身文才武略,但身在南域而"无所预",诗人心有不甘,胸中郁积着"百忧复千虑",字里行间透露出对时局的担忧。末四句进而将自己的庸碌自适与友人漂泊四方比照,引出"愧"意,回应篇首,写足题旨。杜甫收到此诗,"泪洒行间,读终篇末"。

顾况《岁日作》(1)

不觉老将春共至(2),更悲携手几人全(3)。还丹寂寞羞明镜(4),手把屠苏让少年(5)。

【注释】

(1)顾况,生卒年不详,字逋翁,号华阳山人、华阳真逸、悲翁,海盐横山(今浙江海宁)人。至德二年(757)进士,曾官著作郎、饶州司户参军,晚年

371

隐居茅山（今属江苏），游于湖州、宣城间。工于书画，长于诗歌，其歌行体句式参差，意多奇崛；其七绝清新自然，较有意趣。有《顾华阳集》。岁日：农历元旦。(2)"不觉"句：不知不觉间老年与春光共到。将，和。(3)"更悲"句：更可悲的是，同年辈的人没有几个活着的。几人全，指同辈在世者越来越少。(4)还丹：道家炼丹，先将丹砂烧成水银，再置炉中烧炼，久之还原为丹砂，称为还丹。道家谓服食还丹可使容颜变少，升天成仙。此句为惜无还丹改变镜中衰颜。(5)屠苏：酒名，一种用屠苏、肉桂、山椒、白术等草药泡浸制成的酒。古俗于农历元旦饮屠苏酒，可除瘟气。《荆楚岁时记》："正月一日，是三元之日也……长幼悉正衣冠，以次拜贺，进椒柏酒，饮桃汤，进屠苏酒。"古元旦饮屠苏酒，年岁小者先饮，故诗云"让少年"。

【提示】

顾况这首诗当作于晚年归隐茅山时。过年容易想到岁数问题，而年岁大了，看着同辈朋友凋零，更难免伤感。本诗的伤老意味颇浓。

这首诗里写到古代元旦喝酒的一个习俗。平时喝酒，都是年轻人让前辈先喝，表示对老年人的敬重，但是在新年里，却是倒过来，年纪小的先喝，年纪越大，喝酒越后，也就是诗中所写的"手把屠苏让少年"。这种习俗在许多诗人的作品中可以见到。如裴夷直《岁日先把屠苏酒戏唐仁烈》："自知年几偏应少，先把屠苏不让春。倘更数年逢此日，还应惆怅羡他人"；卢仝《除夜》其二："殷勤惜此夜，此夜在逡巡。烛尽年还别，鸡鸣老更新。傩声方去病，酒色已迎春。明日持杯处，谁为最后人"；苏辙《除日》："年年最后饮屠苏，不觉年来七十余"；杨万里《己丑改元开禧元旦》："老子年龄君莫问，屠苏饮了更无兄"；等等。

罗隐《人日新安道中见梅花》(1)

长途酒醒腊春寒(2)，嫩蕊香英扑马鞍(3)。不上寿阳公主面(4)，怜君开得却无端(5)。

【注释】

（1）罗隐（833—909），原名横，字昭谏，自号江东生，新城（今浙江富阳）人。屡次应进士试不第。黄巢起义期间，避乱隐居九华山，后归乡依吴越王钱镠，历任钱塘令、司勋郎中、给事中、盐铁转运使等职。其诗长于咏史，对晚唐现实多有批评，风格近于元白，通俗坦直。有《罗昭谏集》。人日：农历正月初七。新安：郡名，其属地在不同朝代、不同时期均有变动，晚唐时其辖地包括现安徽黄山歙县、浙江衢州一带。（2）腊春：初春，冬季刚刚转入春天的日子。（3）香英：香花。（4）寿阳公主：南朝宋武帝刘裕的女儿。《太平御览》卷三十《时序部·十五·人日》引《杂五行书》："宋武帝女寿阳公主人日卧于含章殿檐下。梅花落公主额上，成五出花，拂之不去。皇后留之，看得几时。经三日，洗之乃落。宫女奇其异，竞效之。今梅花妆是也。"（5）无端：无来由。

【提示】

寿阳公主梅花妆在诗歌中有着广泛的影响。牛峤"若缀寿阳公主额，六宫争肯学梅妆"、罗虬"若教貌向南朝见，定却梅妆似等闲"、李商隐"侵夜可能争桂魄，忍寒应欲试梅妆"、毛滂"蜡烛花中月满窗，楚梅初试寿阳妆"等均是。

这首诗的诗题上原有小注："其年以徐寇停举。"说的是此诗写作时，因战乱影响，停止科举。作者曾连续多年应试落榜，此时又遇停止科举，只得返回家乡，心中郁闷可想而知。诗借咏梅花以自嘲自叹，颇有幽默色彩：梅花啊，你不去装饰寿阳公主那倾城之貌，却毫无道理地开在我这个潦倒者的面前，这也太傻了。

王安石《元日》(1)

爆竹声中一岁除(2)，春风送暖入屠苏(3)。千门万户瞳瞳日(4)，总把新桃换旧符(5)。

【注释】

(1)王安石(1021—1086),字介甫,晚号半山,抚州临川(今江西临川)人。宋仁宗庆历二年(1042)进士,先后任淮南判官、鄞县知县、舒州通判、常州知州等地方官吏。后入朝擢拔为参知政事,两度拜相,推行新法。晚年退居金陵(今江苏南京)城外半山园,封荆国公,死后追封舒王,谥文。其散文峻洁严整,为"唐宋八大家"之一。其诗早期笔力雄健,晚期雅丽精绝,形成独特的"半山体"。其词数量有限,然意境开阔,感慨深沉,打破了五代绮靡旧习。有《王临川集》。元日:农历正月初一。(2)爆竹:鞭炮。一岁除:一年过去了。(3)屠苏:用屠苏草等泡制的酒。(4)瞳瞳(tóng tóng):日出时光亮的样子。(5)"总把"句:用新桃符换下旧桃符。桃符,古时民间用桃木刻上神像,挂在门两边以驱鬼辟邪,后改贴门联。

【提示】

通常新年之际,人们既有旧年去尽的惆怅,也有新年到来的欢喜;而此诗中"除""送""入"三字连贯直下,丝毫没有对旧年的不舍,爆竹声声、欢聚饮酒更是烘托出了新春的喜庆热闹。"千门万户瞳瞳日,总把新桃换旧符",除了普天同庆的欢乐,还极富象征意味,"总"字暗示着一种不由人左右的巨大力量,体现出新旧更替的必然规律,因此后来的读者常常将此诗的意蕴与诗人的政治改革、变法新政联系起来。

苏轼《守岁》(1)

欲知垂尽岁(2),有似赴壑蛇(3)。修鳞半已没(4),去意谁能遮(5)。况欲系其尾,虽勤知奈何(6)。儿童强不睡(7),相守夜欢哗(8)。晨鸡且勿唱(9),更鼓畏添挝(10)。坐久灯烬落(11),起看北斗斜(12)。明年岂无年,心事恐蹉跎(13)。努力尽今夕,少年犹可夸(14)。

【注释】

(1)苏轼:见专题三"中秋诗词"专题诗选[水调歌头](明月几时有)注释(1)。守岁:民间习俗,农历除夕晚上,通宵不眠,以送旧岁迎新年。(2)垂尽岁:指一年将尽的那一段时间。(3)赴壑(hè)蛇:钻洞的蛇。壑,山谷。(4)修鳞:此指长蛇的身躯。修,长。半已没,已经钻进去一半。(5)遮:阻挡。(6)勤:努力,用力。(7)强(qiǎng):勉强,硬撑。(8)欢哗:喧哗,大声说笑。(9)"晨鸡"句:晨鸡暂且不要啼,即希望时间过得慢些。(10)更鼓:古代击鼓报更,称为更鼓。添挝(zhuā):更鼓的声数增加,意味着又过一更。挝,敲,击。(11)灯烬(jìn):灯花,烧过了的灯芯。(12)北斗斜:北斗星横斜,天将要亮了。(13)"明年"二句:新年本来和旧年是一个样的,之所以老是留恋旧年,那是因为担心在新的一年也未必能实现自己的抱负和理想。心事,指打算、愿望。蹉跎(cuō tuó),虚度时光。(14)可夸:值得赞美与珍惜。

【提示】

苏轼在宋仁宗嘉祐七年(1062)岁末写了一组风俗诗,包括《馈岁》《别岁》《守岁》三首,寄给弟弟苏辙。当时作者任陕西凤翔府签判,父亲和弟弟在汴京。他在诗中回忆早年于蜀中老家过年时的淳朴风俗和欢乐情景,借以排解思归之情。

《守岁》这首诗侧重写岁月易逝、不可虚度年华的感慨。前六句以蛇为喻,极其无奈地抒写了岁将尽、人难留的情怀。作为蜀人,诗里暗用了古代蜀国五丁力士拽蛇的故事。这个开头,好像在说守岁这个风俗无道理。要写守岁,先写守不住,不必守,这是欲擒先纵、使文字多生波澜的手法。中间六句写守岁的情景,各类人群的心理刻画细致入微。最后四句表明守岁有理,应该爱惜将逝的时光。结尾十字字面上虽然用白居易"犹有夸张少年处",但意在勉励苏辙。作者兄弟俩此时正当青年,作为兄长,借过年守岁的题,与弟弟共勉互励。

朱敦儒 [好事近]⁽¹⁾

春雨细如尘,楼外柳丝黄湿。风约绣帘斜去⁽²⁾,透窗纱寒碧。　　美人慵剪上元灯⁽³⁾,弹泪倚瑶瑟⁽⁴⁾。却上紫姑香火⁽⁵⁾,问辽东消息⁽⁶⁾。

【注释】

(1)朱敦儒(1081—1159),字希真,号岩壑,又称伊水老人、洛川先生,洛阳(今河南洛阳)人。早年以"清都山水郎"自命,生活闲散逍遥。靖康之变后,流亡辗转。高宗绍兴五年(1135)赐进士出身,曾任秘书省正字兼兵部郎官等职。后被劾罢官,退隐嘉禾(今浙江嘉兴)。晚年依附秦桧,任鸿胪少卿,为时论所讥。秦桧死,其亦罢废。有"词俊"之名,与"诗俊"陈与义等并称为"洛中八俊"。有词集《樵歌》。(2)风约:犹风挽。约,收束。(3)慵剪:懒得剪。上元:节日名,即农历正月十五,亦称元宵节。(4)瑶瑟:镶玉的华美的瑟。瑟,一种弹拨乐器,其声悲怨。(5)紫姑:古代传说中的厕神,相传她常降坛为人解释吉凶。(6)辽东:古郡名,故址在今辽宁省东南部辽河以东地区。宋时属辽,后辽灭于金。唐宋时以"辽东"泛指边地。

【提示】

上阕写春景,下阕写楼中之人。时值元宵佳节,丈夫出征边地,至今未有消息。少妇独处楼中,神思慵怠。她对灯节毫无兴趣,只是倚着瑶瑟弹泪。接着她又给厕神紫姑上香火,想问问边境上战事的胜败以及征人的吉凶。词的主旨明确,通过元夕怀人表达对边事的关心,但字面上却没有道破。淡语入情,含蓄不尽。

古代正月十五有迎紫姑的习俗。宗懔《荆楚岁时记》说:"其夕,迎紫姑,以卜将来蚕桑,并占众事。"紫姑的来源,最早见于南朝宋刘敬叔的《异苑》卷五,说紫姑本人家妾,为大妇所妒,紫姑不堪虐待,于正月十五那天激愤而死。还有一种说法是《显异录》:"紫姑,莱阳人,姓何名媚,字丽卿。寿阳李景纳为妾。其妻妒之,正月十五阴杀于厕中。天帝悯之,命为厕神。故世人作其形,夜于厕间迎祀,以占众事。"紫姑,又作子姑,苏轼写有《子姑神记》,其中有"则衣草木为妇人,而置箸手中,二小童子扶焉。以箸画字"的扶乩活动的描述。

辛弃疾[青玉案]《元夕》[1]

东风夜放花千树[2],更吹落、星如雨[3]。宝马雕车香满路[4]。凤箫声动[5],玉壶光转[6],一夜鱼龙舞[7]。　　蛾儿雪柳黄金缕[8],笑语盈盈暗香去[9]。众里寻他千百度[10],蓦然回首[11],那人却在,灯火阑珊处[12]。

【注释】

(1)辛弃疾:见专题三"中秋诗词"专题诗选[太常引]《建康中秋夜为吕叔潜赋》注释(1)。元夕:农历正月十五日为元宵节、上元节,是夜称元夕或元夜。(2)花千树:形容灯火之多,如千树繁花齐开。(3)星如雨:指焰火纷纷,乱落如雨。星,指焰火。形容满天的烟花。(4)宝马雕车:装饰华美的马车。(5)凤箫:《神仙传》称,秦穆公之女弄玉,善吹箫作凤鸣声,引来了凤。故称箫为凤箫。(6)玉壶:比喻明月。(7)鱼龙舞:指舞动鱼形、龙形的彩灯。(8)蛾儿、雪柳、黄金缕:皆古代妇女元宵节时头上佩戴的各种装饰品。这里指盛装的妇女。(9)盈盈:声音轻盈悦耳,亦指仪态娇美的样子。暗香:本指花香,此指女性们身上散发出来的香气。(10)千百度:千百遍。度,遍,回。(11)蓦(mò)然:突然,猛然。(12)阑珊(lán shān):零落稀疏的样子。

【提示】

这首词着力用反衬法。词从开头起"东风夜放花千树",就极力渲染元宵佳节的热闹景象:满城灯火,满街游人,火树银花,通宵歌舞。然而作者的意图不在写景,而是为了反衬"灯火阑珊处"的那个人的与众不同。前面热闹非凡的场景,是衬托灯火阑珊处的冷落;那笑语欢快的一群观灯者,是衬托"那人"的清高脱俗。作品大约写于辛弃疾被迫退休于江西上饶之后，寄寓了作者孤高超拔的情怀，因而梁启超说此词"自怜幽独，伤心人别有怀抱"。

王国维在《人间词话》中说："古今之成大事业、大学问者，必经过三种之境界。'昨夜西风凋碧树。独上高楼，望尽天涯路。'此第一境也。'衣带渐宽终不悔，为伊消得人憔悴。'此第二境也。'众里寻他千百度，蓦然回首，那人却在，灯火阑珊处。'此第三境也。"

三、专题衍说

过了"腊八"就是年
——说"腊八"与腊八粥

"腊八"指的是农历十二月初八。

农历十二月，称为腊月。这个名称得来的缘由，在于古代很早就有的祭祀活动，叫"腊祭"，也叫"蜡祭"。其实最初的时候，祭祀祖先称为"腊"，祭祀百神称为"蜡"，但因为都在十二月里举行，慢慢地也就混在一起称说了。祭神祭祖，需要供品，猎取野兽是必须的，于是就有了"腊者，猎也，言田猎取禽兽，以祭祀其祖也"（《礼传》）的说法。若是猎取的野兽很多，一时吃不完，便清洗干净抹上盐，风干起来，留着慢慢吃。这种腌制风干的肉类，由于是腊祭剩下来的，所以叫作"腊味"。

腊月的祭祀活动可以是多种多样的。汉代学者郑玄在注释《礼记·郊特牲》中的"八蜡"时说："蜡有八者：先啬，一也；司啬，二也；农，三也；邮表畷，四也；猫、虎，五也；坊，六也；水庸，七也；昆虫，八也。"意思是说，一要先祭啬神，也就是神农；二要祭司啬神，祭的是后稷；三要祭古时田官之神；四要祭始创田间庐舍、开道路、划疆界的人；五要祭猫虎神，因为它们吃野鼠野兽,保护了禾苗;六要祭坊神,祭的是堤防;七要祭水庸神,祭水沟;八要祭昆虫神,以免虫害。祭八种神,字面上就是"腊八"。

祭祀的时候往往有一些特定的祝祷词,也叫告词,只是这些告词今日少见。难得的是《礼记》中留下了一首上古伊耆氏部落在腊祭时的祝词,其谓:"土反其宅,水归其壑,昆虫毋作,草木归其泽。"分别从土、水、昆虫、草木几个方面提出祝愿,祈求土地完整,水归河道,昆虫和草木都不要影响庄稼。

早期的腊祭并不固定在某一天,整个腊月里都是可以进行的。最迟到南北朝时期,十二月初八已经成为一个重要的祭祀日子,也叫腊日。宗懔《荆楚岁时记》里就说:"十二月八日为腊日。谚语:'腊鼓鸣,春草生。'村人并击细腰鼓,戴胡头,及作金刚力士,以逐疫。其日,并以豚酒祭灶神。"说是在腊八这一日,人们戴着傩面具,扮着金刚力士的样子跳舞,击鼓驱疫。在这天,人们还会准备酒肉祭祀灶神。其实不唯灶神,家中的五个地方都要祭祀,即门、户、井、灶、室中溜,叫作"五祀"。

腊日驱邪逐疫时人们所跳的傩舞,是一种十分古老的舞蹈形式。表演者头戴面具,赤发彩衣,手执戈盾或长条麻鞭,甩击出声响,口里也发出"傩傩"之声来配合。舞蹈的规模有十数人的,有几十人的,还有上百人的,边鼓边舞,撼天动地,令人悚惧敬畏。古人解释"傩"的功能是"驱尽阴气为阳导也",阳为正,阴为邪,傩神即为太阳鸟,代表着光明与人间正气,故用傩祭来驱逐阴气、邪气。而腊八时节,冬至虽然已过,阳气渐生,但阴气依然扰乱。借着巫傩的助襄和拟神,戴着模仿传说中神灵鬼怪的傩面具,阴阳两界的世态似乎就依着人们的向往而变化了。

傩舞一度几近失传,现今为了传承非物质文化遗产,一些地方又开始着手让其重新回归到腊八这个节日的生活内容中。

历史上不少的时令节日与宗教发生关系,腊八也是。十二月初八被认为是"佛成道日"。当然,不同的佛经,对于释迦佛于何日成道,有不同说法,如二月八日、四月八日、三月八日、三月十五日等等。佛教传入我国时,人们把腊八节定为佛成道日,将原本古老的年终大祭与外来文化的佛祖崇拜合而为一。据说释迦牟尼在成佛之前,曾遍游名山大川,苦心修行。当来到摩揭陀国时,又累又饿而倒下。一位牧羊女子取来用黏米、野果混合的粥汤喂他,使他恢复了元气。他在尼连河里沐浴,菩提树下冥想,终于成佛。那天,即是十二月初八。因而腊八的佛教纪念活动,就有了"浴佛"一事。

浴佛的仪式通常是在佛殿或露天静地举行。先取多种香料,煎制成浴佛香汤;然后作方坛,敷设妙座,把佛像安置在座上;住持上堂祝香、说法,领僧众上殿上香拜佛宣疏,唱《浴佛偈》;接下来才是僧众们逐一以小勺挹取香汤,次第灌浴佛身,然后用净水淋洗;最后,参与的僧人们各取少许洗佛像的水,淋在自己的头上。

当然,浴佛活动也不仅仅局限于寺院僧众,民间也在这一日为佛像拂去尘埃。

从宋代开始,佛寺在这天行佛事,做"腊八粥"供佛,并馈赠施主,以示"散福"之意。一般人家也熬制腊粥,用来祭祀、馈赠或者敬佛,也作为节日的主食。

与普通的粥不同,腊八粥的食材比较讲究。周密《武林旧事》写的是宋代的情况:"八日,则寺院及人家用胡桃、松子、乳蕈、柿、栗之类作粥,谓之'腊八粥'。"到了明清时期,除了谷物之外,腊八粥里还会加入荤腥等材料。《事物绀珠》载:"腊粥以猪肉、杂果、菜入米煮。"

腊八粥不仅用来供奉、馈赠、食用,人们还用它来糊门神,以讨得门神的欢喜,使其能在天宫里为屋主美言。有的人家,还将腊八粥撒在车、碾、磨上和牛羊马猪圈的门上,因为丰收也有它们的功劳。有的还将腊八粥涂于果树,以期来年果实累累。俗语有云:"大树小树吃腊八,来年多结大疙瘩。"

总之,腊八是过年的序曲。这一天之后,年味越来越浓了。

受贿赂的灶神
——说灶神与祭灶的习俗

早先,人们相信神灵是无处不在的。门有门神,户有户神,路有路神,宅有宅神,灶也有灶神。人们常说"举头三尺有神明""人在做,天在看",这些俗语也是与民间信仰中的多神观念联系在一起的。

灶神在民间的地位很高,又被称为灶王、灶君、灶王爷、灶王菩萨、东厨司命、司命灶君、家主司命、护宅天尊、定福神君等等。民以食为天,食以灶为先,掌管各家灶火的神灵,自然而然地被视为掌管一户福运的家神而受到崇拜。

灶神的信仰,起源甚早。原始宗教时期,初民们在氏族群驻地燃起一堆堆的长明火,用来取暖烤食、防御野兽,产生了对火的崇拜,并幻想出许多神话故事。氏族部落解体后,长明火堆也随之分化成每家一个的灶,这时,对火神的崇拜也演变为对灶神的崇拜。《淮南子》和《说文》里都将炎帝这位"火德之神"和祝融这位"火官之神"说成是灶神。

不过在民间,灶神的面目是含混不清的。灶神究竟是谁?起码有不下十种说法。除了前面所说的炎帝、祝融,还有说是玉帝的女婿的,有说是俗人张单的,有说是方士宋无忌的,有说是贪官受罚变成的,有说是姜子牙封神封来的,甚至有说灶神就是灶头上常见的蟑螂,因而鼎上常常绘有蟑螂的纹理。其中较为有趣的传说是关于张单的。富家子弟张单娶贤惠女子丁香为妻,之后遇到美女海棠,移情别恋,休弃了丁香。再后来家产挥霍殆尽,海棠离开了张单。张单沿街乞讨,被一富贵人家的女佣引入厨房,见到女主人,却是丁香。羞惭万分的张单,找不到可钻的地缝,干脆钻到了灶膛里。玉皇大帝知道后,觉得张单尚知廉耻,便封他为灶王。

自灶神产生之日起,它就成了天帝派驻各家的监察大员,负责监督一家老小的善恶功过,并定期上报天庭,据说是有功则赏其丰衣足食,有过则减寿三百天。自古以来，灶神的这种职司一直未变。传说农历十二月廿三（或廿四）日是灶神离开人间，上天向天帝禀报一家人这一年来所作所为的日子，所以这天家家户户都要祭送灶神。

"与其媚于奥，宁媚于灶。"这是《论语·八佾》所记当时的一句俗语，说的是与其向奥神祈佑，不如向灶神祷告。"奥"是屋内的西南角，古人认为那里有奥神。奥神比灶神的地位要尊贵，但灶神能够"上天言善事"，能够将话语通达天庭，因此俗语的意思是说，与其巴结地位高的人，不如巴结地位虽低却有实权的人。不过，当有人问孔子如何理解这句俗语时，孔子答曰："不然，获罪于天，无所祷也。"孔子认为，俗语说的话是不对的，因为如果犯了滔天大罪，不管向谁祈祷都没有用。

虽然孔子说得有道理，但人们还是愿意取悦灶神，因为灶神是要定期向天庭上报家里的情况的。一年里头，谁家能够保证没有口角、没有过失、没有一些摆不上台面的事儿呢？再则，万一灶神汇报得不够准确怎么办？毕竟人们不能直接面对天帝，连个申辩的机会都没有。所以灶神是万万得罪不得的。

人们在心理上对于灶神，既是敬畏恭谨的，又多少有些哄着的意味。日常里，有些禁忌，如不得用灶火烧香，不得击灶，不得将刀斧置于灶上，不得在灶前讲怪话、发牢骚、哭泣、呼唤、唱歌，不得将污脏之物送入灶内燃烧，不得用脚踩火，等等。腊月廿三（或廿四）是灶王爷升天报告的日子，家家要举行送灶的典礼，也就是祭灶。供品中，酒和饴糖是必不可少的。酒是为了让灶王爷喝得忘乎所以，晕头转向，喝醉了就不会胡乱汇报；而饴糖又甜又黏，糊在灶神嘴上，嘴甜了，就不好意思恶言恶语，只能说好话了——当然，被饴糖粘住嘴巴，想说坏话也张不开口。宁波人的"祭灶果"里，有油果、黑白芝麻糖、黑白脚骨糖、红白麻球、冻米糖等，全是甜的。民间把"拿了人家的手短，吃了人家的嘴软"这一套人世生活经验，也用在了对灶神的供奉上。

行过礼，敬过酒，上过供，灶王爷酒也喝多了，嘴也吃甜了，便将灶上的神像揭下，将供了一年的灶君，连同坐骑"灶马"（用纸剪出的马，或者用竹篾做成马架再糊纸彩绘的马）和草料点火焚烧。有的神像只画灶王爷一人，有的则有男女两人，女神被称为灶王奶奶，这大概是模仿人间夫妇的形象。灶王爷画像上大都还印有这一年的日历，上书"东厨司命主""人间监察神""一家之主"等文字，以表明灶神的地位。两旁贴上"上天言好事，下界保平安"之类的对联，以保佑全家老小的平安。人们边烧边祷告，比如："一杯清茶一蓬烟，我送灶神上西天。倘若玉帝来问你，讲我穷得答答滴。"再比如："三支清香三缕烟，送你灶龙夫君上西天。好话报奏玉皇爷，凶话丢在金路边。"到除夕，再迎灶神回来。

宋代范成大有一首诗叫《祭灶词》，把民间祭祀灶神的习俗刻画得入情入理，淋漓尽致。在人们的眼里，灶王爷并不是纯粹的铁面无私，也不爱打小报告，而是一位通情达理的好好先生，稍加贿赂就会替人消灾免祸。诗里说："古传腊月二十四，灶君朝天欲言事。云车风马小留连，家有杯盘丰典祀。猪头烂熟双鱼鲜，豆沙甘松粉饵圆。男儿酌献女儿避，酹酒烧钱灶君喜。婢子斗争君莫闻，猫犬触秽君莫嗔。送君醉饱登天门，杓长杓短勿复云，乞取利市归来分。"这哪里是祭灶，分明是向灶神送礼"行贿"呀。

新桃换旧符
——说桃符的来历

狭义的春节指的是一天，也就是农历年的岁首，所谓正月初一；广义的春节指的是一段时间，大约从腊月初八的腊祭或腊月二十三的灶祭，一直延续到正月十五，其中除夕与正月初一为高潮。在这一段时间里，都叫"过年"。

据传，春节的历史悠久，只不过不同时期称说不同。先秦时叫"元日""改岁""献岁"，两汉时称"三朝""岁旦""正日"，南北朝时称"元辰""元首""岁朝"，唐宋元明的时候称"岁日""新正""新元"，清朝时称"元旦"或"元日"。

1912年孙中山在南京就任中华民国临时大总统，宣布改用世界通用公历，并决定以公元1912年1月1日为民国元年一月一日，一月一日这一天叫"新年"。1949年9月27日，中国人民政治协商会议第一届全体会议决定中华人民共和国采用世界通用的公元纪年。为了区分公历和农历的两个"年"，把公历的一月一日称为"元旦"，把农历的正月初一称为"春节"。之所以叫"春节"，是因为农历年的前后有一个"立春"的节气，这个节气也曾经被称为"春节"。由此，"元旦"这个名称，就从指称农历的岁首，转移成指称公历的岁首了。

春节是一个古老的节日，千百年的发展过程中，形成了各式各样的讲究和习俗，诸如各种祭拜、各种礼仪。在这些讲究中，"除旧布新"的意味，是时时被强调着的。包括掸尘这一貌似简单的活动，都有着深刻含义。为什么家家户户要在春节前洒扫六间庭院，拆洗被褥窗帘，清洁器物器具，掸拂尘垢蛛网，疏浚明渠暗沟？无非"尘"即为"陈"，旧年的穷运、晦气，以及一切不甚如意的东西，都随着扫尘的行为远去了。洁净亮丽的日子，伴着新年的来临，铺展开来。

而最明显地象征这一除旧布新意味的莫过于门上的装饰。王安石诗云："爆竹声中一岁除，春风送暖入屠苏。千门万户曈曈日，总把新桃换旧符。"临近过年的时候，换下旧年的桃符，改用新年的桃符。至于"桃符"的本真，最初是用桃木制成的偶像，后来简化为桃木板上浅雕或绘制的图形文字，再后来，纸张等其他材料也随之应用上了。门户的装饰，叠加着流年的故事。

大约在周朝的时候，在某些重要的场所，已有了在门上画虎以示威仪的做法；到了汉代，人们又开始在门上刻绘苍龙、白虎、朱雀、玄武，以及其他祥禽瑞兽、车马人物等作为装饰。不过，这些都还不是"门神"。作为"新桃旧符"的门神，其始祖是神荼、郁垒两位。《山海经》里就说了，在沧海之中，有度朔之山，山上有一株大桃树，树的东北枝有一个万鬼出入的鬼门。神荼、郁垒二位神人把守着鬼门，但凡有鬼作恶，他们就用芦苇绳捆缚住恶鬼，将它们喂老虎。黄帝据此创造了驱鬼的习俗:"立大桃人,门户画神荼、郁垒与虎,悬苇索以御凶魅。"这在东汉应劭的《风俗通》中也有记载。可见在汉代,每到除夕之时,人们都要在自家门前立桃人,门上画神荼、郁垒和老虎,悬挂苇索,以起到"御凶魅"的作用。

论起捉鬼的神人,还有钟馗。话说唐玄宗李隆基游骊山,卧病,梦中见一大鬼捉一小鬼,撕了就吃。唐玄宗问大鬼:"你是什么人?"对曰:"我是钟馗,因考试不第而死,愿为你驱除天下妖孽。"唐玄宗梦醒之后,召来画家吴道子,将梦境告之,并要他绘出图形。吴道子奉旨恍若有睹,立笔图讫。唐玄宗久视之,拍着桌子说:"难道你也做了跟我一样的梦?怎么画得如此之像呢?"于是诏告天下,将吴道子所画钟馗捉鬼图镂板印刷,让大家在除夕的时候贴在家门上"以祛邪魅,益静妖氛"。

除了神荼、郁垒与钟馗之外,门神也有由武士或文官充当的。武士往往竖目露牙,手握利剑,表达驱凶迎祥的愿望;文士则冠带整齐,身形恭顺,手捧束帛,以示"加官进禄"。间或还能看到头戴凤冠,身穿长裙,袅袅婷婷的仕女门神,呈现一种人间的安详与妩媚。在《荆楚岁时记》里,甚至还记载了不以人物造型为特征的门神:"正月一日,贴画鸡户上,悬苇索于其上,插桃符其旁,百鬼畏之。"一只奕奕有神的公鸡,也可以是门神。

至于武士类的门神,有名姓的角色很多,诸如秦琼和尉迟恭、赵云和马超、马超和马岱、薛仁贵和盖苏文、孙膑和庞涓、孟良和焦赞、姚期和马武、魏徵和徐茂功、关羽和关胜、关平和周仓、徐延昭与杨波、裴元庆和李元霸、岳飞和温琼、岳云和狄雷等等。其中名气最大的是秦琼、尉迟恭这对。

秦琼字叔宝,尉迟恭字敬德,都是唐初时的名将。据说李世民为打大唐江山及登上帝位,杀人无数。做了皇帝后,有一段时间每晚睡觉都做噩梦,经常听见寝殿内外抛砖扔瓦,鬼魅呼叫。秦琼自告奋勇愿意同尉迟恭一起守门。于是二人穿上盔甲,手持兵器守卫于宫门两旁,当夜果然无事。此后,二人夜夜守于太宗寝宫门前。唐太宗念及二位将军太过辛苦,便让人将二人画像贴于官门两旁。此后邪祟再也没出现过。此事传到民间,秦琼和尉迟恭就成了千载流传的"天下第一门神"。

至于后世流传的春联,也是由桃符演变而来的。五代的时候,蜀主孟昶在桃符上题写联语,他的"新年纳余庆,佳节号长春"据说是我国最早的一副对联。

拜年的帖子
—— 说帖子拜年的趣事

拜年是件重要的事。一年里,享受过亲友的关爱,接受过邻里的照顾,通过拜年能够表达对此的一份感恩。一年里,也不免因为一些疏忽,人际间留下些许不够周全的地方,借着拜年,还可以将芥蒂消弭在彼此真诚的问候与祝福中。

民间的拜年,透着祥和、亲密。小辈们望着长者们叩拜,平辈之间相互作揖道贺,彼此的送礼也是有往有来,轻松愉快。

而对于考究的人家来说,拜年的程序或许要复杂点。特别是官员之间,上下属之间,尤其是利益相关方,以及必须保持联络、必须表现出礼节,却又实在不太相熟的人们之间,那就更需要一番斟酌了。

登门时,准备拜年帖子是必须的。这倒不光是新年,平日里的拜会也需要拜帖。只是拜年的帖子更有喜庆的年味罢了。帖子写上拜见者的姓名、籍贯、官职、履历,通过看门人递进去,然后才有可能被接见。如果拜见者的身份低微,或者没钱送给看门的人,得不到通报,也就没有拜会的机缘了。李商隐写有一首《江上》的诗,其中有两句:"刺字从漫灭,归途尚阻修。"意思是,拜帖上的字都快磨损得看不清了,却还是没有找到投靠的门路;想要回归故乡,又有重重的险阻。这里"刺字"的"刺",指的就是写着自己姓名的拜帖。

"刺"也叫"名刺",这是汉末时候的名称,之前也称作"谒"。称为"刺",

大概是因为当时使用的书写工具是刀和竹简，制作名帖时要在削好的竹简上刺刻名字。后来，随着纸的发明和广泛使用，名称也就发生了变化，改称诸如"名纸""名柬""名帖""拜帖""手本""手状""门状""牒件"等等。当然这些名词之间也是有细微差别的。

帖子的流行，给完成往来拜会的礼节带来了便利，以至于后来单以帖子充当拜贺之礼也成为常态。明代陆容的《菽园杂记》里有这么一段话："京师元日后，上自朝官，下至市人，往来交错道路者连日，谓之拜年。然士庶人拜其亲友，多出实心；朝官往来，则多泛爱不专。如东西长安街，朝官居住最多，至此者不问识与不识，望门投刺，有不下马，或不至其门令人送名帖者。"

"望门投刺"，连马都无须下，也真算得上是"泛爱不专"了，敷衍的意思较为明显。甚至于投帖者自己不到场，派个仆人携一大堆帖子四处去投，意思到了便就是了。这种做法也叫"飞帖"，习以为常，人们也就见怪不怪。不过，它的好处是求个心安，人有亲疏远近，路有曲直短长，谁又能做到事事用力呢？"亲者登堂，疏者投刺"就成为人之常情。

南宋周密的《癸辛杂识》记了一则趣事：他的一个表舅叫吴四丈，是一个滑稽风趣的人，有一次过年的时候找不到仆人可以派遣，正在门口转来转去，恰巧朋友沈子公的仆人来送贺年帖子，他随便翻了翻，发现投赠对象也都是自己相熟的。于是他拿出酒来让沈府的仆人喝，偷偷地将沈府的拜帖换成自己的拜帖，沈府的仆人不明就里，前往各处投递，结果送的都是吴四丈的帖子，自己主人家的帖子却没有送到。

南宋周辉的《清波杂志》里还记了一件事：说某主人让仆人提着个马嚼子到各家门前摇晃几下，留下拜年帖子慌忙就走，冒充自己骑马来过。有人知道他这是弄虚作假，于是听到声响故意赶紧出来看，仆人很尴尬，只好说马载着主人挣脱缰绳跑了。

投递者是这份心理，收受者当然也很能理解——投递与收受原本就是此时彼时的。铺张的人家，门厅设个接待站，摆上瓜果食品，仆人在一旁接受拜帖,登个记,答个谢;一般的人家,放一张桌案,置笔墨纸砚于上,来客自己写上名字,也就免了迎送的繁缛了。这种用来登记的簿子也叫"门簿"。为了讨口彩,门簿的首页往往虚拟几位前来拜贺的贵人:比如住在百岁坊巷的寿百龄老人家,住在元宝街的富有余老太爷,住大学士牌楼的贵无极大人,住五福楼的福照临老爷,等等。

明代王锜的《寓圃杂记》里有这么个故事:说刑部主事刘廷美外出,家里摆放笔啊纸啊的供人拜年,无意中在纸笔旁边留了一首朋友送他的题钟馗的诗。大概是诗写得不错,每个来拜年的人都撕下门簿上的纸抄一遍带回去,结果簿子顷刻间就撕没了。第二天,再放一叠新的簿子,还是那样。于是他的朋友就取笑说:"原来那个钟馗是个耗纸鬼。"

还有一种做法,就是在大门口贴个可以插卡的袋子,专门用来承接"飞帖"。这种袋子,称作"接福",或叫"代僮"。

明代的文徵明写过一首《拜年》诗:"不求见面惟通谒,名纸朝来满敝庐。我亦随人投数纸,世情嫌简不嫌虚。"收到的拜年帖子或许可以装满屋子,但诗人总觉得这里面大多都是将就着的虚礼,然而自己却也只有以虚报虚,未能免俗。

未能免俗的还有明代的宗臣。他耻于结交权贵,不愿意"日夕策马,候权贵之门",以获取赏识及种种好处,但他也不免在节日里以一刺"飞帖"拜年,只是送帖的时候"掩耳闭目,跃马疾走过之,若有所追逐者"。

人日喜天晴

——说正月初七人日

旧时的腊月和正月,五谷已经归仓,春耕尚未开始,有大把的闲暇时间,造就了围绕年节的各种风情风俗。就正月开场的几日来说,就有许多今人不甚熟悉的讲究。比如:初一要"开正""贺正",鸡鸣而起,庭前爆竹,祠堂设奠,以椒柏之酒待亲戚邻里;初二要祭财神,至于财神是赵公明,还是比干或关公,抑或其他什么神仙,关系不大;初三是"小年朝",不出门,不宴客,在家祭祀天地神祇;初四诸神下界,要热热闹闹、恭恭敬敬地接他们回来。敬各路神灵的,更是五花八门:初五敬路头神、接财神,初六敬厕神,初八祭"本命星",初九祭"天公",十二祭"床公""床婆",十四迎"紫姑",等等。到了正月十五,则是火树银花的元宵灯节了。

在这些相续到来的日子中,正月初七是一个有意思的日子,传统习俗里将这一日称为"人日",或称"人胜日""人庆日""七元日""人口日""人七日"等。人日的来历相传与女娲有关。女娲是人类的始祖神,她除了炼石补天外,还创造了世间生物。她第一天造鸡司晨,第二天造狗看门,第三天第四天造猪羊供食,第五天第六天造牛马拉车,到了第七天,她创造出了人,使人能够主宰六畜。人诞生于"初"七,所以正月初七成了人的"生日"。这种说法,至少在汉代就已形成,东方朔在《占书》里有载:"岁后八日,一为鸡,二为犬,三为豕,四为羊,五为牛,六为马,七为人,八为谷。"到了魏晋以后,这一日更受人重视。古人认为正月初七以晴为好,寓意人寿年丰,天下大同,故民间有"人逢人日喜天晴"之说。

任何一个民族都有关于人类起源的神话。在汉民族的故事中,女娲抟土造人的说法流传甚广。《风俗通》有载:"俗说天地开辟,未有人民,女娲抟黄土作人,剧务,力不暇供,乃引绳于泥中,举以为人。"说的是天地刚刚开辟的时候,没有人类,女娲从地上掘起黄土,掺和了水,抟成黄泥,再把黄泥捏成人,并赋予他们生命。后来,她觉得一个一个地造人效率非常低,于是想了一个简便的方法,把黄泥拌成泥浆,将绳子浸泡在泥浆里,再用力甩出泥绳,泥浆溅落在大地上,就变成了人。

人日是人们的始祖神崇拜在节日上的反映。这一日,相约产生了一些习俗。南朝梁的时候,宗懔写有一部《荆楚岁时记》,其中说道:"正月七日为人日,以七种菜为羹。剪彩为人,或镂金箔为人,以贴屏风,亦戴之头鬓。又造华胜以相遗。登高赋诗。"也就是说，人们在这一天，饮食、穿戴、行动上，都有些特殊的讲究。

饮食上，这天要吃七菜羹。究竟哪七种菜，说法似乎也并不划一，大致有芹菜、芥菜、菠菜、青葱、大蒜、韭菜、芫荽之类。将它们切碎了煮成糊状，吃了之后能够健健康康的。

穿戴上，剪彩纸，镂金箔，制作成"人胜""华胜"，贴在屏风上、帐子上，戴在头上，还相互赠送，既寓意吉利，又是一种装饰。"华胜"又叫"花胜"，是由五彩纸品或织品制成的花草图案装饰，工艺上有些像剪纸的做法，如果做成的是人形状，又称"人胜"。"胜"的意思是说，穿戴上它，人会更加漂亮。唐温庭筠的[菩萨蛮]词，就有"藕丝秋色浅，人胜参差剪"的句子。皇帝也会赐彩缕、人胜，并大宴君臣。据宋计有功《唐诗纪事》载，唐中宗景龙三年（709）的正月人日，唐中宗李显就曾赐赠金彩人胜给王公大臣们，当时崔日用、李峤、苏颋、李乂、沈佺期等都作了有关此次活动的应制诗。

有一个很美的关于化妆的典故，也与人日有关。南朝宋武帝刘裕有个女儿叫寿阳公主，某年的人日在含章殿休息，一阵微风吹来，檐下的梅花飘落到了公主的前额，留下拂拭不去的花痕，人称"梅花妆"。宫里宫外的女子见了，十分喜爱，纷纷在额心描梅作为装饰，尤显娇柔妩媚，成为一时风尚。以至于诗人见着梅花，都会想着这一美人的故事。罗隐《人日新安道中见梅花》诗云"不上寿阳公主面，怜君开得却无端"，即是如此。

不过，诗人笔下关于人日的作品，除了描写风俗、景观，最感人的还是那些思亲怀乡的。隋朝的薛道衡《人日思归》说："入春才七日，离家已二年。人归落雁后，思发在花前。"回家的日子要落在春回大地北飞的雁群之后了，但是想回家的念头却在春花开放以前就有了，接下来将如何度日呢？唐朝高适的《人日寄杜二拾遗》是写给杜甫的，"今年人日空相忆，明年人日知何处"一联，令许多人黯然神伤。

有些年的人日，恰好又是立春。

不妨念念唐人卢仝的《人日立春》:"春度春归无限春,今朝方始觉成人。从今克己应犹及,颜与梅花俱自新。"虽然春来春往的,有无数个春天逝去了,但在今天这个属于"人"的日子里心底忽然隐约有了触动;从今天开始认真地过每一天应该还是来得及的,似乎焕然的自身与盛开的梅花一般,都是新鲜而生动的。这是一首相当励志的诗呢。

来向元宵试灯火,却移星斗下人间
——说正月十五元宵节

正月也叫元月,"宵"是夜晚的意思。正月十五是新年里第一个月圆之夜,故而称之为"元宵"。这大概是从字义的角度对这一天所做的解释了。

元宵节,又称为元夕、元夜、上元、灯节。"一年明月打头圆",传统里,这是一个相当隆重的日子。

这个日子的起源,当与历史的、宗教的、官方的、民间的许多话题联系在一起。当然,跟许多其他的日子一样,各种线索穿梭缠结得难以厘清。或许,这就是时光的魅力吧。千年往事的记忆里,既有纪实的,也有揣测的、想象的,甚至虚构的。

至晚在汉代,正月十五已是一个节日。传说汉高祖刘邦死了以后,吕后的儿子刘盈登基为汉惠帝。惠帝生性懦弱,大权掌握在吕后手里。刘盈死后,吕后更是变本加厉,大封吕姓,汉朝成了吕家的天下。吕后死,周勃、陈平等戡平"诸吕之乱",拥戴刘恒做了汉文帝。平乱的那一天恰好是正月十五。为了纪念来之不易的太平盛世,汉文帝就把这一日定为普天同庆的元宵节。

元宵的起源除了这一血腥的"宫廷政变说",还有"敬佛燃灯说"和"天官庆生说"。

东汉的时候,佛教初入中国。汉明帝曾召集诸山道士与西域和尚在白马寺举行过一场比试,设坛焚经,佛经佛像在燃烧时不但毫发无损,而且"光明五色,直上空中,旋环如盖"。汉明帝大受震撼,于是敕令每年在佛祖释迦牟尼示现神变、降伏妖魔的那天,也就是正月十五日燃灯敬佛,并亲自到寺院张灯,从此蔚然成风,相沿成习。自唐代开始,这一日固定为佛教的燃灯会。火光乃佛之威神,所谓"无量火焰,照耀无极",灯则是佛前的供具。就佛教而言,灯火的妙用,一是破人世之黑暗,二是现神佛之光明,以摧芸芸众生之烦恼。

当然,本土的宗教与泛宗教活动中,也早就有了正月十五祀神的传统。西汉武帝时,在甘泉宫修建了一座泰一神祠坛,从正月十五的黄昏开始,张灯结彩,通宵达旦,用来祭祀主宰天下的"泰一"神。后来,道教崇奉"三官",将正月十五天官的生日称为上元节,七月十五地官的生日称为中元节,十月十五水官的生日称为下元节。天官赐福,地官赦罪,水官解厄,职能不同的"三官"中,天官紫微大帝居一品之尊。"天官赐福"是历代画家钟爱的画题,画中的天官往往身着大红官袍,五绺长须,慈眉善目,手执吉祥物,前后拥列童子仙人。

不管节日兴起的由头是什么,这个与春节挨得十分近的日子,隋朝之后,越来越受官方与民间的重视。它以火树银花的盛大灿烂,昭示着节日的独特个性。

组织灯源,是要费工费时的,所以跟其他的节日不一样,它的准备、呈现、收尾,要延续若干日子。人们的心理也从酝酿期待、纵情狂欢到意犹未尽,不断地给这个节日涂抹色彩。唐代张灯三天,宋朝延长至五夜,明代又规定初八上灯、十七落灯,连张十夜,规模十分浩大。不仅展示的时间长,灯的造型也相当壮观。唐朝开元的时候,长安城燃灯五万盏,皇帝还命人做了巨型灯楼,广达二十间,高一百五十尺。宋朝以后流行搭鳌山彩棚,也就是搭造像山一样的临时建筑,上面布满各色花灯,镶金砌玉,流光溢彩。伴随着燃灯观灯,还有种种的杂耍歌舞,声动云霄。游人摩肩接踵,络绎不绝。辛弃疾[青玉案]词里所说"东风夜放花千树,更吹落、星如雨。宝马雕车香满路。凤箫声动,玉壶光转,一夜鱼龙舞",描述的就是这样的情景。

这是一个全民狂欢的节日,少了许多的禁忌。这几日里,连官家都取消了"宵禁",人们可以通宵达旦地放灯、赏灯,参与各类活动。女人们也可以打扮得花枝招展,呼朋引伴地相邀出门,满大街地闲逛。晚年的李清照曾在词里回忆汴京的元宵佳节,她与闺中的伙伴们"铺翠冠儿,捻金雪柳,簇带争济楚";而辛弃疾在游人如织的元夕,听凭姑娘们"蛾儿雪柳黄金缕,笑语盈盈暗香去",在"灯火阑珊处"瞥见了"众里寻他千百度"的那一位。"月上柳梢头,人约黄昏后",将元宵节说成是中国的"情人节",多少还是有那么一点道理的。陈三和五娘(《荔镜记》)在这一日相遇,乐昌公主和徐德言(《合镜记》)在这一日破镜重圆,宇文彦和影娘(《春灯谜》)在这一日定情,多少戏曲中的故事在这一日最终成了生活中的故事。

当然,相比男人来说,女人的狂欢还是受些限制的。在某年元宵节,司马光夫人打扮好了想出门观灯,他干涉:"家中也点着灯,何必到外面去看?"夫人说:"不光是看灯,顺便也看看人呀。"司马光不满意了:"看人?怪了,难道我是鬼吗?就不能在家看我?"所以女人出门,得有伴,得有理由。元宵为女人们找了不少的理由,包括"走百病""摸门钉"。到了晚间,女人们焚香结伴,过桥过路,将百病踩在脚下;再去城门上、庙门上摸摸门钉,就能够"添丁生娃"了。与人走散了,走晚了,回家或许需要个凭据,需要个解释,就像《宣和遗事》里写的,一位与夫君走散了的女子,在领受宫廷赐酒后偷匿了御杯,被讯问时作词答曰:"月满蓬壶灿烂灯,与郎携手至端门。贪看鹤阵笙歌举,不觉鸳鸯失却群。天渐晓,感皇恩,传宣赐酒饮杯巡。归家恐被翁姑责,窃取金杯作照凭。"

瞿佑的《剪灯新话》里,写了一则《牡丹灯记》,说宁波镇明岭下的乔生,元宵之夜,在一盏双头牡丹灯笼的导引之下,遇上了符丽卿。小说开头的几句,透露了旧时宁波元宵的盛景:"每岁元夕,于明州张灯五夜,倾城士女,皆得纵观。"

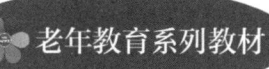老年教育系列教材

TANG-SONG
SHICI XUANJIANG

唐宋诗词选讲 下

王艳平 编著

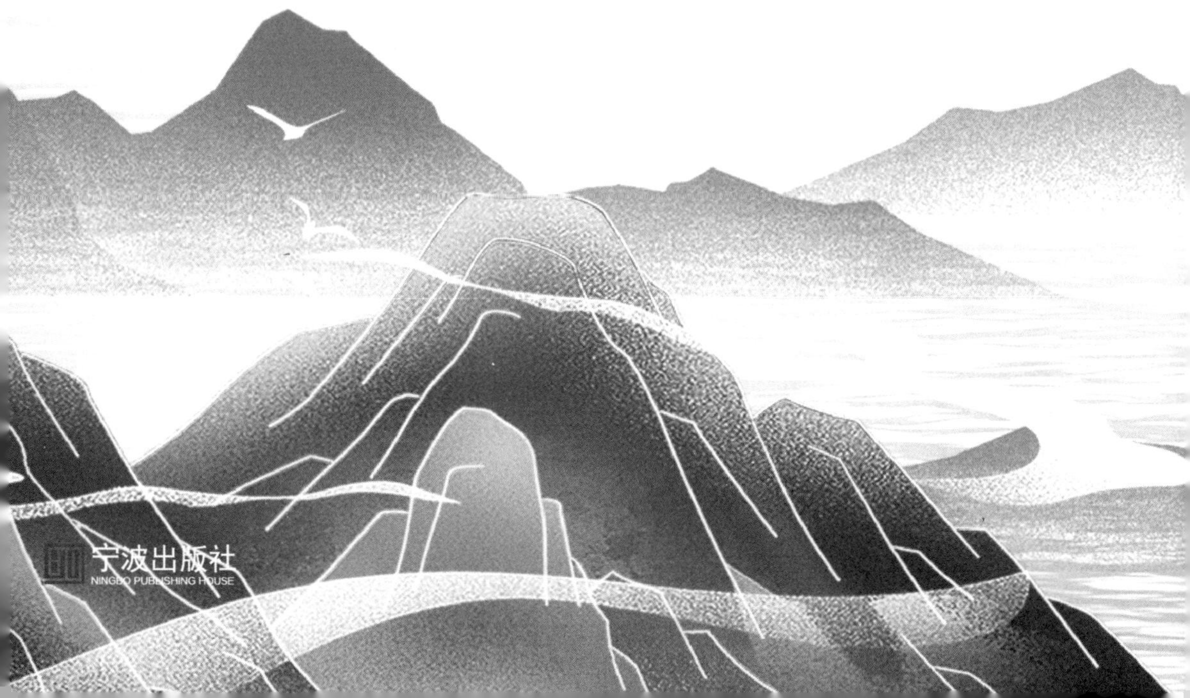

宁波出版社

专题十七　花间南唐

一、专题要点 ·· 395
二、专题诗选 ·· 397

　　温庭筠［菩萨蛮］·· 397

　　温庭筠［梦江南］其二·· 398

　　韦庄［菩萨蛮］其二··· 399

　　韦庄［浣溪沙］·· 401

　　冯延巳［鹊踏枝］··· 402

　　冯延巳［谒金门］··· 403

　　李璟［摊破浣溪沙］·· 403

　　李璟［摊破浣溪沙］·· 404

　　李煜［菩萨蛮］·· 405

　　李煜［清平乐］·· 407

　　李煜［虞美人］·· 407

　　李煜［浪淘沙］·· 408

李煜［破阵子］…………………………………………………… 409

　　李煜［相见欢］…………………………………………………… 411

三、专题衍说 ……………………………………………………………… 411

　　未老莫还乡，还乡须断肠——说韦庄的遭际与创作 …………… 411

　　愿世世无生帝王家——说南唐后主李煜 ………………………… 415

专题十八　词之晏柳

一、专题要点 ……………………………………………………………… 418

二、专题诗选 ……………………………………………………………… 420

　　张先［天仙子］…………………………………………………… 420

　　晏殊［蝶恋花］…………………………………………………… 421

　　晏殊［浣溪沙］…………………………………………………… 422

　　晏殊［浣溪沙］…………………………………………………… 423

　　柳永［定风波］…………………………………………………… 424

　　柳永［鹤冲天］…………………………………………………… 426

　　柳永［蝶恋花］…………………………………………………… 427

　　柳永［雨霖铃］…………………………………………………… 428

　　柳永［八声甘州］………………………………………………… 430

　　柳永［望海潮］…………………………………………………… 431

　　王安石［桂枝香］《金陵怀古》………………………………… 433

　　晏几道［临江仙］………………………………………………… 434

　　晏几道［鹧鸪天］………………………………………………… 435

　　晏几道［鹧鸪天］………………………………………………… 436

三、专题衍说 …………………………………………………………… 437
　　富贵闲人与伤心人——说大晏与小晏…………………………… 437
　　为市井间里写歌的人——说柳永的俗词…………………………… 440

专题十九　梅花诗词

一、专题要点 …………………………………………………………… 444
二、专题诗选 …………………………………………………………… 446
　　杜甫《和裴迪登蜀州东亭送客逢早梅相忆见寄》………………… 446
　　李商隐《忆梅》……………………………………………………… 448
　　齐己《早梅》………………………………………………………… 449
　　林逋《山园小梅》…………………………………………………… 450
　　王淇《梅》…………………………………………………………… 451
　　王安石《梅花》……………………………………………………… 452
　　苏轼《红梅》………………………………………………………… 453
　　李清照［渔家傲］…………………………………………………… 454
　　陆游《落梅》………………………………………………………… 455
　　陆游［卜算子］《咏梅》……………………………………………… 456
　　卢梅坡《雪梅》……………………………………………………… 457
　　姜夔［暗香］………………………………………………………… 458
　　刘克庄《落梅》……………………………………………………… 459
　　杜耒《寒夜》………………………………………………………… 461
三、专题衍说 …………………………………………………………… 462
　　相思一夜梅花发,忽到窗前疑是君——说梅花的几重意境 …… 462

得水借月林处士——说隐士林逋 ………………………………………… 465

专题二十　清明诗词

一、专题要点 ……………………………………………………………… 468

二、专题诗选 ……………………………………………………………… 471

　　孟云卿《寒食》 …………………………………………………………… 471

　　韩翃《寒食》 ……………………………………………………………… 472

　　杜牧《清明》 ……………………………………………………………… 473

　　顾非熊《长安清明言怀》 ………………………………………………… 474

　　王禹偁《清明》 …………………………………………………………… 475

　　晏殊［破阵子］ …………………………………………………………… 476

　　欧阳修［采桑子］ ………………………………………………………… 477

　　仲殊［诉衷情］ …………………………………………………………… 478

　　黄庭坚《清明》 …………………………………………………………… 479

　　陆游《临安春雨初霁》 …………………………………………………… 480

　　高翥《清明日对酒》 ……………………………………………………… 481

　　吴文英［风入松］ ………………………………………………………… 482

三、专题衍说 ……………………………………………………………… 483

　　寒食清明数日中，西园春事又匆匆

　　　　——说寒食、清明、上巳这三个节日 ………………………… 483

　　介子推其人——说春秋义臣介子推 ………………………………… 486

专题二十一　婉约词风

一、专题要点 …………………………………………………………………… 490

二、专题诗选 …………………………………………………………………… 492

　　欧阳修[踏莎行] ………………………………………………………… 492

　　欧阳修[蝶恋花] ………………………………………………………… 493

　　苏轼[蝶恋花] …………………………………………………………… 494

　　秦观[踏莎行]《郴州旅舍》 …………………………………………… 495

　　秦观[鹊桥仙] …………………………………………………………… 497

　　贺铸[青玉案] …………………………………………………………… 498

　　周邦彦[苏幕遮] ………………………………………………………… 499

　　李清照[一剪梅] ………………………………………………………… 500

　　辛弃疾[祝英台近]《晚春》 …………………………………………… 501

　　姜夔[扬州慢] …………………………………………………………… 502

　　姜夔[鹧鸪天]《元夕有所梦》 ………………………………………… 504

　　蒋捷[一剪梅]《舟过吴江》 …………………………………………… 506

　　张炎[高阳台]《西湖春感》 …………………………………………… 507

三、专题衍说 …………………………………………………………………… 508

　　雄阔文章艳情词——说欧阳修诗文与词的不同风格 ………………… 508

　　人间别久不成悲——说姜夔的身世、情事与情词 …………………… 511

专题二十二 豪放词风

一、专题要点 …………………………………………………………………… 515

二、专题诗选 …………………………………………………………………… 517

  范仲淹［渔家傲］ …………………………………………………………… 517

  苏轼［江城子］《密州出猎》 ……………………………………………… 518

  苏轼［八声甘州］《寄参寥子》 …………………………………………… 519

  朱敦儒［鹧鸪天］《西都作》 ……………………………………………… 521

  张元干［贺新郎］《寄李伯纪丞相》 ……………………………………… 522

  陆游［诉衷情］ …………………………………………………………… 525

  刘克庄［贺新郎］《送陈真州子华》 ……………………………………… 526

  刘克庄［一剪梅］《余赴广东，实之夜饯于风亭》 …………………… 528

  辛弃疾［破阵子］《为陈同甫赋壮词以寄之》 ………………………… 528

  辛弃疾［永遇乐］《京口北固亭怀古》 ………………………………… 529

  陈亮［水调歌头］《送章德茂大卿使虏》 ……………………………… 531

  文天祥［沁园春］《题潮阳张许二公庙》 ……………………………… 533

三、专题衍说 …………………………………………………………………… 535

  关西大汉的铁板铜琶——说苏轼的豪放词 …………………………… 535

  东风谬掌花权柄，却忌孤高不主张——说江湖诗人刘克庄 ………… 537

专题二十三 东坡诗词

一、专题要点 …………………………………………………………………… 541

二、专题诗选 ········· 544

苏轼[浣溪沙]《徐门石潭谢雨道上作》········· 544

苏轼《初到黄州》········· 546

苏轼《寓居定惠院之东,杂花满山,有海棠一株,土人不知贵也》········· 547

苏轼《正月二十日与潘、郭二生出郊寻春,忽记去年是日同至女王城作诗,乃和前韵》········· 549

苏轼[卜算子]《黄州定惠院寓居作》········· 550

苏轼[定风波] ········· 551

苏轼[念奴娇]《赤壁怀古》········· 552

苏轼[临江仙]《夜归临皋》········· 554

苏轼《荔枝叹》········· 555

苏轼《六月二十日夜渡海》········· 557

三、专题衍说 ········· 558

问汝平生功业,黄州惠州儋州——说苏轼的仕宦沉浮 ········· 558

朝云留不住,明月短松冈——说苏轼身边的三个女性 ········· 561

专题二十四　江西诗派

一、专题要点 ········· 565

二、专题诗选 ········· 567

黄庭坚《登快阁》········· 567

黄庭坚《寄黄几复》········· 568

黄庭坚《戏呈孔毅父》········· 570

黄庭坚《雨中登岳阳楼望君山》········· 572

陈师道《春日示邻里》·················· 574

陈师道《绝句四首》其四················ 575

陈与义《伤春》····················· 576

陈与义《牡丹》····················· 577

三、专题衍说 ····················· 579

江湖夜雨十年灯——说江西诗派的掌门人黄庭坚 ······· 579

正字不知温饱未？西风吹泪古藤州——说陈师道，兼说秦观 ···· 582

专题二十五　靖康之难

一、专题要点 ····················· 586
二、专题诗选 ····················· 589

蔡京[西江月] ····················· 589

赵佶[燕山亭]《北行见杏花》············· 590

蒋兴祖女[减字木兰花]《题雄州驿》············ 591

叶梦得[水调歌头] ················· 592

李清照[永遇乐]《元宵》················ 594

向子諲[阮郎归]《绍兴乙卯大雪行鄱阳道中》······· 595

曾几《寓居吴兴》···················· 596

陈与义[临江仙]《夜登小阁忆洛中旧游》········· 598

张元干[贺新郎]《送胡邦衡谪新州》··········· 599

刘子翚《汴京纪事》其二十················ 601

岳飞[满江红] ····················· 602

张孝祥[六州歌头] ·················· 603

三、专题衍说 ··· 605
　　靖康,靖康——说靖康之难的前因 ···························· 605
　　三十功名尘与土,八千里路云和月——说高宗的南渡与岳飞的被杀 ··· 608

专题二十六　放翁诗词

一、专题要点 ··· 612
二、专题诗选 ··· 615
　　陆游［钗头凤］ ·· 615
　　陆游《游山西村》 ·· 616
　　陆游《剑门道中遇微雨》 ···································· 618
　　陆游《三月十七日夜醉中作》 ································ 619
　　陆游《金错刀行》 ·· 620
　　陆游《关山月》 ·· 621
　　陆游《书愤》 ·· 623
　　陆游《十一月四日风雨大作》其二 ···························· 624
　　陆游《沈园》 ·· 625
　　陆游《示儿》 ·· 626
三、专题衍说 ··· 627
　　枯蓬万里寄飘风,晚落江头号放翁——说陆游的落拓身世 ········ 627
　　陆公家事——说陆游的几段情事 ······························ 630

专题二十七　稼轩诗词

一、专题要点 …………………………………………………………………… 634

二、专题诗选 …………………………………………………………………… 637

　　辛弃疾［水龙吟］《登建康赏心亭》……………………………………… 637

　　辛弃疾［菩萨蛮］《书江西造口壁》……………………………………… 638

　　辛弃疾［摸鱼儿］ ………………………………………………………… 639

　　辛弃疾［西江月］《夜行黄沙道中》……………………………………… 641

　　辛弃疾［鹧鸪天］《代人赋》……………………………………………… 642

　　辛弃疾［丑奴儿］《书博山道中壁》……………………………………… 643

　　辛弃疾［贺新郎］《同父见和，再用韵答之》……………………………… 643

　　辛弃疾［贺新郎］ ………………………………………………………… 646

　　辛弃疾［鹧鸪天］ ………………………………………………………… 648

　　辛弃疾［南乡子］《登京口北固亭有怀》………………………………… 649

三、专题衍说 …………………………………………………………………… 650

　　一个"归正人"的心路历程——说从未被真正信任的辛弃疾 ………… 650

　　英雄的"鹅湖之会"——说辛弃疾与陈亮的惺惺相惜…………………… 654

专题二十八　咏物诗词

一、专题要点 …………………………………………………………………… 657

二、专题诗选 …………………………………………………………………… 659

　　杜甫《房兵曹胡马》 ……………………………………………………… 659

李商隐《蝉》……660

黄巢《不第后赋菊》……662

罗隐《蜂》……662

杜荀鹤《小松》……663

苏轼[水龙吟]《次韵章质夫杨花词》……663

贺铸[踏莎行]……665

周邦彦[六丑]《蔷薇谢后作》……666

俞紫芝《咏草》……668

元好问[摸鱼儿]《雁丘词》……669

王沂孙[齐天乐]《蝉》……671

张炎[解连环]《孤雁》……672

三、专题衍说……674

话说大雁——说大雁的古代寓意……674

夕阳芳草寻常物,解用都为绝妙词——说"草"在诗词中的象征意义…677

专题二十九　闲逸诗词

一、专题要点……680

二、专题诗选……682

王维《青溪》……682

杜甫《江村》……683

张志和[渔歌子]……684

白居易《中隐》……685

白居易《咏慵》……687

柳宗元《江雪》 688

王安石[菩萨蛮] 688

陆游《梦游山寺,焚香煮茗,甚适,既觉怅然,以诗记之》 689

陆游[鹊桥仙] 690

苏轼[江城子] 691

辛弃疾[念奴娇]《赋雨岩》 693

赵师秀《约客》 694

三、专题衍说 695

青箬笠,绿蓑衣,斜风细雨不须归——说"渔父"形象的寓意 695

闲人白居易——说"隐于朝市"的白居易 697

专题三十 端午诗词

一、专题要点 701

二、专题诗选 703

刘禹锡《竞渡曲》 703

元稹《表夏十首》其十 705

殷尧藩《端午日》 706

赵嘏《题曹娥庙》 707

文秀《端午》 708

欧阳修[渔家傲] 708

苏轼[浣溪沙]《端午》 709

张耒《和端午》 710

黄裳[减字木兰花]《竞渡》 711

文天祥《端午即事》 ·· 711

三、专题衍说 ·· 712
　　端午的凝重 —— 说端午的几类传说 ·· 712
　　从精怪到仙圣 —— 说"白蛇"故事的渊源及演变 ································ 715

专题三十一　女性诗词

一、专题要点 ·· 719
二、专题诗选 ·· 720
　　李冶《恩命追入留别广陵故人》 ·· 720
　　李冶《八至》 ··· 722
　　薛涛《柳絮咏》 ·· 722
　　薛涛《筹边楼》 ·· 723
　　鱼玄机《江陵愁望寄子安》 ··· 724
　　鱼玄机《赠邻女》 ··· 724
　　李清照《题八咏楼》 ·· 725
　　李清照[渔家傲] ·· 726
　　严蕊[如梦令] ··· 727
　　严蕊[卜算子] ··· 728
　　朱淑真《自责》 ·· 729
　　朱淑真[清平乐]《夏日游湖》 ·· 730

三、专题衍说 ·· 731
　　南北二才人(上)—— 说李清照的生活与诗词 ····································· 731
　　南北二才人(下)—— 说朱淑真的情感与诗词 ····································· 734

专题三十二　宁波诗词

一、专题要点 ·· 737

二、专题诗选 ·· 742

　　刘长卿《游四窗》 ·· 742

　　王安石《孤城》 ··· 744

　　梅尧臣《秋半寻岳林寺》 ··· 745

　　史浩《东钱湖》 ··· 747

　　陆游《游鄞》 ·· 748

　　杨守陈《宁波杂咏》 ··· 749

　　王守仁《杖锡道中》 ··· 750

　　徐渭《严先生祠》 ·· 751

　　屠隆《凫园》 ·· 753

　　张煌言《甲辰八月辞故里》 ·· 754

　　万斯同《瑞光楼》 ·· 756

　　杨文瓒《拜正学先生祠》 ··· 757

　　杨江《董孝子祠》 ·· 758

　　汪纶《黄贤》 ·· 759

三、专题衍说 ·· 760

　　黄石与梅花——说奉化黄贤村的两位隐士 ·················· 760

　　三年飘忽如梦寐，万事感激徒悲歌

　　　　——说王安石在鄞县的经历与诗词 ······················· 763

　　方孝孺与三个皇帝——说方孝孺的家世行迹及舍生取义 ·· 766

乱世里的良心 —— 说王阳明的功业与"致良知" ………………………… 770

无奈与不甘 —— 说屠隆罢官前后的人生经历 ……………………………… 773

"好山色"—— 说张苍水的抗清与牺牲 ……………………………………… 776

专题十七

花间南唐

一、专题要点

本专题主要了解词的起源、词的体制特征,以及唐、五代词的成就与影响。本专题选读诗歌作品14首。

(一)词的起源

词起源于隋唐,盛行于两宋,元明衰微,清代复兴。

隋唐时西域的胡乐经丝绸之路传入中原,与汉族传统音乐相结合,产生了一种新的音乐形式——燕乐。之后燕乐逐渐成为当时流传最广、生命力最强的音乐形式。唐代的词就是与这一新兴音乐形式相配的歌词,当时叫作"曲子词"。由于歌词与音乐密切相关,故而需要按照乐曲的要求来创作,包括以乐章结构分片,以曲拍为句,以乐声高下用字,形成一种句子长短不齐但有定格的形式。敦煌曲子词的发现充分证明了民间创作是词的最早来源。中唐以后的文人词就是在民间词的基础上逐渐发展起来的,当时最知名的作者是白居易和刘禹锡。在唐代,真正集中精力进行大量词的创作并取得较高成就的是晚唐时期的温庭筠。五代十国时期,后蜀与南唐成为词人会集的两大基地。

(二)词的体制特点

1. 每首词都有一个调名。如[菩萨蛮][水调歌头][沁园春]等,称为词调。词调表明这首词写作时所依据的曲调乐谱,并不就是题目。各个词调都是"调有定句,句有定字,字有定声",并且各不相同。

2. 一首词大都分为数片,以分两片的为最多。一片即音乐已经唱完了一遍。每首词分成数片，就是由几段音乐合成完整的一曲。

3. 各个词调押韵的位置都有一定的格式。其与诗的区别在于，诗基本上是偶句押韵，而词的韵位则是依据曲度即音乐上的停顿来决定。每个词调的音乐节奏不同，韵位也就不同。

4. 句式长短不一。诗有长短句，但以五言、七言为基本句式，其中近体诗不允许有长短句。词则大量使用长短句，这是为了更能切合乐调的曲度。

5. 字声配合严密。词的字声组织变化很多，有些词调还须分辨四声和阴阳。作词要审音用字，以文字的声调来配合乐谱的声调，以求协律和好听。

(三) 课堂话题

1. 五代十国——后蜀与南唐。中原五代（907—960）：后梁（907—923），朱温创建，建都于汴州（今河南开封），为后唐所灭；后唐（923—936），李存勖创建，建都洛阳（今河南洛阳），为后晋所灭；后晋（936—947），石敬瑭创建，建都于汴州（今河南开封），为契丹所灭；后汉（947—950），刘知远创建，建都于汴州（今河南开封），为后周所灭；后周（951—960），郭威创建，建都于汴州（今河南开封），被宋取代。南北十国（902—979）：南吴（902—937），杨行密创建，建都扬州，为南唐所灭；南唐（937—975），李昪创建，建都金陵（今江苏南京），为宋所灭；吴越（893—978），钱镠创建，建都杭州，为宋所灭；南楚（896—951），马殷创建，建都长沙，为南唐所灭；闽国（893—945），王潮创建，建都长乐府（今福建福州），为南唐所灭；南汉（905—971），刘隐创建，建都兴王府（今广东广州），为宋所灭；前蜀（907—925），王建创建，建都成都，为后唐所灭；后蜀（934—965），孟知祥创建，建都成都，为宋所灭；南平（907—963），高季兴创建，建都江陵（今湖北荆州），为宋所灭；北汉（951—979），刘旻创建，建都太原，为宋所灭。五代十国是动乱与分裂的时期，又是走向统一的时期。其中后蜀与南唐成就较高，前者享国40年，后主孟昶在位31年，闭关自守，唐末流亡文人大量避难；后者享国39年，十国中版图最大，中主时向后周称臣，后主时向宋称臣，艺术发达。

2. 词之正宗——花间之词风。《花间集》是五代后蜀赵崇祚编选的中国文学史上第一部文人词总集,收辑温庭筠、韦庄等18家共500首词。因其作者大多是蜀人,词风近似,故史称"花间词派",作者亦被称为"花间词人"。《花间集》的作品具有明显的共同点:第一,体裁上都以起源于民间的"小调"为抒写形式;第二,内容多描写男女相恋,悲欢离恨,离愁别绪;第三,创作风格偏于阴柔之美,有文小、质轻、径狭、境隐等特征。

3. 温韦之词——秾丽与疏淡。温庭筠和韦庄为"花间"作家群的领袖人物。比较言之,温词虚拟情爱场景,韦词多抒个人情意;温词具华贵金玉之气,韦词疏朗秀美;温词多静态描绘,较婉转,韦词以形写神,较爽直。

4. 南唐二主——指李璟、李煜。五代时的词有两个中心,除后蜀之外,南唐是另一个中心。代表词人有李璟、李煜和冯延巳,其中后主李煜取得的成就最高。李煜的词,前期受"花间派"词风的影响,多写宫廷生活和男女恋情;后期因失去了帝王的生活环境,而多哀思的倾吐,抒发亡国之痛,情调低沉。王国维《人间词话》说:"词至李后主而眼界始大,感慨遂深,遂变伶工之词而为士大夫之词。"

二、专题诗选

温庭筠[菩萨蛮][1]

小山重叠金明灭[2],鬓云欲度香腮雪[3]。懒起画蛾眉[4],弄妆梳洗迟[5]。　　照花前后镜,花面交相映[6]。新帖绣罗襦,双双金鹧鸪[7]。

【注释】

(1)温庭筠:见专题十四"晚唐诗况"专题诗选《过陈琳墓》注释(1)。(2)"小山"句:此句歧义颇多。一说是枕屏上面的金碧山水在朝阳映照下或明或暗,"小山重叠"指床榻围屏上所绘之山峦图景,"金"指画上的金碧颜色。此外，有说"小山重叠"指美人发髻的，或指女子眉形的，或指中部凹陷的枕头的，或指绣被堆叠的样子的，不一而足，"金"相应也被认为指首饰、额黄、光线等。(3)"鬓(bìn)云"句：是说云一般柔软的鬓发松散开来，想要遮住雪白的香腮。鬓云，鬓发如云。度，此指遮住。雪，比喻香腮的洁白。(4)懒起：懒洋洋地起床。蛾眉：女子的眉毛细长弯曲像蚕蛾的触须，故称蛾眉。(5)弄妆：梳妆打扮。迟：慢悠悠地。(6)"照花"二句：是说用两面镜子前后对照，美人的面容与头上插的花朵相互辉映，显得格外艳丽。(7)"新帖"二句：是说在罗襦上绣贴用金线绣成的双双鹧鸪的花样。帖，贴金，唐代的一种服饰工艺。罗襦，丝绸短袄。鹧鸪，鸟名。形似雌雉，头如鹑，胸前有白圆点，如珍珠；背有紫赤浪纹；足黄褐色。为中国南方留鸟。古人谐其鸣声为"行不得也哥哥"，诗文中常用以抒发思念故乡之情。

【提示】

此词描写一位年轻女子早晨起来慵懒地梳妆打扮的过程，表达了她独守空闺的孤寂之感。上阕着重描写她的百无聊赖，"懒""迟"等字点睛。其蒙眬困顿的情态，既流露出当时男性所欣赏的女子娇羞柔婉之状，又隐含女性对男子的缠绵深意；"岂无膏沐？谁适为容"，正是心上人的离去使之不愿意起床与梳妆。下阕强调女子妆成的明艳及无人欣赏的情形，表现她的自矜自怜和孤寂落寞。"双双金鹧鸪"以双衬单，所隐含的幽怨是明显的，因为古人多以鹧鸪、鸳鸯、凤凰等表达成双成对的意思。温庭筠的词，以华丽的辞藻描述精美的环境与人物，细密工整，表达情感深隐曲折，形成秾丽隐密的风格。

清代常州词派张惠言认为此词为"感士不遇"之作，有"《离骚》'初服'之意"，不免拔高了它的思想意义。

温庭筠[梦江南]其二(1)

梳洗罢(2)，独倚望江楼(3)。过尽千帆皆不是(4)，斜晖脉脉水悠悠(5)。肠断白蘋洲(6)！

【注释】

（1）温庭筠：见专题十四"晚唐诗况"专题诗选《过陈琳墓》注释（1）。调又名[望江南][忆江南]，原唐教坊曲名，后用为词牌名。（2）罢：完毕。（3）倚：靠，靠着。望江楼：这里指临江而建、可以眺望大江的楼阁。（4）过：驶过。帆：代指船。此句言不见良人归舟。（5）斜晖：夕阳的余晖。脉脉（mò mò）：深情的样子。悠悠：悠远，流淌不尽的样子。（6）肠断：伤心至极的意思。白蘋洲：蘋花覆盖的小洲。白蘋俗名田字草、四叶菜，夏秋间开小白花。洲，沙洲。古时送别常采蘋花以赠。此以白蘋洲指代昔日江边送别之地。

【提示】

温庭筠的词以秾丽隐密为主要审美特征，偶尔也有去尽华丽辞藻、不事雕琢、平易晓畅的小词，本首就是例子。词截取生活中"倚楼凝望"这个侧面，刻画了一位生动的思妇形象。"过尽千帆皆不是"，突出凝望之殷与时间之久，而一次又一次的失望更啮噬着她的心，痛切可知。柳永[八声甘州]"想佳人妆楼颙望，误几回、天际识归舟"是此句最好的注脚。斜晖脉脉，江水悠悠，既是眼中所见，又烘托出一种空旷无聊、怅然若失之感。"肠断"句是写看到昔日分手之处，愈觉神伤。明代沈际飞《草堂诗余别集》评此词："痴迷、摇荡、惊悸、惑溺，尽此二十余字。"

韦庄[菩萨蛮]其二⁽¹⁾

人人尽说江南好⁽²⁾，游人只合江南老⁽³⁾。春水碧于天⁽⁴⁾，画船听雨眠⁽⁵⁾。　　垆边人似月⁽⁶⁾，皓腕凝霜雪⁽⁷⁾。未老莫还乡，还乡须断肠⁽⁸⁾。

【注释】

（1）韦庄：见专题九"唐玄宗与杨贵妃"专题诗选《立春日作》注释（1）。（2）江南：长江以南地区，此指江浙一带。（3）游人：指漂泊江南的人，自谓。合：应当。（4）碧于天：比天色还碧蓝。（5）画船：指装饰华美的船。（6）垆

(lú)边人:指当垆卖酒的女子。垆,以土垒成的四周高、中间低的放酒瓮的台子。(7)皓腕:洁白的手腕。凝霜雪:是说像敷上一层霜雪那样洁白柔滑。(8)"未老"二句:是说年尚未老,难舍江南行乐之地。因中原沸乱,故无意还乡。须,必定。断肠,形容非常伤心。

【提示】

韦庄于江南避乱期间,写有组词[菩萨蛮]五首,此为其二。组词的第一首写遇战乱无奈离家的依依惜别之情:"红楼别夜堪惆怅,香灯半卷流苏帐。残月出门时,美人和泪辞。琵琶金翠羽,弦上黄莺语。劝我早归家,绿窗人似花。"第三首追忆少年时游冶江南乐不思归的少年情怀:"如今却忆江南乐,当时年少春衫薄。骑马倚斜桥,满楼红袖招。翠屏金屈曲,醉入花丛宿。此度见花枝,白头誓不归。"第四首表达及时行乐的思想:"劝君今夜须沉醉,尊前莫话明朝事。珍重主人心,酒深情亦深。须愁春漏短,莫诉金杯满。遇酒且呵呵,人生能几何。"第五首写无法忘怀故土:"洛阳城里春光好,洛阳才子他乡老。柳暗魏王堤,此时心转迷。桃花春水渌,水上鸳鸯浴。凝恨对残晖,忆君君不知。"

这组词中流传最广的是第二首,写作者在江南想象家乡罹乱之后的萧条而不忍还家的悲戚之情。江南景物美,澄澈的春江之水与碧蓝的晴空相映照,寂静的夜晚在画船中伴随着萧萧雨声入眠;江南人物更美,酒家女肌肤洁白,身材姣好,让人联想到卓文君。如此情形,按照正常逻辑当然是"游人只合江南老"的。但紧接着的"未老莫还乡,还乡须断肠"则来了一个跌宕。当江南的春天里美人与美景相映成趣之时,词人的家乡也是春天,但那里的春天正经历着战乱。因此词人说,如果不是到了叶落归根的年纪,就不要回到故乡去亲见那一番令人肠断的荒凉情景吧。只是,口里说着不愿返乡,流露的却又是对故乡深深的牵挂。更何况,他深知江南再好,美人再好,也始终无法改变自己的"游人"身份,自己永远都不可能做到"反认他乡是故乡"。

韦庄 [浣溪沙]⁽¹⁾

夜夜相思更漏残⁽²⁾,伤心明月凭阑干⁽³⁾,想君思我锦衾寒⁽⁴⁾。 咫尺画堂深似海⁽⁵⁾,忆来唯把旧书看⁽⁶⁾,几时携手入长安⁽⁷⁾?

【注释】

(1)韦庄:见专题九"唐玄宗与杨贵妃"专题诗选《立春日作》注释(1)。(2)更漏:古代以铜壶滴漏计时,夜间凭壶中银剑上刻度所指示的时间报更,故名为"更漏"。更漏残,指五更将尽,天欲黎明。(3)凭阑(lán)干:靠着栏杆站着,有"远望"的意思。阑干,栏杆。(4)"想君"句:此句从对方着眼,想伊人也在受相思煎熬,夜不能眠。锦衾(qīn),锦缎制成的被子。(5)咫(zhǐ)尺:喻距离很近。咫,古代称八寸为咫,折合今六寸二分二厘。画堂:华丽的堂舍。深似海:用崔郊"侯门一入深如海,从此萧郎是路人"句意。(6)旧书:往日的书信。(7)"几时"句:意思是何时能再重逢,同归故乡。长安,今陕西西安。作者的故乡在长安。

【提示】

据杨湜《古今词话》载:"韦庄以才名寓蜀,王建割据,遂羁留之。庄有宠人,资质艳丽,兼善词翰。建闻之,托以教内人为辞,强夺之。"韦庄爱姬被蜀主王建锁禁深宫之事,我们无法考证它的真实性,但这首词既是写生离的痛苦,权可作为一个背景来参考。

上片从空间角度写相思。"夜夜相思更漏残,伤心明月凭阑干"从己方铺墨,"想君思我锦衾寒"则转向对方,而这种"从对方曲揣彼意"的表现方法,与《诗经·卷耳》《古诗十九首·涉江采芙蓉》、王维《九月九日忆山东兄弟》、杜甫《月夜》等一脉相承,表达相思之情深曲婉转。下片从时间角度写相思。"咫尺画堂深似海"一句欲言又止,流露出两人不得相聚而又不便明言的苦衷。"忆来""几时"两句,先写忆旧,再写对将来之期冀,更见情之真切。唐圭璋先生评价此词:"从己之忆人,推到人之忆己,又从相忆之深,推到相见之难。文字全用赋体白描,不着粉泽,而沉哀入骨,宛转动人。南唐二主之尚赋体,当受韦氏之影响。"

冯延巳[鹊踏枝][1]

谁道闲情抛掷久[2]?每到春来,惆怅还依旧。日日花前常病酒[3],不辞镜里朱颜瘦[4]。　河畔青芜堤上柳[5],为问新愁,何事年年有[6]?独立小桥风满袖,平林新月人归后[7]。

【注释】

(1)冯延巳(903—960),又名延嗣,字正中,广陵(今江苏扬州)人。南唐中主李璟时官至翰林学士承旨、中书侍郎、左仆射同平章事。其词多娱宾遣兴、流连光景之作,思深辞丽,缠绵婉转。王国维《人间词话》卷上说:"冯正中词虽不失五代风格,而堂庑特大,开北宋一代风气。"有《阳春集》。(2)道:说。闲情:闲愁,离别思念之愁苦。(3)病酒:饮酒过量引起的身体不适。(4)不辞:不惜。朱颜:青春容颜。(5)青芜(wú):丛生的绿草。(6)何事:为何。(7)平林:远林。人:行人。

【提示】

这首词所写的"闲情",很难实指,乃是一种莫名的惆怅哀怨之感。作者将笔墨倾诉于个人对这种感受的抗拒、挣扎、承受、反省,写得缠绵悱恻,沉郁顿挫。"独立小桥风满袖,平林新月人归后"这两句虽是景语,却将词人的"惆怅"与"新愁"描画出来。品其"独立"二字,可见其孤独;再赏其"风满袖",更感知其凄寒;又用了"小桥",则言其孤零无所依靠;至于"平林新月"将场景拉远,令小桥上的身影更显无助。人皆有归宿,词人因何不"归"?读者从他的"闲情"里难免不揣测该词与作者对人生、世事、前途的忧患、失落的关系。

冯延巳 [谒金门]⁽¹⁾

风乍起⁽²⁾，吹皱一池春水。闲引鸳鸯香径里，手挼红杏蕊⁽³⁾。　　斗鸭阑干独倚⁽⁴⁾，碧玉搔头斜坠⁽⁵⁾。终日望君君不至，举头闻鹊喜⁽⁶⁾。

【注释】

（1）冯延巳：见专题十七"花间南唐"专题诗选[鹊踏枝]（谁道闲情抛掷久）注释（1）。（2）乍起：忽然而起。（3）"闲引"二句：在散发着花草香气的小路上，女子漫不经心地逗引着鸳鸯，手里搓揉着杏蕊。闲引，漫不经心地逗引。香径，花园里的小路。挼（ruó），揉搓。蕊，花心。（4）"斗鸭"句：独自靠在栏杆旁观看鸭子相斗。斗鸭，古代有斗鸭的游戏，相传起于汉代。（5）"碧玉"句：谓发髻蓬松，玉簪歪斜欲坠。这是形容懒散的情绪。碧玉搔头，碧玉簪，因可以搔头痒，故名。坠，下垂。（6）闻鹊喜：古人以闻鹊声为喜兆，所以有"灵鹊报喜"的说法。

【提示】

本词写的是闺情。起首便佳。"风乍起，吹皱一池春水。"春风不仅吹皱了满池春水，亦惹引了闺妇的春情。词通过写女子闲引鸳鸯、手搓杏花、独倚栏杆、碧玉斜坠的行为和情态，表现她的寂寞怀远。结尾处的闻鹊一喜，大概率只是女子的心理慰藉，很可能是空喜一场。《敦煌曲子词·鹊踏枝》里有"叵耐灵鹊多谩语，送喜何曾有凭据"，说的即是此意。

相传元宗（中主李璟）见冯延巳此词问曰："'吹皱一池春水'，干卿甚事？"冯延巳对曰："未如陛下'小楼吹彻玉笙寒'。"元宗悦。

李璟 [摊破浣溪沙]⁽¹⁾

菡萏香销翠叶残⁽²⁾，西风愁起绿波间⁽³⁾。还与韶光共憔悴⁽⁴⁾，不堪看⁽⁵⁾。　　细雨梦回鸡塞远⁽⁶⁾，小楼吹彻玉笙寒⁽⁷⁾。多少泪珠无限恨，倚栏杆。

【注释】

(1)李璟(916—961),初名景通,字伯玉,徐州(今江苏徐州)人。南唐烈主李昪的长子,后继位,为南唐中主(南唐第二个皇帝)。在位18年,庙号元宗。执政期间,南唐政权逐渐衰落,被迫向后周世宗割地奉表称臣。其词今存极少,后人将其与李煜之作合为《南唐二主词》。(2)菡萏(hàn dàn):荷花的别称。(3)"西风"句:是说愁惨的西风从凋零的花叶中吹起。绿波,指荷塘残叶。(4)韶光:美好的时光。(5)不堪:不忍。(6)梦回:睡梦醒来。鸡塞远:指所思念的人远在边塞。鸡塞,即鸡鹿塞,在今内蒙古自治区磴口县西北。为汉代的边塞,此泛指边塞。(7)吹彻:吹遍,即吹到最后一曲。玉笙:指精美的笙。笙,乐器名,一般用十三根长短不齐的竹管制成,用口吹奏。玉笙寒,一说指玉笙吹久含润,不能再吹,因笙中簧片用铜片制成,要烘暖后吹起来才音正声清。一说指笙声凄寒。

【提示】

这是一首秋怨词。上阕写景物。先描绘香销叶枯的残荷画面,再以西风愁起,韶光憔悴衬托,突出了不堪目睹的深秋景象。下阕论人事。秋雨惊破女子的思亲美梦,使她与远在鸡塞的丈夫梦中分手,好生惆怅;披衣吹笙,以寄离恨,无奈吹笙既久,致使笙寒凝水,每不应律,更觉心烦意乱,寒气逼人。当然,将"小楼吹彻玉笙寒"理解为女子隐约听到远方传来的缥缈乐声,也是可以的。这首词哀艳凄恻的情调,寓有作者对国势日颓而又无力挽回的焦虑。王国维评论这首词说:"大有众芳芜秽、美人迟暮之感。"

李璟 [摊破浣溪沙](1)

手卷真珠上玉钩(2),依前春恨锁重楼(3)。风里落花谁是主(4)?思悠悠(5)。　　青鸟不传云外信(6),丁香空结雨中愁(7)。回首绿波三楚暮⁽⁸⁾,接天流。

【注释】

(1)李璟:见专题十七"花间南唐"专题诗选[摊破浣溪沙](菡萏香销翠叶残)注释(1)。(2)真珠:指珍珠穿缀的帘幕。玉钩:玉制的帘钩。(3)"依前"句:伤春的愁恨依旧笼罩着高楼。依前,仍旧,依旧。重楼,高楼。(4)"风里"句:落花随风飘零,无所归依,谁是它的主人呢?主,主人,主宰者。(5)思悠悠:愁闷的思绪连绵不尽。(6)青鸟:神话传说中西王母的信使。云外:仙境,指遥远的地方。(7)丁香空结:指自己徒有愁心。丁香结,原是丁香之花蕾,唐人常用来比喻愁思郁结不释,这里象征自己的愁心。李商隐《代赠二首》(其一):"芭蕉不展丁香结,同向春风各自愁。"空,徒然。(8)绿波:指江水。三楚:指战国时期楚地,有东楚、西楚、南楚之分,故称。这里泛指湘、鄂一带。

【提示】

此词写春恨。上片即景抒情。首句平平叙起,暗含愁思,"依前春恨"而又言"锁重楼",见平昔愁恨之深。风里落花,飘零无主,形象而含蓄地烘托了身世飘零无主而无人护持。旧恨新愁,绵渺无尽,以"思悠悠"三字写出。下片寓情于景。换头承"思悠悠"而来,"云外信"实指云外人——远行不归、杳无音信之人。而雨中丁香披离,春意阑珊,愁思愈加深切。末二句转出天地茫茫、大江悠悠作结,思绪苍茫,意境浑然。

虽然词中"依前春恨"没有明言,字面上也不外乎思妇题材,人们还是愿意相信词的内蕴与李璟本人的身世感叹相通,是他在南唐受到后周严重威胁、国势岌岌可危的情况下,寄托自己遭际和情怀的作品。"青鸟"一联,明人王世贞评价极高,称其为"律诗俊语","然是天成一段词也,著诗不得"。

李煜[菩萨蛮]⁽¹⁾

花明月暗笼轻雾,今宵好向郎边去。刬袜步香阶⁽²⁾,手提金缕鞋⁽³⁾。

画堂南畔见⁽⁴⁾，一向偎人颤⁽⁵⁾。奴为出来难⁽⁶⁾，教君恣意怜⁽⁷⁾。

【注释】

（1）李煜（937—978），初名从嘉，字重光，号钟隐。南唐中主李璟的第六子，961年嗣位，史称南唐后主。在位14年，对宋纳贡称臣。宋太祖开宝八年（975），宋灭南唐，李煜出降，封为"违命侯"，在汴京过了三年囚徒生活，后遇害。他能诗文，擅音乐、书画，尤以词闻名于世。前期作品多写宫廷生活，风格柔靡；后期作品多发亡国之恨，突破了晚唐五代词以写艳情为主的窠臼，直抒胸臆，语言准确、洗练、自然，有鲜明生动的形象，情调沉痛。今存词三十余首，后人将他与其父李璟之作，合为《南唐二主词》。（2）刬（chǎn）：只，仅，犹言"光着"。刬袜，只穿着袜子着地。步：走过。香阶：台阶的美称，即飘散香气的台阶。（3）金缕鞋：绣着金线花样的鞋子。缕，线。（4）画堂：古代宫中绘饰华丽的殿堂，也泛指华丽的堂屋。南畔：南边。（5）一向：同"一晌"，即一时，片刻。偎：紧紧地贴着，紧挨着。颤：由于心情激动而身体发抖。（6）奴：古代妇女自称的谦辞，也作奴家。（7）教（jiào）：使，任从。恣（zì）意：任意，放纵。怜：爱怜，疼爱。

【提示】

马令《南唐书》卷六记载："后主继室周后，昭惠之母弟也。警敏有才思，神采端静。昭惠感疾，后常出入卧内，而昭惠未之知也。一日，因立帐前，昭惠惊曰：'妹在此耶？'后幼，未识嫌疑，即以实告曰：'既数日矣。'昭惠恶之，返卧不复顾。"大周后死，李煜既要服丧，小周后又年纪尚幼，遂一直居在宫中而未有正名。《南唐书》曰："后自昭惠殂，常在禁中。后主乐府词有'刬袜步香阶，手提金缕鞋'之类，多传于外。至纳后乃成礼而已。翌日，大宴群臣，韩熙载以下皆为诗以讽焉，而后主不之谴。"后来的注家多认为这首词是写李煜与小周后结婚之前的偷情事，依据正在于此。

偷期密约的私情，本不登大雅之堂，但本词由于写得率真，还是颇令人赞赏的。作品中的那个双袜着地、手提鞋子、慌慌张张奔跑在花畔月下的女子,那种与心上人痴情缠绵、热切直截的行为方式,竟不像作词,恍如生活中的场景。

李煜［清平乐］⁽¹⁾

别来春半⁽²⁾,触目愁肠断。砌下落梅如雪乱⁽³⁾,拂了一身还满⁽⁴⁾。　雁来音信无凭,路遥归梦难成⁽⁵⁾。离恨恰如春草,更行更远还生⁽⁶⁾。

【注释】

(1)李煜:见专题十七"花间南唐"专题诗选［菩萨蛮］(花明月暗笼轻雾)注释(1)。(2)春半:指春天过了一半,即仲春。古人把春天分为孟春、仲春、季春三春。(3)砌(qì)下:台阶下。雪:指白梅花,开花较迟,故春半还有落梅。(4)拂:拂拭,拍打。(5)"雁来"二句:得不到音信,连团聚的梦也难做成,因为路已经太远太远。雁来,相传鸿雁能传书信。(6)更:愈加。

【提示】

这首词大约创作于南唐亡国前,不少人认为是表达李煜对弟弟李从善的苦思。相传公元971年秋,李煜派弟弟李从善去宋朝进贡,后者被扣留在汴京。974年,李煜请求宋太祖让李从善回国,未获允许。李煜非常想念他,写下此词。

"砌下"二句写词人伫立石阶,眼看落梅如雪,满怀离绪,难以排遣,富于审美意趣。结尾"离恨"二句,用春草比喻愁思的不断滋长,无边无际,感人至深,且同［虞美人］中"问君能有几多愁? 恰似一江春水向东流"有异曲同工之妙。

李煜［虞美人］⁽¹⁾

春花秋月何时了⁽²⁾,往事知多少? 小楼昨夜又东风⁽³⁾,故国不堪回首月明中⁽⁴⁾！　雕栏玉砌应犹在⁽⁵⁾，只是朱颜改⁽⁶⁾。问君能有几多愁⁽⁷⁾？恰似一江春水向东流。

【注释】

（1）李煜：见专题十七"花间南唐"专题诗选［菩萨蛮］（花明月暗笼轻雾）注释（1）。（2）春花秋月：指岁月的更替推移。何时了：何时才结。（3）小楼：指在汴京的居处。东风：春风。（4）故国：此指已灭亡的南唐。不堪：不胜。回首：回顾，追忆。（5）雕栏玉砌（qì）：指南唐故国的宫苑。雕栏，雕花的栏杆。玉砌，白玉似的石阶。砌，台阶。应犹：应还。（6）朱颜改：形容憔悴，借指人事变迁。（7）问君：作者设问。

【提示】

春花秋月，本是大自然赐予的良辰美景，词人却怨恨它无尽无休，因为春花秋月勾起他不堪回首的痛苦回忆。就李煜而言，他的经历不是常人所能体会到的，因为他的感慨与国土更姓、山河变色有关，但由于他在词里倾力表达对悲剧命运的无能为力、表现人事变幻的悲怆凄楚，以及对过往岁月的追念与悔恨，从而形成了强大的艺术感染力，得到广大读者的共鸣。词的最后两句，用"一江春水"比喻"愁"的浩浩荡荡、永无休止，将一种看不见、摸不着的情绪写得历历在目，堪称千古警策。王国维说："后主之词，真所谓以血书者也。"

本词当作于宋太宗太平兴国三年（978），其时词人作为亡国俘虏被软禁在北宋都城汴京已经三年。相传他于自己生日（七月七日）之夜，在寓所与歌妓作乐，唱新作［虞美人］词，声闻于外。宋太宗闻之大怒，命人赐牵机药，将他毒死。这首词也就成了他的绝命词。

李煜［浪淘沙］⁽¹⁾

帘外雨潺潺⁽²⁾，春意阑珊⁽³⁾。罗衾不耐五更寒⁽⁴⁾。梦里不知身是客⁽⁵⁾，一晌贪欢(6)。　独自莫凭栏(7),无限江山(8)。别时容易见时难。流水落花春去也,天上人间(9)。

【注释】

(1)李煜:见专题十七"花间南唐"专题诗选[菩萨蛮](花明月暗笼轻雾)注释(1)。(2)潺潺(chán chán):细雨淅沥声。(3)阑珊(lán shān):衰残,将尽。(4)罗衾(qīn):丝绸被子。不耐:经受不住。(5)身是客:指被拘汴京,形同囚徒。(6)一晌(shǎng):一会儿,片刻。贪欢:指贪恋梦境中的欢乐。(7)凭栏:倚栏远望。(8)无限江山:指原来曾属于南唐的大好河山。(9)天上人间:指永远相隔,永无见期。

【提示】

这首词作于降宋之后。《苕溪渔隐丛话前集》卷五十九引《西清诗话》云:"南唐李后主归朝后,每怀江国,且念嫔妾散落,郁郁不自聊,尝作长短句云'帘外雨潺潺',云云。含思凄惋,未几下世。"

上片写作者被帘外潺潺雨声惊醒,好梦消失,告别梦中重温昔日帝王之尊的片刻欢乐,又回到现实中囚徒的身份,而帘外雨声又在传递着春光将逝的信息,更加衬托出作者所处现实之冷酷、心境之凄凉。下片写凭栏远望,而痛心于故国难归,旧日生活如春光消逝,一去难觅,无限悲哀尽凝于"流水落花春去也,天上人间"的言语之中。全词直抒胸臆,感情真挚,语语沉痛,以歌当哭。

李煜[破阵子](1)

四十年来家国(2),三千里地山河(3)。凤阁龙楼连霄汉(4),玉树琼枝作烟萝(5),几曾识干戈(6)?　一旦归为臣虏(7),沈腰潘鬓消磨(8)。最是仓皇辞庙日(9),教坊犹奏别离歌(10),垂泪对宫娥(11)。

【注释】

(1)李煜：见专题十七"花间南唐"专题诗选[菩萨蛮]（花明月暗笼轻雾）注释(1)。(2)"四十年"句：此为约数。南唐建于公元937年，亡于公元975年，为三十八年。(3)"三千里"句：概说南唐地域之广，时辖今之苏、皖、赣、闽等省之部分地区。(4)凤阁龙楼：指帝王后妃所居的宫苑。霄汉：天河，指高空。(5)玉树琼枝：形容树的美好。烟萝：草树茂密，如烟笼雾罩。萝，女萝，一种花。(6)几曾：何曾。干戈：古代兵器，此借指战争。(7)归：归顺、归附。臣虏：俘虏，指投降称臣。据史载，宋太祖开宝八年(975)冬，宋将曹彬攻破南唐都城金陵，后主李煜肉袒而降，成为俘虏。(8)沈腰：指腰肢瘦损，用南朝沈约的典故。《南史·沈约传》载：沈约仕途失意，写信给老友徐勉，"言己老病百日数旬，革带常应移孔。以手握臂，率计月小半分"。潘鬓：指中年鬓发初白，用西晋潘岳的典故。潘岳《秋兴赋》序中有"余春秋三十有二，始见二毛"句。消磨：渐渐消耗。(9)仓皇：匆促慌忙。辞庙：辞别宗庙。指离开南唐祖业，被押赴宋廷。(10)教坊：管理音乐的宫廷官署。此指乐伎。(11)宫娥：宫女。

【提示】

这是李煜以阶下囚的身份回忆亡国往事的痛心疾首之作。上片回顾故国的繁华逸乐：那四十年来的家国基业，三千里地的辽阔疆域，都沉浸在一片享乐安逸之中。"几曾识干戈"既是其不知珍惜的结果，同时也是沦为臣虏的原因。下片叙写他归为臣虏后的处境，发白腰瘦，精神痛苦；尤其是离别故国时哭辞宗庙的情景，写得尤为沉痛惨淡。"垂泪对宫娥"，既是当时实情实事，也是他懦弱性格的体现。苏轼因结语二句而责云："后主既为樊若水所卖，举国与人，故当恸哭于九庙之外，谢其民而后行，顾乃挥泪宫娥，听教坊离曲哉！"当然，针对苏轼所言，后人也多有为李煜辩解者。

李煜［相见欢］⁽¹⁾

无言独上西楼,月如钩。寂寞梧桐深院锁清秋⁽²⁾。　　剪不断,理还乱⁽³⁾,是离愁⁽⁴⁾。别是一般滋味在心头⁽⁵⁾。

【注释】

(1)李煜:见专题十七"花间南唐"专题诗选［菩萨蛮］(花明月暗笼轻雾)注释(1)。(2)锁清秋:被清冷的秋意笼罩。(3)"剪不断"两句:形容离愁别绪,繁复纷乱,无法排遣。(4)离愁:此指离开故国之愁。(5)别是一般:另有一种。

【提示】

［相见欢］又名［乌夜啼］。李煜此调共两首,为降宋后作。另一首为:"林花谢了春红,太匆匆,无奈朝来寒雨晚来风。胭脂泪,相留醉,几时重?自是人生长恨水长东。"托春怨,写哀思。

本词托秋怨,同样写哀思。李煜的离愁,不是一般的男女离别之愁,而是丧失故国的深愁长恨,此般大恨,他只以"剪不断,理还乱,是离愁"的平常之语出之,巧妙地将无形之愁用随处可见的剪刀具象化,有摇曳生姿之美。结句"别是一般滋味在心头",于含蓄蕴藉中,有无限情致。

三、专题衍说

未老莫还乡,还乡须断肠

——说韦庄的遭际与创作

长安附近的杜陵是一块风水宝地,周边一带从汉代开始不是分封给功臣,就是建帝王墓园,到了唐代,更是官僚贵族庄园的集中地。其中,有叫

"韦曲"和"杜曲"的地方,世代生活着韦氏、杜氏两大姓,兴旺发达得不得了,素有"城南韦杜,去天尺五"之说。单就当过汉唐宰相的人数,都各有十几二十位。

韦庄就是杜陵韦氏之后。

由于正史中没有韦庄的传记,因此他的生平事迹显得有些漫漶不清。比如他出自韦氏的哪一房,出生于哪一年,早年有过哪些行事,避乱江南的行踪如何,等等,存在歧说。今人多说他的先人有初唐的宰相韦待价,他的高祖父是唐代著名诗人韦应物。

或许是父母早丧,家道衰微,韦庄远没有他的先人那样可以靠着祖荫庇护。家族的荣耀遥远渺茫,门阀特权已如明日黄花。好在他对此并不耿耿,淡漠到在他的文字里找不到关于家世出身的只言片语。

韦庄一生经历过晚唐的多任皇帝。他出生于文宗朝,童年逢武宗朝,青少年时为宣宗朝,中年时为懿宗朝,僖宗朝时达不惑之年,昭宗朝时到了晚年,他的一生几乎折射出一部晚唐社会史。自盛唐中唐之交的安史之乱爆发以来,唐代社会矛盾和政治危机有增无减,国力每况愈下,朝政腐败日益严重,到了晚唐已不可收拾。就韦庄个人而言,除了家道困窘,机遇缺乏,更有一番"生命中不能承受之轻",那就是科举应试。前后十多年,他屡试屡败,对状态心存不满而又心有不甘。"长安十二槐花陌,曾负秋风多少秋"(《惊秋》),"但见时光流似箭,岂知天道曲如弓"(《关河道中》),这些诗句都表达了他内心的痛苦与煎熬。

广明元年(880)秋天,45岁左右的韦庄在长安应试,不料当年十二月间,黄巢军队攻陷长安——王权坍塌,旗号变幻:黄巢做了皇帝,改国号为大齐。唐僖宗如同其祖唐玄宗一样又上演了一出逃离京城、避难四川的戏码。韦庄陷于兵中,大病一场,差点丧命,两年后才得机离开长安,到达洛阳。在洛阳,他写了一首长诗,题目叫《秦妇吟》。诗中的主人公"秦妇",是一位身陷长安兵乱后又逃到洛阳的女子,诗以她的自述口吻,描写了黄巢军队占据长安这一段历史。诗里写了黄巢军队的迅猛威势和城中吏民的猝不及防;写了农民军将领的富贵忘形和唐军节度使的拥兵自保;写了百姓的转死沟壑和官军以杀人、贩卖人肉大得暴利的行径。诗人的立场当然是站在唐政权这一边的,称农民军为"贼寇",但对于君主、官军、藩镇都有现实而深刻的批判。不唯如此,诗歌语言也流丽精工,深得人们喜爱。因为此诗,韦庄被呼为"秦妇吟秀才",与"长恨歌主"白居易并称诗国佳话。

不过,虽然《秦妇吟》这首诗给韦庄带来很高的声誉,但后来却被他本人刻意回避。古代房间的内部,有一种隔断,就是用透光性很好的纸糊在木制的框架上,叫作"障子",功能类似于屏风。为了装饰和美化,障子上往往会印一些图画或诗句,《秦妇吟》就成了当时障子商人用得最多的素材。韦庄给家人定了一条规矩,就是子子孙孙都不准使用印有《秦妇吟》诗句的障子。他的弟弟韦蔼在汇编韦庄的诗集《浣花集》时,也没有将这首诗收进去。这方面的原因,有人认为是其中的诗句如"内库烧为锦绣灰,天街踏尽公卿骨"之类,让"公卿"们很恼火,再就是诗歌明里暗里揭露的事情,与后来能左右韦庄命运的某些人物有关联。

就是这么为难。

这还不算为难。

更大的为难或许应该是,后来,一个忠于大唐政权的人却不得已仕事伪朝,一个以故乡为念的人却不得已终老他乡。这又是怎样的一种抑郁苦闷呢?

韦庄十分景仰杜甫。他在蜀地的时候,曾徜徉于杜甫生活过的浣花溪畔,修葺了早已颓圮的杜甫草堂,并住在那里。他诗集的名字叫《浣花集》,也有遥揖老杜的意思。其实,韦杜二人的经历,有局部相似的地方。比如都曾居住在长安附近的杜陵,科举考试的运气都不怎么样。杜甫遭遇安史之乱被困长安,唐玄宗出逃四川;韦庄遭遇黄巢之乱时也被困滞长安,唐僖宗出逃四川。杜甫冒险投奔继位后驻扎在凤翔的唐肃宗;韦庄本拟迎驾避难在宝鸡的唐僖宗,因故未能如愿。不同的是,比杜甫小 100 多岁的韦庄所面对的唐帝国,更加是日薄西山。

晚唐的后期,整个儿是乱世。平定黄巢之后,唐帝国再也无法平息藩镇割据混战的烟火,天子日渐成为傀儡。有一个叫朱温的人,早先在黄巢军中供职,后来反戈归附唐军,被唐僖宗封为梁王。再后来,他杀死了唐昭宗,又逼唐哀宗让位给他,从而结束了唐朝历史,在公元907年称帝,建立后梁,开启了五代十国时期。

此时韦庄的状况是怎样的呢?

为避战乱,韦庄曾于中和三年(883)离开中原,漂泊江南等地十余年。乾宁元年(894),年近六十的韦庄考中进士。两年后,奉唐昭宗的派遣入蜀,前往西川节度使王建处,调解西川与东川两地的矛盾,被王建赏识,招其至幕下,做了王建的掌书记。朱温称帝,改国号梁;韦庄也为王建详细谋划,力劝王建称帝,于是建立前蜀,成为五代十国的政权之一。韦庄自己则做了前蜀的宰相,直到75岁过世。

韦庄是晚唐一代诗人中,政治上最为显达者。《蜀梼杌》里说他"不恃权,不行私",说明他官品、人品都相当不错。在他的诗里,常常为唐室江山的衰败而叹息,充满着忧君情结和伤悼情怀。《台城》一首,即是如此:"江雨霏霏江草齐,六朝如梦鸟空啼。无情最是台城柳,依旧烟笼十里堤。"

韦庄仕蜀十来年,写过不少诗词。就其词而言,常于美景丽人艳情的描写中展现浓郁的乡国之思。五首著名的《菩萨蛮》,往热闹里看,有"春水碧于天,画船听雨眠""骑马倚斜桥,满楼红袖招""桃花春水渌,水上鸳鸯浴"之类,但读到"劝我早归家,绿窗人似花""未老莫还乡,还乡须断肠""遇酒且呵呵,人生能几何",却不难让人品出这位江南游子断绝故乡故国之路的苦衷。

归路断绝,他能将蜀地暂作故乡吗?《词林纪事》里写了蜀帝王建夺韦庄宠姬,以致宠姬自杀,韦庄以词追念的故事。虽然此说未必真实,但韦庄词中刻骨的相思却也表露了他情感上的不快乐,"忆来唯把旧书看,几时携手入长安""如今俱是异乡人,相见更无因"等即是。

愿世世无生帝王家

——说南唐后主李煜

南唐国灭是迟早的事。只是灭在李煜身上,是他的不幸罢了。

唐朝灭亡的时候,中国分裂得很厉害。北方先后有五个政权,也就是称为"五代"的后梁、后唐、后晋、后汉、后周,开始于公元907年的朱温称帝,结束于公元960年赵匡胤"黄袍加身"建立宋朝。而与"五代"并存、对峙的,另外还有十个割据王国,主要在南方,即前蜀、后蜀、南平、南楚、南吴、南唐、吴越、闽国、南汉、北汉,合称为"十国"。这十个国家,由于没有受到西北各部族的侵扰,彼此之间的征战也比较少,加之江南自古为鱼米之乡,相对安定富庶。

李煜的祖父李昪,原出生于贫寒的李姓人家,父母双亡后,因偶然的机缘被南吴国主杨行密收留,并将其给了部将徐温做义子,改名徐知诰。杨行密死后,徐温父子控制了国家政权。经过各种历练、各种博弈,徐温死后,徐知诰逼迫吴王禅位,自己称帝。他将姓名改为李昪,并且宣称是唐太宗之子吴王李恪的后裔,是大唐皇室的正统血脉。取国名为"南唐",也昭示着这个建都金陵(今江苏南京)的政权,是承续着李唐正宗的意思。李昪即南唐的第一任君主,史书称之为南唐烈祖或先主。他不仅武功强悍,文治也高明,在位期间,疆域颇广,实力也高过周边的其他国家。

昪元七年(943)李昪病逝,继位的是中主李璟。李璟不及父亲的才略,所用的臣僚也不够得力。他雅好文艺,书法有造诣,诗词也棒。10岁的时候写诗吟竹,就有"栖凤枝梢犹软弱,化龙形状已依稀"这样寄托遥深的句子。他曾发动过对闽国、南楚的战争,但因决策失误,攻城略池不成,反倒大有损耗。最要命的是当时中原的后周力量十分强大,多次强硬地侵凌,使得南唐割地纳贡,俯首称臣。李璟再不敢称帝称君,只谓"国主",使用后周年号——把南唐当作后周在江南的一个附庸国。李璟在位18年,将14州、

60个县的土地，20多万户人口割让给周世宗，三千里河山断送掉一半。

提起李璟的用人，人们会说"五鬼当权"。"五鬼"说的是他特别信任与重用的五个佞臣，即冯延巳、冯延鲁、陈觉、查文徽与魏岑。尤其与冯延巳，自少时交游，至老不衰。冯延巳无治世之才而好大言，却能久居相位，很大程度上得之于冯的文学才能，以及与君王在创作上的知音知趣。人们常提的一则逸闻，说二人互相推重诗词，李璟欣赏冯延巳词中"风乍起，吹皱一池春水"之句，开玩笑地说："吹皱一池春水，干卿甚事？"冯延巳回李璟："未如陛下'小楼吹彻玉笙寒'。"

李煜是李璟的第六个儿子，他既不是太子，也从未有过继承王位的预期。甚至因为自己生有异相（"重瞳"，也就是一个眼睛里有两个瞳孔，相传为圣人之相），父亲又对自己宠爱有加，于是生怕长兄李弘冀猜忌，故意在行事上强调对逍遥生活的向往和对艺术的热衷。他在《春江钓叟图》的题词里这样写道："浪花有意千重雪，桃李无言一队春。一壶酒，一竿纶，世上如侬有几人？一棹春风一叶舟，一纶茧缕一轻钩。花满渚，酒满瓯，万顷波中得自由。"不料到后来，他几个哥哥都死了，最后还是由他做了国君。由于他是南唐第三任、也是最后一任君主，史称李后主。

一个成功的君主，倘若不是卓越的艺术家，人们觉得很正常；一个亡国的君主，即便是卓越的艺术家，人们大概还是免不了诸多的质疑和非议。

李煜爱艺术。琴棋书画、诗词歌赋，无所不通。他的书法瘦劲而极有风神，大字如截竹木，小字如聚针钉，被人称为"金错刀"。有时他弃笔一旁，卷帛而书，甚至卷起长衫下摆濡墨挥写，矫若游龙，翩若惊鸿，世称"撮襟书"。他的画同样重视筋骨和神韵，无论山水花鸟，都追求一种直率、自然、适意的风格。他对音乐舞蹈有极高的鉴赏水平，他的诗词创作更有杰出建树。

李煜爱美人。李煜的第一任妻子姓周，小名娥皇，明眸皓齿，人称大周后。两人结婚时，李煜18岁，娥皇19岁。娥皇通诗书，善歌舞，精音律，二人恩爱非常。可惜大周后30岁时即病逝。大周后卧病时，她15岁的青春曼妙的胞妹入宫探望，与李煜双双坠入爱河。三年后李煜迎娶小周后，将当初对大周后的满腔爱意，倾注在小周后的身上。

李煜当然也爱江山。只是他爱江山的方式，是以讨得北方欢心的称臣纳贡，来守护半壁江山。当然，此时的北方，已不再是后周政权，而是北宋的赵氏政权了。在李煜继位的前一年，后周将领赵匡胤发动"陈桥兵变"，"黄袍加身"，自立为王，改国号为宋。一登基，宋太祖赵匡胤就开始实施统一天下的规划。他陆续攻克了南平、南楚、后蜀、南汉等国，兵锋直指南唐。

说实在的，分裂多年，国家统一已是"大势"所趋，而由北宋来完成统一的事业，由各方实力看也已是一种"大势"。李煜委曲求全，向赵匡胤赔各种小心，无非是延缓即将到来的灭亡命运罢了。他遵从赵匡胤的命令写信劝降南汉；让弟弟李从善出使北宋，被赵匡胤扣作人质；连南唐国号都不要了，自请改称"江南国主"；将南唐地形图献给北宋；等等。种种勉力，却并未获得赵匡胤怜悯。

但他毕竟是爱国家的。当赵匡胤和平迫降他时，他拒绝了，并且以死相抗。有人劝赵匡胤给李煜留一些余地时，赵匡胤回答："卧榻之侧，岂容他人鼾睡？"

即使实力相差悬殊，李煜还是应战了的。结果是，金陵城破，李煜投降，被押至汴京，三年后死在那里。据说是宋太宗赵光义强占小周后，并赐牵机毒酒药死了李煜。死的那天，正是他42岁的生日，七夕。那日，他填过一首[虞美人]："春花秋月何时了，往事知多少？小楼昨夜又东风，故国不堪回首月明中！雕栏玉砌应犹在，只是朱颜改。问君能有几多愁？恰似一江春水向东流。"

专题十八

词之晏柳

一、专题要点

本专题主要了解北宋诗词的发展概况,掌握北宋早期词坛代表作家的创作成就。本专题选读诗歌作品14首。

(一)两宋的时间切分

宋朝(960—1279)享国319年。

北宋:960—1127,享国167年。定都汴梁(今河南开封)。北宋将兵权与财政权集中于中央,避免出现中晚唐藩镇割据的乱象,但也导致宋朝在与辽国及西夏的战争中失利。靖康元年(1126)发生靖康之难,金国兵临汴梁,次年北宋灭亡。

南宋:1127—1279,享国152年。迁都临安(今浙江杭州)。金国几度南征,南宋数次北伐,形成对峙局面。南宋中后期奸相频出,朝政腐败,而处于漠北草原的蒙古人崛起,征服金国后入侵南宋,导致南宋灭亡。

(二)宋代的诗词成就

1.宋诗注重反映社会现实,题材、风格倾向于通俗化,情感内敛,寓哲理于意象。

2.词到宋代达到登峰造极的地步,不仅流派众多,名家辈出,而且艺术手段日臻完善,成为宋代文学的标志。

(三)课堂话题

1.北宋诗况 —— 三段落

（1）宋初三体："白体"——王禹偁；"晚唐体"——林逋等；"西昆体"——杨亿等。

（2）欧王苏：欧阳修、王安石（后期形成"半山体"）、苏轼。

（3）江西诗派：以黄庭坚、陈师道、陈与义为代表，主张"夺胎换骨""点铁成金"。

2. 北宋词况 —— 三段落

（1）承袭花间：晏殊、张先、晏几道、欧阳修等，承袭"余绪"中的"革新"。

（2）开拓创新：柳永、苏轼、秦观、贺铸等，在内容与形式上的拓展。

（3）成熟规范：周邦彦兼采众家之所长，进行了集大成的工作，促进词体的成熟。

3. 二晏之词（大小晏）

晏殊（991—1055），字同叔。《珠玉词》存词136首。另存160首诗，53篇散文。其词多娱宾遣兴和描写男女相思，风格雍容典雅，华贵而不卑俗，圆融而无锋芒。

晏几道（约1030—约1106），晏殊第七子。字叔原，号小山。《小山词》存词260首。黄庭坚称其平生有四大痴绝处："仕宦连蹇，而不能一傍贵人之门，是一痴也；论文自有体，不肯作一新进士语，此又一痴也；费资千百万，家人寒饥，而面有孺子之色，此又一痴也；人百负之而不恨，己信人，终不疑其欺己，此又一痴也。"其词的基本旋律是抒写生活巨变之后的失意与抑郁，这种情绪大都通过对往事的回忆而完成。可谓"古之伤心人"。

4. 柳永之词

柳永（约984—约1053），原名三变，字景庄，后改名柳永，字耆卿，因排行第七，又称柳七。《乐章集》存词210多首。其于词的贡献主要有：扩大了词的题材范围，写平民生活、羁旅行役、城市繁华；发展了词的体制，创制慢词、旧曲翻新、自创新调；丰富了词的表现手法，重视铺叙、白描、章法层次。

柳永正史无传，传说则颇多。如：

遭晏殊黜 —— 张舜民《画墁录》：柳三变既以词忤仁宗，吏部不敢改官。三变不能堪，诣政府。晏公曰："贤俊作曲子么？"三变曰："只如相公亦作曲子。"公曰："殊虽作曲子，不曾道彩线慵拈伴伊坐。"

东坡问幕士 —— 俞文豹《吹剑续录》：东坡在玉堂日，有幕士善歌，因问："我词何如柳七？"对曰："柳郎中词，只合十七八女郎，执红牙板，歌'杨柳岸晓风残月'；学士词，须关西大汉，铜琵琶、铁绰板，唱'大江东去'。"东坡为之绝倒。

奉旨填词 —— 吴曾《能改斋漫录》：仁宗留意儒雅，务本向道……进士柳三变，好为淫冶讴歌之曲，传播四方。尝有《鹤冲天》词云："忍把浮名，换了浅斟低唱。"及临轩放榜，特落之，曰："且去浅斟低唱，何要浮名！"

春风吊柳七 —— 相传柳永"死之日，家无余财，群妓合金葬之"，"每春日上冢，谓之'吊柳七'"。甚至每遇清明节，妓女、词人携带酒食，饮于柳永墓旁，称为"吊柳会"。

二、专题诗选

张先［天仙子］(1)

水调数声持酒听(2)，午醉醒来愁未醒。送春春去几时回？临晚镜，伤流景(3)，往事后期空记省(4)。　　沙上并禽池上暝(5)，云破月来花弄影(6)。重重帘幕密遮灯。风不定，人初静，明日落红应满径(7)。

【注释】

（1）张先：见专题十五"爱情与诗"专题诗选［千秋岁］（数声鶗鴂）注释（1）。（2）水调：曲调名，一称［水调子］，是唐时流行的曲调，相传为隋炀帝所制。（3）"临晚镜"二句：对镜自照而感伤自己的衰老。语出杜牧诗："自伤晚临镜，谁与惜流年。"流景，流逝的时光。（4）"往事"句：白白地记得往事和后约。往事,指往日的欢会。后期:指后会之约。记省(xǐng),清楚地记得。(5)"沙上"句:天黑了,成双成对的禽鸟在沙滩上栖息。并禽,双飞双栖之禽鸟,如鸳鸯等。暝(míng),天黑,暮色笼罩。(6)云破月来:指月亮破云而出。花弄影:花在月光下舞弄自己的身影。弄,指风不定。(7)落红:落花。

【提示】

此词前有一小序:"时为嘉禾小倅(cuì),以病眠,不赴府会。"作者当时在嘉禾(今浙江嘉兴)任秀州通判。词写临老伤春的情怀,作于宋仁宗庆历元年(1041),时词人52岁。上片主要抒情,饮酒听曲,借酒浇愁,由春归而叹息人生易老,往事随风,后事难料;下片看似写景,实则景中寓情,由禽鸟并宿想及独处与伤别,由灯晃帘动想及风吹落花,将伤春归之于自伤人生。

张先诗词中写"影"的名句很多,尤以"云破月来花弄影""帘押残花影""堕絮飞无影"最为得意,故号"张三影",而这三句中,"云破月来花弄影"无疑最为人传诵。夜晚来临,天上云雾重重,一会儿风起,月亮瞬间冲破云层,地上花枝摇曳,花影婆娑,展示了一幅层次清晰、情趣盎然的画面。"云破"是"月来"的条件,"花弄影"又是"月来"的结果,处处暗示"风"的存在,却没有直接写风,构思可谓缜密。

晏殊［蝶恋花］(1)

槛菊愁烟兰泣露(2),罗幕轻寒(3),燕子双飞去。明月不谙离恨苦(4),斜光到晓穿朱户(5)。　　昨夜西风凋碧树(6),独上高楼,望尽天涯路。欲寄彩笺兼尺素(7),山长水阔知何处。

【注释】

(1)晏殊(991—1055),字同叔,抚州临川(今江西南昌进贤)人。14岁以神童召试,赐同进士出身。历任户部员外郎知制诰、翰林学士、礼部侍郎、枢密副使等职，遍掌朝廷政务、军事、财政、监察等最高机关要务，仁宗时官至宰相。卒谥元献，人称晏元献公。又曾封临淄郡开国公，故也称晏临淄。其词承晚唐、五代遗风，多娱宾遣兴之作，笔调闲婉，理致深蕴，词采华瞻，音韵和谐。有《珠玉词》。(2)"槛(jiàn)菊"句：谓苑中菊花笼罩在烟气之中，似乎含着愁怨；兰草沾了露水，像是在饮泣。此句写秋景之衰。槛，栏杆。(3)罗幕：丝织的帷帘。(4)谙(ān)：知晓，理解。离恨：因别离而产生的愁恨。(5)斜光：指落月之光。朱户：富贵人家的门户以朱漆涂之，故曰朱户。(6)西风：指秋风。凋碧树：使绿树凋零。(7)彩笺(jiān)：古人用来题诗的一种精美的纸，这里代指题咏之作。尺素：古人书写用素绢，通常为一尺见方，故以"尺素"为书信的代称。

【提示】

闺思离恨是唐宋诗词中常见的主题。但这首词写景能摄其神韵，意绪深沉凝重，却非一般笔墨所能比拟。词的上片由庭院至室内，着重以景托情；下片由室内而登楼，进一步写出主人公复杂曲折的心绪。词中写秋意而不凄苦，绘景物而不秾艳，有一种耐人咀嚼的情味。"昨夜西风凋碧树，独上高楼，望尽天涯路"三句，尽管包含望而不见的伤离意绪，但所向空阔、毫无窒碍的境界，使主人公从狭小的帘幕庭院的忧伤愁闷转向对广远境界的骋望，感情是悲壮的。王国维曾借用此三句比喻"古今之成大事业、大学问者"必须经历的三种境界的第一种。

晏殊［浣溪沙］(1)

一曲新词酒一杯(2)，去年天气旧亭台(3)。夕阳西下几时回？　无可奈何花落去，似曾相识燕归来。小园香径独徘徊(4)。

【注释】

(1)晏殊：见专题十八"词之晏柳"专题诗选［蝶恋花］(槛菊愁烟兰泣

露)注释(1)。(2)"一曲"句:化用白居易《长安道》:"花枝缺处青楼开,艳歌一曲酒一杯。"意谓词人以诗酒自我排遣。(3)"去年"句:化用郑谷《和知己秋日伤怀》:"流水歌声共不回,去年天气旧亭台。"意思是天气、亭台都和去年一样。(4)香径:充满落花香味的小路。徘徊:来回往复,流连。

【提示】

词的上片绾合今昔,叠印时空,重在思昔;下片则巧借眼前景物,着重写今日的感伤。"无可奈何花落去,似曾相识燕归来"两句对语精警工整,被后人赞誉为"天然奇偶"。据宋人吴曾《能改斋漫录》卷十一记载,晏殊与王琪步游池上,言曾得句,弥年未曾强对。因出"无可奈何花落去"一句,王琪应声答以"似曾相识燕归来"。作者甚爱此二语,后复用于律诗《示张寺丞王校勘》中:"元巳清明假未开,小园幽径独徘徊。春寒不定斑斑雨,宿酒难禁滟滟杯。无可奈何花落去,似曾相识燕归来。游梁赋客多风味,莫惜青钱万选才。"

全词所写到的意象,始终被置于新与旧、今与昔、去与来的对照之中,表现出词人对自然界和人世间循环与变化的敏锐感悟。只是作者不是将理性的思考用理语说出,而是用景中含情的对语来表达,因而博得古今读者的吟赏。"无可奈何花落去,似曾相识燕归来。"花的凋谢,春的消逝,时光的流逝,都是不可抗拒的自然规律,再怎么惋惜留恋也无济于事;然而在这暮春时节,还有令人欣慰的事物重现,那翩翩归来的燕子就像是去年曾在此处安巢的老相识。这两句词蕴含着这样一个哲理:美好事物必然会消逝,但消逝的同时会有其他美好事物再现,生活不会因消逝而变得一片虚无。只不过这种重现毕竟不等于美好事物原封不动地再来一遍,它只是"似曾相识"罢了。因此,在有所慰藉的同时又不免感到一丝惆怅。

晏殊［浣溪沙］(1)

一向年光有限身(2),等闲离别易销魂(3)。酒筵歌席莫辞频(4)。　　满目山河空念远,落花风雨更伤春。不如怜取眼前人(5)。

【注释】

(1)晏殊：见专题十八"词之晏柳"专题诗选[蝶恋花](槛菊愁烟兰泣露)注释(1)。(2)一向：一晌，表示短暂的时间。年光：年华，岁月。有限身：有限的生命。(3)等闲：随便，平常。销魂：黯然神伤。南朝梁江淹《别赋》："黯然销魂者，唯别而已矣。"(4)"酒筵（yán）"句：意谓不要嫌酒筵歌席过于频繁。酒筵：酒席。莫辞频：不要频频推辞。(5)"不如"句：化用元稹《莺莺传》中崔莺莺诗："还将旧时意，怜取眼前人。"怜取：怜惜，珍惜。

【提示】

晏殊一生仕宦得意，"未尝一日不宴饮"，宴饮"亦必以歌乐相佐"（叶梦得《避暑录话》）。本词虽是抒写酒筵歌席之间所萌发的愁情，却包含着比较深广的人生体验。上片以抒情为主。年光易逝，生命短暂，是情；为离别而销魂，为离别而频频饮酒，仍然是情。下片以景见情。满目山河，落花风雨，都是景。但满目山河是从空间角度抒写对行人远去的惆怅，而落花风雨则是从时间角度表达对岁月如流的感伤。结尾用一转语，是说人生既已别多聚少，与其他日徒劳相忆，不若今朝怜取眼前，呈现自身对人生痛苦的顿悟与无奈的选择。有人认为本词中暗藏了晏殊对旧欢的追念，可作为阅读时的参考，但不宜坐实。

吴梅先生在《词学通论》中特意提出"满目山河空念远，落花风雨更伤春"二语，较"无可奈何"，胜过十倍。境界更为阔大，也更能触发读者深远的联想。

柳永[定风波](1)

自春来、惨绿愁红(2)，芳心是事可可(3)。日上花梢，莺穿柳带(4)，犹压香衾卧(5)。暖酥消(6)，腻云亸(7)，终日厌厌倦梳裹(8)。无那(9)。恨薄情一去(10)，音书无个。　　早知恁么(11)，悔当初、不把雕鞍锁(12)。向鸡窗(13)、只与蛮笺象管(14)，拘束教吟课(15)。镇相随(16)，莫抛躲(17)。针线闲拈伴伊坐(18)。和我。免使年少,光阴虚过。

【注释】

(1)柳永(约984—约1053),原名三变,字景庄,后改名永,字耆卿。因排行第七,故世称"柳七"。祖籍河东(今山西永济),徙居崇安(今福建南平武夷山市)。屡试不第,仁宗景祐元年(1034)始中进士,官至屯田员外郎,世称"柳屯田"。其词多写都市繁华、男女情事、羁旅行役和离愁别绪,大量改制、创造新的词调,特别是增衍制作了许多慢词长调,拓展了词体。有《乐章集》。(2)惨绿愁红:见花草树木而悲伤愁闷。绿,指草和树叶。红,指花。(3)芳心:指女子的情怀。是事:事事,凡事。可可:不经心,不在意。(4)柳带:柳条,下垂如衣带,故称。(5)衾(qīn):被褥。(6)暖酥消:身体消瘦。暖酥,指女子酥软的肌肤。(7)腻云嚲(duǒ):头发不整齐。腻云,比喻女子光泽的发鬓。嚲,下垂。(8)厌厌:同"恹恹",精神不振貌。梳裹:梳妆打扮。(9)无那(nuó):无奈,百无聊赖。(10)薄情:薄情郎。(11)恁(nèn)么:如此,这样。(12)不把雕鞍锁:没有将马鞍锁起来。锁鞍即不放夫婿出门的意思。雕鞍,雕饰的马鞍。(13)鸡窗:书窗,代指书房。南朝宋刘敬叔《异苑》载,晋兖州刺史宋处宗尝买得一长鸣鸡,笼置窗间。鸡遂作人语,与处宗谈论,终日不辍。处宗因此在谈论玄理方面有很大的长进。(14)只与:只给。蛮笺(jiān)象管:指精美的纸和笔。蛮笺,古时四川所产之彩色笺纸。象管,象牙制作的笔管。(15)拘束:管束。教:让,使。吟课:攻读诗书。(16)镇:"镇日"之省略,犹言整天。(17)抛躲:抛开,分开。(18)针线闲拈(niān):谓随意做做针线活儿。拈,用手捏着。伴伊坐:陪坐在他旁边。伊,他。

【提示】

宋张舜民《画墁录》载:"柳三变既以词忤仁宗,吏部不敢改官。三变不能堪,诣政府。晏公曰:'贤俊作曲子么?'三变曰:'只如相公亦作曲子。'公曰:'殊虽作曲子,不曾道彩线慵拈伴伊坐。'柳遂退。"该记载虽是故事,但柳永词与晏殊笔下含蓄蕴藉、圆融沉静,且具雍容富贵之态的"雅词"有很大不同,是十分明显的。

本词写女子的孤寂与相思。上片通过春光美景来反衬,下片通过悔恨与向往来表达,看上去题材并无特别。但若分析起来,可看出它的"俚俗"之处和市井之气。作品体现了市民阶层热衷于世俗生活的人生观和幸福观,通过女性之口将功名富贵视作名缰利锁,而把"镇相随,莫抛躲,针线闲拈伴伊坐"的情趣当作生活理想,这对于正统士大夫来说,是颇为出格的。而词中女子的形象、感情的宣泄方式,以及语言的通俗直白,都更贴近底层百姓,具有深厚的民歌风味,故而不为上流社会所喜。

柳永 [鹤冲天][1]

黄金榜上[2],偶失龙头望[3]。明代暂遗贤[4],如何向[5]?未遂风云便[6],争不恣狂荡[7]?何须论得丧[8]!才子词人,自是白衣卿相[9]。　　烟花巷陌[10],依约丹青屏障[11]。幸有意中人,堪寻访[12]。且恁偎红倚翠[13],风流事、平生畅[14]。青春都一饷[15]。忍把浮名[16],换了浅斟低唱[17]。

【注释】

(1)柳永:见专题十八"词之晏柳"专题诗选[定风波](自春来)注释(1)。(2)黄金榜:指题写及第进士姓名之榜,又名黄甲、黄榜、金榜。殿试后朝廷发布的榜文,用黄纸书写,故名。(3)"偶失"句:意为因偶然原因而没有考中。龙头,唐宋人称及第状元为龙头。及第有功名即意味着致身荣显,得登龙廷(朝廷),而状元列于榜首,故称龙头。(4)"明代"句:谓开明的时代,暂时将贤才遗漏了。明代,政治清明的时代。遗贤,指贤才未被朝廷所用。(5)如何向:怎么办。(6)风云便:风云际会,得到好的机遇。(7)争不:怎不。恣(zì):放纵,随心所欲。(8)得丧:得失。(9)白衣卿相:没有卿相头衔的卿相,自我解嘲之语。白衣,即布衣。在封建社会,中进士后即换官服,故白衣、布衣成为未中进士者及老百姓的象征。(10)烟花巷陌:指妓女住的地方。(11)依约:隐约。丹青屏障:画了图画的屏风。(12)堪:能,可以。(13)恁(nèn):如此。偎红倚翠:指狎妓。(14)平生:一生。(15)都:不过。一饷(xiǎng):一刻,片刻。直言青春短暂。(16)忍:忍心,狠心。浮名:指功名。(17)浅斟低唱:慢慢饮酒,婉声轻唱,表示细细作乐受用。

【提示】

本词应是柳永年轻时参加科举考试落榜不第的牢骚之作,表现了对自己才调的自负和对当权者遗漏贤才的抱怨。词的上片写落第后的失意不满和恃才傲物。"明代暂遗贤"一句,用语虽委婉,却以"贤"字自占身份,怀才不遇之意溢于言表。"才子词人,自是白衣卿相",这样的句子嗤薄权贵,充满自豪,表明他愿意选择一条悖拗于伦理和世俗价值取向的叛逆之路,因为他觉得在博取科场功名以求荣华富贵和混迹坊曲之所为歌伎谱曲填词之间,并没有什么高低、得失之别,"何须论得丧"。下片进一步阐述如何"恣狂荡"以逞他的志气。"烟花巷陌"里有绮美的环境,更有可意的佳人,他要"忍把浮名,换了浅斟低唱",将功名利禄这些虚幻的东西抛开,得开怀时且开怀。但一个"忍"字,还是道出词人心中的矛盾,他对落榜的怨怼是抹不去的。

据吴曾《能改斋漫录》记载,柳永善作俗词,而宋仁宗颇好雅词。一次,宋仁宗临轩放榜时想到柳永这首词中的"忍把浮名,换了浅斟低唱"一句,就说道:"这个人只知道风月之事,就让他去浅斟低唱吧,要浮名做什么?"就这样黜落了他。从此,柳永更是纵游青楼酒馆之间,并自称"奉旨填词柳三变"。

柳永 [蝶恋花]⁽¹⁾

伫倚危楼风细细⁽²⁾。望极春愁,黯黯生天际⁽³⁾。草色烟光残照里⁽⁴⁾,无言谁会凭阑意⁽⁵⁾。　　拟把疏狂图一醉⁽⁶⁾。对酒当歌⁽⁷⁾,强乐还无味⁽⁸⁾。衣带渐宽终不悔⁽⁹⁾,为伊消得人憔悴⁽¹⁰⁾。

【注释】

(1)柳永:见专题十八"词之晏柳"专题诗选[定风波](自春来)注释(1)。(2)伫(zhù):长时间站着。倚:靠。危楼:高楼。(3)"望极"二句:极目远望,春愁从天际弥漫升腾。黯(àn)黯,迷蒙不明。(4)烟光:飘忽缭绕的云霭雾气。(5)会:理解。阑:同"栏",栏杆。(6)拟把:打算。疏狂:狂放,不拘形迹。(7)对酒当歌:曹操《短歌行》:"对酒当歌,人生几何?譬如朝露,去日苦多。"此用其成句,表达心有所思而借酒浇愁。(8)强(qiǎng)乐:勉强作乐。(9)衣带渐宽:语出《古诗十九首》"相去日已远,衣带日已缓",谓人渐瘦而体不胜衣。(10)消得:值得。

【提示】

这是一首客中怀人之作,词人将漂泊异乡的落魄与思念伊人的缠绵融合在一起写来,情真而意切。上片写景,又带写情。登高望远,春风微吹,春草无边,使人黯然愁生,一抹残照更触动凄凉孤寂之感。下片写词人为了消释离愁,决意痛饮狂歌,求得暂时忘却的沉醉,但始终不能做到。"衣带渐宽终不悔,为伊消得人憔悴",抒发了内心的坚毅和执着,词境得以升华。

王国维在《人间词话》中讲道:"古今之成大事业、大学问者,必经过此三种之境界:'昨夜西风凋碧树,独上高楼,望尽天涯路',此第一境也。'衣带渐宽终不悔,为伊消得人憔悴',此第二境也。'众里寻他千百度,蓦然回首,那人却在、灯火阑珊处',此第三境也。此等语皆非大词人不能道。"王国维借用"衣带渐宽终不悔,为伊消得人憔悴"来说明成大事业、做大学问的人所必须具备的坚忍不拔、锲而不舍的精神。

柳永[雨霖铃](1)

寒蝉凄切(2),对长亭晚(3),骤雨初歇(4)。都门帐饮无绪(5),留恋处(6)、兰舟催发(7)。执手相看泪眼,竟无语凝噎(8)。念去去、千里烟波(9),暮霭沉沉楚天阔(10)。　　多情自古伤离别(11),更那堪、冷落清秋节(12)!今宵酒醒何处? 杨柳岸、晓风残月。此去经年⁽¹³⁾,应是良辰好景虚设。便纵有千种风情⁽¹⁴⁾,更与何人说?

【注释】

(1)柳永:见专题十八"词之晏柳"专题诗选[定风波](自春来)注释(1)。(2)寒蝉凄切:秋蝉叫声凄凉急促。(3)长亭:古时驿路旁建有亭子,"十里一长亭,五里一短亭",供行人歇息,也是送别的地方。(4)初歇:刚止。(5)都门:指北宋首都汴京城门。帐饮:饯别宴饮。古人送别,多在驿站临时搭起帐幕举行别宴。无绪:心绪不好。(6)处:指时候。(7)兰舟催发:是说客船催人出发。兰舟,据《述异记》记载,鲁班曾刻木兰树为舟,后将"兰舟"用作船的美称。(8)凝噎(yē):喉咙哽塞,欲语不出的样子。(9)念:想。去去:一程又一程地往前走。烟波:雾气水色浑然一体。(10)暮霭(ǎi):傍晚的云气。沉沉:浓重的样子。楚天:古时长江中下游地区属楚国,这里泛指南方的天空。(11)多情:这里指多情的人。(12)节:季节,时节。(13)经年:年复一年。(14)纵:即使。风情:情意。

【提示】

这是一首描写离愁别绪的慢词。上片写深秋时节,一对恋人在京城郊外分离时难分难舍的动人情景;下片写离别后的游子对旅途及今后孤单生活的一些设想。上片是实景的渲染,下片是虚景的幻设。词人想象酒醒梦回已是拂晓,一舟临岸,只能见到冷风中的萧萧疏柳,以及柳树梢头的一钩残月。这画面充满了冷落的客情和绵邈的离愁。而且从此之后,年复一年,将是长长的相隔,明月清风,良辰美景,只应形同虚设。这样的况味,令人念及伤神。

全词以冷落的秋天景象为衬托,情调婉约哀怨。整个作品几乎无一句不是佳句,而又无一句有喧宾夺主之感,自然流畅,情深意浓,艺术感染力非常强。

柳永 [八声甘州](1)

对潇潇暮雨洒江天(2),一番洗清秋(3)。渐霜风凄紧(4),关河冷落(5),残照当楼(6)。是处红衰翠减(7),苒苒物华休(8)。惟有长江水,无语东流。　　不忍登高临远,望故乡渺邈(9),归思难收(10)。叹年来踪迹,何事苦淹留(11)?想佳人、妆楼颙望(12),误几回、天际识归舟(13)。争知我、倚栏杆处,正恁凝愁(14)。

【注释】

(1)柳永:见专题十八"词之晏柳"专题诗选[定风波](自春来)注释(1)。(2)潇潇:形容雨势急骤。(3)"一番"句:一阵暮雨,洗出了清秋景色。洗:洗涤。(4)渐:旋,又。霜风:秋风。凄紧:凄清而急剧。(5)关河:关塞与津渡,此处泛指山河。(6)残照:夕阳。(7)是处:到处。红衰翠减:花落叶枯。(8)苒(rǎn)苒:同"冉冉",渐渐地。物华:指美好的景物。休:凋残。(9)渺邈(miǎo miǎo):渺茫遥远。(10)归思:归故乡的心思。收:收住,停止。(11)何事:为什么。淹留:久留。指久留他乡。(12)颙(yóng)望:抬头凝望。(13)"误几回"句:是说多少回误将远来的船当作爱人的归舟。(14)"争知我"三句:意思是说,你怎知道,此刻我也正靠着栏杆,怀着深沉的乡愁,苦苦地思念着。争,怎么。恁(nèn),这样。凝愁,愁思凝结难解。

【提示】

词的上片完全写景,以大量冷隽萧索的景物传达出词人凄凉、惆怅的心境。下片则由景入情,回答了词人悲秋的原因。那是对故乡的怀念,对目前流荡生活的质疑,对佳人独倚高楼数点归帆的痛惜,对自己飘泊他乡倚栏凝愁的怅惘。这首词的突出特点是把秋景、离愁、恋情交织起来描写,景依情生,情因景浓,写景抒情两相映照,互补共融。

词的绘景有壮阔之处。赵令畤《侯鲭录》载苏轼评语:"世言柳耆卿曲俗,非也。如[八声甘州]云'霜风凄紧,关河冷落,残照当楼',此语于诗句不减唐人高处。"词的抒怀又委婉曲折。佳人误识归舟,是"从对面写来"的虚幻之景,词人写得非常细腻,俨然实有其事;而自己的倚栏凝愁,本是实情,却用"争知我"化实为虚,显得十分空灵。

柳永[望海潮][1]

东南形胜[2],三吴都会[3],钱塘自古繁华[4]。烟柳画桥[5],风帘翠幕[6],参差十万人家[7]。云树绕堤沙[8],怒涛卷霜雪[9],天堑无涯[10]。市列珠玑[11],户盈罗绮[12],竞豪奢[13]。　　重湖叠巘清嘉[14]。有三秋桂子[15],十里荷花。羌管弄晴,菱歌泛夜[16],嬉嬉钓叟莲娃[17]。千骑拥高牙[18],乘醉听箫鼓,吟赏烟霞[19]。异日图将好景,归去凤池夸[20]。

【注释】

(1)柳永:见专题十八"词之晏柳"专题诗选[定风波](自春来)注释(1)。(2)形胜:地理形势优越。(3)三吴:《水经注》以吴兴(今浙江湖州)、吴郡(今江苏苏州)、会稽(今浙江绍兴)为"三吴"。这里泛指江浙一带。都会:大城市。(4)钱塘:今浙江杭州。(5)烟柳:千万条柳枝飘拂,远望缥缈如烟雾,故称。画桥:雕饰彩画的桥梁。(6)风帘:在风中飘摆的帘子。翠幕:青绿色的帷幕。(7)参差(cēn cī):这里用以形容房屋高低错落。(8)云树:远望去与云天相接的树林。堤沙:指钱塘江的堤岸和沙滩。(9)霜雪:形容浪花白似霜雪。(10)天堑(qiàn):天然沟壑,此指钱塘江。无涯:没有边际。(11)市列珠玑(jī):市场上陈列着各种各样珍贵的珠宝。玑,不圆的珠子。(12)户盈罗绮(qǐ):家家户户充满了绫罗绸缎。(13)竞豪奢:争着显示豪富奢华。(14)重(chóng)湖:杭州西湖以白堤为界,分外湖、里湖,故有重湖之称。叠巘(yǎn):层层叠叠的峰峦。清嘉:清秀美丽。(15)三秋:此指农历九月。桂子:桂花。(16)"羌管"二句:是说白天悠扬的笛声在晴空中荡漾,夜晚采菱船上传来清亮的歌声。羌管,笛子,泛指乐器。弄,吹奏。菱歌,采菱人所唱的歌。泛,漂荡。(17)钓叟:钓渔翁。莲娃:采莲姑娘。(18)千骑(jì):一人一马合称骑,千骑则形容古代州郡长官外出时随从人员众多。拥:簇拥。高牙:牙旗的省称,本指军前大旗,此处指高官的仪仗旗帜。(19)吟赏:吟咏和观赏。烟霞:如烟似霞的山水风光。(20)"异日"二句:谓孙何日后可将钱塘美景绘成图画,待回朝廷任职时,好向同僚夸耀。异日:他日,日后。图将好景,画出西湖美景。凤池,即凤凰池,唐宋时中央政府最高行政机关中书省的美称,这里代指朝廷。

【提示】

这首词是柳永献给当时驻节杭州的两浙转运使孙何的,不免有歌颂长官的成分,但主要内容仍然是咏叹杭州湖山的美丽、城市的繁华。

上片写杭州市景。"烟柳画桥",写街巷河桥的美丽;"风帘翠幕",写居民住宅的雅致;"参差十万人家"一句,以力挽千钧之势,转弱调为强音,表现出整个都市人口的繁盛。"市列"三句,只抓住"珠玑"和"罗绮"两个细节,便把市场的繁荣、市民的殷富反映出来。珠玑、罗绮,又皆妇女服饰之物,暗示了杭城声色之盛。缀以"竞豪奢"一个短语,反映了市民富足优裕的生活。

下片写西湖之景,以点带面,明暗交叉。"三秋桂子,十里荷花"是西湖的自然美景,"羌管弄晴,菱歌泛夜"指人与自然的和谐共处,而这一切又与地方官员的治理政绩分不开,由此水到渠成地表达出对孙何的赞美,以及日后荣升的祝愿。

宋罗大经《鹤林玉露》言:"孙何帅钱塘,柳耆卿作[望海潮]词赠之云:'东南形胜'云云。此词流播,金主亮闻歌,欣然有慕于'三秋桂子,十里荷花',遂起投鞭渡江之志。"说的是近160年后的金主完颜亮大举南征南宋,就是因为读了这首词。因而南宋谢处厚诗云:"谁把杭州曲子讴?荷花十里桂三秋。那知卉木无情物,牵动长江万里愁。"这些都近似小说家言,不可以为信史,然而柳词流播之广,动人之深,却是毋庸置疑的。

王安石［桂枝香］《金陵怀古》⁽¹⁾

登临送目⁽²⁾，正故国晚秋⁽³⁾，天气初肃⁽⁴⁾。千里澄江似练⁽⁵⁾，翠峰如簇⁽⁶⁾。归帆去棹残阳里⁽⁷⁾，背西风、酒旗斜矗⁽⁸⁾。彩舟云淡⁽⁹⁾，星河鹭起⁽¹⁰⁾，画图难足⁽¹¹⁾。　念往昔，繁华竞逐⁽¹²⁾。叹门外楼头⁽¹³⁾，悲恨相续⁽¹⁴⁾。千古凭高对此⁽¹⁵⁾，谩嗟荣辱⁽¹⁶⁾。六朝旧事随流水，但寒烟衰草凝绿⁽¹⁷⁾。至今商女，时时犹唱，后庭遗曲⁽¹⁸⁾。

【注释】

（1）王安石：见专题十六"新年诗词"专题诗选《元日》注释（1）。金陵：今江苏南京。（2）送目：放眼远望。（3）故国：往日的都城，指金陵。吴，东晋，南朝的宋、齐、梁、陈六个朝代先后在金陵建都。（4）肃：萧瑟，肃杀。（5）澄江似练：清澄的长江就像一条白绢。练，白绸子。（6）翠峰如簇：形容山峰像箭头一样尖削。簇（cù），同"镞"，箭头。（7）归帆去棹（zhào）：来来去去的船只。棹，船桨。帆、棹都代指船。（8）酒旗：酒楼上挂的布招帘。斜矗（chù）：斜斜地竖着。（9）彩舟云淡：远看那些彩船，像是笼罩在一层淡薄的云气里。彩舟，华美的画船。（10）星河：银河，天河。此处指长江。鹭起：白鹭纷纷起舞。南京西南长江中有白鹭洲，词人活用地名写景。（11）画图难足：难以完美地描绘出来。（12）繁华竞逐：争相追求豪华、奢侈的生活。（13）门外楼头：借用杜牧《台城曲》"门外韩擒虎，楼头张丽华"诗意。说的是公元589年，隋灭陈的故事。隋朝大将韩擒虎已率兵来到金陵朱雀门外，而陈后主（叔宝）同他的宠妃张丽华还在结绮阁寻欢作乐。门外，朱雀门外。楼头，指结绮阁。（14）悲恨相续：指在金陵建都的各个王朝的亡国悲恨事不断重演。（15）凭高：登高。（16）谩嗟荣辱：空叹兴亡。（17）但：只有。（18）"至今"三句：用杜牧《泊秦淮》"商女不知亡国恨，隔江犹唱《后庭花》"诗意。商女，歌女。后庭花，陈后主作《玉树后庭花》歌曲，其中有"花开不复久"的话,后人把它看作亡国之音。

【提示】

这是一首登临怀古之作。上片写金陵之景,下片抒怀古之情,且意在讽今。阅读此词需注意两点:一是从题材内容来看,在北宋词坛多写男女恋情和离愁别绪之际,王安石把吊古伤今、关心历史兴亡的重大话题带进词的创作领域,对于拓展词的题材具有重要意义。二是从表现手法来看,这首词境界阔大深沉,景物雄浑壮丽,音节高亢响亮,用典精警妥帖;又融抒情与写景于一体,使怀古与鉴今相结合,充分显示出词人开阔的心胸和政治家的气魄。词的最后三句,化用杜牧《泊秦淮》,用意深刻,流露出他对当时不能励精图治的北宋的忧患情绪。

晏几道 [临江仙](1)

梦后楼台高锁,酒醒帘幕低垂(2)。去年春恨却来时(3)。落花人独立,微雨燕双飞(4)。　　记得小蘋初见(5),两重心字罗衣(6)。琵琶弦上说相思(7)。当时明月在,曾照彩云归(8)。

【注释】

(1)晏几道(约1030—约1106),字叔原,号小山,抚州临川(今江西南昌进贤)人,晏殊第七子。曾以恩荫为太常寺太祝。熙宁七年(1074),因郑侠上书反对新法,受株连入狱。后出为颍昌府许田镇监、开封府推官等,晚年退居京师旧宅。文学上与其父晏殊齐名,世称"二晏",其父称"大晏",其为"小晏"。擅用小令抒写恋情和人生的悲欢离合,缠绵悱恻,秀丽精工。有《小山词》。(2)"梦后"二句:互文的句法,即梦后酒醒见楼台高锁,帘幕低垂。(3)春恨:春日的惆怅、怨恼。却来:再来,重来。(4)"落花"二句:化用五代翁宏《春残》诗:"又是春残也,如何出翠帷?落花人独立,微雨燕双飞。"(5)小蘋:歌女名。(6)两重:两层。心字罗衣:有"心"字形花纹的丝织衣裳。一说领子像心字的罗纱服装。(7)"琵琶"句：是说小蘋借琵琶的弹奏表达相思情意。(8)"当时"二句：当时曾经照着小蘋归去的明月仍在眼前，而小蘋却见不到了。李白《宫中行乐词》："只愁歌舞散，化作彩云飞。"此处以"彩云"比喻小蘋。

【提示】

晏几道在《小山词跋》中自述作词的原因，说："始时沈十二廉叔、陈十君龙家有莲、鸿、蘋、云，品清讴娱客。每得一解，即以草授诸儿，吾三人持酒听之，为一笑乐。已而君龙疾废卧家，廉叔下世，昔之狂篇醉句，遂与两家歌儿酒使俱流转于人间。"此词为其诸多怀念旧情之作中的名篇，上片摹写梦后酒醒之余的"春恨"，下片以"记得"作引，追忆"初见"小蘋"当时"之情境，抒写诚挚的"相思"之情。

小晏词往往采取"追忆"和"梦境"的叙事。本词以小蘋入梦，以梦入词，却无奈有酒醒梦碎之时，一梦一醒之间，相隔的是无数的光阴。词人以追忆开篇，篇中追忆往昔与感受现实这两种情感交替出现，展现了旧日的美好与今朝的清冷。"落花人独立，微雨燕双飞"两句虽化用前人诗句，但与词情十分贴切。

晏几道［鹧鸪天］(1)

彩袖殷勤捧玉钟(2)，当年拚却醉颜红(3)。舞低杨柳楼心月，歌尽桃花扇底风(4)。　　从别后，忆相逢，几回魂梦与君同(5)。今宵剩把银釭照，犹恐相逢是梦中(6)。

【注释】

(1)晏几道：见专题十八"词之晏柳"专题诗选［临江仙］(梦后楼台高锁)注释(1)。(2)"彩袖"句：是说身着彩衣的歌女手捧酒杯热情地一再劝酒。彩袖，代指女子。玉钟，酒杯的美称。(3)"当年"句：是说自己当年在酒宴上不惜一醉。拚（pàn）却：甘愿，不顾惜。（4）"舞低"二句：是说歌舞彻夜，直至挂在柳梢、照进楼中的月亮西沉，歌舞用的桃花扇子不再挥动生风。（5）同：聚在一起。（6）"今宵"二句：化用杜甫《羌村》"夜阑更秉烛，相对如梦寐"。剩，尽，这里有"再三"的意思。银钉（gāng）：银制的灯具。

【提示】

词以自叙的方式，写与情人久别重逢的惊喜之情。上片叙写当年相逢时欢聚痛饮的情景。一个有情，殷勤劝酒，一个有意，不惜醉酒，显示出彼此的柔情蜜意。良宵之夜，舞至月落西沉，唱到扇下定风，情绪之高，兴致之浓，可想而知。但这一切都非眼前实景，而是"以实为虚"的手法，通过追忆往事再现出来，似实却虚。下片"从别后"三句，承上叙说别后久盼重逢，思极入梦，以梦为真，写尽思念之切。结果今宵重逢，反而又疑是在梦中。末两句化用杜甫《羌村》诗"夜阑更秉烛，相对如梦寐"句意，但因"剩把""犹恐"两个修饰词的点化，更觉情思婉转缠绵，曲折微妙。

晏几道 [鹧鸪天][1]

小令尊前见玉箫[2]，银灯一曲太妖娆[3]。歌中醉倒谁能恨[4]，唱罢归来酒未消。　　春悄悄，夜迢迢[5]，碧云天共楚宫遥[6]。梦魂惯得无拘检[7]，又踏杨花过谢桥[8]。

【注释】

（1）晏几道：见专题十八"词之晏柳"专题诗选[临江仙]（梦后楼台高锁）注释（1）。（2）小令：宋代酒宴之间演唱的短小歌曲。尊前：酒樽之前，此指酒筵上。玉箫：本是唐人小说中女子的名字，此处暗指词人钟情的歌女。典出唐范摅《云溪友议》卷三：西川节度使韦皋，少游江夏，止于姜使君之馆，有小青衣曰玉箫，常令祇侍，后稍长，因而有情。后韦皋回乡，相约五七年后相聚。届时韦皋不来，玉箫绝食而死。（3）妖娆：形容歌声动听，又双关其姿态迷人。(4)谁能恨:指没有人会有遗憾,不会有任何后悔。恨,遗憾。(5)迢迢(tiáo tiáo):遥远。形容夜长。(6)楚宫:楚襄王宫殿。暗用宋玉《高唐赋》巫山神女的故事。(7)惯:惯常。拘检:拘束。(8)谢桥:谢秋娘家旁之桥。谢秋娘是唐代名妓,这里代指歌女住所。

【提示】

此词写作者对歌女"玉箫"的怀念,说她的歌声婉转动人,她的样貌令人难以忘怀。可以特别留意的是词中所暗示的词人与歌女的距离,那种无由再见的现实状况。"碧云天共楚宫遥",她的居处远在天边,她就像是"旦为朝云,暮为行雨"的巫山神女,人神相隔,机缘不再。好在有梦,可以一次次地让自己的梦魂踏着杨花覆盖的板桥走向她的居所。"梦魂惯得无拘检,又踏杨花过谢桥"二句,写得缥缈空灵,被理学家程颐赞为"鬼语"。

三、专题衍说

富贵闲人与伤心人

——说大晏与小晏

这次,我们说的是一对父子。

之前,说到过一些品德与才华俱高,却命运多舛的人。有次某人说:有没有那种一生顺遂、春风得意、有如神助,犹如开了金手指的诗人?还真有,比如晏殊。

晏殊生于宋太宗淳化二年(991),江西临川人。先世并不显达,据说他的父亲晏固只做过衙门里的小吏。但是晏殊天生极其聪明,5岁能诗,7岁就写得一手好文章,被视为神童。13岁那年,当时的工部侍郎李虚己十分欣赏晏殊的才华,将自己的女儿许配给了家世寒微的他,还将他推举到皇帝的驾前。晏殊真是遇上了"贵人",工部侍郎在宋代是正三品的官员。

14岁的晏殊一下子就博得了宋真宗的好感。当时他和千余名进士一起参加殿试，考题宣布，他一挥而就。考到"诗赋论"的时候，他看了试题，认真地说："这些题我曾经模拟做过，套路都知道了，要不还是换新的题让我临场发挥吧。"皇帝夸他诚实可嘉，重新出题，答题完成之后又得到一通赞赏。皇帝特赐他同进士出身，擢为秘书省正字。尚未成年的晏殊就这样跻身朝堂了。

宋真宗着实喜欢这个孩子。一次他夸奖晏殊读书勤奋，不像别的官僚耽于嬉游宴饮，不料晏殊回答："我不是不喜欢宴会游乐，只是家里穷，没有办法罢了。待我以后有钱了，我也会到处玩的。"真宗愈加觉得他敦厚可爱，不禁莞尔，决定让他做东宫官，陪同太子读书。

在太子身边，他同样是诚实稳重。当时太子还有一个伴读，叫蔡伯俙，也是小小年纪，但很懂得逢迎。真宗想考考太子的文章，太子懒，要晏殊代写，晏殊不肯，蔡伯俙则麻溜地赶写一篇，让太子去应付检查。后来太子继位成为宋仁宗，蔡伯俙自认为能得到重用，谁知仁宗打发他去州县，却把晏殊留在身边。蔡伯俙不解，仁宗说："那个时候我年幼，不懂得谁好谁坏，现在我执掌天下，当然要重用正直可靠的人。"

晏殊不仅受到宋仁宗器重，还得到了刘太后的赏识。因为仁宗继位时年仅12岁，震慑不住朝廷，晏殊提议让刘太后垂帘听政，辅佐小皇帝。刘太后对此非常满意，升迁了晏殊的官职。仁宗皇帝亲政之后，晏殊更是官至宰相。

仁宗年间，北宋社会相对稳定，外患的压力小，内忧的威胁也还没有明显地表露出来，社会整体上呈现太平景象，晏殊词里就常有"太平无事荷君恩""见千门万户乐升平"类似的表达。

难道晏殊仕途上就没有遇到波折？那倒也不是。他有两次从中央被调遣到地方。不过说起原因，却也不是权力斗争。一次发生在刘太后听政时，晏殊因为侍从将笏（用象牙等物制作供大臣上朝用以记事的手板）送到他手上迟了，大光其火，顺手用笏板砸掉了侍从的牙齿。他因此事被御史弹劾，继而被调到宣州(今安徽宣城)、应天府(今河南商丘)做地方官,不过不到两年又回到中央。另一次发生在宋仁宗亲政时,事情倒是有些复杂。话说仁宗皇帝并非刘太后所生,其生母为李宸妃。其中关节虽不是民间传说中"狸猫换太子"那样,但仁宗不明自己的身世倒是真的。李宸妃早于刘太后逝世,墓志铭是晏殊写的。晏殊当然不敢将李宸妃生仁宗的事写在其墓志铭中。后来刘太后也去世了,仁宗才知道自己的身世。有人向仁宗告发晏殊故意隐瞒,仁宗很郁闷。晏殊被罢相,下放到颍州(今安徽阜阳)、陈州(今河南淮阳)等地,后来又回到朝廷,恢复宰相待遇。

至和二年(1055),晏殊病重。仁宗要去探望他,他让人禀奏说身体已好起来,不足烦皇帝担忧。数日后,他就病逝了。皇帝因此而懊恼,不仅亲临祭奠,还罢朝两日以示哀悼。

作为"盛世宰相",晏殊的政绩似乎并不明显,但人们对他在教育事业和选拔人才方面的工作还是相当认可的。像范仲淹、孔道辅、韩琦、富弼、欧阳修、宋祁等人都出自他的提拔。

他在文学创作上的成就,更是令后人推重。他的诗词文章雍容闲雅,不喜欢金玉富贵的表达,也不爱好浅近俚俗的流行曲调。有一个叫李庆孙的,写了一首关于富贵的诗,其中有"轴装曲谱金书字,树记花名玉篆牌"的句子,晏殊认为丝毫没有富贵的意思,整个儿是"乞儿相"。而他本人"楼台侧畔杨花过,帘幕中间燕子飞""梨花院落溶溶月,柳絮池塘淡淡风",没有半点锦绣的字眼,却流露出富贵的气象。

清代赵翼说:"国家不幸诗家幸,赋到沧桑句便工。"而晏殊的诗词能打动人,靠的不是"不幸"与"沧桑",而是他对生命、生活的敏锐感受。再顺遂的人,也会遭遇亲疏远近、生离死别;而顺遂的人,又格外地痛惜美好时光的流逝,就像浮士德所说的"你真美啊,请停留一下"。所以当人们读到晏殊"无可奈何花落去,似曾相识燕归来""满目山河空念远,落花风雨更伤春""昨夜西风凋碧树,独上高楼,望尽天涯路"时,往往心里怦然有所动。

晏殊是个"富贵闲人",他的儿子晏几道,却是个"伤心人"。

被人称为"小晏"的晏几道,是晏殊的第七个儿子。幼年也有神童之誉,但后来只做过底层的小官吏,到了晚年甚至家境贫寒、衣食不能自给。究其原因,大概是天真而不识时务。

晏几道很"傲"。他不愿借着父亲的人脉来谋求自己的生活。有这样一个故事,说的是苏轼当时极想认识晏几道,被他拒绝了。晏几道说:"现在政事堂中的官员,大部分都是我家旧日的宾客,就那样我都没时间见他们。"他不喜欢做的事,是绝对不勉强自己的。

晏几道很"痴"。好友黄庭坚给他的诗词集子作序时,曾说他有"四痴":一是仕途艰难却不愿依傍贵人之门;二是耗尽家财,家人饥饿,他却当作无事发生;三是作诗论文自有其体,不赶时髦;四是别人多次对不起他,他却不恨人家,他非常容易相信别人,始终不疑心别人欺骗自己。

其实他还是"情痴"。在他的诗词中,常有"小蘋""小莲"这样的歌女,她们的容颜才艺定格在他的作品里。"记得小蘋初见,两重心字罗衣""舞低杨柳楼心月,歌尽桃花扇底风""梦魂惯得无拘检,又踏杨花过谢桥",在这些伤心词中,弥漫着繁华归于落寞的哀伤——当时明月在,曾照彩云归。

为市井间里写歌的人

—— 说柳永的俗词

有一次,柳永去找晏殊。晏殊问他:"你近来还写曲子词吗?"柳永答:"跟相公您一样,闲下来也写写。"晏殊有些不高兴:"我怎么会和你一样?我虽然写词,但从不写你那种'彩线慵拈伴伊坐'的调调。"

两人的话里都有些潜台词。柳永因为写词的那点事,没少受诟病,因而话里有辩白:"我不就是写写小曲写写歌嘛,你不是也有这嗜好?"而晏殊则明显不愿与他为伍:"省省吧,读书人谁像你那样自甘卑俗,成天写那些讨市井中人欢喜的东西。"

晏殊及大多数喜爱写词的士大夫,在词的创作上,与柳永走的不是同一种路子。虽然"词"这种体式,最早出自民间,流入士大夫之手后,起初也不过在歌筵酒席助兴,描摹美女及情爱之类,相比于"诗以言志""文以载道",词总归是个"末技小道";但是,士大夫的习惯创作手法是雅致、含蓄的,自觉不自觉地表现出一种诗化的倾向,他们往往在美女与爱情上涂抹托喻和理想的色彩,隐隐地有着象征的意味,意境上也容易引发读者高远的联想。比如晏殊的某一首[蝶恋花],写秋夜无眠的女子对远方人的刻骨相思,"槛菊愁烟兰泣露""明月不谙离恨苦",是常规的小词题材,但到了下阕过片处"昨夜西风凋碧树,独上高楼,望尽天涯路",一下子打开了广远寥廓的天地,使词句的内涵有了向外延伸的可能,而那种所向空阔、毫无窒碍的境界又分明是作者精神情怀的表露。词里的"相思"已经不再是现实当中可以确指出来的人物,而是诗化了的抽象情感。这样的词作是士大夫所崇尚的。

而柳永则偏偏喜欢写现实市井中人的感情与生活,喜欢写自己作为市井中人的感受与体验,不在意去寻找托喻象征的东西;至于能不能引发读者高远的联想,也不是他考虑的问题。而且在表现方面,喜欢用通俗和坦率的语言,不讲究含蓄典雅的风致。音乐上也选择那些为士大夫所鄙薄的慢词俗曲来谱写歌词。比如晏殊提到的那句"彩线慵拈伴伊坐",出自柳永[定风波]词,全词为:"自春来、惨绿愁红,芳心是事可可。日上花梢,莺穿柳带,犹压香衾卧。暖酥消,腻云嚲,终日厌厌倦梳裹。无那。恨薄情一去,音书无个。早知恁么,悔当初、不把雕鞍锁。向鸡窗、只与蛮笺象管,拘束教吟课。镇相随,莫抛躲。针线闲拈伴伊坐。和我。免使年少,光阴虚过。"同样是写女子的相思,它比前述晏殊的[蝶恋花]要具象得多,用口语化的句子连续地描写这位女性,如何在日上三竿时仍赖在床上,如何蓬头垢面,如何自言自语地埋怨薄情郎,如何后悔没把对方留在书房里,又如何想象自己手拈着针线坐在对方身旁,相守度过青春年光。这样的词作是俗世的,有烟火气的。

若以士大夫的习尚为标准的话，柳永的词就有了先天的缺陷。王灼《碧鸡漫志》说他"浅近卑俗""声态可憎"，不识字的人才会喜欢；吴曾《能改斋漫录》说他"好为淫冶讴歌之曲"；陈振孙《直斋书录解题》说他"格固不高"；李清照《词论》说他"虽协音律，而词语尘下"。就连王国维《人间词话》里也说柳永"轻薄子，只能道'奶奶兰心蕙性'耳"。可见，在很多人的观念里，柳永写的词是不登大雅之堂的，是他们不愿学、不可学、不屑学的。

这不，苏轼好久没有碰到秦观，一见面就批评："出息了啊，想不到你现在竟然学柳永填词！"秦观委曲莫名："老师，我再不学无术，也不至于去学柳永吧？""还说没有，"苏轼举出秦观[满庭芳]里的句子，"'销魂，当此际。香囊暗解，罗带轻分。'这难道不是柳永的风格吗？"秦观听了惭愧不已。

虽然如此，柳永的词还是很有高妙之处的。它音律谐婉，语意妥帖；擅长铺排，"曲处能直，密处能疏"，"状难状之景，达难达之情"。事实上，他不仅将词写得明白而家常，细密而从容，在营造词的气象品质方面，也常有"不减唐人高处"，如[八声甘州]之"霜风凄紧，关河冷落，残照当楼"，[雨霖铃]之"今宵酒醒何处？杨柳岸、晓风残月"。就连不喜柳永的王国维，将晏殊"昨夜西风凋碧树，独上高楼，望尽天涯路"比拟为古今成大学问、大事业的第一境界后，又将柳永的"衣带渐宽终不悔，为伊消得人憔悴"拟为第二境界。虽然，王国维坚持说这两句不该是柳永写的，把著作权给了欧阳修。

柳永词风靡当时。最受欢迎的场所是街巷闾里，尤其是歌楼舞院；最受欢迎的人群是普通百姓，尤其是歌伎乐工。柳永常流连教坊，乐工们每当有了一个新的曲腔，必定找柳永为之填词，然后通过歌女的口，新腔一下子就流行开来。除了民间，其实士大夫们对柳永同样关注得紧，或者暗中和他较着劲。苏轼每有得意之作，也会询人："我的词和柳永的词比较，谁的好？"倒是苏轼的一个幕士很聪明，说："柳永的词，只可以让十七八岁的女孩儿，手执红牙拍板唱'杨柳岸晓风残月'，而您的词，必须是关西大汉，操铜琵琶、铁绰板,高歌'大江东去'。"

甚至宋仁宗对柳永的词曲也是爱听的,每一首新词出来,立即就能传入宫中,他常常命宫女酒后再三演唱消遣。有一次柳永考试落第,愤激之下写了一首[鹤冲天]:"黄金榜上,偶失龙头望。明代暂遗贤,如何向?未遂风云便,争不恣狂荡?何须论得丧!才子词人,自是白衣卿相。烟花巷陌,依约丹青屏障。幸有意中人,堪寻访。且恁偎红依翠,风流事、平生畅。青春都一饷。忍把浮名,换了浅斟低唱。"该词传到仁宗耳边,令他很不愉快。临到下一次考试,放榜之前,仁宗皇帝直接将柳永的名字画去,说道:"且去浅斟低唱,何要浮名!"

柳永出生在一个重视儒家传统的士族家庭,自小就有欲求仕宦的用世之志。但由于沉溺俗词、混迹歌楼,被人视作浪荡子弟,以至于科举被黜。景祐元年登第,又未顺利改官。得到官职之后,似乎也没得到重用。柳永的仕途是失意的。

《宋史》中没有柳永的传记,后人津津乐道的关于他的事迹大都来自笔记、小说,以及戏曲作品。在他的生平研究上,后世虽然取得很多成果,但还是存在大量的谜团。这对于当时作品唱遍大江南北,"凡有井水处,即能歌柳词"的作家,是一件憾事。

专题十九

梅花诗词

一、专题要点

本专题主要了解作为咏物诗词的一种，咏梅之作的发展演变，以及它的喻托手法。本专题选读诗歌作品14首。

（一）梅花审美的历史发展

先秦是梅文化的发轫期。人们首先发现的是梅子的实用价值。早在六七千年前的新石器时代，先民们已开始采用梅实，到了商周时期，梅子成了重要的调味品。正是这漫长的应用历史与重要的经济价值，引起了思想文化上的关注。不过，这一时期人们对梅的关注局限在梅的果实上，对梅花尚未引起重视。虽然这个时候形成的某些有关果实的词语，已经有了象征的意义，如"盐梅和羹""召南摽梅"。

到了汉魏六朝和隋唐时期，人们开始留意梅花的花树形象，并借助冬去春来的自然节律，体味花开花落的时序播迁，寄托韶华易逝、孤芳宜悯的人生感受，使得梅花被赋予了越来越多的情感内容。比如乐府横吹曲《梅花落》，即是因梅花飘落、春光将逝，抒发兵革辛苦、久戍不归之情的作品。陆凯《赠范晔》"折梅逢驿使，寄与陇头人。江南无所有，聊赠一枝春"表达士人之间的友情，将梅花用作美好的祝福。杜甫咏梅诗里"江边一树垂垂发，朝夕催人自白头""绝知春意好，最奈客愁何"，重点并不在于梅本身，而在于睹梅而生的时序垂暮之感、故园乱离之思。中晚唐的许多知名诗人都有咏梅诗，在他们的作品中，梅花被赋予傲视流俗的人格态度，从而表现作者闲隐绝俗的生活方式和人格理念，如"知君有意凌寒色，羞共千花一样春"（陆希声）。

到了宋元明清，梅花远远突破了一般芳菲物色的审美内涵，上升为思想精神的重要象征，成了民族品格的写意符号。林逋对梅花枝影美的抉发，其以水、月渲染的幽雅意趣，以及隐逸品格的寄托，奠定了梅花审美的新认识。苏轼提出"梅格"（"诗老不知梅格在，更看绿叶与青枝"），夸赞了梅花超越春色流辈的独特风致。南宋咏梅诗词极度鼎盛，梅花不仅被推为群芳之首，其神韵特征和象征意义更是得到充分的揭示，气节情操的立意得到进一步强化。宋人梅花意象的内涵主要有：象征志士、贞士；象征隐者、君子；象征美人、仙子。入元之后，梅花审美与道术玄理相联系。王冕的题画诗《墨梅》"吾家洗砚池头树，个个花开淡墨痕。不要人夸好颜色，只留清气满乾坤"具有独特的审美价值。

（二）宋代咏梅大家

1. 梅妻鹤子 —— 林逋

2. 尚余孤瘦雪霜姿 —— 苏轼

3. 一树梅花一放翁 —— 陆游

4. 见梅枝，忽相思，几度小窗幽梦手同携 —— 姜夔

（三）课堂话题

1. 梅之"傲" —— "几处梅花傲残雪，不随桃李事轻红"。梅花冒寒遇雪、早芳早零。诗人们从梅花与寒风、霜雪、冷月、寒水、修竹的比并交映中感受梅花色素香清的物色特征及其独特美感，调动各种手法渲染描写其寒素美、冷艳美，使梅花具有了独特的气韵。如陆游《落梅》："雪虐风饕愈凛然，花中气节最高坚。过时自合飘零去，耻向东君更乞怜。"诗借咏落梅自喻，表现诗人不管遭受怎样的打击也不屈服，反而更加"凛然"独立，不可轻侮的"高坚"气节。

2. 梅之"隐" —— "梅中有味不妨隐，莲本无心何待依"。梅花与雪相

伴,不染世间俗物。野梅在荒郊野外、深山高谷之中处处可见,它自开自落、无人观赏、无人赞美,俨然一位超凡脱俗的隐士。王淇《梅》:"不受尘埃半点侵,竹篱茅舍自甘心。只因误识林和靖,惹得诗人说到今。"诗所表现的是一种平淡恬静、与世无争的人生态度,体现了老庄式的虚静淡泊、怡然自得的隐士情怀,更包含着这类世外高人对世俗功利的摒弃,对个人志节操守的珍重以及对自己精神自由的维护。

3. 梅之"幻"——"的皪江梅竹外枝,能将幻法转生机"。"寿阳公主妆"与"罗浮美人"的诗意雅意。《太平御览》:宋武帝女寿阳公主,人日卧于含章殿檐下,梅花落公主额上,成五出花,拂之不去。皇后留之,看得几时。经三日洗之,乃落。宫女奇其异,竞效之,今梅花妆是也。柳宗元《龙城录》:隋开皇中,赵师雄迁罗浮。一日天寒日暮,在醉醒间,因憩仆车于松林间,酒肆旁舍,见一女人,淡妆素服,出迓师雄。与语,但觉芳香袭人。至酒家共饮,有绿衣童子,笑歌戏舞。师雄醉寐,但觉风寒相袭,久之东方已白,师雄起视,乃在大梅花树下。

4. 梅之"情"——"江上梅花无数落,送君南浦不胜情"。在离别诗中选择意象表达离情是古代文人擅用的手法,梅是古代送别诗中运用较多的一个意象。以梅来衬托友人离情、故园之思、情人别怀,十分普遍。如"今日送君魂断处,寒云寥落数株梅"(武元衡《送张谏议》),"腊后寒梅发,谁人在故乡"(温庭筠《途中有怀》),"好风吹醒罗浮梦,莫听空林翠羽声"(殷尧藩《友人山中梅花》)。王维《杂诗》"君自故乡来,应知故乡事。来日绮窗前,寒梅著花未"是这类作品中的经典。

二、专题诗选

杜甫《和裴迪登蜀州东亭送客逢早梅相忆见寄》[1]

东阁官梅动诗兴,还如何逊在扬州[2]。此时对雪遥相忆[3],送客逢春可自由⁽⁴⁾。幸不折来伤岁暮,若为看去乱乡愁⁽⁵⁾。江边一树垂垂发⁽⁶⁾,朝夕催人自白头⁽⁷⁾。

【注释】

(1)杜甫:见专题二"帝都之诗"专题诗选《丽人行》注释(1)。裴迪:盛唐诗人,曾在蜀州为官。裴迪登蜀州东亭送客时见到早梅开放,想起杜甫,写诗相寄,本诗是和作。蜀州:今四川崇州。(2)"东阁"二句:意思是说裴迪的诗兴被蜀州东亭的梅花勾起,使他写出了像何逊在扬州咏梅诗那样的佳作。东阁,即题中裴迪送客写诗的蜀州东亭。官梅,官府所植之梅。何逊,南朝梁时诗人,曾在广陵(即扬州)任建安王记室,值官舍内梅花盛开,写下《扬州法曹梅花盛开》诗。杜甫在这里将裴迪与何逊相比,赞美裴迪早梅诗写得好。(3)雪:梅花色白,故以雪为喻。(4)可自由:岂能自由。意谓不由自主地想起朋友。(5)"幸不"二句:谓幸好裴迪没有折梅寄来,否则惹起自己的衰暮思乡之感,将如何相对?幸,幸好。折来,指折梅花来。暗用陆凯《赠范晔》:"折梅逢驿使,寄与陇头人。"岁暮,岁末春前,喻年老。若为,怎堪。裴迪诗中当有不能折梅相寄之语,故杜甫如此说。(6)江边:指草堂。杜甫草堂在四川成都浣花溪旁,浣花溪又名濯锦江、百花潭,为锦江支流。垂垂发:渐渐开放。(7)"朝夕"句:意谓虽然裴迪未折梅相寄,但自家门前的梅花开放同样催人忧伤。

【提示】

裴迪是关中(今陕西)人,早年隐居终南山,与王维交谊很深,唐肃宗上元元年(760)在蜀州(今四川崇州)刺史王侍郎幕中,与杜甫频有唱和。裴迪在蜀州东亭送别行人,见早梅开放,因而思念杜甫,作诗相寄。杜甫作此诗和之,既回应裴诗,又对时感怀。本诗并非专以咏物为主,但历来被推为咏梅诗中上品。动人之处在于用情真挚,推心置腹,自然而有深致。明代王世贞将其誉为"古今咏梅第一"。

首联将裴迪与何逊比并,是对裴迪的为人和诗作的极大肯定和赞美。颔联强调二人莫逆于心的情谊。写此诗时,正是安史叛军气焰嚣张、大唐帝国万方多难之际,裴、杜二人都是在蜀中万里作客,"同是天涯沦落人",相忆之情,弥足珍贵。颈联回答裴诗中关于"折梅"的话题。大概裴诗有叹惜不能折梅相赠之意吧,杜甫宽慰他,说幸好你不曾折梅寄来,否则必将增添我的感伤。对漂泊异地的游子而言,转眼又将是一年,看到报春的梅花,不但不会欢喜,还容易引发缭乱的乡愁呢。尾联最后说,虽然友人没有折梅相寄,但是自己并没有因此避开"岁暮之感"和"乡愁之累",因为在他自家草堂门前的浣花溪旁边,也有一株梅树。"江边一树垂垂发,朝夕催人自白头。"这一树梅花,眼看就要渐渐开放,似乎也在朝朝暮暮地苦苦相催,催白了人的头发。整首诗,由梅花感兴,然后怀友、思乡、伤时、感世,一气呵成。

李商隐《忆梅》(1)

定定住天涯(2),依依向物华(3)。寒梅最堪恨(4),长作去年花(5)。

【注释】

(1)李商隐:见专题二"帝都之诗"专题诗选《乐游原》注释(1)。(2)定定:滞留不动。唐时俗语,类今之"牢牢"。天涯:此指诗人任职地梓州(今四川绵阳三台)。(3)依依:指亲切流连的意绪。物华:这里指美好的春天景物。(4)寒梅:早梅,多于严冬开放。堪:可。恨:怅恨,遗憾。(5)长:经常,老是。去年花:寒梅于腊月开放,至春暖时早已开过,故说"去年花"。

【提示】

梓幕时期是李商隐十年幕僚生涯的最后一站。当时他是在仕途抑塞、妻子去世的情况下应柳仲郢之辟,来到梓州的。多年的萍飘生涯使他对前途颇为失望,本诗即是借咏梅来展现自己的孤独困苦。

面对春日的百花盛放,姹紫嫣红,诗人偏偏怀想眼前看不到的梅花。梅花先春而开,此时早已花凋香殒,诗人由此想到自己。他少年时代就才华显露,后来又科举早第,但由于受党争牵连,仕途跌落谷底,从此命运叵测;加上妻子亡故,自己被迫漂泊异地,寄人篱下,备尝艰辛。所有这些,与"长作去年花"的寒梅太过相似,不能不令其忆梅自伤。诗人在《十一月中旬至扶风界见梅花》诗中,也曾发出同样的感叹:"为谁成早秀?不待作年芳。"非时而早秀,"不待作年芳"的早梅,和"长作去年花"的寒梅,都是诗人不幸身世的象征。

齐己《早梅》(1)

万木冻欲折(2),孤根暖独回(3)。前村深雪里,昨夜一枝开。风递幽香出(4),禽窥素艳来(5)。明年如应律(6),先发望春台(7)。

【注释】

(1)齐己(约863—约937),俗姓胡,名得生,潭州益阳(今湖南长沙宁乡)人。早年出家,曾任南岳上封寺、福严寺的住持。晚年途经江陵时,荆州节度使高季兴留居龙兴寺,命为僧正。自号衡岳沙门。诗多登临题咏、酬唱赠别之作,风格清润平淡又不失高远。有《白莲集》。(2)折:摧折。(3)孤根:指下文一枝梅的老根。回:恢复生机和活力。(4)风递:风吹。递,传递、飘送。幽香:幽细的香气。(5)禽:禽鸟。窥:偷看。素艳:洁白妍丽,这里指白梅。(6)应:遵循。律:万物生长的周期、自然节候的规律。古代律制分十二律,用来推测气候。这里的"应律"指梅按时开花。(7)发:花朵开放。望春台:观赏春景的高台。也喻指京城。长安禁苑有望春宫,宫有台,名"望春台"。

【提示】

本诗围绕诗题"早"字展开,多层面描写梅之特性。首联"孤根暖独"是

"早"；颔联"一枝开"是"早"；颈联禽鸟惊诧窥视，亦是因为梅开之"早"；尾联祷祝明春先发，仍然是"早"。同时最后两句展望明年，还寄托诗人的另一番感慨：如此冷香幽质、高洁不凡的雪原孤梅，不应埋没在这村野乡郊，明年此时它若仍能应节而发，应当移入禁中，独放于望春台上，为群芳迎得大地春还，也让更多的人知晓它，欣赏它。有人认为这两句隐匿着诗人自己的影子，与他早年的功名抱负有关。

据元辛文房《唐才子传》记载，齐己曾以这首诗求教于郑谷，诗的第二联原为"前村深雪里，昨夜数枝开"。郑谷读后说："'数枝'非'早'也，未若'一枝'佳。"齐己深为佩服，便将"数枝"改为"一枝"，并称郑谷为"一字师"。这虽属传说，但仍可说明"一枝"两字是极为精彩的一笔。

林逋《山园小梅》(1)

众芳摇落独暄妍(2)，占尽风情向小园(3)。疏影横斜水清浅(4)，暗香浮动月黄昏(5)。霜禽欲下先偷眼(6)，粉蝶如知合断魂(7)。幸有微吟可相狎，不须檀板共金尊(8)。

【注释】

（1）林逋（967或968—1028），字君复，明州奉化（今浙江宁波奉化）人，一说钱塘（今浙江杭州）人。年轻时漫游江淮，后归隐杭州西湖孤山，种梅养鹤，终身不仕，也不婚娶，旧时称其"梅妻鹤子"。死后宋仁宗赐谥"和靖"。其诗写自然风月和隐居情趣，多有奇句，风格澄澈淡远，是宋初宗法唐代贾岛、姚合的"晚唐诗派"中的佼佼者。有《林和靖先生诗集》。(2)众芳：这里指除梅花外的各种花草。摇落：凋谢，零落。暄妍（xuān yán）：这里形容梅花开得鲜丽明媚。(3)占尽风情：独占春光。风情，这里指美丽的风光。(4)疏影横斜：梅花疏疏落落，枝干横投在水中的影子。(5)暗香浮动：梅花散发的清幽香味在飘动。黄昏：这里指月色朦胧。(6)霜禽：一说为霜时之禽,即冬鸟;一说为霜羽之禽,即白鸟,白鹤。根据林逋"梅妻鹤子"的趣称,理解为"白鹤"更佳。偷眼:偷看。(7)"粉蝶"句:想象蝴蝶如见了此花当更为之倾倒。合,应。断魂,销魂,形容神往。(8)"幸有"二句:是说梅花幽逸高洁,只有诗人的低声吟咏可以与它般配,而用不着世俗的歌舞宴饮来作伴。相狎(xiá),相亲。檀(tán)板,檀木制成的拍板,歌唱或演奏音乐时用以打拍子。金尊,金杯。"尊"同"樽"。此处指宴饮。

【提示】

林逋有八首咏西湖孤山梅花的七言律诗,宋人称为"孤山八梅",本篇是其中最著名的一首。该诗艺术技巧有三:一是巧妙地运用侧面烘托的手法。首联以隆冬时节"众芳摇落"突出"小梅"的"独暄妍",在万木萧条中更显它的流光溢彩、卓尔不群。颈联又以霜鸟禁不住诱惑,偷觑梅容,以及生逢春夏、无缘越冬与梅谋面的粉蝶,如见梅姿,必当失魂的虚设,反衬梅的天姿国色和无穷魅力。二是恰当地化用前人诗句。南唐江为有句:"竹影横斜水清浅,桂香浮动月黄昏。"林逋易"竹"为"疏",变"桂"为"暗",竹、桂实物景致的凑泊之迹被淡化成"疏影""暗香"的朦胧诗韵。由此,水面梅影的横逸斜出,月下梅香的若有若无,梅的外形内神、风骨韵致都以更为含蓄的笔法描述出来。寥寥几字的改动,可谓点铁成金。三是借梅抒怀,以梅自喻的物我同化。不须"檀板"和"金尊",在远离尘嚣的幽静山园,梅花的清新脱俗和诗人的澄澈高逸两相契合,梅花成了诗人神韵仙骨的化身和恬淡人格的写照。

单就"疏影"一联而言,欧阳修说:"前世咏梅者多矣,未有此句也。"陈与义《和张矩臣水墨梅五绝》诗云:"自读西湖处士诗,年年临水看幽姿。晴窗画出横斜影,绝胜前村夜雪时。"他认为林逋的咏梅诗已压倒了唐齐己《早梅》诗中的名句"前村深雪里,昨夜一枝开"。

王淇《梅》[1]

不受尘埃半点侵[2],竹篱茅舍自甘心[3]。只因误识林和靖[4],惹得诗人说到今。

【注释】

(1)王淇,生卒年与生平均不详。(2)尘埃:尘土,比喻污浊的事物。侵:侵染、玷污。(3)甘心:乐意,甘愿。(4)识:认识、结识。林和靖:林逋,他有写梅花的著名诗句:"疏影横斜水清浅,暗香浮动月黄昏。"

【提示】

北宋有王淇字君玉,南宋有王淇字箓猗,本诗的作者为谁,难以确定。《千家诗》收王淇诗除了这一首《梅》,还有《春暮游小园》:"一从梅粉褪残妆,涂抹新红上海棠。开到荼蘼花事了,丝丝天棘出莓墙。"

本诗采用拟人手法,代梅立言,寓庄于谐,寄托了一种对清高人格的崇尚心志。"只因误识林和靖,惹得诗人说到今"以谐趣的口吻表现梅花不愿引起世人重视、淡泊名利的真君子情操。

王安石《梅花》(1)

墙角数枝梅(2),凌寒独自开(3)。遥知不是雪,为有暗香来(4)。

【注释】

(1)王安石:见专题十六"新年诗词"专题诗选《元日》注释(1)。(2)数枝:几枝。(3)凌寒:冒着严寒。(4)"遥知"二句:远远地就能感知它不是白雪,因为有一股幽香不知不觉地潜来。

【提示】

古乐府有诗曰:"庭前一树梅,寒多不觉开。只言花似雪,不悟有香来。"王安石这首诗是对乐府诗的翻新。他将"庭前"的梅移置不显眼的偏僻"墙角",而特别强调了它的"凌寒独自开"与"为有暗香来",从而突出了梅花的坚强意志与芳香品格。宋人有记载道,此诗为王安石"访一高士不遇,题其壁"。若果如此,此诗或含有借咏梅以誉高士之意。

苏轼《红梅》(1)

怕愁贪睡独开迟(2),自恐冰容不入时(3)。故作小红桃杏色(4),尚余孤瘦雪霜姿(5)。寒心未肯随春态(6),酒晕无端上玉肌(7)。诗老不知梅格在(8),更看绿叶与青枝(9)。

【注释】

(1)苏轼:见专题三"中秋诗词"专题诗选[水调歌头](明月几时有)注释(1)。(2)贪睡:《太真外传》载杨贵妃醉酒未醒,唐明皇谓其"真海棠睡未足耳"。红梅微类海棠,因用此事。开迟:指花开得晚。(3)冰容:形容颜色洁白。不入时:不合时宜。(4)"故作"句:故意点染一些如同桃杏一般的淡淡红色。(5)"尚余"句:仍然剩下瘦劲的枝干挺立于冰雪之中。(6)寒心:冰心。古人称松竹梅为岁寒三友。未肯随春态:是说红梅不肯随着春天的来临而从众显出娇艳柔弱的姿态。(7)"酒晕"句:意谓梅花本是白色,因酒醉后才泛出微微的红晕。酒晕,饮酒后脸上泛起的红晕。无端,无缘无故。玉肌,白玉般的肌肤。(8)诗老:诗界的前辈,指石延年,字曼卿。梅格:梅的标格风度。在:所在。(9)"更看"句:作者于诗末自注有"石曼卿《红梅》诗云:'认桃无绿叶,辨杏有青枝。'"苏轼认为石曼卿的认识不对,怎么能忽略"梅格"而从"绿叶""青枝"上来看梅花呢?更,岂能。

【提示】

为什么红梅开得比白梅迟呢?诗人解释称它是因为怕被愁苦困扰,所以贪睡不起,以至于拖迟了开花的时间。梅花有白有红,红梅为什么是红色的呢?诗人解释称它恐怕自己以洁白的色彩出现不合时宜,难以被世人接纳,所以在色彩方面做了调整,以红易白。但是,尽管红梅的色彩和桃花、杏花相似了,可它的枝条依然保持孤瘦之性,是霜雪般的冷峻,它的芳洁孤傲的本性并没有改变。诗最后针对石曼卿《红梅》而发,指出人们在赏梅时的误区:如果不是关注红梅的孤瘦霜雪之性,而仅仅把目光聚焦在绿叶青枝这些表面形态上,那么就根本分不清红梅与其他普通花的区别,就会忽略和埋没红梅的特征,那是很遗憾的事。

此诗作于元丰五年(1082),作者因"乌台诗案"被放逐到黄州。《红梅》共三首,这是第一首。写红梅也是写苏轼自己的风骨本性。后来苏轼隐括此诗作了一首[定风波]词:"好睡慵开莫厌迟,自怜冰脸不时宜。偶作小红桃杏色,闲雅,尚余孤瘦雪霜姿。休把闲心随物态,何事,酒生微晕沁瑶肌。诗老不知梅格在,吟咏,更看绿叶与青枝。"

苏轼写过较多的咏梅诗词,著名的还有[西江月]《梅花》,是悼念侍妾朝云的:"玉骨那愁瘴雾,冰姿自有仙风。海仙时遣探芳丛,倒挂绿毛幺凤。素面翻嫌粉涴,洗妆不褪唇红。高情已逐晓云空,不与梨花同梦。"

李清照[渔家傲](1)

雪里已知春信至(2),寒梅点缀琼枝腻(3)。香脸半开娇旖旎(4),当庭际(5),玉人浴出新妆洗(6)。　　造化可能偏有意(7),故教明月玲珑地(8)。共赏金尊沉绿蚁(9),莫辞醉(10),此花不与群花比(11)。

【注释】

(1)李清照:见专题五"重阳诗词"专题诗选[醉花阴]《重阳》注释(1)。(2)春信:春天的信息。因为梅花于冬末开花,所以词人将其比喻为春天的信使。(3)琼枝腻(nì):形容负雪的梅枝洁白如玉、晶莹剔透的样子。琼枝,玉枝,因积雪而变白的树枝。腻,光滑,湿润。(4)香脸半开:此处以美人的脸庞比喻半开未开的梅花。旖旎(yǐ nǐ):柔美的样子。(5)当庭际:在院子中间。(6)"玉人"句:意谓梅花像美人沐浴出来,刚刚梳洗打扮好那般清新俏丽。(7)造化:指自然界的创造者,可释为天公。(8)"故教"句:有意让明月格外清朗耀眼。玲珑,明亮的样子。地,语气助词,无实义。(9)金尊:金杯。"尊"同"樽"。沉:此处作"饮"解。绿蚁:新酿的酒,未滤清时,酒面浮起泡沫,色浅绿,细如蚂蚁,故名。白居易《问刘十九》:"绿蚁新醅酒,红泥小火炉。"(10)莫辞醉:不要怕醉。辞,躲避。(11)比:类同。

【提示】

此为李清照早期的咏梅之作,写自己月下赏梅饮酒,初绽的梅花如同出浴的美人那般风姿绰约。

李清照写有多首咏梅作品,展现她不同时期的生活与心理状态,作品的思想艺术成就都很高。如[玉楼春]"不知酝藉几多香,但见包藏无限意"、[诉衷情]"更挼残蕊,更捻余香,更得些时"、[孤雁儿]"一枝折得,人间天上,没个人堪寄"、[清平乐]"看取晚来风势,故应难看梅花"等。

陆游《落梅》(1)

雪虐风饕愈凛然(2),花中气节最高坚(3)。过时自合飘零去(4),耻向东君更乞怜(5)。

【注释】

(1)陆游(1125—1210),字务观,自号放翁,越州山阴(今浙江绍兴)人。绍兴二十三年(1153)应礼部试,擢为第一,名列秦桧孙秦埙之前,触怒秦桧。次年礼部复试,陆游又名列前茅,因喜论恢复中原,被秦桧黜落。秦桧死后,出任福州宁德县主簿。绍兴三十一年(1161),宋孝宗召见,赐进士出身。历官镇江(今属江苏)、隆兴(今江西南昌)、夔州(今重庆奉节)通判,参王炎、范成大幕府,提举福建常平茶盐公事,知严州(今浙江建德东)。孝宗淳熙十六年(1189),被人弹劾而罢职,归老故乡。其诗题材广泛,与尤袤、杨万里、范成大齐名,号"中兴四大诗人"。其词风格多样,感情苍凉处与诗相类。有《剑南诗稿》。(2)虐:暴虐。饕(tāo):饕餮,古代传说中的一种贪食凶兽。此处比喻风雪凶猛。凛然：严肃不可侵犯貌。(3)高坚：高洁坚强。(4)自合：本应该，理应当。飘零：零落。(5)东君：神话传说中的太阳神。

【提示】

绍熙三年(1192)冬，陆游在故乡山阴写了两首《落梅》诗，此为第一首。本诗赞美梅花高坚的气节，在风雪的肆虐中凛然挺立，毫不畏惧；而当花期过时，面对枯萎飘零的结局，淡然处之，耻于向太阳神祈求延长生命，表现出清高的节操。第二首为："醉折残梅一两枝，不妨桃李自逢时。向来冰雪凝严地，力斡春回竟是谁？"

陆游挚爱梅花，一生写过大量的咏梅诗歌，借以表现自己的志向节操，如："闻道梅花坼晓风，雪堆遍满四山中。何方可化身千亿，一树梅花一放翁。""幽谷那堪更北枝，年年自分着花迟。高标逸韵君知否，正是层冰积雪时。"

陆游［卜算子］《咏梅》(1)

驿外断桥边(2)，寂寞开无主(3)。已是黄昏独自愁，更著风和雨(4)。无意苦争春(5)，一任群芳妒(6)。零落成泥碾作尘(7)，只有香如故(8)。

【注释】

(1)陆游：见专题十九"梅花诗词"专题诗选《落梅》(雪虐风饕愈凛然)注释(1)。(2)驿(yì)：驿站。古时掌投递公文、转运官物及供来往官员休息的机构。(3)无主：不属于谁。意为非人种植，而是野生。此指无人过问，无人欣赏。(4)著(zhuó)：同"着"，遭受。(5)争春：指百花竞芳斗妍，争占春色。(6)一任：完全听凭。(7)碾作尘：指被驿边过往车轮碾碎并化为尘土。(8)香如故：指梅花的清香还和原先一样。

【提示】

此词写梅花，不同于前人体物工致的方式，而是遗貌取神，通过背景之偏僻与气候之恶劣,写其遭遇,写其品格,由此,亦可见词人怀抱孤寂而志节兀坚的精神气象。词人一生正如梅花,空怀报国热情,空有济世之策,却没人赏识,"寂寞开无主"正是其写照。

毛泽东写有[卜算子]《咏梅》,于序中说"读陆游咏梅词,反其意而用之"。词的全文为:"风雨送春归,飞雪迎春到。已是悬崖百丈冰,犹有花枝俏。俏也不争春,只把春来报。待到山花烂漫时,她在丛中笑。"

卢梅坡《雪梅》(1)

其一

梅雪争春未肯降(2),骚人阁笔费评章(3)。梅须逊雪三分白(4),雪却输梅一段香(5)。

其二

有梅无雪不精神,有雪无诗俗了人。日暮诗成天又雪,与梅并作十分春(6)。

【注释】

(1)卢梅坡,南宋后期人,生卒年、生平事迹不详。(2)降(xiáng):服输。(3)骚人:诗人。因屈原代表作名《离骚》而借称。阁笔:放下笔。阁,同"搁",放下。费评章:费心评论、评价。这里指评议梅与雪的高下。(4)逊:差,不如。(5)一段香:一片香。(6)并作:合作,合成。十分春:完美的春光。

【提示】

第一首论雪评梅,见解精到,且饶有趣味。人们往往将梅、雪并写,互相映衬,而此诗则让二者为了争春发生"摩擦",它们彼此都认为自己占尽了春色,装点了春光,谁也不肯相让,使得"骚人阁笔费评章"。评判的结果是二者各有所长所短,梅花虽白,终究逊雪三分;雪白胜梅,但却没有梅的清香。这样的评判,既有情趣,又有理趣。

第二首阐说了雪、梅、诗三者的关系,梅雪虽佳,亦需人去鉴赏;有梅、有雪再赋诗,三者结合在一起,便雅趣十足。这番"评章",又可见出诗人赏雪、赏梅的着迷神态和他高雅、闲适的心境,同样具有哲理性。

姜夔 [暗香][1]

旧时月色,算几番照我[2],梅边吹笛?唤起玉人[3],不管清寒与攀摘[4]。何逊而今渐老[5],都忘却、春风词笔[6]。但怪得、竹外疏花[7],香冷入瑶席[8]。　　江国,正寂寂[9]。叹寄与路遥[10],夜雪初积。翠尊易泣[11],红萼无言耿相忆[12]。长记曾携手处,千树压、西湖寒碧[13]。又片片吹尽也,几时见得[14]?

【注释】

(1)姜夔(约1155—约1221),字尧章,号白石道人,饶州鄱阳(今江西上饶鄱阳)人。一生未入仕途,布衣终生,游幕于鄂、赣、皖、苏、浙、闽等地。精通乐律,工诗词,善翰墨。学诗于萧德藻,受江西诗派影响,然能摆脱束缚,自成一家。其诗清远秀逸,尤以小章见称。其词多为记游、咏物、抒写个人身世或表现离别相思之作,也有少量感慨时事的作品,格律严密,能自度曲,以空灵含蓄著称。有《白石道人诗集》《白石道人歌曲》等。(2)算:估算,料想。(3)玉人:美人。(4)"不管"句:意为不论寒冷,与美人一起折梅。与,共,一同。(5)何逊:字仲言,南朝梁时诗人,酷爱梅花,写过《扬州法曹梅花盛开》诗。(6)"都忘却"句:词人在此以何逊自比,说年事渐增,文采渐逝,把咏诗之事都忘却了。春风词笔,指何逊写的《咏春风》诗:"可闻不可见,能重复能轻。镜前飘落粉,琴上响余声。"这里主要指何逊的才华。(7)但怪得:只是意想不到。疏花:指梅花。(8)"香冷"句:梅花的幽香阵阵袭入席面上。瑶席,珍美的酒宴。(9)"江国"二句:是说江南水乡的冬夜寂静无声。(10)寄与路遥:想要折梅寄给远方思念的人,可惜路途太遥远。(11)翠尊易泣：对着美酒，容易引起伤感。翠尊，玉制酒杯，代指酒。(12)"红萼"句：红梅虽无言，却满怀思念。红萼(è)，指梅花。耿，耿然于心，不能忘怀。(13)"长记"二句：不由地想起了和玉人在梅花盛开的碧绿的西湖岸边赏梅的情景。千树，指梅林。(14)"又片片"二句：眼见梅花即将凋谢殆尽，何时能再见玉人一面？几时，何时，什么时候。

【提示】

［暗香］与［疏影］皆为姜夔自度曲名，调名取自林逋《山园小梅》诗句："疏影横斜水清浅，暗香浮动月黄昏。"宋光宗绍熙二年(1191)，词人冒雪到石湖(在苏州西南)拜访范成大，应范之邀请，特写下两首与梅花相关的词。［暗香］词的上片，由回忆过去梅边月下的美好情境，写到现在的梅花，感叹年华易老，才意两疏；词的下片，由现实的处境引起对往日的回忆，感慨深情难寄，花开易谢。全词结构独特，由昔而今，又自今忆昔，以梅之盛衰写人之聚散，寄意题外，包蕴无穷。

写于同时的［疏影］一词为："苔枝缀玉，有翠禽小小，枝上同宿。客里相逢，篱角黄昏，无言自倚修竹。昭君不惯胡沙远，但暗忆、江南江北。想佩环、月夜归来，化作此花幽独。犹记深宫旧事，那人正睡里，飞近蛾绿。莫似春风，不管盈盈，早与安排金屋。还教一片随波去，又却怨、玉龙哀曲。等恁时、重觅幽香，已入小窗横幅。"

刘克庄《落梅》(1)

一片能教一断肠(2)，可堪平砌更堆墙(3)。飘如迁客来过岭，坠似骚人去赴湘(4)。乱点莓苔多莫数，偶粘衣袖久犹香(5)。东风谬掌花权柄，却忌孤高不主张(6)。

【注释】

(1)刘克庄(1187—1269)，字潜夫，号后村，莆田(今福建莆田)人。嘉定二年(1209)以祖荫补将仕郎,历任真州录事参军、建阳令、潮州通判,后以《落梅》诗获罪,废弃十年之久。理宗淳祐六年(1246),赐同进士出身。累迁工部尚书等职,以龙图阁学士致仕。卒谥文定。诗词较多感慨激昂之作,是南宋江湖诗人和辛派词人的重要作家。有《后村先生大全集》《后村别调》。(2)一片:指落梅。教:让。(3)可堪:哪堪。平砌更堆墙:落梅的高度跟石阶相平,并且堆满墙头。砌,阶砌。(4)"飘如"二句:借迁客、骚人写梅花的飘落。迁客,流迁或贬谪到外地的官。岭,指大庾岭,在江西、广东交界处,岭上多梅花。古代被谪迁到岭南的官员,多从此岭经过。骚人,指写《离骚》的屈原,以及与屈原命运相似的郁郁不得志的诗人。屈原贬逐后,流落沅湘间,怀石投汨罗江自沉。(5)"乱点"二句:分写落梅的纷乱与馨香。莓苔,青苔。(6)"东风"二句:是说东风掌握了对众花的生杀予夺之权,因忌恨梅花的孤高品格,而不知怜惜,不为它做主,对其肆意摧残。东风,指春风。谬,错。花权柄,花的命运。主张,原指主宰,此处指主而张之,即主张并弘扬孤高这种品格。

【提示】

这是刘克庄早年的诗作。据元代方回《瀛奎律髓》载称,此诗作于宋嘉定十三年(1220)。宋宝庆元年(1225),杭州书商陈起编集刊刻的反映早期江湖诗派创作成就的大型诗集《江湖集》问世,刘克庄的《黄巢战场》《落梅》也在其中。当时,权相史弥远专擅朝政,将宁宗所立的皇太子废为济王,矫诏改立宋理宗,并逼济王自杀。史弥远的行为遭到诸多朝臣的激烈反对,他们纷纷上书为济王鸣冤。在朝野一片反对声中,史弥远等到处寻找证据,网罗罪名,排斥异己。他们抓住刘克庄《黄巢战场》中"未必朱三能跋扈,都缘郑五欠经纶"、《落梅》中"东风谬掌花权柄,却忌孤高不主张",以及《江湖集》中曾极、陈起、敖陶孙等人的诗作,认定其"指巴陵及史丞相","哀济邸而消弥远",以此定罪,并下令"劈《江湖集》版"。这就是文学史上的"江湖诗祸"。曾极、陈起、敖陶孙被贬斥或流配,刘克庄因大臣郑清之说解营救才侥幸得免。宋绍定元年(1228),刘克庄解任建阳,次年通判潮州,甫上任,李知孝与梁成大即指使监察御史赵至道以"嘲咏谤讪"的罪名弹劾之,以此论罪,主管仙都观,直至宋绍定六年(1233)史弥远死。宋端平元年(1234),刘克庄作《病后访梅九绝》,第一首说:"梦得因桃却左迁,长源为柳忤当权。幸然不识桃并柳,也被梅花累十年。"[贺新郎]《宋庵访梅》里也有"老子平生无他过,为梅花受取风流罪"的句子。后来,又有人重提梅花旧话,攻击刘克庄。可见,《落梅》诗对刘克庄的运遇影响深远。

这首诗通过对落梅哀婉缠绵的吟叹,概括了历史上无数"迁客""骚人"颠沛流离的不幸,更道出了当时广大文士抑塞不平的心声。为什么"迁客""骚人"命运多舛?原来是那握有百花生杀大权的"东风"滥用权力,妒贤嫉能。全诗至此戛然而止,既彰显了全诗的讽刺意味,又给读者留下无尽的思索和叹惋。

杜耒《寒夜》(1)

寒夜客来茶当酒,竹炉汤沸火初红(2)。寻常一样窗前月(3),才有梅花便不同(4)。

【注释】

(1)杜耒(生年不详 — 约1225),字子野,号小山,旰江(今江西抚州南城)人。生平事迹不详。诗学"永嘉四灵",朴素而富有韵味。(2)竹炉:煮茶用的火炉,可能是里面用泥,外面用竹制作。汤沸:指开水翻滚。(3)寻常:往常,平常。(4)才有:一有,刚有。

【提示】

这首诗很"雅"。寒夜有客人,以茶代酒,是一个很"雅"的行为。窗前的月亮,配合着梅花,构成一幅"幽雅"的画面。将月亮看作寻常的东西,而把梅花衬托得更清高,是一种"高雅"的心态。同时,诗人在用字上也很有味道,他不用深奥艳丽的字,而用很简洁的词语,颇为"清雅"。

三、专题衍说

相思一夜梅花发,忽到窗前疑是君
—— 说梅花的几重意境

凌寒开放的梅花以其独有的气格,赢得天下人的赞赏,以至于宋代的范成大下过这样的断语:"梅为天下尤物,无问智、愚、贤、不肖,莫敢有异议。学圃之士,必先种梅,且不厌多,他花有无多少,皆不系轻重。"似乎爱梅与否,成了衡量人的基本审美水准的标志,难怪乎一到梅花盛开之际,大到梅山,小到园圃,赏梅之人成群结队,络绎不绝,"紫陌红尘拂面来,无人不道看花回"。

为了彰显梅花的各种好,人们给梅花请了花神。虽然十二花神中,主宰梅花的神仙究竟是谁,说法并不一致,有说是南朝宋武帝之女寿阳公主,有说是唐玄宗的梅妃江采萍,有说是宋代孤山上种梅养鹤的林逋林处士。不仅如此,人们还给梅花找了丫鬟,叫作"梅花婢"。明代袁宏道在《瓶史·使令》中说:"花之有使令,犹中宫之有嫔御,闺房之有妾媵也……梅花以迎春、瑞香、山茶为婢。""使令",就是供使唤的人。迎春花、瑞香花、山茶花,皆早春之花,与梅花同时,有的鲜妍,有的芬芳,但在袁宏道看来,它们跟梅花比较,气质格调俨然有别,只能成为梅花的陪衬。

文人爱梅。文人将自己的情感和喜好,投影到梅花的身上,逐渐赋予梅花不同的色彩,从而营造了植物学之外的"梅"的特征。

寿阳公主的梅花是"媚"的。《太平御览》里记载,南朝宋武帝刘裕的女儿寿阳公主,某年的正月初七在含章殿休憩,一朵梅花落在公主的额头,留下的花瓣印迹无法消除。由于别致美丽,女孩子们纷纷仿效,以额心描梅为饰,形成了"梅花妆",或称"寿阳妆"。

陆凯的梅花是"深"的。三国时期,东吴的陆凯自江南遥寄梅花一枝给长安的范晔,并赠诗一首:"折梅逢驿使,寄与陇头人。江南无所有,聊赠一枝春。"(《赠范晔》)从此,梅花不仅报告春的讯息,还成了传递友人思念之情的媒介。另外还有"忆梅下西洲,折梅寄江北""官桥杨柳和愁折,驿路梅花带雪看"等,都是如此深情的表达。

何逊的梅花是"清"的。南朝梁时的何逊被誉为梅花的第一个知音,他笔底的早梅,非但枝横花绕,衔霜映雪,而且"朝洒长门泣,夕驻临邛杯"(《扬州法曹梅花盛开》),将长门后宫与文君相如随手拈来,人际的悲欢离合、花间的盛衰开落,交融无痕。

赵师雄的梅花是"幻"的。旧题为柳宗元撰著的《龙城录》是一部传奇小说集,记写的大多是荒诞不经的事情。其中说到隋代有位叫赵师雄的人去往罗浮山,天寒日暮,在松竹林间遇到一淡妆素服的美女,"言极清丽,芳香袭人"。二人同到酒家共饮,又来了一个绿衣童子献歌献舞,赵师雄于是大醉。等他醒过来,东方已白,只见自己身在一株大梅花树下,树上有一只翠鸟啾啾鸣叫,"月落参横,但惆怅而尔"。"梅下开樽""罗浮美人"等词语,"好风吹醒罗浮梦,莫听空林翠羽声"(殷尧藩《友人山中梅花》)、"师雄梦后有何见,春去梅花不易逢"(韩上桂《望罗浮》)等诗句,就是从这则故事里来的。

林逋的梅花是"逸"的。北宋隐士林逋,从宁波奉化裘村的黄贤走出,到了杭州西湖,结庐孤山,与高僧诗友们唱和往来,二十多年足不及城市,以梅为妻,以鹤为子。古时将有德才而隐居者称为"处士",林逋林处士的雅号也由此而来。他的"疏影横斜水清浅,暗香浮动月黄昏"(《山园小梅》)成为咏梅的经典,因为这两句不仅摹写了梅花的风骨馨香,还将水的清澈、月的朦胧糅合在梅花的温润气息之中,所造之境幽独脱俗,仿佛不在烟火人间。其实,这两句诗,是改造了五代南唐的一位叫江为的诗人的残句"竹影横斜水清浅,桂香浮动月黄昏",替换两字,即成佳构,可谓点睛的神来之笔了。清人吴文溥诗曰:"笑问梅花肯妻我,我将抱鹤家西湖",他将林逋作为人生榜样,"虽不能至,然心向往之"。

陆游的梅花是"痴"的。宋代陆游酷爱梅花,常将梅花插戴满头,写过一百多首跟梅花有关的诗。他笔底的梅花虽各有情态,但都透露出与诗人彼此相知的默契。"放翁年来百事惰,唯见梅花愁欲破""与卿俱是江南客,剩欲尊前说故乡""平生不喜凡桃李,看了梅花睡过春""何方可化身千亿,一树梅花一放翁""梅花有情应记得,可惜如今白发生""还怜客路龙山下,未折一枝先断肠",等等,都是他题为"梅花"的诗行。而其最为著名的咏梅,或是"无意苦争春,一任群芳妒。零落成泥碾作尘,只有香如故"([卜算子]《咏梅》),凄风苦雨中不改初心,不是"痴"又是什么呢?

王冕的梅花是"淡"的。元末的王冕曾隐居在诸暨枫桥九里山,树梅千株,自号"梅花屋主",以卖画为生。他画的墨梅,万蕊千花,自成一格。他的梅花诗,也不施脂粉,淡朴见真。其《墨梅》诗说"不要人夸好颜色,只留清气满乾坤",《白梅》诗说"忽然一夜清香发,散作乾坤万里春",《梅花》诗说"一声羌管无人见,无数梅花落野桥",俱为不事雕琢,真淳中自显大气。

上述的梅事与人事,似乎与"雅"字靠得比较近;人们追着赏梅,大体也是一桩风雅的事。殊不知,更早的时候,梅是与"忠"字关系更密切些的,只不过那时的人们关注梅子比关注梅朵更多。梅,在古代文献中的出现,可以追溯到秦代以前,《尚书·商书·说命下》就记载了殷高宗任命傅说为相时的言辞:"若作和羹,尔惟盐梅。"盐味咸,梅味酸,均为调味所需。要想做出美味的羹汤来,盐和梅子是少不了的。商朝殷高宗武丁继位的时候,国力较弱,他认为傅说就是能够协助他改革国政的能臣、忠臣,就像盐和梅一样重要。傅说果然不辱使命。武丁在位59年,在傅说的辅佐下,商朝后期达到了极盛,武丁也因此被誉为"中兴明主"。"盐梅"也就成了忠臣贤相的象征。明人李茂春曾撰编历代贤相的嘉言善行,取名为《盐梅志》。杜甫"吕尚封国邑,傅说已盐梅"(《昔游》)、令狐楚"龙衮期重补,梅羹伫再和"(《将赴洛下旅次汉南献上相公二十兄言怀八韵》),都是从这个意思上申说的。

得水借月林处士

—— 说隐士林逋

古人称那些有才德而隐居不愿做官的人为"高士"或者"隐士"。这里的"林处士",名叫林逋,字君复,宋仁宗赐他"和靖"的谥号。

提起林逋,人们或许会想到西湖孤山,想到"梅妻鹤子"的逸闻,想到他的咏梅佳句"疏影横斜水清浅,暗香浮动月黄昏"。

此佳句出自他的《山园小梅》。全诗是:"众芳摇落独暄妍,占尽风情向小园。疏影横斜水清浅,暗香浮动月黄昏。霜禽欲下先偷眼,粉蝶如知合断魂。幸有微吟可相狎,不须檀板共金尊。"百花凋零的季节,园子里唯有梅花盛放。它不仅艳丽,而且高贵圣洁:鸟儿们不敢正视它的光芒,欲向枝头栖息却又生出怯意;诗人们更是不敢以歌舞宴饮打扰它的清静,只有轻吟诗章,表示对它的亲近和崇敬。

不过细审"疏影"一联,它的妙处并不在于其准确地勾勒了梅在姿态与气息上的特征,而在于诗人对"水"与"月"的借力 —— 将原本属于"水"与"月"的美转移给了梅:说梅枝横斜疏朗,并不稀奇,可诗句描摹的是倒映在水里的梅枝,如此,清浅水中的梅花便获得了一种荡漾的动感,一种轻盈和灵性,比地面上的梅花更具妩媚之气。难怪陈与义说"自读西湖处士诗,年年临水看幽姿":自从读了林逋的这诗句后,每年他都会不自觉地留意起梅花在水中的倩影了。同样,梅花的香气浮动,由于包裹在朦胧的月色里,显得格外氤氲含蓄。

有意思的是,如此经典的这一联,除了向"水"借"清浅"、向"月"借"黄昏"(此处的"黄昏"意谓色泽迷离),整个句子还是向人借来、稍加改动的。南唐江为,是南朝宋时的文学家江淹的后人,诗词颇受李煜的赏识,他曾写过"竹影横斜水清浅,桂香浮动月黄昏"来吟咏竹与桂。林逋把江为的句子借来,将"竹"改为"疏",将"桂"改为"暗",用来咏梅,以至于广为流传,原句倒少有人知了。

将前人成句整体挪移,或者稍加变化,嵌入自己的诗词里,不仅天衣无缝,适得其所,而且焕发出前人没有的光芒,这样的例子也不少见。比如晏几道[临江仙]里的"落花人独立,微雨燕双飞"取自于五代翁宏的《春残》诗,秦观[满庭芳]里的"寒鸦数点,流水绕孤村"取自隋代杨广的《野望》诗,陆游《游山西村》里的"山重水复疑无路,柳暗花明又一村"则是从强彦文"远山初见疑无路,曲径徐行渐有村"化用过来。宋代江西诗派所谓"点铁成金""夺胎换骨"走的大约也是这样的路子。

不过,林逋更大的动作,是借西湖的一角画了一个圈。圈外是熙熙攘攘、繁华热闹的世界,圈内是自由自适、安宁安详的领地。他把自己安放在了圈子里。

起初,他是在圈外的。

林逋的故乡究竟是钱塘,还是宁波奉化的黄贤,资料里有不同的说法。五代十国后期,他的先辈仕宦于吴越王朝。吴越的最后一个国王钱弘俶放弃割据、将国土献给宋太宗的时候,林逋11岁。就在这时,祖父去世,父亲早亡,家道衰微,亲人离散。他曾写过一首[点绛唇]《题草》,颇能反映当时的情状:"金谷年年,乱生春色谁为主?余花落处,满地和烟雨。又是离歌,一阕长亭暮。王孙去,萋萋无数,南北东西路。"

做隐士之前的林逋,面对异族入侵,也曾戎装佩剑地走出书斋,北上出游,期待在前线有所作为。他的诗里就有"驴仆剑装轻,寻河早早行"(《汴岸晓行》)、"胆气谁怜侠,衣装自笑戎。寒威敢相掉,猎猎酒旗风"(《淮甸南游》)等描述。但是,宋真宗与辽签订"澶渊之盟",年年向辽输送二十万匹绢、十万两白银,罢了主战的寇准的官,重用佞臣王钦若,使林逋深感愤懑与失望。尤其是,宋真宗与王钦若合谋玩了一个"封禅"的把戏,在鸟尾巴上系

"天书"，降在承天门上，也降在泰山上。于是皇帝亲到泰山祭天地封禅，声势浩大，劳民伤财。一时文人纷纷向皇帝颂封禅献谀文，从而得官。林逋极为反感，于是结庐西湖孤山，开始了他二十年不入城市的隐居生活。若干年后，他在孤山为自己造了一个"寿堂"（生前预先造好的墓穴），并写了一首题为"自作寿堂因书一绝以志之"的诗："湖上青山对结庐，坟前修竹亦萧疏。茂陵他日求遗稿，犹喜曾无封禅书。"诗里以"曾无封禅书"自"喜"，就是针对宋真宗与王钦若导演的"封禅"一事而言的。

当然，湖山一角的空间不是藩篱，林逋身不入城市，眼界却是关怀世事的。那位"先天下之忧而忧，后天下之乐而乐"的政治家、军事统帅范仲淹，多次拜会过林逋，并称林逋为"山中宰相"（"山中宰相下岩扃，静接游人笑傲行"）。他们一起讨论治国安邦的大题目，"吊古夫差国，怀贤伍相津"，在范仲淹的眼里，林逋就是一位豪侠壮士 ——"剧谈来剑侠，腾啸骇山神"。

林逋自认为就是一个山里人，打柴、打鱼、种药、种茶。旁人眼里他是个雅士，室中有琴，案上有书。至于360株梅树，那就是神话了。林逋爱梅，亦善栽梅。王复礼《御览孤山志》记："和靖种梅三百六十余树，花既可观，实亦可售。每售梅一树，以供一日之需。"他把每株梅树的收入包一个小包，一共360余包，全部放进一个瓦瓶里。每天随手取一包，打开一看，如果是一钱银子，这天就用一钱，如果是二钱，就用二钱。总之，以一株梅树的收入，决定一天的用途。多了就买酒喝，少了也将就着过。每当梅花开放之日，他会写一块牌子挂在梅树上："休教折损，尽许人看，不迎不送，恕我痴顽。"

林逋终身不娶，无妻子子女。他种梅，应了他的性格、气质；他还驯养了一对丹顶鹤，鹤在人们的观念中与仙、道有关，于是也有了"超脱""出世"等含义。"鹤鸣之士"，盖贤人隐士也。人们称林逋"梅妻鹤子"，即是对他的赞美。

专题二十

清明诗词

一、专题要点

本专题主要了解清明的节俗及相关文化活动，了解清明诗词的情感涉及方向。本专题选读诗歌作品12首。

（一）清明节的来历

清明是二十四节气之一。早在先秦时期，我国就已有日南至、日北至的概念。后来人们根据日月运行位置、天气及动植物生长等自然现象，把一年平分为二十四等份，称为二十四节气，即立春、雨水、惊蛰、春分、清明、谷雨、立夏、小满、芒种、夏至、小暑、大暑、立秋、处暑、白露、秋分、寒露、霜降、立冬、小雪、大雪、冬至、小寒、大寒。"春分"过后的第15天通常为"清明"，此时正处仲春和暮春的交替季节，万物复苏，气温变暖，降雨增多，因而成为我国大部分地区春耕播种的大好时节，民间相传有"清明前后，点瓜种豆""植树造林，莫过清明"等谚语。

清明又是二十四节气中唯一演变成纪念性节日的。节日与节气不同，节气是时序的标志，而节日则包含着某种风俗和纪念的意义。而关于这个节日的来历，也有多种说法。一种说法是，相传大禹治水后，人们用"清明"之语庆贺水患已除，天下太平，于是有了清明节。另一种说法是，商朝末年，纣王乱国，周武王起兵伐纣，牧野一战，大败商师，平定天下。为此，周朝在制订历律，确定二十四节气时，将三月节命名为"清明"，标志天地清朗明净，既明物候，又明政绩，届时焚火庆祝，春耕开始。而流传最广的说法，则与春秋时晋公子重耳流亡国外,介子推"割股奉君",重耳复国后成了晋文公,未封赏介子推,介子推携母隐居绵山,被火烧死的传说有关。

作为公历相对固定的清明节,是在每年 4 月 5 日前后;按农历,则在三月上半月。节俗活动主要有祭祀、踏青等。

(二)与清明节相邻的另外两个节日

清明节与寒食节、上巳节不仅时间相近,且节俗上也有同流现象。诗词里更是往往相提并论,如"寒食清明数日间,青青杨柳与谁攀"[方岳《山行》(其三)],"清明上巳西湖好,满目繁华"(欧阳修[采桑子])。

1.寒食节。说到清明节就不得不提及寒食节。所谓寒食节就是节日期间要禁止一切烟火,包括烧火做饭,因而又叫"禁烟节"。与此同时,必须事先准备好熟食,到时只能吃这些冷的食物,所以又称"熟食节""冷食节"。寒食节具体时间大约在冬至后的第 105 日,根据这个时间推算,寒食节恰好在清明节的前一两天,所以相关联的禁火禁烟活动都会延续到清明。久而久之,寒食节与清明节就基本上合二为一地不加区别了。关于寒食节的起源问题也有多种说法,最为多见的是晋文公烧死介子推的故事。说是晋文公复国后,介子推不求利禄,与母归隐绵山。文公焚山以求之,介子推坚决不出山,抱树而死。文公葬其尸于绵山,修祠立庙,并下令于介子推焚死之日禁火寒食,以寄哀思,后相沿成俗。所以寒食节又是一个祭祀鬼神的节日。

2.上巳节。上巳节形成于春秋末期,开始日期在农历二月上旬的巳日,魏晋以后改为三月三日。从先秦到汉代,上巳节的习俗活动有三种:一是到水边举行祭祀仪式,并到水中洗浴,以祓除过去一年中的污渍与秽气,称为"祓"或"禊"。二是招魂续魄,在野外或水边召唤亲人亡魂,也召唤自己的魂魄苏醒、回归。先人认为自己的灵魂也如同万物一样随四季的变化经历发芽、成长到凋零的过程,故在初春要招魂。三是春嬉,青年男女到野外踏青嬉戏,并自己择偶或交合。清明踏青的习俗,与上巳节有关。

(三) 课堂话题

1. 寒食遗俗 ——"昨日邻家乞新火，晓窗分与读书灯"。寒食节与清明节时间上比较接近，民间逐渐将两者合二为一，唐宋的时候就将清明和寒食并称，后来清明节完全替代了寒食节。

（1）寒食与介子推。晋文公 —— 姬姓，名重耳，晋献公之子，春秋五霸之一，开创了晋国长达百年的霸业。骊姬之乱时被迫流亡在外十九年。介子推 —— 后人尊为介子，因"割股奉君"，隐居"不言禄"之壮举，深得世人怀念。死后葬于介休绵山。晋文公重耳深为愧疚，遂改绵山为介山，并立庙祭祀，由此产生了"寒食节"。唐代卢象《寒食》诗云："子推言避世，山火遂焚身。四海同寒食，千秋为一人。"

（2）寒食与改火。钻燧改火 —— 古代钻木取火，四季换用不同木材，称为"改火"。亦用以比喻时节改易。《论语·阳货》："旧谷既没，新谷既升，钻燧改火，期可已矣。"改火寒食 —— 熄灭去年薪火相传的全部旧火，代之以重新钻燧取出的新火，作为新的一年生产和生活的起点。韩翃《寒食》："春城无处不飞花，寒食东风御柳斜。日暮汉宫传蜡烛，轻烟散入五侯家。"

2. 踏青赏春 ——"九陌芳菲莺自啭，万家车马雨初晴"。清明之时，万物复苏，春光明媚，人们踏青赏春，并开展一系列体育活动（荡秋千、放风筝、蹴鞠、斗禽等）。由此，清明节也叫踏青节。其实，最早形成踏青习俗的并不是清明节，而是与清明节相近的三月三，古人称之为上巳节。上巳节主要祈求人类繁衍，这一日人们纷纷从家中走出，集体祭祀主管婚姻和生育的神灵，于水边祓禊，在野外对歌、跳舞，踏青的习俗就此产生。欧阳修[采桑子]（清明上巳西湖好）写清明上巳时节安徽颍州西湖游春的热闹繁华景象，着意描绘游春的欢乐气氛；仲殊[诉衷情]《寒食》则通过描写浙江杭州西湖寒食游览之盛况，表达富贵荣华都如过眼云烟的人生感悟。

3. 人世风尘 ——"念过眼、光阴难再得。想前欢、尽成陈迹"。这类诗作，虽然有"清明"字眼，然并非主要表现节令风俗。春光当前，文人更容易关注年华与成就,内心也容易升腾起不如意之感。顾非熊写作《长安清明言怀》那年,在长安考试落第,心情郁闷,借清明景物,抒胸中块垒;陆游晚年作《临安春雨初霁》,则以"清明可到家"写出本已厌倦官场却又客籍京华的无奈。

4.缅怀故人——"南北山头多墓田,清明祭扫各纷然"。清明节祭祖这种风俗来自寒食节,不过唐时人们已经将祭祖作为清明节时的主要活动了。清明祭祖有两种形式:一种是在家或祠堂祭祖先;另一种是上坟、扫墓,又称墓祭。一般在清明这一天,人们都会选择上坟祭祖。高翥《清明日对酒》写清明祭扫时的场景,表达了死后万事皆空、生前当及时行乐的思想;吴文英[风入松](听风听雨过清明)表现伤春怀人的愁思,委婉细腻,情真意切。

二、专题诗选

孟云卿《寒食》(1)

二月江南花满枝,他乡寒食远堪悲(2)。贫居往往无烟火,不独明朝为子推(3)。

【注释】

(1)孟云卿(约725—卒年不详),河南(今河南洛阳)人,一说平昌(今山东济南商河)人。天宝年间赴长安应试未第,30岁后始举进士。肃宗时为校书郎。安史之乱中,他家境困顿,漂泊四方。其诗于民生疾苦多有吟咏,词气怨恻,体调深婉,为杜甫、元结所推重。《全唐诗》存其诗一卷。(2)寒食:中国古代的一个节日,在清明前一两天。相传春秋时晋文公亏待了功臣介子推,介子推就到绵山隐居了。后来晋文公醒悟而后悔,想让介子推出来做官。介子推不愿出山,晋文公为了逼他出来,就放火烧山。哪知介子推坚决不出,硬是抱着树被烧死。人们为了纪念他,就在这一天不生火做饭,吃冷的食物,所以叫寒食节。但是据《周礼》记载,"禁火"应为周朝的旧制,似与介子推之事无关。堪悲:可悲。(3)不独:不仅仅。子推:春秋时期辅佐晋文公重耳的贤臣介子推。

【提示】

天宝年间,孟云卿科场失意后,流寓荆州一带,过着极为贫困的生活。这首诗就是这期间写的。诗人以自己的切身感受,写出了当时广大求取功名而不得的知识分子贫窘的苦况,也反映了一般穷困者缺衣少食的生活状态。

以乐景写哀情是古典诗词中常用的手法。这首诗的第一句便是典型的"乐景",在这样的景物氛围中本来应当出现赏心乐事,然而我们看到的却是"他乡寒食远堪悲"这样一种极不如人意的生活状态;"寒食"二字一语双关,除了指节令,还含少食、无食之意。后面二句紧承"堪悲"二字而来:对贫居者来说,"无烟火"是常态,是"往往",而非应景的一朝断炊,所以说"不独"是为了纪念介子推,语带诙谐自嘲。伍唐珪(一说张友正)《寒食日献郡守》:"入门堪笑复堪怜,三径苔荒一钓船。惭愧四邻教断火,不知厨里久无烟。"情绪与之相似。

韩翃《寒食》(1)

春城无处不飞花(2),寒食东风御柳斜(3)。日暮汉宫传蜡烛(4),轻烟散入五侯家(5)。

【注释】

(1)韩翃,生卒年不详,字君平,南阳(今河南南阳)人。唐玄宗天宝十三年(754)进士,历任节度使幕僚、驾部郎中、中书舍人等职。是"大历十才子"之一,诗多酬赠之作。唐高仲武《中兴间气集》说他的诗"兴致繁富,一篇一咏,朝士珍之"。《全唐诗》录存其诗三卷。(2)春城:春天的京城,指唐代都城长安。飞花:形容风吹花落的样子。(3)寒食:寒食节,古代传统节日,在清明节前一两日。相传是为纪念春秋时介子推宁愿被火烧死也不出山做官而设立的节日。古人在这个节日里,家家前后禁火三天,只吃现成的食品。御柳:指御苑中或御河岸上的柳树。当时风俗,寒食节每家折柳插门,以示纪念。(4)汉宫:借指唐宫。传蜡烛:寒食节禁火后,宫中以点燃的蜡烛做火种,传赐近臣。(5)五侯:汉成帝时封王皇后的五个兄弟王谭、王商、王立、王根、王逢时皆为侯;另一说指汉桓帝时的宦官单超、徐璜、具瑗、左悺、唐衡,此五人在同一天里都被封为列侯。这里泛指皇帝宠信的近臣。

【提示】

前两句写寒食之景,可以想见城中万紫千红、柳条随风袅娜的情态。末二句扣住"赐烛",由烛自然牵合到五侯之家,使人产生一种联想,体会到更多言外意味。因为能够享受汉宫传烛这种特权的,只有五侯之家;而中唐以来,宦官专权,政治腐败,也正如汉末。不过,诗中尽管暗含讽喻之意,但从字面上看,可以仅理解为对皇帝恩泽的颂扬。这也正是这首诗的"含不尽之意于言外"的含蓄之美。诗中"春城无处不飞花"一句,唐德宗很欣赏。《唐诗纪事》记载,当时有两个韩翃,德宗派韩翃知制诰,中书问派哪个韩翃,德宗说,派"春城无处不飞花"的韩翃。这一佳句至今脍炙人口。

杜牧《清明》[1]

清明时节雨纷纷[2],路上行人欲断魂[3]。借问酒家何处有[4],牧童遥指杏花村。

【注释】

(1)杜牧:见专题二"帝都之诗"专题诗选《金谷园》注释(1)。(2)清明:二十四节气之一,在寒食节后一两天,农历三月初,公历4月5日前后。这天有踏青扫墓的习俗。(3)行人:指远离家乡、出门在外的行旅之人。这里指诗人自己。断魂:黯然伤神。(4)借问:请问。

【提示】

诗有两处极妙。一是写景：通过简单的几个画面，描摹出杏花春雨江南的一派丽景。而且这景里有层次，有隐有显，近景里有阡陌中的行人和牧童，而顺着牧童的手指，又可以想见远方的村落、酒楼，以及繁花丛中招展的酒旗。"杏花村"成了后来酒家和酒的代称，也是因为这首诗。二是写人、写情："行人"显然是异地漂泊者，在人所看重的寒食与清明期间，不能与故乡的亲人一同踏青或祭祀，内心难免落寞惆怅；纷纷不歇的春雨，不仅给奔波者带来跋涉的不便，而且扰乱人的心境，使之"断魂"，由此急欲找个歇脚之处，凭借杯酒来消磨春怨、离愁、乡情、孤恨，寻个一醉方休。戛然而止的诗，并未说诗人到达酒家后的行为，但通过诗人一"问"，牧童一"指"，给人以绵长的回味。

顾非熊《长安清明言怀》(1)

明时帝里遇清明(2)，还逐游人出禁城(3)。九陌芳菲莺自啭(4)，万家车马雨初晴。客中下第逢今日(5)，愁里看花厌此生。春色来年谁是主，不堪憔悴更无成(6)。

【注释】

（1）顾非熊（约796—约854），字不详，苏州（今江苏苏州）人。顾况之子。弱冠应进士试，困举场30年。会昌五年（845）登进士第。累佐使府。大中中，授盱眙主簿，不乐吏事，因弃官归隐茅山。其诗多羁旅题咏、送别寄赠，以五律见长。有《顾非熊诗》。（2）明时：指政治清明的时代。帝里：犹言帝都，京都。（3）逐：跟随。禁城：宫城。（4）九陌：长安城中的九条大道。啭（zhuàn）：鸟婉转地鸣叫。（5）客中：客居时。下第：科举时代指殿试或乡试没考中。（6）不堪：忍受不了。无成：没有成就。

【提示】

诗的前两联写了唐都长安清明节万家车马出动,莺啼芳菲的盛况;后两联则写自己考试落第的失望心境。顾非熊曾困顿科场30年,多次考试而未中,对落第的体验十分深切,有多首诗写这方面的内容。

武宗会昌五年(845),谏议大夫陈商担任权知礼部贡举,主持进士试,顾非熊又应举参加考试。放榜时,顾非熊仍然名落孙山。武宗李炎因久闻顾非熊的诗名,对他始终不能登进士第感到奇怪,特地降诏,敕陈商呈进顾非熊在考试中所作的诗赋。一阅之下,李炎十分赏识,命陈商在榜上追加顾非熊的姓名,使之终于取得功名。为此,诗人项斯《送顾非熊及第归茅山》诗云:"吟诗三十载,成此一名难。"

王禹偁《清明》[1]

无花无酒过清明,兴味萧然似野僧[2]。昨日邻家乞新火[3],晓窗分与读书灯[4]。

【注释】

(1)王禹偁(954—1001),字元之,济州钜野(今山东菏泽巨野)人。宋太宗太平兴国八年(983)进士,历官大理评事、右拾遗直史馆、左司谏、翰林学士、知制诰。晚年曾贬知黄州,故世称"王黄州"。他反对宋初文坛流行的晚唐五代绮靡文风,提倡"革弊复古",以"韩柳文章李杜诗"为慕效的对象。所作诗文质朴平易,清新淡雅,成为北宋诗文革新运动的先驱。有《小畜集》《小畜外集》。(2)兴味:兴致、趣味。萧然:萧索的样子。野僧:山野僧人。(3)乞新火:这里指寒食过后的清明时节,去求讨邻家新钻之火种。古代清明前一或二日为寒食节,不点灯不生火,新火是寒食节过后的新火种。乞,乞讨。(4)晓窗:清晨的窗户。

475

【提示】

此诗一说魏野作。

时值清明佳节,既无花可赏,又无酒可饮,自然孤寂无聊,兴味索然,所以诗人觉得自己好像是一个云游在外,没有找到一个可安憩之所的和尚。幸好有好心邻居给予了新火,一早还能点起灯来读读书。表面上看,诗似乎写这个清明节过得"兴味萧然",仔细体会,诗人表达的其实是另一番"兴味"。观花饮酒,固然是有兴味的事,但在诗人看来,还有另一种乐趣是常人所不理解的,那就是从读书中去获得满足。"晓窗",是天将明之时,诗人已在窗下灯前读书,不但见其用功之勤,也可体会到他兴味之浓。对此,诗人是颇为自傲的。新火分至晓窗之灯,造句遣词也相当新颖别致。

晏殊 [破阵子][1]

燕子来时新社[2],梨花落后清明[3]。池上碧苔三四点[4],叶底黄鹂一两声[5],日长飞絮轻[6]。　　巧笑东邻女伴[7],采桑径里逢迎[8]。疑怪昨宵春梦好,元是今朝斗草赢[9],笑从双脸生[10]。

【注释】

(1)晏殊:见专题十八"词之晏柳"专题诗选[蝶恋花](槛菊愁烟兰泣露)注释(1)。(2)新社:社日是古代祭祀土地神的日子,以祈丰收,有春秋两社,一般在立春、立秋后第五个戊日。新社即春社,时间在立春后、清明前。(3)清明:二十四节气之一,旧称为三月节,在公历的4月5日前后,有踏青扫墓的习俗。(4)池上:池塘边。碧苔:指绿色的苔藓类植物。(5)叶底:树叶深处。黄鹂(lí):黄莺,鸣声婉转动听。(6)日长:白昼已变长。飞絮:飘飞的柳絮。(7)巧笑:女子美丽的笑容。东邻:邻居。"东"字是泛指。(8)逢迎:对面相遇。(9)"疑怪"二句:说是难怪昨夜做了一个美好的梦,原来它是今朝斗草获胜的好兆头。这句刻画少女的心理活动。疑怪,难怪。元,同"原"。斗草,古代一种游戏,也叫斗百草,双方以所采之草种类多寡和韧性相较量,或以花草的名称相应对(如"狗尾草"对"鸡冠花")。(10)双脸:双颊。

【提示】

这首词上片写景,下片则在上片的景色背景下,展示采桑女子清明斗草嬉戏的情景,将她们的神态和心理描绘得活泼动人。

斗草也叫斗百草,是古代主要流行于女子之间的游戏。究竟自何时有之,已不可考,在五代乃至唐宋,都相当盛行。斗草有两种方式,一种是"文斗",另一种是"武斗"。所谓"武斗",便是双方各执一根草茎,互为交结拉拽,比试草茎的韧性,断者为负;而"文斗",则是双方各自多采花草,然后以对仗的方式,各报花草之名,对仗越工整,花草数量越多,且能坚持到最后者为胜。《红楼梦》中所写的斗草,便是这种文斗:"大家采了些花草来兜着,坐在花草堆中斗草。这一个说:'我有观音柳。'那一个说:'我有罗汉松。'那一个说:'我有君子竹。'这一个又说:'我有美人蕉。'这一个说:'我有星星翠。'那一个又说:'我有月月红。'这一个又说:'我有《牡丹亭》畔的牡丹叶。'那一个又说:'我有《琵琶记》里的枇杷果。'"

欧阳修[采桑子](1)

清明上巳西湖好(2),满目繁华。争道谁家(3)。绿柳朱轮走钿车(4)。
游人日暮相将去(5),醒醉喧哗(6)。路转堤斜。直到城头总是花(7)。

【注释】

(1)欧阳修:见专题十五"爱情与诗"专题诗选[玉楼春](尊前拟把归期说)注释(1)。(2)清明:节气名,在公历4月5日前后,有踏青、扫墓习俗。上巳:节日名。汉以前农历三月上旬巳日为"上巳",魏晋以后,定为三月三日,不必取巳日。人们于此日至水滨洗濯以祓除不祥,又引水环曲成渠,流觞取饮,称为曲水流觞。西湖:指安徽颍州西湖。(3)争道谁家:"谁家争道"的倒装。争道,游人车辆争先而行。(4)朱轮:古代王侯显贵所乘的车子。因用朱红漆轮,故称。钿车:嵌上金丝花纹作为装饰的车子。(5)相将(jiāng)去:前后跟着离开这里。(6)醉醒:醉酒的人和酒醒的人。(7)城头:城墙上。

【提示】

欧阳修于皇祐元年(1049)在颍州(今安徽阜阳)做了一年多的知州,之后也有若干次在颍州停留。他对颍州充满了感情,因此熙宁四年(1071),他从职位上退居回到颍州。他的十首联章组词[采桑子]都写于颍州,虽然未必写于一时,但很有可能是晚年退居时整理成章的。这十首词描写了颍州西湖一系列澄澈的意境和词人悠游于水国云乡的惬意,可以见出词人的超旷情怀,透露出繁华过后的真淳之气,同时也抒发了词人面对人生终极问题时深沉而无奈的永恒喟叹。

本词是组词的第六首,通过朱轮钿车争道、游人簪花而归的特写镜头,形象地描绘了颍州西湖清明上巳时繁华热闹的风情画卷。上片写柳荫大路上熙熙攘攘、车马争道的状况,以见出游客之多;下片则专写黄昏游客归去时的酒态醉语高声喧哗之状,而以满路繁花作映衬,以见出场面之繁华热闹。

仲殊[诉衷情](1)

涌金门外小瀛洲(2),寒食更风流(3)。红船满湖歌吹(4),花外有高楼。　　晴日暖,淡烟浮(5),恣嬉游(6)。三千粉黛(7),十二阑干(8),一片云头。

【注释】

(1)仲殊,生卒年不详,僧人。俗姓张,名挥,字师利,仲殊为其法号,安州(今湖北安陆)人,一说吴人。曾应进士试,喜食蜜,苏轼戏称"蜜殊",人亦称"僧挥"。先后住苏州承天寺、杭州吴山宝月寺。清才丽藻,雅能属词。有《宝月集》。(2)涌金门:杭州地名。小瀛洲:西湖中的一个小岛。(3)寒食:寒食节,在清明节前一两日。古人多于此时郊游踏青。风流:此处指别有一番景象。(4)红船:彩绘的画船。歌吹:歌声和吹奏的乐曲声。(5)淡烟:轻烟。(6)恣嬉游:尽情嬉耍游玩。(7)粉黛:搽脸的白粉和画眉的黛墨,妇女的化妆用品,借指美女。(8)十二阑干:形容楼高宏丽。阑干,栏杆。

【提示】

此词描写西湖寒食游览之盛况。开头两句点明地点、时令。"寒食更风流"则是全篇点睛之笔。以下"红船""花外"极写游人之盛和西湖的具体环境。"三千粉黛"以下三句,用数字领起全篇精神。"三千"写"粉黛"之多,"十二"描"高楼"宽敞。词人如此为之的深意是表达富贵荣华都如过眼云烟的人生感悟。这首寒食词通篇热烈,最后归结到四大皆空的境界:"一片云头"。末句四字,逸出尘表之外,使前面所有西湖风流顿成虚妄,无流连意。此词构思新颖,立意深刻。

黄庭坚《清明》(1)

佳节清明桃李笑(2),野田荒冢只生愁(3)。雷惊天地龙蛇蛰(4),雨足郊原草木柔(5)。人乞祭余骄妾妇(6),士甘焚死不公侯(7)。贤愚千载知谁是(8),满眼蓬蒿共一丘(9)。

【注释】

(1)黄庭坚(1045—1105),字鲁直,自号山谷道人,晚号涪翁,洪州分宁(今江西九江修水)人。宋英宗治平四年(1067)进士,历任北京(今河北大名)国子监教授、知太和县(今属江西),召为校书郎、秘书丞兼国史编修官。他是"苏门四学士"之一,政治上也与苏轼一样,屡遭打击。哲宗绍圣二年(1095),被控《神宗实录》中的记载有失实之处,贬官涪州(今重庆涪陵)

别驾。宋徽宗即位,一度起用,后又被除名羁管宜州(今广西宜州)。崇宁四年(1105)死于贬所,谥文节。他以诗负盛名,当时与苏轼并称"苏黄";后来又被尊为杜甫的继承者,是宋代江西诗派的开创人。作诗追求"点铁成金""夺胎换骨"和"无一字无来历"。有《山谷集》。(2)桃李笑:形容桃花、李花盛开。(3)冢:坟墓。(4)蛰(zhé):冬天动物冬眠。这里指雷声把那些冬眠的动物惊醒。(5)雨足:雨量充足。郊原:原野。(6)"人乞"句:《孟子》中记载的一则寓言,说齐国有一个人,每天外出向扫墓者乞讨祭祀时余下的食物,回家后却向妻妾夸耀是富贵人家请自己吃饭。骄,向人炫耀。(7)"士甘"句:用的是春秋时的一个典故。志士介子推不贪公侯富贵,宁可被火焚死也不下山做官。公侯,指做高官。(8)是:对,正确。(9)蓬蒿(hāo):杂草,常生长于坟墓上。丘:指坟墓。

【提示】

这首诗是诗人在清明节时触景生情之作,大约写于宋徽宗崇宁二年(1103)之后,当时他被贬到广西宜州。

诗中用了很多对比。首联是"桃李欢笑"对比"坟墓生愁";颔联是"动物苏醒"对比"草木生长";颈联是"无耻的乞食人"对比"忠贞的隐士",对比鲜明,引发人的思考;尾联诗人抒发感慨,说无论是贤者还是愚人,最后都是黄土盖身。诗人将大自然中的勃勃生机与人世间不可逃脱的死亡命运进行对照,表现出了消极虚无的思想,抒发了诗人对人生无常的慨叹和对社会不平的愤激。

陆游《临安春雨初霁》(1)

世味年来薄似纱(2),谁令骑马客京华(3)。小楼一夜听春雨,深巷明朝卖杏花。矮纸斜行闲作草(4),晴窗细乳戏分茶(5)。素衣莫起风尘叹,犹及清明可到家(6)。

【注释】

（1）陆游：见专题十九"梅花诗词"专题诗选《落梅》（雪虐风饕愈凛然）注释（1）。临安：今杭州市，南宋都城。霁(jì)：雨后或雪后天晴。（2）"世味"句：是说近年来对官场世事的兴味很淡薄。世味，人生况味。（3）客：客居。京华：京城，这里指临安。这年春，陆游被起用权知严州，先到临安办理手续。（4）矮纸：短纸，也就是两端长而上下狭的手卷。作草：指写字。草，草书。（5）晴窗：明亮的窗户。细乳：指煎茶时水面上浮起的乳状泡沫。分茶：一种茶戏，以冲时水面所呈不同的图案等品第工巧。（6）"素衣"二句：晋陆机《为顾彦先赠妇》有"京洛多风尘，素衣化为缁"句，意思是京洛的风尘把白色的衣服都染成黑色的了。而陆游这两句借用其意，说自己清明就可以回家，不必顾虑素衣被京城的风尘染污。素衣，原指白色的衣服，这里喻自己的高洁品格。风尘，风沙尘灰，比喻京城中龌龊的风气。

【提示】

此诗写于淳熙十三年（1186）。这一年春天，62岁在家赋闲5年的诗人又被起用为严州知州。赴任之前，先到都城临安去觐见皇帝。他住在西湖边上的客栈里听候召见，在百无聊赖和寂寞中写下此诗。首尾两联慨叹人情世态，既是对自己大半人生经历的回顾，又是对此次重新被起用失望心情的写照，因为此时他对于政治舞台上的倾轧变幻，已有了极深的体会。"小楼一夜听春雨，深巷明朝卖杏花"一联，写清明前后的景观，意象具足，兴象玲珑，深得历代诗评家喜爱。然而细品，一夜未眠的诗人，眉间心头的雨声，说到底还是抑郁惆怅的，作者是用明媚的春光作为背景，与自己的落寞情怀构成鲜明的对照。

高翥《清明日对酒》(1)

南北山头多墓田(2)，清明祭扫各纷然(3)。纸灰飞作白蝴蝶(4)，泪血染成红杜鹃(5)。日落狐狸眠冢上(6)，夜归儿女笑灯前(7)。人生有酒须当醉,一滴何曾到九泉(8)。

【注释】

(1)高翥(1170—1241),初名公弼,后改名翥。字九万,号菊磵,余姚(今浙江宁波余姚)人。少致科举,屡试不第。青壮年游荡江湖,晚年寓居杭州,布衣终身。是南宋江湖诗派诗人,其诗多写山水交游,风格朴素自然。有《菊磵集》。(2)墓田:墓地、坟墓。(3)纷然:人多杂乱的样子。(4)"纸灰"句:是说扫墓者烧的纸钱灰飞起来如同春天的白蝴蝶。形容白而多。(5)泪血:流泪成血,形容极度悲伤。杜鹃:杜鹃花,清明时节开放,多为红色,花极繁茂,故又称映山红。相传为杜鹃鸟啼血而染成。(6)冢(zhǒng):坟墓。(7)笑灯前:在灯前欢笑。(8)一滴:指一滴酒。九泉:黄泉,指地下。

【提示】

这首诗写清明祭扫时的观感,表达了死后万事皆空、生当及时行乐的思想。首联描写清明时节扫墓的杂乱之状。颔、颈两联分写祭扫时及祭扫后截然相反的景象,造成强烈而鲜明的对比:祭扫时坟冢上纸灰纷飞,热闹非凡,祭扫后狐狸出没,荒凉无比;死者家人白天哀哭,夜晚灯下欢笑。对照之下,人死之后,万事皆空,本为寄托哀思的祭扫活动变得可有可无,因为亲人的悲哀也是短暂的。末联再转一笔,紧扣诗题"对酒",直接抒发人当及时行乐的感受,表露出一醉方消万古愁的悲叹。

吴文英 [风入松](1)

听风听雨过清明,愁草瘗花铭(2)。楼前绿暗分携路(3),一丝柳、一寸柔情。料峭春寒中酒(4),交加晓梦啼莺(5)。　　西园日日扫林亭,依旧赏新晴(6)。黄蜂频扑秋千索,有当时、纤手香凝(7)。惆怅双鸳不到,幽阶一夜苔生(8)。

【注释】

(1)吴文英：见专题十五"爱情与诗"专题诗选[唐多令]《惜别》注释(1)。(2)草：草拟，起草。瘗(yì)花铭：葬花的墓志铭。庾信有《瘗花铭》。瘗，埋葬。铭，文体的一种。(3)绿暗：绿树成荫，遮蔽地面。分携：分手，分别。(4)料峭：形容寒冷。中(zhòng)酒：醉酒。(5)交加：缤纷杂乱。(6)新晴：风雨过后，天气晴朗，故说新晴。(7)"黄蜂"二句：黄蜂时时扑着秋千的绳索，而怀疑是被美人当时纤手的香气吸引。纤手，指女子的手。凝，凝聚。(8)"惆怅"二句：美人不到使人惆怅，人去已久，却好像才过一夜，台阶上已长满了苍苔。双鸳，指女子的绣鞋，这里兼指女子本人。幽阶苔生，是说苔生石阶，遮住了上面的足迹。

【提示】

此词为清明怀人之作。上片将伤春念远之情融为一体，下片抒发作者一片痴绝之想。"黄蜂"二句，陈洵《海绡说词》云其"见秋千而思纤手，因蜂扑而念香凝，纯是痴望神理"。结尾写出望而不见的无限惆怅，感情凝重温厚。当然，首句的"听风听雨过清明"，更是惹人愁绪。据说，吴文英曾有两个姬妾，一个是苏州女子，因故被遣；另一个是杭州女子，因病早逝。此词应与旧事有关。

三、专题衍说

寒食清明数日中，西园春事又匆匆

——说寒食、清明、上巳这三个节日

"寒食清明数日中，西园春事又匆匆。梅花自避新桃李，不为高楼一笛风。"这首题为"饮张功父园戏题扇上"的诗，是陆游某年春日的酬酢之作。主人张镃，字功父，上巳节那天，邀了朋友陆游、杨万里、尤袤等，到他杭州的

私家花园(南湖园)赏海棠花。酒酣,主人唤出名叫新桃的小姬唱曲,唱完曲子后的新桃以手中的团扇向陆游求诗。陆游乘兴写了一首绝句题在扇子上,将新桃的名字嵌在诗中。虽然是游戏之作,却又似谐还庄:"从寒食到清明的数天之中,西园的春事又匆忙起来。桃花、李花新开,梅花早不见踪影。并不是高楼上《梅花落》的笛曲催落了它,它只是无意跟桃李站在一起而主动避开罢了。"据说这首游戏之作,被人指为有所讥刺,遭当权者不待见。

诗写于"上巳",又提到"寒食"与"清明"。这三个古老的节日时间相近,只是如今人们熟知的是清明,对另外两个则相对陌生了。

"上巳"是周朝以前就出现的节日,据《风俗通》一书所载,"郑国之俗,三月上巳,于溱洧两水之上,执简招魂,祓除不祥"。也就是说,三月上旬第一个巳日(古人按甲乙丙丁等十个天干、子丑寅卯等十二个地支来排年、月、日、时),人们会在水边举行招魂禳灾的仪式。但是因为"上巳"这个日子在农历中每年都不一样,魏晋以后人们就淡化了"巳"日的本意,而将"上巳节"固定为每年的三月三。这一天的活动与水有关,一是"祓禊",或叫"修禊",人们到水边祭祀,并用浸泡了香草的水来沐浴、洗濯,以祓除疾病和不祥;二是春游踏青,临水宴饮,将煮熟的鸡蛋放在水中,任其浮移,谁拾到谁食之——除了临水浮卵之外,还有水上浮枣、曲水流觞。节日的狂欢也带来了男女之间自由的交往,因此这一日也有被称为"女儿节"的。

《诗经·溱洧》记述了上巳节的盛况:"溱与洧,方涣涣兮。士与女,方秉蕑兮。女曰:'观乎?'士曰:'既且。''且往观乎!洧之外,洵訏且乐。'维士与女,伊其相谑,赠之以勺药。"手持兰草的男女伙伴,穿行在溱水洧水的人流之中,开着玩笑,互赠芍药,画风很美。《论语》中曾皙自述其志:"暮春者,春服既成,冠者五六人,童子六七人,浴乎沂,风乎舞雩,咏而归。"这个为孔子所赞赏的志向,正是以沂水边的上巳节为背景的。至于唐代杜甫《丽人行》开篇的"三月三日天气新,长安水边多丽人"更是为人熟知。而宋代欧阳修[采桑子]词,传达的则是颍州西湖上巳节前后的热闹:"清明上巳西湖好,满目繁华。争道谁家。绿柳朱轮走钿车。"

发生在东晋永和九年会稽山阴兰亭的一次上巳节活动,令后世无数人追慕不已。那日,雅士们沿溪而坐,将酒杯放在溪中,由上游浮水而下,酒杯在谁的面前停下,谁就即兴赋诗并饮酒,这些诗汇成了一本集子,一位叫王羲之的为这本诗集写了一篇文采飞扬、书法绝佳的序言,叫作《兰亭集序》。

"寒食"是稍晚于"上巳"的节日,节期在冬至后的第105日,也就是清明前的一两天。这个节日是关于禁火的,即"寒食"字面的意思,家家不生火,吃冷饭,喝冷水。节日的形成大概有两个源头。一是来源祭奠介子推的习俗。介子推是春秋时晋国公子重耳的臣属。重耳流亡国外十多年,介子推护驾有功,曾割自己腿上的肉用火烤了救助饿晕的重耳。后来重耳返国继位,成了晋文公,疏忽了对介子推的褒奖,介子推携母避入深山做了隐士。重耳想以放火烧山的办法请出介子推,却不料把他烧死在山里。晋文公深为愧疚,不仅立庙祭祀,还让后世在烧山的这天禁忌烟火,只吃寒食。唐人卢象写过一首《寒食》诗,里面就有"子推言避世,山火遂焚身。四海同寒食,千秋为一人""可叹文公霸,平生负此臣"这样的句子。

另外一个来源则是关于"改火"的。由于民间的信仰禁忌,比如认为春季龙星初现于东方时,易于引发大火,需要禁一下;比如认为火种储藏了一年,属于阴气,不健康了,需要换掉。总之,在寒食节时,将所有的旧火全部熄灭,清明节的时候重新以柳条或榆木来钻木取火,生起新的火种。所谓旧火换新火,就叫改火。唐代有隆重的仪式,宫廷专门安排小儿在殿前钻火,并将新钻的火由火炬传出,赏赐给公卿近臣。韩翃诗里说"日暮汉宫传蜡烛",韦庄诗里说"内宫初赐清明火",指的都是这种情况。

"清明"是二十四节气之一,此时万物生长皆清净明洁,故谓之清明。这期间,是春耕春种的大好时机,故有"清明前后,点瓜种豆""植树造林,莫过清明"的说法。由于清明节在时间上和上巳节与寒食节靠得特别近,唐代以来,三者渐趋合流,上巳节的招魂被禊及野游踏青、寒食节怀念和祭奠前人的相关内涵,一并由清明节承接,清明节成了一个以祭祖扫墓和郊野踏青为中心的节日。其他两个日子,则完全弱化了。

在民俗里,扫墓跟踏青并不矛盾,这与中国哲学中的"天人观"和豁达看待生死的态度有关。翻开古人写于清明日的诗词,既有"兴来促席唯同舍,醉后狂歌尽少年"(王表)、"看舞颜如玉,听诗韵似金"(白居易)的欢乐,也有"春色来年谁是主,不堪憔悴更无成"(顾非熊)、"清明时节雨纷纷,路上行人欲断魂"(杜牧)的怅惘。至于写到扫墓,高翥的《清明日对酒》作得何其通透:"南北山头多墓田,清明祭扫各纷然。纸灰飞作白蝴蝶,泪血染成红杜鹃。日落狐狸眠冢上,夜归儿女笑灯前。人生有酒须当醉,一滴何曾到九泉。"

介子推其人

——说春秋义臣介子推

说清明节,往往会提到寒食节;而说寒食节,又往往会提到介子推这个人。

介子推确有其人。不过,他与寒食,乃至清明,究竟有怎样的关系,倒真是不好说。

据传,寒食禁火的习俗,产生的时间比介子推的事迹更早,战国以前就已经存在。那个时候,由于该习俗流行的地域广泛,寒食的期限和时节也并不统一:禁火的时间有长有短,季节上也有春天、冬天或者是夏天的差异。不少研究者认为,寒食节的真正起源与"改火"有关。

在古代,因为取火相对比较困难,家中一般都需要保留火种。人们认为烧得太久的火会引起疾病,所以到了某一个时间需要把火种熄灭,重新燃起新火,这就叫"改火"。《周礼·夏官》说改火是为了"救时疾",《管子·禁藏》说改火是为了"去兹毒"。而取火的方式,一般是以物体向太阳引火,或两木相摩擦产生火。由于改火之事在古人心目中有特定的重要意义,因此也就伴随着一定的仪式,以示隆重。禁火几日,食冷食,祷告祈福,以至于其他的一些活动,都是具有"仪式性"的行为。有一种猜测认为,早期的"改火"活动中可能产生过用新点燃的火烧死人牺的习俗。为了哀悼在改火中代表神而死的牺牲者,人们约定节日,禁火寒食。再后来,烧死人牺的做法成为历史,改火的习俗渐趋衰微,而寒食节留了下来。人们追寻已经模糊的寒食节背景,介子推焚死的故事就被转接了上去。裘锡圭先生说:"寒食之托始于介子焚死,跟五月五日竞渡之托始于屈子沉江是同性质的,都是在一种习俗的真意已不为一般人所理解时对它的起源所作的一种附会的解释。所不同的是屈子沉江确有其事,而介子焚死之事则是为了解释寒食的起源而编造出来的。"

确实,端午节因屈子(屈原)而起,寒食节因介子(介子推)而生,几乎成了民间的通行说法,"南有屈原,北有介子"也成为一句习语。屈、介二人都因忠心于君主而蒙受委屈,也都最终选择了远离君主,保持自身的气节,精神层面上有相似的地方。

《左传》与《史记》里都有关于介子推的记载,当然,都是在记写晋文公的事迹时连带说的。

春秋五霸之一的晋文公,姬姓,名重耳。他的父亲晋献公,因为宠爱骊姬,要立骊姬的儿子奚齐为太子,逼死了原太子申生,逼跑了另外两个儿子夷吾和重耳。重耳带着一些随从,开始了长达19年的流亡生涯。其间重要的追随者有重耳的舅舅狐偃(子犯)、谋士赵衰、大夫贾佗、武士先轸和魏犨等,另外还有介子推。

在跟随重耳流亡的这些人中,很多都有过上佳表现。狐偃(子犯)是主心骨,每当重耳情绪失控,或判断失误时,他都能随机应变,帮助重耳把准方向。赵衰则多次献计帮重耳脱离险境,在关键时刻抓住机会帮助重耳争取到大国的支持。介子推的重要事迹,则有"割股奉君"。《庄子》《韩诗外传》以及蔡邕的《琴操》等提到过该事。大致是说,某次,重耳严重饥饿,不能行走,介子推割下自己腿上的肉,烤熟(一说熬汤)给重耳充饥。

《史记》中有一个片段讲介子推讲得十分生动。那是文公元年(前636)的春天,秦国护送将要结束流亡生涯的重耳到达黄河岸边。狐偃(子犯)对重耳说:"我跟随您周游天下那么久,做过不少不妥的事。要不现在您就让我离开吧。"重耳说:"我回到晋国之后,一定跟您同心同德,您尽可放心。您看,黄河可以为我作证。"说着,重耳把一块璧玉扔到黄河里,跟狐偃发誓。此时介子推正在船上,听了大笑道:"晋公子能有今天,实在是老天爷在帮忙和支持。某些人以为是自己的功劳,装腔作势地向君王索取回报,真是太可耻了。我不愿意和这样的人为伍。"

回到晋国的重耳做了国君,也就是晋文公。他赏赐当初危难时跟随自己的有功之臣,功大的给城邑,功小的授爵位。介子推没有要求俸禄,俸禄也没有落在他的身上。他的母亲问他:"你为什么不去请功呢?"他说:"明明是老天爷让晋公子成为国君,那几个人却硬要贪天之功以为己功,太荒谬了。我知道这些人的行为是错的,当然不会去效仿他们。"母亲说:"你不妨找晋文公谈谈,让他知道你的心。"介子推说:"语言不过是人身上的装饰,是展览给别人看的。我已经打算找地方隐居起来,装饰也就完全没有必要了。"母亲听了很欣慰,说:"那好吧,我跟你一起离开。"

晋文公发现介子推离开后,颇为后悔。他打听到介子推上了绵山,就把整座绵山封给了介子推,还给山改名叫"介山"。总之,《左传》《史记》关于介子推的故事均没有提到"介子焚死"之事。

其他的某些传说给介子推的故事搞了一个悲剧的结尾,并以此来解释寒食节的来历:晋文公为了让介子推从山里出来,听信了别人的建议,放火三面烧山,只留一面通道,结果把介子推及其母亲烧死在山里。懊悔与悲伤的晋文公下令,从今往后,焚山的那一日举国不许用火,人人吃冷食,谓之"寒食",寒食节后的那天则谓"清明"。

这个传说的结尾有些不太对劲:一是晋文公太不够解人意、通人情,居然会用放火烧山的方式请人出山;二是介子推也太过执拗,自己不怕死,居然还连带老母亲葬身火海。

专题二十一

婉约词风

一、专题要点

本专题主要了解婉约词的风格特点、唐宋婉约词的嬗变，以及主要代表作家的创作成就。本专题选读诗歌作品13首。

（一）婉约词风的内涵

虽然简单地使用"二分法"将词分为婉约派和豪放派并不科学，但就艺术审美论词，"婉约"与"豪放"的划分，还是便于使人们从总体上了解词体的两种主要风格以及词人的大致分野，进而把握词这一特殊文学样式所具有的美感特质的。

婉约词具有以下基本审美特征：

1. 在题材内容上，婉约词大都以抒写阴柔情感如离别相思、花前月下、伤春感时、羁旅乡愁作为核心内容。

2. 在抒情方式上，婉约词以审美情感的间接表达方式为主，即借助外在物象形态而不是直接、单一地将内心的情感世界作为表现对象，故表现得含蓄委婉、意味隽永。

3. 婉约词具有"可歌性"，多是出于"莺吭燕舌"之间的"女音"，节奏悠缓圆润。

4. 婉约词具有"艳丽""清雅"及"阴冷"等相对稳固的审美意象群，体现着"以柔为美"的主体风格。

《花间集》的出现，标志着婉约词体式的确立。

(二)唐宋婉约词的嬗变及代表作家的特点

1. 唐五代所确立的婉约词范型。一方面,温庭筠与韦庄等"花间词人"以各自的生活经历和审美情趣为婉约词体式的确立奠定了基石,就《花间集》来看,题材内容的香艳性和抒情方式的委婉性是其艺术风貌。另一方面,南唐李璟、冯延巳、李煜的词,体现了婉约词凄恻哀伤的抒情基调。尤其是李煜词的艺术创作使婉约词的抒情内涵走出男欢女爱、相思离别这类相对狭小的个人情感圈子,开始步入社会人生以及生命本体的多维情感空间。

2. 北宋前期婉约词的衍变。晏殊、欧阳修、晏几道词以男女恋情为核心内容,同时又融入"多情士子"的情感生活与身世经历,蕴含着士大夫文人学士的性情与襟怀。与此同时,柳永大量创制慢词长调,抒写下层市井青楼女子的情感生活和爱情体验,所塑造的女性形象富有鲜活的生命力,更能抚慰文人漂泊天涯、凄凉独处的心灵创伤,给予了一定的情感寄托。

3. 北宋中后期至南、北宋之交婉约词的深化与拓展。苏轼婉约词的抒情内涵融入了理性的自我认知,以及豁达乐观、宠辱不惊的人生态度。李清照以女性作家特有的细腻而敏锐的情感艺术,以女性文人的独特身份在词中塑造女性自我形象,抒写了宋代政局动乱中人事沧桑之感与身世沉沦之叹。周邦彦精通音乐,熟解声律,讲究曲折回环的结构、缜密典丽的辞章,他的婉约词里带有博学、浑融的气象。

4. 南渡之后婉约词的演化。辛弃疾"摧刚为柔",提高了婉约词的艺术品格。姜夔、吴文英、张炎的词,营造幽怨凄冷的感伤情调,寄托文人身处乱离社会的人世情感,并力求完善词体的音乐性,进一步营造词乐相谐的审美效果。

(三)课堂话题

1. "婉约"与"婉约词"。"婉""约"两字都有"美""曲"之意。分别言之:"婉"为柔美、婉曲。"约"的本义为缠束,引申为精练、隐约、微妙。由此二字所限定的"婉约词",题材多写离情别绪和个人际遇,意境、风格、语言等方面,往往含蓄蕴藉、绮丽缠绵、音律和谐。

2."情愁"与"离愁"。如欧阳修[蝶恋花](庭院深深深几许)描写闺中少妇的伤春之情,尤对少妇心理刻画写意传神。秦观[千秋岁](水边沙外)以时间的跨度,将不同的时空和昔盛今衰等感受融合为一,创造出完整的意境。

3."羁愁"与"宦愁"。文人在功名功业的追求过程中遭遇坎坷与挫折,往往也借词这一形式加以抒怀。如柳永[雨霖铃](寒蝉凄切)借情人惜别时的真情实感表达身不由己的羁旅愁怀,凄婉动人。苏轼[卜算子]《黄州定惠院寓居作》借月夜孤鸿这一形象托物寓怀,表达了词人面对宦途风波时的孤寒寂寞与孤高自许。

4."岁月愁"与"奈何愁"。有些词里未必能窥见其写作背景与触发情感的人事缘由,作品弥漫出来的是对生命不可把握的宏观感慨。如晏殊[浣溪沙](一向年光有限身)叹人生有限,抒离情别绪,所表现的及时行乐的思想,反映出词人的无奈与洒脱。辛弃疾[丑奴儿]《书博山道中壁》通过"少年"时与"而今"的对比,表达了作者世事与愿望相悖的痛苦之情。

二、专题诗选

欧阳修[踏莎行][1]

候馆梅残[2],溪桥柳细[3],草薰风暖摇征辔[4]。离愁渐远渐无穷,迢迢不断如春水[5]。　　寸寸柔肠[6],盈盈粉泪[7],楼高莫近危阑倚[8]。平芜尽处是春山[9],行人更在春山外[10]。

【注释】

(1)欧阳修:见专题十五"爱情与诗"专题诗选[玉楼春](尊前拟把归期说)注释(1)。(2)候馆:接待行旅宾客的馆舍。梅残:迎春的梅花已凋谢。(3)溪桥柳细:溪桥边的柳树生出细长枝条。(4)草薰(xūn)风暖:用江淹《别赋》"闺中风暖,陌上草薰"语,形容离家远行。草薰,青草发出香气。摇征辔(pèi):指骑马远行。辔,驾驭牲口用的嚼子和缰绳。(5)迢迢(tiáo tiáo):遥远。(6)寸寸柔肠:犹言肝肠寸断,形容伤心到极点。(7)盈盈:形容泪水充盈的样子。粉泪:泪水流到脸上,与粉妆和在一起。特指女子的眼泪。(8)危阑:高楼上的栏杆。阑,栏。(9)平芜(wú):平坦的草地。芜,草地。(10)行人:游子。

【提示】

上片是行旅在外的游子的自叙,细数离家远行旅途中的所见所感。"离愁渐远渐无穷,迢迢不断如春水"化用李煜[虞美人]"问君能有几多愁,恰似一江春水向东流"的句意,却又是即景设喻,即物生情,因为远行的人正是伴着溪桥下来路无穷、去程不尽的春水走向远方的。如此设喻,自然贴切。

下片是词人为独守空闺的思妇代叙。作者以想象的方式,所谓"从对面写来",写闺中人独倚高楼思念自己的情态。"楼高莫近危阑倚",是词人对思妇苦苦凝望的不忍:平芜已远,春山更远,而行人又在春山之外,你如此痴望,不过徒增伤感罢了。词人所表达的对闺中人的理解与爱惜,将二人的相思之苦、离别之痛推向了极致。

欧阳修[蝶恋花](1)

庭院深深深几许(2)?杨柳堆烟(3),帘幕无重数。玉勒雕鞍游冶处(4),楼高不见章台路(5)。　　雨横风狂三月暮(6),门掩黄昏,无计留春住。泪眼问花花不语,乱红飞过秋千去(7)。

【注释】

(1)欧阳修:见专题十五"爱情与诗"专题诗选[玉楼春](尊前拟把归期说)注释(1)。(2)几许:多少。(3)堆烟:形容杨柳浓密。(4)玉勒雕鞍:镶玉的马笼头和雕花的马鞍,代指豪华瑰丽的马车。勒,马衔,马笼头。游冶处:

指歌楼妓院。(5)章台：在汉代长安城内，是当时娼妓聚居的场所。后来便以章台代指歌妓聚居地。(6)雨横（hèng）：雨势大而急。(7)乱红：落花零乱。

【提示】

此词一说为冯延巳作。

首句连用三个叠字，以加重庭院"深"的程度，与下文"帘幕无重数"相照应。"玉勒"句通过描写薄情郎的游冶之欢，来表现深闺思妇的孤寂、凄怨，对比十分鲜明。下片逐层展现残春恼人的自然景象，有力地衬托出了人物的伤春怀人之情。一个"春"字，含义深广，隐含着词人对岁月易逝、人身易老的感慨。结句被认为"层深而浑成"。夏承焘先生说："含着眼泪问花知不知道人的心情，这是她无可告诉的怨恨，是第一层；花不能语，是说不但人不能了解她，也得不到花的同情，是第二层；'乱红飞'，花自己也被风雨摧残了，是第三层；花偏偏又被风吹过秋千去，而秋千却是她和丈夫旧时嬉戏之处，更使她触景伤情，不堪回首，是第四层了。"

清代张惠言则认为这是一首政治讽刺词，他在《词选》里说："庭院深深，闺中既以邃远也；楼高不见，哲王又不寤也。章台游冶，小人之径。雨横风狂，政令暴急也。乱红飞去，斥逐者非一人而已，殆为韩（琦）、范（仲淹）作乎？"不过，多数人认为此种说法为"深文罗织""穿凿附会"。

苏轼 [蝶恋花]⁽¹⁾

花褪残红青杏小⁽²⁾。燕子飞时，绿水人家绕⁽³⁾。枝上柳绵吹又少，天涯何处无芳草⁽⁴⁾。　墙里秋千墙外道。墙外行人，墙里佳人笑。笑渐不闻声渐悄⁽⁵⁾，多情却被无情恼⁽⁶⁾。

【注释】

(1)苏轼：见专题三"中秋诗词"专题诗选 [水调歌头]（明月几时有）注释(1)。(2)"花褪(tuì)"句：红花凋残，青杏初生。褪，脱落。(3)"绿水"

句：碧绿的春水把人家房舍环绕住。(4)"枝上"二句：写暮春景象，兼寓人生哲理。《离骚》："何所独无芳草兮，又何怀乎故宇。"此句显示其随遇而安的豁达胸襟。柳绵，柳絮。(5)"笑渐"句：是说墙外的行人已渐渐听不到墙里荡秋千女子的欢声笑语了。(6)"多情"句：指的是墙里佳人的笑声，原本是出于无意的，而墙外的行人听见了，却枉自多情，因此只能徒增惆怅。多情，指墙外的行人。无情，指墙里荡秋千的佳人。

【提示】

据词意及有关传闻，该词或作于苏轼被贬惠州期间。《历代诗余》引《冷斋夜话》："东坡渡海，惟朝云王氏随行，日诵'枝上柳绵'二句，为之流泪。"又《林下词谈》："子瞻在惠州，与朝云闲坐，时青女初至（秋霜初降），落木萧萧，凄然有悲秋之意。命朝云把大白，唱'花褪残红'。朝云歌喉将啭，泪满衣襟。子瞻诘其故，答曰：奴所不能歌，是'枝上柳绵吹又少，天涯何处无芳草'也。子瞻翻然大笑曰：是吾正悲秋，而汝又伤春矣。遂罢，朝云不久抱疾而亡，子瞻终身不复听此词。"

此词写暮春景象，不仅写出了春之将残，也展现了夏日将临的活跃生机，伤春意绪中又具旷达情怀。上片写春，伤春之情自见，却归于达观；下片写人，欢声笑语如闻，复陷入烦恼。词人经历了人生波折，其错综的情结（包括失意与自我宽解）于此可见一斑，其中还渗透着人生哲理，耐人寻味。

秦观[踏莎行]《郴州旅舍》(1)

雾失楼台，月迷津渡，桃源望断无寻处(2)。可堪孤馆闭春寒(3)，杜鹃声里斜阳暮(4)。　驿寄梅花，鱼传尺素，砌成此恨无重数(5)。郴江幸自绕郴山，为谁流下潇湘去(6)？

【注释】

(1)秦观(1049—1100)，初字太虚，后改少游，别号邗(hán)沟居士，又号淮海居士,扬州高邮(今江苏高邮)人。宋神宗八年(1085)登进士第。哲宗元祐初,任太学博士、秘书省正字、国史院编修等职。自绍圣元年(1094)始,哲宗亲政,被一再远贬,先坐党籍,以馆阁校勘出为杭州通判。又因与苏轼交游受到株连,先后被贬郴州(今湖南郴州)、雷州(今广东雷州)等地。元符三年(1100),宋徽宗即位,复宣德郎,放还途中卒于藤州(今广西梧州藤县)。其文才昭著,受苏轼赏识,与黄庭坚、张耒、晁补之合称"苏门四学士"。散文长于议论,诗歌长于抒情;词以柔婉妍雅见长,清辞丽藻,深切动人。有《淮海词》。郴(chēn)州:地名,在湖南。(2)"雾失"三句:是说楼台消失在夜雾里,月色朦胧,迷失了渡口,望断天涯,也找不到世外桃源。津渡,渡口。桃源,桃花源,原属武陵郡,宋析置桃源县,其地在郴州之北。此处暗用陶渊明《桃花源记》的故事。(3)可堪:哪堪,受不住。孤馆:独居的旅舍。闭春寒:被春寒笼罩。(4)"杜鹃"句:古有杜鹃啼血的故事,且杜鹃鸟啼声凄切,容易引起人的愁绪。(5)"驿寄"三句:谓远方朋友寄赠的礼物和安慰的书信,更引起自己的无限愁苦。驿寄梅花,为陆凯典故。陆凯的《赠范晔》中有"折梅逢驿使,寄与陇头人。江南无所有,聊赠一枝春"。驿寄,托驿使寄给。鱼传尺素,典故出自《古诗》:"客从远方来,遗我双鲤鱼。呼儿烹鲤鱼,中有尺素书。"尺素,书信。砌(qì),堆积。(6)"郴江"二句:是说郴江本是环绕郴山而流的,为何竟流往潇湘去了呢?此暗喻自己羁留郴州的无奈。郴江,出郴州黄岑山,流入湘水。幸自,本自。潇湘,潇水和湘水,是湖南境内的两条河流,合流后称湘江。

【提示】

此词为绍圣四年(1097)作者被贬郴州寓居客店时所写,抒发他流徙僻远之地的凄苦失望及思念家乡之情。词的上片以写景为主,但景中有情,"可堪孤馆闭春寒,杜鹃声里斜阳暮"二句,王国维称之为"凄厉",并说是"有我之境"。下片以抒情为主,却也情中带景,"郴江幸自绕郴山,为谁流下潇湘去"二句,注入作者对自己离乡远谪的深长怨恨,富有象征性。苏东坡绝爱此词尾两句,及闻其死,叹曰:"少游已矣,虽万人何赎!"自书于扇面以志不忘。

秦观[鹊桥仙]⁽¹⁾

纤云弄巧⁽²⁾,飞星传恨⁽³⁾,银汉迢迢暗度⁽⁴⁾。金风玉露一相逢⁽⁵⁾,便胜却人间无数。　柔情似水,佳期如梦⁽⁶⁾,忍顾鹊桥归路⁽⁷⁾。两情若是久长时,又岂在朝朝暮暮⁽⁸⁾。

【注释】

(1)秦观:见专题二十一"婉约词风"专题诗选[踏莎行]《郴州旅舍》注释(1)。(2)纤云弄巧:纤细的云彩巧妙多姿。亦暗指其仿佛为织女巧手织出,点出节令。"七夕"有乞巧之俗。(3)飞星传恨:流星飞渡银河,为牛郎、织女传递别离愁绪。(4)"银汉"句:指牛郎、织女于七夕在天河相会。银汉,银河。迢迢,辽阔遥远貌。(5)金风:秋风。古以五行分配四季,秋属金。玉露:秋露。露水晶莹如珠,故云。(6)佳期如梦:是说欢会短暂似梦。(7)"忍顾"句:怎忍心回头看那归去的路。鹊桥,传说七夕之夜喜鹊飞来在天河上搭桥,让织女走过来。(8)朝朝暮暮:犹言时时刻刻,朝夕相聚。

【提示】

牛郎、织女本是民间根据牵牛星和织女星创造出来的神话人物。两星一在银河之北,一在银河之南,每年的农历七月相距最近,于是人们把两星的聚首衍化成不远千里赶赴鹊桥之约的情侣之会。大凡诗人们抒写这一题材,往往不免"欢娱苦短"的悲情伤感,如古诗《迢迢牵牛星》"盈盈一水间,脉脉不得语",曹丕《燕歌行》"牵牛织女遥相望,尔独何辜限河梁",欧阳修[渔家傲]"一别经年今始见,新欢往恨知何限",等等。秦观这首词却能独出机杼,变愁苦之言为欢娱之词,使人的内心得以安抚。"金风玉露一相逢,便胜却人间无数""两情若是久长时,又岂在朝朝暮暮",表达的是纯正的爱情能够经得起长久分离的考验的信念。如此立意,毕竟更为高远。

贺铸[青玉案](1)

凌波不过横塘路(2),但目送、芳尘去(3)。锦瑟年华谁与度(4)?月台花榭,琐窗朱户,只有春知处(5)。　　碧云冉冉蘅皋暮(6),彩笔新题断肠句(7)。试问闲愁都几许(8)?一川烟草,满城风絮,梅子黄时雨(9)。

【注释】

(1)贺铸(1052—1125),字方回,原籍山阴(今浙江绍兴),生长于卫州共城(今河南新乡卫辉)。宋太祖贺皇后族孙,所娶亦宗室之女。自称是贺知章后裔,以贺知章居庆湖(即镜湖),故自号庆湖遗老。青年时为武官,中年后,因李清臣、苏轼等名臣推荐,改入文阶,但仕途蹭蹬,官卑职微。宋徽宗大观三年(1109)以承议郎致仕,晚年一直隐居在苏州、常州,潜心读书校勘。其词风格多样,张耒称"盛丽如游金张之堂,而妖冶如揽嫱施之祛,幽洁如屈宋,悲壮如苏李"。有《东山词》。(2)凌波:形容女子步履轻盈。曹植《洛神赋》:"凌波微步,罗袜生尘。"横塘:地名,在苏州胥门外,贺铸在此建有住所。(3)芳尘:指所思慕的美人的踪迹。尘,迹。(4)锦瑟年华:指美好的年华。李商隐《锦瑟》:"锦瑟无端五十弦,一弦一柱思华年。"(5)"月台"三句:揣想美人居所。月台,赏月的楼台。花榭(xiè),花木环绕的厅堂。琐窗,雕绘连琐花纹的窗子。朱户,朱红色大门。(6)冉冉:流动的样子。蘅(héng)皋(gāo):生长有杜衡的水边高地。蘅,杜衡,香草。皋,水边高地。(7)彩笔:比喻才情勃发的写作能力。《南史·江淹传》载:江淹曾得彩笔一枝,写出不少美文,后梦遇郭璞讨回彩笔,从此才思衰竭,时人谓之"江郎才尽"。(8)都几许:共有多少。(9)"一川"三句:通过描写景物来比喻"闲愁"的漫无边际。一川,满地。风絮,随风飘舞的柳絮。梅子黄时雨,江南一带初夏梅熟时多连绵之雨,俗称"梅雨"。

【提示】

"香草美人"是一种起始于屈原,后被诗人经常运用的比兴手法,用香草、美人比喻明君、贤臣和美好事物;而执着于香草美人,也就代表着对政治理想和生活理想的执着求索。贺铸这首词,文面上是恋情的表达,但人们还是愿意相信词里抒发的是其悒悒不得志的"闲愁"。词里的"美人",锦瑟年华无人共度,与词人一生沉沦下僚、不被人知重的情况相仿;词里横塘路上的士人,无从寄与情思,只能于暮色中的江皋题写断肠之诗,也极似词人怀才不遇的遭际。

结尾三句,尤为人传诵。词人以博喻的方式,用一望无垠的烟草喻愁情的无边无际,漫天飞舞的柳絮喻愁情的飘忽不定,无休止的梅雨喻愁情的连绵不绝,将抽象的愁绪变得有形可感,显示了作者的艺术才华。由此贺铸获得了"贺梅子"的别称,黄庭坚对此词也无比赞赏,在《寄方回》一诗中说:"解道江南断肠句,只今惟有贺方回。"

周邦彦 [苏幕遮] (1)

燎沉香(2),消溽暑(3)。鸟雀呼晴(4),侵晓窥檐语(5)。叶上初阳干宿雨(6),水面清圆(7),一一风荷举(8)。　　故乡遥,何日去?家住吴门(9),久作长安旅(10)。五月渔郎相忆否?小楫轻舟(11),梦入芙蓉浦(12)。

【注释】

(1)周邦彦(1056—1121),字美成,号清真居士,钱塘(今浙江杭州)人。宋神宗元丰二年(1079)游汴京,为太学生,因献《汴京赋》七千言,得宋神宗赏识,被擢升为太学正。元祐年间旧党执政时很不得志,先被出为庐州(今安徽合肥)教授,秩满转荆州(今湖北荆州江陵),迁任溧水(今属江苏)县令。哲宗亲政,新党复得势,回京任国子监主簿,改授秘书省正字。徽宗即位,改除校书郎,历考功员外郎、卫尉宗正少卿兼议礼局检讨。政和二年(1112)出知隆德府(今山西长治),迁知明州(今浙江宁波)。政和六年(1116)回京,拜秘书监。进徽猷阁待制,提举大晟府(掌管音乐的机构)。不到半年,出知真定府(今河北石家庄正定),改知顺昌府(今安徽阜阳)。徙知处州(今浙江丽水),未到任,又奉祠提举南京(今河南商丘)鸿庆宫。宣和三年(1121)卒于此。他精通音律,能自度曲,其词格律法度极为精工,风格典雅,被认为是婉约派的集大成者。有《片玉词》。(2)燎(liáo):烧。沉香:又名水沉香,用沉香木做的香料。(3)溽(rù)暑:夏天闷热潮湿的暑气。溽,湿。(4)呼晴:唤晴。旧有鸟鸣可占晴雨之说。(5)侵晓:快天亮的时候。侵,渐近。(6)宿雨:昨夜下的雨。(7)清圆:指清润而圆的荷叶。(8)"一一"句:一张张荷叶迎着晨风挺出水面。举,擎起。(9)吴门:苏州的别称。苏州旧为吴郡治所,作者故乡钱塘曾属吴郡,故称。(10)长安:借指北宋都城汴京,即今河南开封。作者写此词时住在汴京。旅:客居。(11)小楫(jí)轻舟:划着小船。楫,划船的短桨。(12)芙蓉浦:荷花塘,此指西湖。

【提示】

作此词时,作者从入都到为太学生再到任太学正,较长时间居住在京师。词以写雨后风荷为中心,引入故乡归梦,表达思乡之情,意思比较单纯。

上片先写室内燎香消暑,继写屋檐鸟雀呼晴,再写室外风荷摇摆,词境活泼清新,结构意脉连贯自然,视点变换极有层次。词中对荷花的传神描写"叶上初阳干宿雨,水面清圆,一一风荷举",被王国维《人间词话》评为"真能得荷之神理者",为写荷之绝唱。下片再由眼前五月水面清圆、风荷凌举的景象联想到相似的故乡吴门五月的风物,思乡之情表达得淋漓尽致。

李清照 [一剪梅](1)

红藕香残玉簟秋(2)。轻解罗裳(3),独上兰舟(4)。云中谁寄锦书来(5)?雁字回时(6),月满西楼。　　花自飘零水自流(7)。一种相思,两处闲愁(8)。此情无计可消除(9),才下眉头,却上心头(10)。

【注释】

（1）李清照：见专题五"重阳诗词"专题诗选[醉花阴]《重阳》注释（1）。（2）红藕：荷花。香残：凋谢。玉簟（diàn）：光滑如玉的竹席。秋：凉意。（3）罗裳：丝绸裙子。（4）兰舟：船的美称。（5）锦书：书信的美称。（6）雁字回时：是说大雁南飞再归时。传说雁儿能替人捎书信，故云。雁字，大雁群飞时在天空排成整齐的"人"或"一"字形。（7）自：空自。（8）"一种"二句：是说自己与丈夫彼此牵挂，在两地为相思而愁苦。（9）无计：没有办法。（10）"才下"二句：是说自己皱着的眉头刚刚舒展，思念之情又涌上了心头。

【提示】

此词写思夫之情。上片通过描写秋天景物来抒发主人公的离愁别绪。"独上兰舟"的"独"字，把作者的孤独感和盘托出。紧接着化用"鸿雁传书"的典故，于情景交融之中，如盐入水，了无痕迹。下片首句的"花自飘零"照应上片首句"红藕香残"，换头非常自然。"一种相思，两处闲愁"，"才下眉头，却上心头"，两副联语，情辞兼胜，似信手拈来。其实最后三句，脱胎于范仲淹[御街行]"都来此事，眉间心上，无计相回避"，但青出于蓝，生动可感。

辛弃疾[祝英台近]《晚春》(1)

宝钗分，桃叶渡，烟柳暗南浦(2)。怕上层楼，十日九风雨。断肠片片飞红，都无人管，更谁劝、流莺声住(3)？　　鬓边觑，试把花卜归期，才簪又重数(4)。罗帐灯昏，哽咽梦中语：是他春带愁来，春归何处？却不解、带将愁去(5)。

【注释】

（1）辛弃疾：见专题三"中秋诗词"专题诗选[太常引]《建康中秋夜为吕叔潜赋》注释（1）。（2）"宝钗分"三句：女子回忆当初在烟柳凄迷的渡口，与情人告别时,分钗留念的场景。宝钗分,旧时男女离别时,有分钗留别的习俗,男女各持一股,作为来日重逢的信物。桃叶渡,在南京秦淮河与青溪合流之处,王献之于此送别爱妾桃叶,后泛指男女送别之处。南浦,出自屈原《九歌》"子交手兮东行,送美人兮南浦",后泛指分别的地方。(3)"怕上"五句:是说怕登楼远眺,望见风雨连绵、红花飘零、莺啼凄苦的晚春景象,会触动离愁而悲痛伤心。层楼,高楼。飞红,飞花,落花。(4)"鬓边"三句:试着用插在鬓边的花来占卜,以花瓣数来推算情郎的归期,因不满意占卜结果,花刚插回鬓上,重又取下来数。鬓边觑(qù),斜视鬓边所插的花。簪(zān),插戴在头上。(5)"罗帐"五句:记女子夜间梦中哽咽之语,她说,是春天把愁带了来,现在春天走了,却不懂得把愁带走。

【提示】

这是一首代言体的闺怨词,题曰"晚春",实是伤别、盼归兼伤春、怨春之作。词的上片由伤别而伤春,写别后远望情景。所望的是别离之处,所立的是风雨层楼,所怜的是飞红自落,所恨的是春去难留,一片孤寂感伤。在渲染晚春难堪的背景之时,主体形象开始呈现,伤悼风雨凄迷、落花无主,正是自伤身世。下片因盼归而怨春,但作者只是精心选择"花卜归期"和"哽咽梦中语"两个细节予以细腻描绘,表现思妇盼归之切和恨别之深,尤其是在恨春去难留之上再添一重,即恨春去不带愁去。其情缠绵而近于痴迷,已无可复加。这样抒写,确是徘徊宛转,使人魂销意尽。词中女子形象,既娇媚深情,又天真单纯。整体风格"清而丽,婉而妩媚"。

姜夔 [扬州慢](1)

淮左名都(2),竹西佳处(3),解鞍少驻初程(4)。过春风十里(5),尽荠麦青青(6)。自胡马窥江去后,废池乔木,犹厌言兵(7)。渐黄昏,清角吹寒,都在空城(8)。　　杜郎俊赏,算而今、重到须惊(9)。纵豆蔻词工,青楼梦好,难赋深情(10)。二十四桥仍在,波心荡、冷月无声(11)。念桥边红药,年年知为谁生(12)?

【注释】

(1)姜夔:见专题十九"梅花诗词"专题诗选[暗香](旧时月色)注释(1)。(2)淮左名都:指扬州。宋朝的行政区设有淮南东路和淮南西路,扬州是淮南东路的首府,故称淮左名都。左,古人方位名,面朝南时,东为左,西为右。名都,著名的都会。(3)竹西佳处:是说竹西亭一带风景清幽。竹西,亭名,在扬州城北门外五里处。杜牧《题扬州禅智寺》诗:"谁知竹西路,歌吹是扬州。"(4)解鞍:解下马鞍。少驻:稍作停留。初程:头一段路程。(5)春风十里:指扬州昔日繁华的景象。化用杜牧《赠别》诗:"春风十里扬州路,卷上珠帘总不如。"(6)荠麦:荠菜和麦子。一说为野生的雀麦。(7)"自胡马"三句:自从金兵战马践踏到长江岸边之后,遗弃下来的就只有城池和老树,人们谈起金统治者的侵略残杀,至今仍感到十分厌恨。胡马窥江:指南宋高宗建炎三年(1129)和绍兴三十一年(1161)金兵两次南侵,扬州都遭受到惨重的破坏。这里主要指金兵第二次南犯至长江边的采石矶。胡马,指金国的骑兵。江,指长江。厌,厌恶,痛恨。(8)"渐黄昏"三句:黄昏将近之时,凄清的号角声响起来,回旋在这寒冷、空寂的古城的上空。空城,形容扬州劫后的萧条景象。(9)"杜郎"二句:是说这里曾是唐代诗人杜牧的游赏之地,如果今天他来旧地重游的话,定会大吃一惊。杜郎,杜牧。唐文宗大和七年至九年(833—835),杜牧在扬州任淮南节度使掌书记。俊赏,俊逸清赏。算,估计。(10)"纵豆蔻(kòu)"三句:纵使他有写"豆蔻""青楼梦"诗的才华,恐怕也难以表达眼前景象所引起的悲怆深情。纵,即使。豆蔻,指杜牧的《赠别》诗:"娉娉袅袅十三余,豆蔻梢头二月初。"豆蔻是植物名,草本,花有红白黄三种,开时如芙蓉,在未开大时,又称含胎花,是说花尚小,如妊身。古人喜爱将此花比作处女。词工,用词非常工巧。青楼梦,杜牧《遣怀》诗:"十年一觉扬州梦,赢得青楼薄幸名。""青楼梦好"是说像"青楼梦"诗做得那样好。青楼,指妓女住处。赋,此指寄托、表达之意。(11)"二十四桥"二句:二十四桥仍然立在老地方,可是只见一片冷清的月色在水波中荡漾。意思是说,昔日扬州热闹景象已荡然无存了。二十四桥,有二说,一说唐时扬州城内有桥二十四座,皆为可纪之名胜,见沈括《梦溪笔谈·补笔谈》。另一说专指扬州西郊的吴家砖桥(一名红药桥),《扬州画舫录》称"因古之二十四美人吹箫于此,故名"。杜牧《寄扬州韩绰判官》诗:"二十四桥明月夜,玉人何处教吹箫?"(12)"念桥边"二句:那桥边的红色芍药花年复一年照例开放,它们又是为谁呢?红药,芍药。

【提示】

词前有一小序:"淳熙丙申至日,予过维扬。夜雪初霁,荠麦弥望。入其城,则四顾萧条,寒水自碧,暮色渐起,戍角悲吟。予怀怆然,感慨今昔,因自度此曲。千岩老人以为有黍离之悲也。"序中的"千岩老人"是他的叔岳萧德藻,所谓"黍离之悲"出自《诗经·王风·黍离》,描写周平王东迁之后,宗庙宫室尽为禾黍,诗人见此,悼念故园,不忍离去。

绍兴三十一年(1161),金主完颜亮举兵南侵,占领了扬州等地,给这些地方造成了极大的破坏,至淳熙三年(1176)冬姜夔路过这里,仍是一片萧条荒凉的劫后景象。在这首词中,姜夔描绘了战乱过后扬州的悲惨景象,以眼前的荒芜冷寂与往日的风月繁华做了对比,控诉了侵略者的暴行,寄托了自己的哀思,可以说这首词是作者对劫后扬州的一次凭吊。上片中"自胡马窥江去后,废池乔木,犹厌言兵"向来受人推崇:连"废池乔木"都厌倦谈论战争,何况饱经战乱、渴望安居乐业的百姓?下片连连提及杜牧,串联起今昔对比,但"杜郎"实为词人的化身,咏史、写古人,实则是写己与叹今。

姜夔[鹧鸪天]《元夕有所梦》[1]

肥水东流无尽期[2],当初不合种相思[3]。梦中未比丹青见[4],暗里忽惊山鸟啼[5]。　　春未绿[6],鬓先丝[7],人间别久不成悲。谁教岁岁红莲夜,两处沉吟各自知⁽⁸⁾。

【注释】

(1)姜夔:见专题十九"梅花诗词"专题诗选[暗香](旧时月色)注释(1)。元夕:元宵节,在农历正月十五。(2)肥水:淝水。源出安徽合肥紫蓬山,东南流经将军岭,至施口入巢湖。(3)不合:不应当,不该。种相思:种下相思的情愫。(4)"梦中"句:在梦中见到的人还不如画像清晰真切。丹青,原指红色和青色的颜料,后代指绘画。这里指画像。(5)"暗里"句:意谓破晓时被鸟啼声惊醒。(6)春未绿:本词作于正月,这时天气很冷,草未发芽,所以说春未绿。(7)丝:指鬓发苍白。(8)"谁教"二句:意思是说,每年元宵佳节,正是情人们欢会之夕,而我们却远隔两地;这些年来两地默默相思的滋味,只有各人自己知道。谁教,设问。红莲夜,指元宵灯节,红莲指灯节的花灯。沉吟,默默地相思。

【提示】

这是一首怀念旧日恋人的情词。姜夔青年时代在合肥曾经有过一段情遇,所恋对象大约是姊妹二人。长期浪迹江湖时,他写了一系列深切怀念对方的词篇。宋宁宗庆元三年(1197)元夕之夜,他做了一个重见往日情人的梦,梦醒后写了这首词。

上片写因思而梦,醒来慨叹梦境依稀,识认恋人面貌不清;又梦境短暂,才相遇却被山鸟啼醒。久思成梦,因梦生叹,并不少见,词人新僻处在于抒情反折,欲竖先横,出语拗折。词人本意在说合肥恋情刻骨铭心,难舍难忘,相思如淝水东流无尽期,却翻怨当初不该种下情缘,如今根深枝壮,与日俱长。透过一层,抒情愈见峭劲深挚。下片由元夕春至换意,"未绿""先丝"对比,写出岁月蹉跎之叹。"人间别久不成悲"又出新意,反折而出。不说恋情历久仍痛,反说"别久不成悲"。细思来,恰是饱含人生体验的深刻慨叹,正因为相思刻骨,积淀深层,外面裹上了岁月和世俗的外膜,痛苦像深藏地壳的熔岩,炽热翻滚,却不再形诸于貌,动辄悲泣。承接"谁教"两句,似怨似慨。"红莲夜"切题,"两处沉吟"切情,仍然是语调平淡,情感深沉刻挚。是"两处",己苦信彼亦苦,却又各自咀嚼,无法相诉。是"沉吟",而非痛哭,则"别久不成悲",久经情感磨难的深沉、历练可见。

蒋捷[一剪梅]《舟过吴江》[1]

一片春愁待酒浇[2]。江上舟摇,楼上帘招[3]。秋娘渡与泰娘桥[4],风又飘飘,雨又萧萧。　　何日归家洗客袍[5]?银字笙调[6],心字香烧[7]。流光容易把人抛,红了樱桃,绿了芭蕉[8]。

【注释】

(1)蒋捷,生卒年不详,字胜欲,号竹山,阳羡(今江苏宜兴)人。宋度宗咸淳十年(1274)进士。宋亡不仕,隐居太湖竹山。元大德年间有人荐举他做官,未从,抱节以终。长于词,内容多忆昔伤今,风格清新疏朗,与周密、王沂孙、张炎并称"宋末四大家"。有《竹山词》。吴江:地名,在苏州南。(2)酒浇:以酒解愁。(3)帘:酒帘。(4)秋娘渡与泰娘桥:皆为吴江地名,以唐代歌女的名字命名。蒋捷另有[行香子]词云:"过窈娘堤,秋娘渡,泰娘桥。"(5)洗客袍:洗去征尘。客袍,旅途穿的衣服。(6)银字笙:镶饰有银字的笙。调:调弄乐器。(7)心字香:制成篆文"心"字形状的香。(8)"流光"三句:意思是说时间过得真快,当人们还在眷恋春光的时候,夏天就悄悄地来了,樱桃渐渐红了,蕉叶也变得更绿了。

【提示】

此词写作者倦游思归的心情。上片写客愁,下片写离情。"流光容易把人抛,红了樱桃,绿了芭蕉"几句,将看不见的时光流逝转化为可以捉摸的形象,极言时光易逝、人生易老,把亡国流离的游子哀愁融入自然万物之中。作者被人称为"樱桃进士",足见本词为人所赞赏。

蒋捷另有一词[虞美人]《听雨》,其中有"壮年听雨客舟中,江阔云低,断雁叫西风",可作此词情景的参看。

张炎[高阳台]《西湖春感》(1)

接叶巢莺,平波卷絮,断桥斜日归船(2)。能几番游?看花又是明年。东风且伴蔷薇住,到蔷薇、春已堪怜(3)。更凄然,万绿西泠(4),一抹荒烟。　　当年燕子知何处?但苔深韦曲,草暗斜川(5)。见说新愁,如今也到鸥边(6)。无心再续笙歌梦(7),掩重门、浅醉闲眠。莫开帘,怕见飞花(8),怕听啼鹃(9)。

【注释】

(1)张炎(1248—约1323),字叔夏,号玉田,又号乐笑翁。祖籍凤翔(今陕西宝鸡凤翔),寓居临安(今浙江杭州)。南宋初大将张俊六世孙。宋亡以后,家道中落,曾北游燕赵,失意南归,至以卖卜为生。其词多身世之感,萧瑟悲凉。与姜夔并称"姜张",与蒋捷、王沂孙、周密并称"宋末四大家"。有《山中白云词》,还有词学专著《词源》。(2)"接叶"三句:谓在密集的花叶丛中莺筑巢,在平缓的湖水上漂卷飞絮,断桥间太阳斜照归船离去。杜甫《陪郑广文游何将军山林》诗,有"卑枝低结子,接叶暗巢莺"之句。接叶,树的枝叶互相交接重叠,形容树叶茂密。断桥,在孤山侧面,地处里湖外湖之间,为西湖著名景点。(3)"东风"二句:呼唤东风陪伴蔷薇,但蔷薇花开则春事将尽,故曰"春已堪怜"。(4)万绿西泠(líng):谓西泠桥畔绿叶触目。西泠桥,在孤山下,原为南宋繁华热闹、游人如织之地。(5)"当年"三句:暗用刘禹锡《乌衣巷》"旧时王谢堂前燕"诗意,借用古代韦曲、斜川旧地,抒发今昔盛衰之感。韦曲,在长安城南皇子陂西,为唐代望族韦氏世代居住之地。斜川,在江西星子、都昌两县之间,为历代文人雅士集盛地,陶渊明写过《游斜川》诗。这里借韦曲、斜川的景致描述西湖苔深草盛的冷落景象。(6)

"见说"二句：都说鸥鹭忘机，如今连悠闲的白鸥也知愁恨了。辛弃疾[菩萨蛮]词："拍手笑沙鸥，一身都是愁。"见说，听说。(7)笙歌梦：指宋亡前的欢乐生活。(8)飞花：落花。(9)啼鹃：鹃即杜鹃，相传为蜀帝魂魄所化，啼声凄哀。这里隐有故国之思。

【提示】

临安是词人的故乡，也是南宋的故都，西湖又是这故都的一颗明珠，词人以"西湖春感"为题付之歌咏，自然不免唱出身世之感和亡国之痛。承平之时，西湖的春景明媚，花团锦簇，词人曾有过描述与渲染；而此时国破家亡，他眼里的西湖已失去了往日的繁华。时节是晚春，"春已堪怜"，"一抹荒烟"，西湖周边，不论是达官贵人聚居的"韦曲"，还是厌世隐士避居的"斜川"，都是"苔深""草暗"，一片颓败荒凉，令人倍觉压抑。据说连那些惯于自由自在、无忧无虑的鸥鹭，也变得愁眉不展、郁郁寡欢。面对此情此景，词人直抒胸臆，所谓"无心再续笙歌梦，掩重门、浅醉闲眠"。而"莫开帘，怕见飞花，怕听啼鹃"三句，更是哽咽之语，字字含泪，令读者感受到词人饱经忧患的心已变得无比敏感和脆弱。

三、专题衍说

雄阔文章艳情词

——说欧阳修诗文与词的不同风格

从欧阳修的创作里，可以看出"词为艳科""词为小道"的观念是如何深入时人之心的。

欧阳修为人刚毅。

他的耿介就连他的老师晏殊都有些接受不了。想当初，晏殊是十分看好欧阳修的。那年晏殊主持考试，故意在考题上留下破绽，众举子只顾答题,只有欧阳修对题目提出质疑。晏殊赞叹地说:"今天的考场当中,只有你一人读懂了题目。"这一榜晏殊将他取为第一。那时欧阳修23岁。但是欧阳修太实诚了,不懂得给"富贵优游"的老师凑趣,以至于晏殊对他渐生嫌隙。有一年岁暮大雪,晏殊的庭院银装素裹,众僚属在晏殊家饮酒作乐,赏雪赋诗。众人写诗,无非说瑞雪如何丰年,主人如何风雅,而欧阳修洋洋洒洒写了一首《西园贺雪歌》,末尾几句却是:"主人与国共休戚,不惟喜悦将丰登。须怜铁甲冷彻骨,四十余万屯边兵。"您老是国家的栋梁,见着飞雪难道只想着来年的收成?要知道四十余万的将士屯守在边关,战事吃紧,他们忍受着彻骨的寒冷,角弓难控,铁衣难着,您不会想不到吧?晏殊一下子脸上就挂不住了,事后说:"欧阳修这人就是矫情。唐代的韩愈也算是会写文章的人了吧?他参加宰相裴度家的宴会,也不过写些'园林穷胜事,钟鼓乐清时'这样的应景文字,哪里会像欧阳修这样胡闹,扰人兴致的。"

欧阳修为史卓识。

欧阳修的史学成就颇高,他主持了《新唐书》的修撰,又独自编写了《新五代史》。他认为历史的记录应该像《春秋》一样,对那些可以垂诫后世的君臣善恶功过以及朝廷百事,"直书而不隐"。他的《新五代史》抛开《旧五代史》"天人感应"的荒诞一套,依据史实来分析事件的前因后果,总结历史教训。

欧阳修为文雄赡。

年轻的时候在河南做官,他曾给自己的办公场所取了个名字叫"非非堂"。第一个"非"字是"否定、抨击"的意思,第二个"非"字指的是"错误"。他说:"夫是是近于谄,非非近于讪,不幸而过,宁讪无谄。是者,君子之常,是之何加?一以观之,未若非非之为正也。"赞美某人某事是正确的,听起来总像是在恭维,因为言行正确,本来就是君子应该做的,又有什么好赞美的呢?而指责某人某事是错的,常常会被认为是诽谤,从而遭到怨恨,但指责错误的行为才是真正可取的。所以他"宁讪无谄",宁愿被指为毁谤也不愿被指为谄媚。欧阳修一生坚持是非原则,许多文章都体现了"宁讪无谄"。范仲淹担任右司谏一月有余，欧阳修就写了《上范司谏书》批评他没有对朝廷进言："读书人常常抱怨自己不被朝廷重用。等到被任用，又说那不是我的职责，不敢进言；或者说我的地位卑微，不能进言；或者说等等以后再说吧。到最后就没有一个人进言，那不是很可惜吗？"后来范仲淹因为"越职言事"而遭排挤，左司谏高若讷认为范仲淹罪当贬黜，欧阳修十分气愤，写了《与高司谏书》，雄辩滔滔地指斥高若讷"不复知人间有羞耻事尔"。因此文，欧阳修被逐出朝廷，贬为夷陵县令。再后来，因支持范仲淹"庆历新政"，被守旧派攻击为结党营私，仁宗皇帝对朝野的议论心生疑窦："我只听说过小人结党营私，难道君子也有朋党吗？"欧阳修干脆写了一篇《朋党论》，别出心裁地提出"小人无朋，惟君子则有之"：那些小人纯粹以个人私利相交，无原则，无操守，哪里会有长久聚合？只有君子，有理想有道德，为了道义而同心共济，才能结成真正的"朋党"啊。

欧阳修为诗豁达。

欧阳修数次遭贬谪，不改初心。贬谪期间所写的诗，虽然也有失落与忧伤，但总体是豁达的。他常常提醒自己不可沉溺于伤感，而将挫折看成一种修炼。在贬往夷陵的路上，他写有一首《黄溪夜泊》："楚人自古登临恨，暂将愁肠已九回。万树苍烟三峡暗，满川明月一猿哀。非乡况复惊残岁，慰客偏宜把酒杯。行见江山且吟咏，不因迁谪岂能来？"是啊，若非迁谪，岂能见着峡川夜月的苍茫辽阔，见着如此奇异诡谲的风光？在夷陵，他还写过一首《戏答元珍》："春风疑不到天涯，二月山城未见花。残雪压枝犹有橘，冻雷惊笋欲抽芽。夜闻归雁生乡思，病入新年感物华。曾是洛阳花下客，野芳虽晚不须嗟。"正因为见识过倾城的洛阳牡丹，那如云如霞的灿烂早已深藏心底，如今身处山乡，春天来得晚，野花迟迟未开，那又怎么样呢？

上述为史、为文、为诗，乃至为人，均可以雄阔、端方论之。然而到了词的创作上，欧阳修则是秉持了"婉约"的正宗。题材无非离情别绪、光景流连，风格沉挚而深婉。词中有许多经典，诸如"人生自是有情痴，此恨不关风与月""平芜尽处是春山，行人更在春山外""泪眼问花花不语，乱红飞过秋千去""明朝车马各东西，惆怅画桥风与月""可惜明年花更好，知与谁同"等。叶嘉莹评欧阳修的词，认为有"遣玩的意兴"，也就是说，他对自己所描述的一切，抱有一种欣赏的情绪，哪怕描述的是悲情。

从观念上，欧阳修与当时许多文人一样，视词为"敢陈薄伎，聊佐清欢"的游戏文字，因而也留下了不少"艳词"。虽然其中不乏托名于他的伪作，但后人也不必出于回护"一代儒宗"的形象而为其刻意避忌。他写过一首《南乡子》："好个人人，深点唇儿淡抹腮。花下相逢、忙走怕人猜。遗下弓弓小绣鞋。划袜重来。半鬌乌云金凤钗。行笑行行连抱得，相挨。一向娇痴不下怀。"还有一首《醉蓬莱》："见羞容敛翠，嫩脸匀红，素腰袅娜。红药阑边，恼不教伊过。半掩娇羞，语声低颤，问道有人知么。强整罗裙，偷回波眼，伴行伴坐。更问假如，事还成后，乱了云鬟，被娘猜破。我且归家，你而今休呵。更为娘行，有些针线，诮未曾收啰。却待更阑，庭花影下，重来则个。"士大夫在私生活的场合里吟唱小曲，似乎也并不妨碍他们在另外的场合中高奏大雅。

欧阳修在公堂上做事磊落，他的政敌们只好在私生活上找他的茬，于是某些真真假假的词倒也成了攻讦他的武器。他曾被诋毁与甥女有私情，有人就举他的《望江南》词为证："江南柳，叶小未成阴。人为丝轻那忍折，莺怜枝嫩不胜吟。留取待春深。十四五，闲抱琵琶寻。堂上簸钱堂下走，恁时相见已留心。何况到如今。"

人间别久不成悲
——说姜夔的身世、情事与情词

姜夔的"夔"字，是上古传说中的神兽。《山海经》记载，"夔"的形状像牛一样，灰色的身体，但只有一条腿（一足）。它出没的时候，伴着狂风暴雨，吼声如雷鸣一般。黄帝捉到了它,用它的皮做成了鼓,敲击起来,声音响彻五百里。不过孔子不是这么说的。有人问孔子:"'夔'究竟是兽还是人啊?怎么会只有一条腿呢?"孔子回答:"'夔'当然是人啊,他是尧舜时的乐官,精通音律,善于用音乐来教化民众。所以尧舜说:'这样的人,有一个就足够了'(夔一而足矣),哪里是说他只有一条腿!"

姜夔的父亲姜噩给儿子取名的时候,或许是想到"夔"的这些典故了。反正,南宋绍兴二十五年(1155),江西鄱阳湖边的姜噩生了一个儿子,名夔,字尧章。后来,这个儿子成了著名的音乐家、词人。

张炎评论姜夔的词风,说是如"野云孤飞,去留无迹"。由于姜夔这个人,长得"气貌若不胜衣,望之若神仙中人",行迹又飘零江湖,终身未仕,以清客身份蹈隐士行径,所以有人也用"野云孤飞"这样的字眼来形容他本人,赞美他的潇洒淡泊,羡慕他的悠然自得、无拘无束。其实,潇洒淡泊不等于无欲无求,飘飘然的神仙有不少也是凡人修炼的。一切有法无法,有相无相,如人饮水,冷暖自知。

姜夔于功名的缘分少,但与功名的圈子却也不那么远。

姜夔的远祖有在唐代做过宰相的,不过于姜夔而言是遥远的故事了。在他五六岁的时候,父亲姜噩中了进士,不久带着他去了武汉的汉阳做县令。在姜夔14岁的时候,父亲去世了,他只好寄居于嫁在汉川的姐姐家中。20岁以后,离开姐姐家,开始了自食其力的生活。

为了进入仕途,姜夔参加了若干次科举考试,但屡考屡败。"少小知名翰墨场,十年心事只凄凉"(《除夜自石湖归苕溪》)是他境遇的写照。40多岁的时候,因向朝廷进献《圣宋铙歌鼓吹》,得到了破格直接赴礼部应试的机会,可还是名落孙山。

尽管科场不顺,但凭着诗词文章、书法音乐无不精善的才华,姜夔在江湖上声名鹊起。32岁那年,他与萧德藻相识。萧德藻号千岩老人,与尤袤、范成大、陆游并称为"尤萧范陆四诗翁"。萧德藻夸赞姜夔的[扬州慢]词有

"黍离之悲",对姜夔的诗才极为叹服:"我写了40多年的诗,今天才遇上了真正可以谈诗的人!"他把姜夔带到了湖州,并把侄女嫁给了他。通过萧德藻的人脉,姜夔又结识了范成大、杨万里、陆游、辛弃疾、叶适、朱熹等名公巨卿。这些社会名流也纷纷对他有高评,杨万里推许他的文章似晚唐诗人陆龟蒙(号天随子),范成大则称赏他的翰墨人品非常像魏晋时候的那些雅士。

姜夔一生的主要身份是权门清客,衣食无忧,可也并不富裕。这种身份,表面看算是豪门的座上雅宾,其实不过寄人篱下。放下功名追求的姜夔,颇能适应这样的日子。他不必汲汲营营于俗务,可以专心于纯粹的艺术创造;又因为他所依附的那些人极为赏识他的才能,也使他不必谄媚取容,降志辱身,他的作品也就有了"野云孤飞,去留无迹"的高卓品格。

淳熙二年(1191)冬天,姜夔冒雪去拜访隐居在苏州石湖别墅的范成大。范成大酷爱梅花,姜夔应他之请赋梅花词,作了两曲,取名[暗香][疏影],后来被誉为咏梅词中的绝唱。词人把与梅花相关的典故串珠成链,"旧时月色,算几番照我,梅边吹笛","江国,正寂寂。叹寄与路遥,夜雪初积","昭君不惯胡沙远,但暗忆、江南江北",意境清新,音节谐婉,令范成大把玩不已。高兴之余,范成大把歌伎小红赏给了姜夔。除夕前,姜夔带着小红回湖州,船过垂虹桥时写了一首绝句:"自作新词韵最娇,小红低唱我吹箫。曲终过尽松陵路,回首烟波十四桥。"这首小诗的画面感极强,成为许多画师的题材。

不过,梅花与柳树,对姜夔来说,有着另一番意味。夏承焘先生认为,姜夔词中出现梅、柳意象的,多与"合肥情事"有关。

大约30岁之前的某一个时间段里,他寓居合肥赤阑桥西的小巷,巷子两旁都是杨柳。他遇到了一对歌伎姐妹,"大乔能拨春风,小乔妙移筝,雁啼秋水"。三人之间究竟是怎样的一种状况,又是怎样的原因无法相守,除了诗词中的隐晦片段,还有大量谜团。之后姜夔有两次路经合肥,都留下哀婉的文字;而此种抱憾,终生未泯。

姜夔有22首回味合肥情事的词作，[踏莎行]写于淳熙十四年(1187)。头一年他结识了萧德藻，并与萧的侄女有了婚约。他由汉阳顺江而东，路经合肥，做了一个梦，于是有了这首迷离惝恍、闪烁其词的词："燕燕轻盈，莺莺娇软。分明又向华胥见。夜长争得薄情知，春初早被相思染。别后书辞，别时针线。离魂暗逐郎行远。淮南皓月冷千山，冥冥归去无人管。""燕燕""莺莺"指两姐妹，"薄情"则是自我忏悔。姐妹俩如倩女般魂魄离体追随爱人，当她们的精魂趁着月色冥冥归去淮南时，是否受得了那份清冷？

庆元三年(1197)，姜夔43岁，住在杭州。元宵节前后他写了一组[鹧鸪天]词，其中的"少年情事老来悲""旧情惟有绛都词""谁识三生杜牧之"等颇为感人，而《元夕有所梦》写得更是直率奔放，浓烈炽热："肥水东流无尽期，当初不合种相思。梦中未比丹青见，暗里忽惊山鸟啼。春未绿，鬓先丝，人间别久不成悲。谁教岁岁红莲夜，两处沉吟各自知。""人间别久不成悲"，时间真能消磨人，早先撕心裂肺的痛楚，似乎随着时间的流逝渐渐淡去，淡到长到人的身体里，成为人的一个部分。它不再是悲和痛，它分明就是自己。沉吟处，悲喜自知。

夏承焘说："姜夔用情之专之深，在两宋文人中只有陆游可与之相比，这也使得姜夔的词具有极为感人的品质。"

专题二十二

豪放词风

一、专题要点

本专题主要了解豪放词的风格特点、豪放词的发展阶段，以及主要代表作家的创作成就。本专题选读诗歌作品12首。

（一）豪放词的发展阶段

豪放词一般认为是摆脱了"词为艳科"的格局，在题材、风格、用调及创作手法等方面与婉约词不同，故这类创作被传统词家称为"异军""别宗""别派"。代表词人为苏轼、辛弃疾等。宋代豪放词创作的发展可分为四个阶段。

1.范仲淹写［渔家傲］（塞下秋来风景异），发豪放词之先声，可称预备阶段。

2.苏轼大力写壮词，豪放词创作进入奠基阶段。南宋词论家王灼说苏轼作词"指出向上一路，新天下耳目，弄笔者始知自振"。张炎《词源》将"豪放词"与"雅词"对举。

3.苏轼之后，经贺铸中传，加上靖康事变的引发，豪放词创作获得迅猛发展。这一时期除辛弃疾外，还有李纲、陈与义、叶梦得、朱敦儒、张元干、张孝祥、陆游、陈亮、刘过等一大批杰出词人。他们相激相慰，以爱国宏声组成雄阔的阵容。

4.刘克庄、黄机、戴复古、刘辰翁等人继承辛弃疾的词风，赋词依然雄豪。但由于南宋国事衰微，恢复无望，词坛或呈粗犷、或返典雅，豪放词创作中的悲哀之气渐趋浓郁。

（二）苏轼、辛弃疾豪放词风格的区别

苏轼和辛弃疾都是豪放词的重要代表，对宋词的发展起了十分关键的作用，被后世并称为"苏辛"。但二人的豪放词在风格上却呈现出不同特点：苏词具有超然旷达的豪放，充分显示出其坦诚旷达的胸怀；而辛词情感雄浑壮阔，沉郁悲壮，在豪放中凸显出更多悲壮的意味。

（三）课堂话题

1. 豪放词特征。从题材上看，它突破了"词为艳科"的束缚，可谓"无意不可入，无事不可言"。从表现手法看，不拘常套，既可以文入词，也可以诗入词，甚至以理入词。从艺术风格上看，恢宏、沉郁、洒脱自如，横放杰出。从音律上看，有一定的自由性。且多用韵律响亮的长调词谱，以抒抑郁不平之气。

2. 写边塞征战 ——"四面边声连角起"。宋代词人不少有过金戈铁马的战斗经历。范仲淹曾戍边西北（任陕西经略副使兼知延州），人称"腹中自有甲兵百万"；他的[渔家傲]《秋思》写将士的英雄气概及艰苦生活，意境开阔苍凉。陆游曾投身军旅，在抗金前线南郑任四川宣抚使王炎的幕僚，著《剑南诗稿》；他的[诉衷情]（当年万里觅封侯）就描写了自己一生中那段最值得怀念的战斗岁月。辛弃疾青年时举义军抗金，回归南宋后又力主复国；他的[破阵子]《为陈同甫赋壮词以寄之》通过对早年沙场生涯的追忆，表达了杀敌报国、收复失地的理想。

3. 写英雄豪情 ——"会挽雕弓如满月"。宋代许多词人有英雄情结，词中常写历史上英雄的事迹，或直接以英雄自比，抒写豪情壮志。如苏轼[江城子]《密州出猎》写到"亲射虎，看孙郎"，辛弃疾[南乡子]《登京口北固亭有怀》写到"天下英雄谁敌手？曹刘"，等等。

4. 写散淡疏狂 ——"一蓑烟雨任平生"。有些词表现饱受压抑而又不甘屈服的狂傲或旷达。如朱敦儒的[鹧鸪天]《西都作》表现"几曾着眼看侯王"的骄傲，刘克庄[一剪梅]《余赴广东，实之夜饯于风亭》则直接喊出"疏又何妨,狂又何妨"的声响。

5. 写相思友情 ——"我最怜君中宵舞"。有些酬赠词是志士之间的共振同鸣,如辛弃疾[贺新郎]《同父见和,再用韵答之》以"男儿到死心如铁"来歌颂陈亮为国牺牲的决心和坚定立场。

二、专题诗选

范仲淹[渔家傲](1)

塞下秋来风景异(2),衡阳雁去无留意(3)。四面边声连角起(4)。千嶂里(5),长烟落日孤城闭(6)。　浊酒一杯家万里(7),燕然未勒归无计(8)。羌管悠悠霜满地(9)。人不寐(10),将军白发征夫泪。

【注释】

(1)范仲淹(989—1052),字希文,谥文正,世称"范文正公"。祖籍邠州(今陕西咸阳彬县),移居苏州吴县(今江苏苏州)。宋真宗大中祥符八年(1015)进士,历任秘阁校理、右司谏、知开封府等职。因敢于直言强谏,屡遭贬斥。宋仁宗康定元年(1040)出任陕西经略副使,兼知延州(今陕西延安)。庆历三年(1043)回朝,任枢密副使、参知政事等职,并主持庆历新政。改革失败后,历知邓州、杭州、青州,病故于徐州。其诗、词、文都有传世名作,《岳阳楼记》中名句"先天下之忧而忧,后天下之乐而乐"为后世所传诵。存词极少。有《范文正公集》。(2)塞(sài)下:边疆要塞之地,这里指宋朝与西夏对峙的西北边境。(3)衡阳雁去:雁去衡阳。衡阳(今属湖南)有回雁峰,是衡山七十二峰之首,传说秋天北雁南飞至此则止,春归北返。(4)边声:泛指边疆地区的悲凉之声,如笳鼓声、马声、风声等。角:军中号角。(5)千嶂(zhàng):屏障般连绵不断的山峰。嶂,像屏风般的山峰。(6)长烟:指弥空薄雾。(7)浊酒:未经过滤的酒。泛指酒。(8)燕(yān)然未勒:是说抗敌大功尚未完成。《后汉书·窦宪传》载,窦宪追击匈奴,登上燕然山(今蒙古境内杭爱山)刻石纪功而返。勒,刻。(9)羌(qiāng)管:羌笛,汉代由羌(古代西北少数民族)地传入内地的管乐器。(10)寐(mèi):睡着。

【提示】

宋仁宗康定元年(1040)至庆历三年(1043),范仲淹出任陕西经略副使兼知延州,戍守西北边疆,抵御西夏侵扰达四年之久,卓有声威,西夏畏惮,称"小范老子腹中有数万甲兵"。民谣云:"军中有一范,西贼闻之惊破胆。"本词当作于其间。词的上片写秋景,下片抒乡思。写景时注重尽可能多地调动感官,睹长烟、落日,闻雁鸣、角声,有声有色地勾画出夕阳残照下萧瑟、凄凉的边地孤城。抒情时沉郁、悲壮,既有不绝如缕的乡思,又有功业未就的感慨。这首[渔家傲]在文学史上占有特殊地位。北宋初年,词风沿袭唐、五代,专事绮靡,范仲淹把雄武悲壮的边塞题材引入词坛,在绸缪婉转的词坛别树一帜,开苏轼及南宋辛派爱国抗战词风之先河。

苏轼[江城子]《密州出猎》(1)

老夫聊发少年狂(2),左牵黄,右擎苍(3)。锦帽貂裘(4),千骑卷平冈(5)。为报倾城随太守(6),亲射虎,看孙郎(7)。　　酒酣胸胆尚开张(8),鬓微霜(9),又何妨。持节云中,何日遣冯唐(10)?会挽雕弓如满月(11),西北望,射天狼(12)。

【注释】

(1)苏轼:见专题三"中秋诗词"专题诗选[水调歌头](明月几时有)注释(1)。(2)老夫:作者自称,时年40岁。聊发:姑且遣发。(3)左牵黄,右擎(qíng)苍:左手牵着黄狗,右臂托起苍鹰。黄狗与苍鹰用于围猎时追捕猎物。(4)锦帽貂裘(diāo qiú):头戴着锦缎帽子,身穿貂鼠皮袍。这是汉代羽林军的装束。(5)千骑(jì):形容骑马随从的人很多。卷平冈:席卷平坦的山冈。(6)"为报"句：是说为了报答全城的人都随同观猎的盛意。倾城，尽全城所有的人。(7)孙郎：指三国时孙权。孙权一次骑马射虎，马为猛虎所伤，孙权以双戟投掷，猛虎为之倒退。这里作者以孙权自比。(8)酣(hān)：酒喝得很畅快。胸胆尚开张：胸怀开阔，胆气豪壮。尚，更。(9)霜：指白。(10)"持节"二句：朝廷何时派冯唐去云中赦免魏尚呢？典故出自《史记·冯唐列传》。持节，拿着作为使者凭据的符节。云中，汉郡名，今内蒙古自治区呼和浩特市托克托县一带。遣冯唐，云中太守魏尚因小差错被免官，冯唐认为魏尚有功，应免罪。汉文帝采纳了他的意见，并派他去云中赦免魏尚。这里作者以魏尚自比，希望得到朝廷的信赖。(11)会：当。挽雕弓：拉开有彩绘的弓。满月：圆月，形容尽力拉弓而成的形状。(12)天狼：星名，象征侵掠。此指辽和西夏。

【提示】

此词作于宋神宗熙宁八年(1075)，当时作者在密州(今山东诸城)任知州。上片描写出猎的壮观场面，有声有色；并以孙权自喻，暗示自己富有雄才大略。下片借历史典故抒发自己杀敌卫国的雄心壮志，表达了为国效命的坚强决心，并委婉地表达了期望得到朝廷重用的愿望。全词一气贯注，极具阳刚之美。

苏轼本人对此词颇为自得，在给友人的信中曾写道："近却颇作小词，虽无柳七郎风味，亦自是一家。呵呵！数日前，猎于郊外，所获颇多。作得一阕，令东州壮士抵掌顿足而歌之，吹笛击鼓以为节，颇壮观也。"夏承焘说："从宋词的发展看来，在范仲淹的那首《渔家傲》之后，苏轼这词是豪放词派中一首很值得重视的作品。"

苏轼[八声甘州]《寄参寥子》(1)

有情风万里卷潮来，无情送潮归(2)。问钱塘江上，西兴浦口，几度斜晖(3)？不用思量今古，俯仰昔人非(4)。谁似东坡老，白首忘机(5)。　　记取西湖西畔，正春山好处，空翠烟霏(6)。算诗人相得，如我与君稀(7)。约他年、东还海道，愿谢公、雅志莫相违(8)。西州路，不应回首，为我沾衣(9)。

【注释】

（1）苏轼：见专题三"中秋诗词"专题诗选［水调歌头］（明月几时有）注释（1）。参寥子：僧名道潜，法号参寥，本姓何，於潜人。与苏轼交善。子，尊称。（2）"有情"二句：是说海风满怀深情地卷来万里海潮，又无情地把它们送回大海。（3）"问钱塘"三句：借问那钱塘江畔的西兴浦口，共经历过多少次夕阳西照？西兴浦口，西兴渡口，在今浙江杭州萧山西北。苏轼多次与参寥于此同观潮景。斜晖，夕照。（4）"不用"二句：意谓不用思量古今兴废，也不用像王羲之那样为"俯仰人非"而感叹。俯仰昔人非，见王羲之《兰亭集序》"向之所欣，俯仰之间，已为陈迹……岂不痛哉"，此处反用其意。俯仰，一低头一抬头之间，喻时间短暂。（5）"谁似"二句：意谓只有我老东坡忘却世人争名夺利的心机。东坡老，东坡自称，时年56岁。忘机，忘却世俗的机诈之心。（6）"记取"三句：意思是说，离开杭州后，我会记得西湖西岸春天里的美丽山川，无论晴时还是雾天。记取，记得。空翠，晴天。烟霏（fēi），烟雾弥漫的天气。这两句既写与参寥在杭州的游赏乐事，又隐约表达了归隐的意趣。（7）"算诗人"二句：意思是说，算来算去，像自己和参寥那样亲密无间、荣辱不渝的至友，在世上是不多见的了。诗人，指参寥子。相得，相合、相投。稀，少。（8）"约他年"二句：是说我和你相约某年之后一定要从海道东还，实现归隐的夙愿，而不会像谢安那样空有想法而徒留遗憾。《晋书·谢安传》载，谢安虽为大臣，"然东山之志（即退隐会稽东山的'雅志'），始末不渝，每形于言色"。谢公雅志，东晋谢安归卧故山的高雅志趣。（9）"西州路"三句：这里化用晋人羊昙旧事，表明自己要实现退隐的夙愿，以不使参寥抱憾痛哭于"西州路"。据《晋书》载，谢安由于病重不得不回京，经过京城西州门时，不停地叹息悔恨自己未能实现归隐的愿望。谢安死后，他的好友羊昙便不再从西州门经过。一次醉酒后误经此地,悲痛不已,诵曹植"生存华屋处,零落归山丘"句后恸哭而去。这里作者以谢安自比,以参寥比羊昙。沾衣,即哭泣。

【提示】

元祐六年(1091),苏轼由杭州太守被召为翰林学士承旨,离杭前,作此词送给参寥。参寥以精深的道义和清新的文笔为苏轼所推崇,与苏轼过从甚密,结为莫逆之交。早在苏轼任徐州知州时,他专程从余杭前去拜访。苏轼被贬黄州,参寥不远千里赶去,追随苏轼数年。苏轼守杭,他又到杭州卜居智果精舍。甚至在以后苏轼南迁岭南时,他还打算往访,苏轼去信力加劝阻才罢。这首赠给参寥的词,表现了二人深厚的友情,同时也抒写出世的玄想,表现出巨大的人生空漠感。

时词人身在杭州,故由钱塘江入题,极自然;潮之来归,风之有情与无情,含有一定理趣。"几度"之问是愿好景永远,为依恋情怀的写照,但给人更多的却是苍茫之感。"不用"二句,超越今古,勘破是非,是谓"忘机"。然"忘机"并非忘情,故下片写杭州西湖的美景,写与参寥的"相得"之乐,最难割舍。于是,又把希望寄于日后归隐时的重聚。这里见出作者的旷达。结尾三句反劝对方不要因自己的离去而伤感,既体现出对好友的关怀,更是词人洒脱本色的再现。整首词达观里充满豪气,向往出世却又执着于友情,读来毫无颓唐、消极之感,但觉气势恢宏,荡气回肠。

朱敦儒 [鹧鸪天]《西都作》(1)

我是清都山水郎(2),天教分付与疏狂(3)。曾批给雨支风券(4),累上留云借月章(5)。　　诗万首,酒千觞(6),几曾着眼看侯王(7)。玉楼金阙慵归去(8),且插梅花醉洛阳(9)。

【注释】

(1)朱敦儒:见专题十六"新年诗词"专题诗选[好事近](春雨细如尘)

注释(1)。西都：指洛阳，宋朝时称洛阳为西京。(2)清都：相传天帝的府地。山水郎：为天帝管理山水的郎官。(3)疏狂：性情狂放粗疏，不拘礼法。(4)"曾批"句：曾代天帝下达降雨刮风的诏令。券(quàn)，手令。(5)"累(lěi)上"句：多次上书天帝，请求留住云月。章，上给帝王的奏章。(6)觞(shāng)：古代盛酒的容器。(7)"几曾"句：是说从来没把诸侯王公放在眼里。(8)"玉楼"句：是说京城里面金碧辉煌的宫殿也懒得去住。玉楼金阙(què)，高贵华丽的高楼与宫殿。慵，懒得。(9)"且插"句：是说尽自酣饮狂醉，头插梅花在洛阳城里招摇过市。

【提示】

靖康之难以前，朱敦儒寄情山水，放浪林泉，过着悠闲自得的隐逸生活。词中淋漓尽致地表现了他早年乐于游山玩水、性喜饮酒吟诗的闲散生活，以及傲视五侯，不肯摧眉折腰的疏狂性格。词写得疏宕奔放，豪气四溢，充满浪漫色彩。

张元干[贺新郎]《寄李伯纪丞相》(1)

曳杖危楼去(2)。斗垂天(3)、沧波万顷(4)，月流烟渚(5)。扫尽浮云风不定，未放扁舟夜渡(6)。宿雁落、寒芦深处(7)。怅望关河空吊影(8)，正人间、鼻息鸣鼍鼓(9)。谁伴我，醉中舞(10)？　　十年一梦扬州路(11)。倚高寒、愁生故国(12)，气吞骄虏(13)。要斩楼兰三尺剑(14)，遗恨琵琶旧语(15)。谩暗涩、铜华尘土(16)。唤取谪仙平章看(17)，过苕溪、尚许垂纶否(18)？风浩荡，欲飞举(19)。

【注释】

(1)张元干(1091—约1170)，字仲宗，号芦川居士、真隐山人，晚年又称芦川老人、芦川老隐，福建永福(今福建福州永泰)人。北宋政和初，为太学上舍生。宣和七年(1125)任陈留县丞。靖康元年(1126)，金人围汴，入主战派亲征行营使李纲幕府,积极参与抗金。李纲罢相,亦遭贬逐。京都沦陷后,避地江南。后被朝廷召用,官至将作少监。绍兴元年(1131)秦桧当权,辞官还乡,寓居三山(今福建福州)。又因赠词李纲、胡铨被秦桧削籍下狱。尔后漫游江浙等地,客死他乡。其词早年多写流连光景、离别相思,风格清丽妩媚;北宋亡后则以抒发壮志难酬的愤懑为主,风格激越高昂,豪迈奔放。有《芦川词》。李伯纪:李纲,字伯纪,宋高宗建炎年间曾任宰相,为南宋抗金名臣。其时罢居梁溪(今江苏无锡)。(2)"曳(yè)杖"句:拖着手杖走上高楼。曳,拖。危楼,高楼。(3)斗垂天:北斗星悬挂在天空。斗,北斗星。(4)沧波:碧波。万顷:百万亩。百亩为一顷。(5)月流烟渚(zhǔ):月光洒在雾气笼罩的沙洲上。(6)"扫尽"二句:是说江风极大,将天上的浮云吹散,江上亦因风大而无人乘舟夜渡。放,指解缆开船。扁(piān)舟,小船。(7)"宿雁落"句:投宿的大雁落在秋天的芦苇深处。寒芦,指深秋的芦苇。(8)怅望关河:惆怅地眺望祖国山河。关河,关塞河流,泛指山河。空吊影:徒然一个人形影相吊。(9)鼻息鸣鼍(tuó)鼓:指人们熟睡,鼾声有如击着用猪婆龙的皮做成的鼓,即有鼾声如雷之意。鼍鼓,用鼍皮蒙的鼓。鼍,水中动物,俗称猪婆龙。(10)"谁伴我"二句:用东晋祖逖和刘琨闻鸡起舞的故事。《晋书·祖逖传》载:"(祖逖)与司空刘琨俱为司主簿,情好绸缪,共被同寝。中夜闻荒鸡鸣,蹴琨觉,曰:'此非恶声也。'因起舞。"此处的意思是只有李纲知道自己的报国壮志,是真知己。(11)"十年"句:化用杜牧诗"十年一觉扬州梦"。宋高宗赵构建炎元年(1127)在南京(今河南商丘)应大府称帝。不久南下,以淮南东路的扬州为行宫,图谋恢复,任李纲为宰相,但不久就听信谗言将他罢去。后来金兵南侵,高宗又匆匆逃往杭州,扬州被金人焚毁,从此中原领土相继沦陷,宋金南北对峙成为定局。从建炎三年(1129)金兵占领扬州起,至作者写此词时,其间相隔十年,收复失地已成梦想。(12)倚高寒:夜倚高楼,寒气逼人。故国:指中原沦陷地区。(13)气吞骄虏:谓豪情壮志足以吞灭敌人。骄虏,指骄横的金兵。(14)"要斩"句:指汉代使臣傅介子出使西域提剑斩楼兰王的故事。这里以楼兰影射金国,以斩楼兰王的傅介子比喻李纲一派主战人物。《汉书·傅介子传》载,楼兰王曾杀汉使者,傅介子奉命"至楼兰。……王贪汉物,来见使者。……王起随介子入帐中,屏语,壮士二人从后刺之,刃交胸,立死。"要斩,即腰斩。楼兰,西域古国,在今新疆罗布泊西。(15)"遗恨"句:用王昭君出塞事。汉元帝时以王昭君出嫁匈奴单于,表示汉朝与匈奴和好。这里借昭君和亲事谴责南宋当局对金屈膝投降。琵琶旧语,王昭君和亲出塞,相传在马上弹琵琶寄恨。(16)"谩暗涩(sè)"句:意谓白白地使宝剑埋在土里,生了铜锈,不能用以杀敌立功。这里以宝剑喻李纲一派忠直之臣被摒弃不用。谩,同"漫",徒然。暗涩,形容铜生了锈黯然失色。铜华,指铜锈。尘土,谓弃之如尘土。(17)谪仙:李白,此处借指李纲。李纲有"李白乃吾祖"的诗句。平章:评论。(18)"过苕(tiáo)溪"句:意谓和议已成定局,爱国之士能否就此退隐苕溪垂钓而不问国事呢?苕溪,水名,源出浙西天目山,流经吴兴入太湖,是唐代诗人张志和渔隐的地方,也是文人游赏的胜地。李纲居梁溪后,也曾表示过"往来苕、霅间"的愿望。垂纶,垂钓。纶,钓鱼的丝线。(19)飞举:乘风高举。意思是欲与李纲共勉,为抗金事业再作贡献。

【提示】

此词作于宋高宗绍兴八年(1138)。其时秦桧酝酿宋金和议,得到宋高宗首肯,词人得知罢居梁溪的前相李纲有反对之意,于是作此词寄之。全词饱含爱国激情,写得慷慨悲凉,风格沉郁。词的开头以曳杖登楼领起,铺叙登楼所见的苍茫夜景,境界阔大,笼罩全篇。接着写月光下的水中小洲,大风中的无人渡口,还有芦苇丛里露宿的大雁,组合成一幅凄冷、寂寥的荒郊秋夜图。面对此景,缅思时局,不禁怅恨久之。"怅望"以下四句寄寓了"众人皆醉我独醒"的感慨,并以"闻鸡起舞"一典,抒发了坚持抗金的同调者太少的怅惘孤寂之情。换头之后,化用杜牧《遣怀》诗句,进一步抒发爱国壮志受到压抑的悲愤。作者倚高楼望明月,想起十多年来中原失地未能恢复,而主战派却屡遭迫害,满腔悲愤喷薄而出。接着连用汉代傅介子和王昭君两个典故,借以表示坚定的抗金志向和对小朝廷屈辱求和、将抗战派弃置不用的遗恨。最后以一设问煞尾,热忱希望李纲放弃归隐之念,为抗金事业再创功勋。全词爱憎分明,感情浓烈。

陆游[诉衷情][1]

当年万里觅封侯[2],匹马戍梁州[3]。关河梦断何处[4]?尘暗旧貂裘[5]。 胡未灭[6],鬓先秋[7],泪空流。此生谁料,心在天山[8],身老沧洲[9]。

【注释】

(1)陆游:见专题十九"梅花诗词"专题诗选《落梅》(雪虐风饕愈凛然)注释(1)。(2)觅封侯:是说寻找建立边功、取得封侯的机会。(3)戍(shù)梁州:指乾道八年(1172)诗人48岁时在南郑军中供职事。戍,防守。梁州,古代九州之一,今陕西汉中一带。(4)关河:关塞与河防。这里指汉中前线险要的地方。梦断:梦醒。意谓像梦一般消逝了。(5)"尘暗"句:貂皮裘上落满灰尘,颜色暗淡。这里借用苏秦潦倒时貂裘破旧的典故,说自己不受重用,未能施展抱负。据《战国策·秦策》载,苏秦游说秦王"书十上而不行,黑貂之裘敝,黄金百斤尽,资用乏绝,去秦而归"。(6)胡:古泛称西北各族为胡,此处指金入侵者。(7)鬓先秋:是说鬓发早已像秋霜一样白了。(8)天山:在中国西北部,是汉唐时的边疆。这里代指南宋与金国相持的西北前线。(9)沧洲:水边之地,古时隐者居处。此指诗人晚年所居的绍兴南面镜湖边的三山村。

【提示】

这首词是作者晚年隐居山阴后所作。上片回顾了当年的英雄气魄和戎马生涯,慨叹其后常年闲居废置、请缨无路的境遇。下片更作悲凉语,表达出他如今仍旧心系国事,但自知身老力乏、难以为用的凄凉心情,同时也抒发出对被迫退隐命运的痛心和对当权者去正存邪、压制爱国力量的强烈愤恨。"此生谁料,心在天山,身老沧洲"三句,道出了词人的不甘。

刘克庄[贺新郎]《送陈真州子华》(1)

北望神州路(2),试平章、这场公事,怎生分付(3)?记得太行山百万,曾入宗爷驾驭(4)。今把作握蛇骑虎(5)。君去京东豪杰喜,想投戈下拜真吾父(6)。谈笑里,定齐鲁(7)。　　两河萧瑟惟狐兔(8)。问当年、祖生去后,有人来否(9)?多少新亭挥泪客,谁梦中原块土(10)?算事业须由人做。应笑书生心胆怯,向车中、闭置如新妇(11)。空目送,塞鸿去(12)。

【注释】

(1)刘克庄:见专题十九"梅花诗词"专题诗选《落梅》注释(1)。陈真州子华:陈韡字子华,参加过抗金战事。因任真州知州,故称陈真州。真州,今江苏仪征。(2)神州路:指中原沦陷区。(3)"试平章"二句:意谓试来评论,这抗金恢复之事应怎样处置。平章,评论。公事,指恢复中原之事。分付,处置、料理。(4)"记得"二句:据《宋史》载,金兵入侵中原,河北、河南、山西等地人民纷起自卫和反抗金的统治,聚集于太行山山区之各支义军有百万之众。宗爷,即宗泽,北宋末年抗金名将,靖康之役,汴京失陷,徽宗、钦宗被俘,宗泽任东京留守,继续抗金,人称"宗爷"。义军王善率军七十万、杨进率众三十万来归,接受宗泽统帅。驾驭,统帅。(5)"今把作"句:是说现在朝廷对待义军的态度,好像握着蛇不敢放手、骑在虎背上左右为难,完全不信任他们。把作,当作。(6)"君去"二句:这两句对陈子华说,你到真州去,京东义军都会高兴,料想一定会扔下武器下拜,服你统率。君,指陈子华。京东,指汴京东部,当时行政区划为京东路,辖今山东、河南东部及江苏北部。豪杰,指抗金义军。真吾父,语出《新唐书·郭子仪传》:回纥受人诱使入侵,唐代宗召郭子仪屯兵泾阳,郭子仪免胄率数十人入回纥营,申说大义,回纥投戈下马而拜曰:"真吾父也。"又《宋史·岳飞传》:"张用寇江西。飞以书谕之,……用得书曰:'真吾父也!'遂降。"(7)"谈笑"二句:意为在谈笑之间就可以平定山东。陈子华曾上疏提出平定山东的计划。齐鲁,山东。(8)"两河"句:是说两河沦陷区一片荒凉,只有狐兔横行。两河,指河北东路和河北西路,相当于今河北河南两省黄河以北地区,时为金国统治区。狐兔,喻指金兵。(9)"问当年"二句:谓自宗泽、岳飞之后,南宋已久无人北伐了。祖生,祖逖,晋元帝时统兵北伐,击破石勒,收复黄河以南地区。此处借指宗泽、岳飞。(10)"多少"二句:意为当朝士大夫对国事只能感叹,并无收复失地的志向和行动。新亭挥泪客,典出《世说新语·言语》:"过江诸人,每至美日,相邀新亭,藉卉饮宴。周侯中坐而叹曰:'风景不殊,正自有山河之异。'皆相视流泪。惟王丞相愀然变色曰:'当共戮力王室,克复神州,何至作楚囚相对!'"块土,犹言国土。(11)"应笑"二句:自嘲不能到前方抗敌,如同被关在车中的新嫁娘一样。典出《梁书·曹景宗传》:"今来扬州作贵人,动转不得。……闭置车中,如三月新妇。"(12)塞鸿去:喻陈子华北行。

【提示】

南宋理宗宝庆三年(1227),刘克庄任建阳县令,遇好友陈子华出知真州,特作此词与之话别。作者在词的上片中回忆了南宋初年北方民众同仇敌忾、英雄豪杰皆入老将军宗泽麾下协力抗金的盛况,慨叹南宋朝廷对待民间抗金力量"握蛇骑虎"般既用又怕的龃龉态度;并且对友人寄予厚望,希望他能在任上广纳俊杰,联络四方抗金力量,为今后收复中原打下基础。下片抒发了对于南宋君臣懦弱苟且的强烈愤恨,以及自己书生之百无一用,只能徒然目送老友慷慨北行的无奈之情,但仍有"算事业须由人做"的劝勉之语,悲而能壮。

刘克庄［一剪梅］《余赴广东，实之夜饯于风亭》⁽¹⁾

束缊宵行十里强⁽²⁾，挑得诗囊⁽³⁾，抛了衣囊。天寒路滑马蹄僵，元是王郎⁽⁴⁾，来送刘郎⁽⁵⁾。　　酒酣耳热说文章，惊倒邻墙，推倒胡床⁽⁶⁾。旁观拍手笑疏狂⁽⁷⁾，疏又何妨，狂又何妨？

【注释】

（1）刘克庄：见专题十九"梅花诗词"专题诗选《落梅》注释（1）。实之：王迈，字实之，刘克庄好友。风亭：驿亭名，在福建莆田。（2）"束缊（yùn）"句：是说打着破麻布扎成的火把，连夜行走十多里路。缊，破麻布片。宵行：由《诗经·召南·小星》"肃肃宵征，夙夜在公"转化而来，暗示远行劳苦之意。十里强，十里多。（3）诗囊：装诗书的袋子。（4）元：同"原"。王郎：指王实之。（5）刘郎：指作者自己。唐代刘禹锡多次被贬，自称"刘郎"，此暗用其意。（6）胡床：一种可以折叠的轻便坐具，又称交床、交椅、绳床。（7）疏狂：意为不受拘束，纵情任性。

【提示】

理宗嘉熙三年（1239），刘克庄赴广州任广南东路提举常平官。好友王迈（字实之）在福建莆田风亭驿夜宴饯别。词中虽戏谑调侃笔调较多，实则表达内心不平。举着火把走夜路，扔掉衣服却带上诗卷，不顾天寒路滑赴宴，已非常人所能办到；酒酣耳热之际，谈诗论文，豪兴四溢，以至推倒胡床，更是超凡脱俗之举。人以疏狂相讥，竟反问"何妨"。这是一首别具一格的送别词，完全抛开了泪眼相看的儿女情怀，绘声绘色地描写了两位饱受压制又不甘屈服的狂士的离别。忧愤深沉，豪情激越，表现了辛派词人的特色。

辛弃疾［破阵子］《为陈同甫赋壮词以寄之》⁽¹⁾

醉里挑灯看剑⁽²⁾，梦回吹角连营⁽³⁾。八百里分麾下炙⁽⁴⁾，五十弦翻塞外声⁽⁵⁾。沙场秋点兵⁽⁶⁾。　马作的卢飞快⁽⁷⁾,弓如霹雳弦惊⁽⁸⁾。了却君王天下事⁽⁹⁾,赢得生前身后名。可怜白发生!

【注释】

(1)辛弃疾:见专题三"中秋诗词"专题诗选[太常引]《建康中秋夜为吕叔潜赋》注释(1)。陈同甫:陈亮,字同甫,辛弃疾挚友。(2)挑(tiǎo)灯:拨动灯火,点灯。亦指在灯下。(3)梦回:从梦中醒来。吹角连营:号角声响遍连绵不绝的营寨。(4)八百里:牛名。《世说新语》载,晋代王恺有一头珍贵的牛,名"八百里驳"。分麾(huī)下炙(zhì):把烤牛肉分赏给部下。麾下,部下。炙,烤肉。(5)五十弦:原指瑟,此处泛指各种乐器。翻:演奏。塞外声:以边塞作为题材的雄壮悲凉的军歌。(6)沙场:战场。点兵:检阅军队。(7)"马作"句:战马像的卢马那样跑得飞快。作,如。的卢,良马名,一种性烈的快马。相传刘备在荆州遇险,前临檀溪,后有追兵,幸亏骑的卢马,一跃三丈,终脱离险境。(8)霹雳:喻猛烈的弓弦声。(9)了却:了结。天下事:指恢复中原,完成统一大业。

【提示】

这是词人晚年落职闲居时写给友人陈亮的一首词。上下两片用九句写豪壮的战地生活,有军宴、军乐、战马、弓弦,使人如临沙场,最后一句写理想在现实中的破灭。"可怜白发生"这种陡然下落,形成强烈的反差,表现了作者心未死、人先老的壮志难酬的无奈和悲愤。

辛弃疾[永遇乐]《京口北固亭怀古》⁽¹⁾

千古江山,英雄无觅、孙仲谋处⁽²⁾。舞榭歌台⁽³⁾,风流总被、雨打风吹去⁽⁴⁾。斜阳草树,寻常巷陌,人道寄奴曾住⁽⁵⁾。想当年,金戈铁马,气吞万里如虎⁽⁶⁾。　元嘉草草,封狼居胥,赢得仓皇北顾⁽⁷⁾。四十三年,望中犹记,烽火扬州路⁽⁸⁾。可堪回首⁽⁹⁾,佛狸祠下⁽¹⁰⁾,一片神鸦社鼓⁽¹¹⁾。凭谁问,廉颇老矣,尚能饭否⁽¹²⁾?

【注释】

(1)辛弃疾:见专题三"中秋诗词"专题诗选[太常引]《建康中秋夜为吕叔潜赋》注释(1)。京口:镇江。北固亭:又名北顾亭,在镇江城北北固山上。(2)"英雄"句:无处寻找英雄孙仲谋那样的人物了。孙仲谋:三国时吴主孙权字仲谋。孙权曾在京口建立吴都,并曾打败来自北方的曹操的军队。(3)舞榭(xiè)歌台:歌舞用的楼台。榭,建在高台上的房子。这里代指孙权故宫。(4)风流:指英雄事业的余韵。(5)寄奴:南朝宋武帝刘裕的小名。刘裕生长于京口,在此起事,他平定桓玄的叛乱,终于推翻东晋,做了皇帝。(6)"金戈"二句:指刘裕两次率晋军北伐,灭南燕、后秦之事。金戈,用金属制成的长枪。铁马,披着铁甲的战马。都是当时精良的军事装备。这里指代精锐的部队。(7)"元嘉"三句:宋文帝刘义隆(刘裕的儿子)在元嘉二十七年(450),草率出师北伐,想要战败北魏,建立像古人封狼居胥山那样的功绩,可是只落得自己北望敌军而仓皇失措的结局,以致北魏太武帝拓跋焘以骑兵南下,兵抵长江北岸而返。元嘉,刘义隆年号。草草,轻率。封,在山上筑坛祭神。狼居胥,即狼山,在今内蒙古自治区。汉将霍去病追击匈奴至此,登山祭神以纪念胜利。南朝宋文帝刘义隆命王玄谟北伐,王玄谟陈说北伐的策略,宋文帝说:"闻王玄谟陈说,使人有封狼居胥意。"赢得,落得。词中用"元嘉北伐"失利事影射南宋"隆兴北伐",即宋孝宗隆兴元年(1163)张浚北伐,在符离(今安徽宿州)兵败之事。(8)"四十三"三句:向北瞭望,还记得43年前扬州以北地区到处是战火烽烟的情景(当时作者正在那里率领义军进行抗敌斗争)。四十三年,宋高宗绍兴三十二年(1162),作者从北方抗金南归,至宋宁宗开禧元年(1205)任镇江知府写这首词时,前后共43年。烽火扬州路,南宋高宗绍兴三十一年(1161),金主完颜亮大举南侵,曾以扬州作为渡江基地,这一带烽火频起。路,宋代划分行政区域的单位;扬州属淮南东路,并为该路首府。(9)可堪:不堪。(10)佛狸祠:庙宇名。北魏太武帝拓跋焘,小名佛狸,他击败刘宋军队,追到长江北岸,在瓜步山(今江苏南京六合区内)上建立行宫,后来改为太武庙,又称佛狸祠。(11)"一片"句:意思是,到了南宋时期,当地老百姓只把佛狸祠当作供奉神祇的地方,而不知道它过去曾是异族皇帝的行宫。神鸦,指在庙里吃祭品的乌鸦。社鼓,社日祭神的鼓乐声。(12)"凭谁问"三句:作者以廉颇自比。《史记·廉颇蔺相如列传》记载,战国时,赵国名将廉颇受谗被疏,闲居大梁。秦兵围赵,赵王有心起用,派使者探望廉颇,廉颇当着使者的面吃了一斗米,十斤肉,披甲上马,表示还可以披挂上阵。但使者受了奸臣郭开的贿赂,便在赵王面前说:"廉颇将军虽老,尚善饭,然与臣坐,顷之三遗矢。"赵王以为老,遂不复起用。凭谁问,靠谁来问。

【提示】

这首词作于宋宁宗开禧元年(1205),其时辛弃疾为镇江知府,已66岁高龄。本篇借怀古为题,抒写对于政治局势及自身遭遇的无限感慨。当时宰相韩侂胄准备北伐,作者一方面坚决主张抗金,同时又担心轻敌冒进会招致覆车之祸,而对当权者不能真正理解他、信任他、委之以重任,则感到十分悒郁愤懑。此词的特点是多用典故,且极其贴切,扩展、丰富了词的内涵。组织在词中的有孙权、刘裕、刘义隆、廉颇等一连串历史人物,通过对他们的褒贬,反映出作者坚持收复中原失地的雄心大志、反对轻率从事的谋国忠诚和年老壮志莫酬的抑塞心情;假使不用这些典故,就很难将那许多复杂、曲折的意思如此完密地表达出来。词格苍劲沉郁,豪壮悲凉。

陈亮 [水调歌头]《送章德茂大卿使虏》(1)

不见南师久,漫说北群空(2)。当场只手,毕竟还我万夫雄(3)。自笑堂堂汉使,得似洋洋河水,依旧只流东(4)?且复穹庐拜,会向藁街逢(5)。尧之都,舜之壤,禹之封。于中应有,一个半个耻臣戎(6)。万里腥膻如许⁽⁷⁾,千古英灵安在,磅礴几时通⁽⁸⁾?胡运何须问,赫日自当中⁽⁹⁾。

【注释】

(1)陈亮(1143—1194),字同甫,号龙川,婺州永康(今浙江永康)人。宋光宗绍熙四年(1193)举进士第一,授签书建康府判官厅公事,未到任而卒。力主抗金,反对和议,曾遭忌被诬入狱。词风豪迈,与辛弃疾唱和较多。有《龙川词》。章德茂:章森,字德茂。淳熙十二年(1185)十二月,宋孝宗命章森以大理少卿试户部尚书衔为贺万春节(金世宗完颜雍生辰)正使,陈亮作此词为他送行。大卿:对章德茂官衔的尊称。使虏:出使到金国去。宋人仇恨金人的侵略,所以把金称为"虏"。(2)"不见"二句:意思是久未见南宋出兵北伐,就有人胡说宋朝没有人才。南师,指南宋北伐的军队。漫,胡乱。北群空,指没有人才。典出韩愈《送温处士赴河阳军序》:"伯乐一过冀北之野,而马群遂空。"意思是说伯乐善相马,把冀北的好马都取走了,用没有好马来比喻没有人才。(3)"当场"二句:意谓且看章德茂是能够支撑场面的巨手,毕竟我们有了这样力敌万夫的人才。当场只手,能独自支撑局面。万夫雄,力敌万夫的英雄气概。(4)"自笑"三句:用章德茂的口气说,可笑我这堂堂大汉使者,怎么能像浩荡的河水东流一样,年年去金国朝拜呢?得似,怎么能像。洋洋,水势浩大的样子。(5)"且复"二句:是说暂且再向金主朝拜一次吧,将来定要俘获他并将其"悬颈藁街"的。且复,姑且再一次。穹庐(qióng lú),毡帐,即蒙古包。藁(gǎo)街,汉代长安外族使臣居住的街道。《汉书·陈汤传》曾载陈汤斩郅支单于后奏请"悬头藁街蛮夷邸间,以示万里。明犯强汉者,虽远必诛"。丘迟《与陈伯之书》亦有"方当系颈蛮邸,悬首藁街"的语句。(6)"尧之都"五句:是说尧、舜、禹传下来的神圣疆土上,总有几个以向外族俯首称臣为耻的人。都,定都。壤,土地。封,疆界。耻臣戎(róng),指以投降敌人为耻辱的爱国志士。戎,指戎狄,这里指金人。(7)腥膻:牛羊的腥臊气,这里指中原被金兵占领。如许:像这个样子。

(8)"千古"二句：千古以来，英雄们所发挥的浩然正气，几时才有人能和他们的精神相通呢？磅礴，浩大的正气。(9)"胡运"二句：是说金朝的命运不长久了，宋朝正如太阳升起到高空，有着光明的前途。胡运，金朝的气数。何须问，即何必问，意思是一定灭亡。赫日，光芒四射的太阳。

【提示】

南宋朝廷和金国签订《隆兴和议》后，两国定为叔侄关系，因惧金人寻借口南犯，便不敢作北伐的准备。并且规定每年元旦以及两国皇帝的生辰，还要互派使节祝贺，以示友好。然而金使到宋，被敬若上宾，宋使至金，则多受歧视。淳熙十二年(1185)十二月，宋孝宗命章森作为使者前去金国，为金世宗完颜雍庆贺生辰。陈亮作此词送行。词中既感慨于南宋地位的屈辱，不满于国势的衰弱，又充满对金人的蔑视；既抒发了作者对现实的忧愤之思，也表达了他一贯的抗战必胜的信念。所以词作忽而悲愤，忽而激昂，忽而语含讥讽，忽而义正词严。但不管是悲愤还是激昂，作者充沛的浩然之气始终在篇中鼓荡，构成了全词向上的基调。

文天祥［沁园春］《题潮阳张许二公庙》(1)

为子死孝(2)，为臣死忠，死又何妨。自光岳气分，士无全节；君臣义缺，谁负刚肠(3)。骂贼张巡(4)，爱君许远(5)，留取声名万古香。后来者，无二公之操，百炼之钢。　　人生翕歘云亡(6)。好烈烈轰轰做一场。使当时卖国(7)，甘心降虏，受人唾骂，安得流芳。古庙幽沉(8)，仪容俨雅(9)，枯木寒鸦几夕阳。邮亭下(10)，有奸雄过此，仔细思量。

【注释】

(1)文天祥(1236—1282)，初名云孙，字天祥。改字履善，又字宋瑞，号文山，吉州庐陵(今江西吉安)人。宋理宗宝祐四年(1256)应举中状元。上书言富国强兵之法，不纳。屡受贾似道排挤，宦海沉浮，曾隐居家乡文山。

恭帝德祐初，起师勤王，被任命为右丞相兼枢密使。奉使元营，被拘留，后逃归，出生入死，率兵抗暴，终因寡不敌众失败被俘。押至大都，囚禁四年，从容就义。工诗文，多抒爱国之情，慷慨激烈。有《文山先生全集》。诗题一作《题潮州双忠庙》。潮阳：今广东省汕头市潮阳区。张许二公：指唐代张巡、许远。他们在安史之乱中，孤军扼守睢阳城，坚持数月直至援绝粮尽，城陷被捕，先后以身殉国。(2)死孝：死于孝，为尽孝而死。下"死忠"同。(3)"自光岳"四句：是说自安史之乱起，天崩地陷，很少有守节不屈的志士。光岳，指三光（日月星）和五岳。君臣义缺，指君臣之间的道义缺损。负，具有。刚肠，指坚贞的情操。(4)骂贼张巡：张巡城破被俘后，贼将问巡："闻公督战，大呼辄眦裂血面，嚼齿皆碎，何至是？"答曰："吾欲气吞逆贼，顾力屈耳。"并骂贼曰："我为君父死，尔附贼，乃犬彘也，安得久！"(5)爱君许远：许远任睢阳太守，"开门纳巡，位本在巡上，授之柄而处其下，无所疑忌"；"当其围守时，外无蚍蜉蚁子之援，所欲忠者，国与主耳"。(6)翕欻(xī xū)：倏忽，如火光一现。云亡：逝去。(7)使：假使。(8)古庙：此指张、许二公庙。(9)仪容俨雅：指二人塑像容貌端庄。俨雅，端庄、整肃。(10)邮亭：古代在旅途中设立的馆舍，供官家送文书及旅客歇宿。

【提示】

张巡和许远是唐代两位著名的以身殉国的死难烈士。当安史之乱时，他们同心同德，协力坚守睢阳（今属河南商丘），屏障江淮，终因粮尽援绝，城陷被俘，双双从容就义。南宋帝昺祥兴元年（1278），文天祥以少保右丞相兼枢密使驻兵潮阳（今属广东），特意前往县城东郊拜谒后人为纪念张、许二公而修建的庙，并赋此词抒发其为国献身的决心。词中通过咏史，表达了作者在南宋亡国前夕力挽狂澜、视死如归的决心。全篇采用议论和抒情相结合的表现手法，以儒家的伦理道德为旨归，盛赞张巡和许远的忠贞气节和高尚品德，爱憎分明，大义凛然，洋溢着强烈的爱国主义精神。

三、专题衍说

关西大汉的铁板铜琶
——说苏轼的豪放词

苏轼在翰林院供职的时候,有一次问善歌的幕士:"拿我的词和柳永的词比较,你觉得如何?"幕士答得很妙:"柳永的词,适合让十七八岁的女郎,手执红牙拍板低低地唱'杨柳岸晓风残月',而您的词嘛,就让关西大汉操着铜琵琶、铁绰板,高唱'大江东去'吧。"

苏轼听了"绝倒",笑得前俯后仰。

苏轼是被幕士形象的比拟逗乐了。歌舞院里,红拥翠簇,怎么可能有操着铁板铜琶的关西大汉当庭高歌呢?

在宋代,词是一种通俗的音乐文学,主要用途是社交应酬场合中的娱乐,女性为主要表演者。因而在文人的普遍观念里,词就应该是柔美的,没有必要让它去承担诗文所具有的"言志""载道"功能。所以词被称为"小词""诗余","诗庄词媚"的界限似乎也是大家公认的。

苏轼爱玩,不受世人的观念所拘束,以写诗的方式写词,"偶尔作歌,指出向上一路,新天下耳目",在自己的一方园地里亮起了"铜琵琶""铁绰板"。人们虽然也欣赏他超绝的才气,为他的壮歌喝个彩,但毕竟不认为这是作词的正确途径。陈师道名列"苏门六君子",他说:"子瞻(苏轼)以诗为词,如教坊雷大使舞,虽极天下之工,要非本色。""教坊雷大使"指的是宋徽宗时期的教坊男性艺人雷中庆,虽然阳刚矫健的舞蹈极尽工巧,但毕竟不如女儿家的本色地道。一个时代里的审美观念完全有可能是如此霸道。

其实苏轼自己也未尝不是将这样的写作作为一种新奇的尝试。在密州做太守的时候,他写了一首[江城子]《密州出猎》:"老夫聊发少年狂,左牵黄,右擎苍。锦帽貂裘,千骑卷平冈。为报倾城随太守,亲射虎,看孙郎。酒酣胸胆尚开张,鬓微霜,有何妨。持节云中,何日遣冯唐?会挽雕弓如满月,西北望,射天狼。"此词完成之后,他给朋友鲜于子骏写了一封信,信中说:"近却颇作小词,虽无柳七郎风味,亦自是一家。呵呵!数日前,猎于郊外,所获颇多。作得一阕,令东州壮士抵掌顿足而歌之,吹笛击鼓以为节,颇壮观也。写呈取笑。"这段话颇有意趣。首先,他依旧将柳永词作为参照物,说虽然"小词"与柳永的风味不同,但还是可以自成一家的。"呵呵"和"取笑"的字眼,不免调侃,"博君一哂"罢了。但他还是颇为自得,为自己的创意而开心,他让"东州壮士"——太守管辖下的军士们,一边拍手、一边跺脚地唱,同时让人吹笛敲鼓应合节拍伴奏,声腔激越,相当壮观。

"东州壮士""关西大汉",都是身材魁梧的猛士形象,歌楼舞榭里的侑酒场合是不适合他们演唱的,但在东坡的营帐里,倒还真是值得一观。

苏轼存词三百余首,大约三分之一是婉约清丽的,可用于宴会上伎人演唱,如"春色三分,二分尘土,一分流水""枝上柳绵吹又少,天涯何处无芳草";还有一部分是其人生际遇的情感抒发,具有超然旷逸的格调,诸如"人有悲欢离合,月有阴晴圆缺""归去,也无风雨也无晴"之类;至于壮士的歌唱,数量并不太多。而苏轼的高处,不在于词中有狂呼怒叱,而是有心把词当作诗来写——诗可以写胸臆抱负、乡关乡情,可以写天地乾坤、百事经纶,词为什么不可以?

恪守词的"本色"的人比较难接受苏轼的另类别调,看不惯,以至于有所批评。李清照在《词论》里就说:"苏子瞻,学际天人,作为小歌词,直如酌蠡水于大海,然皆句读不葺之诗尔,又往往不协音律者。"说苏轼是有大文化的人,写起词来自然应是如大海里舀水,根本不需费功夫,可竟然那么不讲究,写成句子长短不齐的诗罢了,实在是太别扭。

李清照的《词论》是非常强调词的"可歌性"的,她苛刻地要求词从"可歌"的角度严格区别五音、六律和轻重清浊,反对苏轼等人以诗为词,把词做成了"句读不葺之诗"。当然这个"歌",不是关西大汉的"歌"。

近人夏敬观先生在《手批东坡词》中云："东坡词如春花散空,不著迹象,使柳枝歌之,正如天风海涛之曲,中多幽咽怨断之音,此其上乘也。"怎样的词方为东坡的好词呢?夏先生认为,须是在天风海涛这般博大的气势中,流动着低回婉转、幽咽怨断的声音,就像传说中那位叫柳枝的姑娘唱李商隐的诗那样。至于如"教坊雷大使"般的关西大汉、东州壮士所唱的曲调,不过是他的第二乘作品。

比如苏轼的[八声甘州]:"有情风万里卷潮来,无情送潮归。问钱塘江上,西兴浦口,几度斜晖?不用思量今古,俯仰昔人非。谁似东坡老,白首忘机。记取西湖西畔,正春山好处,空翠烟霏。算诗人相得,如我与君稀。约他年、东还海道,愿谢公、雅志莫相违。西州路,不应回首,为我沾衣。"

苏轼与参寥子(道潜)相契相合,亲密无间,他数次落难被贬,参寥子都千里迢迢问询探望,最终还受到牵连。这一回,苏轼由杭州被召回朝廷,告别前,他对参寥子说:那卷起钱塘江潮的风,究竟是有情的,还是无情的?几度潮来潮去,几度盛衰兴亡,人世变迁似乎也不过俯仰之间。现如今,我已无得失之心,富贵荣华于我而言是微不足道的。你只要记得西湖边的春山烟雨,记得你我二人曾经是如此鱼水相得。不妨定个约言吧,我总归是要离开朝廷坐船回来与你相见的;我希望,希望不至于让你在人间等不到我而抱憾流泪。

此词豪迈超旷,又至情感喟,令人读之动容。

东风谬掌花权柄,却忌孤高不主张

——说江湖诗人刘克庄

陆游、辛弃疾之后,南宋文坛的宗主是刘克庄。

刘克庄初名灼,字潜夫,号后村,是福建莆田人。他一生经历五朝(孝宗、光宗、宁宗、理宗、度宗),做过高官(做到工部尚书,二品),有过高誉(宋理宗评价他"文名久著,史学尤精"),创作高产(传世著作《后村先生大全集》共196卷,其中包含5000余首诗,200余阕词,4卷诗话和多篇散文),才华高卓(精通音乐、绘画、书法等各种艺术),享有高寿(83岁过世),自视也相当高(以唐代政治文化人物刘禹锡自比)。但是相比较唐宋其他文化名人,今人对刘克庄的研究还是相对比较薄弱的。究其原因,一来是因为他写的东西实在太多,内容又包罗万象,研究者很难把握全局;二来因为他被认为是当时的"江湖派诗人"的领袖,而后世对"江湖派诗人"的评价又不太高。

刘克庄虽然一直行走在仕途上,倒也并不是一帆风顺。有人说他"四度立朝,九次罢官",究竟这"九次"是怎么算出来的,貌似也不大说得清楚,总之是坎坷蹭蹬。这一点,确实也有些像数度被贬却依旧骄傲的"前度刘郎"刘禹锡。

科举是唐宋读书人的入仕正途,刘克庄的入仕则不是通过科举。除了科举之外,古代还有一种制度叫作"推恩荫补",简称为"恩荫"(或称门荫、荫补、世赏、任子),上辈人有功劳,下辈人在入学任官上获得世袭的待遇。刘克庄的祖父刘夙官至著作郎,以言论风节闻名于士林;他的父亲刘弥正,官至吏部侍郎,累赠少师。凭借祖上的功德,刘克庄虽然没能考中科举,23岁那年还是踏上了仕途。

刘克庄为官以直言敢谏闻名。加之性情上恃才傲物,抱负不凡,因而多次被人疏劾,也多次被罢官。他曾抨击故相史弥远擅权误国,劝导理宗近君子、远小人,谏曰:"服天下莫若公,今也失之私;镇天下莫若重,今也失之轻。二失不去,虽圣君贤相,不能以善治。"所谓"私",指理宗宠幸贵戚;"轻",指相权及法令不重。由此得罪了史弥远的党羽。后来他又弹劾权臣史嵩之,再度被免官。

关于他的贬谪经历,人们还常常提起"梅花诗案"。

40岁之前的某个时段,他在福建建阳县做县令,冬日写了一首题为《落梅》的诗:"一片能教一断肠,可堪平砌更堆墙。飘如迁客来过岭,坠似骚人去赴湘。乱点莓苔多莫数,偶粘衣袖久犹香。东风谬掌花权柄,却忌孤高不主张。"诗中说:"每一片落花都牵动着人的肝肠,何况梅花的陨落竟似砌地堆墙。它随风飘拂有如贬谪岭南的迁客,它凄然委地如同屈原抱石沉江。曾经傲雪骄霜此时却大都与青苔作伴,偶然几片飞向诗人奉献最后的芬芳。掌握花神命运的东风真的是滥施权柄啊,因为忌恨梅花的孤傲便如此碎玉埋香!"

若就诗论诗的话,无非表达了敏感的诗人面对落花时的怜惜与遗憾,描摹梅花形态,唱赞梅花品格,至多诗里潜藏了个人不遇的遭际和清高的性情,与前人所写的梅花诗词并无太多不同。但是,言官们却不这么认为。

这里有个背景。

宋宁宗没有儿子,把弟弟沂王的儿子立为皇子,就是赵竑。史弥远当了十多年的宰相,专权擅政,他觉察到赵竑对自己很不满意,于是设计废掉了赵竑,矫诏另立了皇子赵昀。宁宗病危时,又假传圣旨立赵昀为太子。宁宗一死,赵昀即位,是谓宋理宗。这一废立之举,引起朝野内外的普遍不满,而当权者自然要不遗余力地打压于朝政不利的舆论。

刘克庄的这首《落梅》诗刊印在《江湖集》里。《江湖集》是一位叫陈起的书商刊刻的一部诗歌集子,所录的诗人身份低微,或为布衣,或为下层官吏。他们相互酬唱,以江湖义气标榜,所以被称为"江湖诗人"或"江湖诗派"。监察御史李知孝指控《江湖集》里的一些诗是"讪谤当国",首当其冲的正是刘克庄的那句"东风谬掌花权柄,却忌孤高不主张",其他还有曾极的"九十日春晴景少,一千年事乱时多",陈起的"秋雨梧桐皇子府,春风杨柳相公桥",都被认为是攻击朝政。结果是,书商陈起被发配流放,《江湖集》的书版被毁,江湖诗被禁止,集子里的许多诗人均获罪被贬,刘克庄被罢黜闲废达十年之久。这档子事,也被称为"江湖诗祸"。

之后,刘克庄每见梅花即生感慨,直到史弥远死后,他还在诗中写"幸然不识桃并柳,却被梅花累十年"(《病后访梅》),在词中写"老子平生无他过,为梅花受取风流罪"(《贺新郎·宋庵访梅》)。他写有 120 多首咏梅诗词,以梅之清品,寄情抒志。

《落梅》一诗未必如言官所控那样矛头指向史弥远,但刘克庄以诗表达对国事的担忧,表达对时政的关怀,却是一以贯之的。"忧时元是诗人职,莫怪吟中感慨多"是他的自我表白。当史弥远杀害主张抗金的权相韩侂胄向金乞降求和,于嘉定元年(戊辰年,1208)完全按照金朝的要求,增加岁币并出"犒军银"300 万两订立《嘉定和议》时,还未入仕的刘克庄就写了一首《戊辰即事》:"诗人安得有青衫,今岁和戎百万缣。从此西湖休插柳,剩栽桑树养吴蚕。"今后读书人想穿一件体面的青衫都没有办法了,因为做青衫的丝绸都孝敬金朝了。我看西子湖边的杨柳桃花不如全都拔掉,然后种上桑树养蚕织绢,用以填补金人的无尽欲壑吧!

在词的创作上,刘克庄是豪放的格调。他学习辛弃疾的词风,是"辛派词人"中成就最高的一个。"叹年光过尽,功名未立;书生老去,机会方来","披衣起,但凄凉感旧,慷慨生哀","闻说北风吹面急,边上冲梯屡舞","快投笔,莫题柱","多少新亭挥泪客,谁梦中原块土?算事业须由人做",等等,都凛凛有壮士风。

人们还常提及他的[一剪梅]。那时刘克庄被贬往潮州做通判,他的好友王迈打着火把连夜送他,于是有了这样一首别致的作品:"束缊宵行十里强,挑得诗囊,抛了衣囊。天寒路滑马蹄僵,元是王郎,来送刘郎。酒酣耳热说文章,惊倒邻墙,推倒胡床。旁观拍手笑疏狂,疏又何妨,狂又何妨?""元是王郎,来送刘郎",此时在刘克庄的身上,颇有着刘禹锡的风范。

不过,在对刘克庄的评价上,因为他跟贾似道的关系很好,写过一些颂扬的文字,被人讥为"晚节不终"。贾似道是南宋末年的宰相、太师,是南宋王朝灭亡的主要罪臣。

专题二十三

东坡诗词

一、专题要点

本专题主要了解苏轼的生平思想与文化成就,了解其作品在文学史上的地位和影响。本专题选读诗歌作品10首。

(一)苏轼的生平和思想

苏轼(1037—1101),字子瞻,号东坡居士,眉州眉山(今四川眉山)人。与其父苏洵、其弟苏辙并称"三苏",同为"唐宋八大家"中的成员。苏轼的一生可分为四个时期。

1. 读书应举时期。苏轼出生在一个清寒但富有教养的文化家庭。少年时由母亲教授学问,后受到其父的悉心指导和影响,不拘经书而广泛涉猎。21岁时,和弟弟一起随父进京参加进士考试,以《刑赏忠厚之至论》一文得到主考官欧阳修的赏识,被其称"善读书,善用书,他日文章必独步天下"。与其弟同科及第。

2. 由入仕到贬谪。考取进士后,26岁又参加制科考试,入第三等,步入仕途,任凤翔府签判。30岁召入京师,历任殿中丞、直史馆等职。熙宁二年(1069),神宗任王安石为相,实行变法,因为在变法的认识上,苏轼与王安石存在分歧,几次上书提出异议,反对变法,引起王安石一派的排挤,于是他几次请求外放。熙宁四年(1071),苏轼出任杭州通判,后转任密、徐、湖三州知州。这期间,他对新法实施中的流弊虽时有诗文进行讽刺,但在地方的实施中,还是遵从了新法。神宗元丰二年(1079),谏官李定、舒亶等人,弹劾苏轼写诗文反对新法，于是在湖州任上被捕入狱，这就是有名的"乌台诗案"。入狱后，苏轼遭受诟辱折磨，几致死地，幸得多方营救，才得结案出狱。这次变故对苏轼的生活、思想和创作产生很大的影响。

3. 由谪居到升迁。苏轼出狱后，责授黄州团练副使。他在黄州经济拮据，亲身垦荒种地，又筑室于郡城东门山坡，因自号"东坡居士"。谪居黄州五年，他的思想发生很大变化。建功立业的壮志豪情虽未完全泯灭，但佛老思想成了他在政治逆境中的主要处世哲学。这段时间，他的文学创作进入全盛期，写下了很多名篇。苏辙在《亡兄子瞻端明墓志铭》中评论说："既而谪居于黄，杜门深居，驰骋翰墨，其文一变，如川之方至，而辙瞠然不能及矣。"元丰八年（1085），神宗病故，哲宗即位，高太后垂帘听政，起用司马光为相，旧党人物纷纷上台，苏轼被迁为登州太守，随后召入京师，先由起居舍人迁为中书舍人，又迁为翰林学士知制诰。苏轼虽反对新法，但又主张"参用所长"，反对执政大臣们全盘否定新法。于是与司马光为首的旧党发生分歧，并遭到排挤。为摆脱党争，苏轼再次请求外任。元祐四年（1089），连知杭、颍、扬等州。

4. 远谪惠、儋时期。元祐八年（1093），高太后死后，哲宗亲政，恢复神宗新法，于是新党人物又纷纷上台。但这时的新党抛弃了王安石变法的精神，苏轼又被视为旧党而受到弹劾，被贬定州，次年又被贬为远宁军节度副使、惠州（今广东惠州）安置。苏轼在惠州度过两年谪居生活，虽是衰迈之年，处境困顿，仍然关心人民，积极发展农业，兴修水利，努力改善人民生活，颇有政绩。绍圣四年（1097），苏轼又被贬至儋州（今海南儋州）。虽被贬至天涯海角，生活极为艰苦，但他思想旷达，随遇而安，写了大量的和陶诗与书札散文，出现了又一次的创作丰收。建中靖国元年（1101），徽宗即位，苏轼获赦北迁，行至常州病故。

苏轼宦海沉浮一生，成为党争的牺牲品。他的思想比较复杂，主要受儒、佛、道三家的影响，但他并没有固执于任何一家，而是兼收并蓄，各有取舍。

一方面，他以儒家积极入世、宽简爱民的思想从政，立志做一个拯物济世的人物，所以他积极进取，敢于直言，从不掩饰自己的主张，总是"发于心而冲于口"，即使在党争中屡遭挫折，也始终坚持原则而不悔改。另一方面，他以佛、道二家超然物外、与世无争的思想对待人生忧患，因而在屡遭挫折后，能随缘自适，淡泊自持，安和处世，独善其身，不悲观，不颓废，表现出一种旷达乐观的人生态度。

（二）苏轼在文学史上的地位和影响

苏轼是中国文学史上一位杰出的文学家，他丰富的文学创作代表着北宋文学的最高成就，对当时和后世都有深远的影响。

苏轼培养和团结了一批重要作家，如"苏门四学士"（黄庭坚、秦观、张耒、晁补之）、"苏门六君子"（"四学士"加上陈师道、李廌），以及苏辙、文同、孔文仲、毛滂等一大批人。这些作家为北宋文学的繁荣和发展都做出了积极贡献。

苏轼的豪放词风，把词引向更为广阔的道路，南宋的张孝祥、张元干、辛弃疾、陈亮等人气势豪迈的词作与苏轼一脉相承，从而形成了"苏辛词派"，并一直影响到清代。苏轼的诗也是北宋诗坛的一座丰碑，明代的袁宏道、袁宗道极力推崇苏诗，以反对"诗必盛唐"的主张；清代的钱谦益、叶燮、查慎行、翁方纲等人也推崇苏诗，继承苏诗议论纵横之风，为古诗的发展开辟了新的途径。苏轼的散文继承了唐代古文运动的现实主义传统，在实用性、通俗性、文学性方面相比前人有了很大的提高，对明清散文产生影响。

（三）课堂话题

1. 东坡际遇。苏洵《名二子说》可作讲解时的引入："轮辐盖轸，皆有职乎车，而轼独若无所为者。虽然，去轼则吾未见其为完车也。轼乎，吾惧汝之不外饰也。天下之车，莫不由辙，而言车之功者，辙不与焉。虽然，车仆马毙，而患亦不及辙，是辙者，善处乎祸福之间也。辙乎，吾知免矣。"此外，关于其父子兄弟、夫妻爱人的话题可与其仕途沉浮一起把握。苏轼两度遭贬，迁谪十数年，却少有怨愤悲戚之言，而是坦然面对苦难，从儒、释、道传统思想中汲取资源，形成自己超旷而顽强的精神人格，发之为精彩而杰出的文学创作，是中国传统文化的集大成者，是一座千古挺立的文化昆仑。

2. 东坡才华。诗与黄庭坚并称"苏黄"；词与辛弃疾并称"苏辛"；散文与欧阳修并称"欧苏"；与韩、柳、欧、王、曾等并属"八大家"；将古文引入赋体的创作，改造成"文赋"；书法与黄庭坚、米芾、蔡襄并称"宋四家"；其画则开创了湖州画派。

3. 东坡诗。苏轼诗歌题材广泛，风格多样。有政治讽喻诗，如《荔枝叹》《吴中田妇叹》等；有抒怀诗和景物诗，如《游金山寺》《和子由渑池怀旧》《赠刘景文》等；有题画诗和咏物诗，如《惠崇〈春江晚景〉》《寓居定惠院之东，杂花满山，有海棠一株，土人不知贵也》等；有理趣诗，如《题西林壁》等。其诗善于运用新颖、贴切的比喻来描写事物，并常以文为诗、以议论为诗、以才学为诗。

4. 东坡词。在认识上，苏轼提高了词的文学地位，不把词作"诗余""小道"，而是有意识地看成与诗具有同等功能的文体。在内容上，苏词冲破了"艳科"的局限，改变了词专写男欢女爱、离愁别绪的传统模式，把登临怀古、咏物寄托、记游送别、农家田猎、悼亡伤离等，都移植入词。在风格上，苏轼对词进行了质变的开拓，冲破婉约格局，开创豪放词风，令人耳目一新。在词律上，为了表意的需要，有时打破音律的束缚。

二、专题诗选

苏轼［浣溪沙］《徐门石潭谢雨道上作》[(1)]

其三

麻叶层层苘叶光[(2)]，谁家煮茧一村香[(3)]？隔篱娇语络丝娘[(4)]。　　垂白杖藜抬醉眼[(5)]，捋青捣䴤软饥肠[(6)]。问言豆叶几时黄[(7)]？

其四

簌簌衣巾落枣花[8],村南村北响缫车[9]。牛衣古柳卖黄瓜[10]。　　酒困路长惟欲睡[11],日高人渴漫思茶[12]。敲门试问野人家[13]。

【注释】

(1)作于元丰元年(1078)作者知徐州任上。这年春旱得雨,作者去东郊石潭祭神谢雨,用本调写了五首词。徐门:指徐州。谢雨:古代久旱雨后祭神的一种仪式。(2)层层:茂盛貌。苘(qǐng):苘麻,叶似苎麻稍薄,茎皮的纤维可做绳。光:鲜润,有光泽。(3)煮茧:把蚕茧放在热水里浸煮,然后抽出蚕丝。这整个过程叫作缫丝。(4)络丝娘:昆虫名,即络纬,也叫纺织娘。秋季鸣叫,声如纺织。此处借用这个双关语来称呼缫丝的妇女。(5)垂白杖藜:指白发拄杖的老人。垂白,白发下垂,谓年老。杖,用作动词,拄着。藜,草本植物,其老茎可做拐杖。(6)"捋(luō)青"句:是说把新麦炒熟粉碎,做成干粮来充饥。这是民间青黄不接时的一种做法。捋青,用手握搓尚未全熟的麦穗,脱去麦粒。捣麨(chǎo),把炒熟的麦粒捣成粉面,做成干粮。软,这里有慰劳、填饱的意思。(7)问言:问与答。(8)簌(sù)簌:象声词,形容枣花落下来的声音,兼指纷纷落下的样子。衣巾:衣服和帽子。(9)缫(sāo)车:缫丝车,用以抽茧丝。(10)牛衣:乱麻或蓑草编织的衣服,此指穿牛衣的乡人。(11)酒困:因喝了酒而感到困倦。(12)漫思茶:想随便找杯茶喝。(13)野人:乡野之人。

【提示】

元丰元年(1078)春天,徐州发生了严重旱灾,作为太守的苏轼率众到城东二十里的石潭求雨。得雨后,他又与百姓同赴石潭谢雨。苏轼在赴徐门石潭谢雨路上写成组词[浣溪沙],共五首。这些词以清新秀丽的语言,生动地描绘了农村欣欣向荣的生产和生活情景,描绘了黄童、白叟、采桑姑、络丝娘、卖瓜人等各式各样的农村人物,也写出了诗人对农村生活的向慕,为我们描绘了几幅洋溢着浓郁生活气息的农村风俗画。唐五代北宋文人词以农村生活为题材的非常罕见,苏轼这一组作品为词的社会内容开辟了新天地,在词史上值得重视。这里所选的是组词的第三、四首。

苏轼《初到黄州》[1]

自笑平生为口忙[2],老来事业转荒唐[3]。长江绕郭知鱼美,好竹连山觉笋香[4]。逐客不妨员外置[5],诗人例作水曹郎[6]。只惭无补丝毫事,尚费官家压酒囊[7]。

【注释】

(1)元丰二年(1079),苏轼得脱"乌台诗案"之狱,被贬为检校水部员外郎黄州团练副使,第二年二月到职,诗当作于此时。黄州:今湖北黄冈。(2)口忙:语意双关,既指因作诗和言事而得罪,亦指为谋生糊口而忙碌,并呼应下文的"鱼美"和"笋香"的口腹之美。(3)老来:自嘲语。当时作者44岁。转荒唐:反而荒唐。亦自嘲微讽之辞。(4)"长江"二句:与首二句呼应,因长江而推知鱼美,见好竹而预觉笋香,联想敏捷。郭,外城,这里指黄州城。(5)逐客:贬谪之人,诗人自指。员外:正员以外的员,这里指检校水部员外郎。置:安置。宋制,由诏除而非正命的加官,称为检校官,无实际职掌,共十九级。最末一级检校水部员外郎,一般用以安置受贬责处分的官员。(6)例作:总是作。水曹郎:隶属水部的郎官。南朝梁诗人何逊曾做过尚书水部郎,人称"何水部";唐诗人张籍曾任水部员外郎,世称"张水部";宋诗人孟宾于也做过水部郎。白居易《寄张员外》诗有"题诗寄与水曹郎"。苏轼即由此生发,说自古以来诗人照例要做水部郎官,自己也不例外。(7)官家:朝廷。压酒囊:压酒滤槽的布袋。此句苏轼自注:"检校官例折支,多得退酒袋。"宋代有用实物抵充部分薪俸的惯例,称为"折支"。这里指自己做检校水部员外郎,薪俸是以官府酿酒用过的压酒袋子折抵充数的。

【提示】

元丰二年(1079)末,"乌台诗案"结案,苏轼被贬为检校水部员外郎黄州团练副使,本州安置。本诗为作者元丰三年(1080)二月抵达黄州贬所时作。

苏轼自幼便"奋厉有当世志",自然不会只为口腹之欲奔波忙碌,可是中举20多年后,不但没有"功成名遂",反而因言事贬谪黄州。首联作者以自嘲的口吻回顾了自己的人生道路,轻松诙谐中含有难言的自伤之情。颔联描绘初到黄州所见,既擒住题目,又上承"口忙"二字。诗人见江波而知鱼美,望"好竹连山"而顿觉笋香,想象之词里横生妙趣,见出其乐观的生活态度。颈联继续自我宽慰:诗人任团练副使这个无实权的虚衔,形同流放罪人,但既然平生一无所成,此地又鱼美笋香,那么做个"员外"散官又有何妨呢?过去许多诗人不是照样都当过"水曹郎"吗?这二句里有牢骚埋怨,更有诗人幽默与放达的个性。末联最为含蓄,说自己无补于事,愧受俸禄,在自嘲的背后隐含着不能有所作为的不安和痛楚。本诗的妙处在于表面达观平和,骨子里却兀傲不平。

苏轼《寓居定惠院之东,杂花满山,有海棠一株,土人不知贵也》[1]

江城地瘴蕃草木[2],只有名花苦幽独[3]。嫣然一笑竹篱间[4],桃李漫山总粗俗。也知造物有深意[5],故遣佳人在空谷[6]。自然富贵出天姿[7],不待金盘荐华屋[8]。朱唇得酒晕生脸[9],翠袖卷纱红映肉[10]。林深雾暗晓光迟,日暖风轻春睡足[11]。雨中有泪亦凄怆,月下无人更清淑[12]。先生食饱无一事[13],散步逍遥自扪腹[14]。不问人家与僧舍,拄杖敲门看修竹[15]。忽逢绝艳照衰朽[16],叹息无言揩病目[17]。陋邦何处得此花[18],无乃好事移西蜀[19]。寸根千里不易致,衔子飞来定鸿鹄[20]。天涯流落俱可念[21],为饮一樽歌此曲。明朝酒醒还独来,雪落纷纷那忍触[22]。

【注释】

（1）元丰三年（1080）在黄州作。定惠院：在黄州东南。海棠：在定惠院东小山上。土人：当地人。贵：珍贵。（2）江城：指黄州。黄州位于长江北岸，三面环水，故称江城。地瘴（zhàng）：指南方山林间湿热蒸郁之气。蕃（fán）：旺盛生长。（3）名花：指海棠。苦：甚。幽独：静寂孤独。（4）嫣（yān）然：形容笑容美好。（5）造物：造物主，老天爷。（6）"故遣"句：化用杜甫《佳人》诗："绝代有佳人，幽居在空谷。"这里把海棠比喻为幽居深谷的美人。（7）自然：落落大方，毫不矫揉造作。天姿：天然姿态。（8）"不待"句：据《广群芳谱》所引《王禹偁诗话》：石崇见海棠，感叹说：你若能香，当把你贮藏在金屋中。苏轼反用其意，说雍容华贵的海棠出自天然，不须人工妆饰。荐：进献。华屋：华丽的居室，富贵者所居。（9）"朱唇"句：海棠花色红，如同美人酒后脸上的红晕。晕（yùn），指酒后两颊的微红色。（10）"翠袖"句：海棠花红叶绿，如同身着绿纱的美人。（11）"林深"二句：写清晨的海棠风姿。据《明皇杂录》，唐玄宗曾把喝醉酒的杨贵妃比作未睡醒的海棠（"岂是贵妃醉耶？海棠春睡未足耳"）。苏轼反用典故，说林深雾暗，故晨光来得晚；因晨光晚，已到日暖风轻的中午，故海棠睡够了。（12）"雨中"二句：写雨中、月下的海棠风姿。凄怆（qī chuàng），感伤、悲痛。清淑，清秀、美好。（13）先生：苏轼自指。无一事：诗人贬在黄州，被责令"不得签书公事"，故云。（14）逍遥：优游自得的样子。扪（mén）：摸。（15）"不问"二句：暗用《南史·袁粲传》，粲家居逍遥，得意出游，悠然而返。时"郡南一家，颇有竹石，粲率尔步往，亦不通主人，直造竹所，啸咏自得"。又《晋书·王徽之传》："吴中一士大夫家有好竹，（徽之）欲观之，便出坐舆造竹下，讽啸良久。"（16）绝艳：指海棠。衰朽：作者自指。（17）揩（kāi）：擦，抹。（18）陋邦：这里指黄州。（19）"无乃"句：说莫非是好事之人把她从西蜀移来此地？蜀地盛产海棠，有"香海棠国"之称，故云。好（hào）事，好事的人。（20）"衔子"句：说或是鸿鹄之类把海棠种子衔来此地。子，种子。鸿鹄

(hú)，天鹅。(21)"天涯"句：用白居易《琵琶行》"同是天涯沦落人"句意，说自己与海棠都是流落天涯者，命运相同，令人感伤不已。"俱"字双关花与人。(22)雪落纷纷：形容海棠凋零，花瓣纷纷飘落。那忍触：犹言哪忍见。触，接触，遇。

【提示】

此诗是宋神宗元丰三年（1080）苏轼到黄州不久寓居定惠院时所作。苏轼在《记游定惠院》云："黄州定惠院东小山上有海棠一株，特繁茂。每岁盛开，必携客置酒。"这首诗歌咏的就是这株海棠。诗作的前半部反复刻画海棠的幽独、高雅、多情，如同风姿高秀的绝代佳人，其中既深深地寓含着诗人自己的影子，又是在多角度地写花，两者若即若离，亦花亦人，耐人寻味。"先生"以下笔锋一转，写自己贬中与花相逢，不禁感慨叹息，后面紧接着把自己和花合在一起，大有"同是天涯沦落人"的感叹。全篇描写幽艳，兴寄深微。据说苏轼自己对此诗也颇感得意，每每写以赠人，说："吾平生最得意诗也。"

苏轼《正月二十日与潘、郭二生出郊寻春，忽记去年是日同至女王城作诗，乃和前韵》(1)

东风未肯入东门(2)，走马还寻去岁春(3)。人似秋鸿来有信，事如春梦了无痕(4)。江城白酒三杯酽(5)，野老苍颜一笑温(6)。已约年年为此会(7)，故人不用赋招魂(8)。

【注释】

（1）正月二十日：指宋神宗元丰五年（1082）正月二十日。潘、郭二生：指作者在黄州新交的朋友潘大临（一说潘彦明）与郭遘。寻春：游赏春景。女王城：黄州城东永安城，俗称女王城。和（hè）前韵：前韵，指元丰四年（1081）所作《正月二十日往岐亭，郡人潘、古、郭三人送余于女王城东禅庄院》诗。依照别的诗词中的韵脚作诗或填词叫和韵。（2）"东风"句：意思是城中尚无春色。(3)"走马"句：驰马再到去年游览过的地方寻觅春的踪迹。走马，骑马疾走。(4)"人似"二句：感叹人可以像秋鸿般信守承诺，年年重回旧地；而那些早已逝去的往事，却犹如春梦一般，未曾留下一丝痕迹。鸿，鸿雁。有信：有信用。指其秋日南飞，春日北归。了无痕：完全没有痕迹。(5)江城：因其地位于长江边上，故曰江城。酽(yàn)：浓，味厚。(6)野老：村野老人。苍颜：苍老的容颜。(7)此会：指游赏春景的约会。(8)"故人"句：意谓朋友们不用替他的处境牵挂操心，也不必再为召他回朝还京奔走。赋招魂，指宋玉以屈原忠而见弃，作《招魂》讽谏怀王，希望他悔悟，召还屈原。

【提示】

首联写出城寻春。春天已到，但身在城中的诗人却感觉不到东风之入，表面上写景物，实则写处境，妙在不言中。既然东风不入，诗人即主动出城寻春，表现了性格中乐观积极的一面。颔联笔锋一转，点逗处世禅机：人世的一切经历，一切欢乐和忧伤，都如春梦般了无痕迹。明乎此理，还有什么化解不开的苦楚？颈联承上，说山水自然之怡乐，人情交谊之温馨，使自己可以完全冲淡不如意事，忘却困厄。末二句水到渠成地告慰故人，自己在这里过得很好，请他们不要为他的处境担忧，也无须为他返回京师而奔走。"人似秋鸿来有信，事如春梦了无痕"两句，对仗精妙，比喻新颖，哲理性强，已成千古名句。至于此诗的结尾，不必看成牢骚或反语，应当视为一种真情实感。当时他对起复还朝失去信心，黄州的山水和百姓带给他许多安慰，这是他度过灾难的精神力量。

苏轼[卜算子]《黄州定惠院寓居作》(1)

缺月挂疏桐(2)，漏断人初静(3)。谁见幽人独往来(4)，缥缈孤鸿影(5)。惊起却回头，有恨无人省(6)。拣尽寒枝不肯栖，寂寞沙洲冷(7)。

【注释】

(1)此词作于神宗元丰五年(1082)苏轼谪黄州时。他曾寓居定惠院数月,写有《记游定惠院》一文。(2)缺月:月牙。疏桐:枝叶稀疏的梧桐树。(3)漏断:计时器漏壶中的水滴完了,即夜深之时。古人计时,用铜壶滴漏法,注水壶中,并将刻画一百度之立箭装置壶内,水由壶底小孔滴滴漏出,水漏渐减,度刻渐露,以示时间。(4)幽人:幽居之人,指作者自己。(5)缥缈:隐隐约约,若有若无。(6)省(xǐng):明白,理解。(7)"拣尽"二句:鸿雁栖息田野、草丛、沙洲,不宿树枝,故云。拣,选择。寒枝,秋天的树枝。沙洲,江河中由泥沙淤积而成的陆地。这两句借雁述志,含有良禽择木而栖之意,表示自己不随俗俯仰,自甘寂寞。

【提示】

这首词是苏轼被贬黄州时所写。词表面上写的是孤鸿之不安、幽独、高洁,实则是写词人自己。上片展现的清空幽绝的境界,与苏轼谪居时愁闷孤独的心境相一致。下片写孤鸿甘愿寂寞,自守沙洲而不愿栖息高寒之枝,其高洁的形象,正是词人清高自守形象的生动写照。此词将孤鸿与幽人写得浑然一体,幽人独自往来从孤鸿眼中见得,孤鸿不肯安栖又从幽人眼中见出,即鸿即人,失群的孤鸿与失所的幽人是互喻叠映关系。"惊起却回头,有恨无人省"二句一反苏轼平素在词中的达观和自在,流露了他往往有意遮掩的情绪。

苏轼 [定风波](1)

莫听穿林打叶声,何妨吟啸且徐行(2)。竹杖芒鞋轻胜马(3),谁怕?一蓑烟雨任平生(4)。　　料峭春风吹酒醒(5),微冷,山头斜照却相迎(6)。回首向来萧瑟处(7),归去,也无风雨也无晴。

【注释】

(1)此词作于神宗元丰五年(1082)苏轼贬谪黄州时。(2)"莫听"二句:谓不把穿林打叶的雨声当回事,一路吟咏长啸缓行前去。吟啸,吟咏长啸,表示意态闲适。徐行,缓慢前行。(3)芒鞋:草鞋。轻胜马:比骑马轻快。(4)"一蓑(suō)"句:披着蓑衣在风雨里过一辈子也处之泰然。蓑,蓑衣,用草或棕编织的雨衣。烟雨,蒙蒙细雨。平生,一生。(5)料峭(liào qiào):寒气袭人,常用于形容早春天气。(6)斜照:偏西的阳光。(7)向来:方才,刚刚经过的。萧瑟处:指遇雨的处所。萧瑟,风雨吹打树叶声。

【提示】

此词写于元丰五年(1082)苏轼谪居黄州时。词前有一小序云:"三月七日,沙湖道中遇雨。雨具先去,同行皆狼狈,余独不觉。已而遂晴,故作此。""沙湖"在黄州东南三十里,苏轼曾经想在那里买田以终老黄州(《书买田事》:"吾无求于世矣,所须二顷稻田以充粥耳。"),因此往返沙湖。

从序文看,本词不过写一次途中遇雨的经历和雨中的感受,其实词中表露了自己的人生态度,展示了胸襟气魄。上片写雨中心境,下片写雨后感受。在雨中,他安之若素,处之泰然,并且以超然的态度欣赏品味着"竹杖芒鞋"的轻快,蔑视着"穿林打叶"的风雨袭击。"莫听""何妨""谁怕""任平生"鲜明地体现了词人的旷达与倔强。雨后,料峭春风吹散云雨,迎来一夕晚照,这给词人带来惊喜,也带来启示:任何风雨,都必将有止息的时候,那时,你再回首看看,当初咄咄逼人的风雨,早已化为乌有。可留意的是,词人的超然在于,他不仅忘却了刚刚过去的风雨,甚至对眼下的雨过天晴也视而不见,所谓"也无风雨也无晴"。他似乎是达到了一种不以物喜、不以己悲的境界,以一种禅宗式的顿悟阐释着人生。

苏轼[念奴娇]《赤壁怀古》(1)

大江东去,浪淘尽、千古风流人物(2)。故垒西边,人道是、三国周郎赤壁(3)。乱石穿空,惊涛拍岸,卷起千堆雪(4)。江山如画,一时多少豪杰(5)。

遥想公瑾当年,小乔初嫁了(6),雄姿英发(7)。羽扇纶巾,谈笑间、樯橹灰飞烟灭⁽⁸⁾。故国神游⁽⁹⁾,多情应笑我⁽¹⁰⁾,早生华发⁽¹¹⁾。人生如梦,一樽还酹江月⁽¹²⁾。

【注释】

(1)此词是作者于神宗元丰五年(1082)游黄州赤壁时所作。三国时吴将周瑜破曹操大军的赤壁,实际上是在今湖北省赤壁市西北的长江南岸。苏轼只是吟咏其事,怀古抒情,未必确指黄州赤壁是当年的战场。(2)"大江"二句:是说江山依旧,人事已非。大江,即长江。淘,冲洗。风流人物,杰出人物。(3)"故垒"二句:点明词题"怀古"所指的特定史实。故垒,旧时的营垒。人道是,犹言"人们说这里是"。周郎,指周瑜,字公瑾,赤壁之战时他是吴军的统帅。(4)"乱石"三句:写赤壁景色之奇特雄伟。乱石穿空,陡峭的石壁高入云霄。惊涛,巨浪。千堆雪,无数的浪花。(5)一时:赤壁之战的当时。(6)小乔:吴国乔公有二女,貌美,长女叫大乔,嫁孙策(孙权兄),次女叫小乔,嫁周瑜。(7)雄姿英发:仪态英气勃发,谈吐卓越不群。(8)"羽扇"二句:赞美周瑜指挥从容,立歼强敌。羽扇纶(guān)巾,当时的一种服饰,手执羽毛扇,头戴青丝绶做的头巾,表示他虽为武将,但有文士的风度。樯橹(qiáng lǔ),代指曹操的水军战船。樯,挂帆的桅杆。橹,一种摇船的桨。(9)故国:赤壁之战的古战场。神游:于想象、梦境中游历。(10)"多情"句:是说应笑我多愁善感。(11)华发(fà):花白的头发。(12)"人生"二句:意谓自己无可如何,只好洒酒酬月,寄托自己的感情。樽,酒杯。酹(lèi),以酒洒地,表示祭奠。

【提示】

写此词时,苏轼贬居黄州已两年多。题中的赤壁,指黄州城外的赤壁(也叫赤鼻矶),并非三国时孙刘破曹的赤壁,苏轼不过是借题发挥而已。

此词以怀古为题,抒发了作者热爱祖国山河、羡慕古代英雄、希望建功立业的思想感情。词的上片,着重写景,带出了对古人的怀念,将时间与空间的距离紧缩，集中到三国时代的风云人物身上。下片，转入对赤壁之战的中心人物周瑜的歌颂。然而，眼前被贬的处境，却同他振兴王朝的祈望和有志报国的壮怀大相径庭，所以当词人一旦从"神游故国"跌入现实，就不免思绪深沉、顿生感慨，而情不自禁地发出自笑多情还不如放眼大江、举酒赏月的叹惋了。全词气魄宏伟，视野阔大，格调雄浑，为当时盛行婉约格调的北宋词坛，开拓了一个新的境界，从而成为豪放词的杰出代表。

苏轼 [临江仙]《夜归临皋》(1)

夜饮东坡醒复醉(2)，归来仿佛三更(3)。家童鼻息已雷鸣(4)。敲门都不应，倚杖听江声(5)。　　长恨此身非我有(6)，何时忘却营营(7)？夜阑风静縠纹平(8)。小舟从此逝，江海寄余生。

【注释】

（1）本词写于神宗元丰五年（1082）。临皋：临皋亭，乃长江边的一个水驿官亭，在黄州朝宗门外。作者于元丰三年由定惠院移居于此。（2）东坡：本为黄州城东的旧营地。作者于本年春在此开荒植树，仰慕白居易在四川忠州东坡躬耕之事，遂名此地为"东坡"，并取以为号。又建雪堂，其时堂未建成，故仍回临皋止宿。（3）三更：相当于半夜十一时至翌晨一时。（4）鼻息：指熟睡时的鼾声。（5）倚杖：挂着手杖。（6）"长恨"句：引用庄子典。《庄子·知北游》云：舜问乎丞曰："道何得而有乎？"曰："汝身非汝有也，汝何得有夫道？"舜曰："吾身非吾有也，孰有之哉？"曰："是天地之委形也。"（7）营营：周旋、忙碌，内心躁急之状，形容奔走钻营，追逐名利。《庄子·庚桑楚》云："全汝形，抱汝生，无使汝思虑营营。"（8）夜阑：夜尽。縠（hú）纹：比喻水波微细。縠，绉纱类丝织品。

【提示】

此词是一首即事抒情之作。上片写某夜在东坡雪堂开怀畅饮，醉后返回临皋住所的情景,着意渲染其醉态;下片写酒醒时的心理活动,表现了词人退避社会、厌弃世间的人生理想、生活态度和要求彻底解脱的出世意愿。"小舟从此逝,江海寄余生"二句,以想象中的放纵行为来表现心灵的超然旷达。作者以洒脱和幽默面对苦难的情怀,于此可见一斑。关于这两句,还有一则轶事。《避暑录话》记载:"子瞻在黄州,与数客饮江上,夜归,江面际天,风露浩然,有当其意,乃作歌词……翌日喧传子瞻夜作此词,挂冠服江边,拏舟长啸去矣。郡守徐君猷闻之,惊且惧,以为州失罪人,急命驾往谒,则子瞻鼻鼾如雷犹未兴也。"

苏轼《荔枝叹》[1]

十里一置飞尘灰,五里一堠兵火催[2]。颠坑仆谷相枕藉[3],知是荔枝龙眼来[4]。飞车跨山鹘横海[5],风枝露叶如新采[6]。宫中美人一破颜[7],惊尘溅血流千载[8]。永元荔枝来交州[9],天宝岁贡取之涪[10]。至今欲食林甫肉[11],无人举觞酹伯游[12]。我愿天公怜赤子[13],莫生尤物为疮痏[14]。雨顺风调百谷登[15],民不饥寒为上瑞[16]。君不见,武夷溪边粟粒芽[17],前丁后蔡相笼加[18]。争新买宠各出意[19],今年斗品充官茶[20]。吾君所乏岂此物[21],致养口体何陋耶[22]?洛阳相君忠孝家[23],可怜亦进姚黄花[24]。

【注释】

(1)本诗是哲宗绍圣二年(1095)作者贬官惠州(今广东惠州)时所作。(2)"十里"二句:是说进贡荔枝的快马疾奔,尘土飞扬,像有战火迫促似的。置,驿站。堠(hòu):古代瞭望敌情的土堡。古代五里一堠,十里双堠。(3)"颠坑"句:是写送荔枝的人马倒毙在路上的惨状。颠,仆倒,坠落。仆(pū),向前跌倒。枕藉,纵横交错地躺在一起。(4)龙眼:桂圆。(5)"飞车"句:是说水陆兼程赶送荔枝。飞车,快车。鹘(hú):海鹘,鸟名,即隼,此指船。(6)风枝露叶:枝叶上还带着风露。(7)宫中美人:指杨贵妃。破颜：笑。杜牧《过华清宫》诗："一骑红尘妃子笑，无人知是荔枝来。"(8)惊尘溅血：尘土飞扬中鲜血淋漓的惨状。(9)永元：东汉和帝刘肇年号（89—104）。交州：今两广等地。(10)天宝：唐玄宗李隆基年号（742—756）。岁贡：封建社会里地方官或人民每年按期向君主奉献当地的特产。涪(fú)：州名，今重庆涪陵。(11)林甫：唐玄宗时的宰相李林甫。"口蜜腹剑"的权臣，以进贡荔枝讨好唐玄宗和杨贵妃。(12)觞(shāng)：酒杯。酹(lèi)：把酒洒地以示祭奠。伯游：唐羌，字伯游，东汉临武长。汉和帝时，唐羌曾上书反映进贡荔枝使人民受到的艰辛，汉和帝因而下令停止进贡。(13)赤子：指百姓。(14)尤物：珍稀物品。疮痏(chuāng wěi)：疮伤，此处喻指灾难。(15)登：成熟。(16)上瑞：最吉祥的兆头。(17)武夷：山名，在福建省，盛产茶叶。粟粒芽：初春芽茶，叶细如粟粒，是茶中上品。(18)丁：宋仁宗时宰相丁谓。蔡：蔡襄，苏轼同时代人，曾任福建路转运使。以茶叶讨好皇帝的事，前有丁谓，后有蔡襄。笼加：装笼加封。(19)"争新"句：争相进贡新茶，讨好皇帝，各自想着新花样。(20)斗品：宋代有比赛茶叶的风气，参加比赛的茶叶称斗品或斗茶。官茶：进贡的茶叶。(21)所乏：所缺乏的。岂此物：难道就是这些物品？(22)"致养"句：是说送这样一些东西去侍奉皇帝，见识多浅陋啊！致养口体，这里指满足口腹欲望。(23)"洛阳"句：洛阳相君，指曾任洛阳留守的钱惟演。其父吴越王钱俶归降宋朝，死后，太宗说他"以忠孝而保社稷"。故诗中称钱氏为"忠孝家"。(24)"可怜"句：作者自注："洛阳贡花，自钱惟演始。"可怜，可惜。姚黄，最名贵的牡丹品种。

【提示】

这首诗作于绍圣二年（1095）苏轼贬官惠州时期。其时诗人虽谪居岭南，仍心系百姓。诗中由汉唐贡荔枝之祸写到当朝大臣"争新买宠各出意"的现世丑态，毫不留情地点名抨击热衷进贡茶叶、花卉的朝廷重臣，表达了对民众遭受祸害的深切同情。此时诗人编管惠州，失去自由，仍敢于揭露时弊，指斥当代官僚，足见其忧国忧民的忠肝义胆和正直敢言的磊落品行。

苏轼《六月二十日夜渡海》⁽¹⁾

参横斗转欲三更⁽²⁾,苦雨终风也解晴⁽³⁾。云散月明谁点缀?天容海色本澄清⁽⁴⁾。空余鲁叟乘桴意⁽⁵⁾,粗识轩辕奏乐声⁽⁶⁾。九死南荒吾不恨⁽⁷⁾,兹游奇绝冠平生⁽⁸⁾。

【注释】

(1)哲宗元符三年(1100)六月,作者自海南岛渡海北归。(2)参(shēn)横斗转:参星横斜,北斗星转向,说明时值夜深。参,斗,两星宿名,皆属二十八星宿。横,转,指星座位置的移动。(3)苦雨:久下成灾的雨。终风:从早刮到晚的风。解:理解,懂得。(4)"云散"二句:典出《世说新语·言语》。晋会稽王司马道子与客夜坐,"于时天月明净,都无纤翳",道子叹以为佳。座中谢重却说:"意谓乃不如微云点缀。"道子因戏谢云:"卿居心不净,乃复强欲滓秽太清邪!"这里用其意,写眼前海天景色,云散月明,上下澄清,同时暗喻自己心地光明无瑕。(5)鲁叟:鲁国的老头,指孔子。因他是鲁国人,故称。桴:木筏。孔子曾说:"道不行,乘桴浮于海。"意思是道在海内实行不了,就要乘船去海外。这句用此典写眼前渡海,兼指当初被流放到海南岛。因自己到海外是被流放,而非像孔子所说的是为了行道,故云"空余",有调侃之意。(6)轩辕:黄帝,传说中的古代帝王。《庄子·天运》说黄帝"张《咸池》之乐于洞庭之野",北门成闻之,始惧复怠且惑,黄帝即借音乐向他说了一番关于"道"的哲理。这里用此典指波涛之声,同时暗喻自己到海外之后,开始领悟到了老庄的玄妙哲理,因自认为对老庄之"道"还不甚精通,故云"粗识",是诙谐的语调。(7)九:泛指多次。九死,多次近于死亡。此句用屈原《离骚》"亦余心之所善兮,虽九死其犹未悔"句意。南荒:僻远荒凉的南方。(8)兹游:这次游历,指被流放海南。冠平生:平生第一。

【提示】

元符三年(1100)六月,苏轼结束被贬海南儋州的生活,北迁渡海时作此诗。诗抒发自己"除书欲放逐臣回"的喜悦心情,表现了自己大义凛然的气节和爽朗旷达的人生态度。前四句语语双关,对时令、景物的描写都双关政局与自己政治生命的变化与遭遇。五、六两句的用典更表现此行遭遇反而更增强了自己道德的充实。最后两句千古旷达语更表现了超凡的胸怀。

三、专题衍说

问汝平生功业,黄州惠州儋州
—— 说苏轼的仕宦沉浮

北宋靖国元年(1101),苏轼由海南遇赦北归,途中与米芾共游金山寺,见到寺里保存着的当年李公麟所绘画像。画中的苏轼手按藤杖,端坐磐石,颇有醉时意态。苏轼心生感慨,写了一首《自题金山画像》:"心似已灰之木,身如不系之舟。问汝平生功业,黄州惠州儋州。"两个月后,苏轼去世,终年65岁。

初出茅庐时的苏轼,曾经意气风发得耀人眼目。

苏轼出生于四川眉山。嘉祐元年(1056)三月,父亲苏洵带着他和苏辙来到京城,参加开封府的进士考试。八月,兄弟俩首战告捷,双双获选。第二年正月,参加礼部考试。

欧阳修是礼部考试的主考官,考题是《刑赏忠厚之至论》。苏轼600字的文章令欧阳修赞叹不已,本想评他为第一,名列榜首,但转念一想,这样好的文章,虽然封住了考生的姓名,但除了自己门下弟子曾巩之外,天下恐怕没有其他人能写得出来。为了避嫌,只好割爱,将其取为第二名。虽然没有成为状元,但苏轼卓越的才华引起了欧阳修高度的重视和热情的奖掖,他多次对人说:"我每当读苏轼的文章,都要冒汗,痛快啊,痛快!我要让开一点,别挡着他,好让他早点出人头地。"还说:"请记着我的话,三十年后,世上的人不会再谈到我,他们只知道苏轼。"

就连宋仁宗,在崇政殿主持策问,见到气宇轩昂的苏轼、苏辙两兄弟后,兴冲冲地跑到后宫,对皇后说:"我今天为子孙后代物色了两个宰相!"

那么,这位具有宰相之才的苏轼,在回首一生"功业"的时候,"黄州惠州儋州"三个地点,究竟意味着什么呢?

黄州,位于湖北东部,长江之滨,隶属今天的黄冈市。苏轼被发配到黄州的时间是宋神宗元丰二年(1079),当时他43岁。在此之前,因为与王安石新法的政见不合,苏轼主动要求从中央调到地方工作,做过三年的杭州通判、两年的密州太守、两年的徐州太守、三个月左右的湖州太守。基层工作期间,他针对新法在推行过程中的弊端,既有过给朝廷的公开上书,也有过不少私底下的议论。御史台(中央监察机构)搜集了他的言论,弹劾他讪谤朝政、讥讽皇上、愚弄朝廷、妄自尊大,并从他的诗歌里面找出一些"证据",诸如"读书万卷不读律,致君尧舜知无术""东海若知明主意,应教斥卤变桑田""岂是闻韶解忘味,迩来三月食无盐""根到九泉无曲处,世间惟有蛰龙知"之类,认为是"讪渎谩骂、包藏祸心"的恶毒文章。御史台将苏轼投入狱中,治他重罪,差点将其处极刑。后来苏轼性命得以保全,被贬到黄州做团练副使,属于由当时州郡看管的犯官,不仅无权参与公事,连人身自由也被剥夺。

由于汉代长安的御史台内种过许多柏树,树上曾经栖宿大量的乌鸦,所以人们把御史台称为"乌台"或者"柏台"。苏轼这个案子是文字之狱,从诗里挑毛病,因而也被叫作"乌台诗案"。受案子牵连被贬或受责的有20多人,包括苏辙、司马光、黄庭坚等。

苏轼贬谪黄州将近五年。这期间,他慢慢修复着心灵的创伤。他以佛家之理遣怀,以道家之术摄生,以自然万物自娱,铸就出在极艰极苦的贬谪环境下,随遇而安的三大法宝,这使他得以有充足的准备来面对今后更艰险崎岖的山路，更猛烈的风雨，更严酷的寒冬。也正是在这个时候，他给自己起了"东坡"的名号。

在黄州期间，他作诗词文赋740余篇，包括乐观旷达的《前赤壁赋》和空灵奇幻的《后赤壁赋》，以及耐人寻味的小品《记承天寺夜游》。至于诗词中的句子，脍炙人口的如"拣尽寒枝不肯栖，寂寞沙洲冷""人似秋鸿来有信，事如春梦了无痕""试问岭南应不好，却道此心安处是吾乡""梦中了了醉中醒，只渊明，是前生""长恨此身非我有，何时忘却营营""回首向来萧瑟处，归去，也无风雨也无晴""谁道人生无再少，门前流水尚能西，休将白发唱黄鸡""大江东去，浪淘尽、千古风流人物"等等。

元丰八年（1085），宋神宗去世，10岁的哲宗即位，神宗的母亲高太后垂帘听政，废罢新法，起用旧党，司马光成为主政者，苏轼起官复用。回京后的苏轼初任礼部郎中，改起居舍人，元祐元年（1086）晋升为中书舍人，职掌朝廷诰命、除授官员及论奏兴革大事，后又授翰林学士知制诰兼侍读，成了参与决策的政府要员和朝廷喉舌。

旧党执政，尽废新法，苏轼不以为然。他认为王安石新法中那些合理的、有益于国家百姓的东西不宜完全推翻。为此他跟司马光有了争议，以至于他既被新党憎恨，又受旧党指责，弹劾的状子纷纷送到太后手中。元祐四年（1089），他再一次上表要求去地方工作，在杭州、颍州、扬州等地任职。

元祐八年（1093），太皇太后高氏去世，宋哲宗亲政，又推行新法，起用新党力量；苏轼被视为旧党的核心人物再次遭到贬谪。年近六十的苏轼被一路往南方驱赶。先是英州（今属广东），再是惠州（今属广东），然后渡海到儋州（今属海南）。直到宋哲宗驾崩，徽宗即位，融合新旧两党，政局方发生逆转。靖国元年（1101），苏轼北归，途经金山寺，自题画像，写下"心似已灰之木，身如不系之舟。问汝平生功业，黄州惠州儋州"。

"心似"一句，典出《庄子·齐物论》"形固可使为槁木，而心固可使如死灰乎"，表达一种泯灭是非、物我两忘的境界；"身如"一句出自《庄子·列御寇》"巧者劳而知者忧,无能者无所求,饱食而遨游,泛若不系之舟,虚而遨游者也",表达自由自适,犹如虚舟漂行,一任自然。苏轼一生漂泊无常,他将人生的苦难当作遨游的经历,不营营于世俗追逐的利禄,超脱于人世的成败毁誉穷达,他使苦难有了真正的价值。"九死南荒吾不恨,兹游奇绝冠平生"(《六月二十日夜渡海》),在人生终极意义的层面上,他认同随缘任运。他是智者。

当然,对于兴邦治国的"功业"来说,"黄州惠州儋州"就只能是自嘲了。

朝云留不住,明月短松冈
——说苏轼身边的三个女性

王弗是四川眉州青神县乡贡进士王方的女儿,16岁嫁给苏轼。当时苏轼19岁。

婚后的王弗有一半的时间没和丈夫在一起。她在家侍奉长辈,料理家务,十分勤谨。直到苏轼26岁的时候,王弗才陪同丈夫去往凤翔(地处陕西)任大理评事签书判官,后来又跟随到了京城。苏轼是以京官的身份去地方锻炼,官职虽只有从八品,但声望颇大,因而家里往来的客人特别多。

此时王弗表现出特有的审慎和聪敏。她跟丈夫说:"你现在远离父母,做事情不可以不谨慎,要特别用心才好。"她常常立在屏风的后面,观察跟丈夫交往的那些人。客人走后,她会帮丈夫分析:你看,刚才来的那人讲话唯唯诺诺的,他太在意你的表态,只要你的态度一出来,他随时改变自己的谈话立场,这样的人你是不能跟他交心的。还有那一位,你跟他并不是特别熟,但他言语的亲密程度完全超出了你们之间的真实关系,这样的人是不牢靠的,他们交朋友看起来快,抛弃朋友也一样快。

王弗了解丈夫的性情为人,才华横溢却没有心机,因而她以她的谨肃、练达帮衬着苏轼。事实证明她对人的判断是完全正确的。多年以后,苏轼在《上神宗皇帝书》中劝诫皇帝，也用了当初王弗说过的话——"其进锐者，其退速""交浅言深，君子所戒"。

遗憾的是，王弗与苏轼生活了11年就去世了。苏洵对儿子说："你媳妇在艰难困苦中跟了你，如今你的事业好起来，她却离你而去。不要忘了她，日后把她跟你母亲的坟做在一起。"不久，苏轼的父亲也过世了。遵照父亲的嘱咐，苏轼在家乡眉山父母墓穴的西北八步，替王弗做了坟，并在坟地周围植了三万株松树。

十年后苏轼在密州，于正月二十日的夜晚做了一个梦，梦到王弗在家乡的小窗边上梳着头发。见到苏轼，她似乎诧异丈夫的苍老憔悴，落下了串串泪珠。梦醒后，苏轼写了一首[江城子]："十年生死两茫茫，不思量，自难忘。千里孤坟，无处话凄凉。纵使相逢应不识，尘满面，鬓如霜。夜来幽梦忽还乡，小轩窗，正梳妆。相顾无言，惟有泪千行。料得年年肠断处，明月夜，短松冈。"

苏轼33岁时续娶了21岁的王闰之。

王闰之的小名叫二十七娘，是王弗的堂妹。在王弗去世还不到一年的时候，双方的父母就已经定下了这门婚事，当时苏轼在京师，王闰之在眉州。后来苏洵去世，苏轼回家守孝。守孝期满，两人就结了婚，然后一同进京。

王闰之与苏轼生活了25年，陪伴苏轼辗转于京城及杭州、密州、徐州、湖州、黄州、汝州、常州、登州、颍州、扬州等地，"身行万里半天下"。她既经历过丈夫发达时的繁华，也品尝过他迁谪动荡时的坎坷苦难。无论哪一种日子，她都不改声色，处之泰然。她视王弗留下的孩子苏迈为己出，与自己亲生的儿子苏迨、苏过疼爱不分彼此。在苏轼遭遇"乌台诗案"落难黄州的时候，她赤着脚耕田，采摘野菜，不仅没有半点怨言，还变着法子给苏轼解闷。

在王闰之的眼里，丈夫是不是高官，是不是写得好文章，她并不怎么关心。她只知道丈夫是她的全部生命。正因为如此，苏轼也特别担心她受到惊吓。他在湖州任上被逮捕时，全家惊恐万状，妻子号哭，悲伤得说不出话来。苏轼虽也害怕，但还是回过头来看着妻子，故作轻松地说："你难道不能学一学杨朴的夫人，也作一首诗给我送行吗？"（杨朴是宋代的隐士，诗写得很好，宋真宗强行召他到京师，问他："听说你会写诗？"他回答："不会。"皇帝又问："你来的时候，朋友赠你诗没有？"他说："没有，只有我老婆写了一首。"皇帝很好奇："你老婆写了什么？"杨朴将临行时妻子写的诗念了出来："更休落魄贪酒杯，且莫猖狂爱咏诗。今日捉将宫里去，这回断送老头皮。"）王闰之听了苏轼的话，不觉失笑。

苏轼何尝不是因为"猖狂爱咏诗"而惹的祸呢？他被抓走，王闰之将御史搜查后没有带走的苏轼诗稿全部烧掉，生怕那些人回头再来找苏轼的罪状。等到苏轼出狱，寻找整理原来的文字，发现十之七八已经被焚毁了。

"可怜吹帽狂司马，空对亲春老孟光。"这位被苏轼比作与梁鸿举案齐眉的孟光的妻子，在她46岁的时候亡故了，当时苏轼58岁。他十分悲痛，在祭文里表示自己死后，要与王闰之葬在一起。最后是他的弟弟苏辙完成了他的这一心愿。

其实，在苏轼心里还有另外一个女人，她就是王朝云。

那年苏轼39岁，在杭州做通判。与朋友宴饮的歌舞场合中，他见到了12岁的朝云，那时她清新脱俗，楚楚可人。朝云来到苏家，受到善待。她不仅聪明伶俐，能歌善舞，而且才识过人，深得苏轼眷爱。一日苏轼从朝中回家，吃完饭，摸着肚子在院子里走动，看着边上的几个侍儿，问道："你们说说看，我这肚子里装的都是什么？"一个侍儿说："里面都是文章。"另一个说："里面都是见识。"苏轼均不以为然。只有朝云说："您哪，一肚子都是不合时宜。"苏轼听了捧腹大笑。朝云确实是苏轼的知音。苏轼一生刚正，屡遭坎坷，他指责王安石新法的多弊，又不满司马光执政时对新法的全面否定，动辄得咎，全缘于"一肚子的不合时宜"。朝云的话可谓一语中的，但洋溢出来的，却是对苏轼的理解、称赏和佩服。

苏轼贬谪到黄州的第二年，正式纳朝云为妾。时苏轼45岁，朝云18

岁。又过了两年,朝云生下苏遁。苏轼十分高兴,写了一首《洗儿》诗:"人皆养子望聪明,我被聪明误一生。惟愿孩儿愚且鲁,无灾无难到公卿。"可惜未到周岁,孩子夭折。

苏轼将近60岁的时候,再次被贬谪岭南。此时他的夫人王闰之已经去世,只有朝云不辞辛苦,生死相随,来到惠州这个蛮荒之地。一个秋天,落木萧萧,苏轼让朝云唱[蝶恋花]《春景》一词。朝云歌喉将啭,突然就泪满衣襟。苏轼问其故,答曰:"词里头'枝上柳绵吹又少,天涯何处无芳草'一句,让我伤心得唱不下去。"苏轼说:"你呀,我刚刚开始悲秋,你倒是伤起春来。""天涯何处无芳草",化自于《离骚》"勉远逝而无狐疑兮,孰求美而释女?何所独无芳草兮,尔何怀乎故宇?"远谪中的人儿唱起曲子,想到屈原的信而见疑、忠而被谤,会是怎样的滋味?所以朝云死后,苏轼再也不听这支曲子了。

34岁那年,朝云得病而亡。时苏轼61岁。他将她葬在惠州西湖孤山脚下的松林之中。这位从杭州来的姑娘,将自己永远留在了惠州,虽然那里也有西湖,也有孤山。苏轼在她的墓前修了一座六如亭,因为她临终时握着苏轼的手,嘴里念叨着的是《金刚经》里的"六如偈":"一切有为法,如梦幻泡影,如露亦如电,应作如是观。"

亭上有一副苏轼所撰的对联:"不合时宜,唯有朝云能识我;独弹古调,每逢暮雨倍思卿。"

专题二十四

江西诗派

一、专题要点

本专题主要了解宋代影响最大的诗歌流派"江西诗派"的形成、主张,及其主要代表作家的创作成就。本专题选读诗歌作品8首。

(一)何谓江西诗派

北宋后期活跃于诗坛的是以黄庭坚为首的江西诗派。所谓江西诗派,由南宋吕本中的《江西诗社宗派图》而得名。图中列黄庭坚为宗派之祖,下列陈师道、潘大临等25人,这些人并非都是江西人,因为黄庭坚是江西人,他们又是黄庭坚的追随者,其创作倾向与风格都基本相同,所以称之为"江西诗派"。宋末元初的方回在《瀛奎律髓》中追加陈与义,提出"一祖三宗"之说,"一祖"指杜甫,"三宗"指黄庭坚、陈师道、陈与义。

江西诗派提倡在继承前人基础上的诗歌创新,主张以故为新,变俗为雅,化腐朽为神奇。黄庭坚说:"诗词高雅,要从学问中来。"他还创造了"点铁成金法"和"夺胎换骨法"。"自作语最难,老杜作诗,退之作文,无一字无来处;盖后人读书少,故谓韩杜自作此语耳。古之能为文章者,真能陶冶万物,虽取古人之陈言入于翰墨,如灵丹一粒,点铁成金也。""不易其意而造其语,谓之换骨法;窥入其意而形容之,谓之夺胎法。"黄庭坚的"点铁成金"就是对前人的词语进行翻新,"夺胎换骨"就是对前人之意作自己的改造、引申,从而呈现新的面貌。这些都成为江西诗派的主要纲领。

(二)江西诗派的历史评价

历代批评家对江西诗派的评价褒贬不一,且贬多于褒。主要是认为他们的创作破坏了唐人作诗的法度,专重艺术技巧而脱离社会现实。认为将诗歌学问化的做法,会导致有些诗人靠翻书来拼凑典故,而过多的典故也使读者读起来异常费劲。

平心而论,江西诗派的弊端并不能归咎或不应完全归咎于黄庭坚、陈师道等人。而从艺术的角度看,江西诗派的产生和发展,毕竟标志着宋诗突破唐诗的藩篱而形成了自己的独特风貌,丰富了古典诗歌的表现手段。至于强调书本知识的积累,看重前人作品的创作经验,为的是更好地在前人的基础上有所发展和创新。

(三)课堂话题

1.江西诗派概说。核心人物——"一祖三宗":杜甫;黄庭坚,陈师道,陈与义。黄庭坚是核心人物,与苏轼并称"苏黄"。性质特色——观念性的社集;以风格和师承为判断依据,不唯地域;盛衰与政局有关。诗歌理论——有法之法;点铁成金,夺胎换骨。精神内核——宋明理学。美学思想——禅宗心法。缺点流弊——一些人片面追求"无一字无来历",而又不能求新,于是拾人牙慧,典故连篇,形象枯竭。

2.黄庭坚的诗歌。黄庭坚诗歌的理论主张有:以杜甫的善陈时事和忠义之气为追求目标,强调诗歌的思想内容和社会功用;强调诗歌创作要积极创新,不落俗套,从而创造了"点铁成金法"和"夺胎换骨法";提倡温柔敦厚的诗风,反对以文学艺术作武器直接干预社会生活。他本人的诗歌特点,一是善于求新出奇,在章法、句法、语言上都追求独造生新,求与人异;二是善于在诗中点化前人的诗意或诗句,使事用典自然巧妙,如《登快阁》《戏呈孔毅父》等。

3.陈师道的诗歌。陈师道的诗歌受黄庭坚的影响很深,他的文学见解与黄庭坚有许多相同之处,强调"学诗之要,在乎立格、命意、用字而已"。他在作诗时还以苦吟出名,力避陈俗,追求瘦硬,但有时也缺乏自然之态以至流于艰涩,较为成功的作品有《春日示邻里》《示三子》等。

4.陈与义的诗歌。陈与义早期作品受黄庭坚、陈师道影响较深,故被列入江西诗派,但经靖康之难后诗风为之一变,写出了不少苍凉悲壮、雄阔慷慨的诗篇,如《伤春》《牡丹》等。

二、专题诗选

黄庭坚《登快阁》(1)

痴儿了却公家事(2),快阁东西倚晚晴(3)。落木千山天远大,澄江一道月分明。朱弦已为佳人绝(4),青眼聊因美酒横(5)。万里归船弄长笛,此心吾与白鸥盟(6)。

【注释】

(1)黄庭坚:见专题二十"清明诗词"专题诗选《清明》注释(1)。(2)痴儿:《晋书·傅咸传》:"生子痴,了官事,官事未易了也。"这里以痴儿自比。了却:办完。(3)东西:东面和西面。倚晚晴:倚在阁边,迎着雨后傍晚的阳光。(4)"朱弦"句:意谓知音不在,无心鼓琴。用伯牙、子期事(见《吕氏春秋·本味》)。朱弦:琴的代称。佳人:美人,引申为知己、知音。(5)青眼:正视状,即眼珠居中,表示有好感。《晋书·阮籍传》记载,阮籍能为青白眼,青眼对人表示爱重,白眼对人表示厌恶。横:目光流动。(6)白鸥盟:《列子·黄帝》:"海上之人有好沤(鸥)鸟者,每旦之海上从沤鸟游,沤鸟之至者,百住而不止。其父曰:'吾闻沤鸟皆从汝游,汝当取来吾玩之。'明日之海上,沤鸟舞而不下也。"后人以与鸥鸟盟誓表示毫无机心,这里是指无利禄之心,借指归隐。

【提示】

这首诗作于元丰五年(1082),作者当时任吉州太和县令,到任所附近的快阁赏景有感而作。该诗描绘了登快阁时所见的山水秋色,特征鲜明,气象高远,营造了宁静澄澈的境界,蕴涵了作者摒去尘俗、追慕快意的情思。

诗歌前半部分写登快阁眺望,景物清华、阔远。"落木"两句描绘出起伏连绵的秋山,浩瀚的天空,澄净如玉的江水,新月映照在澄澈的江水中。这一联是著名的警句,不仅刻画出了悠远空灵的景象,还展示了诗人孤高兀傲的精神品格。落木萧萧是"动",澄江一道是"静";"天远大"是仰视所见,"月分明"为俯视之景。动静映照,俯仰开合,很好地衬托了诗人的磊落胸襟。

后半部转为抒写情意。"朱弦"两句,诗人巧妙化用"伯牙摔琴谢知音"和"阮籍青白眼"两处典故,了无痕迹;"朱弦""青眼",用事贴切,色彩鲜明。诗人通过这两句感叹自己知音无觅,怀才不遇,只得借酒遣怀自娱。最后两句,诗人构想了由"归船""长笛""白鸥"组成的理想人生归宿,借以抒发厌世弃官、隐归山湖的雅志,意味隽永,让人想象无穷。

黄庭坚《寄黄几复》[1]

我居北海君南海[2],寄雁传书谢不能[3]。桃李春风一杯酒,江湖夜雨十年灯[4]。持家但有四立壁[5],治病不蕲三折肱[6]。想得读书头已白,隔溪猿哭瘴烟藤[7]。

【注释】

(1)黄庭坚:见专题二十"清明诗词"专题诗选《清明》注释(1)。黄几复:名介,与黄庭坚同乡,少时便相交游。时为广东四会知县。(2)"我居"句:谓距离遥远,既是写实,也是用典。黄庭坚在此诗的跋语中说:"几复在广东四会,予在德州德平镇,皆海滨也。"《左传·僖公四年》:"君处北海,寡人处南海,惟是风马牛不相及也。"(3)寄:托。谢:辞谢。据说大雁南飞过冬时,飞到衡阳的回雁峰,便不再南飞。又传说大雁能传书。因四会在回雁峰之南,故云"谢不能"。(4)"桃李"二句:据《黄几复墓志铭》记载,黄庭坚与黄几复于熙宁九年（1076）同科及第。此处谓京师欢聚后，一别就是十年。（5）四立壁：谓家道贫寒。《史记·司马相如传》："文君夜奔相如，相如驰归成都，家徒四壁立。"（6）三折肱：《左传·定公十三年》："三折肱，知为良医。"此句谓黄几复有治世的才能，不需反复磨炼，就能很好地处理政务。蕲：同"祈"，求。（7）"隔溪"句：想象黄几复读书的环境，隔着瘴气弥漫的山溪，猿猴在攀藤悲啼。

【提示】

元丰七年（1084）夏秋之际，黄庭坚到达德州德平镇（今属山东）。由于当地缺少志同道合的朋友，所以他特别怀念自己少年时期的好友黄几复。第二年春天，他写下了这首著名的怀念友人的诗。诗歌通过对好友黄几复的思念，表达了对其现实处境的关心和怜惜，并借之传递出自己对现实的不平之气。

本诗大量化用典故，是黄庭坚"点铁成金""夺胎换骨""无一字无来历"等诗歌理论成功实践的范例。首联化用三个典故，首先是用《左传》楚子问齐桓公的"君处北海，寡人处南海"来突出与友人空间距离的遥远，渲染相思极深；接着将"鸿雁传书"的传说和"鸿雁南飞不过湖南衡阳"的传说套合在一起，用"谢不能"丰富了诗歌的张力。颔联"桃李春风一杯酒，江湖夜雨十年灯"，虽属自然用语，却容易令人想起杜甫"何时一杯酒，重与细论文"（《春日忆李白》）、"江湖多风波，舟楫恐失坠"（《梦李白》）、"凉风起天末，君子意如何？鸿雁几时到，江湖秋水多"（《天末怀李白》）之类，因而说是暗用典故亦无妨。颈联上句，化用《史记》司马相如"家徒四壁立"之典，写友人的清正廉洁；下句化用《左传》"三折肱，知为良医"的成语（本意是，一个人如果三次跌断胳膊，就可以成为一名好医生，因为他必然了解和积累了治疗与护理的方法经验），同时又吸取了《国语》"上医医国，其次救人"的含义，突出友人的才干。至于尾联，杜甫"匡山读书处，头白好归来"（《不见》）、"殊方日暮玄猿哭"（《九日》）也都可以说是它的"来历"。

"桃李春风一杯酒,江湖夜雨十年灯"一联,当时即被称为"奇语"。此联上句追忆京城相聚之乐,下句抒写别后相思之深,不用动词和任何关联词而只选择最富表现力的名词精心组合,便把两种苦乐不同的时、地、景、事、情生动地表现出来。"桃李春风"与"江湖夜雨"是"乐景"对"哀景",两相衬托,更倍增其悲欢;"一杯酒"对"十年灯",是数量上少与多的对照,极写欢聚的短暂和异地漂泊的漫长。由此,此联之"奇",不是个别字句的警策,而是整体意境的出奇制胜。

黄庭坚《戏呈孔毅父》(1)

管城子无食肉相(2),孔方兄有绝交书(3)。文章功用不经世,何异丝窠缀露珠(4)。校书著作频诏除,犹能上车问何如(5)。忽忆僧床同野饭,梦随秋雁到东湖(6)。

【注释】

(1)黄庭坚:见专题二十"清明诗词"专题诗选《清明》注释(1)。孔毅父:孔平仲,字毅父,临江新淦(今江西吉安新干)人,治平二年(1065)进士,黄庭坚好友。(2)管城子:指毛笔。典出韩愈《毛颖传》:"遂猎,围毛氏之族,拔其毫,……秦皇帝使(蒙)恬赐之汤沐,而封诸管城,号曰管城子。"这是以笔拟人。食肉相:指富贵封侯之相。典出《后汉书·班超传》,看相的人说班超"燕颔虎颈,飞而食肉,此万里侯相也"。后来班超投笔从戎,立功西域,果然封侯。(3)孔方兄:指钱,铜钱中央有方孔,故称。晋鲁褒《钱神论》:"亲爱如兄,字曰孔方,失之则贫穷,得之则富强。"绝交书:嵇康有《与山巨源绝交书》,此用其字面。孔方兄与自己绝交,意谓自己穷愁潦倒。(4)"文章"二句:意谓文章不能发挥经邦济世的功用,无异于蛛网上点缀的露珠。经世,治理社会。丝窠(kē),蛛网。(5)"校书"二句:意谓自己虽然接连被任为校书、著作之职,也只是学会上车、问好,备员充数而已。校书,校书郎；著作，著作郎。均属秘书省官职。诏除，皇帝下令授官。作者于元丰八年（1085）被任命为秘书省校书郎，元祐二年（1087）除著作佐郎，故云"频诏除"。上车问何如，典出《颜氏家训·勉学》。梁朝全盛之时，贵家子弟多无真才实学，却充当秘书郎、著作郎一类官职，因此当时有谣谚说："上车不落则著作，体中何如则秘书。"上车不落，谓能登上车子，不至于掉下来。体中何如，为古代书信尺牍常用的问候语。这二句是自嘲，说自己虽在秘书省做官，并非真有才学，不过懂得怎样乘车，能作一般问候起居的书信而已。（6）"忽忆"二句：东湖，在今江西南昌市郊，为东汉高士徐稚宅居之处。这二句是说忽然回忆起当年与你同游东湖，在僧房便饭，我的梦魂又随秋雁飞到那里去了。作者早年曾在东湖瞻仰徐稚祠堂，并作诗表达仰慕之情，这里回忆旧游，即有欲归乡里、效徐稚高节之意。

【提示】

此诗作于元祐二年（1087）。诗人一生在政治上不得志，常有弃官归隐的念头，有时还不免夹带一点牢骚。这首写给朋友孔毅父的诗，以自我嘲讽的笔调，抒发了内心苦闷。此诗不仅典故用得自然贴切，而且通过生动的联想，将一些故事巧妙地串联起来，创造了一种新奇意象。

首二句连用四个典故，"管城子"和"孔方兄"是比拟，"食肉相"与"绝交书"则是转喻，两两为对，错杂成意，说自己虽然操笔为文，却毫无富贵之相：既不可能加官晋爵，又沦落清贫而无钱。感叹文章若无济世实用之功，就如蜘蛛网上的露珠一样，徒有晶莹之外表。作者在元丰八年为秘书省校书郎，元祐二年则迁升著作佐郎。所以接着又以民谣嘲笑自己，虽有升迁，却是无学无才，空空落落。其实这些貌似自嘲之语皆为作者有才而不得其用的牢骚。而"忽忆"一语，下得陡然而生硬，似峰转路移，在牢骚正兴头之时，却撇下牢骚去说回忆：想起当年与毅父在东湖，曾经"僧床同野饭"，是何等悠然自在，而现在则只有在梦中才能重温当年的快乐了。"梦随秋雁到东湖"，实为草蛇灰线，再度续接全诗的理路，在无尽的向往中，作者借以消解了满腹牢骚。结句终篇而意未尽,韵味悠然。

黄庭坚《雨中登岳阳楼望君山》(1)

其一

投荒万死鬓毛斑(2),生出瞿塘滟滪关(3)。未到江南先一笑,岳阳楼上对君山。

其二

满川风雨独凭栏(4),绾结湘娥十二鬟(5)。可惜不当湖水面,银山堆里看青山(6)。

【注释】

(1)黄庭坚:见专题二十"清明诗词"专题诗选《清明》注释(1)。岳阳楼:在今湖南省岳阳市旧县城西门上,面临洞庭湖。君山:在洞庭湖,也叫洞庭山。(2)投荒:流放到荒远的地方。作者在宋哲宗绍圣二年(1095)被贬到四川黔州(今彭水)、戎州(今宜宾)等地,贬谪六年后才被放回。斑:花白。(3)生出:终于安然渡过险滩,活着回来了。瞿塘:长江三峡之一,在重庆奉节县东,两岸悬崖峭壁,江流湍急。滟滪关:滟滪堆,瞿塘峡的险滩。李白《长干行》诗:"十六君远行,瞿塘滟滪堆;五月不可触,猿声天上哀。"李肇《国史补》:"滟滪大如马,瞿塘不可下;滟滪大如牛,瞿塘不可留;滟滪大如幞,瞿塘不可触。"(4)川:这里指洞庭湖。(5)绾(wǎn)结:将头发向上束起。湘娥:指娥皇、女英。传说为尧的女儿、舜的妃子。舜南巡,死于苍梧之野,二女追至洞庭,闻舜死,溺水而亡,成为湘水之神。鬟:发髻。十二鬟:是说君山山陵起伏,有如女神各式各样的发髻。(6)"可惜"两句:不能身在湖面,在银色波涛之上观赏青山。当:临。银山:比喻波涛。

【提示】

宋徽宗崇宁元年(1102),贬谪巴蜀长达六年之久的黄庭坚终得赦归,途经岳阳时冒雨登楼,写下这两首诗。

第一首侧重写遇赦归来的心境。诗人被贬谪到荒远的不毛之地,历尽艰难,头发都斑白了,如今得以放还故里,活着走出瞿塘险滩,正是劫后重生。此次虽然幸而生出三峡,但在他面前的政治道路依然十分险恶(一年多后又远贬宜州),与他在文学上相切磋、在政治上相依靠的一些人又已凋零殆尽:一年多前,苏轼从海南放还后死去,同为"苏门四学士"之一的秦观远死藤州,同为江西诗派三宗之一的陈师道也饥寒而死。诗人在政治上怀抱着深刻的苦闷,只想回到江南,从乡土感情中寻求一点慰藉,所以未到江南"先"破颜一笑,在洞庭山水中得到暂时的解脱。"未到江南先一笑",这"一笑"是饱经忧患、出生入死之后的笑,不免笑中寓悲,笑中含涩,笑得辛酸、深沉。诗人登楼远眺,"岳阳楼上对君山",一个"对"字,将频历坎坷的诗人和雄奇的君山等量齐观,魂化为一,失意之人的形象由此也显得卓然兀立。

第二首由抒情转入写景。诗人独自凭栏,俯视洞庭湖水,他的孤寂融入满川风雨的景象之中;而从风雨中望出去,君山的座座青峰如同湘娥的烟鬟雾鬓。湘水之神美则美矣,而湘水的神话却带着固有的浓厚哀婉。诗人放开视野,振起精神,设想如果不是在现今枯水的冬季,而是当秋水平满,站在洞庭湖如山的波涛之上观赏君山,那该是多么壮阔和豪迈!由此,诗歌兀傲其神,崛蟠其气,显示了诗人虽历经患难而仍达观高旷的情怀。

"江西诗派"的诗人讲求化用古人之意,这两首诗中亦有"夺胎换骨"的痕迹。第一首的首句来自柳宗元《别舍弟宗一》"万死投荒十二年",但不点明时间,而以鬓发斑白的事实来暗示岁月之长和所受政治压抑之深。第二句改造了杨炎《流崖州至鬼门关》中"崖州何处在,生度鬼门关",黄庭坚的"生出"比杨炎的"生度"似乎更有分量。第二首更是与刘禹锡的《望洞庭》有关。刘禹锡诗云"遥望洞庭山水翠,白银盘里一青螺",黄庭坚点化成"可惜不当湖水面,银山堆里看青山",化静为动,颇出心裁。

陈师道《春日示邻里》(1)

断墙着雨蜗成字(2),老屋无僧燕作家(3)。剩欲出门追语笑,却嫌归鬓着尘沙(4)。风翻蛛网开三面(5),雷动蜂窠趁两衙(6)。屡失南邻春事约(7),只今容有未开花(8)。

【注释】

(1)陈师道(1053—1101),字履常、无己,号后山居士,彭城(今江苏徐州)人。由于苏轼等人的推荐,以白衣得官,曾任徐州教授、秘书省正字等职。《宋史·列传第二百三·文苑六》载:"师道高介有节,安贫乐道。于诸经尤邃《诗》《礼》,为文精深雅奥。喜作诗,自云学黄庭坚,至其高处,或谓过之。"他是江西诗派的又一重要代表,也被称为这个诗派的第二宗师。著有《后山集》。邻里:邻居。标题的"邻里"与诗尾联中的"南邻"均指作者的邻居寇国宝。(2)蜗成字:蜗牛爬过之处留下的黏液,屈曲有如篆文,称为蜗篆。(3)无僧:这里指无人居住。燕作家:燕子筑巢。(4)"剩欲"二句:很想出门追随说笑的游人赏春,却怕归来时头上扑满尘沙。剩欲,颇想,犹欲。(5)开三面:传说商汤心仁慈,见人捕兽四面张网,不忍,令去其三面,让鸟兽好逃去。这里谓老屋风大,蜘蛛结网被风吹破。(6)趁:追逐。两衙:据说群蜂在早晨和晚上出入蜂房护卫蜂后时,排列得像衙门前的仪仗一样,故云"两衙"。(7)春事约:相约一道去游春。(8)容有:或许有。

【提示】

本诗作于元符三年(1100),陈师道时落职闲居徐州。它是作者病逝前一年的作品,写出了生活的窘迫之状及其对失意人生的慨叹。

首联写居处的破败,以见生计之贫困。因生计艰难便无赏春心情,颔联就是这种毫不振作心情的婉曲表达。颈联即景抒怀,屋角的蛛网,檐口的蜂巢,在"风翻""雷动"下,形成了老屋的风光,而"开三面""趁两衙"则是有所寄寓的笔墨，表现对世路崎岖的慨叹。尾联为自己的屡次失约向邻居表达歉意，并表示在春天消逝之前，趁着也许还有尚未开放的花，自己也想尝试着践约，以不辜负春天。只是这样的允诺，带几分惆怅茫然和倦慵凄楚。

写景兼用典的颈联，寄托深意。"风翻蛛网开三面，雷动蜂窠趁两衙。"前一句典出《吕氏春秋·孟冬纪·异用》。商汤见有人设了四面的网捕鸟，就撤去三面而只留一面，并说："欲左者左，欲右者右，欲高者高，欲下者下，吾取其犯命者。"后一句典故来自陆佃《埤雅·释虫》："蜂有两衙应朝，其主之所在，众蜂为之旋绕，如衙。"这两句既是对居处景物的真实描写，同时也包含着深厚的心理内容。风翻蛛网，吹开三面，给予飞虫重归自然的生路，世间的党祸却网张四面，在八方埋伏，使人再无重生之日；雷动蜂窠，蜂儿依旧，照常趋其两衙，护卫自己的君主，自己奔走多年，忠心不二，却穷愁潦倒，无计无着。在这样一种思绪脉络里，很容易生出对商汤那样贤明君主的向往。此联用典如盐化水，不露痕迹。

陈师道《绝句四首》其四[1]

书当快意读易尽[2]，客有可人期不来[3]。世事相违每如此[4]，好怀百岁几回开[5]？

【注释】

（1）陈师道：见专题二十四"江西诗派"专题诗选《春日示邻里》注释（1）。（2）快意：称心满意。（3）可人：合心意的朋友。期：等待。（4）相违：指与人的期望相背。（5）好怀：愉悦的心情。百岁：犹言一生。

【提示】

这首诗反映了人生中常有的况味。"书当快意读易尽，客有可人期不来。"读来使人感觉快乐的书，总是很快就读完了；讨人喜欢的客人，却老是久等不来。以上两句，虽是日常生活感受，却写得尽情尽理，令读者领首会心。之后，诗人笔锋一转，又试图化解内心的烦闷，他说："世事相违每如此，好怀百岁几回开？"世界上的事情每每和自己的理想背道而驰，人生本来就难得有尽兴开怀的时候，既然如此，又何必自寻烦恼呢？这两句带有洞穿世事人生、万事均无挂碍的禅理，可视作对人的劝导，也可视为对自己的安慰。

作者《寄黄元》云："俗子推不去，可人费招呼。世事每如此，我生亦何娱。"所抒情感与本诗相似。南宋方岳的警句"不如意事常八九，可与语人无二三"所抒发的也是同类的感慨。

陈与义《伤春》[1]

庙堂无策可平戎[2]，坐使甘泉照夕烽[3]。初怪上都闻战马[4]，岂知穷海看飞龙[5]。孤臣霜发三千丈[6]，每岁烟花一万重[7]。稍喜长沙向延阁[8]，疲兵敢犯犬羊锋[9]。

【注释】

(1) 陈与义（1090—1138），字去非，号简斋，洛阳（今河南洛阳）人。宋徽宗政和三年（1113）进士，任太学博士等职。因所作《墨梅》诗为徽宗所激赏，由是以诗名于世。南渡后，历任中书舍人、吏部侍郎等职，官至参知政事。早期作品受黄庭坚、陈师道影响较深，故被列入江西诗派。元人方回倡江西诗派"一祖三宗"说，以杜甫为"一祖"，黄庭坚、陈师道、陈与义为"三宗"。后经靖康之变，目睹国破家亡的惨祸，历经辗转流亡的生活，感时抚事，诗风为之一变，写出了不少苍凉悲壮、雄阔慷慨的诗篇，实不囿于江西诗派。著有《简斋集》。(2) 庙堂：宗庙与明堂，借以指朝廷。戎：泛指我国西北少数民族，这里指金人。(3) 坐使：因使，致使。甘泉：汉代皇帝的行宫。《汉书·匈奴传》："胡骑入代句注边，烽火通于甘泉、长安。"此句意谓前线告急的烽火把皇帝的宫殿都照红了。(4) 上都闻战马：指京都沦陷。上都，京城。

(5)穷海看飞龙:指高宗乘船入海南逃。穷海,偏远的海上。飞龙,指帝王。比喻逃之夭夭的高宗。(6)孤臣:作者自谓。霜发三千丈:比喻愁多。李白《秋浦歌》:"白发三千丈,缘愁似个长。"(7)烟花一万重:用杜甫《伤春》"关塞三千里,烟花一万重"诗句,形容春景秾丽。(8)长沙向延阁:指向子谨。延阁,汉代皇家藏书处,向子谨曾为直秘阁学士,故称。建炎中向子谨知潭州(今湖南长沙),金兵来攻,向子谨组织军民抗击,城破,犹巷战不屈。(9)疲兵:指南宋军民。犯:抵抗。犬羊锋:敌军的锐气。犬羊,诗人对金兵的蔑称。

【提示】

《伤春》标题取意于杜甫《伤春》诗,写于宋高宗赵构建炎四年(1130)春。建炎三年(1129)秋,金兵渡江,破临安、越州,宋高宗从海上南逃。建炎四年(1130)春,金兵破明州,高宗逃至温州。

前四句大气盘旋,把金兵长驱直入、皇帝辗转逃窜归因于"庙堂无策可平戎",抒发了对投降派误国殃民的愤恨。后四句一气贯注,既伤国事,又叹自身,而以向子谨以"疲兵"抗敌与"庙堂"的逃跑主义相对照,用"稍喜"二字给予赞颂。一褒一贬,爱憎分明。

第三联用李白、杜甫诗句,而于两相对照中赋予新意。"孤臣"二字,流露了对于自己孤危处境的慨叹。"霜发三千丈",极言愁多,联系前四句,便知这愁主要是国愁。"烟花一万重"取自杜甫《伤春》五言排律,写满眼春光,徒增诗人的忧伤和痛楚。杜甫作那首诗的背景是吐蕃攻陷长安,唐代宗于广德元年(763)逃往陕州。杜甫于次年在蜀中得悉此事,以诗抒写忧国伤时之情,表达还京兴国的渴望。陈与义借杜甫诗题、诗句作此诗,可谓异代同悲。

陈与义《牡丹》(1)

一自胡尘入汉关(2),十年伊洛路漫漫(3)。青墩溪畔龙钟客(4),独立东风看牡丹(5)。

【注释】

（1）陈与义：见专题二十四"江西诗派"专题诗选《伤春》注释（1）。（2）胡尘：指金兵。汉关：指中原。（3）十年：从靖康元年（1126）汴京沦陷至诗人写作此诗之时，已经过去十年。伊洛：伊水和洛水，此处既代指诗人的故乡洛阳，也暗寓他亡国的隐痛。（4）青墩：一名青镇，在浙江桐乡北。龙钟客：诗人自指。龙钟，疲惫的样子，也形容老态。（5）看牡丹：暗指诗人思念故乡。洛阳盛产牡丹，诗人在异乡看到牡丹，自然思念起故乡。

【提示】

从题目看，这本应是一首写牡丹的咏物诗，然而通篇却没有一句用来描绘牡丹的国色天香，而只是借牡丹抒发诗人的思乡之情和亡国之痛。

"一自胡尘入汉关，十年伊洛路漫漫。""一自"二字以口语入诗，平实、自然。"胡尘入汉关"指金兵南下，杀入汴京。这事发生在靖康元年（1126），第二年掳走徽、钦二帝，北宋灭亡。诗人写作此诗时，已是绍兴六年（1136），靖康之变过去整整十年。"十年伊洛路漫漫"兼有两重含义：其一谓北宋灭亡后，诗人十年颠沛，流离失所，北望故乡洛阳，长路漫漫，即所谓"还顾望旧乡，长路漫浩浩"（《古诗·涉江采芙蓉》）；其二谓靖康之变后，国破家亡，诗人虽有心救国，却无力回天，但胸中的耿耿之志却从未消歇，即所谓"路漫漫其修远兮，吾将上下而求索"。以上两句，寄托着诗人的思乡之情和亡国之痛，但这两层含义都表达得深婉而含蓄，唯一的外在标志是漫漫长路指向的终点——"伊洛"。

诗人病退后寓居的地方，是远离故乡"伊洛"的浙江青墩。"青墩溪畔龙钟客，独立东风看牡丹"一句格外醒目。"龙钟"说明诗人老之将至，踯躅难行。"客"则表明诗人身在异乡。"独立东风"显示了诗人的茕茕孑立，形影相吊。当苍老憔悴的诗人面对异乡的牡丹时，他怎么可能不想到以盛产牡丹而著称的"伊洛"？那不仅是北宋的西京，也是诗人的故乡。因此"独立东风看牡丹"既表达了诗人的思乡之情，也暗寓着诗人的亡国之痛。本诗以"牡丹"为题,却在结句的最末二字才点出,这并非一般的点睛之笔,而是凝聚了诗人全部的感情,达到了强烈的艺术效果。

三、专题衍说

江湖夜雨十年灯

——说江西诗派的掌门人黄庭坚

元代一位姓郭的人,找来历史上24位孝子的故事,并为每个故事配上一首诗,用作儿童的启蒙教材,名曰《二十四孝》。它在明清两代发行的时候,大都根据故事配上图画,所以又称《二十四孝图》。这些故事里,有讲舜的"孝感动天",老莱子的"戏彩娱亲",黄香的"扇枕温衾",王祥的"卧冰求鲤",等等,其中还有一个"涤亲溺器"的故事,说的就是黄庭坚。黄庭坚秉性至孝,侍奉父母无微不至。因为母亲有洁癖,受不了马桶的异味,他从小就每天亲自倾倒并清洗母亲使用的马桶,数十年如一日。即便在朝中做官的时候,也丝毫未尝忽略。尽管当时家里仆从甚多,完全可以不亲自动手,但他认为孝事父母是为人子女该做的事,不可以委托他人之手,尽心侍亲和当不当官没有什么关系。

黄庭坚,字鲁直,号山谷道人,晚号涪翁,是洪州分宁(今江西修水)人。他的父亲黄庶做过知州,41岁就去世了。黄庭坚早慧,七八岁即能诗。7岁时写《牧童》:"骑牛远远过前村,吹笛风斜隔垄闻。多少长安名利客,机关用尽不如君。"八岁时写《送人赴举》:"青衫乌帽芦花鞭,送君直至明君前。若问旧时黄庭坚,谪在人间今八年。"口吻完全不似孩子。参加乡试时,考试的诗题为《野无遗贤》,他的诗里有"渭水空藏月,傅岩深锁烟"两句,主考官读了不禁击节赞叹:"此人不惟文理冠场,异日当以诗句擅四海。"23岁时考中进士,入了仕途。

第一份职务是在汝州的叶县（今河南）做县官，后来通过考试选拔，去了北京（今河北）任国子监教授。当时王安石正推行新法，黄庭坚在基层工作期间感受到新法的弊端和百姓的困苦，加之他的第一任岳父孙觉因反对新法屡遭打击，所以他在立场上一开始就与新法有隔阂。与苏轼相识之后，这种观点就更加明确了。

苏轼比黄庭坚年长8岁。神宗熙宁五年（1072），36岁的苏轼第一次从孙觉那里读到28岁的黄庭坚写的诗，深为赞赏，"绝叹以为世久无此作矣"。孙觉央求苏轼为自己的女婿扬扬名，苏轼说："您女婿如同精金美玉，他不主动去接近别人，别人也会主动去接近他，只怕将来他想低调、不让人知道都不行，哪里需要我为他扬名呢！"

二人真正有交集是在6年以后，34岁的黄庭坚写了一封信给苏轼，表达钦敬之情，同时寄上两首诗向苏轼求教。苏轼点评曰"古诗二首，托物引类，真得古人之风"，称赞其"超逸绝尘，独立万物之表；驭风骑气，以与造物者游"。而黄庭坚则一再表示要追随苏轼，以成为他的入室弟子为荣。

第二年，苏轼遭遇"乌台诗案"，被贬谪黄州。黄庭坚受到牵连，被罢了国子监教授之职，赴吉州太和（今属江西）、德州德平（今属山东）。哲宗继位，苏轼结束黄州生活，回到京师任礼部郎中、中书舍人等职，黄庭坚也回到京城，任秘书省校书郎，后来做到起居舍人、著作佐郎。待到苏轼再一次被贬往广东、海南，黄庭坚也开始了他的贬谪生涯。可以说，苏轼一生坎坷，他的亲友子弟也跟着磕磕绊绊。

虽说苏轼与黄庭坚有师生之名，但二人互相倾慕，心神两契，是挚友，是知音。二人第一次见面时黄庭坚42岁，比书信往来的神交要迟了很多年。元祐初年，苏轼从黄州贬所回到京城工作，这是他入仕以来最为显达的时候；而黄庭坚此时在京供职，也是他仕宦的鼎盛时期。二人相处三年有余，政暇雅集，讲道论艺，酬唱赠答，切磋诗文，鉴书赏画，大畅平生师友之情。据不完全统计，两人其间唱和达百篇之多，全都情调高雅，意味隽永，情趣相似,而且主题也格外地集中、统一,大多是围绕友谊和林泉志趣。再后来,二人被贬谪两地,间隔千里,也是相互萦怀,或书信往来,或题跋字画,或追和旧作,其惦记、体贴、关心、安慰与勉励之深情,溢于言表。苏轼死后,黄庭坚无限悲痛,他将苏轼的画像悬挂室中,奉之终身。

黄庭坚的第一次贬谪是51岁那年,被贬涪州(今重庆涪陵)别驾,黔州(今重庆彭水)安置,后又移戎州(今四川宜宾),前后有七八年的时间。表面上看这次处罚缘于具体事件,但实际上就是新旧党争这一大的政治环境使然。之前黄庭坚在史馆为先帝编修《神宗实录》,已经完稿。与黄庭坚政见不合的人仔细研读《神宗实录》,居然从中找出了一千多条他们认为是没有依据的史料,想以此证明黄庭坚修史的恣意妄为。虽然后来确认只有32条查无实证,但他还是被贬流离。

第二次贬谪时黄庭坚59岁。这次贬谪的罪名是在《承天院塔记》一文中"幸灾谤国"。黄庭坚在被贬期间住过江陵的承天寺,庙里的住持叫智珠,他正在将寺中的旧塔拆去,准备盖一座新塔。智珠对黄庭坚说:"待新塔盖成,希望您能够替我写一篇记。"黄庭坚说:"写记不难,就怕我不能支撑到看见新塔的盖成啊。"六年之后,黄庭坚再度来到承天寺,慨然为智珠长老写了当年允诺的文章,并刻入碑石。没想到荆南转运判官陈举来到寺院,见到这座碑,要求在碑文的后面加上自己的名字,黄庭坚未做表示。陈举怀恨在心,他知道黄庭坚与当时执政的赵挺之有宿怨,即以"幸灾谤国"的罪名告发了黄庭坚。而赵挺之明知文章内容与罪名根本牵连不上,但为了打击报复,也就顾不了这许多。(赵挺之是赵明诚的父亲,李清照的公公。)

黄庭坚远贬宜州(今属广西),一直到61岁去世,都没有能够回来。梅开的时候,他写过一首[虞美人]:"天涯也有江南信,梅破知春近。夜阑风细得香迟,不道晓来开遍向南枝。玉台弄粉花应妒,飘到眉心住。平生个里愿杯深,去国十年老尽少年心。"

黄庭坚在"苏门四学士"中年龄最大,他和苏轼的诗被称为"苏黄",他与苏轼、米芾、蔡襄的书法被称为"宋四家"。

正字不知温饱未？西风吹泪古藤州
—— 说陈师道，兼说秦观

宋徽宗继位后，本着平息纷扰已久的新旧党争，还朝政以清爽的目的，起用了一批当初因反对新法被放逐的人。苏轼从海南被召回，黄庭坚也结束了被贬谪川蜀一带的生活，被召为吏部员外郎。由于身体原因，他回归途中滞留江陵，写了组诗《病起荆江亭即事》十首，其中一首"闭门觅句陈无己，对客挥毫秦少游。正字不知温饱未？西风吹泪古藤州"，用来怀念他的知交好友陈师道和秦观。

"元祐"（1086—1094）是北宋哲宗皇帝赵煦的第一个年号，这期间，哲宗年幼，高太后垂帘听政，由反对新政的旧党当权，苏轼三入翰苑，任翰林学士、学士承旨，在他的周围聚集了一批以"苏门四学士""苏门六君子"为代表的当时文坛最优秀的馆职词臣诗人。这些人在元祐期间积极从事文化创造，其文采风烈，令后人怀慕想望。元祐之后，哲宗亲政，起用新党，"苏门"之人也随着苏轼的再次被贬而各自颠沛。

"苏门四学士"为黄庭坚、秦观、晁补之、张耒；"苏门六君子"为"四学士"加上陈师道、李廌。

黄庭坚这首诗里的"闭门觅句陈无己""正字不知温饱未"，说的正是陈师道。

陈师道于元祐年间，在苏轼的荐举之下，做过徐州州学的教授。后来，得到过秘书省正字的职位。"陈无己""正字"是以他的名字、职位来称呼他。

陈师道是"江西诗派"的重要作家，存诗近700首。据说在他见到黄庭坚之前，已写过1000多首诗，读了黄庭坚的诗之后，把自己的诗稿全部烧了。他平时写诗十分严谨，稍不中意则焚去，所以今天看到的，大概是他创作的十分之一。陈师道的诗歌思致深厚,枯淡冲寂,被称为"后山体"。

他擅诗,却不是快手,故而黄庭坚说他"闭门觅句",以"苦吟"著称。相传他每一次有了灵感,都急忙回家躺到床上,用被子蒙住脑袋,不许旁人吵到他。家人知道他这一特点,总是赶走猫狗,将小孩子抱到邻居家,等他写完了以后才恢复常态。有时诗写得慢,他躺在床上呻吟,如同病者,好几日才起来。"吟榻"这个词就是由此而来的。

陈师道为人耿介,待人重情。16岁时受业于曾巩门下,得到悉心教导,他深为感激,终身不忘。曾巩去世,他写《妾薄命》二首以寄哀,用侍妾悲悼丈夫的口吻表达对老师的怀念,以及决不背师门的态度。诗里有"死者如有知,杀身以相从"的句子,坚定得如同铮铮誓言。后来他遇到了苏轼。苏轼见到陈师道横溢的才华甚为喜爱,想收他为徒弟,不料却被他婉言谢绝:"从来一瓣香,敬为曾南丰。"曾巩是江西南丰人,故称"曾南丰"。陈师道的意思是说,我既然当初认了曾巩为师,就不会再拜别人。他的固执让苏轼既遗憾又爱惜。不过苏轼还是常常精心地指点他,他也与苏轼及苏门的其他人情谊深厚,所以人们还是将他视为苏门中人。苏轼倒运时,他也受株累被贬官、丢官,但他无怨无悔。

陈师道甘于清贫,颇有骨气。他虽出身于仕宦之家,但到他这一辈时,家境已经衰落。有时候穷到无力养家,不得不让妻子带着孩子投奔岳父。岳父郭概做官做到提点成都府路刑狱,看到女儿家里生活贫困,只好常常救济。郭概是有名的"慧眼挑贤婿"的人,他的女婿除了家境贫寒而有才的陈师道,还有官宦之子、做过宰相的赵挺之(李清照的公公),另外还有一个女婿是北宋的著名文人谢良弼。不过陈师道素来看不上赵挺之的人品,拒绝与他往来。那年冬天陈师道要参加皇家郊祀,因没有皮衣御寒,他的妻子就向妹妹借了一件。当得知妻子借的是赵挺之的皮衣,陈师道感觉受辱,对妻子大发雷霆:"汝岂不知我不著渠家衣耶?"

黄庭坚《病起荆江亭即事》中"正字不知温饱未"一句,如同谶语一般。

当初陈师道被召为秘书省正字时颇有幻想,曾说"正字"这个官职"名虽文字之选,实为将相之储";但黄庭坚还是担心他的遭遇,想到他家境贫寒,缺吃少穿,如今做个"正字"的小官,不知道能不能吃饱穿暖。果不其然,黄庭坚此诗写成后的冬天,陈师道便冻病而死。

黄庭坚诗里的"对客挥毫秦少游""西风吹泪古藤州",说的则是秦观。

秦观的创作状态恰好与陈师道相反,无须苦吟,而是"对客挥毫",才思敏捷,下笔千言,出口成章。他的诗歌和婉妍美,清新流利,如"有情芍药含春泪,无力蔷薇卧晓枝"之类,被人称为"女郎诗"。

在若干弟子中,苏轼最喜爱秦观。29岁那年,秦观在徐州见到苏轼,写了一篇《黄楼赋》,苏轼极为欣赏,夸他有屈原、宋玉之才。37岁时,秦观考中进士,选调为定海(今宁波镇海)主簿、蔡州(今河南汝南)教授。元祐初年,苏轼入京为翰林学士,推荐秦观任朝廷的太学博士、秘书省正字、国史院编修等职。

到了绍圣年间,哲宗皇帝亲政,起用与旧党政见不同者,苏轼、黄庭坚等相继遭贬,46岁的秦观也难逃厄运。他被逐出京城,本来贬为杭州通判,途中又再贬监处州(今浙江丽水)酒税,继而降级徙放到湖南郴州,接着又编管广西横州,最后又转移到广东雷州。长途跋涉中,坎坷之感、身世之悲涌上心头,发而为词,多为愁苦之音,如"便做春江都是泪,流不尽,许多愁""春去也,飞红万点愁如海""衡阳犹有雁传书。郴阳和雁无""郴江幸自绕郴山,为谁流下潇湘去"。在雷州,他自作《挽词》,其中有"家乡在万里,妻子天一涯。孤魂不敢归,惴惴犹在兹",情绪极为消沉。

宋徽宗继位,秦观得到宣召,他从雷州回来的路上经过广西藤州。一日,他在当地的光华亭游览,忽然跟人说起他在梦中写过一首[好事近]词:"春路雨添花,花动一山春色。行到小溪深处,有黄鹂千百。飞云当面舞龙蛇,夭矫转空碧。醉卧古藤阴下,了不知南北。"说着说着,有些醉意,向人索水。待左右送上水来,他竟看着水含笑死去了,终年52岁。由于他梦中所写的词里有"醉卧古藤阴下"之句,又死在藤州,人们认为其中或许有神秘的天意。黄庭坚诗里"西风吹泪古藤州"说的就是写诗的前一年秦观去世这件事。

秦观在世时,不仅遭遇党争的迫害,还相逢道学先生的非议,一再被言官劾为"刻薄无行""素号猖薄"。其中的缘由,一来是他性情上的狷傲狂放,直爽无城府,易于得罪人;二来也和他喜欢狎游平康,与青楼女子交往,给人落下把柄有关。

专题二十五

靖康之难

一、专题要点

本专题主要了解宋代靖康之难的历史史实和诗词作品在反映这一史实时的情感倾向,以及南宋诗词的主要成就。本专题选读诗歌作品12首。

(一)靖康之难始末

北宋末年,宋徽宗赵佶传位给儿子宋钦宗赵桓。其时,北方的女真族兴起,势力渐强,建国号为金。金太祖在对辽国的战争取得胜利后,旋即南侵。宋朝无力抵抗,不得已割让太原、中山、河涧三镇。宋主称金为伯父,并输金五百万两、银五千万两、牛马万头、缎百万匹讲和。宋钦宗和一些投降大臣,非但割地求和,甚至撤了李纲等主战派的职务,命令各路援军退回原地。

但金军并未就此住手。由完颜宗翰率领的西路军顺利地渡过了黄河。由完颜宗望率领的东路军也攻下大名(今河北大名),渡河南下。两路金军一直杀到汴梁城下。宋钦宗想再召回李纲,为时已晚。无奈之下痛哭一场,亲自带着几个大臣,手捧降书到金营求和。完颜宗翰命令钦宗将河东、河北土地全部割让给金朝,并且献上金一千万锭、银两千万锭、绢帛一千万匹,钦宗一一答应。这样庞大的支出一时难以凑足,金国将领又借口太慢,于公元1127年扣押了徽宗、钦宗两个皇帝以及大量赵氏皇族、后宫嫔妃与贵卿朝臣等共3000余人北上金国,被驱掳的百姓不下10万人,东京城中公私积蓄为之一空。因钦宗当时的年号是"靖康",故此事史称"靖康之难",又称靖康之乱、靖康之耻、靖康之祸、靖康耻。持续了167年的北宋王朝,至此宣告灭亡。

徽、钦二帝被俘后，钦宗的弟弟赵构于1127年登基称帝，是为宋高宗，并南下定都临安（今浙江杭州）。徽宗被俘后受尽屈辱，没有几年就死了。宋高宗虽然表面上高喊要迎回钦宗，却未积极付诸行动。

（二）南宋诗词简况

1. 南宋诗况 —— 三阶段

（1）南渡诗坛：吕本中、曾几、陈与义等江西诗派诗人逐渐改变闭门觅句的创作方式；李纲、李光、赵鼎、胡铨等人的诗歌充满抗金主战热情。

（2）中兴诗坛：陆游、杨万里、范成大、尤袤四大家，朱熹、吕祖谦、张栻、陆九渊等道学诗人，姜夔、张镃等诗坛后劲，在爱国豪情、自然风物、田园境界、哲理情趣、艺术造诣等诸多方面达到新的高度。

（3）晚宋诗坛：永嘉四灵徐照、徐玑、赵师秀、翁卷，江湖派诗人刘克庄、戴复古、方岳等，理学家诗人魏了翁、真德秀等，爱国诗人文天祥，遗民诗人汪元量、谢翱、谢枋得、林景熙、郑思肖等，反映宋室覆亡前的社会现实与民众心理。

2. 南宋词况 —— 三阶段

（1）南渡词：以叶梦得、朱敦儒、李纲、李清照、向子諲、张元干等为代表。他们的词，增强了现实感与时代感，风格慷慨悲壮，题材进一步扩大。从此，追求雄壮阔大之美，成为宋词的一大趋势。

（2）南宋中期词：以辛弃疾、张孝祥、陆游、陈亮、刘过等为代表的辛派词人襟怀开旷，写出大量豪气之词；以范成大、程垓、张镃、戴复古、姜夔、史达祖、高观国等为代表的婉约词人，大量创作雅词，丰富发展了宋代词史。

（3）南宋后期词：此时有受辛弃疾影响较深的词人如刘克庄、陈人杰、刘辰翁、汪元量等，用词唱出时代所赋予的抗敌御侮的最强音；还有受姜夔影响较深的吴文英、周密、王沂孙、张炎、蒋捷等，崇尚清空骚雅，重立意，又精炼词律。

(三)课堂话题

1. 逝去的繁华 —— "一曲当时动帝王"。[鹧鸪天]:"月满蓬壶灿烂灯,与郎携手至端门。贪看鹤阵笙歌举,不觉鸳鸯失却群。天渐晓,感皇恩,传宣赐酒饮杯巡。归家恐被翁姑责,窃取金杯作照凭。"此词记述宣和年间元夕观灯的盛况。上片写元宵节的歌舞笙乐,下片写观灯女子饮酒窃杯的一段话。这首小词反映了当时都市生活的繁华。《汴京纪事》(辇毂繁华事可伤)是南宋诗人刘子翚创作的一首七言绝句,为其《汴京纪事》二十首的最后一首,举李师师的遭遇以表现汴京昔日的繁华已烟消云散。

2. 君臣的悔恨 —— "止因贪此恋荣华"。蔡京[西江月](八十一年住世)词的上片写作者暮年遭遇流放,只有在梦中才能回到朝廷,这也就很自然地引起下片头两句对昔日荣华的追忆,最后写作者自己由于贪恋荣华富贵,没能及时退步抽身,才落到现在这步田地。[燕山亭]《北行见杏花》是北宋皇帝宋徽宗赵佶所作的一首词,该词将北宋覆亡的史事、当时的社会风貌,以及亡国之君内心复杂的感情活动集于一体。

3. 民众的忧伤 —— "此身虽在堪惊"。[临江仙]《夜登小阁忆洛中旧游》是陈与义晚年追忆洛中朋友和旧游而作。上片写对已经沦落敌国之手的家乡以及早年自在快乐生活的回顾。下片宕开笔墨回到现实,概括词人从踏上仕途所经历的颠沛流离和国破家亡的痛苦生活,结句将古今悲慨、国恨家仇,都融入"渔唱"之中,将沉挚的悲感化为旷达的襟怀。[永遇乐]《元宵》是宋代女词人李清照的作品,为作者晚年伤今追昔之作。此词运用对比手法,写了北宋京城汴京和南宋京城临安元宵节的情景,借以抒发自己的故国之思,并含蓄地表现了对南宋统治者苟且偷安的不满。

4. 壮士的悲歌 —— "待从头、收拾旧山河"。[满江红](怒发冲冠)是南宋著名将领岳飞创作的一首词,表现了作者抗击金兵、收复故土、统一祖国的强烈爱国精神。[贺新郎]《送胡邦衡谪新州》是张元干的作品。此词上片述时事,下片叙别情,感情慷慨激昂,悲壮沉郁,抒情曲折,表意含蓄。

二、专题诗选

蔡京 [西江月]⁽¹⁾

八十一年住世⁽²⁾,四千里外无家⁽³⁾。如今流落向天涯,梦到瑶池阙下⁽⁴⁾。　玉殿五回命相⁽⁵⁾,彤庭几度宣麻⁽⁶⁾。止因贪此恋荣华⁽⁷⁾,便有如今事也⁽⁸⁾。

【注释】

(1)蔡京(1047—1126),字元长,兴化军仙游(今属福建)人。宋熙宁三年(1070)进士。元祐元年(1086),知开封府。绍圣元年(1094),任户部尚书。崇宁元年(1102),累加太师,封鲁国公。徽宗朝,四度拜相。金兵攻宋,举家南逃。靖康元年(1126),贬死潭州(今湖南长沙),天下目为六贼之首。《宋史》有传。工书法,字势豪健,自成一家。(2)八十一年:到这一年的岁数。住世:活在人间。(3)四千里外:指家乡遥远。无家:有家归不得的意思。(4)瑶池阙下:瑶池,神话中西王母住的地方,后来泛指仙界。此处借代帝都。(5)玉殿:指帝王的宫殿。五回命相:指多次任宰相。命相,任命为宰相。(6)彤庭:汉皇宫以朱色漆中庭,故称彤庭,后泛指皇宫。宣麻:唐宋时任免将相,用黄、白麻纸写诏书,在朝廷上宣告,叫作宣麻。(7)止因:仅因。止,只。(8)如今事也:现在的遭贬境况。

【提示】

蔡京当权期间,排除异己,卖官鬻爵,又怂恿宋徽宗穷奢极欲,挥霍无度,致使国库空虚,民生凋敝。宣和七年(1125)冬,金兵大举南侵,徽宗在金兵逼近开封时,急忙把帝位让给宋钦宗,带着蔡京等一帮宠臣南逃。开封的太学生陈东等人联名上书给钦宗,要求严惩以蔡京为首的"六贼"。钦宗迫于情势,下令把蔡京流放到海南岛。蔡京在流放途中死于潭州(今湖南长沙)。本词为蔡京在潭州所作的绝命词。王明清《挥麈录》卷八:"初,元长之窜也,道中市食饮之类,问知蔡氏,皆不肯售。至于诟骂,无所不道;州县吏为驱逐之。稍息,元长轿中独叹曰:'京失人心,一至于此。'至潭州,作词曰:'八十一年住世……。'后数日卒。"

上片写作者暮年遭遇流放,回到朝廷只有在梦中。下片追忆昔日荣华,没能及时退步抽身,才落到今天这步田地,悔之晚矣。全词既有对现实艰难处境的描述,也有对往昔的怀恋乃至炫耀,还反省了自己落败的原因。虽未必深刻,却也说了实话:"止因贪此恋荣华,便有如今事也。"

据说蔡京写完该词,斟酌后又修改为:"八十衰年初谢,三千里外无家。孤行骨肉各天涯,遥望神京泣下。金殿五曾拜相,玉堂十度宣麻。追思往日谩繁华,到此番成梦话。"

赵佶[燕山亭]《北行见杏花》[1]

裁剪冰绡[2],轻叠数重[3],淡著胭脂匀注[4]。新样靓妆[5],艳溢香融,羞杀蕊珠宫女[6]。易得凋零,更多少、无情风雨。愁苦。问院落凄凉,几番春暮。　　凭寄离恨重重[7],这双燕、何曾会人言语[8]。天遥地远,万水千山,知他故宫何处[9]。怎不思量,除梦里有时曾去。无据[10]。和梦也新来不做[11]。

【注释】

(1)赵佶(1082—1135),即宋徽宗,神宗第十一子。1100—1125年在位。任用蔡京、童贯等人主持国政,穷奢极欲,兴建苑囿宫观,滥增捐税,致使国政日颓。宣和七年传位与赵桓(钦宗),自称太上皇。靖康二年(1127)与子钦宗为金兵所俘,在北地过了9年耻辱的囚犯生活,最终死在五国城(今黑龙江哈尔滨依兰)。工书善画,洞晓音律,诗词文皆通,而词的成就尤为突出。有《宋徽宗词》。北行:靖康之难时被俘北上。(2)冰绡(xiāo):洁白如冰的薄绡。此处指杏花的花瓣如冰绡般薄而润泽。绡,生丝织成的织品。(3)轻叠数重:数片花瓣轻柔地重叠成花。(4)著:此处指点染。匀注:均匀地搽抹。(5)新样:时新的花样。靓(jìng)妆:涂抹粉黛的妆扮。靓,艳丽。(6)蕊珠宫:道教所说天上的宫阙。东方朔《十洲记》:"玉晨大道君治蕊珠贝阙。"徽宗皇帝信奉道教,曾自称教主道君皇帝。以上几句言杏花的艳丽,连天宫中的仙女都自叹不如。(7)凭寄:烦请寄语。(8)会:领会,懂得。(9)故宫:北宋汴京的宫殿。(10)无据:没凭据,不可靠。(11)和梦也新来不做:近来连这样的梦也不再做了。和,连。

【提示】

此词或作于幽禁五国城时。《朝野遗事》谓此词乃宋徽宗"绝笔"。全词通过描写杏花从盛开到被风雨摧残,感事伤时,抒发了自己无限的哀伤和绝望。词的上片写杏花的繁盛与凋零,暗寓身世之慨。杏花开时,"新样靓妆",好比自己当年身份之高贵,生活之奢华。如今杏花已被无情的风雨吹落,很快会变成泥土,就像大宋皇帝如今变成了被羁押北行的囚徒。这生命的前后反差,岂止一个花开花落所能比拟,不过是触景生情,聊抒感叹罢了。词的下片由比兴回到了实景,作者深知故宫离黍,风光不再,即使是千般怀想,万种流连,也奈何不得"天遥地远,万水千山"的冷酷现实。

全词字字血泪,句句真情,是一首亡国之君的血书和绝唱。王国维《人间词话》云:"后主之词,真所谓以血书者也。宋道君皇帝《燕山亭》词亦略似之。"周颐《蕙风词话》云:"'真'字是词骨,若此词及后主之作,皆以'真'胜者。"这些评价非常中肯。

蒋兴祖女［减字木兰花］《题雄州驿》(1)

朝云横度,辘辘车声如水去(2)。白草黄沙(3),月照孤村三两家。飞鸿过也,万结愁肠无昼夜。渐近燕山(4),回首乡关归路难(5)。

【注释】

（1）蒋兴祖女（生卒年不详），宜兴（今属江苏）人。其父蒋兴祖于靖康年间金兵南侵时担任阳武（今河南新乡原阳）令。阳武城被金军包围，他坚持抵抗，至死不屈，忠勇刚烈。他的妻子与儿子一同遇难，女儿被金人掳掠北上。雄州：今河北保定市雄县。驿：驿站。（2）辘（lù）辘：车轮转动的声音。（3）白草：西北地区的一种牧草，秋天干枯时变成白色，故名。（4）燕（yān）山：在天津蓟州东南，绵延数百里，泛指北方边远地带。一说是燕京（今北京），代指金国都城。（5）乡关：故乡。

【提示】

全词按照囚车向北移动所见景物来展开感情活动。上片寓情于景，抒写被俘北行途中的见闻和感受；下片对景感怀，嗟叹归乡无望的愁苦之情。周颐《蕙风词话》说此词"寥寥数十字，写出步步留恋，步步悽恻"。字字生悲，感人至深。

叶梦得 [水调歌头]⁽¹⁾

秋色渐将晚⁽²⁾，霜信报黄花⁽³⁾。小窗低户深映⁽⁴⁾，微路绕欹斜⁽⁵⁾。为问山翁何事⁽⁶⁾，坐看流年轻度⁽⁷⁾，拚却鬓双华⁽⁸⁾？徙倚望沧海⁽⁹⁾，天净水明霞⁽¹⁰⁾。　　念平昔⁽¹¹⁾，空飘荡，遍天涯。归来三径重扫，松竹本吾家⁽¹²⁾。却恨悲风时起⁽¹³⁾，冉冉云间新雁，边马怨胡笳⁽¹⁴⁾。谁似东山老，谈笑净胡沙⁽¹⁵⁾。

【注释】

（1）叶梦得（1077—1148），字少蕴，苏州吴县（今江苏苏州）人。哲宗绍圣四年（1097）登进士第。徽宗朝，自婺州教授召为编修官，累官龙图阁直学士，知汝州、蔡州，移帅颍州府。南渡后，除资政殿学士。绍兴初，出为江东安抚使，兼知建康府。晚年隐居湖州弁山玲珑山石林，故号石林居士。能诗工词,词风早年婉丽,中年学苏东坡,晚岁简淡而时出雄杰。有《石林词》。(2)"秋色"句:意谓深秋季节。(3)"霜信"句:实际上是"黄花报霜信",意即黄花盛开表明是降霜的季节。霜信,霜期来临的消息。黄花,菊花。(4)"小窗"句:小房子掩映在黄花之中。小窗低户,指简陋的房屋。(5)"微路"句:屋外是曲折倾斜的小路。微路,小路。欹(qī)斜,倾斜,歪斜。(6)为:助词。山翁:晋人山简(山涛之子)。《晋书·山简传》载,山简好酒易醉,时人称为"山公"。这里是作者自比。(7)坐看:空看。流年:光阴,年华。因易逝如流水,故称。轻度:虚度。(8)"拚(pàn)却"句:这是反诘句,是说岂甘心年华空流去?拚却,甘愿。鬓双华,两鬓花白。(9)徙(xǐ)倚:徘徊,流连不去。沧海:此指太湖。(10)"天净"句:天空清净无尘,霞光映照着水面。(11)平昔:往日。(12)"归来"二句:化用陶渊明《归去来兮辞》:"三径就荒,松菊犹存。"此描写久宦之后退隐家园的情况。三径,院子里的小路。(13)悲风:悲凉的秋风。(14)"冉冉"二句:言云间飞来的新雁带来敌人犯我边境的消息,致使边马哀怨。二句化用蔡琰《悲愤诗》(其二)"胡笳动兮边马鸣,孤雁归兮声嘤嘤"。冉冉,缓缓飞行貌。胡笳,古代北方民族的一种乐器,这里指敌人军营的号角。(15)"谁似"二句:是说谁能像谢安那样,在谈笑中指挥军队把敌人消灭掉?东山老,指东晋的大臣谢安,他曾隐居东山,故称。后来他指挥淝水之战,击败了前秦的百万大军。胡沙,指北方外族入侵者。此二句化用李白《永王东巡歌》中的"但用东山谢安石,为君谈笑净胡沙"。

【提示】

这是一首秋晚触景感怀之作,写于作者隐居湖州时。上片着重写景,但景中有情。"徙倚望沧海,天净水明霞",平静中有大不平静,其中蕴涵无限深思。下片即婉转回环,"念平昔,空飘荡,遍天涯",叹往日年华虚度。"归来三径重扫"二句,强作自慰之语。"却恨悲风时起"三句,面对外敌侵凌,中原涂炭,愤恨不能自已。"谁似东山老,谈笑净胡沙",希望有人能北净胡沙,实亦自身有志不能伸展的慨叹。

此作抒发词人不能为国尽力的愤懑之情,感慨深沉,格调凄怆沉郁。后人评论此词云:"能于简淡处时出雄杰,合处不减靖节、东坡之妙。"正道出此词神韵。

李清照[永遇乐]《元宵》[1]

落日熔金[2],暮云合璧[3],人在何处?染柳烟浓[4],吹梅笛怨[5],春意知几许[6]?元宵佳节,融和天气[7],次第岂无风雨[8]?来相召、香车宝马,谢他酒朋诗侣[9]。　　中州盛日[10],闺门多暇,记得偏重三五[11]。铺翠冠儿[12],捻金雪柳[13],簇带争济楚[14]。如今憔悴,风鬟霜鬓[15],怕见夜间出去[16]。不如向、帘儿底下,听人笑语[17]。

【注释】

(1)李清照:见专题五"重阳诗词"专题诗选[醉花阴]《重阳》注释(1)。(2)熔金:形容夕阳西下,红光万道,像熔金化铁一样。(3)暮云合璧:言暮云弥漫,月亮如璧玉相合一般。璧,圆形、中间有孔的玉。(4)染柳烟浓:形容柳色迷离,好像笼罩着一层烟雾似的。(5)吹梅笛怨:笛声里吹出了凄凉哀怨的《梅花落》曲调。梅,指乐曲《梅花落》。(6)几许:多少。(7)融和:暖和。(8)次第:接着,转眼。(9)"来相召"二句:是说饮酒做诗的朋友们打发华美的车马来邀请,我谢绝了他们的盛意。召,邀。(10)中州:今河南省一带古为豫州,地处九州中间,也称中州。此指汴京,今河南开封。盛日:指北宋灭亡前的繁盛时期。(11)偏重三五:特别看重元宵节。三五,本指望日,即农历每月十五,这里是指正月十五元宵节。(12)铺翠冠儿:装饰着翡翠羽毛的帽子。(13)捻(niǎn)金雪柳:妇女的头饰用金线点缀。雪柳,用丝绸或纸做成的一种头饰。(14)簇(cù)带:满头插戴。济楚:整齐,漂亮。(15)风鬟霜鬓:形容头发斑白、散乱蓬松的样子。(16)怕见:懒得。(17)"不如"二句:是说不如在帘子里听别人欢度佳节的说笑吧。

【提示】

此词写靖康之变以后,作者流亡江南,在临安苦度元宵之夜的境况。词中通过今昔对比,抒写盛衰之感和苦乐之别,表达了词人忧时伤世、怀念故国的情感。上片描述元宵节傍晚时分的景物和自己的感受;下片写闭门谢客,独居斗室,抚今思昔,悲不自胜。词的情调哀伤,语言平易自然,对比鲜明。往日的繁华与今日的孤苦,他人的欢笑与自身的哀愁,形成强烈的对照,从而深化了主题。在结构布局上,由今至昔,从昔至今,时空交错,形成反差,虚实并举,跌宕有致。上片连用三个问句,层层递进,波澜起伏,表达了作者难以平静的心情。

南宋词人刘辰翁曾说:"余自乙亥上元,诵李易安《永遇乐》,为之涕下。今三年矣,每诵此词,辄不自堪。"可见此词的感染力。

向子谨[阮郎归]《绍兴乙卯大雪行鄱阳道中》(1)

江南江北雪漫漫,遥知易水寒(2)。同云深处望三关(3),断肠山又山。

天可老,海能翻,消除此恨难。频闻遣使问平安(4),几时鸾辂还(5)?

【注释】

(1)向子谨(1086—1153),字伯恭,自号芗林居士,临江(今江西宜春)人。哲宗元符初,以向太后恩补官;徽宗政和五年(1115),知咸平县,后任淮南东路转运判官。高宗朝,历官徽猷阁直学士,知平江府。向子谨前半生亲睹北宋王朝衰弱,金兵进犯,他力主抗战,并在潭州(今湖南长沙)亲率部队抵抗强大的金兵。由于反对和议,与秦桧不合,致仕还乡,卜居江西临江。晚年词作多抒写淡于功利的闲适生活情趣,但也常常萦念北宋王朝。他的一些感旧伤时之作,隐寓着深沉的家国之恨。有《酒边集》。绍兴乙卯:宋高宗绍兴五年(1135)。鄱(pó)阳:今江西省鄱阳县,位于鄱阳湖东岸。
(2)易水寒:《史记·刺客列传》载荆轲与燕太子丹诀别时歌云:"风萧萧兮

易水寒,壮士一去兮不复还。"易水,水名,源出今河北保定易县附近,战国时是燕国南面的疆界。此暗示徽、钦二帝在北方苦寒之地,备受金人虐待。(3)同云:彤云,指下雪前的阴云。三关:《后汉书·冯衍传》:"夫上党之地,有四塞之固。东带三关,西为国蔽。"注:"三关,谓上党关、壶口关、石陉关。"此泛指中原关塞。(4)频闻:屡次听到。遣使:派遣使者。问平安:问候徽、钦二帝。(5)鸾辂(luán lù):指帝王所乘之车。这里借指徽、钦二帝。鸾,鸾铃,即马铃。辂,驾车之横木。

【提示】

此词表现了作者对被掳北去的徽、钦二帝的怀念和对国土沦陷的悲愤,其中充满了爱国主义的深情。上片写词人在鄱阳道中行进,由眼前的大雪纷飞,想到大江两岸及遥远的北方,一定也都被漫漫白雪覆盖。于是联想起荆轲"风萧萧兮易水寒"的诗句和典故,进而想到囚禁在北方的二帝所受的严寒之苦,及沦陷的国土和人民。"同云"二句,写词人透过浓密的阴云遥望北方的边界,只见层峦起伏,山脉绵延,不禁感到肝肠寸断。下片继续写亡国之恨。在自然界中,天是不可能老的,海是不可能翻的;然而词人却说"天可老,海能翻",而亡国之恨却不能消除。语似无理,情却至真。结尾二句,表达了词人盼望迎回徽、钦二帝的强烈愿望。"频闻遣使问平安"句,有一定的史实依据:高宗建炎三年(1129)五月,宋以洪皓为大金通问使,绍兴二年(1132)以潘致尧等为金国军前通问使,四年(1134)又遣章谊等为金国通问使,均问及二帝消息并提出迎回,但当有可能实现时,由于高宗等心存顾虑,屈膝求和,二帝终未能南返。词人这里殷勤提问,实是对南宋统治者的有力鞭笞。

曾几《寓居吴兴》(1)

相对真成泣楚囚(2),遂无末策到神州(3)。但知绕树如飞鹊(4),不解营巢似拙鸠(5)。江北江南犹断绝(6),秋风秋雨敢淹留(7)?低回又作荆州梦(8),落日孤云始欲愁(9)。

【注释】

(1) 曾几(1085—1166)，字吉甫，号茶山居士。原籍赣州(今属江西)，迁居河南府(今河南洛阳)。其幼有文名，试吏部，赐上舍出身，擢国子正。徽宗时，任校书郎。南宋初，历任江西、浙西提刑。主张抗金，因忤秦桧去官，寓居上饶茶山七年。秦桧死，复官，官至敷文阁待制，以通奉大夫致仕。曾几是江西诗派的重要诗人，论诗重句律，推崇杜甫、黄庭坚、陈师道三家。其诗清新活泼，风韵流美。著有《茶山集》。吴兴：今浙江湖州吴兴。(2) 楚囚：用《左传·成公九年》楚人钟仪被俘事，后世以之代指囚犯或处境窘迫的人。《世说新语·言语》载，晋室南渡后，士大夫多在好天聚会南京新亭。有一次，周𫖮叹息说："风景不殊，举目有山河之异。"大家相视流泪。只有王导变色而起，说："当共戮力王室，克复神州，何至作楚囚相对！"(3) 末策：下策。此指毫无办法。神州：中原，即北宋沦亡区。(4) 绕树如飞鹊：用曹操《短歌行》"月明星稀，乌鹊南飞。绕树三匝，何枝可依"句意，说自己颠沛流离，无处栖托。(5) "不解"句：拙鸠，《禽经》云："鸠拙而安。"张华注说鸠即鸤鸠，四川称为拙鸠，不善营巢。这里是以拙鸠自比，自叹无能，不善逢迎，没法为自己营个安乐窝。(6) "江北"句：谓因金人入侵，江南江北音讯断绝。(7) "秋风"句：说哪敢在秋天的凄风苦雨中久留吴兴？淹留，久留。(8) 低回：徘徊流连。荆州：在今湖北。这里用汉末王粲见天下大乱，遂去荆州依托刘表事，说自己无法在吴兴滞留，想找个有力量的朋友避乱托身，却只是梦想。(9) 孤云：比喻自己如孤云一片，无依无靠。

【提示】

这首诗是诗人南渡后在吴兴所作，充满忧国忧己的感伤。诗起首直入，用"新亭对泣"典，为国家沦亡而伤心，叹世无英雄，以"真成""遂无"加重语气，表示极大的无奈。次联由国事转到自己的处境，连连设譬，写无家可归的惨痛。第三联承前两联，寄情于景，写国亡后事实。尾联承第二联，以郁郁情怀作结。"落日孤云"是写景，也是自我写照。最能体现曾几诗风的是第三联。诗在沉闷压抑的气氛下忽用流转之句,但表现的仍是沉重的感伤,非大手笔不能。秋风秋雨是实状,也是国家衰败的象征;诗人在悲秋,也在忧国。这样造语,加深了情感。

陈与义[临江仙]《夜登小阁忆洛中旧游》(1)

忆昔午桥桥上饮(2),坐中多是豪英(3)。长沟流月去无声(4)。杏花疏影里(5),吹笛到天明。　二十余年如一梦(6),此身虽在堪惊(7)。闲登小阁看新晴(8)。古今多少事,渔唱起三更(9)。

【注释】

(1)陈与义:见专题二十四"江西诗派"专题诗选《伤春》注释(1)。洛中:指洛阳一带。旧游:昔日的游伴。(2)午桥:在洛阳南面,为当时名胜。(3)坐中:在一起喝酒的人。豪英:出色的人物。(4)长沟流月:月光随波而去,喻时光消逝。长沟,大江大河,这里指从午桥下流过的溪水。(5)疏影:指月光映照杏花而投在地上的稀疏的影子。(6)"二十"句:指作者经历南北宋之间二十余年的大变乱,因生活上的巨大变化而发出深沉慨叹。(7)"此身"句:犹言身遭离乱,大难不死,至今回想起来,真叫人不寒而栗。(8)新晴:指久雨之后月夜清明。(9)"古今"二句:谓古往今来多少盛衰兴亡之事,都不过是作为夜半时分渔人们歌唱的材料罢了。渔唱,渔歌。三更,半夜。

【提示】

此词大概写于绍兴五年(1135)陈与义退居青墩镇僧舍时。上片追忆二十多年前的洛中旧游。那时天下太平,自己风华正茂,常与友人在洛阳城南的午桥上对月饮酒,赏花吹笛,生活潇洒自在。过片"二十余年如一梦,此身虽在堪惊"两句,一下子说到当前,包含无限国事沧桑、知交零落之感,内容充实,运笔空灵。北宋覆亡后,作者曾"避乱襄、汉,转湖、湘,逾岭峤",历尽艰辛,这里抒写真情实感,痛定思痛,动魄惊心。末三句"闲登小阁看新晴。古今多少事,渔唱起三更"宕开一笔,想到国家的兴衰和自己的流离失所,于是看新晴,听渔唱,将沉重悲愤的情感转化为旷达之情。然而这毕竟是故作旷达之语,读后让人更觉叹惋之意袅袅不绝。

本词词意超绝,疏快明畅,韵味深长而无雕琢痕迹。"杏花疏影里,吹笛到天明"两句,以初春的杏林为背景,将月光洒在杏花上所形成的稀疏花影,与花影下吹笛之人以及悠扬的笛声,组成一幅恬静、清婉、奇丽的画面,被誉为词中"爽语"。

张元干 [贺新郎]《送胡邦衡谪新州》[1]

梦绕神州路[2]。怅秋风、连营画角[3],故宫离黍[4]。底事昆仑倾砥柱,九地黄流乱注[5]?聚万落千村狐兔[6]。天意从来高难问,况人情、老易悲难诉[7]。更南浦[8],送君去[9]。　　凉生岸柳催残暑[10]。耿斜河、疏星淡月[11],断云微度[12]。万里江山知何处[13]?回首对床夜语[14]。雁不到、书成谁与[15]?目尽青天怀今古[16],肯儿曹、恩怨相尔汝[17]。举大白,听金缕[18]。

【注释】

(1)张元干:见专题二十二"豪放词风"专题诗选[贺新郎]《寄李伯纪丞相》注释(1)。胡邦衡:胡铨,字邦衡,庐陵(今江西吉安)人,宋高宗时进士,为枢密院编修官,因反对与金议和,忤秦桧,一再被贬。绍兴十二年(1142),又被除名押送新州,交当地看管。新州:今广东省云浮市新兴县。(2)神州:古代称中国为赤县神州,这里指中原沦陷区。(3)怅(chàng):失意哀伤。连营画角:各个营垒里接连响起了一片号角声。画角,饰有彩绘的号角。(4)故宫:此指汴京(今河南开封)的宫殿。离黍:语出《诗经·黍离》"彼黍离离"。周平王东迁以后,有位志士经过西周故都,见宗庙宫室已平为田地,长满黍稷。为悼念西周的衰微,彷徨不忍离去,便写下了这首诗。

离离,茂盛貌。黍,小米。后以"离黍"表现故国之思与家国的残破。(5)"底事"二句:谓黄河本是循着昆仑山流下来的,为什么昆仑的支柱会突然倾倒而使洪水到处泛滥呢?这里是以天灾言人祸,谴责北宋王朝阻挡不住金人的南下,以致敌骑在中原到处横行。底事,何事,为什么。昆仑,山名,传说中的天柱。倾,倒塌,喻北宋的崩溃。九地,遍地。黄流乱注,黄河泛滥,到处成灾,喻金兵攻占各地。(6)"聚万落"句:是说无数的村落都变成了荒野,狐兔成群。狐兔,比喻金兵。(7)"天意"二句:语用杜甫《暮春江陵送马大卿公恩命追赴阙下》诗:"天意高难问,人情老易悲。"这里借指皇帝身居高位,用心难测,表示对朝廷议和的不满。人情,此指众人的爱国热情。难诉,无法诉说。(8)南浦:泛指送别地。江淹《别赋》:"送君南浦,伤如之何。"(9)君:指胡邦衡。(10)催残暑:指夏末秋初,秋风起,暑消退。催,催促,驱赶。(11)耿:明亮。斜河:银河斜转,表示夜已深沉。(12)断云微度:几片浮云慢慢地飘过。(13)知何处:谓不知贬所在哪里。(14)"回首"句:过去对床夜语,谈心论政,这些往事真是不堪回首。回首,回顾。对床夜语,指知心朋友深夜谈心。白居易《雨中招张司业宿》:"能来同宿否?听雨对床眠。"(15)"雁不到"句:是说新州是雁飞不到的地方,即使写好书信,又托谁捎去?(16)目尽青天:放眼天下。(17)"肯儿曹"句:意谓我们谈论的是国家大事,岂能像小儿女那样只是说个人的恩怨得失。肯,岂肯。儿曹,小儿女辈。尔汝,彼此以你我相称,表示亲密。韩愈《听颖师弹琴》:"昵昵儿女语,恩怨相尔汝。"(18)"举大白"二句:意谓让我们喝酒听歌吧。大白,酒杯名。金缕,即《金缕曲》,也叫《贺新郎》,此指本词。

【提示】

宋高宗绍兴八年(1138),枢密院编修官胡铨上书反对朝廷议和投降,要求将秦桧等投降派斩首示众。结果反而被贬昭州,后因舆论反对,改监广州盐仓。绍兴十二年(1142),胡铨再次被贬新州。这时作者正寓居福州,听到这一消息后,满怀义愤,特意备酒为胡铨送别,并赋此词以壮行色。

这首词打破历来送别词的旧格调,把个人之间的友情放在了国家危亡这样一个大背景中来咏叹,因此写来境界壮阔,气势开张:既有深沉的家国之感,又有真切的朋友之情;既有悲伤的遥想,又有昂扬的劝勉。这些情绪纠结在一起,形成了悲壮激昂的情调,在通常尔汝呢喃的送别词中确实不同寻常。因此,尽管词中用了不少典故和前人诗句,布局简率,但饱满的感情和磅礴的气势所造成的强烈感染力,把这些都冲淡了。这首词在当时曾广为流传,并激怒了秦桧,张元干因此被除名。

刘子翚《汴京纪事》其二十[1]

辇毂繁华事可伤[2],师师垂老过湖湘[3]。缕衣檀板无颜色[4],一曲当时动帝王。

【注释】

(1)刘子翚(1101—1147),字彦冲,号病翁,建州崇安(今福建武夷山)人。北宋末以荫补承务郎,南宋初曾任兴化军通判。后退居武夷山,在屏山下讲学17年,人称屏山先生。朱熹曾从其问学。其诗歌风格明快,有《屏山集》。汴京:北宋都城,在今河南开封。(2)辇毂(niǎn gǔ):皇帝的车舆。辇,皇帝乘的用人力拉动的车。毂,车轮的中心,代称车轮。古人称京城为辇毂下,意即皇帝行动的地方,简称辇毂或辇下。这里指汴京。(3)师师:李师师,汴京名妓,徽宗极为宠爱。汴京沦陷后,她曾逃亡到浙江、湖南("湖湘")等地。(4)缕衣:金缕衣,用金线绣成的衣服。檀板:歌唱时用以打拍子的檀木拍板。这里用缕衣、檀板指李师师的姿容和技艺。无颜色:失去了光彩。

【提示】

《汴京纪事》二十首是诗人追忆汴京往事之作,每一首咏一事,合起来便是反映靖康之难前后重大历史事件的大型画卷。诗一脱稿,即广泛流传。

本诗为最后一首。

诗以李师师的遭遇为题材,抒发感慨。李师师是北宋末年京城名妓,身价很高,士大夫多与往来,据传宋徽宗亦多次与之接触,红极一时。"靖康之乱,师师南徙。有人遇之于湖、湘间,衰老憔悴,无复向时风态。"(梅鼎祚《青泥莲花记》)人都会衰老,女人年老色衰,这很普遍。然李师师非一般人,当年尽历繁华,锦衣玉食,色、艺倾动帝王;后受战乱之苦,流离奔波,衰老憔悴尤甚,这就不同一般了。因而通过她的身世遭遇,可窥见宋帝的荒淫误国,可想知百姓所受战乱之苦,从而反映了汴京由繁华到沦陷、北宋由兴盛到覆亡的历史,由小见大,感慨无穷。

岳飞 [满江红][1]

怒发冲冠[2],凭阑处、潇潇雨歇[3]。抬望眼[4],仰天长啸[5],壮怀激烈。三十功名尘与土[6],八千里路云和月[7]。莫等闲、白了少年头[8],空悲切。　　靖康耻[9],犹未雪[10];臣子恨,何时灭[11]?驾长车[12],踏破贺兰山缺[13]。壮志饥餐胡虏肉[14],笑谈渴饮匈奴血。待从头、收拾旧山河[15],朝天阙[16]。

【注释】

(1)岳飞(1103—1142),字鹏举,相州汤阴(今河南安阳汤阴)人。出身贫寒,二十来岁应募为"敢战士",身经百战,屡建奇功,官至河南、北诸路招讨使、枢密副使。绍兴十年(1140)统率岳家军大破金兵于郾城,进军朱仙镇,准备渡河收复中原失地。但朝廷执行投降政策,勒令其退兵。后被宋高宗、秦桧以"莫须有"的罪名杀害。诗词多为军旅之作,风格豪放,气势磅礴。有《岳武穆集》。(2)怒发冲冠:是说愤怒得头发竖起,直顶帽子。(3)潇潇:形容雨势急骤。(4)抬望眼:抬头远望。(5)长啸:大声呼叫。(6)三十功名:岳飞时年三十左右,屡立战功。尘与土:像尘土似的微不足道。(7)"八千里"句:形容南征北战、路途遥远、披星戴月。(8)等闲:轻易,随便。(9)靖康:宋钦宗赵桓年号。靖康元年(1126),金兵攻陷汴京,次年掳徽宗赵佶、钦宗赵桓北去,北宋灭亡。"靖康耻"即指此。(10)雪:洗雪。(11)灭:平息,了结。(12)长车:战车。(13)贺兰山:在今宁夏回族自治区与内蒙古自治区交界处。此泛指金人占领下的西北一带关山。缺:指险隘的关口。(14)胡虏:与下句的"匈奴"同义,均指金兵。(15)从头:重新。收拾:整顿。(16)朝天阙:指回京献捷。天阙,本指宫殿前的楼观,此指皇帝生活的地方。

【提示】

这首词大约作于宋高宗绍兴二年(1132)。上片抒情言志。开篇奇突,勾出愤怒填膺的自我形象,再引出"壮怀激烈"的思想活动,然后出以自谦、自勉之辞,凡此,无一不是写真情实感,用的却是虚笔。下片具体描述"壮怀"。发誓雪耻复仇,并渴望有朝一日重振乾坤,拜见皇帝,写的是想象画面,用的却是实笔。这样的处理,虚实相宜,疏密允当,上下片起着互补作用,使得炽热的爱国主义感情和抒情主人公的形象一起构成了完美的艺术整体,从而产生巨大的感染力。清人陈廷焯《白雨斋词话》评曰:"何等气概!何等志向!千载下读之,凛凛有生气焉。"

张孝祥[六州歌头](1)

长淮望断(2),关塞莽然平(3)。征尘暗,霜风劲,悄边声(4)。黯销凝(5)。追想当年事(6),殆天数,非人力(7)。洙泗上(8),弦歌地,亦膻腥(9)。隔水毡乡(10),落日牛羊下(11),区脱纵横(12)。看名王宵猎(13),骑火一川明(14)。笳鼓悲鸣(15),遣人惊(16)。 念腰间箭,匣中剑(17),空埃蠹(18),竟何成!时易失,心徒壮,岁将零(19)。渺神京(20)。干羽方怀远(21),静烽燧(22),且休兵(23)。冠盖使(24),纷驰骛(25),若为情(26)!闻道中原遗老(27),常南望,翠葆霓旌(28)。使行人到此(29),忠愤气填膺(30),有泪如倾(31)。

【注释】

（1）张孝祥：见专题三"中秋诗词"专题诗选[念奴娇]《过洞庭》注释（1）。（2）长淮：淮河。绍兴十一年（1141），南宋向金屈辱求和，并约定以淮河为界，因此淮河便成了南宋的前线。望断：极目远望。（3）关塞（sài）：边境上防守的地方。莽然：草木茂密的样子。这句是说南岸一线的战备不修，防守无人，任凭草木莽然生长。（4）"征尘"三句：是说边境上风吹尘扬，悄然无声。暗示毫无抵抗准备。（5）黯销凝：指精神颓丧，忧思郁结。（6）当年事：指北宋灭亡。（7）"殆（dài）天数"二句：意谓这大概是天意，也许是非人力所能挽回的事。殆，几乎，差不多。天数，天命气数。（8）洙泗（zhū sì）：洙水、泗水，流经今山东省曲阜市，相传孔子曾在此讲学。（9）"弦歌地"二句：指当年孔子讲学的文化之地而今被金人蹂躏。弦歌，弹琴歌唱，指礼乐教化。膻（shān）腥，牛羊的腥味。此用来指中原地区被金人侵占。（10）隔水毡乡：指淮河北岸竟成了金人的聚住地。毡乡，指游牧民族的居地。北方少数民族住在毡毛做的帐篷里，故称毡乡。（11）"落日"句：谓黄昏时牛羊成群地回栏。暗中讥刺金人落后的游牧生活。下，下坡归来。（12）区（ōu）脱：匈奴筑以守边的土室。此指金人军营。纵横：形容区脱众多。（13）名王：指金人的将帅、首领。宵猎：夜间打猎。此指军事示威。（14）"骑（jì）火"句：骑兵的火把照亮了一片原野。一川，一片，指原野大地。（15）笳：胡笳，军中乐器。（16）遣：使。（17）匣（xiá）：指剑鞘。（18）埃蠹（dù）：积满灰尘，被蛀虫侵蚀。（19）岁将零：一年将尽。（20）渺：遥远的样子。神京：指北宋京城汴京（今河南开封）。（21）"干羽"句：借用舜以干羽（古代两种舞具，即盾牌和雉尾）归化苗民的传说，讽刺南宋王朝与金妥协。怀远，即怀柔，招徕远方，使之归附。（22）静烽燧（suì）：平静无战事。烽燧，古代在边境的高台上举烽燧，作为报警的信号。黑夜举火叫烽，白天升烟叫燧。（23）休兵：休战。（24）冠盖使：指派遣向金求和的使臣。冠盖，官员的服装和车马。（25）纷驰骛（wù）：许多人奔驰忙碌。

(26)若为情：何以为情，难为情。指向金称臣求和。(27)中原遗老：指中原沦陷区人民。(28)翠葆霓旌：翠羽装饰的车盖，画着云霓的旌旗。此指皇帝的车驾仪仗，借指王师。这句是说沦陷区希望南宋的军队北伐，收复中原。(29)行人：指到淮河南岸的行人。(30)填膺：充满胸腔。(31)倾：倾泻。

【提示】

这首词约作于宋高宗绍兴三十二年(1162)。绍兴三十一年(1161)十一月，金兵在安徽采石渡江，大败而走，宋金两军暂时息战。主战派大臣张浚奉诏由潭州(今湖南长沙)改判建康府(今江苏南京)兼行宫留守。次年正月，高宗到建康，张孝祥亦于此时前往。这首词，即他在建康留守张浚宴客席上所赋。

上片描写江淮前线宋金对峙的严峻态势。开首五句，写作者极目千里淮河，但见征尘暗淡，霜风凄紧，一派悲凉景象。接着写金兵在占领区的各种活动：昔日耕稼之地，已变为游牧之乡；金兵哨所纵横，笳鼓声声凄厉，南下之心未死，国势岌岌可危。下片写爱国的壮志难酬，倾诉自己空有杀敌武器，只落得尘封虫蛀；接着对朝廷安于和议现状致使恢复无期、报国无门感到愤恨，而对中原沦陷区人民盼望光复的迫切心情寄以深切的同情，表现了作者强烈的爱国主义精神。

据宋代《朝野遗记》载，张孝祥"在建康留守席上作《六州歌头》，张魏公(张浚)读之，罢席(连酒也喝不下去)而入"。陈廷焯《白雨斋词话》评此词："淋漓痛快，笔饱墨酣，读之令人起舞。"

三、专题衍说

靖康，靖康

—— 说靖康之难的前因

靖康(1126—1127)是宋钦宗的年号，也是北宋的最后一个年号，一共两年的时间。在靖康二年的四月,金军攻破汴京,俘虏了宋徽宗、宋钦宗父子及赵氏皇族、皇宫妃嫔与贵卿朝臣等3000余人,以及10万百姓,押解北上,北宋宣告灭亡。"靖康"二字,原本是平安昌盛的吉祥意思,无奈结果事与愿违。

不过,灾难并非从宋钦宗的靖康年开始,实在应该追究到宋徽宗头上。

元符三年(1100),年仅24岁的哲宗皇帝驾崩,因为没有子嗣,只能在他五个弟弟中间选择一个来当皇帝。向太后支持端王赵佶,宰相章惇拥护简王赵似。一番较量之后,19岁的赵佶登了基,这就是宋徽宗。当时章惇投反对票的时候,说了这样一句话:"端王轻佻,不可君天下。"

虽然章惇被后人视为奸恶小人,但他的那句"端王轻佻,不可君天下",还是很准的预言。徽宗上位的时候,北宋还算富庶,人口超过1亿,国库有5000多万缗结余,军队达到百万,版图广大,京师繁华,从流传至今的《清明上河图》里可以感知当时的景象。然而他统治二十五六年以后,国土沦陷,民生凋敝,北宋江山颠覆了。

徽宗的"轻佻",首先是政策的轻佻。之前,北宋从王安石变法到司马光废法,朝廷长期存在政治上的不和与争斗,发展到后来,党争早已从理念之争演变到意气之争,最终完全成为人事利益之争。宋徽宗继位之时,似乎有过励精图治的想法,他广开言路,协调新旧党之间的关系,将苏轼等人从贬谪的地方召回。但不多久,他重用蔡京做宰相,朝廷面貌于是乌烟瘴气。蔡京是一个政治投机的高手,他曾追随王安石变法,也曾追随司马光废法,这次,他又"鼓励"徽宗继承父亲(神宗)和兄长(哲宗)的立场,要"革新",打击反对派。他搞了一个"元祐党人碑",将司马光、文彦博、范纯仁、苏轼等309人定性为"元祐奸党",并将他们的名字刻上石碑,活着的人重者关押,轻者贬放,子孙不许留在京师,不许参加科考。这个碑不仅立于朝堂的端礼门前,还要求全国各地的政府机构复制此碑。经过一番清洗和经营,徽宗手下形成了"六贼"(蔡京、王黼、童贯、梁师成、朱勔、李邦彦)当道的局面。

至于生活上,更是"轻佻"和放荡。蔡京利用《周易》中的某些句子,提出

"丰亨豫大"的说法,认为皇家就应该"丰盛、亨通、安乐、阔气",这样才能体现皇帝的功业。他的主张非常投合徽宗的心意,于是下诏模仿夏周的制度,用铜22万斤,铸成显示皇恩浩荡的九鼎,再修建安放九鼎的九成宫。他还在苏州设立应奉局,搜刮江南的奇花异石,通过大运河和汴河用船运到京城,每十船为一纲,称为"花石纲";使用了大量的人力物力,因运输需要,沿途还常常毁桥梁,凿城郭。而为了安放这些花石,又另建新宫,还在汴京城东北的景龙江边花了6年时间,用人工堆筑了一座万岁山(后改名艮岳)。这座山周围有十余里,高九十尺,有山路有水道,不仅安排了亭台楼阁、珍禽异兽、上万美女,还用雄黄、炉甘石等材料制造出云蒸霞蔚的梦幻效果。一位叫林灵素的道士在此间驯养了许多雀鸟,宋徽宗一来,唿哨一声,"百鸟来朝",徽宗心旷神怡。《宋史》记载花石纲之役"流毒州县者达二十年",徽宗以及各级官吏的巧取豪夺,使得民财枯竭。它的直接后果,就是百姓造反,《水浒传》反映的就是这样的现实。

徽宗崇奉道教,自号教主道君,将各种游方道士安排在左右,情景颇为喜剧。他还贪恋女色,不仅宫中蓄养着近万名嫔妃,还时常微服出行,寻找各种声色刺激,他与京师名妓李师师的韵事广为流传。秘书省正字曹辅上疏规谏徽宗爱惜龙体,以免贻笑后人,徽宗看后大怒,将其贬斥出朝。

而就在北宋王朝的颓势日益明显的时候,崛起于东北的女真人,却一天天强大起来。女真原本是辽国所属的一个部落,长期受辽的统治与压迫。宋徽宗政和三年(1113),女真族中的完颜阿骨打(金太祖)宣布独立,并出兵攻辽,政和五年(1115)称帝,国号金。辽国一直是北宋的强敌,从宋太祖、太宗到真宗,几次伐辽,均不胜。真宗时与辽签订"澶渊之盟",宋每年送给辽岁币银10万两、绢20万匹,以保持和平共处,这可以说是宋朝对外屈辱的开始。这个时候金国崛起,在辽金战争中声威大振,宋徽宗认为是灭辽的良机,于是在宣和二年(1120)与金人结盟,联合出兵攻打辽国。宣和七年(1125),辽国灭亡,同年十月,金太宗完颜晟出兵攻打北宋;十二月,金国兵锋直指汴京。

这下44岁的宋徽宗害怕了。为求自保,他带着一帮亲信逃往南方,把皇位传给了太子赵桓,改元靖康。赵桓就是宋钦宗。

26岁的钦宗实在不愿此时当皇帝,据说吓晕了过去。他几番推辞而不得,自然没有抵抗金兵的意志。虽然有李纲等顽强的将领,有京师大军,还有陕西20余万的勤王之师,他还是爽快答应了金人的苛刻条件,并罢免李纲。靖康二年(1127),汴京失守,金太宗下诏废除徽、钦二帝,并将二帝、宗族后宫及百工医卜等10万俘虏,浩浩荡荡押回东北;战利品还有1000万两金、2000万两银、1000万匹帛,甚至包括法驾、卤簿、车辂、冠服、法物、礼器、祭器、乐器和文物图书等,不可胜计。岳飞在[满江红]里悲愤地写道:"靖康耻,犹未雪;臣子恨,何时灭!"

宋徽宗晚年被囚禁在五国城(今黑龙江哈尔滨依兰)时写过一首诗:"彻夜西风撼破扉,萧条孤馆一灯微。家山回首三千里,目断山南无雁飞。"

宋徽宗在金国被囚禁了9年,宋钦宗则被囚禁了30年。两人均死于五国城,卒时,徽帝54岁,钦帝57岁。

有人将宋徽宗比之于南唐后主李煜。这种比附一来是因为两人都是文采风流的艺术家而又都做了皇帝(宋徽宗的艺术成就很高,他的"瘦金体"书法和"花鸟画"均独树一帜,引领风骚),都是一代亡国之君,受尽羞辱而死;二来呢,还缘于一个传说。据说在宋徽宗出生之前,他的父亲神宗皇帝曾经来到秘书省,观看过那里收藏的李煜画像,对这位亡国之君的儒雅风度极为心仪,徽宗出生前夜又梦见李煜前来参谒。人们相信当初那位被宋朝的先王夺去生命的孱弱君主,以投胎转世的方式,报复了从前的孽债。

三十功名尘与土,八千里路云和月

——说高宗的南渡与岳飞的被杀

靖康二年(1127),汴京城破,北宋灭亡,金兵分七个批次,将徽、钦二帝及后妃、宫女、皇亲贵戚、官员、艺伎工匠等驱掳北上。在被押解北上的队伍中,并没有康王赵构。

赵构是宋徽宗的第九个儿子,宋钦宗的弟弟。靖康元年(1126)金兵第一次包围开封的时候,他以亲王的身份在金营中短期为人质。当年冬天,金兵再次南侵,他奉命出使金营求和,路过河北磁州时被守臣宗泽劝阻留下,得以免遭金兵俘虏。待金兵再次包围开封,赵构被授命为天下兵马大元帅。后来,金兵将二帝等押往北方,赵构听从宗泽等人的建议,在南京应天府(今河南商丘)即位,改年号为建炎,21岁的赵构成为宋朝的第十位皇帝,也是南宋的第一位皇帝,史称宋高宗。

从建炎元年(1127)开始的十多年间,在金兵的追赶之下,宋高宗一直处于逃亡的状态中。他逃到扬州,金人奔袭到扬州;他逃到越州(今浙江绍兴)、明州(今浙江宁波)、定海(今浙江镇海)、昌国(今舟山群岛)、台州、温州,金人都尾追不止。多方辗转之后,绍兴八年(1138),他在临安(今浙江杭州)正式建都,政权才算是稳定下来。从此,南宋王朝便苟安于江南半壁河山140多年。

最初几年的逃难,宋高宗风餐露宿,担惊受怕,倒也是吃够了苦。这些苦头最终也为他打造"中兴之主"的美名起了正向的作用。比如"泥马渡江"那一段,虽然版本很多,神庙里的泥塑之马显灵驮着高宗渡江的情节也太过玄幻,但毕竟展示了国家倾覆时新君的艰苦卓绝,特别是其中君权神授的暗示,更极大地渲染了高宗继承帝位的正当性。在宁波一带有许多民间故事,描写各类民众对"小康王"这一落难君主的救助,那些挺身而出为高宗提供援助的人,包括八十岁的老太太、七岁的牧童、寺院里的和尚、晒谷场上的姑娘等等。故事里最著名的大概就是"四明女子尽封王"了,说宁波的女子出嫁为什么可以凤冠霞帔,可以乘坐龙凤花轿,就是因为宋高宗为了报答宁波一女子的舍命相救而格外恩准的。

宋高宗是"中兴之主"吗?这似乎要看以什么样的标准去衡量。若以雪洗耻辱、收复故土的目标来看,他当然不是。事实上,他的主要行为是与金人进行和谈。但是南宋政权确立十几年以后,毕竟由全面溃败进入了与金人的战略相持时期。宋高宗开始建立南宋自己的军队,平息散处各地的土匪、盗贼、割据者、叛乱者以及与金国势力勾结的异己力量,逐渐地培养起与金国抗衡的政治、经济、军事根基。值得一提的是,历史上著名的"中兴四将"韩世忠、张俊、刘光世、岳飞在江淮荆襄一带建立了比较坚强的防御体系,南宋军队已经发展出了相当完善的、针对金国骑兵的步兵战术,并有能力在正面战场上给予金兵重创。宋金之间的实力消长与整体战略态势发生了有利于宋的逆转,岳飞甚至率领岳家军一直杀到距离汴京只有20千米远的朱仙镇。

令人不解的是,宋高宗依旧执着于与金国和谈,似乎他日渐提升的军事力量也只是为了在谈判桌上增加筹码。为此他重用秦桧,不惜杀害了岳飞。后人在议论时,除了考虑当时宋金双边的综合实力,还会提到高宗即位的侥幸与不易,提到他内心是否真的希望迎回二帝,尤其是他的哥哥宋钦宗。

秦桧在宋钦宗的时候是御史中丞,靖康二年随徽、钦二帝被俘至金,宋高宗建炎四年(1130)逃回临安。按秦桧自己的话说,他是在金国杀了守卫后带着全家人逃回南宋的,但当时朝臣中就有不少人表示怀疑,后人更认为他是叛变后受金国指派来祸害南宋的奸细。宋高宗十分信任他,让他当了19年的宰相。他主张与金国议和,奉行割地、称臣、纳贡的政策,极力贬斥抗金将士,阻止恢复大计。而金人谈判时提出的附加条件中就包括若无特殊情况(没有犯罪)不准罢免秦桧。

岳飞出生于北宋的一个普通农家,从小习武,19岁从军抗辽,23岁投军抗金。他的母亲姚氏在他的背上刺"精忠报国"四字,这成为岳飞终生遵奉的信条。宋高宗称帝不久,24岁的岳飞来到高宗的军营中,他勇猛善战,所向披靡,很快进入高宗的视野。绍兴三年(1133),高宗将岳飞召到临安,亲自书写了"精忠岳飞"四字,并要为他建造府第,岳飞辞谢说:"敌未灭,何以家为?"高宗十分欣喜,问他:"你觉得天下什么时候可以太平?"岳飞回答:"文臣不爱钱,武将不怕死,就可以天下太平。"不久,刚过而立之年的岳飞便被授清远军节度使,封武昌县开国子,成为整个长江中游的最高军事指挥官。再后来,高宗多次召见岳飞,岳飞官拜太尉,晋升宣抚使兼营田大使,成为地位仅次于宰相的大将。

不过,这种看上去的君臣鱼水相得并没有持续太久。

绍兴十一年(1141)金国遣使议和时,提出的和议条件之一是"必杀飞始可和",必须杀了岳飞才可以坐下来谈判。高宗决议放弃恢复中原,打算偏安江南,议和是必须的。至于秦桧,当然认为岳飞不死,和谈必受阻碍,因而极力向高宗表达岳飞功高盖主、武将干政、谈论立储之事等,而这些都是宋高宗非常忌讳的。

杀岳飞的理由是"莫须有",意思是"或许有谋反的居心吧"。秦桧及其同党万俟卨精心做了局,找了检举的人,找了认罪的人,无非要把这个局做实。至于宋高宗,对岳飞,应该也是不那么放心,不那么信任的,朝廷40万大军,岳家军占了10万,他不愿意冒着武将拥兵自重的风险。秦桧说处死岳飞乃圣上的意思,当然不是谎话。

专题二十六

放翁诗词

一、专题要点

本专题主要了解陆游的生平思想,了解其诗歌创作的内容与艺术,及其在文学史上的地位和影响。本专题选读诗歌作品 10 首。

(一)陆游的生平和思想

陆游(1125—1210),字务观,号放翁,越州山阴(今浙江绍兴)人。陆游出生的第二年,就发生了"靖康之难"。"儿时万死避胡兵"的经历,在他的记忆里留下了深刻的印象。又因为家庭的影响,他在早年就立下"上马击狂胡,下马草军书"的志向。陆游少有文名,29 岁参加进士考试,名列第一,因为他"喜论恢复",触怒了秦桧,考试又名列其孙之上,所以在复试的时候,秦桧将他除名。直到秦桧死去,陆游才得到起用,开始步入仕途。他的生平与创作大致可分为三个时期。

1. 45 岁以前,任职福州、临安。1155 年,秦桧死去,一直被压制的陆游才有了被起用的机会,先后在福州、临安任职。隆兴元年(1163),主战将领张浚北伐。由于部将不和,导致符离之役失败,张浚被权臣龙大渊等人排斥,受到罢职的处罚。陆游因为支持张浚,反对龙大渊,被加上"交接台谏,鼓唱是非,力说张浚用兵"的罪名罢职,在家闲居 3 年。

2. 45 岁到 65 岁,入蜀,罢官。1170 年后,陆游先后在夔州(重庆奉节)、南郑、成都等地任职。在这近 20 年时间中,最使他难忘和珍惜的时光,是他在南郑四川宣抚使王炎幕下的经历。为了纪念这一段生活,他把自己的诗集命名为《剑南诗稿》。当时,他经常身着戎装,骑着战马,驰骋在西北边防前线。这样的生活,开拓了他的眼界,使他的诗歌创作进入了一个崭新的境界。但是陆游坚持抗金的立场以及正直敢言的个性,招来了当朝权贵以及庸碌之辈的嫉恨和嘲讽,所以陆游屡屡被贬闲居。

3. 65岁以后,闲居山阴。从宋光宗绍熙元年(1190)以后,陆游的大部分时间都是在故乡山阴度过的。他"身杂老农间",和他们一起劳作,为他们的孩子看病,同时写下不少表现农村生活的诗歌。当然,陆游至死都无法忘怀中原尚未收复、金瓯依然残缺的现实,在弥留之际写下了《示儿》:"死去元知万事空,但悲不见九州同。王师北定中原日,家祭无忘告乃翁。"这是一首被认为有"三呼渡河之意"的绝笔诗。

陆游一生的经历,决定了他诗风的变化。他最早师从江西派大诗人曾几,但是中年蜀中的生活,改变了他的诗歌审美态度。他开始不满意"只务藻绘"的诗风,而追求宏肆奔放的风格。他感到只有这种风格才能最好地抒发自己炽热的感情、宏大的抱负,才适合自己狂放不羁的个性特征。到了晚年,"满眼是桑麻"的环境和安宁的农村生活,使他的诗呈现出平淡自然的风貌。所以,赵翼总结陆游诗歌发展的三个阶段是:"少工藻绘,中务宏肆,晚造平淡。"

(二)陆游诗歌的内容与艺术

陆游才思敏捷,又十分勤奋,是我国文学史上创作最丰富的诗人。现存诗9300多首,词130多首。

1. 思想内容

(1)表达爱国的诗篇。首先,抒写杀敌报国,收复中原的雄心壮志。其次,抒发壮志难酬的悲愤。第三,揭露、谴责投降派的软弱退让。

(2)反映民生的疾苦。陆游在农村生活了很长时间,对农民的生活有较深的认识和了解,不少作品反映农民劳动的艰辛,揭露统治阶级对农民的剥削压榨,表现了对农民的深切同情,如《农家叹》等。

（3）写景、咏物、表现爱情的抒情诗。这类诗表现诗人对生活的热爱,具有较高的审美价值,如《游山西村》《沈园》二首等。

2. 艺术成就

陆游善于博采众长,屈原、陶渊明、李白、杜甫、梅尧臣等,都给他一定的影响,他从各家汲取营养并加以创造发展,从而使他的诗歌达到新的境地,取得突出的成就。

（1）善于用概括的手法反映现实。

（2）善于用梦幻的手法表现理想。

（3）语言平易流畅,各体兼备皆工。

陆游的诗对后世产生深远的影响。江湖诗派中的戴复古、刘克庄,都学陆游;宋亡之际的爱国诗人,无论就其思想还是艺术风格,都与陆游一脉相承。清代诗人多好陆游。晚清国家危难之时,诗人们更是从陆游诗中得到鼓舞。梁启超《读陆游集》:"诗界千年靡靡风,兵魂消尽国魂空。集中十九从军乐,亘古男儿一放翁。"

(三) 课堂话题

1. 陆游的身世。科考不顺;婚姻不顺;仕途不顺;梦想暌违。举例:37岁应高宗召对慷慨陈词,请求北伐,不久被罢归故里;42岁因"力说张浚用兵"被罢归故里;52岁受言官弹劾"恃酒颓放",自号"放翁",被罢免官职;54岁受言官弹劾,被罢免落职,回到家乡;65岁又遭弹劾作诗"嘲咏风月",被斥归故里;84岁因支持韩侂胄北伐,遭打击。

2. 写抗敌激情。如《金错刀行》借金错刀述怀言志,抒发誓死抗金、"中国"必胜的壮烈情怀;《关山月》描绘当时历史的基本面貌和不同人物的处境、心态,而作者的忧国忧民洋溢于字里行间;《书愤》概括青壮年时期的豪情壮志和战斗生活情景,抒发壮心未遂、时光虚掷、功业难成的悲愤之气,尾联以诸葛亮自比,不满和悲叹交织在一起。

3. 写村居生活。如《游山西村》描画色彩明丽的农村风光图,表达诗人沉醉于淳朴的农村生活以及对田园生活的喜爱和恋恋不舍的情感。

4.写沈园旧情。陆游20岁与表妹唐琬结婚,两人情投意合,因唐琬不得陆母欢心而被迫离异,改嫁赵士程。一次春游,陆游在绍兴禹迹寺南沈园与唐琬偶然相遇,唐琬以酒招待陆游,陆游非常伤感,在沈园的墙壁上题写了著名的[钗头凤](红酥手)词。不久,唐琬抑郁而死。事隔40多年,75岁的陆游再游沈园,对这段未了的姻缘仍耿耿于怀,写下了《沈园》二首,抚今追昔,触景念人。由于陆游有如此哀婉动人的爱情挫折,所以他的爱情诗具有感人至深的魅力,正如《宋诗精华录》所评:"无此绝等伤心之事,亦无此绝等伤心之诗。就百年论,谁愿有此事?就千秋论,不可无此诗。"

二、专题诗选

陆游[钗头凤](1)

红酥手(2),黄縢酒(3),满城春色宫墙柳(4)。东风恶(5),欢情薄。一怀愁绪,几年离索(6)。错!错!错! 春如旧,人空瘦,泪痕红浥鲛绡透(7)。桃花落,闲池阁(8)。山盟虽在(9),锦书难托(10)。莫(11)!莫!莫!

【注释】

(1)据《齐东野语》记载,此词作于绍兴二十五年(1155)。陆游初娶唐琬为妻,因陆母不喜欢唐琬,两人被迫分离,一个另娶,一个改嫁。后两人相遇沈园(故址在今浙江绍兴),陆游题此词于壁上。(2)红酥手:形容女子的手红润细嫩。(3)黄縢(téng)酒:俗称黄封酒,一种官酿的酒。宋时官酒上有黄纸封口。縢,缄封。(4)宫墙:绍兴原是古代越国的都城,宋高宗时亦曾一度以此为行宫,故有宫墙之称。此指沈园的围墙。(5)东风恶:暗喻其母破坏了他与唐琬的美满婚姻。东风,春风。(6)离索:分离后的孤独生活。(7)"泪痕"句:是说伤心的泪水湿透了手帕。浥(yì),湿润。鲛绡

(jiāo xiāo),丝织的手帕。鲛是传说中的一种美人鱼,能织绡(一种丝织品)。(8)闲:这里有冷清、荒凉的意思。池阁:池台楼阁。(9)山盟:指男女永久相爱的誓言。(10)锦书:写在锦上的书信,此指情书。用《晋书·窦滔妻苏氏传》典,前秦秦州刺史窦滔被徙流沙,其妻苏氏思之,织锦为回文旋图诗以寄之,可婉转循环以读之,词甚凄婉。托:寄。(11)莫:罢了。此有无可奈何只好作罢之意。

【提示】

宋周密《齐东野语》卷一:"陆务观初娶唐氏,闳之女也,于其母夫人为姑侄。伉俪相得,而弗获于其姑。既出,而未忍出之,则为别馆时时往焉。姑知而掩之。虽先知挈去,然事不得隐,竟绝之。亦人伦之变也。唐后改适同郡宗子士程。尝以春日出游,相遇于(山阴)禹迹寺南之沈氏园。唐以语赵,遣致酒肴。翁怅然久之,为赋[钗头凤]一词,题园壁间。时绍兴乙亥岁也。"词的上片,写两人春日邂逅于沈园,并借沈园春色被摧残控诉两人的爱情被干涉。词的下片,写离别后唐琬的消瘦和两人音讯阻绝的怨恨。唐琬看后,和词一首,亦名[钗头凤]:"世情薄,人情恶,雨送黄昏花易落。晓风干,泪痕残。欲笺心事,独语斜阑。难,难,难!人成各,今非昨,病魂常似秋千索。角声寒,夜阑珊。怕人寻问,咽泪装欢。瞒,瞒,瞒!"唐琬完成此作后不久,即因过度感伤而谢世;陆游则一生沉浸于对唐琬的痛苦怀念中,直到七八十岁仍不能忘情。在两人悲苦而又无奈的词调中,不难看出他们曾经的伉俪相得,而封建家长的野蛮干涉和世情、人情的淡薄、恶劣,又使两个深爱着彼此的有情人不得不分离。所以,在两首[钗头凤]中,陆游、唐琬虽怨而不能怒、虽哀而不敢伤,但究竟暗藏了多少不为外人道的深情,积淀了多少怨恨与无奈,又有谁能说得清呢?

陆游《游山西村》(1)

莫笑农家腊酒浑(2),丰年留客足鸡豚(3)。山重水复疑无路(4),柳暗花明又一村⁽⁵⁾。箫鼓追随春社近⁽⁶⁾，衣冠简朴古风存⁽⁷⁾。从今若许闲乘月⁽⁸⁾，拄杖无时夜叩门⁽⁹⁾。

【注释】

（1）本诗约为孝宗乾道三年（1167）初春作。作者于上年自隆兴（今江西南昌）通判被罢官后，回山阴镜湖三山乡间居住。（2）腊酒：头年腊月（农历十二月）里酿造的酒。浑：浑浊。酒以清为贵。（3）足鸡豚（tún）：指菜肴丰富。足，足够，充足。豚，小猪。（4）山重（chóng）水复：山重叠水纵横。疑：怀疑。（5）柳暗花明：写繁花似锦的春日美景，柳色深绿，故曰"暗"；花色红艳，故曰"明"。（6）"箫鼓"句：谓临近社日，村民在箫鼓声中忙着迎神赛会。箫鼓追随，是说箫鼓声不断。春社，指春社日，古以立春后第五个戊日为春社日，届时祭祀土地神以祈丰年。（7）冠：帽子。古风：古代的风俗习惯。（8）若许：如有可能。闲乘月：趁着月明之夜出外闲游。（9）无时：随时，不时。叩（kòu）：敲。

【提示】

诗的首联渲染出丰收之年山村中一片宁静、欢悦的气象；次联写山间水畔的景色，写景中寓含哲理，千百年来广泛被人引用；第三联描绘乡村社日前夕的热闹场景；尾联道出了诗人对农村生活的向往。全诗语言质朴清新，结构严谨，主线突出，八句中虽无一个"游"字，但又处处切"游"字。

"山重水复疑无路，柳暗花明又一村"一联的成功之处在于：第一，出句和对句对仗工整。第二，本联状难写之景如在眼前：一是诗人的眼前之景，一是诗人的心中之景。"山重水复""柳暗花明"虽意象密集，但不滞涩，反而流转变化，很好地表现了山水掩映、草木繁茂之景，同时也衬托出诗人遇此景观疑若无路、惘然若失，继而惊喜莫名的心理感觉。而以"暗"形容柳色深绿，以"明"形容花色红艳，这种色彩不仅给人以对比鲜明的视觉效果，而且"暗"与"明"更容易形成一种心理感觉，从而恰当地表达在"疑无路"之后看到"又一村"的豁然开朗的内心喜悦。这一联能够把写景和写情如此巧妙地融会在一起，实属难能可贵。第三，如此扑朔迷离又峰回路转的境界，道出了世间事物消长变化的哲理，在人生际遇的特殊时刻，往往给人一种启发，于是这一联也就以其内在的理趣，令人倍感亲切。

陆游《剑门道中遇微雨》(1)

衣上征尘杂酒痕(2)，远游无处不消魂(3)。此身合是诗人未(4)？细雨骑驴入剑门(5)。

【注释】

（1）本诗为乾道八年（1172）十一月陆游自南郑赴任成都府路安抚司参议官途经剑门时所作。剑门：剑门关，在今四川广元剑阁县北的大剑山与小剑山之间。阁道三十里，山峰高峻，形势险要，为蜀地门户。(2)征尘：旅途中沾染的尘土。(3)消魂：这里指惆怅的心情。(4)"此身"句：我这一生应该算是个诗人了吧？合是，应该是。未，表疑问的词。(5)骑驴：古代诗人骑驴之事，流传颇多。唐开元中，京城流传有"正字校书，咏诗骑驴"的民谣。又李白、杜甫、贾岛、李贺等都有骑驴故事，郑綮还说过"诗思在灞桥风雪中驴子上"的名言，宋诗人潘阆、王安石骑驴之事还被画成图画流传。入剑门：指入川。唐宋时许多著名诗人都与四川有关，如李白、杜甫、陈子昂、高适、岑参、白居易、苏舜钦、苏轼、黄庭坚等，或是出生在四川，或是曾在四川任职，或是被贬谪到四川。因骑驴与入川都与诗人有关，故上句自问"此身合是诗人未"。

【提示】

宋孝宗乾道八年（1172），48岁的陆游作为四川宣抚使王炎的幕僚，驻在南郑一带，亲自参加成守边防，并参与规划进军长安的军事行动。但这一筹划遭到朝廷中投降派的阻挠和破坏。是年底，陆游被调任成都府路安抚司参议官这一闲散的官职。从抗金前线调到后方,报国无门的陆游将胸中的无限感慨,借这首诗委婉含蓄地表达出来。

诗的前两句写长途奔走,衣服上沾满了征尘,却又杂有酒痕,既写出了赴任途中的劳苦艰辛,又写出壮志未酬的惆怅苦闷。后两句写正值秋冬之际,诗人不是驰骋在金戈铁马的战场,却是骑驴入蜀,推想自己的前途,只能是做个骑驴诗人,深沉的凄迷愤懑不禁涌上心头。"此身合是诗人未",自嘲自谑中饱含苦涩。

陆游《三月十七日夜醉中作》[1]

前年脍鲸东海上,白浪如山寄豪壮[2]。去年射虎南山秋,夜归急雪满貂裘[3]。今年摧颓最堪笑[4],华发苍颜羞自照[5]。谁知得酒尚能狂,脱帽向人时大叫[6]。逆胡未灭心未平[7],孤剑床头铿有声[8]。破驿梦回灯欲死[9],打窗风雨正三更[10]。

【注释】

(1)此诗作于宋孝宗乾道九年(1173),时陆游权理蜀州通判,因事至成都,在驿站中作此诗。(2)"前年"二句:前年,指前些年。陆游在绍兴三十年(1160)官宁德主簿,曾在福州泛海。脍(kuài)鲸,把鲸肉切碎。此乃虚写,表现诗人泛海时的豪壮酣畅之情。(3)"去年"二句:乾道八年(1172),陆游佐王炎军幕,驻陕西南郑,积极筹划北伐。他在军中常参加打猎,曾刺虎,有多首诗谈到打虎事。南山,终南山。貂(diāo)裘,貂皮制成的衣裘。(4)摧颓:衰老颓丧的样子。堪笑:可笑。(5)华发:花白头发。苍颜:苍老的容颜。照:拿镜子自照。(6)"脱帽"句:写酒后狂态。杜甫《饮中八仙歌》:"张旭三杯草圣传,脱帽露顶王公前。"李颀《别梁锽》:"朝朝饮酒黄公垆,脱帽露顶争叫呼。"(7)逆胡:对金人的蔑称。(8)铿(kēng):金属物碰击时发出的声响。(9)破驿(yì):破旧的驿舍。梦回:梦醒。灯欲死:灯光暗淡,快要熄灭。(10)三更:更,古代夜晚的计时单位,一夜分为五更,三更是半夜十一时至次日凌晨一时。

【提示】

此诗作于乾道九年(1173)三月陆游由蜀州(今四川崇州)因事到成都时。头年年底他由南郑来到成都,任成都府路安抚司参议官,这年春权蜀州通判。在成都和蜀州任职,比较清闲,心情又失落沉郁,因此常常借酒浇愁,打发时光。三月十七日晚上的一场痛饮之后,他写下了这首诗。诗中前六句截取了三幅诗人自己的人生画面,第一幅为绍兴三十年任福州决曹时东海出航脍鲸图,第二幅为去年在南郑军中时终南山射虎图,第三幅是自己现今的华发苍颜图。前两幅意气风发,豪情万丈,和第三幅的衰老颓唐形象构成强烈对比,而且六句诗中又用密集的韵脚、频繁的转韵和排比的句式,加强诗中豪放飞腾的气势,使诗人心中无边的感慨不平如大河奔流呼啸而出。"谁知"四句写醉中狂态,笔势振起,表达身虽老,杀敌报国之志却难以磨灭的爱国赤诚。结尾两句又转低回,酒醒梦断,眼前只有破旧驿舍中欲灭的残灯和窗外的风雨之声。此诗风格豪放,雄浑中透着悲凉,结构开合跌宕,颇有李白诗的风格。

<h3 style="text-align:center">陆游《金错刀行》(1)</h3>

黄金错刀白玉装(2),夜穿窗扉出光芒(3)。丈夫五十功未立(4),提刀独立顾八荒(5)。京华结交尽奇士(6),意气相期共生死(7)。千年史策耻无名(8),一片丹心报天子。尔来从军天汉滨(9),南山晓雪玉嶙峋(10)。呜呼!楚虽三户能亡秦(11),岂有堂堂中国空无人!

【注释】

(1)此诗为乾道九年(1173)冬作于嘉州。金错刀:镶嵌有黄金纹饰的宝刀。行:歌行,古诗的一种体裁。(2)白玉装:刀柄、刀鞘镶有白玉。(3)"夜穿"句：谓宝刀夜间光芒透过门窗。扉(fēi)：门扇。(4)丈夫：成年男子的代称，作者自指。(5)顾：回头望。八荒：四面八方荒远地区。(6)京华：京都，指当时南宋的都城临安，即今杭州。奇士：奇才异士，指才能出众的人。(7)意气：志向和气概。相期：相互约定。(8)史策：史册、史书。(9)尔来：近来。尔，同"迩"，近。天汉滨：汉水旁，这里指汉中一带。(10)南山：终南山。玉嶙峋(lín xún)：洁白如玉的山石参差矗立。(11)"楚虽三户"句：战国时楚地民谣云："楚虽三户，亡秦必楚。"楚败于秦，楚人欲雪此恨，乃有此谣。诗人借以比喻宋对金之仇恨亦非雪不可。

【提示】

此诗以"金错刀"起兴，由刀及人，托出"提刀独立顾八荒"的英雄形象，然后展现提刀四顾时的内心活动：在"京华"结交了许多一心报国、誓共生死的"奇士"；在南郑前线，亲眼看到南山嶙峋，地形险要，可以"天汉滨"为根据地进取关中，收复中原。于是以"呜呼"振起，以"楚虽三户能亡秦"的历史事实鼓舞斗志，而以"岂有堂堂中国空无人"的反诘语气作结，振聋发聩。

陆游《关山月》(1)

和戎诏下十五年(2)，将军不战空临边(3)。朱门沉沉按歌舞(4)，厩马肥死弓断弦(5)。戍楼刁斗催落月(6)，三十从军今白发。笛里谁知壮士心(7)，沙头空照征人骨(8)。中原干戈古亦闻(9)，岂有逆胡传子孙(10)？遗民忍死望恢复(11)，几处今宵垂泪痕。

【注释】

(1)此诗是孝宗淳熙四年(1177)春作者在成都时作。关山月：原为汉乐府鼓角横吹曲名。这里是以乐府古题写时事。(2)"和戎"句：隆兴元年(1163)，宋孝宗下诏与金议和，次年达成和议，到陆游作此诗时已近15年。戎，古代汉族对西北少数民族的通称，这里指金人。(3)空临边：白白地到边境去。(4)朱门：古代权贵的宅第，其门户多漆为朱红色以示尊贵。沉沉：形容屋宇深邃。按歌舞：依照乐曲的节拍载歌载舞。(5)厩(jiù)马：这里指军马。厩，马棚。弓断弦：谓长期不修武备，致使弓断了弦。(6)"戍(shù)楼"句：是说时光在刁斗声中白白地流逝了。戍楼，防守边界的岗楼。刁斗，古代军中白天用作炊具，夜间用以打更的铜器。催落月：月亮被刁斗声催促下落。(7)笛里：《关山月》属乐府横吹曲，用笛吹奏。(8)沙头：边塞沙漠之地。征人：远征的军人。(9)中原：指沦陷在金人手中的淮河以北地区。干戈：古代两种兵器。干，盾；戈，平头戟。用为兵器的通称，引申指战争。(10)逆胡传子孙：金侵占中原至此已历四朝三代，故云。逆胡，指金人。(11)遗民：北宋遗民，指沦陷区的老百姓。忍死：忍受屈辱、不死以待。恢复：收复失地。

【提示】

隆兴元年(1163)，宋军在符离大败后，与金达成和议，到淳熙四年(1177)诗人创作此诗时，和戎诏下已近15年。这近15年里，南宋王朝文恬武嬉，不图恢复，诗人有感于时事，写下了这首沉痛悲愤的诗篇。全诗突出的特点是通过三个典型场面和三种人的生活态度来反映现实。前四句写将军府。将军"临边"而"不战"，竟然在"沉沉""朱门"内陶醉于"按歌舞"，致使战马肥死马厩、弓箭霉烂断弦。这四句虽瞩目于将军府，抨击的对象却是南宋整个投降集团。中间四句写边防前哨。前线战士本应为收复失地而冲锋陷阵，而今却在百无聊赖中打发岁月，三十从军边塞，而今白发萧萧，依然无所作为。有心报国的壮士请缨无路，在笛声中宣泄着自己的悲愤，而沙头征人的白骨也令人感到前途的渺茫和生命的寂灭。这四句既是对投降派的无言控诉，也表达了诗人的愤恨。末四句写中原沦陷区。一方面是遗民忍死盼望恢复，一方面是逆胡传宗接代，两相对照，诗人恢复中原的政治意愿凸现出来。这首诗有对上层统治者的指责，有对沦陷区人民的同情，还抒发了像诗人这样心系国事却报国无门的壮士的悲愤，这三方面中的每一点，都是陆游诗歌一再申诉的重大主题。

"遗民忍死望恢复"的意思，在陆游另一首《秋夜将晓出篱门迎凉有感》中亦有表达："三万里河东入海，五千仞岳上摩天。遗民泪尽胡尘里，南望王师又一年。"

陆游《书愤》[1]

早岁那知世事艰[2]，中原北望气如山[3]。楼船夜雪瓜洲渡，铁马秋风大散关[4]。塞上长城空自许[5]，镜中衰鬓已先斑[6]。《出师》一表真名世，千载谁堪伯仲间[7]？

【注释】

（1）此诗是淳熙十三年（1186）春，诗人退居山阴时作。书：写。（2）早岁：早年，年轻时。那：哪。（3）"中原"句：是说北望中原，愤慨万端，收复失地的意志像山一样壮伟坚定。（4）"楼船"二句：写南宋军队抗击金兵侵犯的史实，并回顾自己的经历。上句指宋高宗绍兴三十一年（1161）冬，金主完颜亮南侵，宋将刘锜、虞允文等在瓜洲一带造战舰拒之，金兵败退。宋孝宗隆兴二年（1164），诗人出为镇江通判，曾亲睹新增战舰，并作诗以咏。下句指绍兴三十一年（1161）秋，金人占领大散关，次年被南宋军收复事。另，宋孝宗乾道八年（1172），诗人在南郑军中供职，曾参与策划进兵长安，并强渡渭水，同金兵在大散关发生遭遇战。诗人有若干诗描述这段军中生活。楼船，指战舰。瓜洲，在今江苏邗江南长江边，与镇江隔江相对，是当时的江防要地。铁马，披铁甲的战马。大散关，在今陕西宝鸡西南大散岭上，为南宋边防重镇。（5）"塞上"句：是说白白以塞上长城自许。指自己抗敌保边的宏愿落空。这里暗用南朝刘宋名将檀道济语。他北伐有功，因遭疑忌而被宋文帝杀害，临死前怒道："乃复坏汝万里之长城。"事见《南史·宋书·檀道济传》。（6）衰鬓：衰颓的鬓发。斑：花白。（7）"《出师》"二句：是说《出师表》曾名扬于世，千载以来有谁能和它的作者诸葛亮相提并论呢？这里以坚持北伐的诸葛亮自勉，再表恢复中原的决心。表，古代臣子向皇帝上书的一种文体，多用于陈述衷情。蜀汉后主建兴五年（227）春，诸葛亮向后主刘禅上《出师表》，申述北伐曹魏的决心。堪，可。伯仲间，兄弟间。指相并列。

【提示】

此诗作于淳熙十三年（1186）春，时陆游62岁，已退居山阴家中5年之久。诗的前四句回忆往事，后四句抒发感慨，采取今昔对比的手法，以年轻时立志收复失地的壮志豪情和在前线的军旅生活做映衬，抒写晚年壮志未酬、时光虚掷的愤慨，盼望有诸葛亮那样的人物兴师北伐，完成统一大业。全诗格调悲壮，音韵铿锵，气势磅礴。

陆游《十一月四日风雨大作》其二[1]

僵卧孤村不自哀[2]，尚思为国戍轮台[3]。夜阑卧听风吹雨[4]，铁马冰河入梦来[5]。

【注释】

(1)这组诗共二首，绍熙三年（1192）十一月作于山阴。(2)僵卧：僵卧不起。不自哀：是说不为自己的境遇而哀叹。(3)戍（shù）：防守边疆。轮台：在今新疆维吾尔自治区轮台县。汉唐时曾在这里屯兵。此泛指西北边疆。(4)夜阑（lán）：夜深。(5)铁马：披着铁甲的战马。冰河：泛指北国封冻的河流。

【提示】

此诗作于绍熙三年（1192）闲居山阴时。首句句内含转折，已经68岁的老人"僵卧孤村"，本来应该为自己的处境而悲哀，却偏说"不自哀"。与"自身"相对的是国家民族，所以"不自哀"的言外之意是为国家的现状和前途而担忧。"不自哀"与"尚思"呼应，正因为虽然"僵卧孤村"，仍关心国事，所以

"尚思为国戍轮台",捍卫祖国。两句诗,生动地表现了生命不息、战斗不止的抗金决心。"僵卧孤村"而"夜阑卧听风吹雨",如果是只知"自哀"的人,就会更加感到悲凉;而对于"尚思"抗金报国的陆游来说,却由风声雨声联想到驰"铁马"、踏"冰河"的杀伐战斗之声,因而在入睡之后,"铁马冰河"的战斗场景便闯入梦境。

陆游《沈园》[1]

其一

城上斜阳画角哀[2],沈园非复旧池台[3],伤心桥下春波绿,曾是惊鸿照影来[4]。

其二

梦断香消四十年[5],沈园柳老不吹绵[6]。此身行作稽山土[7],犹吊遗踪一泫然[8]。

【注释】

(1)这两首诗作于庆元五年(1199)春,时作者75岁。沈园:故址在今绍兴禹迹寺南。(2)画角:古时一种涂有彩色的军乐器。哀:是说声音沉痛,动人哀感。(3)非复:不再是。(4)惊鸿:喻女子姿态轻盈美丽。这里指作者的前妻唐琬。(5)梦断香消:指唐琬的死去。(6)不吹绵:就是不飘柳絮了。(7)行:将要。稽山:会稽山,在今绍兴市东南。这句说自己将要老死,尸骨埋在稽山之下。(8)吊:凭吊。遗踪:遗留下来的旧痕迹。泫(xuàn)然:伤感流泪的样子。

【提示】

宋宁宗庆元五年(1199)春天,陆游重游沈园,写下这一组诗。前一首触景生情:夕阳西下,画角哀鸣,沈园的小桥流水无不勾起诗人对唐琬的刻骨思念。后一首自明心迹:四十年来,魂牵梦绕,唐琬的音容笑貌并没有随时间的流逝而稍有淡忘。两篇作品都运用了反衬的艺术手法,第一首以"桥下春波绿"反衬唐琬的逝去,第二首以"柳老不吹绵"反衬诗人的深情,因而缠绵悱恻,哀婉动人。

陆游《示儿》[1]

死去元知万事空[2],但悲不见九州同[3]。王师北定中原日[4],家祭无忘告乃翁[5]。

【注释】

(1)此诗写于嘉定三年(1210)。示儿:写给儿子们看。(2)元:同"原",本来。(3)但:只。九州:古代中国分为九州,这里代指全国。同:大同,一统,这里指祖国统一。(4)王师:指宋朝军队。北定中原:到北方去收复中原失地。(5)家祭:祭祀祖先。无:不要。乃翁:你们的父亲。

【提示】

陆游卒于宁宗嘉定三年(1210)十二月。这首《示儿》是他临终前所写,既是他的绝笔,也是写给儿子的遗嘱。

澄清中原,统一祖国,乃是陆游一生的心愿,也是他一生的奋斗目标。正因为这样,他最担心的是死前未能看到中原收复。他从50岁以后,时常在诗歌中表现这种愿望和担心。如《登剑南西川门感怀》云:"诸公勉画平戎策,投老深思看太平。"《感兴》云:"常恐先狗马,不及清中原。"《太息》云:"砥柱河流仙掌日,死前恨不见中原。"《北望》云:"宁知墓木拱,不见塞尘清。"《夜闻落叶》云:"死至人所同,此理何待评。但有一可恨,不见复两京。"直到奄奄一息、即将告别人世的时候,又以"遗嘱"的形式,对儿子倾吐了他未完的心愿和无穷的希望。爱国之诚,万劫不灭;悲壮之音,千秋永播。

三、专题衍说

枯蓬万里寄飘风,晚落江头号放翁
—— 说陆游的落拓身世

关于陆游名字的由来,有一些趣谈。一种流传较广的说法,是说陆游出生之前,他的母亲梦到了秦观。秦观字少游,陆游字务观。陆游的"游",是秦观的字,陆务观的"观",是秦观的名。这种说法有点像故事,推敲起来也有些勉强。倒是陆游82岁的时候在一首诗里表达过他本人对秦观的景仰:"晚生常恨不从公,忽拜英姿绘画中。妄欲步趋端有意,我名公字正相同。"

另外一种说法,认为陆游的名字取之于《列子·仲尼篇》中"务外游,不知务内观。外游者,求备于物;内观者,取足于身"的含义。所谓"务外游",是依赖于外物之"游";"务内观",则取决于本心,超越五官的认识和感觉的能力,从而达到"游"的最逍遥状态。陆游的父母或许是希望儿子不为外物所羁绊,用自己的灵心慧根去体悟生活,洞察人世,明辨物理,从而达到至高境界。

可惜的是,陆游的一生,始终为外物所牵绊,不自由,不自主。"心在天山,身老沧洲"是他全部人生的一个象征。

最初,陆游遇到的是科考的阻力。

他出身于诗书簪缨之家。陆氏的始祖据说是春秋时的高士陆通,那位"凤歌笑孔丘"的楚狂接舆。汉代的陆贾、陆闳,唐代的陆贽等,都是陆氏家族引以为荣的人物。到了北宋,才俊之士也是层出不穷。曾祖陆珪是国子博士;祖父陆佃是神宗朝进士,做过王安石的学生,后官拜尚书右丞转左丞;父亲陆宰学识渊博,曾任淮南东路转运判官、京西路转运副使、淮南路计度转运副使等,南宋以后退居乡里专心于藏书和读书,是一个具有血性的爱国志士。

陆游参加过两次朝廷的科举选拔，分别是16岁和19岁时，均无功而返。29岁那年再一次赴临安，参加专门为现任官员和恩荫子弟设置的进士试。主考官陈之茂十分欣赏陆游的文章，将其取为第一。秦桧的孙子秦埙当时也参加了考试，考前内定为第一，但被陈之茂取为第二，秦桧大为光火。第二年送礼部复试，陆游的名字又在秦埙之前，秦桧震怒之下直接把陆游的名字划去，不仅黜落了陆游，还罢免了陈之茂。秦桧死去，陆游才有了入仕的机会；在宋孝宗的赏赐之下，他才有了"进士出身"的身份。

青年时代，科考受阻的同时，他还遇到了婚姻的变故。

陆游大约在20岁的时候，与表妹唐琬结婚。二人情投意合，缠绵燕尔。家学至尊、督教甚严的双亲，出于对儿子的期望，不允许他在功名未就之际便沉湎于儿女情长。于是迁怒于新媳，严令陆游休妻。陆游无奈之下与唐琬分手，不久续娶王氏。十年后，陆游与已嫁为人妻的唐琬在沈园邂逅，伤感莫名，题[钗头凤]于壁。唐琬终因不能忘情，郁郁而终。陆游愧疚万分，抱恨终身。

接下来，就是仕途的万般不顺。

绍兴二十八年（1158），34岁的陆游获得了初涉仕途的第一个职位，担任福州宁德县主簿（从九品的文职官员）；第二年调任掌管刑法的福州决曹。36岁入朝为官，做过敕令所删定官、大理寺司直兼宗正寺主簿、枢密院编修官等。这期间，金主完颜亮大举南侵，很快占领两淮，进驻合肥。陆游在宋高宗召对时，慷慨陈词，请求北伐，动情处涕泪俱下。然而不久宋高宗与金人达成和议，陆游被罢归故里。

短暂的罢免之后，陆游回到朝廷。宋孝宗即位，为岳飞父子平了反，主战派的一些人得到重用。陆游写了一系列论奏，涉及政权建设、职官制度、人才选拔、刑法戒律等诸多方面，尤其是倡导恢复中原，收复故土。隆兴元年（1163），宋孝宗以张浚为都督，主持北伐，但由于将领不和，军心涣散，符离（今安徽宿州）一战全线崩溃。宋金签订《隆兴和议》，主和派重新掌权。

39 岁的陆游被调出朝廷,接着又因"结交谏官,鼓唱是非,力说张浚用兵"被罢免了官职。

落职五年,46 岁的陆游被任命为夔州通判。做了三年的闲职冷官后,应四川宣抚使王炎之邀,来到南郑(今陕西汉中)的征西大幕,真正走上了南宋西北的抗金第一线。他曾身着戎装,戍卫在大散关头,往来于前线各地。他渡淮水,察敌情,出谋献策,还亲手刺死过乳虎。然而,这样的生活只持续了八个月,王炎被朝廷召回废置不用,幕僚们星散,陆游也被改为成都府路安抚司参议官,告别了他引以为豪的从军生涯。当他在秋雨中过剑门关时,写下了心中深深的遗憾与不甘:"衣上征尘杂酒痕,远游无处不消魂。此身合是诗人未?细雨骑驴入剑门。"之后,在频繁调遣的宦游生活里,他一直难以摆脱精神上的苦闷,不得不借酒浇愁,放浪形骸,以致言官弹劾他"恃酒颓放",他也索性自号"放翁"。淳熙三年(1176),52 岁的陆游再次被罢免官职。

54 岁,任福建常平茶盐公事,主要管理地方经济和行政事务。不久,改到江西抚州任江南西路常平茶盐公事。再不久,被臣僚构陷"不自检饬,所为多越于规矩",被罢免落职,回到家乡。

62 岁重新被起用为严州(今浙江建德)知州,赴任之前在临安等候朝见,写了一首《临安春雨初霁》,"小楼一夜听春雨,深巷明朝卖杏花"的诗句背后,掩盖不住失望与苦闷。严州任满后回到临安任军器少监,迁礼部郎中。65 岁时又遭弹劾,罪名是作诗"嘲咏风月",被斥归故里。陆游悲愤不已,干脆自题住宅为"风月轩"。

宋宁宗嘉泰二年(1202),朝廷诏 78 岁的陆游入京,担任同修国史、实录院同修撰一职,主持编修孝宗、光宗《两朝实录》和《三朝史》,并兼任秘书监。在此期间,韩侂胄主张北伐,陆游表示大力赞扬和支持,给予了种种合作。北伐失败,韩侂胄被杀,宋金订立《开禧和议》,陆游也因支持韩侂胄北伐而落职。非但如此,由于韩侂胄被认为是奸邪之徒,陆游也被攻击为晚节不保。

陆游是衔着家国之恨出生的。他出生后两年,发生靖康之变,北宋灭亡。

兵荒马乱之中随家人逃亡的经历,深刻地烙印在他年幼的心灵里。他终身主张驱逐金人,收复失地,最早的根源就在这里。86岁临终时,陆游《示儿》诗写道:"死去元知万事空,但悲不见九州同。王师北定中原日,家祭无忘告乃翁。"

陆公家事

——说陆游的几段情事

　　山阴陆氏到了陆游父亲陆宰那一代,已经是很大的家族,人口众多,满门纱帽。陆宰在北宋末年官至朝请大夫(从五品)、直秘阁(掌管秘阁事务),迁淮南路计度转运副使公事、京西路转运副使,赠少师(亦作少傅)、会稽公。南渡以后退居乡里,没有再出仕。陆宰爱好藏书,典藏最多的时候达上万卷,与当时藏书大家石公弼、诸葛行仁齐名,同被誉为浙中三大藏书家。绍兴十三年(1143),南宋内府藏书缺书较多,诏求天下遗书,首先命绍兴府抄录陆宰家所藏书来上,达13000卷。在这种环境的熏陶下,陆游从小嗜书如命。"不是爱书即欲死,任从人笑作书颠""老死爱书心不厌,来生恐堕蠹鱼中",诗句表达的都是他与书的特殊感情。他后来也大量藏书,筑"书巢""双清堂",外出为官或游历,归来带回家的也尽是书。

　　陆游的母亲是北宋名臣唐介的孙女,知名诗人晁冲之的外甥女,文化水平很高,教育孩子也很有一套。陆游有两个哥哥,大哥名陆淞,字子逸,号云溪,做官做到辰州守、天台宰;二哥名陆濬,字子清,号次川逸叟,知岳州,赠太尉。陆游是家中第三个男孩,后面还有个弟弟名陆浚,字仲虚,做过泉州、严州的通判。

　　陆游年轻时的一段婚姻,颇为后世人所津津乐道。然而这桩事件的细节,陆游本人并没有明明白白地写出来,只留下一些表达情感的诗词。南宋间人的笔记里有描写,如陈鹄的《耆旧续闻》、刘克庄的《后村诗话续集》、周密的《齐东野语》,但提到的也比较简单。宋以后的人把这个故事说得越来越详细，各种版本之间的差异也越来越大，以至于留下的疑点也越来越多，谁也说服不了谁。

大致的情况是：陆游在他20岁左右的时候，与山阴人唐闳的女儿结婚，女方的祖父为北宋宣和间有政声的鸿胪少卿唐翊。二人伉俪相得，两情甚笃，但由于长辈不容，陆游不敢违逆尊意，婚后2年竟至仳离，各自另娶、改嫁。若干年后，二人于沈园邂逅，陆游题词于壁。

后人围绕此事的争议包括：一、女主人公叫什么名字？早期的描述里，都是用"去妇"（前妻）、"某氏"来称呼的，一直到民国以后的文字里才出现名字，而且"唐琬""唐婉"用字也不统一。二、陆游与唐琬是表兄妹吗？陆游的外公唐介是湖北江陵人，唐琬的父亲唐闳是浙江山阴人，两家虽同姓，却似乎并无宗族血亲关系。陆游有六个舅舅，并没有一个叫唐闳的。三、陆家为什么嫌弃唐琬？一般的说法是，小夫妻太过恩爱，家长担心因此影响孩子的学业前程，况且陆游刚刚科考落第。另一种说法是唐琬未曾生育，造成家长的顾虑。四、陆游与唐琬的后夫赵士程是什么关系？据载，宋仁宗的女儿——秦鲁国大长公主的儿媳是陆游母亲的姊妹，赵士程又是秦鲁国大长公主的侄孙，因此陆家与赵家应该是有姻娅关系的。五、沈园邂逅，唐氏有没有奉酒致意的行为？有的故事版本说，陆游于沈园遇到唐琬夫妇，赵士程大度地让唐琬送酒肴给陆游，让他们叙旧。不过在另外的版本里，他们不过是相互注目而已。六、陆游的[钗头凤]是不是写给唐琬的？词开篇的"红酥手，黄縢酒，满城春色宫墙柳"，与陕西民间老话里"东湖柳，柳林酒，妇人手"在要素上暗合，且用词来描写夫人的手也似乎有些艳丽，所以周本淳、吴熊和等先生认为这是一首狎游之作，写于其供职成都的时候，与沈园无关。七、现在流行的另一首[钗头凤]是不是唐琬写的？与陆游生活年代接近的陈鹄，在《耆旧续闻》里说，没有见到过唐琬的全词，只知道其中有"世情薄，人情恶"的句子。而现词"语极浅俚"，恐为后人编造。

不管怎么说，这两年的婚姻挫折，给陆游的一生带来极大的影响。即便到了晚年，他仍旧写着向唐琬深致喟惜的诗词篇章。63岁那年，他偶然见着街坊人家缝制菊花枕囊，不由忆起年少往事，那个时候唐琬做菊花枕，他写菊枕诗，好多人都知道。想起这些，凄然有感，于是写道："采得黄花作枕囊，曲屏深幌闷幽香。唤回四十三年梦，灯暗无人说断肠。"又说："少日曾题菊花诗，蠹编残稿锁蛛丝。人间万事消磨尽，只有清香似旧时。"75岁那年，他重游沈园，赋《沈园》绝句二首："城上斜阳画角哀，沈园非复旧池台。伤心桥下春波绿，曾是惊鸿照影来。""梦断香消四十年，沈园柳老不吹绵。此身行作稽山土，犹吊遗踪一泫然。"81岁，陆游梦到沈园，赋诗记之："路近城南已怕行，沈家园里更伤情。香穿客袖梅花在，绿蘸寺桥春水生。""城南小陌又逢春，只见梅花不见人。玉骨久成泉下土，墨痕犹锁壁间尘。"年至84岁，陆游再游沈园时又作《春游》一绝："沈家园里花如锦，半是当年识放翁。也信美人终作土，不堪幽梦太匆匆。"

与唐琬分手后，23岁的陆游续娶21岁的蜀郡王氏。24岁时，长子陆子虞出生，26岁时仲子陆子龙出生，27岁时三子陆子修出生，32岁时四子陆子坦出生，37岁时女儿阿绘出生，42岁时五子陆子约出生，50岁时六子陆子布出生，54岁时幼子陆子遹出生，62岁时小女儿定娘出生（1岁后夭折）。六子、幼子、定娘非王氏所生，而是他在成都时纳的妾杨氏所生。陆游73岁时妻子王氏去世，陆游写有《王氏墓圹记》，并在《自伤》诗里留有"白头老鳏哭空堂，不独悼死亦自伤""扶杖欲起辄仆床，去死近如不隔墙"之句。

从南郑部队回来，陆游的心境非常消沉，他以不拘礼法、耽于游放来宣泄自己的苦闷，自号"放翁"。于是在一些文人的笔记中就出现了不少关于陆游这期间的风流韵事，其中有些是政敌的毁谤，也有一些应是事实。他的诗《成都行》里就有"青丝金络白马驹，日斜驰遣迎名姝。燕脂褪尽见玉肤，绿鬟半脱娇不梳"的表达。有一个纳驿卒之女为妾的故事，虽然基本上是虚构的，但流传颇广。说的是陆游在四川夜宿某驿馆，见壁上有题诗："玉阶蟋蟀闹清夜，金井梧桐辞故枝。一枕凄凉眠不得，挑灯起作感秋诗。"第二天询问,知道是驿卒的女儿所写,心生怜爱,便纳之为妾。过了半年,夫人王氏不能相容,于是遣逐之。妾赋[卜算子]云:"只知眉上愁,不知愁来路。窗外有芭蕉,阵阵黄昏雨。晓起理残妆,整顿教愁去。不合画春山,依旧留愁住。"

专题二十七

稼轩诗词

一、专题要点

本专题主要了解辛弃疾的生平思想，其诗歌创作的内容与艺术，及其在文学史上的地位和影响。本专题选读诗歌作品10首。

（一）辛弃疾的生平和思想

辛弃疾（1140—1207），字幼安，号稼轩，历城（今山东济南）人。他的一生大致可分为三个时期。

1. 23岁以前。辛弃疾出生时，中原已沦陷13年，从幼年开始，他就目睹了北方人民在金人统治下所过的屈辱生活，从小就立下了收复失地的大志。绍兴三十一年（1161），金主完颜亮大举南侵，济南农民耿京聚众二十万人起义，当时年仅22岁的辛弃疾也组织两千多人参加了起义军，耿京任他为掌书记。为进一步开展抗金斗争，他劝说耿京与南宋联系。但当他到建康见过宋高宗北返复命时，叛徒张安国将耿京杀害，并劫持部分起义军降金。辛弃疾率领五十多名骑兵，驰袭敌营，活捉了张安国，押送建康斩首，并带领万余人南渡归宋，他的举动在当时极为振奋人心。

2. 23岁至42岁。辛弃疾南归后，热切希望收复中原。这一时期，在江淮两湖间辗转任职，他不顾官职卑微，多次上书朝廷，陈述收复中原的谋略、计划。其中以《美芹十论》《九议》最为著名，但他的建议始终未被采纳。朝廷只是利用他的才能让他做地方官，应付地方事变，镇压农民起义，这是辛弃疾政治生涯的一幕悲剧。在他任地方官期间，也颇有政绩。知滁州时，他实行"宽征薄赋,招流散,救民兵,议屯田"等一系列措施,使遭受战争破坏的滁州得到恢复和发展。在江西任职时,打击囤积居奇的豪绅富户,救助饥饿农民。还在湖南建立了一支"飞虎军",以防止金兵南犯,并为北伐做准备。辛弃疾南渡后,一直主张抗金收复,与当时的主和派政见不合,故常遭嫉恨,又由于他任地方官时打击豪强,惩治污吏,触犯了朝中权贵利益,于是这些腐朽势力上下勾结,多次对他进行诬陷和打击,使他长期处于孤危的境地,最终被弹劾落职。

3. 43 岁到 68 岁。在这 25 年间,除一度出任福建路提刑和安抚使外,他先后在江西上饶带湖和铅山鹅湖隐居 20 年,这时期他自号"稼轩"。他一方面啸傲山水,旷达自适;一方面"憩鹅湖之清阴,酌瓢泉而共饮",与友人"长歌互答,极论世事"。他始终没有忘怀祖国的统一大业,但报国无门,请缨无路,心情非常郁闷,这使他的词呈现出一种豪壮雄奇而苍凉沉郁的风格。宁宗嘉泰三年(1203),韩侂胄当政,他想以北伐来提高自己的威望,起用了一些主张抗金的人士,辛弃疾出任浙东安抚使,次年改知镇江府。当时他已经 60 多岁,但他仍精神亢奋,积极赞助北伐。但在镇江仅 1 年,又被调到隆兴,不久,被弹劾免官,他怀着沉痛的心情返回铅山。开禧二年(1206),韩侂胄仓促北伐,结果大败。第二年再度对金用兵,又起用辛弃疾为枢密院都承旨,但他这时已重病在身,只好上章请辞,不久便与世长辞。

(二)辛弃疾词的内容与艺术

辛弃疾词今存 620 多首,词作数量之多,在两宋词人中居于首位。

1. 思想内容

(1)表现爱国思想和战斗精神。首先,抒写恢复祖国山河,杀敌报国的豪情壮志;其次,抒发英雄失意,壮志难酬的悲愤。如[鹧鸪天](壮岁旌旗拥万夫)、[水龙吟]《登建康赏心亭》。

(2)表现农村生活和隐逸情趣。辛弃疾贬谪家居近 20 年,对农村的劳动生活和自然风光有着深切的体验和细致的观察,写下不少清新淡雅之作。

如［清平乐］（茅檐低小）、［西江月］《夜行黄沙道中》。

（3）表现爱情。这类作品的数量虽然不多，但写得温柔缠绵，含蓄蕴藉，并多有寄托。如［青玉案］《元夕》。

2. 艺术成就

（1）善于创造雄奇阔大的意境。

（2）善于运用比兴、象征的手法，喜于用典。

（3）善于以小见大，从小处生发联想。

（4）善于吸取口语和点化前人诗文语言。

辛弃疾对词的发展做出了突出贡献，他扩大了词的题材，提高了词的表现力，创新了词的风格，特别是他发展了苏轼的豪放词风，进一步打破了"诗庄词媚"的狭隘观念，把豪放词的创作推向更高的境界。他把爱国主义思想作为词的重要主题，用词反映了时代精神，把中国文学史中的爱国主义传统推向新的高峰。辛词的影响是深远的，与他同时的刘过、陈亮，比他稍后的刘克庄、刘辰翁以及清代的文廷式、陈维崧，近代的梁启超等，在创作中都表现出明显受辛词影响的痕迹。

（三）课堂话题

1. 战士稼轩。生于金地，少怀壮志；兴举义军，倡议南归；只手擒敌，怒斩叛徒；壮声英慨，初涉仕途。

2. 游子稼轩。《美芹十论》，再上《九议》；赈饥平乱，为民请命；神虎飞军，难留大帅。［水龙吟］《登建康赏心亭》通过写景和联想抒写了作者恢复中原国土、统一祖国的抱负和愿望无法实现的失意的感慨，深刻揭示了英雄志士有志难酬、报国无门、抑郁悲愤的苦闷心情。

3. 傲士稼轩。由于他的主张与南宋立国之策不相吻合，他受到多方的攻讦弹劾，罪名多集中在"好财、好杀人、好色"，他倔强而不屈服。各地流转，壮志难酬；台谏无情，数次罢黜；老当益壮，北伐未竟。［摸鱼儿］（更能消、几番风雨）表现对国家前途的忧虑，自己在政治上的失意和哀怨，以及对南宋当权者的不满。

4.闲人稼轩。辛弃疾被多次罢官,落职的时间前后长达20年。他在上饶带湖、铅山瓢泉营建房舍,以"稼轩居士"自称。[西江月]《夜行黄沙道中》从视觉、听觉和嗅觉三方面抒写夏夜的山村风光,情景交融,优美如画,恬静自然,生动逼真,是宋词中以农村生活为题材的佳作。

二、专题诗选

辛弃疾[水龙吟]《登建康赏心亭》(1)

楚天千里清秋(2),水随天去秋无际。遥岑远目(3),献愁供恨,玉簪螺髻(4)。落日楼头,断鸿声里(5),江南游子(6)。把吴钩看了(7),栏杆拍遍,无人会(8),登临意。　　休说鲈鱼堪脍,尽西风,季鹰归未(9)？求田问舍,怕应羞见,刘郎才气(10)。可惜流年(11),忧愁风雨(12),树犹如此(13)。倩何人唤取(14),红巾翠袖(15),揾英雄泪(16)。

【注释】

(1)这首词写于宋孝宗乾道五年(1169)诗人在建康(今江苏南京)任通判时。赏心亭:在建康城上,面临秦淮河。(2)楚天:南方的天空。(3)遥岑(cén):远山。远目:远望。(4)玉簪(zān):绾发头饰。此形容尖峭的山峰。螺髻(jì):螺壳似的发结。此形容圆形的山峰。(5)断鸿:失群孤雁。(6)江南游子:作者自称。(7)吴钩:古代吴地制造的一种宝刀。(8)会:领会,理解。(9)"休说"三句:是说不愿学张翰忘怀世事,弃官回乡。《世说新语·识鉴》载,张翰字季鹰,吴县(今苏州)人,在洛阳做官,因秋风起而想念吴中的菰菜羹、鲈鱼脍,说:"人生贵得适意尔,何能羁宦数千里以要名爵!"随即启程返乡。脍(kuài),把肉切细。(10)"求田"三句:是说不愿归隐去图一己之安逸。求田问舍即求置田地房屋,刘郎指刘备。《三国志·魏书·陈登传》载,刘备曾批评许汜只知求田问舍,而无救世之意。(11)流年:时光,年华。(12)风雨:指国家如风雨飘摇,局势危急。(13)树犹如此:比喻光阴已逝。《世说新语·言语》载,桓温北征,见早年亲栽的柳树皆已粗达十围,感慨道:"木犹如此,人何以堪!"攀枝条而潸然泪下。(14)倩(qiàn):请。唤取:叫来。(15)红巾翠袖:女子装饰,代指歌女。(16)揾(wèn):擦拭。

【提示】

辛弃疾一生以恢复为志,以气节自负,以功业自诩,满腹经纶却迄无所用,胸中积郁乃发之于词。这首登临怀古之作,抒发了忧怀国事的哀愁和报国无门、壮志难酬而虚度年华的悲愤之情。

词的上片即地写景,由近到远,由景及人。从"落日"直到"登临意",连着七句,呈现所见、所闻、所为、所思,一气贯通。下片承"登临意"具体生发,连用三个典故借古喻今。词要贯气,亦需抑气,此即曲折传达词人苦闷,有慷慨呜咽之声。末写无人召唤歌妓为自己解忧拭泪,既呼应上片煞尾,也暗示满怀郁闷却无从排遣,牢骚激愤,一见于此。

辛弃疾[菩萨蛮]《书江西造口壁》(1)

郁孤台下清江水(2),中间多少行人泪(3)。西北望长安,可怜无数山(4)。　青山遮不住,毕竟东流去(5)。江晚正愁余(6),山深闻鹧鸪(7)。

【注释】

(1)大约宋孝宗淳熙三年(1176),作者将这首词写在江西造口石壁上。作者时任江西提点刑狱。书:书写,题写。造口:皂口镇,在今江西省吉安市万安县西南。有皂口溪在此流入赣江。(2)郁孤台:又名望阙台,在今江西省赣州市西南。清江:赣江与袁江合流处。这里指赣江,赣江经郁孤台下向北流去。(3)"中间"句:宋人罗大经《鹤林玉露》云:"南渡之初(按,指宋高宗建炎三、四年间,即公元1129年至1130年),虏人(指金兵)追隆祐太后(宋哲宗皇后孟氏)御舟至造口,不及而还。幼安由此起兴。"行人,过路的人。(4)"西北"二句:是说朝西北向遥望故都,可惜被无数峰岭挡住了视线。言外之意是慨叹中原长期沦陷,至今不得收复。长安,即今陕西西安。汉唐时代均在此建都,这里借指北宋京都汴京及广大中原地区。可怜,可惜。(5)"青山"二句:是说青山虽能遮断北望的视线,却挡不住赣江水东流而去。这里以东流的江水暗喻自己对故国的深情和北伐抗金的决心。(6)愁余:让我发愁。(7)鹧鸪(zhè gū):鸟名。传说其叫声如云"行不得也哥哥",啼声凄苦。

【提示】

此词约作于宋孝宗淳熙三年(1176),当时作者任江西提点刑狱。上片触景生情,回忆40多年前血泪凝成的历史。那时金兵分两路南下,一路从建康(今南京)、杭州至明州(今宁波)追击高宗赵构,一路由今湖北大冶向江西虔州追击隆祐太后孟氏。罗大经《鹤林玉露》说:"虏人追隆祐太后御舟至造口,不及而还。幼安由此起兴。""中间多少行人泪",说赣江中滔滔江水,含有无数难民的血泪。"西北"二句用唐代虔州刺史李勉登郁孤台北望的故事。李勉当时曾说:"余虽不及子牟,而心存魏阙一也。"杜甫也说过"云白山青万余里,愁看直北是长安"。作者借此写出金人南侵的惨痛历史并未结束,以及由此引起的望故都而不得的痛苦,表现了怀古伤今的沉痛心情。下片"青山遮不住,毕竟东流去",紧承上片结句,意谓纵有重重叠叠的青山间阻,江水终会东流,势不可当,使全词为之一振。然后词人又陷入深深的沉思,以"江晚正愁余,山深闻鹧鸪"作结,表现了忧国忧时而悲愤难禁的感情。

辛弃疾 [摸鱼儿]⁽¹⁾

更能消、几番风雨⁽²⁾,匆匆春又归去。惜春长怕花开早,何况落红无数。春且住⁽³⁾,见说道、天涯芳草无归路⁽⁴⁾。怨春不语。算只有殷勤[5]，画檐蛛网[6]，尽日惹飞絮[7]。　　长门事[8]，准拟佳期又误，蛾眉曾有人妒[9]。千金纵买相如赋[10]，脉脉此情谁诉[11]？君莫舞[12]，君不见、玉环飞燕皆尘土[13]！闲愁最苦[14]。休去倚危栏[15]，斜阳正在，烟柳断肠处[16]。

【注释】

（1）本诗作于淳熙六年（1179）。（2）更：再。消：消受，经受住。（3）且住：暂且留下。（4）见说道：听说。天涯芳草无归路：无边的芳草遮断了春天回去的路。（5）算：算来，料想。（6）画檐：雕着画的屋檐。（7）尽日：整天。惹：招惹。飞絮：纷飞的柳絮。（8）长门事：指汉武帝的陈皇后失宠后被贬居长门宫。《文选·长门赋》："孝武皇后陈皇后，时得幸，颇妒，别在长门宫，愁闷悲思，闻蜀郡成都司马相如，天下工为文，奉黄金百斤，为相如、文君取酒，因于解悲愁之辞。而相如为文以悟主上，陈皇后复得幸。"（9）"准拟"二句：是说因为有人嫉妒陈皇后，进谗于帝，使他们未能如约相会。准拟，预定。蛾眉，本形容女子眉美，借指美人。（10）"千金"句：陈皇后曾以重金请司马相如写《长门赋》，武帝看后很受感动。纵，尽管。赋，文赋。（11）脉脉：形容用眼神表达感情。（12）君：指朝廷得势小人。舞：有得意忘形之意。（13）玉环：杨玉环，杨贵妃的小名，唐玄宗最宠爱的妃子。安禄山叛变后，杨贵妃被赐死于马嵬坡。飞燕：赵飞燕，汉成帝的宠妃，以能歌善舞得宠，后被废为庶人而自杀。尘土：指身亡。（14）闲愁：精神上的苦闷。（15）倚：凭靠。危栏：高楼上的栏杆。（16）烟柳：暮烟笼罩着的杨柳。断肠处：使人伤心的地方。

【提示】

这是1179年辛弃疾由湖北转运副使调任湖南转运副使，临行时在送别酒会上写的一首词。词前有一小序："淳熙己亥，自湖北漕移湖南，同官王正之置酒小山亭，为赋。"

南渡以后，词人在朝廷中形势孤独，处境困窘，动辄得咎，自言"年来不为众人所容，恐言未脱口而祸不旋踵"。这种孤危的处境使词人在创作时也注意用比兴手法，将内心的愁苦、愤恨婉转地表达出来。这首词上片写惜春、留春、怨春的情感，春天似乎成了国家大好形势、抗金大好局面的象征。春天的无情离去，则又让人感觉到国事衰微、恢复中原无望。下片用陈皇后故事，诉说自己忠而见疑、屡遭谗毁、壮志难酬的悲苦处境。又用杨玉环、赵飞燕的故事正告得志小人不要太猖狂，历史将自有结论。"斜阳"的意象叫人联想到南宋日薄西山、气息奄奄的衰颓景象。据罗大经《鹤林玉露》卷四载，孝宗也读出此词的怨苦情绪，看后很不高兴。

辛弃疾 [西江月]《夜行黄沙道中》(1)

明月别枝惊鹊(2)，清风半夜鸣蝉。稻花香里说丰年，听取蛙声一片。　　七八个星天外(3)，两三点雨山前。旧时茅店社林边(4)，路转溪桥忽见(5)。

【注释】

（1）黄沙：岭名，在今江西上饶西。（2）别枝：斜出的树枝。惊鹊：是说因月光明亮，鹊儿惊飞不定。（3）天外：天边。（4）茅店：茅草盖的乡村客店。社林：土地庙附近的树林。社，土地神庙。古时，村有社树，为祀神处，故曰社林。（5）见：同"现"，显现，出现。

【提示】

宋孝宗淳熙八年（1181），辛弃疾因受排挤，被免罢官，开始到上饶居住，并在此生活了近15年。在此期间，他虽也有过短暂的出仕经历，但以在上饶居住为多，此间留下了不少词作。

词的上片写月明风清的夏夜，以蝉鸣、蛙噪这些山村特有的声音，展现了山村乡野特有的情趣。下片则以轻云小雨，天气时阴时晴和旧游之地的突然出现,表现夜行乡间的乐趣。全词散发着浓郁的生活气息,表现了词人丰收之年的喜悦和对乡村生活的热爱之情。

辛弃疾[鹧鸪天]《代人赋》(1)

陌上柔桑破嫩芽,东邻蚕种已生些(2)。平冈细草鸣黄犊,斜日寒林点暮鸦(3)。 山远近,路横斜,青旗沽酒有人家(4)。城中桃李愁风雨,春在溪头荠菜花(5)。

【注释】

(1)代人赋:替代他人或拟他人口吻作词。(2)"陌上"二句:田间小路边的桑树刚绽放嫩芽,东边邻家的幼蚕已经从蚕卵中孵化出来。陌上,田间小路。蚕种,蚕卵。些(sā),句末语气助词。(3)"平冈"二句:小牛在长满嫩草的平坦的山坡上鸣叫着,暮归的乌鸦飞落在斜阳映照下仍带寒意的树林里。平冈,平坦的高地。黄犊,黄色小牛。寒林,由于早春还带寒意,故称。暮鸦,暮归的群鸦。(4)"山远近"三句:远近都有山峦,道路横斜交叉;望见青旗飘处,必有卖酒人家。青旗,即酒招,也称青帘,古代酒店用青布做的卖酒标志。沽(gū)酒,卖酒。(5)"城中"二句:城中的桃李花虽然娇艳,却害怕风吹雨打;真正的春色还数溪边田头自在绽放的荠菜花。愁风雨,不堪风雨的摧残。荠(jì)菜,一种野菜,春天开白花。

【提示】

本篇是一首风格清丽的写农村的词,作于词人寓居带湖时期。通篇纯用白描手法勾勒画面,或远或近,或动或静,或对比映衬,虽无一句直接抒情,但闲适恬淡之意尽寓于景中。上片多选取富有新春气息的事物加以描绘:柔桑绽放嫩芽,东邻幼蚕孵出,小牛啃食嫩草,一"破"一"生"一"鸣",尽显春天乡间新生命的活力。即使是黄昏落日,暮鸦落于寒林,景色稍显萧瑟,但一"点"字盘活了画面。下片拓宽视野,写出远近山峦,纵横道路,点缀以卖酒人家。末二句,以城中桃李怯风怕雨,与溪边田头荠菜花自在开放两相对比,隐隐透露出尘世多忧患难以久居,田野闲适可得长久之意,言近旨远,清新警策,耐人品味。

辛弃疾［丑奴儿］《书博山道中壁》(1)

少年不识愁滋味(2),爱上层楼(3)。爱上层楼,为赋新词强说愁(4)。而今识尽愁滋味(5),欲说还休(6)。欲说还休,却道天凉好个秋(7)。

【注释】

(1)博山:在今江西省上饶市广丰县西南。(2)少年:年轻的时候。不识:不懂。(3)层楼:高楼。(4)强(qiǎng)说愁:无愁而勉强说愁。强,勉强地,硬要。(5)识尽:尝够,深深懂得。(6)欲说还休:想说而又终于不说。休,停止。(7)"却道"句:却说好个凉爽的秋天啊。意谓言不由衷地把话题扯到别的事情上。道,说。

【提示】

这首词是辛弃疾闲居带湖时所作。词中通过回顾少年时的不知愁苦,反衬如今饱尝愁苦而又无法倾吐的心情,抒发了他壮志难酬的忧愤和对统治集团的不满。作者运用对比的手法,突出地渲染了一个"愁"字,以此作为贯穿全篇的线索,高度概括了作者大半生的经历感受,感情直率。

辛弃疾［贺新郎］《同父见和,再用韵答之》(1)

老大那堪说。似而今、元龙臭味,孟公瓜葛(2)。我病君来高歌饮,惊散楼头飞雪(3)。笑富贵、千钧如发(4)。硬语盘空谁来听?记当时、只有西窗月(5)。重进酒,换鸣瑟(6)。　　事无两样人心别(7)。问渠侬:神州毕竟,几番离合(8)?汗血盐车无人顾(9),千里空收骏骨(10)。正目断、关河路绝(11)。我最怜君中宵舞,道男儿、到死心如铁(12)。看试手,补天裂(13)。

【注释】

（1）本词写于淳熙十六年（1189）春天。头一年，他与陈亮（字同甫，也称同父）"鹅湖之会"后，写有一首[贺新郎]（把酒长亭说）以寄之。陈亮因作同韵词和之。本词为辛弃疾的再和之作。（2）"老大"三句：年华老去，没有什么可以称道；现在唯有陈亮与自己志同道合，关系密切，值得称道。那堪，同"哪堪"，犹言怎堪、不堪。元龙，陈登，字元龙，东汉末名士，忧国爱民，文武兼备，胆识过人，颇得刘备称赏。这里是以历史上陈姓名士来比陈亮。臭（xiù）味，原指气味，引申指气味相投的同类。孟公，陈遵，西汉杜陵人，居长安，为列侯、达官所敬重。孟公好客嗜酒，宾客满堂辄关门，取客人车辖投井中，使不得去，以尽情畅饮。这里也是以历史上的陈姓名士来比拟注重情谊的陈亮。瓜葛，瓜、葛都是蔓生植物，比喻密不可分的关系。（3）"我病"二句：词人生病期间，陈亮前来探望，两人痛饮高歌，直把楼头飞雪惊得飞散开去。（4）"笑富贵"句：可笑世俗把富贵看得如有千钧之重，实则轻如毛发。千钧，古时以三十斤为一钧，千钧即三万斤，形容分量极重。（5）"硬语"二句：词人与陈亮高亢激昂的谈话，当时无人理会，只有西窗月亮倾听。硬语盘空，语出韩愈《荐士》诗："横空盘硬语，妥帖力排奡。"原是韩愈形容孟郊诗语言生硬奇崛，这里形容辛、陈两人谈话高亢激烈。（6）"重进酒"二句：重新斟酒劝饮，同时更换乐曲。瑟，古乐器，此指奏乐曲。（7）"事无"句：国家面临的形势依然如故，但朝廷上下心里所想的却不一样。此处主要批评求和派。（8）"问渠侬"三句：试问他们，神州大地到底还要经历几番分裂与统一？渠侬，吴地方言，指他人、他们。毕竟，究竟，到底。离合，偏用离意，指中原大地被侵占。（9）"汗血"句：意谓千里马用来拉盐车，却无人顾惜。比喻人才被压抑、埋没。汗血，汗血马，大宛产的名马，汗从肩出红似血，号千里马。《战国策·齐策》说："夫骥之齿至矣，服盐车而上太行。蹄申膝折，尾湛胕溃，漉汁洒地，白汗交流，中阪迁延，负辕不能上。伯乐遭之，下车攀而哭之，解纻衣以幂之。"（10）"千里"句：是说到千里之外用重价收买骏马的骸骨。这里是用来讥讽南宋统治集团不重视人才。《战国策·燕策》载,燕昭王让郭隗推荐贤才,郭隗向他讲了这样一个故事:"臣闻古之君人,有以千金求千里马者,三年不能得。涓人(侍从之臣)言于君曰:'请求之。'君遣之,三月得千里马,马已死,买其首五百金,反以报君。君大怒曰:'所求者生马,安事死马而捐五百金!'涓人对曰:'死马且买之五百金,况生马乎?天下必以王为能市马,马今至矣。'于是不能期年,千里马之至者三。"空,徒然。骏骨,骏马的尸骨。(11)"正目断"句:极目远望,通往边关的路已断绝。关河,关山河川,关塞。(12)"我最"二句:词人最欣赏陈亮闻鸡起舞、奋不顾身、刚毅不屈的爱国情操。中宵舞,夜半起舞,用晋人祖逖闻鸡起舞事。据《晋书·祖逖传》记载:祖逖与刘琨同为司州主簿,情谊深厚,共被同寝。中夜闻荒鸡鸣,祖逖叫醒刘琨,曰:"此非恶声也。"因起舞。刘琨与祖逖每论世事,常中宵起坐,相谓曰:"若四海鼎沸,豪杰并起,吾与足下当相避于中原耳。"心如铁,谓品性刚正不阿,忠贞不渝。(13)"看试手"二句:期盼陈亮一试身手,犹如女娲炼石补天,完成收复中原、统一神州的大业。补天裂,上古神话传说,女娲炼五色石以补苍天。这里是以"天裂"比喻南北分裂,以"补天裂"比喻统一山河。

【提示】

宋孝宗淳熙十五年(1188)冬,陈亮从浙江永康来江西上饶北郊带湖拜访辛弃疾。词人和陈亮纵论天下大事,谈及抗金复国,甚是投契。陈亮在带湖一直住了十天,后又和辛弃疾一同游鹅湖(在江西省上饶市铅山县东北)。两人分别后,辛弃疾思念陈亮,便写了一首[贺新郎]寄给他。陈亮很快便和了一首[贺新郎]《寄辛幼安和见怀韵》。辛弃疾看到陈亮的和词后,又一次回忆他们相聚时的情景,便仍用前韵写下了这首词。词的上片回忆鹅湖之会雪夜纵谈的情景。下片斥责投降派偏安一隅,不图进取,抒发爱国志士被投闲置散、有志难伸的悲愤,同时通过赞扬陈亮表达了作者恢复中原、统一祖国的决心。

辛弃疾 [贺新郎]⁽¹⁾

甚矣吾衰矣。怅平生、交游零落,只今余几⁽²⁾。白发空垂三千丈,一笑人间万事⁽³⁾。问何物、能令公喜⁽⁴⁾?我见青山多妩媚,料青山、见我应如是。情与貌,略相似⁽⁵⁾。　　一樽搔首东窗里。想渊明、停云诗就,此时风味⁽⁶⁾。江左沉酣求名者,岂识浊醪妙理⁽⁷⁾。回首叫、云飞风起⁽⁸⁾。不恨古人吾不见,恨古人、不见吾狂耳⁽⁹⁾。知我者,二三子⁽¹⁰⁾。

【注释】

(1)此词大约作于宋宁宗庆元四年(1198)。(2)"甚矣"三句:谓自己衰老得厉害,一生中交往的朋友越来越少,没有几个能够理解自己。"甚矣吾衰矣"语本《论语·述而》记孔子语:"甚矣吾衰矣,久矣吾不复梦见周公。"怅(chàng),发愁,感到若有所失。交游,朋友。零落,稀少。只今,如今。余几,剩下几个。(3)"白发"二句:恨自己大半生的时间都无法施展抱负,如今已是满头白发,对世间万事,也只能一笑了之。"白发空垂三千丈"化用李白《秋浦歌》:"白发三千丈,缘愁似个长。"极言悲苦之深。空,徒然,白白地。(4)"问何物"句:什么东西能让您感到高兴。"能令公喜"语本《世说新语·宠礼》称王恂、郗超并有奇才,为大司马桓温所赏识,荆州时语谓此二人"能令公喜,能令公怒"。辛词袭用此句。(5)"我见"四句:我看见青山以后觉得它非常秀丽,料想青山见到我,也会有这种感觉吧。那是因为我们的情操与外表都差不多。妩媚,夸赞青山秀美。此处化用唐太宗赏魏徵语:"人言徵举动疏慢,我但见其妩媚耳。"应如是,应该也像这样。(6)"一樽"三句:我现在对着桌子上的酒杯思念亲友的感觉,大概就和当年陶渊明写《停云》诗时差不多吧。"一樽搔首东窗里"化用陶渊明《停云》诗:"静寄东轩,春醪独抚。良朋悠邈,搔首延伫。"搔首,挠头,用以形容心烦意乱的样子。就,完成,写成。风味,此指风情神态。(7)"江左"二句:南朝那些只把醉酒作为追名逐利手段的人,哪里懂得酒中的妙趣呢?"江左沉酣求名者"指东晋以及南朝时的那些纵酒清谈的名士。苏轼《和陶渊明饮酒》:"江左风流人,醉中亦求名。渊明独清真,谈笑得此生。"江左,长江以东,亦指江东。晋室南渡,东晋及宋、齐、梁、陈四个朝代全都建都于金陵(今南京),占领江东一带,与北方地区的北朝并立,史称南朝。"岂识浊醪妙理"化用杜甫《晦日寻崔戢李封》"浊醪有妙理"。浊醪(láo),未经过滤的浊酒。妙理,奥妙的道理。(8)"回首"句:回头再鼓起斗志,勇往直前。"云飞风起"化用汉高祖刘邦《大风歌》中的诗句:"大风起兮云飞扬,威加海内兮归故乡,安得猛士兮守四方。"(9)"不恨"二句:袭用南朝张融语:"不恨我不见古人,所恨古人又不见我。"狂,由于悲愤与激动所产生的狂态。(10)"知我者"二句:能算得上是我的知心朋友的,也不过几个人而已。二三子,《论语·述而》中孔子用以称呼其学生,此处指少数的几个知己。

【提示】

此词大约作于宋宁宗庆元四年(1198)。此时辛弃疾被罢黜赋闲又已数年。他在信州铅山(今属江西)东部之期思渡瓢泉旁筑起了新居,其中有"停云堂",即取陶渊明《停云》诗意。这首词前有一小序:"邑中园亭,仆皆为赋此词。一日,独坐停云,水声山色,竞来相娱。意溪山欲援例者,遂作数语,庶几仿佛渊明思亲友之意云。"词的上片写由于抗战受阻,他"白发空垂",不能实现统一祖国的理想。作者叹志同道合的好友无几,只好与青山秀水为友,相互慰藉、陪伴,寻求精神寄托,使之成为自己精神风貌的象征。下片写陶渊明闲饮东窗,不慕荣利,远胜醉中争名夺利的江左士人。作者借古喻今,触景生情,念及国事身世,悲愤不禁,遂抑制不住自己那种志在千里而不甘寂寞的"狂态",表现他希望建功立业,想在当代作出超越前人贡献的雄心壮志。

这首词是作者的得意之作。据岳珂《桯史》卷三记载:辛弃疾每逢宴客,"必命侍姬歌其所作。特好歌[贺新郎]一词,自诵其警句曰:'我见青山多妩媚,料青山、见我应如是。'又曰:'不恨古人吾不见,恨古人、不见吾狂耳。'每至此,辄抚髀自笑,顾问坐客如何"。此外,这首词大量化用经、史、成语和前人诗句,生动贴切,对词的发展、创新做出了贡献。

辛弃疾[鹧鸪天]⁽¹⁾

壮岁旌旗拥万夫,锦襜突骑渡江初⁽²⁾。燕兵夜娖银胡䩮,汉箭朝飞金仆姑⁽³⁾。　追往事⁽⁴⁾,叹今吾⁽⁵⁾,春风不染白髭须⁽⁶⁾。却将万字平戎策,换得东家种树书⁽⁷⁾。

【注释】

(1)此词约作于庆元六年(1200)。(2)"壮岁"二句:是说在青年时代,曾率领万余武装战士,突破敌人包围,英勇渡江来到南宋。壮岁,青年时代。旌旗,军旗。拥,统率。夫,指抗金战士。锦襜(chān)突骑,身着锦装的精锐骑兵。襜,战袍。突骑,冲锋突击的精锐骑兵。(3)"燕兵"二句:夜间,金兵拿着空箭囊,倾听远方声息,以免受暗袭;而天刚亮,宋军则万箭齐发,向敌人发动猛烈的攻击。燕兵,指金兵。燕,战国时燕国,在今河北北部和辽宁西部一带,此泛指金人占领的中原地区。娖(chuò),整理。银胡䩮(lù),银色或镶银的箭袋。多用皮革制成,既用以盛箭,又兼用于夜测远处声息。唐人杜佑《通典·守拒法》说:"令人枕空胡䩮卧,有人马行三十里外,东西南北皆响于胡䩮中,名曰'地听',则先防备。"汉箭,汉人的箭。指辛弃疾率领的部队。汉,指代宋。金仆姑,箭名。据《左传·庄公十一年》载,鲁庄公曾用此箭射伤宋国大将军南宫长万。(4)追往事:追忆过去的事。(5)叹今吾:为我现在的处境而叹息。(6)"春风"句:言春风能染绿万物,却不能把我的白胡须染黑,使我年轻起来。意思是年华一去不复返。髭(zī)须,胡子。唇上曰髭,唇下为须。(7)"却将"二句:是说以前向朝廷上奏了许多抗金复国的计策,可今天所得的结果却不如向邻家换一本栽树种花(意谓归耕田园)的书。将,把。万字平戎策,平定入侵敌寇的万言策略。此指作者南归后曾先后向南宋朝廷献上长篇军事论文《美芹十论》《九议》等奏疏,但均未受到朝廷的重视。东家,东邻农家。种树书,研究栽种树木的书。此喻归隐。

【提示】

此词约作于庆元六年(1200),此时辛弃疾罢居瓢泉。词前有序:"有客慨然谈功名,因追念少年时事,戏作。"这里的"少年时事",指的是作者青年时期的一段抗金经历,即于千军万马中生擒叛徒张安国,然后率众南归的壮举。词的上片写他年轻时率众南归和途中同敌人进行激烈战斗的情景。这是他一生中最雄壮、最难忘的一幕,刻骨铭心,写来境界壮阔,意气风发。下片写出英雄无用武之地的现实感慨,蹉跎岁月,须发斑白,闲居园田,壮志未酬。结尾二句以互不关涉的二事对举,形象地概括出南渡后的处境,于诙谐幽默中见牢骚悲愤,表现了作者对南宋统治集团排斥抗战力量的不满。

辛弃疾［南乡子］《登京口北固亭有怀》[1]

何处望神州?满眼风光北固楼[2]。千古兴亡多少事?悠悠。不尽长江滚滚流[3]。　　年少万兜鍪[4],坐断东南战未休[5]。天下英雄谁敌手?曹刘[6]。生子当如孙仲谋[7]。

【注释】

(1)此词作于宋宁宗嘉泰四年(1204)或开禧元年(1205),当时辛弃疾在镇江知府任上。京口:在今江苏镇江。三国时吴大帝孙权曾在这里建都,后来迁都,改为京口镇。北固亭:在镇江城北北固山上,下临长江,形势险要。晋朝蔡谟在山上起楼名北固楼,又名北固亭、北顾亭。(2)"何处"二句:登上北固楼,举目远望,只见满眼风光,但却不见中原故土在哪里。神州,此指中原沦陷区。(3)"千古"三句:意思是古往今来不知经历了多少朝代的兴亡,悠悠往事,如同这滚滚东去的长江奔腾不息,无穷无尽。悠悠,遥远,长久。(4)"年少"句：是说年轻时就统帅强大的军队。年少，指三国时吴国皇帝孙权，年十九岁便继承父兄事业，拥有很多军队，统治江东地区。兜鍪（dōu móu），头盔，这里借指士兵。(5)"坐断"句：谓孙权雄踞东南一带，不断地和敌人作战。坐断，占据住。(6)"天下"二句：是说天下的英雄有谁是孙权的对手呢？只有曹操和刘备。《三国志·蜀书·先主传》记载：曹操曾对刘备说："今天下英雄，惟使君（刘备）与操耳。"作者借用这段故事，化用其意，反衬孙权是只有曹操和刘备能与他匹敌的英雄。(7)"生子"句：孙仲谋即孙权（字仲谋）。《三国志·吴书·吴主传》裴松之注引《吴历》说，曹操有一次与孙权对垒，战于濡须坞（故址在今安徽巢湖一带），失利，见吴军乘着战船，军容整肃，孙权仪表堂堂，威风凛凛，乃喟然叹曰："生子当如孙仲谋，刘景升（刘表）儿子若豚犬耳！"曹操称赞雄才大略的孙权，鄙视向他投降的刘表之子刘琮。作者借用曹操的话，用以讽刺南宋最高统治者的无能。

【提示】

这首词是辛弃疾于宋宁宗嘉泰四年（1204）或开禧元年（1205）知镇江府时所作。上片写登山临水。通过写景抒发"千古兴亡"的感慨及怀念中原大好河山的感情。下片写对孙权的追慕。作者歌颂孙权能继承父兄之业，外抗曹操、刘备，内修政治，因而战胜了强大的敌人，巩固了东南国土，赢得了国人的敬佩。作者借古喻今，指责南宋统治者软弱无能、苟且偷生，不能收复失地，表现了他批评时政的思想。

三、专题衍说

一个"归正人"的心路历程

——说从未被真正信任的辛弃疾

宋宁宗嘉泰三年（1203），64岁的辛弃疾被派遣到绍兴做知府，兼任浙东安抚使。他来到鉴湖边上，拜访了79岁的陆游。二人之前并未见过面，但彼此欣赏，惺惺相惜。他们都学富五车，诗凌古人，都有恢复中原的伟大志向，以英雄自许，也都曾长期被南宋朝廷投闲置散。见面后，辛弃疾看到陆游的宅第陈旧，生活简朴，提出要帮他扩建修缮。陆游谢绝了，但还是很感激，在《草堂》诗里写道："幸有湖边旧草堂，敢烦地主筑林塘。"过了一年，韩侂胄欲北伐，召辛弃疾赴临安问计，陆游写《送辛幼安殿撰造朝》一诗为其送行，赞美辛弃疾具有管仲、萧何之才，期待他能够挥师北上，完成统一大业，嘱咐他警惕小人捣乱，同时也开导他不管过去个人受过多少委屈，还是要以大局为重。

确实，从中原来到南宋的辛弃疾，几十年里受了许多委屈。

辛弃疾，原字坦夫，后改字幼安，宋高宗绍兴十年（1140）出生于金国统治下的山东济南。他出生的时候，北宋已经灭亡13年。他的家族世代为官，高祖辛师古、曾祖辛寂、祖父辛赞，都是宋廷官员。靖康之乱时，辛赞因为家庭人多族众，来不及携家南向，只好滞留济南。后来为了养家，辛赞不得已在金朝为官，先后做过朝散大夫、陇西郡开国男、亳州谯县令，并知开封府，赠朝请大夫。辛弃疾的父亲辛文郁，也受赠金朝的中散大夫。

辛赞虽然因生计而无奈食禄于金人，但民族意识十分强烈。他经常带着父母早亡的辛弃疾登高望远，指点祖国的壮丽河山和攻守形势，寄希望于孙子将来能够"归正"。为此，他一方面让辛弃疾参加金人的科举考试，领乡举，中进士，另一方面，两次让他游历北方平原，了解地形地物，包括金人的军事设防，以便有朝一日"起事"时能够有所作为。可惜在辛弃疾21岁那年，辛赞去世，未能实现夙愿。

22岁的时候，辛弃疾做了一件了不起的大事。

当时，宋高宗偏安在江南一隅，金主完颜亮大举南侵。中原地带的遗民们十分愤恨金人的压迫，纷纷拉队伍起义。辛弃疾也集合了两千多人，举起了义旗，不久又加入了以耿京为首的有二十万人的大队伍，并担任掌书记，协助计划军务。他向耿京建议，要坚持抗战，必须与南宋的正规军队协同配合，不然力量分散，难以成事。于是耿京同意奉表归宋，并派辛弃疾陪同诸军都提领贾瑞，到达南宋，面见宋高宗。宋高宗大喜，立刻授耿京、贾瑞、辛弃疾等两百多人官职，让他们带着官诰返回耿京军中。

不料在他们返回途中，耿京的军队发生了叛乱。叛将张安国杀了耿京，劫持部属投降了金人。悲愤之下，辛弃疾带五十人马，直冲五万人的金营，捉拿叛徒张安国，并且策反了原本属于耿京旧部的上万士兵起而呼应，长驱疾驰，渡过淮水，直达南宋首都临安，将张安国交给朝廷，斩首示众。辛弃疾的这一英雄壮举，在南宋朝野上下引起了轰动。据南宋人洪迈在《稼轩记》中说："壮声英概，懦士为之兴起，圣天子一见三叹息。"

回到南宋的辛弃疾成了一个"归正人"。

所谓"归正人"，字面上指的是沦于外邦而返回本朝者，也就是投归正统之人。不过在南宋，这个称呼有一些轻蔑的意味。

刚踏上南宋的土地，辛弃疾是欣喜的。他以为朝廷恢复中原、收复故土的行动指日可待。尤其是结识了同为"归正人"的范邦彦，后者给了他一个家。范邦彦也是一位传奇人物，靖康之难的时候为了照顾老母亲脱不了身，不得已留在北方。老母去世，他应进士试，中举后便求任位于宋金边境的蔡州新息县做县令。绍兴三十一年（1161），他趁金国不备，振臂一呼，率领豪杰打开城门归降宋方，由此合家南归。他十分欣赏辛弃疾的人品才华，便把自己的爱女许配给了辛弃疾。再后来，辛弃疾与范邦彦之子范如山成为至交。

初归南宋，辛弃疾意气风发。虽然领受的官职位阶不高，只是江阴签判、广德通判、建康府通判之类，工作是处理日常文书与监察事务，但他认为很快会有更重要的事业等着他去做。因为他从来就是战士，若要率军北伐，打回中原，他是不二的人选。恰好此时宋孝宗继位，一度重用主战派，支持张浚北伐。可惜不久北伐失败，宋金签订《隆兴和议》。在舍我其谁的心理驱动下，辛弃疾向朝廷进奏《美芹十论》《九议》等，分析敌我形势，倡导抗战立场，提出完整成熟的战略战术。这些建议书为当时人们所广为传诵，而宋孝宗也在延和殿接见了他。尽管辛弃疾的见解未必贴合宋孝宗关于战争与和平的思想，但皇帝还是对他的实际才干表示了兴趣，先后把他派到江西、湖北、湖南等地担任转运使、安抚使一类重要的地方官职，负责治理荒政、整顿治安。

渐渐地，辛弃疾感觉到了他的主张与南宋的立国之策不相吻合，事实上他的言论被视为"狂僭"与"臆说"，他的个性、作风与处事方法也被认作"其难驾驭"。当然更为深层的原因，则恐怕是他"归正人"的身份。他从北方驰驱而来的十万兵马被遣散，而他永远也不可能真正担任指挥部队作战的军职。他在职位上升的同时，开始受到多方的攻讦弹劾，罪名多集中在"好财、好杀人、好色""花钱如泥沙，杀人如草芥"上面，从而被多次罢官，落职的时间前后长达20年。他非常失望。空怀一腔志，报国无疆场，正如他《鹧鸪天》词里所说："追往事，叹今吾，春风不染白髭须。却将万字平戎策，换得东家种树书。"

他买下了江西信州（今江西上饶）城北带湖之畔的一块地，营建房舍，以"稼轩居士"自称，落职期间鱼鸟相约，种树栽花，与友朋诗酒唱和。之后，又迁移至江西铅山瓢泉。几番被劾退居，辛弃疾的心境难免有悲凉之意，往往要借助老庄思想来自解自慰，但他魂牵梦绕的收复中原的远大志向从未消失。

宋宁宗嘉泰四年（1204），韩侂胄意欲北伐，辛弃疾告别陆游来到临安，受到宋宁宗的召见。第二年，66岁的辛弃疾出知镇江，整顿边备，招募丁壮。此时他清楚地看到宋廷上下因循已久的颓靡不振，看到患得患失的政风士气，明白此次北伐的前景堪忧。果然，尚未开战，辛弃疾便被调离镇江，随即被劾罢官，而开禧二年（1206）那场并没有得到充分准备的北伐终以宋朝的失败和屈辱告结。68岁，辛弃疾带着无尽的遗憾和悲愤，走完了他的一生。

英雄的"鹅湖之会"

——说辛弃疾与陈亮的惺惺相惜

江西上饶的铅山县有一座鹅湖山,原名荷湖山,传说山上有一湖,夏日荷花开得非常灿烂。东晋的时候,一户姓龚的人家养了一对红鹅,常在湖中觅食嬉水,育子数百只。某一天,红鹅带着它们的孩子腾云飞去,留下一段传奇,山也由此更名。这里历来人文与风光俱美,晚唐诗人王驾写过一首《社日》诗:"鹅湖山下稻粱肥,豚栅鸡栖半掩扉。桑柘影斜春社散,家家扶得醉人归。"

山谷中有一座鹅湖寺,始建于唐代大历年间。历史上著名的两次"鹅湖之会",都发生在这里。

一次是学术的"鹅湖之会"。

南宋淳熙二年(1175)初夏,当时的著名学者吕祖谦为了促成两位哲学名家朱熹、陆九渊的观点交流与融合,调和他们之间长期存在的分歧和争论,邀请朱熹和陆九渊、陆九龄兄弟到鹅湖寺进行学术讨论。三天里,他们辩论得十分激烈。其间,众多江浙、福建的学者见证了这一盛况。朱熹的理学观点强调"理"是最高的哲学范畴,万物有万理,万理的总和就是"天理",而穷究事物之理的途径则必须多方读书,勤观外物,通过"博学、审问、慎思、明辨"来启发内心;而陆九渊的心学观点则认为人的主观精神"心"才是宇宙的本原,"心即是理",学习的目的就是为了"发现本心",不在于读多少书,也不在于考察了多少外物,重要的是学会内省。双方各持己见,互不相让,结果不欢而散。

这场盛会虽然没有达到吕祖谦使二家的学术"会归于一"的初衷,但辩论双方都各有取益,碰撞出的思想火花更对理学的发展产生了一定的影响。为了纪念这场大讨论,鹅湖寺后来被辟为鹅湖书院,并修建了四贤祠(四贤即朱熹、陆九渊、陆九龄、吕祖谦)以表纪念。

另一次是英雄的"鹅湖之会"。

距上一次鹅湖之会的"朱陆之辩"过了13年,南宋淳熙十五年(1188)冬天,陈亮写信给正在武夷山闲居的朱熹,邀他来鹅湖寺,与自己和辛弃疾一同商谈世事与学问。朱熹失约未来,辛弃疾与陈亮逗留了十天。

陈亮,字同甫,号龙川先生,浙江永康人。自幼才气超迈,最喜谈论兵事,分析时政,下笔洋洋洒洒,数千言一挥而就。他曾四次向宋孝宗上疏,每次都惊动朝野,却也由此得罪当路,受到牢狱之灾。

第一次入狱是36岁左右。当时他向皇帝上疏,极论北伐恢复之事,怒斥朝廷主和派忘记靖康之耻,认贼作父,侍奉仇敌,偏安江南,粉饰太平,罪不容诛。宋孝宗看到这篇奏章后赫然震动,想召陈亮上殿,破格录用。可是一班主和的大臣顾左右而言他,处处设置障碍。少保曾觌揣测陈亮或许会被重用,私下里想拉拢他,可陈亮一向不屑曾觌的人品,听说来访,竟然翻墙逃跑,令曾觌十分难堪,怀恨在心。疏奏没有结果,他回到家乡,与人喝酒,大醉之后说了一些犯上的狂话,被告到刑部,关入大理寺狱,拷打得体无完肤,定了个"大逆不轨"的罪名。幸亏宋孝宗知道后说"这不过是秀才醉后的妄言,何罪之有",他才死里逃生。

过了不久,陈亮第二次入狱。原因是陈亮的家仆杀人,被杀的人曾经侮辱过陈亮的父亲,于是其家人怀疑是陈亮主使,把陈亮和他父亲关入监狱,欲置之死地。幸好辛弃疾等大臣极力营救,他才再次得以免除祸患。

41岁的那次下狱更是离奇。陈亮参加乡人的宴会,席间主人特意在陈亮这一桌的羹汤里撒了胡椒粉。当时胡椒还是稀罕的调味品。宴会后,跟陈亮坐在一起的客人暴死。客人发病时曾对家人说桌上的食物有异味,于是家人怀疑食物有毒,状告是陈亮下毒害命。这回大家以为陈亮必死,大理寺少卿郑汝看了陈亮的申辩书,大为惊诧,说:"陈亮这人是天下的奇才,如果朝廷杀了这无罪的才子,那就会上干天和,下伤国脉。"他向宋光宗力辩,陈亮才第三次免遭劫难。

陈亮比辛弃疾小3岁,两人经吕祖谦介绍相识。那时正是陈亮直叩临安宫阙上书,陈述恢复大计,并等待宋孝宗答复的日子。二者都是以豪侠闻名的人物,相见恨晚,惺惺相惜,结下了一辈子的交情。

野史中关于二人见面的情节描写颇有武侠味道。说的是辛弃疾家门前有座桥,陈亮所骑的马惧水不肯过桥,三次驱赶三次退却,陈亮发怒,拔剑斩落马首,徒步而行。辛弃疾在自家楼上看见,大吃一惊,忙命人出来探看,而适时陈亮已达门口。二人相见极欢,遂成知交。

淳熙十五年(1188)冬,49岁的辛弃疾正废居江西上饶,46岁的陈亮自浙江永康来探访他,并寄信给同为二人好友的朱熹,相约"鹅湖之会"。就陈亮的意愿而言,他们三人共商伐金大计,定能影响国内形势,得到更多人的响应,可以坚定朝野上下抗战派的信心,从而影响皇帝的决策。

但是朱熹此时对恢复事业已不抱信心,托词不赴。陈亮在江西逗留十日后,飘然东归。辛弃疾心中无恨惆怅,第二天沿踪追去,想再度挽留,但行至鹭鸶林,雪深泥滑,无法前进,只能作罢。他写了[贺新郎]词寄给陈亮,陈亮见后,步韵和了一首。之后,辛弃疾又同韵答之,如此往返,成就五首[贺新郎]。词中,"剩水残山无态度,被疏梅、料理成风月"(辛弃疾),"二十五弦多少恨,算世间、那有平分月"(陈亮),"我最怜君中宵舞,道男儿、到死心如铁"(辛弃疾),"据地一呼吾往矣,万里摇肢动骨"(陈亮),"男儿何用伤离别。况古来、几番际会,风从云合"(陈亮),唱酬之中,激情澎湃,成为词坛上永久的珍品。

陈亮51岁中进士,52岁去世。辛弃疾作祭文悼之,称赞他:"智略横生,议论风凛。使之早遇,岂愧桓伊?"认为如果他能早一些扬名,早一些被重用,他会有了不起的业绩。其实也不然,辛弃疾本人难道不是很早就"扬名"了吗?

专题二十八

咏物诗词

一、专题要点

本专题主要了解咏物诗词的特征及类型,了解"落花""蝉""鸿雁"等意象在诗词中的象征意义。本专题选读诗歌作品 12 首。

(一)咏物诗词的特征

咏物诗词以大自然中的某一景物,或某一动物、植物、器物等为描写吟咏的对象,以抒发作者的个人情怀。咏物诗词通常运用象征、烘托、拟人、比喻、双关、借代等艺术手法,达到"体物肖形,传神写意""不粘不脱,不即不离"的艺术效果。其艺术特征有:

1. 描绘生动,新颖传神。

2. 不求形似,遗貌取神。

3. 以物拟人,移情于物。

4. 借物抒怀,咏物明志。

5. 咏物寓理,物理浑然。

(二)咏物诗词的类型

1. 描摹情态类。这类作品只是对物象进行生动直接的情态描摹,借以抒发对所咏之物的喜爱之情。譬如骆宾王《咏鹅》:"鹅,鹅,鹅,曲项向天歌。白毛浮绿水,红掌拨清波。"语言清新活泼,再现了白鹅红掌在绿水中划游高歌的样子,表达了作者对所咏之物的喜爱之情。再如贺知章的《咏柳》:"碧玉妆成一树高,万条垂下绿丝绦。不知细叶谁裁出,二月春风似剪刀。"作者运用比喻手法,把早春时"柳"的形象刻画得形神兼备,情趣盎然。

2. 托物言志类。这类作品表面上好像是在描写具体的物象,但仔细品味后,才发觉作者运用了象征的写作手法,以物来喻自己的志向与抱负。于谦《石灰吟》:"千锤万凿出深山,烈火焚烧若等闲。粉骨碎身浑不怕,要留清白在人间。"用石灰的"清白"自喻,表达自己为国尽忠的心愿与高洁的情操。

3. 咏物抒怀类。这类作品和托物言志的诗词有相似之处,只是它抒发的情感相对来说是短暂的,与所咏之物的具体环境和作者本身所处的环境有密切的关系。如李商隐《咏蝉》:"本以高难饱,徒劳恨费声。五更疏欲断,一树碧无情。薄宦梗犹泛,故园芜已平。烦君最相警,我亦举家清。"其情感与虞世南的《蝉》截然不同。

4. 托物言理类。此类作品是通过具体物象来说明一些"事理",引申出具有普遍意义的道理。如苏轼的《琴诗》:"若言弦上有琴声,放在匣中何不鸣?若言声在指头上,何不于君指上听。"通过琴与指头的相互配合才能产生出美妙的音韵的物理,引申出其他方面的含义,供读者联想。

(三)课堂话题

1. 飘零的杨花柳絮 —— "春色三分,二分尘土,一分流水"。"柳""留"谐音,因而和柳一起表达别离与思念:"会得离人无限意,千丝万絮惹春风。"因杨花柳絮具有随风飞舞、漂泊无定的特点,与远离故乡、漂泊他方的游子极具相似性,于是又成了飘零的象征:"山河破碎风飘絮,身世浮沉雨打萍。"杨花柳絮飞舞之时春色将老,人们自然会联想大好春光易逝,人生聚散无常:"梅花落已尽,柳花随风散。"有时还代指一时得意的势利小人,和轻薄无根的东西:"颠狂柳絮随风舞,轻薄桃花逐水流。"苏轼《水龙吟·次韵章质夫杨花词》借暮春之际"抛家傍路"的杨花,化"无情"之花为"有思"之人,幽怨缠绵而又空灵飞动地抒写了带有普遍性的离愁。

2. 凋谢的蔷薇春花 —— "长条故惹行客,似牵衣待话,别情无极"。把落花作为单纯的一种自然景物来描写,构成优美的意境:"落花吹欲尽,垂柳折还长。"面对落花叹年华易逝,容颜不再:"满目山河空念远,落花风雨更伤春。"或以落花寓意昂扬向上的精神:"落红不是无情物,化作春泥更护花。"周邦彦[六丑]《蔷薇谢后作》抒发对花落后的"追惜"之情,更是对自己"光阴虚掷"的"追惜"。将人与花融合来写,以花之遭际喻羁人无家、随处飘零之身世。

3. 抱恨的枯翼秋蝉——"病翼惊秋,枯形阅世,消得斜阳几度"。对人生如梦的感慨,渗透作者怜惜生命的主观感受:"红树蝉声满夕阳,白头相送倍相伤。"对自然现实的无奈,抒发作者悲凉哀婉的羁旅情怀:"树叶经夏暗,蝉声今夕闻。已惊为客意,更值夕阳薰。"高洁飘逸的人格象征:"垂缕饮清露,流响出疏桐。居高声自远,非是藉秋风。"暗喻坎坷不幸的艰难身世:"露重飞难进,风多响易沉。无人信高洁,谁为表予心?"王沂孙[齐天乐]《蝉》借咏秋蝉托物寄意,表达国破家亡、末路穷途的无限哀思。"病翼""枯形"刻画饱尝苦难的遗民形象。

4. 信义的雁丘孤影——"问世间、情为何物,直教生死相许"。以鸿雁来指代书信,或托鸿雁传书,抒思乡怀亲之情:"鸿雁几时到,江湖秋水多。"因雁归人去生离别相思之愁:"云中谁寄锦书来?雁字回时,月满西楼。"以鸿雁喻人生际遇、人生精神境界:"长风万里送秋雁,对此可以酣高楼。"元好问[摸鱼儿]《雁丘词》对大雁殉情而死的故事展开深入细致的描绘,再加以充满悲剧气氛的环境描写的烘托,塑造了忠于爱情、生死相许的大雁的艺术形象,谱写了一曲凄婉缠绵、感人至深的爱情悲歌。张炎[解连环]《孤雁》描写了一只离群失侣的孤雁独自在江野彷徨的凄苦情景,抒发了作者自己羁旅漂泊的愁怨,委婉地流露出故人之思和亡国之痛。

二、专题诗选

杜甫《房兵曹胡马》(1)

胡马大宛名(2),锋棱瘦骨成(3)。竹批双耳峻(4),风入四蹄轻(5)。所向无空阔[6]，真堪托死生[7]。骁腾有如此[8]，万里可横行[9]。

【注释】

（1）杜甫：见专题二"帝都之诗"专题诗选《丽人行》注释（1）。兵曹：兵曹参军的简称，唐代官名，掌管军械、驿传等事务。房兵曹生平不详。胡马：泛指西北少数民族地区所产的马。（2）大宛（yuān）：古代西域国名，盛产良马。（3）锋棱（léng）：骨头棱起，好似刀锋。形容骏马骨骼劲挺。（4）"竹批"句：形容马之双耳像削过的竹筒。批，削。峻，高耸。古代相马法认为两耳瘦削是千里马的特征之一。（5）"风入"句：形容马在奔驰时四蹄轻快，犹如风驰电掣一般。（6）所向：所到之地。无空阔：空阔的距离不再存在。形容奔跑迅速，无论何地都能顷刻即至。（7）堪：可以。托死生：把生命都交付给它。（8）骁（xiāo）腾：勇猛快捷。（9）横行：纵横驰骋。

【提示】

此诗一般认为作于开元二十八年（740）或二十九年（741），正值诗人漫游齐赵的时期。

以千里马喻人才，骏马的奔腾喻才能得以施展，已经成为民族语言习惯。杜甫这首诗咏千里马，隐隐是在表现自己志在千里的心胸怀抱。前四句写骏马出处、外形、奔驰的模样，以简洁的笔法描绘出一匹精悍遒劲、神旺气锐的宝马。后四句写自己的赞美，对这样的骏马衷心向往。骏马的形象与品格，类似忠实的朋友、勇猛的战士、侠义的豪杰，诗人以此鼓励友人，同时是在自勉。浦起龙《读杜心解》卷三之一评云："此与《画鹰》诗，自是年少气盛时作，都为自己写照。"又说："前半先写其格力不凡，后半并显出一副血性，字字凌厉。其炼局之奇峭，一气飞舞而下。"

李商隐《蝉》[1]

本以高难饱，徒劳恨费声[2]。五更疏欲断[3]，一树碧无情[4]。薄宦梗犹泛⁽⁵⁾,故园芜已平⁽⁶⁾。烦君最相警⁽⁷⁾,我亦举家清⁽⁸⁾。

【注释】

(1)李商隐:见专题二"帝都之诗"专题诗选《乐游原》注释(1)。(2)"本以"二句:古人认为蝉是餐风饮露的,故此处说它栖于高树又保持清高,故而难得一饱,纵然作怨恨之声也是枉然的。以,因。费,徒然。(3)五更(gēng):中国古代把夜晚分成五个时段,打梆子或敲锣打更报时,所以叫"五更"。疏欲断:指蝉声稀疏,接近断绝。(4)无情:碧树对蝉的鸣叫无动于衷。(5)薄宦:官职卑微。梗犹泛:典出《战国策·齐策》。土偶人对桃梗说:"今子东国之桃梗也,刻削子以为人,降雨下,淄水至,流子而去,则子漂漂者将何如耳。"后以梗泛比喻漂泊不定,孤苦无依。梗,指树木的枝条。(6)"故园"句:出自陶渊明《归去来兮辞》的"田园将芜,胡不归?"芜,荒芜。平,杂草已埋没路径。(7)烦:有劳,多劳。君:指蝉。警:提醒。(8)举家:全家。清:清贫,清高。

【提示】

这首咏蝉诗,抓住蝉的特点,寄寓作者的情思,清人朱彝尊《李义山诗集辑评》以为是"咏物最上乘"之作。诗的前半借蝉喻己,后半直抒己意。首联闻蝉鸣而起兴。"高"既指蝉栖止高树,又指其品格高洁。颔联写蝉彻夜悲嘶,稀疏欲断,而一树青碧,悄然无言,对蝉之悲鸣无动于衷,可见环境之冷酷。作者遭遇也正是如此,其不遇于时、禄薄家贫亦不被同情。颈联由蝉栖止高树想到自己的宦游生涯:为官,身不由己,漂泊不定;欲隐,田园荒芜,有家难归。尾联将蝉与作者融合在一起描写,同病同操。全诗托物自寓,寄意遥深。钱锺书《谈艺录》评曰:"蝉饥而哀鸣,树则漠然无动,油然自绿也。树无情而人有情,遂起同感。蝉栖树上,却恝置之;蝉鸣非为'我'发,'我'却谓其'相警',是蝉于我亦'无情',而我与之为有情也。错综细腻。"

黄巢《不第后赋菊》⁽¹⁾

待到秋来九月八⁽²⁾，我花开后百花杀⁽³⁾。冲天香阵透长安⁽⁴⁾，满城尽带黄金甲⁽⁵⁾。

【注释】

（1）黄巢（生年不详—884），曹州冤句（今山东菏泽）人。盐商出身。曾赴长安应举，不第。乾符二年（875）起兵响应王仙芝，王仙芝死后，被推为领袖。广明元年（880）在长安建大齐国，登皇帝位，年号金统。中和四年（884）战败自杀。《全唐诗》存其诗3首。不第：科举落第。（2）九月八：农历九月八日，即重阳节的前一日。古有重阳赏菊的习俗。这里用"九月八"，是为了押韵。（3）我花：指菊花。菊花也称"黄花"，似与黄巢同姓，故云。杀：这里指凋谢。（4）香阵：香气浓烈且持续不断。透：遍及。长安：唐代首都，今陕西西安。（5）黄金甲：武士穿戴的金黄色盔甲。比喻黄色的菊花。

【提示】

本诗既写了菊花的精神，也写了菊花的外形，形神兼备；既写了菊花的冲天香气，又写了菊花的金甲满城，色味俱全。菊花向来被认为是"清高""隐逸"的象征，但在黄巢的笔下，却别具一番壮丽和阔大之气概。"杀""冲天""黄金甲"等词语的运用，赋予菊花刚劲雄浑的斗士之美。因此许多人说到此诗，都认为暗寓了诗人改天换日的政治抱负。

黄巢另一首《题菊花》诗为："飒飒西风满院栽，蕊寒香冷蝶难来。他年我若为青帝，报与桃花一处开。"

罗隐《蜂》⁽¹⁾

不论平地与山尖⁽²⁾，无限风光尽被占。采得百花成蜜后，为谁辛苦为谁甜。

【注释】

(1)罗隐:见专题十六"新年诗词"专题诗选《人日新安道中见梅花》注释(1)。(2)山尖:山顶。

【提示】

关于这首咏物诗的寓意,颇有分歧。一说"叹世人之劳心于利禄者",也就是讽刺那些占尽风光,肆意聚敛,到头来不能自享而尽为他人所有的社会现象;另一说则认为是替劳动者鸣不平,从而对不劳而获的剥削者予以抨击。按后一种理解,诗的末句则与秦韬玉《贫女》"苦恨年年压金线,为他人作嫁衣裳"异曲同工。

杜荀鹤《小松》[1]

自小刺头深草里[2],而今渐觉出蓬蒿[3]。时人不识凌云木[4],直待凌云始道高[5]。

【注释】

(1)杜荀鹤:见专题十二"献诗干谒"专题诗选《乱后宿南陵废寺寄沈明府》注释(1)。(2)刺头:埋头。(3)蓬蒿(péng hāo):蓬草和蒿草。泛指草丛。(4)凌云木:参天大树。凌云,直上云霄。(5)直待:一直等到。始:才,开始。

【提示】

松是古代贤士的象征,人们或誉其为君子,或作诗赞之,将它放在众树之上。可当松树幼小时,却刺头深草、埋没蓬蒿,被人们忽视。杜荀鹤此诗,意为歌颂在压抑环境中的奋斗精神,而对于"时人"的眼光短浅,亦不无嘲讽。

苏轼[水龙吟]《次韵章质夫杨花词》[1]

似花还似非花,也无人惜从教坠[2]。抛家傍路,思量却是,无情有思⁽³⁾。萦损柔肠⁽⁴⁾,困酣娇眼⁽⁵⁾,欲开还闭。梦随风万里,寻郎去处,又还被、莺呼起⁽⁶⁾。　　不恨此花飞尽,恨西园、落红难缀⁽⁷⁾。晓来雨过,遗踪何在⁽⁸⁾?一池萍碎⁽⁹⁾。春色三分,二分尘土,一分流水⁽¹⁰⁾。细看来、不是杨花,点点是离人泪。

【注释】

(1)苏轼:见专题三"中秋诗词"专题诗选[水调歌头](明月几时有)注释(1)。次韵:用别人诗词的原韵并依其先后次序写诗词。章质夫:名楶(jié),字质夫,苏轼的友人,与苏轼同官京师。杨花:柳絮。(2)"似花"二句:是说杨花像花又不像花,也无人爱惜,任它飘来坠去。从教,任凭。(3)"抛家"三句:韩愈《晚春》诗:"杨花榆荚无才思,惟解漫天作雪飞。"章质夫词用其意。这里反用之,是说杨花并非无所思地离开枝头,临路飞落,看似无情,却还有它的愁思。家,喻杨柳枝头。思,心绪,情思。(4)萦(yíng):缠绕,这里是说愁思萦回。柔肠:喻柳枝。因柳枝细柔,故以柔肠作喻。(5)困酣:困倦之极。娇眼:指柳叶。古人喜用柳眼比喻初生的柳叶,这里则将柳眼美人化,突出其娇态。(6)"梦随"三句:唐人金昌绪《春怨》诗:"打起黄莺儿,莫教枝上啼。啼时惊妾梦,不得到辽西。"这里活用其意。是说在梦中寻觅意中人的去处,却被黄莺唤醒,这正像杨花随风远飘,又被风吹回。(7)落红难缀:落花再难连缀枝头。意思是说春事衰残。(8)遗踪:指落花踪迹。(9)一池萍碎:是说杨花化为池中浮萍。苏轼自注:"杨花落水为浮萍,验之信然。"(10)"春色"三句:是说如果春色是三分,那么有二分被杨花翻飞于阡陌,化为尘土,有一分被杨花付诸流水,化为浮萍。三句慨言春天结束。

【提示】

这首词约作于宋哲宗元祐二年(1087),苏轼在京任翰林学士时。之前,苏轼的友人章质夫写了一首吟杨花的[水龙吟],原词为:"燕忙莺懒花残,正堤上、柳花飘坠。轻飞乱舞,点画青林,全无才思。闲趁游丝,静临深院,日长门闭。傍珠帘散漫,垂垂欲下,依前被、风扶起。兰帐玉人睡觉,怪春衣、雪霑琼缀。绣床旋满,香球无数,才圆却碎。时见蜂儿,仰粘轻粉,鱼吞池水。望章台路杳,金鞍游荡,有盈盈泪。"

苏轼此词虽为和词,但自出新意。作品以大胆的夸张和想象为线,以深挚的感情为针,结合贴心的体会、细致的捕捉,将思妇清晨慵起、梦里寻郎、惜春伤逝等一系列情态与杨花的轻柔飘洒、随风远行、落水为萍等影迹交织在一起,在一种若即若离、空灵超逸的氛围中表现出思妇幽怨缠绵的心绪,使情物交融至浑化无迹之境,堪称咏物抒情词中的绝唱,也是苏轼词中婉约风格的代表作。

贺铸 [踏莎行][1]

杨柳回塘[2],鸳鸯别浦[3]。绿萍涨断莲舟路[4]。断无蜂蝶慕幽香[5],红衣脱尽芳心苦[6]。 返照迎潮,行云带雨[7]。依依似与骚人语[8]。当年不肯嫁春风[9],无端却被秋风误[10]。

【注释】

(1)贺铸:见专题二十一"婉约词风"专题诗选[青玉案](凌波不过横塘路)注释(1)。(2)回塘:曲折回环的池塘。(3)别浦:水流的汊口。(4)"绿萍"句:水中浮萍太密,采莲的小舟行驶有困难,进不去。莲舟,采莲的船。(5)断无:绝无。慕:爱慕。(6)红衣:指荷花的花瓣。芳心苦,指莲心有苦味。(7)"返照"二句:夕阳照映在粼粼的水面上,像是在迎接晚潮;流动的云彩夹带着雨点溅落在荷花上。(8)依依:形容荷花随风摇摆的样子。骚人:诗人。(9)不肯嫁春风:语出韩偓《寄恨》诗:"莲花不肯嫁春风。"张先在[一丛花]词里写道:"沉恨细思,不如桃杏,犹解嫁东风。"贺铸把荷花和桃杏隐隐对比。荷花"不肯嫁春风",意指它不愿意和其他花一样争妍取怜。(10)无端:无缘无故。秋风误:谓秋风一起,荷花红衣落尽,芳华消逝。

【提示】

此词咏荷花,亦借以自况。词中的荷花不但展现红衣苦心、淡香幽远的绝俗风貌,更是独自开放在"回塘""别浦"这样少有人迹的地方,身处绿萍深处,蜂蝶不来采,莲女不来摘。遥想作者一生,何尝不似这荷花一般,因本性耿介、不合俗流而寂寂无闻,一任年华空逝,所赖唯是清白自守。夕阳西下时,当晚潮涨起,天边一抹行云又夹带着寒雨而来,那随波摇曳的荷花仿佛要向作者诉说些什么。作者说那是它在叹息自己当年未随春风之便而展露芳容于人间,待到放下矜持,想要伺时绽放却暗惊秋风已至。这是荷花的悲哀吗?这是作者的悲哀。全篇句句写花,也是句句写人,人与花打成一片。清人陈廷焯《云韶集》评曰:"此词必有所指,特借荷寓言耳。通首如怨如慕,如泣如诉,有多少惋惜,有多少慨叹!淋漓顿挫,一唱三叹,真能压倒古今。"

周邦彦［六丑］《蔷薇谢后作》[1]

正单衣试酒[2],怅客里、光阴虚掷[3]。愿春暂留,春归如过翼[4],一去无迹。为问花何在?夜来风雨,葬楚宫倾国[5]。钗钿堕处遗香泽[6],乱点桃蹊,轻翻柳陌[7]。多情为谁追惜[8]?但蜂媒蝶使[9],时叩窗槅[10]。　东园岑寂[11],渐蒙笼暗碧[12]。静绕珍丛底[13],成叹息。长条故惹行客[14],似牵衣待话,别情无极[15]。残英小、强簪巾帻[16]。终不似、一朵钗头颤袅[17],向人欹侧[18]。漂流处、莫趁潮汐[19]。恐断红、尚有相思字,何由见得[20]。

【注释】

(1)周邦彦:见专题二十一"婉约词风"专题诗选［苏幕遮］(燎沉香)注释(1)。题目又作《落花》。(2)"正单衣"句:正是换单衣、品尝新酒的时候。试酒,宋代有在农历三月末或四月初尝新酒的习俗。(3)客里:离乡在外期间。(4)过翼:经过的飞鸟。(5)"夜来"二句:意指风雨花落。夜来风雨,化用韩偓《哭花》诗:"夜来风雨葬西施。"楚宫倾国,楚王宫里的美女,喻蔷薇花。倾国,绝色的美人。(6)钗钿(diàn)堕处:花落处。以美人遗落的钗钿比喻飘落的花瓣。(7)"乱点"二句:写蔷薇花谢后飞散貌。桃蹊(xī),桃树下的路。柳陌,绿柳成荫的路。(8)"多情"句:有哪一个多情的人替花惋惜呢?为谁,谁为。追惜,追思叹息。(9)但:只有。蜂媒蝶使:形容蜜蜂蝴蝶终日来往于花丛之中。(10)窗槅(gé):窗棂。槅,窗上的格子。(11)东园:泛指花园。岑(cén)寂:寂静。因花事凋零无蜂蝶来往显得寂静。(12)蒙笼暗碧:暮春时节,绿叶茂密,色泽显得幽暗。(13)珍丛:指蔷薇花丛。(14)"长条"句:指蔷薇伸出柔长的枝条,用刺拉着人的衣襟。意本储光羲《蔷薇歌》:"低边绿刺已牵衣。"(15)"似牵衣"二句:牵住人的衣服,似有话要说,表现出无限的别情。无极,无限。(16)残英:残留的花朵。强簪巾帻(zé):勉强插戴在头巾上。帻,古人束发的头巾。(17)"终不似"句:它到底不像一朵盛开的鲜花插在美人的金钗上那样摇曳多姿。颤袅,摆动。(18)向人欹(qī)侧:向人表示依恋。欹侧,倚靠。(19)"漂流"句:劝落花不要随流水飘去。潮,早潮。汐,晚潮。(20)"恐断红"二句:只怕那零落的花瓣上还有人题了相思诗句,如果它随潮水走了,那相思未了之情,就再也看不到了。断红,残花。相思字,据范摅《云溪友议》:"卢渥舍人应举之岁,偶临御沟,见一红叶,命仆搴来,叶上乃有一绝句。……诗云:'流水何太急?深宫竟日闲。殷勤谢红叶,好去到人间。'"这里将落花比红叶。何由见得,即由何得见,亦即几时重见。

【提示】

本词借蔷薇花谢寄托作者身世之感,抒发自己客里伤春的愁情,也委婉地流露出一丝仕途上不如意的苦闷。黄苏《蓼园词选》云:"自叹年老远宦,意境落寞,借花起兴。以下是花、是自己,比兴无端,指与物化,奇情四溢,不可方物,人巧极而天工生矣。结处意致尤缠绵无已,耐人寻绎。"

词在艺术上颇有讲究。词人极尽腾挪跌宕、开合变化之能事,把蔷薇花凋谢后人惜花、花恋人、人花相恋的感情写得缠绵婉转,鲜明生动。结拍"漂流处"数句,化用"红叶题诗"故事,对随水漂流的落花表现出特别的惋惜,唯恐花片上有相思诗句跟着潮水流入大海,岂不辜负情人一番心意?堪称奇思妙想。

俞紫芝《咏草》(1)

满目芊芊野渡头(2),不知若个解忘忧(3)?细随绿水侵离馆(4),远带斜阳过别洲(5)。金谷园中荒映月(6),石头城下碧连秋(7)。行人怅望王孙去(8),买断金钗十二愁(9)。

【注释】

(1)俞紫芝,生卒年不详,字秀老,金华(今属浙江)人,流寓扬州(今属江苏)。笃信佛教,得其心法,不事科举,不娶妻子,深受王安石、黄庭坚爱重。卒于元祐初。其诗意境高远,清逸透雅。有《敝帚集》,不传。《全宋诗》录其诗16首。(2)芊芊(qiān qiān):形容草木茂盛、葱绿的样子。野渡:荒落之处或村野的渡口。(3)若个:哪个。解:懂得。忘忧:忘却忧愁。(4)侵:蔓延。离馆:别馆,别墅。(5)别洲:荒远沙洲。(6)金谷园:晋代石崇于金谷涧中所筑的园馆。园中财产丰积,屋宇宏丽,极尽奢华。(7)石头城:金陵(今南京),东吴、东晋、宋、齐、梁、陈六朝均设都城于此,金粉膏泽,豪华相继。(8)王孙:古代贵族的别称。这里指石崇。(9)买断:招致。金钗十二:指美女。此处特指石崇的爱妾绿珠。绿珠美而艳,善吹笛。石崇势败后,赵王伦派孙秀抄石家,索求绿珠,石崇不肯给,孙秀杀了石崇。绿珠为石崇坠楼而死。

【提示】

这首诗以无尽的草色,抒发人世沧桑的感慨。芳草,铺青叠翠于野渡、离馆、别洲,它与流水、斜阳一道,见证着世事的盛衰荣枯。正因为如此,它身上弥漫着离愁、乡愁、家国之愁。诗里说"不知若个解忘忧",显然是寻找不到传说中的"忘忧草"的。古代有萱草可以忘忧的说法,《诗·卫风·伯兮》:"焉得谖(同'萱')草,言树之背?"《毛传》:"谖草令人忘忧。"这里沿用其意。

前半首诗为后半首蓄势。石崇的金谷园,曾经铺锦列绣,奇花异草,而待时过境迁,却早已荒草映月;昔日六朝建都、虎踞龙盘的石头城,如今也只剩枯黄遍地,秋草迎风。这一联以草为线索,写昔日繁华付之流水,只有一岁一枯荣的青草不管沧桑之变,照样生长。最后一联"行人怅望王孙去,买断金钗十二愁",借石崇、绿珠的故事,晓谕世人:富贵如浮云。

元好问[摸鱼儿]《雁丘词》[1]

问世间、情为何物,直教生死相许[2]?天南地北双飞客,老翅几回寒暑[3]。欢乐趣,离别苦,是中更有痴儿女[4]。君应有语[5]:渺万里层云,千山暮雪,只影为谁去[6]? 横汾路,寂寞当年箫鼓,荒烟依旧平楚[7]。招魂楚些何嗟及[8],山鬼暗啼风雨[9]。天也妒,未信与、莺儿燕子俱黄土[10]。千秋万古,为留待骚人,狂歌痛饮,来访雁丘处[11]。

【注释】

(1)元好问(1190—1257),字裕之,号遗山,太原秀容(今山西忻州)人。祖系出自北魏拓跋氏。金宣宗兴定五年(1221)进士,哀宗时官至尚书省左司都事员外郎。金亡不仕。工诗词,其诗多感时伤世之篇、悲壮苍凉之音。有《遗山集》,编有《中州集》等。《雁丘词》写于其16岁时,从词前序中得知,金章宗泰和五年(1205),元好问在赴并州应试途中,听捕雁者说,两只大雁中的一只被捕杀后,另一只殉情而死。诗人深感震撼,便买下这对大雁,把它们合葬在汾水旁,建了一座坟墓叫"雁丘",并写《雁丘》词一阕。(2)"直教"句：竟使双方以生死相许。直教，竟使。许，随从。(3)"天南"二句：是说双飞雁一同南来北往，经历了多少个寒暑季节。双飞客，指大雁双双飞翔。(4)"是中"句：是说这中间更有特别痴情的。此处以人喻雁。(5)君：指殉情的雁。(6)"渺万里"三句：这是词人设想大雁讲的话，意谓自己形只影单，还能同谁一起振翅飞翔，穿越那万里层云，俯瞰那千山暮雪。为谁去，与谁一同去。(7)"横汾"三句：这葬雁的汾水，是汉武帝巡幸过的地方，想当年曾经鼓乐齐鸣，热闹一时，可如今早已归于沉寂，只有荒烟依旧笼罩平林。横汾路，横渡汾水的路，指葬雁之地。借用汉武帝《秋风辞》中"泛楼船兮济汾河，横中流兮扬素波"两句的意思。平楚，平林，平原上的树林。(8)"招魂"句：雁已死去，再来招魂又有什么用呢？招魂楚些(suò)，《楚辞·招魂》句尾皆有"些"字，为句末语气词。何嗟及，悲叹无济于事。(9)"山鬼"句：山鬼枉自在风雨中哀啼。这里化用《楚辞·九歌·山鬼》中"杳冥冥兮羌昼晦，东风飘兮神灵雨"诗句。山鬼，山神，此指雁魂。(10)"天也妒"二句：是说那殉情的大雁将永远受到人们的赞许与怀念，决不会像莺、燕一样死后便化为尘土，默默无闻。这一点，连苍天也要嫉妒呢。(11)"千秋"四句：是说留下这个雁丘，是为了让千秋万代的诗人来此饮酒作诗，凭吊这只殉情的大雁。骚人，诗人。

【提示】

词前有一则序言："泰和五年乙丑岁，赴试并州，道逢捕雁者云：'今日获一雁，杀之矣。其脱网者，悲鸣不能去，竟自投于地而死。'予因买得之，葬之汾水之上，累石为识，号曰雁丘。时同行者多为赋诗，予亦有《雁丘词》。旧所作无宫商，今改定之。"

全词围绕"情"字，对大雁殉情的故事展开细致描绘。上片着重叙述"情"之可贵，下片主要凭吊殉情大雁。通篇虽为写雁，实乃写人，表现作者对坚贞爱情的歌颂。写法上有两点可以注意，一是通过"君应有语"对殉情大雁的心理进行揣想，描述了失去伴侣的孤雁对未来形单影只的寂寞生活的遥想,这是大雁殉情的动因。二是运用对比的手法,包括横汾路曾经的箫鼓繁华和如今的凄冷荒凉、莺儿燕子的化尘化土和殉情大雁的千秋万古,从而完成了对大雁的礼赞。这种对比反衬里,还隐隐有着封建帝王的一时显赫比不上人间真情的伟大力量的意思,尤其难能可贵。

王沂孙[齐天乐]《蝉》[1]

一襟余恨宫魂断[2],年年翠阴庭树[3]。乍咽凉柯,还移暗叶,重把离愁深诉[4]。西窗过雨,怪瑶佩流空,玉筝调柱[5]。镜暗妆残,为谁娇鬓尚如许[6]? 铜仙铅泪似洗,叹携盘去远,难贮零露[7]。病翼惊秋,枯形阅世,消得斜阳几度[8]?余音更苦,甚独抱清商,顿成凄楚[9]。谩想薰风,柳丝千万缕[10]。

【注释】

(1)王沂孙(生年不详—约1289),字圣与,有碧山、中仙、玉笥山人诸号,会稽(今浙江绍兴)人。宋亡后曾仕元,为庆元路学正。其词多咏物,或寓身世之感,但意旨隐晦。与周密、张炎、蒋捷并称"宋末词坛四大家"。有《花外集》,又名《碧山乐府》。(2)一襟:满怀,满腔。余恨:遗恨。宫魂断:传说蝉是宫中后妃的魂魄所化。五代马缟《中华古今注》:"昔齐后忿而死,尸变为蝉,登庭树而鸣。王悔恨。故世名蝉为齐女焉。"(3)"年年"句:意谓年年鸣于庭树。(4)"乍咽"三句:刚刚在寒枝上悲鸣,忽而又移到树叶下,把离愁别恨反复倾诉。咽,哽咽,代指悲鸣。凉柯,寒树。(5)"西窗"三句:在西窗下听雨后蝉声,让人以为是玉佩之声从空中流过,又像是玉筝在弹奏。瑶佩,美玉。流空,在空中飞过。调柱,调弄乐器的弦索,此指弹奏。(6)"镜暗"二句:犹如女子青春已过,镜暗妆残,还为谁把鬓发梳得那样漂亮呢?蝉到秋天,也到了这般境地了。娇鬓,以美人的鬓发比喻蝉翼。(7)"铜仙"三句:金铜仙人辞别故国,铅泪满面,承露盘也随之远走了,那么,以露水为餐的蝉,也就无露可饮了。铜仙,即金铜仙人。李贺《金铜仙人辞汉歌序》载:汉武帝时用铜铸捧露盘的仙人,朝代更易以后,魏明帝时准备把金铜仙人搬到洛阳,仙人临载乃潸然泪下。后以此典写亡国。铅泪,形容泪水重而冷。(8)"病翼"三句:带病的翅膀,经受不起秋天的寒冷;枯槁的形骸,还留在世上经历世时的沧桑,但又能禁得起几次斜阳晚照呢?消得,经受得住。(9)"余音"三句:临死的哀音更令人断肠,为什么苦苦地独抱着这种凄凉的调子唱个不休呢?清商,清商曲,古乐府之一种,其音哀怨凄清。(10)"谩想"二句:徒然想望着暖风吹来、垂柳成荫的黄金季节,好时光一去不复返了。薰风,南风,指夏天,是蝉的黄金时期。

【提示】

这首词托物喻意,以生命即将结束的秋蝉,表达国破家亡、末路穷途的无限哀思。开始由蝉的形象联想到宫女形象,写宫妇含恨而死,尸体化为蝉,长年攀树悲鸣的传说,让全篇笼罩上了悲剧气氛。"铜仙铅泪"的典故,暗含亡国之悲。"病翼""枯形",是形容饱尝苦难的遗民形象。最后以寒蝉"谩想"二字,一笔将希望抹去,酸楚之至,有含蓄不尽之势。

张炎 [解连环]《孤雁》(1)

楚江空晚(2)。怅离群万里,恍然惊散(3)。自顾影、欲下寒塘(4),正沙净草枯,水平天远。写不成书,只寄得、相思一点(5)。料因循误了,残毡拥雪,故人心眼(6)。　　谁怜旅愁荏苒(7)。谩长门夜悄(8),锦筝弹怨(9)。想伴侣、犹宿芦花,也曾念春前,去程应转(10)。暮雨相呼(11),怕蓦地、玉关重见(12)。未羞他、双燕归来,画帘半卷(13)。

【注释】

(1)张炎:见专题二十一"婉约词风"专题诗选[高阳台]《西湖春感》注释(1)。(2)楚江:泛指南方江河,代江南。(3)恍然:惆怅失意。(4)顾影:

看自己影子,自怜孤独。欲下寒塘:化用崔涂《孤雁》诗意:"暮雨相呼失,寒塘欲下迟。"(5)"写不成"二句:群雁飞翔,常排成"一"字形或"人"字形,称雁阵、雁字。古又有鸿雁传书之说,苏武留滞匈奴,就是靠雁足传书得以回归的。这里说孤雁排不成字,写不成书,就像笔画中的"点",只能带回一点相思之意。(6)"料因循"三句:谓孤雁因失群耽误了久困荒漠守节不移的故人之期盼。因循,拖延,耽误。残毡(zhān)拥雪:《汉书·苏武传》记载,匈奴"幽武置大窖中,绝不饮食。天雨雪,武卧啮雪与毡毛并咽之,数日不死"。这里以苏武喻指宋亡后被迫北行的南宋守节之士。心眼,心意。(7)荏苒(rěn rǎn):渐进。此谓旅愁与日俱增。(8)谩:漫,徒然的意思。长门:汉武帝陈皇后被废后居长门冷宫。此以冷宫的幽怨衬托孤雁的哀怨。杜牧《早雁》诗:"仙掌月明孤雁过,长门灯暗数声来。"(9)锦筝:筝的美称。古筝有十二或十三弦,弦柱斜列如雁行,称雁筝,它的声音凄清哀婉,所以称为哀筝。此处暗用晋桓伊抚筝而歌《怨诗》,曾使谢安泣下的典故。又暗用钱起《归雁》诗:"二十五弦弹夜月,不胜清怨却飞来。"(10)"想伴侣"三句:料想自己的伴侣还栖宿在芦花中,他是否正惦念我在春前,会转程从旧路飞回北边。伴侣,指北归的雁侣。春前,来年春前。(11)暮雨相呼:语本崔涂《孤雁》"孤雁相呼失"句。(12)怕蓦(mò)地:倘若忽然。怕,倘若。玉关:玉门关,在甘肃,泛指北方。(13)"未羞他"二句:当双燕归楼前,画帘半卷时,孤雁与旧侣重逢,就不会自觉孤独了。

【提示】

这是使张炎名扬四海的咏物佳作。张炎因此词而被人称为"张孤雁"。词以拟人法写孤雁行程及其心理活动,极其生动感人。上片自发端至"水平天远",描绘出空阔黯淡、寒寂苍凉的境界,有力地烘托了孤雁离群后惊怖迟疑的形象。"写不成书"至歇拍,就独飞如点的状态展开想象,又与苏武故事关联起来,于咏雁中融合对陷北故人的思念,变纤巧为沉郁奇警。过片以问句再写人雁关系,用陈阿娇长门听雁的意境,表达出对北迁宫人的哀怜之意,与用苏武事前后映照。"想伴侣"以下至结拍,写孤雁思侣念侣、呼侣待侣的心情,特别表现其坚贞自守,而以双燕相对照,别有风致。词中所咏,亦雁亦人,雁之形象中寓人之心理,自然之境界含社会之变迁,以小见大,寄托浑然无迹。

三、专题衍说

话说大雁

——说大雁的古代寓意

古代结婚很复杂,由议婚到完婚通常有六种礼节,一谓"纳采"(男方家请媒人去女方家提亲,女方家答应议婚后,男方家备礼前去求婚),二谓"问名"(男方家请媒人问女方的名字和出生年月日),三谓"纳吉"(男方将女子的名字、八字取回后,到祖庙进行占卜,卜得吉兆后,再准备礼物,通知女方家,决定是否缔结婚姻),四谓"纳征"(男方家以聘礼送给女方家),五谓"请期"(男方家选定了良辰吉日作为婚期,准备好礼物去告知女方家,以求其同意),六谓"亲迎"(新郎到女方家迎娶新娘)。在这六个环节里,有一个重要的道具,那就是大雁。《仪礼·士昏礼》说:"昏(婚)礼有六,五礼用雁,纳采、问名、纳吉、请期、亲迎是也。"也就是说,"六礼"当中,除了"纳征"这个环节,其他的"五礼",都要带上一头活的大雁作为礼物。

《仪礼》是春秋战国时代礼制的汇编,讲的是周代的礼俗。那么,上古的婚礼为什么要用大雁?大雁又积淀了哪些文化心理上的象征内涵呢?

首先,大雁有信。

大雁是候鸟,每年春分后飞往北方,秋分后飞回南方,往来有定时,从不爽期,从不失约,被认为是"信禽"。东汉《白虎通·嫁娶篇》曰:"贽用雁者,取其随时而南北,不失其节,明不夺女子之时也。"先秦时代婚礼用雁,强调的是应不失时机进行婚配,因为人口数量的多寡是影响家庭、宗族和社会发展壮大的关键因素,男女适时择偶能够保障人口的稳定增长。先秦人一般在季秋之后仲春之前举办婚礼。《诗经·匏有苦叶》云:"雝雝鸣雁,旭日始旦。士如归妻,迨冰未泮。"诗中的女子听着大雁的叫声,焦虑地等待心上人趁着冰冻尚未消解之际前来迎娶。

诗词里说到大雁的"有信",往往带有人事苍茫的意味,诸如"人似秋鸿来有信,事如春梦了无痕"(苏轼)、"雁鸿有信江淮晓,草木无言天地秋"(唐桂芳)等。信约即是诚意,诚意足可期待,于是大雁同鱼龙一样,成了传递音书的使者,"惟凭鱼雁通书问,祗对松筠想岁寒"(文彦博)、"蓟北风尘嗟对酒,江南鸿雁已传书"(梁有誉)即是如此。由于《汉书·苏武传》"雁足传书"故事的传播,大雁在一定程度上还有了"节义"的象征义。古代笔记与小说里也有不少描写,《括异志》里就写过一个叫刘稹的人,头年救了一只大雁,来年秋天该雁回访,宁可被捶杀也不离开。

其次,大雁有序。

大雁在春秋两季迁徙的时候,几十只、数百只,甚至上千只集聚在一起,排成整齐的"一"字或"人"字队形,年长健硕的大雁飞在前面领头,老弱幼小的紧随其后,从不逾越。它们边飞边鸣叫,互相呼唤,互相照顾。这鸣叫声同时也是起飞、停歇和避险的信号。栖息的时候,还会有"哨鸟"站在地势较高的地方观望,若有人、兽靠近,威胁雁群,"哨鸟"会立即向同伴告警。大雁的这种生活习性,被人类赋予了知礼尊序的美德,古人把兄弟视为"雁行",把百官视为"雁班",就是以此来强调长幼尊卑的伦理序列。婚仪上有大雁,自然也有着突出家庭秩序中的长幼有序、家庭和睦的含义。

诗词中这类用法也不少,如"六年雁序恨分离,诏下今朝遇已知"(易重)、"我生顾影空伶仃,雁序零落如晓星"(刘学箕)、"悲莫悲于生别离,雁序可忍霜风吹"(李流谦)等,都是用"雁序"二字代指兄弟友朋;"五圣联龙衮,千官列雁行"(杜甫)则用"雁行"代指井然有序的朝堂礼仪。

再次,大雁有情。

大雁被称为"情鸟"。在当年繁殖期内,大雁是一雄一雌的配偶方式。当然,民间传说中,它们与鸳鸯一样是贞鸟,若失配偶,终生不再另配成双。因而用大雁来象征夫妻的忠诚非常合宜,这或许是古代婚礼上用到它的理由,表达人们永不离异、白头偕老的美好愿望。历史上有不少关于大雁殉情的记载,如《定兴县志》写过这样一件事情:有一个叫崔伯通的人,捕了一只雁,养了一年多,看着非常驯服。有一天,雁群飞过,其中的一只突然离群而下,与崔伯通养的那只"交颈哀鸣,如泣如诉",任凭人们如何干预,它们也不分开,"饮食之不顾。相持两昼夜,竟俱毙"。金代诗人元好问[摸鱼儿]《雁丘词》写的也是类似的情景:一只大雁被猎人捕杀,它的伴侣以头撞地,殉情而死。诗人向猎人买下这对大雁的尸体并将它们合葬,还立碑写辞,一句"问世间、情为何物,直教生死相许"感人至深。

诗词里写大雁之情,除了爱情外,还有其他。

豪情。大雁在迁徙时要往返数千公里,艰难跋涉,不屈不挠。它与寻常燕雀截然不同,因而成了志向高远的象征,这就是"鸿鹄之志",与青天、云霄连在一起。"燕雀戏藩柴,安识鸿鹄游"(曹植)、"知君志不小,一举凌鸿鹄"(刘长卿)、"须知本鸿鹄,终不在蓬蒿"(文同),即是。

乡情。雁作为一种候鸟,它的迁徙习性与古人思乡怀归的情愫相契合。漂泊在外的古人,常常由雁联想到自身,又由自身反观于雁,于是雁就成了古人寄托怀乡之情的载体。"乡书何处达,归雁洛阳边"(王湾)、"万里衔芦别故乡,云飞雨宿向潇湘"(杜牧)、"二十五弦弹夜月,不胜清怨却飞来"(钱起),即是。

幽情。雁喜群飞,一旦失群,便成凄苦的孤雁。然而诗人笔下的"孤",除了寂寞清寒,又往往强调心志的骄傲,强调静寂清明的境界。"谁见幽人独往来,缥缈孤鸿影"(苏轼)、"写不成书,只寄得、相思一点"(张炎)、"炎风吹断阳禽影,认得孤峰回翼"(王夫之),即是。

岁月情。大雁的每一次迁徙都宣告着时光如幻如电如水如影,面对此景,人们难免感慨韶光易逝,怀念往昔岁月。"天边金掌露成霜,云随雁字长"(晏几道)、"生怕见、花开花落,朝来塞雁先还"(辛弃疾),即是。

诗词中还常常特别提到"衡阳雁"。衡阳处于衡山之南、湘江中游,冬季气候温和,自古以来是大雁的越冬之地。传说此处有"回雁峰",山形如大雁往回飞翔之势,大雁秋季飞到这里就不再往南飞,春季则纷纷飞回北方。这应该是地形地貌、气候特征造成的。不过,民间传说中有说猎人射死雄雁,雌雁悲痛而整日盘旋于衡阳上空,哀号悲鸣,之后大雁年年至此,被这哀号声召唤停留,不再南飞。这给回雁峰的传说增加了浪漫色彩。王昌龄诗"莫道蓟门书信少,雁飞犹得到衡阳"、高适诗"巫峡啼猿数行泪,衡阳归雁几封书"用的就是这个典故。

夕阳芳草寻常物,解用都为绝妙词
—— 说"草"在诗词中的象征意义

草虽凡物细物,却有许多令人敬仰之处。

严冬方尽,余寒犹厉,一抹青青之痕曾是大地唯一的装饰。韩愈《早春呈水部张十八员外》中写道:"天街小雨润如酥,草色遥看近却无。最是一年春好处,绝胜烟柳满皇都。"而当繁华一时的桃李诸君在风雨中零落殆尽,草色却无声地染遍了大地,显示出顽强的生命力。曾巩《城南》诗云:"雨过横塘水满堤,乱山高下路东西。一番桃李花开尽,惟有青青草色齐。"

诗人词人慧眼独具,从小草的春绿秋黄、枯荣自在中悟出了其不为名利所累、点缀春色而又无所企求的潇洒超逸。曹邺《庭草》曰:"庭草根自浅,造化无遗功。低回一寸心,不敢怨东风。"

然而,唐宋诗人词人们面对绿茵翠坪,还往往有说不尽的愁和诉不完的怨。草的盛衰轮回,虽让人羡慕不已,也让人生出年年岁岁草相似、岁岁年年人不同的伤感。小草沐浴过朱雀桥边繁华的朝日，也领略过乌衣巷口冷落的夕阳，它成了人事盛衰的见证，也自然成了人事盛衰的象征。它枯竭的秋色，尤其易引发国运衰危、江河日下等令人意兴阑珊、悲不能抑的联想。以之入诗词，萋萋芳草就有了黯淡萧瑟之情味。

俞紫芝的《咏草》："满目芊芊野渡头，不知若个解忘忧？细随绿水侵离馆，远带斜阳过别洲。金谷园中荒映月，石头城下碧连秋。行人怅望王孙去，买断金钗十二愁。"

如此，诗人词人们的目光在空间横扫的同时，也完成了时间上的纵贯，用绿色的画面说尽了古今盛衰的变化。刘翰面对"繁华事散"的金陵，从夜空、月色、雁声、芳草中感受到六朝衰败以后的沉寂与凄清。（刘翰《石头城》："离离芳草满吴宫，绿到台城旧苑东。一夜空江烟水冷，石头明月雁声中。"）林逋从金谷园的春色凋零、草盛人稀中流露出人世沧桑、繁华富贵如过眼烟云的无奈和惆怅。（林逋[点绛唇]："金谷年年，乱生春色谁为主？余花落处，满地和烟雨。"）王安石临江揽胜，凭高吊古，看到澄江似练、翠峰如簇、征帆去棹、酒旗斜矗，想到的却是以荒乐而相继亡覆的六朝，悲恨荣辱空贻后人凭吊，往事无痕唯见秋草凄碧。（王安石[桂枝香]："念往昔，繁华竞逐。叹门外楼头，悲恨相续。千古凭高对此，谩嗟荣辱。六朝旧事随流水，但寒烟衰草凝绿。至今商女，时时犹唱，后庭遗曲。"）如果说唐五代、北宋诗人词人们的兴衰之思还比较抽象的话，靖康之变后，宋人感慨芳草的重心向中原残破的悲悼和统一愿望的表达倾斜，刘克庄的"浙河西面边声悄，淮河北去炊烟少。炊烟少。宣和宫殿，冷烟衰草"（[忆秦娥]）就是一个很好的例证。

更多情况下，唐宋诗人词人笔下的芳草意象，是作为个人人生选择上的一个象征。

当文人的用世之心受到严重挫伤时，他们往往投身田园，寄情山水，在大自然中感受自己本性中最真实的东西，求得一种慰藉和解脱。尽管大多数的归隐者并未真正摆脱心理重负，无法将生活中的痛楚淡化成一个彻悟的微笑,但山水田园毕竟为他们看开人生提供了一个契机,乃至一服良药。

山水田园是绿色弥漫的。游憩于草木森森的山中,倘徉于植被覆盖的田间,心境平和宁静、闲淡疏豁,任何喧闹的花开花落都难以唤回。于是萋萋芳草成了隐士生活的一个象征,成了他们在污浊现实中维护美好德行、寄托高蹈情怀的一种象征。自从《楚辞·招隐士》中有了"王孙游兮不归,春草生兮萋萋"之后,孟浩然有"寂寂竟何待,朝朝空自归。欲寻芳草去,惜与故人违"(《留别王维》),丘为有"草色新雨中,松声晚窗里。及兹契幽绝,自足荡心耳"(《寻西山隐者不遇》),王维有"随意春芳歇,王孙自可留"(《山居秋暝》)等。

而正因为芳草有了超凡脱俗的圣洁光彩,继承屈原的香草美人传统,诗人词人们又以此来表现高洁的志向和完美的人格,如高适"暮天摇落伤怀抱,抚剑悲歌对秋草"、陆游"断香漠漠便支枕,芳草离离悔倚阑"之类。

草是一种极为自然的物象。挣脱束缚、追求真实人生也是人们一种极为自然的精神需求。在这个过程中,"回归"是灵魂。"王孙"们汲汲探寻的正是他们借以安身立命的精神家园。而当这个"回归"的含义被扩大、被泛化后,所有关于故乡的"回归"、家的"回归"、情感的"回归"全都染上了芳草的新绿。崔颢的"晴川历历汉阳树,芳草萋萋鹦鹉洲。日暮乡关何处是?烟波江上使人愁"(《黄鹤楼》),王安石的"春风又绿江南岸,明月何时照我还"(《泊船瓜洲》),是那些苦于世事、倦于世事的游子对于故乡的关念;韦应物的"雨中禁火空斋冷,江上流莺独坐听。把酒看花想诸弟,杜陵寒食草青青"(《寒食寄京师诸弟》),李鹰的"碧芜千里思悠悠,惟有霎时凉梦到南州"([虞美人]),则把笔力集中在对家人的思念上。"回归"不成,芳草堆积成无数的愁憾,让人目接神伤,杜牧《题安州浮云寺楼》曰"恨如春草多,事与孤鸿去",李煜[清平乐]云"离恨恰如春草,更行更远还生",贺铸[青玉案]有"试问闲愁都几许?一川烟草,满城风絮,梅子黄时雨",周紫芝[踏莎行]说"雁过斜阳,草迷烟渚。如今已是愁无数"。

专题二十九

闲逸诗词

一、专题要点

本专题主要了解闲逸诗词的特征、类型范畴、产生原因与审美价值，了解代表性作家的创作个性。本专题选读诗歌作品 12 首。

（一）"闲情逸趣"的内涵界定

从语义上讲，"闲"有安闲、安静、闲散、闲暇等意义，而"闲情"，指的应是人们在一种比较清闲安逸的生活环境和精神状态中所表现出来的那份从容、淡泊、安闲、清雅的情感与心理。至于"逸"，主要有安闲、隐退、放纵、超绝等意义，因而"逸趣"指的是人们在隐逸生活乃至其他日常生活中所表现出来的那份闲适淡雅之情、清逸超迈之趣。闲逸诗词即指那些以吟咏闲情逸趣为主题的作品。只不过，作品表面上的闲逸，未必代表着作者完整的现实状态，有时可能是一种劳碌之外的追求，有时还可能是一种退居之时的无奈。

（二）闲逸诗词的特殊类型

1. 和陶诗词。晋代以后，有许多诗人，他们非常推崇陶渊明的诗歌，并以步韵、依韵、从韵等形式创作了大量的作品，以表达对清高人格的向往，对节操的坚守，以及保持人之自然性情和直率生活的愿望，此即所谓"和陶诗"。其作者，既有隐士、遗民、僧人，遭贬的或不得志的士人，也有身居要位的官僚，甚至还有帝王。唐代崔颢有《结定襄郡狱效陶体》，韦应物有《与友生野饮效陶体》《效陶彭泽》，白居易有《效陶潜体诗》十六首，司马扎有《效陶彭泽》等；宋代梅尧臣有《拟陶潜止酒》《拟陶体三首》，刘敞有《效陶潜体》，苏辙、秦观、晁补之、张耒、陈与义、朱熹、张镃、舒岳祥等都有此类作品。苏轼将和陶诗编辑成集时共109首，"我不如陶生，世事缠绵之""江左风流人，醉中亦求名。渊明独清真，谈笑得此生""但恨不早悟，犹推渊明贤"等，表达的都是对陶渊明摆脱世事、保持清真的向往之情。

2. 渔父诗词。为了表达寄情山水的高蹈情怀，文人在诗词里创造了带有文人气质的渔父、樵夫、耕者的形象，其中以渔父最为常见，从而出现了大量的渔父诗词。这些作品在精神上，一是表现自由与适意，如李煜[渔歌子]"一棹春风一叶舟，一纶茧缕一轻钩。花满渚，酒满瓯，万顷波中得自由"；二是表达蔑视功名，全身远祸，如陆游[鹊桥仙]"一竿风月，一蓑烟雨，家在钓台西住。卖鱼生怕近城门，况肯到红尘深处？潮生理棹，潮平系缆，潮落浩歌归去。时人错把比严光，我自是无名渔父"；三是宣泄怀才不遇与傲世之情，如柳宗元《江雪》"千山鸟飞绝，万径人踪灭。孤舟蓑笠翁，独钓寒江雪"。

3. 睡隐诗词。这类作品是以睡眠的题材来抒写隐逸情怀。诗词通过写文人睡寝、做梦、假寐、假卧的行为，表达他们暂时摒弃俗务的烦扰，享受安宁清闲的时光，从而获得灵魂的解脱和精神的超越。诗词中常涉及的典故包括"高卧"（陈抟高卧、诸葛亮隆中高卧、谢安东山高卧）、"昼寝"（宰予昼寝、边韶昼眠）、"隐几"（南郭子綦隐几）等。如陆游《午梦》："苦爱幽窗午梦长，此中与世暂相忘。华山处士如容见，不觅仙方觅睡方。"仇远《客来惊睡》："长昼清和时，惟有睡乡美。宰予边孝先，毋乃今我是。门外有客来，推枕矍然起。请啜一杯茶，万事且不理。"曾几《即事》："野寺山家两寂然，小窗下有白头禅。微风不动炉烟直，永日方中树影圆。隐几读书长竟夕，闭门觅句可忘年。幸无驷马高车客，触忤幽人到眼边。"

（三）课堂话题

1. 特征与成因。闲逸诗词指的是表现诗人悠闲生活情趣、风格闲逸平淡的作品。"闲逸"二字既指内容又指风格。它多写诗人的日常生活状态，如游山玩水、读书赏画、品茶饮酒、赏花听鸟、弹琴弈棋等,将庸常生活诗意化,避开经世致用、忧国爱民、理想抱负这类"宏大叙事"。其成因包括外部世界的艺术体认,王朝鼎盛或世道颓败,虚拟世界的自由净土,以及归隐养志的人生选择。比如北宋前期,以晏殊、欧阳修、宋祁等人为代表的一批仕宦显赫的台阁词人,在吟咏富贵气象、流连诗酒风月的同时,也抒写了他们所追求和体验的闲适清雅的生活情趣。北宋中后期,以王安石、苏轼、黄庭坚、晁补之等人为代表的一批人生坎坷、阅历丰富的词人,或在晚年退隐之后抒写恬淡闲逸的人生,或在遭受贬谪之中潇洒超逸地面对生活,或托渔父以寄怀,或借山水以写意。到了南宋,闲逸诗词的创作风气更为兴盛。

2. 山水园林中的闲逸 ——"少日怀山老住山,一官休务得身闲"。唐时,孟浩然、王维、韦应物、柳宗元等以描写田园山水题材和隐逸闲适情趣而著称;北宋欧阳修写于颍州、王安石写于江宁,南宋张镃写于南湖、姜夔写于湘江,都有大量的闲情之作。

3. 宴饮酬唱中的闲逸 ——"闲情须与酒商量"。唐宋词集命名为《花间集》《尊前集》《酒边集》者,即表现了诗词与宴饮娱乐的关系,晏殊、宋祁、周密等的相当一部分词作是在宴饮雅集的场合和环境中创作的。这些作品表现了文人群体诗酒流连交往的状况,也展现了士大夫的奢靡生活。

4. 风月欢情中的闲逸 ——"今夜还先醉,应烦红袖扶"。几乎每一位染指于词的宋代文人,都或多或少写有与女性生活或男女情感有关的"艳词"。萍水关系中显露的真情,呈现出唐宋时代对性的态度。

二、专题诗选

王维《青溪》[1]

言入黄花川[2],每逐青溪水[3]。随山将万转,趣途无百里[4]。声喧乱石中,色静深松里[5]。漾漾泛菱荇,澄澄映葭苇[6]。我心素已闲,清川澹如此⁽⁷⁾。请留磐石上⁽⁸⁾,垂钓将已矣⁽⁹⁾。

【注释】

(1)王维:见专题二"帝都之诗"专题诗选《和贾至舍人早朝大明宫之作》注释(1)。青溪:在今陕西汉中市勉县之东。(2)言:发语词,无义。黄花川:在今陕西宝鸡市凤县,与汉中市的勉县接壤。(3)逐:沿着。(4)"随山"二句:意思是青溪与黄花川相隔不过百里,溪水却依山势千回百转。趣,同"趋"。(5)色:山色。(6)"漾漾"二句:是说水草在青溪中浮动,芦苇的倒影映照于清澈的流水。漾漾,水波荡漾摇曳。泛,浮漂。菱荇(líng xìng),菱、荇菜等水生植物,泛指水草。澄澄,形容溪水清澈透明。葭(jiā)苇,芦苇。(7)"我心"二句:我的心一向悠闲,如同清澈的溪水淡泊安宁。素:向来。闲:悠闲淡泊。澹(dàn):恬静安然。(8)磐石:大石头。(9)垂钓:东汉严光曾在富春江畔隐居垂钓,后常以"垂钓"代指隐居。将已矣:将以此度过终生。已,结束。

【提示】

这是一首流露隐逸思想的山水诗。开头四句沿着青溪入黄花川游历,百里之间,途经千回万转。"声喧乱石中,色静深松里"写听到溪流声,看到溪边松色,动静相称,声色交通,极富意境美。七、八句写青溪流出松林,进入开阔地带的景色。诗人笔下的青溪深峭灵活,既喧闹又沉静,既活泼又素淡,让人心生爱悦。"我心素已闲,清川澹如此"指水盟心,诗人的内心与这恬静的青溪是如此契合,于是不禁发出愿在此垂钓终老的感慨。

杜甫《江村》⁽¹⁾

清江一曲抱村流⁽²⁾,长夏江村事事幽⁽³⁾。自去自来堂上燕,相亲相近水中鸥⁽⁴⁾。老妻画纸为棋局⁽⁵⁾,稚子敲针作钓钩⁽⁶⁾。但有故人供禄米⁽⁷⁾,微躯此外更何求⁽⁸⁾。

【注释】

(1)杜甫:见专题二"帝都之诗"专题诗选《丽人行》注释(1)。江村:江畔村庄。(2)清江:指锦江,岷江的支流,在成都西郊的一段称浣花溪。曲:江水的曲折处。抱:环绕。(3)长夏:指夏天,因为白昼时间长,所以称为"长夏"。幽:幽静,安宁。(4)"自去"二句:堂上燕子随意来去,水中鸥鸟和乐相依。(5)画纸为棋局:把棋盘画在纸上。(6)敲针:用重物敲打缝衣针,使它弯曲。钓钩:鱼钩。(7)但有:但得。故人:老朋友。禄米:古代官吏的俸给以米计算,所以叫禄米。杜甫在成都草堂时,常得剑南节度使严武的钱粮资助。(8)微躯:微贱的身体,诗人自指。

【提示】

唐肃宗上元元年(760),经历过四年流亡生活的杜甫,在好友资助下于成都郊外浣花溪畔搭建草堂栖身。此诗以轻快之笔,勾勒出当时初夏时节浣花溪畔清静幽深的田园美景。事实上,诗中的悠闲安逸与当时诗人的实际生活现状有所不同。诗的最后两句"但有故人供禄米,微躯此外更何求",隐含着凄凉无奈,展示了一个在乱世中想寻求简单生存尚不可得的普通百姓的无限悲哀。

张志和 [渔歌子](1)

西塞山前白鹭飞(2),桃花流水鳜鱼肥(3)。青箬笠(4),绿蓑衣(5),斜风细雨不须归。

【注释】

(1)张志和(约732—约774),初名龟龄,字子同,婺州金华(今浙江金华)人。16岁明经及第。唐肃宗时待诏翰林,授左金吾卫录事参军。坐事贬官,后不复仕,放浪江湖,以船为家,来往苕、霅二溪之间,自称"烟波钓徒"。能书画,擅音乐。有《玄真子》。本词题一作《渔父歌》。(2)西塞山:在今浙江省湖州市西面。白鹭：一种白色的水鸟。(3)桃花流水：桃花盛开的季节正是春水盛涨的时候，俗称桃花汛或桃花水。鳜(guì)鱼：俗称"花鱼""桂鱼"。扁平、口大、鳞细、黄绿色，味道鲜美。(4)箬(ruò)笠：用竹篾、箬叶编的斗笠。(5)蓑(suō)衣：用草或棕麻编织的雨衣。

【提示】

张志和[渔歌子]有五首，此为第一首。其余四首为："钓台渔父褐为裘，两两三三舴艋舟。能纵棹，惯乘流，长江白浪不曾忧。""霅溪湾里钓鱼翁，舴艋为家西复东。江上雪，浦边风，笑著荷衣不叹穷。""松江蟹舍主人欢，菰饭莼羹亦共餐。枫叶落，荻花干，醉宿渔舟不觉寒。""青草湖中月正圆，巴陵渔父棹歌连。钓车子，橛头船，乐在风波不用仙。"

作者把诗、画和音乐巧妙地融为一体，描摹了色彩鲜明、春景优美的江南水乡。行行白鹭在西塞山前飞翔，片片桃花在一江春水上漂浮，而肥美的鳜鱼又趁着桃花春汛游来游去。画面中还有一个披蓑戴笠的渔翁在悠然垂钓。这其中带有隐逸情绪，但主要倾向还是在于对美好的大自然和自由生活的热爱。

苏轼、黄庭坚曾以此词成句写入自己的作品。苏轼[浣溪沙]："西塞山边白鸟飞，散花洲外片帆微。桃花流水鳜鱼肥。自庇一身青箬笠，相随到处绿蓑衣。斜风细雨不须归。"黄庭坚[鹧鸪天]："西塞山边白鹭飞，桃花流水鳜鱼肥。朝廷尚觅玄真子，何处如今更有诗。青箬笠，绿蓑衣，斜风细雨不须归。人间欲避风波险，一日风波十二时。"

白居易《中隐》(1)

大隐住朝市(2)，小隐入丘樊(3)。丘樊太冷落，朝市太嚣喧(4)。不如作中隐，隐在留司官(5)。似出复似处(6)，非忙亦非闲。不劳心与力，又免饥与寒。终岁无公事(7)，随月有俸钱(8)。君若好登临(9)，城南有秋山。君若爱游荡(10)，城东有春园。君若欲一醉，时出赴宾筵(11)。洛中多君子[12],可以恣欢言[13]。君若欲高卧[14],但自深掩关[15]。亦无车马客[16],造次到门前[17]。人生处一世,其道难两全。贱即苦冻馁[18],贵则多忧患。唯此中隐士,致身吉且安。穷通与丰约[19],正在四者间[20]。

【注释】

(1)白居易:见专题三"中秋诗词"专题诗选《八月十五日夜湓亭望月》注释(1)。中隐:指闲官。(2)大隐:指身居朝市而志在玄远的人。朝市:朝廷和市集。(3)小隐:谓隐居山林的人。丘樊:山林,多指隐居之处。(4)嚣喧(xiāo xuān):喧闹。(5)留司官:官职名。唐代实行两都制,分西都长安,东都洛阳,长安为正式首都,洛阳为陪都。留司官泛称洛阳的官员。(6)出:出仕。处(chǔ):与"出"相对,指隐退。(7)终岁:终年,整年。(8)俸钱:官吏所得的薪金。(9)好:喜好。登临:登山临水。也指游览。(10)游荡:闲游放荡。(11)宾筵:宴请宾客的筵席。(12)洛中:唐东都洛阳。(13)恣(zì):放纵。(14)高卧:安卧,悠闲地躺着。(15)但:只,只要。掩关:掩门。关,门闩。(16)车马客:指贵客。(17)造次:匆忙。(18)冻馁(něi):寒冷和饥饿。(19)穷通:困厄与显达。丰约:富裕与贫寒。(20)"正在"句:意谓中隐既非腾达、富贵,亦非困顿、贫寒,恰好在四者之间。四者:指穷、通、丰、约。

【提示】

本诗作于太和三年(829),白居易时在洛阳,为太子宾客分司。古人有大隐、小隐之说,"中隐"则是白居易之首倡。诗里说,大隐在朝堂,小隐在山林。尘外寂寞又荒凉,朝廷又过分喧嚣,不如就在做官中隐居,不闲不忙,优雅从容。能够在富贵荣华和疲于奔命中找到一份稳定的惬意,在大小隐逸的夹缝间找到自己安身立命的根本所在,才是中隐的至高境界。于是诗人写道:"人生处一世,其道难两全。贱即苦冻馁,贵则多忧患。唯此中隐士,致身吉且安。穷通与丰约,正在四者间。"

白居易《咏慵》(1)

有官慵不选(2),有田慵不农(3)。屋穿慵不葺(4),衣裂慵不缝。有酒慵不酌,无异樽常空(5)。有琴慵不弹,亦与无弦同。家人告饭尽,欲炊慵不舂(6)。亲朋寄书至,欲读慵开封(7)。尝闻嵇叔夜(8),一生在慵中。弹琴复锻铁(9),比我未为慵。

【注释】

(1)白居易:见专题三"中秋诗词"专题诗选《八月十五日夜湓亭望月》注释(1)。慵:懒惰,懒散。(2)选:等待铨选授官。(3)农:意为耕种。(4)屋穿:屋漏。葺(qì):用草苫房。(5)樽:古代的盛酒器。(6)舂:舂米。(7)开封:拆开信封。(8)嵇叔夜:嵇康,字叔夜,三国魏谯郡人,仕魏官中散大夫,为竹林七贤之一。他自称疏懒,头面常一月十五日不洗。(9)"弹琴"句:《晋书·嵇康传》说嵇康"弹琴咏诗,自足于怀",又说嵇康居山阳时喜欢打铁,贵公子钟会来访也不理,继续打铁。

【提示】

白居易闲适诗里常常写"慵懒",表达他随心所欲,一无挂碍。这里一方面彰显的是高蹈出尘、遗世独立的风范,另一方面似乎也深隐着他畏祸避世的用心。本诗以夸张的手法,夸耀自己的慵懒,其原因当然是在与"兼济"事业做比较:选择"独善",虽然失去了权势与富贵,但没有烦杂的公事,无须奔走于权贵门下,心理上返归自然本性,获得自由。

值得注意的是,白居易写自己的懒散,常常与嵇康对照。"嵇康懒"作为一个后世常用的典故,来源于嵇康的《与山巨源绝交书》。白居易把自己的慵懒与嵇康的慵懒相比较,认为自己与嵇康颇为相似,甚至有过之而无不及。然而细究,嵇康的"懒"源于怒和愤,有对抗的意味,以"懒"傲物;白居易的"懒"源于惧和怯,有逃避意味,以"懒"遂心。

柳宗元《江雪》⁽¹⁾

千山鸟飞绝⁽²⁾,万径人踪灭⁽³⁾。孤舟蓑笠翁⁽⁴⁾,独钓寒江雪。

【注释】

(1)柳宗元:见专题六"唐人山水田园诗"专题诗选《渔翁》注释(1)。(2)鸟飞绝:天空中一只鸟也没有。绝,绝迹。(3)径:小路。人踪灭:没有人的踪影。踪,踪迹。(4)蓑笠(suō lì)翁:着蓑衣、戴斗笠的渔翁。

【提示】

这首诗写于诗人被贬永州的时候。当时诗人僻居荒远之地,处境困难,但是仍然坚持信念,不屈不挠。这首诗中的"蓑笠翁",某种程度上写的就是诗人自己。诗中的"绝""灭""独"三字,渲染了一种空寂茫茫、无边孤独的抑郁气氛。同时,"独钓"一句又透露出执着持守的硬朗之气。这首诗十分简练,寥寥数笔就描出了一幅江雪垂钓图。

王安石［菩萨蛮］⁽¹⁾

数间茅屋闲临水⁽²⁾,窄衫短帽垂杨里⁽³⁾。花是去年红,吹开一夜风⁽⁴⁾。 梢梢新月偃⁽⁵⁾,午醉醒来晚⁽⁶⁾。何物最关情⁽⁷⁾,黄鹂三两声。

【注释】

(1)王安石:见专题十六"新年诗词"专题诗选《元日》注释(1)。(2)"数间"句:语出刘禹锡《送曹璩归越中旧隐诗》:"数间茅屋闲临水,一盏秋灯夜读书。"闲,指清闲,清静。(3)窄衫短帽:指便装衣帽。(4)"花是"二句:一作"今日是何朝?看余度石桥"。前句语出殷益《看牡丹》:"发从今日白,花是去年红。"(5)"梢梢"句:语出韩愈《南溪始泛》:"点点暮雨飘,梢梢新月偃。"梢梢,风吹动树木的声音。新月,农历月初形状像钩一样的月亮。偃

(yǎn),息卧。(6)"午醉"句:语出方械失题诗:"午醉醒来晚,无人梦自惊。"(7)关情:使人动情。

【提示】

王安石晚年罢相退居金陵,在半山筑草堂,引水作小港,其上叠石作桥。这首词记录了他当时的闲居生活。从写法上看,这还是一首集句词,即集唐人诗句杂缀而成;但虽是集句,却信手拈来,随意驱遣,对偶平仄之协律、句式长短之妥帖、情思前后之连续皆如出己口,传情、达意、绘景自然天成,贴切地表现出作者村居生活的闲情逸趣,体现了作者学富才高的创作功力。

全词旨在一"闲"字。隐居金陵时,词人生活清贫,上片中"茅屋""窄衫短帽"也可点明他当时的生活情况。远离了以前雕梁画栋、锦衣华服的官场生活,词人欣然接受了地位与身份的转变,并享受着闲看屋外花开花落、月圆月缺的闲适生活。"何物最关情,黄鹂三两声"是词中的亮点,点出此时他最关心的是黄鹂鸣叫之类的自然风物。把一切归于闲情,既是词人在自然中怡然自得、超脱于物外的写照,又表现了不肯与世俗同流的傲骨。

陆游《梦游山寺,焚香煮茗,甚适,既觉怅然,以诗记之》(1)

平日居山恨不深,蹔来差足慰幽寻(2)。僧归共说道逢虎(3),院静惟闻风满林。毫盏雪涛驱滞思(4),篆盘云缕洗尘襟(5)。此行殊胜邯郸客(6),数刻清闲直万金(7)。

【注释】

(1)陆游:见专题十九"梅花诗词"专题诗选《落梅》(雪虐风饕愈凛然)注释(1)。(2)"平日"二句:是说平常总为不能到幽山深岩中居住而遗憾,这次能在梦中寻幽访微也多少可以慰藉往日的心愿。蹔(zàn)来,暂时逗留。蹔同"暂"。差足,犹言差强人意,大体上还能使人满意。幽寻,探幽。(3)"僧归"句:以"道逢虎"说明山寺所处之幽深。(4)毫盏:又称兔盏、兔瓯。指茶盏有兔毫般细纹。雪涛：指汤色鲜白的茶水。滞思：思想凝滞，精神困倦。(5)篆(zhuàn)盘：指盘香。云缕：形容香烟如缕缕云丝缭绕。尘襟：犹尘心，凡俗之念。(6)殊胜：胜过。邯郸客：用"黄粱一梦"故事。唐人沈既济《枕中记》描写卢生在邯郸旅店中遇道者吕翁，翁以枕授生，生睡入梦，历数十年荣华富贵。及醒，主人炊黄粱尚未熟。(7)数刻清闲：指梦中焚香品茗之事。直：同"值"。

【提示】

此诗约作于庆元元年（1195），陆游71岁奉祠家居。所游山寺，应在其住处附近。陆游年逾古稀，梦中游山寺，与僧焚香煮茗，享受偷得浮生半日闲之乐，自认比邯郸客之美梦要闲适惬意。邯郸客，指的是唐代沈既济《枕中记》中主人翁卢生，他在邯郸旅店中得仙枕入梦，享数十年荣华富贵，醒来方知是一梦。不过，从诗题中所说梦醒后的"怅然"看，诗人是无法真正抛却"尘襟"，忘怀世事的。直至辞世前，他都在告诫子孙："王师北定中原日，家祭无忘告乃翁。"

陆游 [鹊桥仙] (1)

一竿风月，一蓑烟雨 (2)，家在钓台西住 (3)。卖鱼生怕近城门，况肯到红尘深处 (4)？　潮生理棹 (5)，潮平系缆 (6)，潮落浩歌归去 (7)。时人错把比严光 (8)，我自是无名渔父 (9)。

【注释】

(1)陆游：见专题十九"梅花诗词"专题诗选《落梅》（雪虐风饕愈凛然）注释(1)。(2)"一竿"二句：意谓在微风中、月光下、烟雨里，手持钓竿，身穿蓑衣，过着渔樵生活。(3)"家在"句：指陆游在严州任上。严州（今浙江建德）在桐庐西南。钓台，指东汉严子陵钓台，在桐庐。(4)况肯：更何况。红尘：此指繁华的地方。(5)理棹(zhào)：整理渔船。棹，长桨。此指船。

(6)潮平:潮水满涨。系缆:拴住缆绳,停泊船只。(7)浩歌:大声歌唱。(8)严光:《后汉书·严光传》:"严光,字子陵,一名遵,会稽余姚人也。少有高名,与光武同游学。及光武即位,乃变名姓,隐身不见。帝思其贤,乃令以物色访之。后齐国上言:'有一男子,披羊裘钓泽中。'帝疑其光,乃备安车玄纁,遣使聘之。三反而后至。……除为谏议大夫,不屈,乃耕于富春山。后人名其钓处为严陵濑焉。"(9)无名渔父:严子陵虽隐,名气却很大,后世流传关于他和光武帝交往的许多故事。陆游以为,严光虽隐,还不免有求名之心。而"无名"的"渔父"比严光还要清高。无名,即无求功名之心。宋人有首咏严光的诗,说:"一看羊裘便有心,虚名留得到如今。当时若着蓑衣去,烟水茫茫何处寻。"也就是说,严光虽辞光武帝征召,但还有名心。

【提示】

富春江滨的严子陵钓台,是汉代严光隐居的地方。这儿环境清幽,远离尘嚣,是山水胜地。陆游在淳熙十三年至淳熙十五年(1186—1188)严州任内曾写过好几首隐逸词。

词的上片写渔父的生活环境及心情:渔父以卖鱼为生,但他远远地避开争利的市场。卖鱼生怕走近城门,更不肯去红尘深处追名逐利。下片写渔父潮生时出去打鱼,潮平时系缆,潮落时归家。结尾二句说别人把渔父比作严光,作者认为,"无名"的"渔父"比严光还要清高。这首词,从思想内容来看,明显表现出对当时那些追逐名利之徒的讽刺。表面上似乎有些消沉,实则是作者晚年英雄失路的写照。

苏轼[江城子]⁽¹⁾

梦中了了醉中醒⁽²⁾。只渊明,是前生⁽³⁾。走遍人间,依旧却躬耕⁽⁴⁾。昨夜东坡春雨足,乌鹊喜,报新晴⁽⁵⁾。 雪堂西畔暗泉鸣⁽⁶⁾。北山倾,小溪横。南望亭丘,孤秀耸曾城⁽⁷⁾。都是斜川当日景⁽⁸⁾,吾老矣,寄余龄⁽⁹⁾。

【注释】

（1）苏轼：见专题三"中秋诗词"专题诗选［水调歌头］（明月几时有）注释（1）。（2）"梦中"句：梦里明白，醉中清醒。了了：明白，清楚。（3）"只渊明"二句：似乎觉得陶渊明是自己的前生。（4）却躬耕：退隐从事农耕。（5）"昨夜"三句：昨夜东坡下了一场满意的春雨，引得乌鹊欢喜，还为我报告新的农情。东坡，在黄州城东南隅，此后作者以东坡为号。足，满足，透。新晴，晴天，代指新农情。（6）雪堂：苏轼所建，在大雪中修成，内壁绘有雪景。暗泉：隐伏的泉水。（7）"南望"二句：谓向南望去，雪堂边的四望亭所在的山冈，孤峰秀美，好似传说中的昆仑仙山。孤秀，即独秀。曾城，又名层城，传说中昆仑山的最高级，系太帝的居所。（8）斜川：古地名，在江西，濒鄱阳湖，风景秀丽，陶渊明曾游于此，作《游斜川》诗并序。（9）余龄：余生。

【提示】

词前有一小序："陶渊明以正月五日游斜川，临流班坐，顾瞻南阜。爱曾城之独秀，乃作斜川诗，至今使人想见其处。元丰壬戌之春，余躬耕于东坡，筑雪堂居之，南挹四望亭之后丘，西控北山之微泉，慨然而叹，此亦斜川之游也。乃作长短句，以［江城子］歌之。"

元丰三年（1080）二月，苏轼到达贬所黄州，暂居定惠院，与寺院和尚起火吃饭，三个月后迁居临皋亭。家人原由弟弟子由照顾，这时弟弟也受牵连被贬，只好将嫂子全家送来黄州。由于家口众多，生计困难，第二年在朋友的帮助下，苏轼向官府申请到一块荒芜的旧营地耕种，以补食用之不足。此地有数十亩，位于黄州之东，苏轼躬耕其中，自得其乐，并为之取名"东坡"，自号东坡居士。随后又在其上筑雪堂，作为游息之所。东坡雪堂的景色，在苏轼看来就像陶渊明诗中的斜川。这首作于元丰五年（1082）三月的［江城子］，抒发的便是这种感受。词以写景为主。东坡之夜来春雨润物，清晨乌鹊呼晴；雪堂四周之鸣泉流溪、山亭远峰，不仅让词人感到有如"斜川当日景"，更让词人觉得陶渊明就是自己的"前生"，所以也就有了在此"寄余龄"、与陶渊明一样过归隐田园生活的心愿。解此词关键在于注意上片"走遍人间，依旧却躬耕"，从中可以捕捉到词人学陶归隐的真正原因。陶渊明41岁弃官归田，后来未再出仕，50岁时作斜川之游。苏轼这时已46岁，躬耕东坡，一切看上去都好像陶渊明当日的境况，底子里则饱含着对现实政局的深沉忧虑和对自身未来的期待。

辛弃疾［念奴娇］《赋雨岩》(1)

近来何处有吾愁，何处还知吾乐(2)。一点凄凉千古意，独倚西风寥廓(3)。并竹寻泉，和云种树，唤作真闲客(4)。此心闲处，不应长藉丘壑(5)。

休说往事皆非，而今云是，且把清尊酌(6)。醉里不知谁是我，非月非云非鹤(7)。露冷风高，松梢桂子，醉了还醒却(8)。北窗高卧，莫教啼鸟惊着(9)。

【注释】

（1）辛弃疾：见专题三"中秋诗词"专题诗选［太常引］《建康中秋夜为吕叔潜赋》注释（1）。雨岩：在今江西上饶广丰区博山的一处山崖。岩石中有泉飞出，如风雨飘洒，故名。作者落职闲居上饶带湖期间，常到这一带游玩。（2）"近来"二句：谓近来已臻愁乐两忘的境界。（3）"一点"二句：独立西风，放眼天宇，唯余一点凄凉情味。寥廓，高远空旷。（4）"并竹"三句：过着竹里寻泉、云中植树的生活，堪称真正的闲人。并竹寻泉，拨开竹枝寻找泉水。和云，带着云，同云一起。（5）"此心"二句：心境的宁闲，并非完全依靠山水的陶冶。藉，借助。丘壑（hè），指山水。（6）"休说"三句：不要谈论今是昨非，只有举杯一醉罢了。陶渊明《归去来兮辞》："实迷途其未远，觉今是而昨非。"尊，酒杯。（7）"醉里"二句：醉中忘却自我，月乎？云乎？鹤乎？一切似是而非。（8）"露冷"三句：深夜酒醒，依然一片寂静，唯见露滴松梢，唯闻风摇桂叶。（9）"北窗"二句：醒了再睡，莫教晨鸟惊梦。北窗高卧，陶渊明《与子俨等疏》:"常言五六月中,北窗下卧,遇凉风暂至,自谓是羲皇上人。"

【提示】

此词作于辛弃疾闲居带湖期间。上片以反诘领起全文,再由"何处"勾勒出"独倚西风寥廓"的孤独者形象。宣称无愁无乐,其实还是有反观"千古"之后所不能不有的一点凄凉意。以下说竹里寻泉,云中种树,可以称得上是真正的闲人。然而这种心情的宁静并不是完全通过山水的陶冶而拥有的。过片先把过去和现在的是是非非一笔推开,又以"且把清尊酌"的自劝,显示出勉强压抑内心情感的情态。再极言醉后的迷离忘世忘我之乐。又谓在露滴松梢、风摇桂叶的夜里,从醉酒的浑然境界中醒来。结末二句写醒了再睡去。需要通过醉酒、沉睡以忘怀自我与世界的关系,至此,终于泄露出难以承受清醒时清怨压迫的痛苦心理。

赵师秀《约客》[1]

黄梅时节家家雨[2],青草池塘处处蛙[3]。有约不来过夜半,闲敲棋子落灯花[4]。

【注释】

(1)赵师秀(约1170—约1219),字紫芝,号灵秀,永嘉(今浙江温州)人。宋光宗绍熙元年(1190)进士。历上元县(今南京江宁区)主簿、筠州(今江西高安)推官等职。其诗学姚合、贾岛,写萧散野逸之趣,音韵和谐,清丽自然。他是南宋后期的"江湖派"诗人,与同乡好友徐照、徐玑、翁卷并称"永嘉四灵"。有《清苑斋集》。约客:约请别人来做客。(2)黄梅时节:农历四五月间,江南梅子黄熟的一段时期。该时期的天气大都是阴雨连绵。家家雨:到处都在下雨。(3)处处蛙:指到处都有青蛙的叫声。(4)闲敲:信手敲。灯花:油灯的灯芯燃烧时结成的花状物。

【提示】

本诗描写诗人在一个梅雨绵绵、蛙声阵阵的夜晚,与人约会而久候不至,于是独自敲着棋子解闷的情景,表现了当时环境的幽寂和诗人心境的悠闲,同时也写出了一种候客不至,怅然若失的人生体验。

三、专题衍说

青箬笠,绿蓑衣,斜风细雨不须归
——说"渔父"形象的寓意

以体力活来养家糊口的有各种人群,种菜的、卖货的、砍柴的、打鱼的,包括各种手艺人,各种劳动者。各有各的苦楚,各有各的辛酸。这些人,大多在生活里走动,在艺术作品里的篇幅并不太多。

渔父除外。

很早的时候,就出现过两个渔父。

一个住在南方。他优哉游哉地在沅江边上,遇到了"颜色憔悴,形容枯槁"的屈原。屈原跟他说:"举世皆浊我独清,众人皆醉我独醒,所以我过得很不好。"渔父说:"还是不要太操心这世上的水是清还是浊,这世上的人是醉还是醒。水若是清的,你用来洗衣裳洗帽子,水若是混浊的,你不妨用来洗洗脚就是了嘛。就好比人说,世道清平做做官,世道纷乱当当隐士。不需要特别走心的呀。"看着屈原懵懂的表情,他微微一笑,摇着船桨走开了。

某日,这个神秘的渔父又去围观孔子给弟子们上课。孔子向他请教问题,他说:"凡是操心不该操心的事情,总会带来莫大的祸患。你知道怎样避祸的道理吗?举个例子,有人讨厌自己的影子,嫌弃自己的脚印,他拼命地跑,拼命地跑,以为这样就可以摆脱自己的影子、自己的脚印,实在是不明智啊。难道你不懂得,只要你不动弹,就根本不会有影子、不会有脚印吗?孔先生,你明白自己处处碰壁的缘由吗?记住,适当改变自己,摆正自己的心态和位置,才能保护好自己的自然本性。要改变,还来得及。"听了这话,孔子深深地向渔父作揖,看着他撑船离开,沿着芦苇丛中的水道渐渐远去,直到听不见桨声。

这一出现在《楚辞》与《庄子》里的渔父,显然不是个正宗的打鱼人。是一个颇有些智慧、又有些世故的隐士吧?

还有一个渔父,住在中原。他有很多名字,姜尚、吕尚、姜子牙、姜太公、太公望等,指的都是他。他80岁坐在渭水旁的磻溪,用一根直钩,不挂鱼饵,离水面三尺高,嘴里嚷着:"愿意被我钓上来的鱼们,快上钩吧,快上钩吧。"有人说他钓到了很多鱼,不知是真是假。不过,他奇怪的行为引起了周文王的注意,倒是真的。周文王与这位钓鱼的老人攀谈,发现他上通天文,下知地理,对天下形势分析得头头是道,句句说到文王心里。于是,周文王将他带回,让他做了国相,帮助整顿政治和军事,从而壮大了周朝的疆土和实力。

这个渔父,也不是正宗的打鱼人。渔翁之意不在"鱼",在乎钓取功名也。该渔父,跟南方的那一位,志向上俨然不同。

这两个渔父,深刻地影响着传统的士大夫。明摆着他们都是书生化了的"渔父"形象,是不同背景下不同际遇里的人不同情怀的象征。一类,是儒家"功业"型,另一类,更倾向于道家的"自然"型。诗词里对这两类渔父都有咏颂;同一个诗人对这两类渔父也都会有向往。就像白居易,有时候说"唯怜吕叟时相伴,同把磻溪旧钓竿"(《晚池泛舟遇景成咏赠吕处士》),有时候又说"浮生多变化,外事有盈虚。今来伴江叟,沙头坐钓鱼"(《垂钓》)。

不过,大多数诗词里的"渔父"是以隐逸者的形象出现的。他们中间,有些人孤高("卷却诗书上钓船,身披蓑笠执鱼竿。棹向碧波深处去,几重滩。不是从前为钓者,盖缘时世掩良贤。所以将身岩薮下,不朝天"),有些人散淡("西塞山前白鹭飞,桃花流水鳜鱼肥。青箬笠,绿蓑衣,斜风细雨不须归"),有些人执拗("千山鸟飞绝,万径人踪灭。孤舟蓑笠翁,独钓寒江雪"),有些人悠悠("华灯纵博,雕鞍驰射,谁记当年豪举。酒徒一一取封侯,独去作、江边渔父。轻舟八尺,低篷三扇,占断苹洲烟雨。镜湖元自属闲人,又何必、君恩赐与"),有些人默坐体道("海上一蓑笠,终年垂钓丝。沧洲有深意,冠盖何由知"),有些人于醉梦之间心无挂碍("信浮沉,无管束,钓回乘月归湾曲。酒盈樽,云满屋,不见人间荣辱")。他们饱读诗书,满腹经纶,通今博古,怀瑾握瑜,纵情山水的性情中隐藏着洞悉世事的智慧,来去自如的踪迹里却又难掩关怀人间的古道热肠。

这里的有些人,看上去似乎是白给他们高官都不屑于去做的,就像那位富春江边垂钓的严光(严子陵)。他曾经跟东汉的光武帝刘秀是同学,又是非常好的朋友,刘秀多次延聘他,他都没有答应。范仲淹写《严先生祠堂记》称赞他"云山苍苍,江水泱泱。先生之风,山高水长"。陆游后来写过一首[鹊桥仙],云:"一竿风月,一蓑烟雨,家在钓台西住。卖鱼生怕近城门,况肯到红尘深处?潮生理棹,潮平系缆,潮落浩歌归去。时人错把比严光,我自是无名渔父。"这位住在钓台的渔父,连严子陵都不愿意效仿了:严子陵不要功名,但还是留下了修名,我连这等虚名都可以不要,谁奈何得了我?

美国作家海明威写过一部小说,叫《老人与海》,老年渔父的名字叫圣地亚哥。他独自在海上,看日升日落,观月隐月现,与鱼鸟作伴,跟风儿说话,他分明就是大海的一个部分。为了将捕杀的大马林鱼带回家,他跟鲨鱼追逐搏斗了三天三夜,虽败犹荣。这一形象与中国古典诗词中的渔父看上去差别很大,但在某些方面却又惊人地一致。他们都依托于自然,独自面对一方天地;在那里,他们坦然踏实,不挠不屈。他们以不同的方式显示斗志,表明自己是不容易挫败的人。

闲人白居易

——说"隐于朝市"的白居易

白居易"闲"吗?起码从他的诗里看,他还是蛮闲的。

成日看看闲书,喝喝闲酒,听听闲曲,会会闲友,游览游览闲山闲水,侍弄侍弄闲花闲草,身边还养着若干有"樱桃口""杨柳腰"的樊素、小蛮、桃叶等名姝佳人。连他自己都说"月俸百千官二品,朝廷雇我作闲人"(《从同州刺史改授太子少傅分司》)。不但闲,还有官职,有俸禄,惬意得紧。

白居易出生于唐代宗大历七年(772)。他父母的婚姻很奇特。父亲白季庚41岁的时候娶了15岁的陈氏,而陈氏则是白季庚妹妹的女儿。虽然一些人有不同看法,但一般认为白居易父母之间的舅甥关系是成立的,罗振玉、陈寅恪、顾学颉等学者对此曾有过严谨而详细的考索,应该可以信服。

白季庚给孩子取名,费了一些心思。《礼记·中庸》云"君子居易以俟命",《周易·系辞》云"乐天知命故不忧"。给儿子取名叫"居易",取字叫"乐天",白季庚大概是希望孩子将来能顺应天意,平安无忧。白居易有个弟弟,叫白行简,字知退,就是后来写小说《李娃传》的那个。"行简知退,居易乐天",兄弟俩的名和字联缀起来,岂非一副好对子?

白居易自幼爱读书,能诗善文。23岁父亲亡故,29岁赴长安应试,一举进士及第。这位排名第四的新科进士,曲江宴游之后登上大雁塔,留下"慈恩塔下题名处,十七人中最少年"的句子,其春风得意,可见一斑。有一个流传很广的故事,说的是白居易慕名拜望曾做过著作郎的大诗人顾况,顾况戏谑他的名字"居易",说:"长安米贵,居大不易。"待读了他的"野火烧不尽,春风吹又生"(《赋得古原草送别》)后,忙改口道:"有这等才华,到长安居住又有何难?"这个故事发生的时间背景不是特别清楚,想来或许是更早的时候。

32岁踏上仕途的白居易,与当时许多的年轻官员一样,有经邦济世的政治理想。唐顺宗起用王叔文、刘禹锡、柳宗元等进行"永贞革新"时,官职卑微的白居易也曾向宰相韦执谊上书言志,坦陈社会时弊。他将所写的七十五篇政论文章汇集成《策林》,引古援今,析理深透,展示出不一般的政治思想和才能。在担任左拾遗(随侍皇帝左右的谏官)期间,他恪尽职守,"有阙必规,有违必谏",因此也得罪了官场中的一部分人。

不仅职务上有言论，白居易既然是诗人，诗歌自然也成了他表达政见的一种途径。当时，他与李绅、元稹等一干好友，写了不少反映民生疾苦的讽喻诗，被称为"新乐府诗"。像《杜陵叟》《卖炭翁》《新丰折臂翁》《上阳白发人》等，都是其中的佳篇。

40岁那年，他的母亲，57岁的早已患有疯疾的陈氏，落井而死。这是一件大悲哀的事情，后来却被他的政敌们作为用来打击他的武器。

他为母亲居丧完毕回到朝廷之后，已不再担任谏官，而是任太子左赞善大夫，工作职责主要是负责太子的读书学习，与一般的朝政事务关系不大。当时发生了一件重大的事情，宰相武元衡在街头被刺，连头颅都被人割了去。而且几乎同时，御史中丞裴度也在上朝途中遇袭，险些丧命。两起案子的内幕缘于藩镇与朝廷的矛盾。作为东宫属官，按规矩是不得参与朝政的，但义愤填膺的白居易第一个上书皇帝，要求捉拿凶手。其实从正常的同僚情感上理解，这样的"越职言事"也算不了什么，但那部分看他不顺眼的人就纷纷指责他"越位"；当然最主要的，是因为他上书的观点与宰相张弘靖、韦贯之"释镇养威"的意见相左。为了扳倒白居易，有人阴谋地散布他对母亲照顾不周，有亏人子之道；又说他母亲因看花坠井而死，他居然后来还写《赏花》及《新井》诗，简直是无情无义，不仁不孝，有伤名教，不宜辅佐东宫太子。一个月之后，白居易被贬谪为江州司马。那年，他44岁。

白居易内心一片荒凉。离开长安之前，他写了一首《自诲》，其中有这样的句子："人生百岁七十稀，设使与汝七十期。汝今年已四十四，却后二十六年能几时？汝不思二十五六年来事，疾速倏忽如一瞬。往日来日皆瞥然，胡为自苦于其间？乐天乐天，可不大哀！而今而后，汝宜饥而食，渴而饮，昼而兴，夜而寝。无浪喜，无妄忧，病则卧，死则休。此中是汝家，此中是汝乡。汝何舍此而去，自取其遑遑？遑遑兮欲安往哉？乐天乐天归去来！"

他在庐山香炉峰遗爱寺旁建了一座草堂，室内置琴设榻，室外凿池养花，与僧侣雅士赏景谈禅，炼丹烧药，过上了一种"宦途自此心长别，世事从今口不言"(《重题》)的生活。

当然,他做不到完全与世隔绝,忘怀国事。无论是政局的变化还是亲友的状况,都会引起他内心的波澜,从而形诸笔墨。他只是对于富贵功名,不再强求,不再留恋。结束贬谪生涯之后,他做过地方刺史,也做过长安京官。在地方上,他勤政清廉,关爱子民;在朝廷里,他与人为善,淡泊处事。他走的是一条"隐于朝市"、亦官亦隐的生存道路,正如他诗里所说的"始知真隐者,不必在山林"(《玩新庭树,因咏所怀》)。

白居易官至二品,终寿75岁,留下近3000首诗。他的一生,在"独善"与"兼济"之间出入。他流连诗酒,超脱功名,却也能为天下沦落之人掬一捧青衫之泪;他清心寡欲,吃斋念佛,但也不排斥世俗享乐,对情义的重视态度甚至有些天真。他去世以后,唐宣宗李忱写了一首《吊白居易》诗:"缀玉联珠六十年,谁教冥路作诗仙。浮云不系名居易,造化无为字乐天。童子解吟长恨曲,胡儿能唱琵琶篇。文章已满行人耳,一度思卿一怆然。"

专题三十

端午诗词

一、专题要点

本专题主要了解端午节的来历与民俗,与端午相关的传说,以及端午诗词的情感色彩。本专题选读诗歌作品10首。

(一)端午节的来历

端午节是每年农历的五月初五。"端"是开始的意思。端午即正五,"五""午"二字通用。农历的正月开始为寅月,按地支"子丑寅卯辰巳午未申酉戌亥"顺序推算,第五个月正是"午月"。每月有三个五日,头一个五日也是"端午"。端午节亦可称端五节、重五节、重午节、五月节等。

端午节,可能源于上古新年农事之祭祀,或南方吴越先民拜祭龙祖的节日。因传说战国时期的楚国诗人屈原在五月五日跳汨罗江自尽,后来人们亦将端午节作为纪念屈原的节日;也有纪念伍子胥、曹娥及介子推等说法。北方中原还把端午视为"恶月恶日",夏季时令还有"祛病防疫"的风尚。总之,端午风俗形成可以说是南北风俗融合的产物。

(二)端午节俗

1. 驱邪避毒。包括将菖蒲、艾草悬挂门户,做香囊,泡酒或沐浴;饮雄黄酒;缠五彩线;挂五毒图或钟馗图等。

2. 吃粽子、赛龙舟。相传这些习俗与纪念屈原有关。

3. 榴月斗草。五月是石榴花开的季节,所以五月称为榴月。民间斗草,分武斗和文斗,武斗比试草的韧性,文斗指说出对仗的花草名。

(三)课堂话题

1. 端午与屈原 —— "堪笑楚江空渺渺,不能洗得直臣冤"。

屈原经历:楚王信任,贵族猜忌,遭遇流放,歌吟离骚,秦王灭楚,抱石沉江。

据传屈原死后,楚国百姓到汨罗江边去凭吊他。渔夫们划起船只,在江上来回打捞他的尸身。有的将食物丢进江里,让鱼龙虾蟹吃饱以免去咬屈原的身体。有的将雄黄酒倒进江里,要药晕蛟龙水兽,以免伤害屈原。龙舟竞渡、食粽子等习俗由此而来。

2. 端午与曹娥 —— "青娥埋没此江滨,江树飕飗惨暮云"。

曹娥传说:曹父殒江,寻父数日,章表孝女,立曹娥碑,绝妙好辞,"才不及卿"。

相传曹娥死后,当地人感其孝而立碑纪念,每到五月五日在龙舟上塑像,划龙舟竞渡。

3. 端午与伍员 —— "眼前多少不平事,愿与将军借宝刀"。

伍员(伍子胥)传说:父兄被害,一夜须白,吹箫吴市,掘墓鞭尸,劝谏夫差,被逼自尽。

相传伍子胥自杀后,被吴王夫差以鸱夷之革裹着扔进钱塘江,化为涛神。吴人为其立祠于江边,名曰"胥山"。每年五月五日泛舟江上,以迎涛神,从而形成龙舟竞渡等节俗。明代唐寅《题伍子胥庙壁》云:"白马曾骑踏海潮,由来吴地说前朝。眼前多少不平事,愿与将军借宝刀。"

4. 端午与白蛇 —— "白白不知归甚处?青青那识在何方"。

白蛇传说的基本情节:西湖初遇,施药救人,端午惊变,勇盗仙草,水漫金山,镇雷峰塔。

白蛇故事产生较晚,唐宋小说中有故事的雏形。故事的基本定型,是明代《警世通言》里收录的《白娘子永镇雷峰塔》。清代方成培的戏剧《雷峰塔》,代表着白蛇故事的成熟。后来作品的各种改编,其主题、情节与人物的基调,都是据此演绎的。

二、专题诗选

刘禹锡《竞渡曲》⁽¹⁾

沅江五月平堤流⁽²⁾,邑人相将浮彩舟⁽³⁾。灵均何年歌已矣⁽⁴⁾,哀谣振楫从此起⁽⁵⁾。扬桴击节雷阗阗⁽⁶⁾,乱流齐进声轰然⁽⁷⁾。蛟龙得雨鬐鬣动⁽⁸⁾,螮蝀饮河形影联⁽⁹⁾。刺史临流褰翠帱⁽¹⁰⁾,揭竿命爵分雄雌⁽¹¹⁾。先鸣余勇争鼓舞⁽¹²⁾,未至衔枚颜色沮⁽¹³⁾。百胜本自有前期⁽¹⁴⁾,一飞由来无定所⁽¹⁵⁾。风俗如狂重此时,纵观云委江之湄⁽¹⁶⁾。彩旗夹岸照蛟室⁽¹⁷⁾,罗袜凌波呈水嬉⁽¹⁸⁾。曲终人散空愁暮,招屈亭前水东注⁽¹⁹⁾。

【注释】

(1)刘禹锡:见专题五"重阳诗词"专题诗选《九日登高》注释(1)。竞渡:亦作"竞度",划船比赛。相传战国楚屈原于农历五月五日投汨罗江以死,民俗因于是日举行龙舟竞渡,以示纪念。一说竞渡之戏始于越王勾践,为纪念伍子胥。其他传说尚多。(2)沅江:今湖南沅江。平堤流:水流和堤岸相平。(3)"邑人"句:本县人把彩舟放进水中。相将,相偕,相共。彩舟,指装饰得很美的龙舟。(4)灵均:屈原的字。歌已矣:意为屈原《九歌》早已不唱。(5)哀谣振楫(jí):是说从此唱起悲歌,声震船桨。楫,船桨。(6)扬桴(fú):扬起鼓槌。击节:打着节拍。雷阗阗(tián tián):雷声隆隆。形容鼓声。(7)乱流:纷乱的水流。(8)鬐鬣(qí liè)动:意谓龙舟在水中前进,如真龙一般鬐鬣俱动。鬐鬣,鱼、龙的脊鳍。(9)"螮蝀"句:意谓众龙舟形影相联像天上彩虹一样下饮河水。螮蝀(dì dōng),虹。(10)刺史:一州之长。临流褰(qiān)翠帱:在水上揭起船上的帷幕。褰,撩起,揭起。翠帱,翠色的帷帐。(11)揭竿:立起标杆,作为标的。命爵:命令参赛的水手喝尽杯中酒。这是赛前的准备工作。雄雌：比喻胜败、高下、强弱。(12)先鸣：谓胜者。余勇：指勇气过人。鼓舞：手足舞动，表示欢欣。(13)"未至"句：指失败者默默无言，失意的样子。衔枚，古代行军时，横衔枚于口中，以防喧哗或叫喊。枚，形如筷子，两端有带，可系于颈上。颜色，面容，面色。(14)"百胜"句：意思是胜利事先可以期待和预料。(15)"一飞"句：意思是竞赛起来胜负难料。(16)纵观：恣意观看。云委：如云之堆积，形容观众层层叠叠，人数众多。江之湄：江岸。(17)蛟室：犹龙宫。借指大江大海。(18)罗袜凌波：典出曹植《洛神赋》。指洛水女神在江上漫步。这里指美丽的女子。水嬉：水上的娱乐。(19)招屈亭：在水边搭起的招屈原魂的亭子。

【提示】

这首诗记叙的是湖南沅江一带五月民间举行龙舟竞渡的盛大活动。

前四句写龙舟竞渡的时间、条件和缘起。在五月南方江水水满的季节，沅江水面几乎与江堤齐平，人们开始相约去划龙舟。屈原的歌吟声停止了，唱着哀歌挥动船桨的竞渡活动便从此兴起。

中间十四句具体形象地描绘龙舟奋进的情景，赞扬当时人民勇敢好胜的性格。前六句写竞渡的场面：有节奏而响亮的击鼓声，不顾水流曲折而力争奋进的击水声，此起彼伏。竞渡龙舟有如蛟龙得水般摆动着脊背和髭须，形影相联的各队龙舟就像一道道美丽的彩虹。刺史亲自来观看竞渡，并把奖励文书挂在旗杆上，鼓励竞渡者一分胜负。通过"雷阗阗""声轰然""鼙鼍动"这些描写，不难感受当时场面的气势磅礴、豪气冲天。后八句写竞渡结束的场面：先到终点的欢欣鼓舞，还有使不完的力气；后到的则噤口不语，垂头丧气。其实要想取胜还是有机会的，说不定哪一次就一飞冲天，夺得冠军。此地风俗特别重视端午的龙舟竞渡，简直可说是如痴如狂，看竞渡的人云集江边，两岸彩旗映照，少女们在水边嬉戏。

诗的末两句描写竞渡结束人散去，黄昏时分寂寞哀愁突然袭来，诗人在招屈亭前默默地看着江水向东流去。笔触由此前的龙舟比赛的热闹场景转为屈原事引发的惆怅。

元稹《表夏十首》其十⁽¹⁾

灵均死波后,是节常浴兰⁽²⁾。彩缕碧筠粽,香粳白玉团⁽³⁾。逝者良自苦⁽⁴⁾,今人反为欢⁽⁵⁾。哀哉徇名士⁽⁶⁾,没命求所难⁽⁷⁾。

【注释】

（1）元稹：见专题十三"大唐艺术"专题诗选《舞腰》注释（1）。表夏：表述、述说夏天的景象与感受。表，表述，述说。（2）"灵均"二句：是说自屈原投汨罗江死后，人们常在端午节这天以兰草为浴汤沐浴。灵均，指屈原。屈原，名平，字原；又名正则，字灵均。是节，指端午节。浴兰，即浴兰汤。古人认为兰草可辟不祥，故以兰汤洁斋祭祀。《大戴礼记·夏小正》："五月……蓄兰，为集浴也。"《楚辞·九歌·云中君》："浴兰汤兮沐芳，华采衣兮若英。"《荆楚岁时记》称五月五日为浴兰节。（3）"彩缕"二句：端午的粽子，以箬叶或芦苇叶等裹米，系之以五彩丝线，蒸煮使之熟。筠（yún）粽，一种用竹叶包的粽子。粳（jīng），稻的一种。白玉团，喻指白米粽。（4）逝者：指死去的屈原。良：甚、很。自苦：自己受苦，自寻苦恼。（5）为欢：指以兰汤沐浴、吃粽子、赛龙舟等活动。（6）徇名：舍身求名。徇，同"殉"，为达到某种目的而牺牲自己的生命。（7）没命：犹舍命。所难：谓难以做到的事。

【提示】

元稹《表夏十首》从不同角度细致入微地描摹了夏日种种物景人事的情态，诸如新笋早樱、烟花榴艳、风月荒庭、清夜流星、奇云红霞、云鸿笼鸡、夏虫蜩螗、飞燕唊食等。这首是组诗的第十首。前四句写节日的由来和主要活动，后四句是诗人发表议论看法。

元稹看到人们在端午这天兴高采烈地浴兰汤，吃粽子，想到这些习俗本是为纪念屈原而起，想到屈大夫行吟泽畔、形销骨立、郁愤难平、抱石沉江的苦楚,不禁发出了"逝者良自苦,今人反为欢"的感叹。不过他认为屈原是为了求名而死,"没命求所难",并不十分准确。

殷尧藩《端午日》(1)

少年佳节倍多情,老去谁知感慨生(2)。不效艾符趋习俗,但祈蒲酒话升平(3)。鬓丝日日添头白,榴锦年年照眼明(4)。千载贤愚同瞬息,几人湮没几垂名(5)。

【注释】

(1)殷尧藩(约780—约855),秀州(今浙江嘉兴)人。元和九年(814)进士。曾任永乐县令、福州从事,后为湖南观察使李翱幕僚。官至侍御史。其诗多生活气息。《全唐诗》存其诗1卷。(2)"少年"二句:是说小时候每逢过节分外高兴,现在老了,遇到节日却容易感慨伤情。(3)"不效"二句:是说不去仿效民间悬艾辟邪的习俗,只想借酒敬天,祈愿天下太平。艾符,旧俗端午节剪艾叶为虎形或剪彩为虎再贴以艾叶,称艾符。插于门楣或悬挂堂中,以辟邪驱瘟。蒲酒,菖蒲酒。端午俗称喝菖蒲酒能驱邪。升平,谓太平盛世。(4)"鬓丝"二句:是说头上白发与日俱增,石榴花年年盛开。榴锦,指石榴花。其花鲜艳似锦,故称。(5)"千载"二句:是说无论穷达贵贱,都是千年中的一瞬,有几个可以万古流芳、永垂青史?贤愚,圣贤,愚蠢。瞬息,意为一眨眼和一呼吸,形容极短暂的时间。湮没(yān mò),埋没。垂名,名垂青史。

【提示】

这是一首节日感怀诗。同样的佳节,由于年龄不同,感情也就各异。"少年佳节倍多情,老去谁知感慨生。"作者生长在安史之乱后唐王朝走向衰败的时候,战乱连年;在节日里,人们无心趋从旧俗,却一心期望太平。结尾二句,暗写端午纪念屈原事,同时又寄寓人生苦短、"千载贤愚同瞬息"的消沉情绪。

赵嘏《题曹娥庙》[1]

青娥埋没此江滨[2],江树飕飗惨暮云[3]。文字在碑碑已堕[4],波涛犹负色丝文[5]。

【注释】

(1)赵嘏:见专题二"帝都之诗"专题诗选《长安秋望》注释(1)。曹娥庙:在今浙江曹娥江边,江为剡溪之下流。剡溪至嵊州各支流汇合,曲折北流经曹娥庙前,故名曹娥江。《后汉书·曹娥传》载,曹娥,东汉时会稽郡上虞县人。相传其父五月五日迎神,溺死江中,尸骸流失。娥年十四,沿江哭号十七昼夜,投江而死。(2)青娥:指美丽的少女。(3)飕飗(sōu liú):风吹江树的象声词。(4)碑:指曹娥碑。《后汉书·列女传·曹娥传》:"至元嘉元年(151),县长度尚改葬娥于江南道旁,为立碑焉。"(5)色丝文:绝妙的文章。《世说新语·捷悟》:"魏武(曹操)尝过曹娥碑下,杨修从。碑背上见题作'黄绢幼妇,外孙齑臼'八字……修曰:'黄绢,色丝也,于字为绝;幼妇,少女也,于字为妙;外孙,女子也,于字为好;齑臼,受辛也,于字为辞。所谓绝妙好辞也。'"

【提示】

曹娥碑是东汉年间人们为颂扬曹娥的美德,纪念她的孝行而立的石碑。汉元嘉元年(151),会稽上虞令度尚欲为曹娥立碑,先使属吏魏朗为之操笔,久而未出,遂命其弟子邯郸淳作碑文。邯郸淳时甫弱冠,只见他从容捉笔,少许构思,一挥而就,众人嗟叹不暇。碑以载孝,孝以文扬。蔡邕闻讯来观,手摸碑文而读,阅后书"黄绢幼妇,外孙齑臼"八字于碑阴,隐"绝妙好辞"四字。因而还引出曹操与杨修的一段故事。该碑本在上虞曹娥江边曹娥墓旁,后不存。后来的碑为宋元祐八年(1093)蔡卞重书。

文秀《端午》⑴

节分端午自谁言⑵,万古传闻为屈原。堪笑楚江空渺渺⑶,不能洗得直臣冤⑷。

【注释】

(1)文秀:生卒年、字号均不详,江南僧,居长安,以文章应制。《全唐诗》存其诗1首。(2)分:分出。(3)堪笑:可笑。楚江:楚国的江河。这里指汨罗江,屈原投水之处。渺渺:辽阔无际。(4)洗:洗刷。直臣:直言谏诤之臣。

【提示】

这首诗通过描述端午的来历,感叹浩渺的江水也难以洗去屈原的冤屈,不仅表现了作者对爱国诗人的同情,也表达了对昏君奸臣的鞭挞。

欧阳修 [渔家傲]⑴

五月榴花妖艳烘⑵,绿杨带雨垂垂重⑶。五色新丝缠角粽⑷。金盘送,生绡画扇盘双凤⑸。　正是浴兰时节动⑹,菖蒲酒美清尊共⑺。叶里黄鹂时一弄⑻。犹瞢忪⑼,等闲惊破纱窗梦⑽。

【注释】

(1)欧阳修:见专题十五"爱情与诗"专题诗选 [玉楼春](尊前拟把归期说)注释(1)。(2)榴花:石榴花。妖艳:艳丽。烘:烧。形容榴花红艳如火。(3)垂垂:低垂貌。(4)"五色"句:农历五月初五端午节,民间有以五色丝系臂、包角粽等习俗。角粽,以箬叶包糯米煮成,相传为纪念屈原而制。(5)生绡(xiāo):未经过漂染的生丝织品。古时多用以作画,因亦以指画卷。盘双凤:指扇上绘有双凤的图案。(6)浴兰时节:端午节时,旧俗用兰草沐浴,以祛除不祥,增进健康。(7)菖蒲(chāng pú)酒:用菖蒲叶浸制的药酒。旧俗端午节饮之,谓可去疾病。尊:同"樽",酒杯。(8)时一弄:不时地发出一两声鸣叫。弄,啼叫。(9)瞢忪(méng sōng):睡眼惺忪之貌。(10)等闲:无端地。惊破:打破。

【提示】

这首词主要写五月端午节的风物人情。

上片首先借榴花和绿杨写仲夏自然景象。词人用一"烘"字形象地展现了五月榴花盛开如燃烧之火的艳丽,充满了热烈的仲夏气息。写带雨绿杨"垂垂重",则将五月垂杨长得茂盛时沉甸甸下垂的样子生动再现了出来。红榴绿柳,交相辉映,为夏季平添几分美丽。接着词人展现五月端午的节日气氛。家家户户都做粽子,粽子用五色线缠扎,用美丽的盘子装着送上桌来。天气渐热了,绣着双凤的丝扇又成了人们手头的常用物品。

下片则首先写端午的节日活动。人们用兰汤沐浴,去秽洁身,以除不祥;共饮菖蒲酒,祛邪健体,以佑天年。接下来,词人写的是热闹的节日活动之后的一幕场景。树梢叶下,黄鹂声声,茜纱窗下,主人公酒后小憩。只见他睡眼惺忪,因为清脆的黄鹂声惊醒了他的美梦。词作至此作结,主人公此时并无嗔怒之意,反而见一片悠闲自适之情。

苏轼［浣溪沙］《端午》(1)

轻汗微微透碧纨(2),明朝端午浴芳兰(3)。流香涨腻满晴川(4)。　彩线轻缠红玉臂(5),小符斜挂绿云鬟(6)。佳人相见一千年。

【注释】

(1)苏轼:见专题三"中秋诗词"专题诗选［水调歌头］(明月几时有)注释(1)。(2)碧纨(wán):绿色薄绸。(3)浴芳兰:以兰草为浴汤。(4)"流香"句:杜牧《阿房宫赋》有"渭流涨腻,弃脂水也"句,指宫女洗沐下来的脂粉使渭水都染上了香味。此用其典,是说众多的兰汤倒入河中,使晴川涨腻。晴川,晴天下的江面。(5)"彩线"句:古代端午节有在手臂等处系五色彩线的习俗,这种彩线又称"长命缕",用来辟邪祛病,保佑长命。(6)"小符"句:意思是女子们的发髻上挂着祛邪驱鬼、保佑平安的符箓。绿云鬟(huán),即绿鬟,乌黑发亮的发髻。泛指妇女美丽的头发。

【提示】

据说这首词作于绍圣二年(1095)的端午前夕,是苏轼为朝云而戏作。上片写女子们在节日前夕进行各种准备活动;下片刻画她们按照民间习俗,彩线缠玉臂,小符挂云鬟。"佳人相见一千年",既是女子们节日里的互致问候,更是苏轼和朝云的千年之约。全词明快浪漫,诙谐活泼,是作者闺恋诗词中卓有特色的一首。

张耒《和端午》(1)

竞渡深悲千载冤(2),忠魂一去讵能还(3)。国亡身殒今何有(4),只留《离骚》在世间(5)。

【注释】

(1)张耒(1054—1114),字文潜,号柯山,楚州淮阴(今属江苏)人。宋神宗熙宁六年(1073)中进士,授临淮主簿。元祐间,仕至起居舍人,以直龙图阁知润州。绍圣中,坐党籍,谪监黄州酒税。徽宗初,召为太常少卿。后复坐元祐党,贬房州别驾,黄州安置。工诗赋散文,为"苏门四学士"之一。其诗不少为个人遣怀之作,风格自然平淡。有《柯山集》。(2)竞渡:指赛龙舟,是端午习俗之一。千载冤:指屈原事。(3)讵(jù)能:岂能。(4)殒(yǔn):死亡。(5)《离骚》:屈原代表作。诗中表达了屈原对楚国的热爱、盼望报效祖国的志向、因谗言不被重用的痛苦,以及不愿与小人同流合污的高尚情操。

【提示】

作者由端午龙舟竞渡的习俗起笔,借题发挥,表达了对屈原不幸遭遇的深切同情和悼念。结尾句语义双关,托古喻今,以诗明志,抒发了作者屡遭贬逐后的愤愤不平和决不悔退的决心。

黄裳[减字木兰花]《竞渡》[1]

红旗高举,飞出深深杨柳渚[2]。鼓击春雷[3],直破烟波远远回[4]。欢声震地,惊退万人争战气[5]。金碧楼西[6],衔得锦标第一归[7]。

【注释】

(1)黄裳(1044—1130),字勉仲,号演山,延平(今福建南平)人。宋神宗元丰五年(1082)进士。徽宗政和间曾知福州府,累官端明殿学士、礼部尚书。卒赠少傅。其词语言明艳,有《演山集》。竞渡:指赛龙舟,是端午习俗之一。(2)渚(zhǔ):水中间的小洲。(3)春雷:形容鼓声像春雷一样响个不停。(4)"直破"句:极言龙舟之迅速。(5)争战气:指竞赛时观众助威的热烈气氛。(6)金碧楼西:楼西领奖处装饰得金碧辉煌。(7)"衔得"句:获胜的船把锦标挂在船首高高的龙口上,首先第一个归来。锦标,锦制的旗帜,用以奖给竞渡的优胜者。

【提示】

这首词开篇直写"竞渡",从小舟"飞出深深杨柳渚"到"衔得锦标第一归",文字简洁,节奏轻快,气氛热烈,生动地再现了龙舟竞赛的精彩场面。末句的"衔"字最有趣味,因舟呈龙形,锦标挂在龙口上,非常形象。

文天祥《端午即事》[1]

五月五日午,赠我一枝艾。故人不可见,新知万里外[2]。丹心照夙昔[3],鬓发日已改。我欲从灵均[4],三湘隔辽海[5]。

【注释】

(1)文天祥:见专题二十二"豪放词风"专题诗选[沁园春]《题潮阳张

许二公庙》注释(1)。即事：就眼前之事歌咏。(2)新知：新结交的知己。(3)丹心：赤诚的心。夙昔：昔时，往日。(4)灵均：屈原的字。(5)三湘：指沅湘、潇湘、资湘，代屈原所在地。辽海：渤海辽东湾。极言远。

【提示】

这是文天祥德祐二年（1276）出使元军被扣，在镇江逃脱却又为谣言所诬陷时，为表明心志愤然写下的诗。国难时艰，诗人虽命途多舛，鬓发已改，颇多无奈，但恰逢端午，想到屈原为国奔波壮心不已的形象，内心深处仍然满怀着"丹心照夙昔"的壮志。

三、专题衍说

端午的凝重

—— 说端午的几类传说

在一年的诸多节日里，端午有些特别。它带一些"怨"，带一些"执"，带一些警惕和防御，哪怕是其中欢快的成分，也宣泄着猛烈激昂，它是刚性的、硬朗的。

端午是农历五月初五。这个日子为什么称"端午"，有一些说法。按干支历"子丑寅卯辰巳午未申酉戌亥"推算，正月是寅月，五月就是午月。每月有三个五日，头一个五日就是"端五"。"五""午"相通，午既表示五月，也表示五日。

先秦时起，人们就觉得五月这个月份不好，民间认为它是"毒月""恶月"。《礼记·月令》说，五月为阳气最盛之月，而阳到极处必转阴，阴气也于此月开始滋生。阴阳交侵，易致毒虫出没，瘟疫流行，于人于物均有害。按《易经》的说法，五月初五是阳气运行到端点的端阳之时，阴恶就是从这一日生出，所以这一天是"毒月"里的"毒日"，"恶月"里的"恶日"。这一天出生的孩子,会遭到嫌弃。《史记》里写到孟尝君出生于该日,他的父亲要把他灭杀,是母亲偷偷将他养活下来。

说到五月,人们常提"五毒并出"。至于究竟哪"五毒",倒是各说各的。有说是蜈蚣、蝎子、壁虎、蜘蛛、毒蛇的,也有用蟾蜍等去替代其中某个的。面对恶疠病疫,应付的办法无非二,一为抗御,二为躲避。其中以"五"来对抗"五"的心理暗示十分有趣:人们在屋中贴"五毒图",刺上五根针,表示毒物就不能再横行了;用青、赤、黄、白、黑等"五色丝"做成缕带或绳结,系于手臂,挂于床帐,表示驱瘟、除邪、止恶气;做上一个"炒五毒"的菜,将韭菜、金针菜、木耳、银鱼、虾米等混在一起,表示五毒被克服了;还有"吃五黄"的,其中雄黄酒是必需的,再配上咸蛋黄、黄鱼、黄鳝、黄瓜之类的东西,表示吃了可以消病强身;再就是悬挂"五瑞",将艾叶、菖蒲、榴花、蒜头、龙船花这些香草类的植物挂在门楣,用以辟毒辟邪。

此外,还有其他一些具有仪式性的节日习俗,如张挂钟馗像,并用鸡血去点画神像的眼睛;蘸着雄黄在孩子脑门上写个"王"字;煎一盆香草熬成兰汤沐浴;请龙,祭神,举行龙舟竞渡等水上节目;而浸糯米、洗粽叶、包粽子、吃粽子,为这个节日最具标志性的饮食活动。

上述种种,基本上都属出于安全与健康考量的祷神活动、卫生活动、保健活动、体育活动、养生活动。总之,对待这样一个特殊的月份、特殊的日子,古人是顶真的,谨慎的,以至有"躲五"一说。

端午的"凝重"还表现在对这个节日文化来源的追溯上。虽说从记载看,端午的来历更早,但人们还是愿意将它与屈原、伍子胥、曹娥、白娘子等联系在一起,而这些又多少有些悲壮的意味。

端午与屈子沉江关系甚密,因此尤为沉重和压抑。若非万念俱灰,屈原怎可能一步三回头地迈向汨罗江?在先秦人的观念中,"天下之道"要重于一国一姓之利益,"楚材晋用"的现象极为普遍:孔夫子奔走列国,正是为了实现"天下有道"的理想;孟子一生,由邹而齐而梁而滕,为的是"士"的尊严与

"帝王师"的身份；庄子虽是宋国人，大半生的活动地点却在楚国；至于那些谋臣策士，朝秦暮楚，成就功业，像苏秦、张仪之属，更是被人们称颂或艳羡。屈原并非不知离开楚国，或许有更宽的天地，《离骚》中已托灵氛之口说出"勉远逝而无狐疑兮，孰求美而释汝？何所独无芳草兮，尔何怀乎故宇？"甚至也已在想象中"扬云霓""鸣玉鸾"，准备离开楚国而直指西方昆仑。只是，他离不开。这位高阳氏的后人，以一己之生命自觉承担了楚国的存亡大任，在遭逢大不幸之际，视生存为一种耻辱；而刚硬耿介的个性，又决定了他选择以刚硬的方式来终结他的生命。

传说端午节还与纪念伍子胥有关。伍子胥可以说是"楚材晋用"的典型例子了。他本为楚人，因楚平王杀了他父兄及伍家一百多口，只身逃到吴国，辅佐吴王破楚，当吴兵攻入楚都时，他"掘平王墓，出其尸，鞭之三百"。他帮助阖闾获得王位，又协助夫差打败越国。越王勾践卧薪尝胆，施美人计，立志复国。伍子胥力谏吴王夫差不听，反被赐自杀，并于五月初五投尸江中。后来江浙一带百姓逢此日于曹娥江举行仪式，纪念"涛神"伍子胥。伍子胥自刭之前，曾仰天长叹，并谓舍人言：挖出我的眼睛悬挂在吴国都城的东门楼上，让我看着越寇怎样进入都城，灭掉吴国。这段话，我想不明白是忠怨，还是仇恨。作为以他国作祖国的人，也许更难释怀吧。

说到曹娥江，还有东汉孝女的故事。14 岁的曹娥因父溺江而亡，沿江号哭 17 天，仍寻不得父亲的尸首，于五月初一投江，初五日两尸合抱浮起。乡人感而祭之。这也算是与端午有关的故事吧。

跟端午有关的，还有许仙递给白素贞的雄黄酒。法海要他一试，他便携了酒来。他若是没有情感没有思想的痴者，那杯酒说得便是："当真会有神怪这档子事？"显然白娘子找的不是这种傻子。若许仙是个聪明人，这杯酒有可能带着这样的潜台词："给我真相，我要真相。"娘子，请饮了这杯酒。他难道想不到一旦如法海所说，这杯酒会让有孕在身的白素贞万箭攒心痛苦非常？也许，他并不怀疑西湖断桥雨丝风片罗衣纸伞的一片真情，也许，他也能想明白即便是蛇妖,也不会害他,所有的心计只为做他的贤妻。可是,他还是不依不饶。娘子,请饮了这杯酒。我不能接受隐瞒。白素贞接过酒杯,徐徐饮下,强行撑持的,也是为了守护这个真相。不能醉,不能醉,如若显形,我如何再做他的妻。眼神对着眼神,一个是催逼,一个是恳求。这份斗智斗勇,实在令人不忍。

从精怪到仙圣

——说"白蛇"故事的渊源及演变

唐人有一篇小说叫《白蛇记》,讲了两则白蛇幻化成美女作祟害人的故事:两位姓李的男子分别邂逅了两个素衣女子,并与之缠绵。男子归家后,都意外丧生,一个身躯化为水,只剩头颅,另一个连头颅都爆裂了。有人将这个小说视为"白蛇传故事"的胚胎,还是有些牵强的。

宋人有一篇小说叫《西湖三塔记》,讲的是有一个叫奚宣赞的小伙子,清明那天在断桥遇见一个名叫白卯奴的女子。女子说跟着婆子出游,走散迷了路,只知道自己家离小伙子家很近。小伙子将她送回家时,见到了女子的母亲——一位如花似玉的娘娘。娘娘将奚宣赞当成新欢,杀死了原先留在身边的一个年轻人,挖出心肝下酒吃了。过了半月,娘娘又得到一个新人,准备将奚宣赞开膛破肚,白卯奴救出了奚宣赞。再后来,龙虎山的奚真人前来捉妖,将妖怪们打回原形,才知道白卯奴是乌鸡,婆子是水獭,娘娘是白蛇。奚道士施展法术,把妖怪们镇在了西湖的三个石塔下。这个故事里有清明节,有断桥,有镇妖的宝塔,还有个捉妖的道士,具备了"白蛇传故事"的一些要素。尤其是男主人公的名字叫奚宣赞,读音上和后来的许宣或许仙十分接近,因而被认为是"白蛇传故事"的源头。

但是这两个故事,至多可以看作"白蛇传"的原始素材。它们的主题思想,都是强调人妖不可共居,从而告诫男子不要贪色,因为妖怪是凶残的。

"白蛇传故事"的基本定型,是在明代万历年间。《警世通言》里收录的《白娘子永镇雷峰塔》是留传于世的最早的一篇完整的"白蛇传"。小说的男主人公叫许宣,是一家药铺的伙计。某一个清明节的雨中,他遇见了白娘子和青青。那白娘子分明是有心诱惑许宣的。她搭许宣的船,借许宣的伞,说自己是寡妇,又将许宣引至家中饮酒。至于许宣,自打船中见到白娘子,已是心中动念。但他毕竟是个老实人,几次上对方家里取伞,言语行为都不曾有失检点。白娘子见许宣不惯风情,只好主动提出做亲,并给予许宣筹办婚事的银两。

　　然而精怪总归是精怪,精怪总归是要伤到人的。白娘子给予许宣的银两是从官库里偷来的,许宣为此吃了官司,披枷带锁地被发配到苏州。白娘子追赶到苏州,与许宣成了亲。但不久又偷盗了旁人典当库里的物品,害得许宣再一次吃官司,被发配到镇江。其实许宣老早就怀疑白娘子不是人类,第一场官司时他带着捕快前来捉拿白娘子,一阵腥风卷过,一通霹雳响过,白娘子人影倏忽消失,许宣是"则声不得,一似呆的",满心满腹的全是狐疑;第二场官司之前,他从终南山道士手上取来驱妖的灵符,心里想道:"我也八九分疑惑那妇人是妖怪,真个是实。"面对接二连三倒运的事儿,他担惊受怕,又心生怨恨,但每一回白娘子重新找来,几句软言媚语,他就又选择自欺欺人了。直到最后,不单自己骗不过,连白娘子都不打算再编谎话骗他。白娘子对他说:"我如今实对你说,若听我言语,喜喜欢欢,万事皆休;若生外心,教你满城皆为血水,人人手攀洪浪,脚踏浑波,皆死于非命!"走投无路的许宣只待投水自尽,幸亏法海禅师前来相救。

　　如此看来,这篇小说不是写人与精怪之间的爱恋,它写的是人的色欲如何祸害自己。白蛇变化成美女正是利用了许宣耽于色欲的弱点,为此许宣付出了巨大的代价。后来,迷途知返的许宣协助法海禅师镇压了白娘子,而且出家修行,做了法海的徒弟,表现了凡人对于欲望的克服。就主题而言,它跟之前的唐宋小说没有太大的不同,但在主要人物、情节框架上为后来的

"白蛇故事"奠定了基础。

清代方成培的戏剧《雷峰塔》，代表着"白蛇故事"的成熟。后来作品的各种改编，其主题、情节与人物的基调，都是据此演绎的。

首先，剧本安排了人物的仙界身份，这对故事结局的最终设定做了很有说服力的铺垫。白娘子是峨眉山连环洞里的蛇仙，称白云仙姑，曾在西池王母的蟠桃园里修炼千年；许宣的前生是释迦牟尼座前的捧钵侍者。二人因了一段旧缘，做成一番孽案。为了不使他们误入迷途，忘却本来面目，释迦佛祖将钵盂与宝塔交给法海，让他去镇了白蛇，接引许宣，同归极乐。如此，剧本就可以放手地写白娘子与许宣的真情痴缠，同时也消解了观众们对于法海斩断二人恋情行为的质疑。

其次，作品改造了以往故事里白娘子的"以色诱人"，而着重强调她的"以情感人"。白娘子出山，初心是要度得有缘之人一同修炼，到了西湖边，她在凡夫俗子中间一眼相中了"风流俊雅、道骨非凡"的许宣。她毫不犹豫地视许宣为"有缘人"，为此无论遇到什么情况都决不放弃。她知道凡间不同于仙界，时间难以保全，人心更难维护，她时刻担忧，从而发出"风流配偶，人道是情多累多，须知自古，有缘皆颇"的感叹。

白娘子对许宣，可谓用情至深。她替许宣安身，谋划了一个生药铺，打理得井井有条，积攒下一些家业，还怀孕生子以传后代。她帮许宣安心，她知道许宣对她的来历心存疑虑，有时候还会搞一些道士的灵符来试探她，她不能够泄露玄机，只能想尽办法消除他的疑心，端午节饮下的那杯雄黄酒，也是出于这样的考虑，不料酒醉后显出原形，吓死了许宣。她为许宣安命，为了救回许宣的性命，她孤身前往嵩山南极仙翁处求取九死还魂长生仙草，与各路仙家打斗，险些伤及自身。她因许宣抗命，明知自己的道行斗不过法海，她还是带着虾兵蟹将水漫金山，意欲夺回自己的丈夫，直到败下阵来。哪怕最终被压在雷峰塔下，依旧是义愤难平。

不过，凡此种种，于尘世里的二人而言，看似善意，但于本相则是越行越远。白蛇的行为，不但忘却了从前所修功用，而且毕竟有害他人，譬如家中货物不免施妖法掳来。

戏里的许宣，比白娘子醒悟得早。因为他本是凡人凡心，自然畏惧于妖怪。与之前小说里的许宣相似，他对白娘子是人是妖，一直有所怀疑，但对方待他的情意，他心领神会，因此每次变故之后，他都重新回到白娘子身边。直到法海出现，确证彼此的身世来历。与小说不同的是，他没有亲自将钵盂扣向白娘子，他说夫妻一场，下不了那个手。尽管如此，当观众们看到舞台上，一边是不知灾祸来临的白娘子对镜梳妆，一边是与许宣约定好的法海悄然而至时，情感上还是恼怒许宣的。

好在这个剧本的最终结局是大团圆的路数。许宣与白娘子的儿子许士麟金榜题名，被雷峰塔压了二十多年的白娘子劫满归天。佛祖的诏书是由许宣来传达的，二人于此时重见，相视而笑，无恩无怨。

专题三十一

女性诗词

一、专题要点

本专题主要了解女性作者诗词创作的生态,了解女性诗词的题材、艺术特色及其成就。本专题选读诗歌作品12首。

(一)女性诗词的题材与情志

1. 表现女子生活的幸与不幸。

2. 流露对女性身份的反思。

在艺术层面,女性诗词传达生命真切诚挚之情,展示人性婉约幽眇之美,并具有韵致空灵馨逸之妙。

(二)写女性的诗词和女性写的诗词

写女性的诗词和女性写的诗词概念不同。前者是就诗词的内容限定其范围,其中包括男性作者的作品;后者着眼于作者的性别,指的是女性作者的作品。

写女性的诗词尽管内容各异,但大多描写女子的恋爱婚姻,贯穿歌颂妇德的主题思想。有几类作品值得留意:

1."香草美人"意象。以男女比喻君臣的写法很早就有,屈宋骚赋尤甚。《离骚》中的香草象征君子的人格,美人则代指圣王、贤者、善人;诗中描写的几次"求女",表达的是作者为实现"美政"而做的种种求索。到了唐宋诗词,有些作品仍然有类似的言外之意,如杜甫的《佳人》通过幽居空谷的佳人寄寓作者的感慨,秦韬玉的《贫女》以不事修饰的贫女表现寒士的潦倒与不平。

2.唐宋"代言体"词。词是一种抒情诗体,作品中的抒情主人公有时并非作者本人,而是词家代人设辞。这便是词中"代言体"。其中,由男性执笔而以女性口吻表达的情感纠葛,更多地体现出封建时代男性的道德评判、主体优越,以及审美意识。

(三)课堂话题

1.女性诗词的特征及成因。

(1)女性诗词创作历史悠久,但留存数量少。一是产生艰难;二是流传不易;三是得不到重视。

(2)女性诗词虽以温婉为特征,同时又有着刚毅豪迈的一面。

2.女冠诗人。"女冠"亦称"女黄冠"。唐代女道士皆戴黄冠,故名。女冠来源于各阶层,不乏身份高贵者。她们的文化素养较高,并与文人从容交往。如被称为"女中诗豪"的中唐女诗人李冶,以及生平不见于正史的晚唐女诗人鱼玄机。

3.青楼诗人。"青楼"原本指青漆涂饰的豪华精致的楼房,有时则作为豪门高户的代称,后泛指妓院。唐宋歌妓制度昌盛,诗词与歌妓的关系密切,不少人是歌者也是作者。如"蜀中四大才女"之一的中唐女诗人薛涛,和事迹在"宋人小说多不足信"的南宋女诗人严蕊。

4.闺阁诗人。"闺阁"广义上指女性,此处特指大户人家的有才德的女儿。闺阁诗人特指家庭生活中的女性诗人,她们虽然社会交往不广,聪明才智却不输于男子。如南北宋之交的婉约词人代表李清照,以及生平创作颇多争议的朱淑真。

二、专题诗选

李冶《恩命追入留别广陵故人》[(1)]

无才多病分龙钟[(2)],不料虚名达九重[(3)]。仰愧弹冠上华发[(4)],多惭拂镜理衰容。驰心北阙随芳草⁽⁵⁾,极目南山望旧峰。桂树不能留野客,沙鸥出浦谩相逢⁽⁶⁾。

【注释】

(1)李冶(生年不详—784),字季兰,长期寓居江浙。女道士,与刘长卿、陆羽、皎然等有诗往来。曾被召入宫中。相传因献诗叛将朱泚,被德宗下令扑杀。其诗多赠人及遣怀之作,尤擅五言。与薛涛、鱼玄机、刘采春并称"唐代四大女诗人"。《全唐诗》录其诗19首。恩命追入:指被圣命征召入宫。广陵:扬州旧名。(2)分(fèn)龙钟:自料潦倒衰老。分,料想,自应。(3)九重:帝王宫殿门有九重,此代指天子。(4)弹冠:本指弹去帽上的灰尘,此指入宫前整理衣冠。华发:花白头发。(5)驰心:谓心之向往如车马驱驰。北阙:古代宫殿北面的门楼,为臣子等候朝见或上书之处,后即以之代指皇宫和朝廷。芳草:香草,比喻忠贞或贤德之人。(6)"桂树"二句:是说因应召入宫告别了隐居生活,与故人也分别难逢了。桂树,《楚辞·招隐士》有"桂树丛生兮山之幽,偃蹇连蜷兮枝相缭……攀援桂枝兮聊淹留"之句,写山中景色使人淹留,后因以"桂树"或"桂丛"代指隐士生活的地方。野客,村野之人,多借指隐逸者。沙鸥,亦是隐士生活之象征物类。浦,水边。谩,空自,徒然。

【提示】

李唐王朝崇奉道教,常有征召道士入京之事。李冶是女道士,也曾"恩命追入"。赴京前夕,作此诗留别扬州旧友。

诗的前四句抒发被召入宫的感愧心情,亦是点明与友人分别的缘由。当"恩命追入"这样的荣耀降临李冶身上时,她用"无才""虚名""仰愧""多惭"等词语,说明她既有感恩戴德的心态,又有作为女性得到征召而产生的特殊的诚惶诚恐。诗的后半部分写出山赴京的依依惜别。虽然就要入长安,睹龙颜,但旧日的隐居生活却让诗人无法忘怀。为"虚名达九重"而受征召,难说没有几分喜悦,却也难舍"桂树""沙鸥"那份自由隐居生活的情致,以及共享诗酒人生的那些故人,所以才会既"驰心北阙随芳草",又"极目南山望旧峰"。

李冶《八至》(1)

至近至远东西(2),至深至浅清溪。至高至明日月,至亲至疏夫妻(3)。

【注释】

(1)李冶:见专题三十一"女性诗词"专题诗选《恩命追入留别广陵故人》注释(1)。此以诗中有八个"至"字为题。至:极,最。(2)东西:指东、西两个方向。(3)疏:生疏,关系远,不亲近。

【提示】

作者用生活中常见的浅近事实,组成了四组形象,以说明任何事物都不是绝对的这一哲理,反映了诗人对大千世界的领悟和明智通达的人生理念,以及朴素的辩证思想。"至亲至疏夫妻"是诗之重点,前三句均为铺垫。一方面,夫妻是世界上距离最近的,因此是"至亲",但另一方面,若是关系淡漠了的夫妻,其心理距离甚至比其他人的关系更远,因此为"至疏"。钟惺在《名媛诗归》中说:"字字至理,第四句尤是至情。"

薛涛《柳絮咏》(1)

二月杨花轻复微(2),春风摇荡惹人衣。他家本是无情物(3),一任南飞又北飞(4)。

【注释】

(1)薛涛(生年不详—约832),字洪度,长安(今陕西西安)人。流寓蜀中。德宗贞元元年(785)韦皋镇蜀,召其侑酒赋诗,遂入乐籍。五年(789)

坐事罚赴松州,献诗获归,遂脱乐籍,居成都浣花溪。宪宗元和二年(807)武元衡镇蜀,奏为校书郎。虽未实授,而时人仍呼为女校书。与元稹、白居易、王建、刘禹锡、杜牧等诗词唱和。与刘采春、鱼玄机、李冶并称"唐代四大女诗人",与卓文君、花蕊夫人、黄娥并称"蜀中四大才女"。《全唐诗》存其诗1卷。(2)杨花:柳絮。(3)他家:指柳絮。(4)一任:听任,任凭。

【提示】

关于本诗的理解,历来有两种:一是认为诗人自叹女子飘零无依的哀怨;二是认为该诗指责男性的薄幸善变,朝秦暮楚。两种理解都与柳絮飘浮不定的特征相关。

薛涛《筹边楼》(1)

平临云鸟八窗秋(2),壮压西川四十州(3)。诸将莫贪羌族马(4),最高层处见边头(5)。

【注释】

(1)薛涛:见专题三十一"女性诗词"专题诗选《柳絮咏》注释(1)。筹边楼:唐代名楼,位于成都西郊。唐文宗大和四年(830)十月,李德裕出镇西川节度使,次年秋为筹划边事所建,故名。(2)平临云鸟:极言楼高,上与云鸟相接。八窗:极言楼之迥旷,可见八面之景。(3)"壮压"句:谓高楼可震慑川西四十州之广阔土地。西川:四川西部,为唐边境。(4)羌族:西北方少数民族,唐时居住在陇右及西川一带。当时有边将夺羌人牲畜引起祸端之事,故诗人作此语诫之。(5)边头:边疆前线。因边将防守不力,以致外族军事威胁,直逼西川首府成都,登楼便可见远处烽火。是言形势危急,不可轻忽。

【提示】

筹边楼在成都西郊,是大和五年(831)李德裕任剑南、西川节度使时所建。诗人写登楼所见所感,对李德裕建楼用意并边地时局,有形象而剀切的陈述,非一味作豪言壮语。或以为本诗风骨遒劲,谓出诸女性之手至为不易,不知其有如此心胸见识,更属难能可贵。故清人纪昀称此诗"托意深远,非寻常裙屐所及"(《纪河间诗话》)。

鱼玄机《江陵愁望寄子安》[1]

枫叶千枝复万枝,江桥掩映暮帆迟[2]。忆君心似西江水[3],日夜东流无歇时。

【注释】

(1)鱼玄机(约844—约871),初名鱼幼微,字蕙兰,长安(今陕西西安)人。约15岁时为补阙(官职名,职责为侍从讽谏)李亿(字子安)妾,因李妻不相容,于懿宗咸通中出为女道士。与温庭筠为忘年交,唱和甚多。后因戕杀侍婢被处死。与李冶、薛涛、刘采春并称"唐代四大女诗人"。其诗清浅婉丽,富有情致。《全唐诗》收其诗50首。江陵:今湖北省荆州市江陵县。子安:李亿。(2)掩映:谓或遮或露,时隐时现。暮帆:晚归的船。(3)西江:长江。

【提示】

前两句写盼人不至。起句以枫叶点出秋字,同时已暗寓"愁"字,这不仅是因为秋风萧瑟,秋气衰飒,更因为江上枫林容易让人联想一年将尽而伊人未归。次句的暮色已近,帆影未见,表现出等待的焦虑。后两句写相思之情。用江水之永不停止,比喻相思之永无休歇,清新悠扬,颇有乐府的风致。

鱼玄机《赠邻女》[1]

羞日遮罗袖,愁春懒起妆[2]。易求无价宝,难得有心郎[3]。枕上潜垂泪,花间暗断肠[4]。自能窥宋玉[5],何必恨王昌[6]。

专题三十一　女性诗词

【注释】

(1)鱼玄机：见专题三十一"女性诗词"专题诗选《江陵愁望寄子安》注释(1)。(2)"羞日"二句：白天见人，要用罗袖遮面；愁肠百结，以至于懒于梳妆打扮。写邻女苦闷的情态。羞日，白天害怕被生人看见。起妆，梳妆打扮。(3)有心郎：有情有义的爱人。(4)"枕上"两句：互文见义，写女子满腹心事无处诉说，只有暗自悲伤。潜：暗地里。(5)宋玉：战国时著名的辞赋家，其《登徒子好色赋》有"天下之佳人，莫若楚国；楚国之丽者，莫若臣里；臣里之美者，莫若臣东家之子……然此女登墙窥臣三年，至今未许也"。这里借指邻女的意中人。(6)王昌：生平不可考，唐人习用于指富家美男子。这里指薄幸的男子。

【提示】

从诗题及内容看，似乎是邻家女孩被一个薄情男子抛弃，作者写这首诗安慰她。诗的首联描绘邻家女子的生活，表现她的心态与情绪；第二联点出女子"愁"的原因；第三联具体描写邻女的愁；尾联把宋玉比喻为有心郎，把王昌比喻为负心郎，提出一个为女子争取自由与独立的口号："自能窥宋玉，何必恨王昌。"宋玉在《登徒子好色赋》中讲到有一个东邻女子，在墙头上偷看了他三年。作者借用这个典故，寓意要邻女主动去寻找心爱的人。本诗语言浅近，大胆直率。

李清照《题八咏楼》(1)

千古风流八咏楼(2)，江山留与后人愁(3)。水通南国三千里(4)，气压江城十四州(5)。

【注释】

(1)李清照：见专题五"重阳诗词"专题诗选[醉花阴]《重阳》注释(1)。八咏楼：原名玄畅楼、元畅楼，故址在今浙江省金华市城区东南隅，坐北朝南,面临婺江,建于南朝齐隆昌元年(494),由东阳郡太守沈约主持建造。沈约为此楼作《八咏》诗,唐代起遂改称八咏楼。(2)风流:佳美、不凡之意。(3)"江山"句:宋室不振,江山难守,留给子孙的将是裂缺的金瓯、不整的山河,这怎能不令人悲恸与忧愁。(4)水:指婺江。南国:南方。(5)江城:指金华城。十四州:宋两浙路计辖二府十二州(二府:平江,镇江。十二州:杭、越、湖、婺、明、常、温、台、处、衢、严、秀),统称十四州,这里泛称浙江地境。

【提示】

浙江金华有南北朝时因沈约曾题《八咏》诗而得名的一座名楼,李清照避难时曾登此楼。她遥望残存的半壁江山,不禁临风感慨,写下了这首气势磅礴中蕴涵深沉忧国之念的诗歌。前两句重在抒情,写时间跨度带来的沧桑巨变;后两句重在写景,写空间上登临所见。"江山留与后人愁",此"愁"即是大好河山可能落入敌手生发出来的家国之愁。唐代薛涛《筹边楼》诗中有"壮压西川四十州",李清照此诗"气压江城十四州"化用了薛涛的诗句,继承薛诗对"边事"的关注和精神,更表现了强烈的忧国伤时之情。

李清照 [渔家傲]⑴

天接云涛连晓雾⑵,星河欲转千帆舞⑶。仿佛梦魂归帝所⑷。闻天语⑸,殷勤问我归何处。　　我报路长嗟日暮⑹,学诗谩有惊人句⑺。九万里风鹏正举⑻。风休住,蓬舟吹取三山去⑼!

【注释】

(1)李清照:见专题五"重阳诗词"专题诗选[醉花阴]《重阳》注释(1)。(2)云涛:如波涛翻滚的云。这里指海涛。(3)星河欲转:银河流转,指天快亮了。星河,银河。(4)帝所:天帝居住的地方。(5)天语:天帝的话语。(6)报:回答。路长:化用屈原《离骚》"路漫漫其修远兮,吾将上下而求索"之意。嗟(jiē):叹息,慨叹。日暮:隐括屈原《离骚》"欲少留此灵琐兮,日忽忽其将暮"之意。(7)谩:同"漫",空,徒然。惊人句:化用杜甫《江上值水如海势聊短述》"为人性僻耽佳句,语不惊人死不休"句意。(8)九万里:《庄子·逍遥游》中说大鹏乘风飞上九万里高空。鹏:古代神话传说中的大鸟。举:高飞。(9)蓬舟:如飘蓬般轻快的船。吹取:吹向。三山:神话中的蓬莱、方丈、瀛洲三座海上仙山。

【提示】

这是一首记梦词。词以想落天外之笔,描绘了一个神奇的梦境:作者在梦中腾云驾雾,飞驶到了天帝的居处,天帝殷勤地问她欲归何处。"我报"以下是作者的回答:她由倾诉现实生活中徒负诗才的不平,进而陈述对理想王国的憧憬与追求,表示要乘长风高飞远举,直发仙山蓬岛。雄阔的意境,矫健的笔力,恢宏的气度,使得这首词成为婉约词人李清照词中的"别调"。黄苏《蓼园词选》以为"无一毫钗粉气,自是北宋风格",梁启超《艺蘅馆词选》亦以为"此绝似苏辛派,不类《漱玉集》中语"。

严蕊 [如梦令] (1)

道是梨花不是,道是杏花不是(2)。白白与红红(3),别是东风情味(4)。曾记,曾记,人在武陵微醉(5)。

【注释】

(1)严蕊(生卒年不详),原姓周,字幼芳,天台(今属浙江)营妓。色艺冠于当时,善琴弈、歌舞、丝竹、书画。周密《齐东野语》称其"间作诗词,有新语,颇通古今"。词作多佚,仅存数首。(2)"道是"二句:说它是梨花它又不是梨花,说它是杏花它又不是杏花。(3)白白:指白色的桃花。红红:指红色的桃花。(4)东风:春风。(5)武陵:郡名,郡治在今湖南常德。陶渊明《桃花源记》曾写到武陵渔者发现世外桃源的事,这里"武陵"也有世外桃源的意思。

【提示】

这是一首咏物词。词中一字不涉及所咏之物（红白桃花），却无一不与所咏之物关合。"武陵"二字暗示了所咏之物，却含而不露。陶渊明《桃花源记》中云："晋太元中，武陵人捕鱼为业。缘溪行，忘路之远近。忽逢桃花林，夹岸数百步，中无杂树，芳草鲜美，落英缤纷。"武陵源是陶渊明幻想的人间仙境，词人由眼前桃花想到武陵源的桃花，升华了桃花的精神，本质上区分了它和梨花、杏花。据载，这首词是当时的天台太守唐与正（字仲友）命作者写的，词成赏以细绢两匹。

严蕊 [卜算子][1]

不是爱风尘[2]，似被前缘误[3]。花落花开自有时，总赖东君主[4]。
去也终须去，住也如何住。若得山花插满头，莫问奴归处[5]。

【注释】

(1) 严蕊：见专题三十一"女性诗词"专题诗选[如梦令]（道是梨花不是）注释(1)。(2) 风尘：古代妓女为风尘女子。(3) 前缘：前世的因缘。(4) 赖：依靠。东君：传说中的司春之神，主管花开花落。这里暗指主管刑狱者。主：做主。(5) "若得"二句：若能头插山花，过着自由自在的生活，也就不需问我归向何处了。奴，古代妇女自谦的称谓。

【提示】

严蕊因被误与当地官长唐与正（字仲友）有私（按律，宋代官妓只可侑酒而不得侍枕席）而系狱，地方官及巡按官朱熹先后鞫问，但严蕊备受棰楚而无一语招承。后朱熹改官，岳霖为浙东提刑狱公事，怜其病瘵，命作词自陈，严蕊口占此词，即日被判脱妓籍从良。词作通篇论事抒怀，但又不卑不亢，委婉尽致，表明了自己的清白和心愿，同时也显示了一个婉而有骨的风尘女子形象。

上片抒写自己沦落风尘、俯仰随人的无奈。"花落花开自有时,总赖东君主"两句借自然现象喻自身命运,也隐含着对主管刑狱的长官岳霖的期望——希望他能成为护花的东君。下片承上不能自主命运之意,转写自己在去往问题上的不得自由。"若得山花插满头,莫问奴归处"表明了对俭朴而自由生活的向往。

朱淑真《自责》[1]

其一

女子弄文诚可罪[2],那堪咏月更吟风[3]。磨穿铁砚非吾事[4],绣折金针却有功[5]。

其二

闷无消遣只看诗,又见诗中话别离。添得情怀转萧索[6],始知伶俐不如痴[7]。

【注释】

(1)朱淑真(生卒年不详),号幽栖居士,钱塘(今浙江杭州)人,一说海宁(今属浙江)人。婚后尝随夫宦游吴、越、荆、楚间。因婚姻不遂素志,抑郁而死。工绘画,晓音律,善诗词。作品多幽怨哀伤,清婉流丽。有《断肠集》《断肠词》。(2)弄文:把玩文字。这里指文学创作。罪:罪责,这里用作动词。(3)咏月更吟风:指"弄文"。(4)磨穿铁砚:磨穿了铁铸的砚台。五代桑维翰,有人劝其不必举进士,可以从他途求仕宦,维翰乃铸铁砚示人曰:"砚弊则改而他仕。"卒以进士及第。这里比喻刻苦读书之意。(5)金针:针的美称。(6)萧索:寂寞,冷清,毫无生气。(7)伶俐:聪明乖巧。

【提示】

在男权社会里,女子受到诸多约束,没有独立地位可言,只是男子的附庸,当然就谈不上展示自己的才华,以自己的聪明才智参与到社会生活中。

朱淑真在诗中悲愤地指出了社会的不公,表现了可贵的女性觉醒意识。文学创作是高尚、伟大的事业,曹丕说文章是"经国之大业,不朽之盛事",早已为大家公认,但可悲的是那只属于男性,女子做起来就要受到攻击、斥责。朱淑真开始从性别视角思考自己存在的价值,控诉社会对女性的严紧束缚,表现女性对自我实现的朦胧期待。诗里说的都是愤激性的反话。所谓"自责",其实是对不公平社会的谴责。

朱淑真[清平乐]《夏日游湖》(1)

恼烟撩露,留我须臾住(2)。携手藕花湖上路(3),一霎黄梅细雨(4)。
娇痴不怕人猜(5),和衣睡倒人怀(6)。最是分携时候(7),归来懒傍妆台(8)。

【注释】

(1)朱淑真:见专题三十一"女性诗词"专题诗选《自责》注释(1)。(2)"恼烟"二句:是说荷花含烟带露,光景绝佳,可留人稍住。恼、撩,均取撩拨之意,即挑逗、招惹。须臾,片刻,一会儿。(3)藕花:荷花。(4)一霎(shà):一时间,一会儿。黄梅细雨:黄梅季节的细雨。(5)娇痴:指女子与男友单独亲近时所表现出来的一种娇媚亲昵之态。(6)"和衣"句:指女子不顾羞怯地倒在情人的怀抱里。和衣,穿着衣服。(7)分携:离别。(8)懒傍妆台:指女子回家后心荡神迷,无意靠近妆台去梳洗打扮。

【提示】

这是描写或追忆一次爱情生活体验的小词。它从湖上相会,写到携手漫游,写到旖旎缱绻的欢聚高潮,层次分明,排比有序,惟妙惟肖地刻画出了一个少女真实的爱情生活。

对于这首词,过去多有议论,其中对"娇痴不怕人猜,和衣睡倒人怀"二句,道学家们诋之为"淫娃佚女""有失妇德"云云。然而词学家们却是给予高度赞赏,清吴衡照在《莲子居词话》中说:"易安'眼波才动被人猜',矜持得妙；淑真'娇痴不怕人猜'，放诞得妙；均善于言情。"

三、专题衍说

南北二才人（上）
——说李清照的生活与诗词

李清照、朱淑真都是宋代著名的女性诗人。虽然她们的生活背景、家庭状况、性情际遇并不相同，但二人的才华高、作品的关注度高，则是一致的；甚至于人生中弥漫悲剧色彩，诗词里的某些表达备受苛责，这些方面也十分相近。

李清照出生在北宋后期的北方，她是山东人。在她大约72年的生命画卷中，不幸福的色彩比幸福的色彩要多得多。

她家世不错。她的父亲李格非，中过进士，在元祐年间因为文章受到苏轼的赏识，成为继黄庭坚、秦观、晁补之、张耒"苏门四学士"之后的"苏门后四学士"之一，跟他排在一起的另外三位是廖正一、李禧、董荣。她的母亲王氏，情况有些复杂，有的研究者认为是做过宰相的王珪的女儿，有的研究者认为是做过御史中丞的王拱辰的孙女；还有的说李格非娶过两任妻子，先娶王珪的女儿，后娶王拱辰的孙女。如此，李清照与做过南宋宰相的秦桧还扯上了点关系，因为秦桧的夫人王氏是王珪的孙女，跟李清照是表姊妹。

李清照18岁的时候嫁给了21岁的赵明诚。当时，李清照的父亲是礼部员外郎，赵明诚的父亲赵挺之是吏部侍郎，两家门当户对。传说赵明诚早先做过一个梦，梦里读了一本书，醒来后只记得书里的三句话："言与司合，安上已脱，芝芙草拔。"他告诉父亲，父亲帮他析字，说："'言'加上'司'是一个'词'字，'安'字去掉上面的偏旁是一个'女'字，'芝'和'芙'上面的草字头拔去，就是'之夫'二字。合起来是'词女之夫'。莫非你是要娶一个会写诗词的女子作妻子吗?"婚后小夫妻志趣相投。赵明城嗜好金石古器、书籍字画的收藏与研究,李清照和他一起逛古玩市场淘宝,帮助他整理校勘藏品,甚至不惜省吃俭用,典衣质物。伉俪情深,就连饮茶逗趣、诗词唱和,都成了后人谈论的经典画面。清代词人纳兰性德[浣溪沙]词里"被酒莫惊春睡重,赌书消得泼茶香。当时只道是寻常"就用了李清照夫妇的典故。

不过,北宋后期的政治风雨还是影响到了他们小家庭的生活。

宋徽宗崇宁年间,蔡京做了宰相,为了打击政敌,将司马光、苏轼等309人定性为"元祐奸党",名字刻上石碑,活着的人重者关押,轻者贬放,子孙不许留在京师,不许参加科考。李清照父亲李格非的名字也在其中。他被罢免官职,贬谪到万里荒蛮之外,3年后才回到家乡。而此时她的公公赵挺之,正因亲近蔡京而春风得意,升迁为尚书右丞,他素与苏轼等人交恶,故打击"元祐党人"不遗余力。过门不久的李清照向身居相位的公公上诗救父,全诗虽已不存,但有两句留了下来,一句是"炙手可热心可寒",另一句是"何况人间父子情"。

对于亲家的遇难,赵挺之是没有援手,还是援不上手,说不清楚。但赵挺之人品受人诟病,却是事实。苏轼说他是"聚敛小人,学行无取";陈师道跟他是连襟,却宁愿冻死也不借穿他的皮衣。政治斗争就这样在李清照的娘家和夫家之间,留下了阴影。因为朝廷有诏令"宗室不得与元祐奸党子孙为婚姻""元祐党人子弟不得居京",李清照只好孤身投奔先前已被遣回原籍的家人,内心还不免有着婚姻能否保全的担忧。

不过赵挺之也没有好结局。当了宰相之后,他跟蔡京闹矛盾,几经反复,终被罢相,不久病卒。死后几日,蔡京还不解恨,欲置赵挺之后人于死地,将赵家在京的亲属全部抓入监牢,冠以"莫须有"的罪名。最后虽然放了人,但赵明诚和他的两个哥哥都被罢免官职。夫家也开始衰落,李清照和丈夫在青州过了10年多不问世事的隐居生活,之后,赵明诚先后出任莱州知州、淄州知州。

从婚姻生活看,李清照与赵明诚的感情应该是和谐的,"云鬟斜簪,徒要教郎比并看""此情无计可消除,才下眉头,却上心头""莫道不销魂,帘卷西风,人比黄花瘦"这样的诗句,就是一种鱼水之和的表达。但李清照的词里毕竟有哀怨,有些甚至浓得化不开。虽然诗词的语言含蓄委婉,但人们还是能够读出那里头有些情绪不是思念,而是苦楚。于是人们会猜测:沉溺于金石古玩的赵明诚会不会冷落李清照?结婚20多年没有生育,赵明诚有没有可能纳妾或者有别的女人?她的一首咏白菊花的词里用了太多的典故,其中"似愁凝、汉皋解佩,似泪洒、纨扇题诗",用到了郑交甫路遇二位仙女、班婕妤失宠悲歌的故事,难免令人浮想;还有一首[凤凰台上忆吹箫]:"香冷金猊,被翻红浪,起来慵自梳头。任宝奁尘满,日上帘钩。生怕离怀别苦,多少事、欲说还休。新来瘦,非干病酒,不是悲秋。休休,这回去也,千万遍阳关,也则难留。念武陵人远,烟锁秦楼。惟有楼前流水,应念我、终日凝眸。凝眸处,从今又添,一段新愁。""武陵人远,烟锁秦楼"二句令人揣测,也是因为字面上跟刘晨阮肇入天台山遇仙的故事、箫史弄玉共居秦楼比翼飞升的故事有着关联。

再后来,靖康之变彻底毁掉了李清照的生活。

先是丈夫病逝,那年,她46岁。

她携带15车收藏品逃难,路途艰难。在赵明诚病重期间,他的朋友张飞卿曾携一玉壶来看望他,张后来投了金。这件事忽然被人传成是他们夫妻以玉壶交结金朝,并听说有人已向朝廷告发。这样的风言风语使李清照大为惊恐,决定将收藏的金石进献朝廷,以求得破谣言和解脱。她追随着高宗逃难的路线辗转于越州、台州、明州、温州,不但没有投献成功,藏品也被盗被骗,以至于丢失殆尽。

在杭州,李清照于49岁前后再嫁张汝舟。很快她发现张的人品恶劣,便举报他营私舞弊等罪行,要求离婚。经查属实,她虽被获准离婚,但宋代法律规定,妻告夫要判处3年徒刑,因此她身陷囹圄。后经亲友多方援救,关押九日之后获释。这段婚姻前后不满百日。

晚年的李清照孤独一身,各地漂泊,境况极其悲惨,连死于何年何地,至今都没有定论。

南北二才人(下)
—— 说朱淑真的情感与诗词

如果说李清照的生命画卷中,不幸福的色彩比幸福的色彩要多得多;那么,朱淑真的人生行迹里,说不清的东西似乎比说得清的东西多。

第一,她的生卒年、籍贯地、家世背景说不清楚。

她生活于什么时代?有人说是北宋,有人说是北宋末期至南宋初期,还有人说是南宋。说北宋的,大致是有人从她某些诗的标题里去猜测唱酬的对象,比如认为"魏夫人"是宋徽宗时的丞相曾布之妻等;说北宋南宋之交的,主要是从她诗作内容涉及的地点或事件来加以探求,比如诗里的"苦热""喜雨"有可能对应某个时间的水旱灾情等;说南宋的,资料相对翔实一些,比如认为她诗里的"天街"说的正是临安,她诗里的好些句子,套用了苏轼、秦观、张孝祥、李清照的某些表达,诸如将李清照的"非干病酒,不是悲秋"改造为"非干病酒与悲秋"之类。

她是什么地方的人?有说是浙江杭州(钱塘)人,有说是浙江海宁人,有说是浙江吴兴(归安)人,还有说是安徽休宁人。至于家世背景,有人提出她是朱熹的侄女,有人说她出生于富裕的官宦人家,也有人说她只是一个市井民家之女。

甚至于她的姓名,写作"朱淑真",抑或"朱淑贞",也很不一致。于是有人疑问这两个名字指称的是不是同一个人。

第二,她的婚姻状况说不清楚。

她嫁给了什么人?有人说,由父母作主,她嫁给了一个市井粗鄙之人,生活窘困,这使其郁郁不得志,诗词里也就有了许多忧怨之思。另一种说法则认为她嫁给了一位官员,家境富裕,她诗里"从宦东西不自由,亲帏千里泪长流"(《春日书怀》)表达的就是随夫仕宦在外时对父母的想念,而"拨冈喜陪尊有酒,供厨不虑食无钱"(《江上阻风》)、"侍儿全不知人意,犹把梅花插一枝"(《睡起》),流露的都是官宦人家的气息。

她丈夫的人品如何?一种说法是,她丈夫人似乎不太坏,但学问浅薄,处事庸俗,与朱淑真不相投契,因而她的诗里常有自伤"所适非伦"之作。如《愁怀》写道:"鸥鹭鸳鸯作一池,须知羽翼不相宜。东君不与花为主,何似休生连理枝。"其他的诗里,也常有类似"山色水光随地改,共谁裁剪入新诗""对景如何可遣怀,与谁江上共诗裁"的表达,可见她对对方乏才异趣的不满。而另一种说法则是,丈夫狎妓纳妾,寻欢作乐,使二人的关系非常紧张,《黄花》诗里"宁可抱香枝上老,不随黄叶舞秋风"借咏菊,表达了对夫婿的鄙薄与厌恶。

她离婚了没有?一说是分居,一说是分手,总之是回到了杭州的娘家。

第三,她的感情生活说不清楚。

有人说,她婚前有过初恋情怀,对方或许是一位有才艺的英俊少年。"初合双鬟学画眉,未知心事属他谁?待将满抱中秋月,分付萧郎万首诗"(《秋日偶成》)大致说的就是这样的情怀,由于某种原因,恋情被中止。

有人说,在婚姻存续期间,或者是分居之后,她有过刻骨铭心的爱恋。"尽是刘郎手自栽,刘郎去后几番开。东君有意来相顾,蛱蝶无情更不来。"(《西窗桃花盛开》)"娇痴不怕人猜,和衣睡倒人怀。最是分携时候,归来懒傍妆台。"([清平乐]《夏日游湖》)"调朱弄粉总无心,瘦觉宽余缠臂金。别后大拼憔悴损,思情未抵此情深。"(《恨别》)"却扇羞花春已空,扫红吹白任颠风。断肠芳草连天碧,春不归来梦不通。"(《晚春有感》)"欲寄相思满纸愁,鱼沉雁杳又还休。分明此去无多时,如在天涯无尽头。"(《寄情》)这种爱的情绪,带给她生活的信心和勇气,也给她带来歧视与压力。

第四,她的死也说不清楚。

她死时的年岁如何?没有确切的资料。有人推断在45岁左右。

她是如何死的?一般的说法是"投水",且与"不贞"有关。有的说,她尸身漂没,未能掩葬;也有的说,她的遗体同她的诗文一道,被她父母一把火烧了。她孤单单地来到这世上,又孤单单地离开,正如她[减字木兰花]里所写:"独行独坐,独唱独酬还独卧。伫立伤神,无奈轻寒著摸人。此情谁见,泪洗残妆无一半。愁病相仍,剔尽寒灯梦不成。"

第五,她的作品也说不大清楚。

她死的时候,诗文被她父母一火焚之。据说若干年后,一位叫魏仲恭的人听闻她的事迹,同情她的遭遇,欣赏她的诗才,在街巷旅邸中广为搜寻她的遗作,达几百首之多,编辑成《断肠集》,并为之写了序言。这样的渠道搜集来的作品,其间的真伪,自然是有可供讨论的地方。

另有些作品,著作权也存在疑义。比如流传颇广的[生查子]《元夕》:"去年元夜时,花市灯如昼。月上柳梢头,人约黄昏后。今年元夜时,月与灯依旧。不见去年人,泪湿春衫袖。"有说是朱淑真写的,也有说是欧阳修写的。

还有一首《圈儿词》:"相思欲寄无从寄,画个圈儿替。话在圈儿外,心在圈儿里。单圈儿是我,双圈儿是你。你心中有我,我心中有你。月缺了会圆,月圆了会缺。整圆儿是团圆,半圈儿是别离。我密密加圈,你须密密知我意。还有数不尽的相思情,我一路圈儿圈到底。"有说是朱淑真写的,也有说是清代梁绍壬写的。它原本是一图形构成的书信,满纸尽是大大小小形状各异的圆圈,如同月亮的阴晴圆缺;而用文字译诵出来,则成上述诗篇,表达怀人意趣。

专题三十二

宁波诗词

一、专题要点

本专题主要了解围绕宁波本地风物风情的诗词创作,了解跟某些区域相关的历史人物、事件、传说。本专题选读诗歌作品14首,且不限于唐、宋两个时期。

(一)宁波的历史沿革

早在7000年前,宁波先民们就在这里繁衍生息,创造了灿烂的河姆渡文化。而近些年余姚三七市井头山遗址的发现,又将宁波地区的人类活动史和文明发现史前推到了距今8000年前。公元前2000多年的夏代,宁波的名称为"鄞",春秋时为越国境地,战国中期以后为楚国辖地。公元前222年,秦定楚江南地,置鄞(县治为今奉化区西坞街道白杜村)、鄮(县治为今鄞州区五乡镇同岙村)、句章(县治为今江北区慈城镇王家坝村)三县,属会稽郡。三国至魏晋南北朝时期,三县除隶属的州、国和郡名时有变动外,其区域范围基本未变。

隋开皇九年(589),三县同余姚合并,称句章县,县治置小溪(今海曙区鄞江镇),仍属会稽郡。

唐武德四年(621),改置鄞州,设州治于三江口(现宁波老城区)。

唐武德八年(625)改称鄮县,属越州,县治复置小溪。

唐开元二十六年(738)设明州,辖鄮、慈溪、奉化、翁山四县,州治也在小溪。

唐长庆元年(821)州治从小溪迁至三江口,并建子城,为其后1000多年宁波城市的发展奠定了基础。据记载,宁波最早的城垣为东晋隆安四年

（400）刘牢之所筑,称筱墙,故址相传在今西门筱墙巷一带。

五代十国属于吴越国,称明州望海军。

北宋建隆元年（960）,称明州奉国军,属于两浙路。

南宋绍兴三年（1133）属于两浙东路。置沿海制置使,辖温台明越四郡。

南宋庆元元年（1195）,升为庆元府,属于两浙东路。

元至元十三年（1276）,称庆元路。

元大德七年（1303）设浙东道都元帅府,属于江浙行省。

明朱元璋吴元年（1367）,称明州府。

明洪武元年（1368）,中国沿海地区海禁,唯独明州对外开放。

明洪武十四年（1381）,为避国号讳,朱元璋采纳鄞县读书人单仲友的建议,取"海定则波宁"之义,将明州府改称宁波府。宁波之名沿用至今。

清顺治十五年（1658）设宁绍台道,驻宁波。

1927年划鄞县城区设宁波市,属于浙江省,1931年撤宁波市,复入鄞县。

1949年5月浙东解放,鄞县城区建置宁波市,城区为宁波专署驻地。

1983年撤销专署,实行市管县体制。随着北仑深水良港的开发建设,宁波逐渐由内河城市向海港城市演变,并形成三江片、镇海片、北仑片相对独立的滨海临江发展空间格局。1984年,宁波被列为14个沿海开放城市之一。1986年,宁波被列为中国第二批历史文化名城,1987年经国务院审核,成为计划单列市。

1988年3月,批准为有制订地方性法规权限的较大的市。

1994年,宁波被确定为副省级市。

2015年,宁波入选"东亚文化之都"。

2016年,撤销宁波市江东区,将原江东区管辖的行政区域划归宁波市鄞州区管辖。将鄞州区的集士港镇、古林镇、高桥镇、横街镇、鄞江镇、洞桥镇、章水镇、龙观乡、石碶街道划归宁波市海曙区管辖。撤销县级奉化市,设立宁波市奉化区。

(二)宁波的历史文化

1. 先民遗址与山水地理格局：河姆渡遗址、井头山遗址、子城与罗城、街巷及命名；广德湖、东钱湖、日湖、月湖。

2. 历史人物：先秦 —— 舜帝、夏黄公、任奕、董黯、严子陵等；三国魏晋 —— 虞翻、虞喜、阚泽、虞预、虞荔等；隋唐五代 —— 虞世基、虞世南、陈藏器、黄晟、王元暐、顾全武、陈长官等；宋代 —— 庆历五先生（杨适、杜醇、王致、王说、楼郁）、舒亶、史浩、甬上四先生（杨简、袁燮、舒璘、沈焕）、黄震、吴文英、林逋、王应麟等；元代 —— 胡三省、戴表元、袁桷、张可久、高明、滑寿等；明代 —— 桂彦良、王阳明、方孝孺、龙室道渊、王谔、吕纪、范钦、屠隆、张松溪等；清代 —— 朱之瑜、黄宗羲、姜宸英、万斯同、万经、全祖望、邵晋涵、姚燮等。

3. 历史事件：隋唐五代 —— 海上丝绸之路、它山堰等；宋代 —— 高桥之战、浙东运河等；元代 —— 方国珍起事、海外贸易、庆元港、漕运、制盐等；明代 —— 宁波港、汤和建卫所、争贡之役、明朝抗倭、推行一条鞭法等；清代 —— 宁波抗清（张苍水抗清、大岚山寨抗清）、鸦片战争在宁波（英军侵占镇海、英军占领宁波府）、英军退出宁波（黑水党抗英、大宝山朱贵抗英）、宁波开埠、中法镇海口之役等。

4. 民俗、传说及工艺：商周 —— 髹漆工艺、余姚犴舞、船饰习俗等；秦汉 —— 草席编织技艺、余姚土布制作技艺、徐福东渡传说、象山晒盐技艺等；六朝 —— 梁祝传说、宁波朱金漆木雕、陆埠佛雕等；隋唐五代 —— 布袋和尚传说、赵五娘传说、金银彩绣、渔民号子等；宋代 —— 《三字经》、奉化布龙、慈城水磨年糕手工制作技艺、八月十六过中秋习俗、四明南词、宁海根雕等；明代 —— 泥金彩漆、宁海平调、宁海十里红妆婚俗等；清代 —— 骨木镶嵌、红帮裁缝、内家拳、姚剧、宁波走书、甬剧等。

5. 学派：

（1）四明学派 —— 南宋淳熙年间，有"淳熙四先生"之称的明州学者杨简、袁燮、舒璘、沈焕等人以研究、师承陆九渊的以"心"为构成宇宙万物来源的"心理"合一的"心学"为主，兼综朱子理学诸学学说而形成的学派。

（2）姚江学派——也叫阳明学派，其创始人为明代哲学家、文学家、军事家、政治家余姚人王守仁（别号阳明），因余姚有姚江穿流而过而得名。王守仁继承和发扬了南宋陆九渊的心学，提出"心外无物""致良知""知行合一"等哲学思想，集中国古代主观唯心主义之大成，史称"王学"。其主要继承人有钱德洪、沈国模、史孝咸等。

（3）浙东学派——其创始人为明末清初启蒙主义思想家、余姚人黄宗羲。黄宗羲在政治上公开揭露和批判君主专制制度，指为"使天下不得安宁"的罪恶之源，主张民权。经济上提出"工商皆本"，学术上提倡"经世致用"。浙东学派除哲学、史学外，对天文、地理、数学、文学、艺术、宗教等方面都有研究，是清代最有影响力的学派。其代表人物有万斯大、万斯同、全祖望等。

6. 古迹：天一阁、鼓楼、瓮城遗址、县衙府衙、督学行署、永丰库遗址、孔庙、白云庄（甬上证人书院）、董孝子庙、贺秘监祠、关帝庙、药皇殿、天封塔、保国寺、天童寺、阿育王寺、天宁寺塔、延庆寺、七塔寺、观宗寺、居士林、庆安会馆、张苍水故居、王阳明故居等。

(三) 课堂话题

1. 余姚：严子陵家乡

余姚低塘街道黄清堰村是严子陵的出生地，也是严子陵后裔聚居区，现保留镌有"高风千古""清节流芳"字样的石牌坊及严氏宗祠。严子陵（前39—41），名光，字子陵，西汉末余姚人。"余姚四先贤"之一（其他三人为王阳明、朱舜水、黄宗羲）。范仲淹称其"云山苍苍，江水泱泱，先生之风，山高水长"。严子陵事迹：同学刘秀、"狂奴故态""客星犯座"、垂钓春江。南宋丞相史浩写有《严先生墓》："玉匣蛟龙已草莱，一邱马鬣尚封培。云台若也标名姓，千古谁知有钓台？"

2. 奉化：黄公与林逋

奉化裘村镇的黄贤村,据说是夏黄公的隐居处,又是林逋的故乡。夏黄公,又称黄石公,名崔广,秦汉之际一位著名隐士,与隐士绮里季、东园公、甪里先生并称为"商山四皓"(事迹:张良进履、辅佐太子、黄姑行医、夏墓渡口)。林逋(967—1028),字君复,又称和靖先生,北宋著名诗人。性孤高,喜恬淡,40余岁后隐居西湖孤山,20年足不及城市(事迹:抛珠吟联、手植柏树、梅妻鹤子、疏影暗香)。明代汪纶的《黄贤》一诗,隐括了其二人的故事。

3. 宁海:方孝孺故里

宁海大佳何镇的溪上方村,是方孝孺的故里。方孝孺(1357—1402),字希直,一字希古,号逊志。因其故里旧属缑城里,故称"缑城先生",又称"正学先生"。因拒绝为燕王朱棣草拟即位诏书,牵连其亲友学生873人遇害,成为历史上唯一一个被"诛十族"的人。明代曹学程《卧龙山谒方正学祠》诗云:"瞻仰仪刑感慨深,忽看白日惨秋阴。祠荒残碣苔重合,木落空斋鸟自鸣。仗节一身甘赤族,褒忠千古见丹心。西风遮莫吹双泪,怕染缑城血满林。"

4. 鄞州:范蠡隐居地

鄞州东钱湖镇陶公村,乡人传为范蠡携西施隐居地。范蠡(前536—前448),字少伯,春秋末著名政治家、军事家,曾扶助越王勾践复国,后隐逸,自名陶朱公。经商巨富,民间称之财神。范蠡事迹:兴越灭吴、鸟尽弓藏、泛舟五湖、经商致富。清代李邺嗣《陶公山》诗曰:"此地陶公有钓矶,湖山漠漠鹭群飞。渔翁网得鲜鳞去,不管人间吴越非。"

5. 鄞州:高明创作地

鄞州石碶街道栎社村,相传为高明《琵琶记》的创作地。王世贞《艺苑巵注》:"高明撰《琵琶记》,填至吃糠一折,有糠和米两处飞之句,案上两烛光合而为一,交辉久之乃解。好事者以为文字之祥,为作'瑞光楼'以旌之。"清代万斯同写有《竹枝词》:"终宵曲就聚灯花,异事人传高永嘉。还有布衣栎社长,直教老手夺《琵琶》。"

6. 海曙区：张苍水故居

海曙区的苍水街有张苍水的故居。张煌言（1620—1664），字玄著，号苍水，著名抗清英雄。南京失守后起兵抗清，坚持斗争近20年。后大势已去，于南田的悬岙岛解散义军，隐居不出。是年被俘，后遭杀害。事迹：文武兼修、怒海雄师、联郑抗清、大"好山色"。张苍水本人留下的诗歌作品，达350余首。如《寄纪侍御衷文》："识得深山可避秦，岂容高蹈乐天真。夏兴犹赖臣糜力，楚复还凭包胥身。应念同仇多死友，休言有母不售人。陆沈谁向中流砥？天阙招寻炼石神。"

7. 海曙区：屠隆的家园

海曙区的屠园巷，原有屠隆的家园。屠隆（1542—1605），字长卿，一字纬真，号赤水、鸿苞居士。明代文学家、戏曲家。事迹：出仕为官、罢官还乡、潜心创作、晚年潦倒。其《凫园》诗写其家园："信是归来好，江东旧布衣。池成蛙自聚，金尽客应稀。家以栽花冗，身因食蕨肥。野鸥飞不去，吾性本忘机。""自知官况薄，何以鬓毛斑。才退名兼损，家贫身转闲。禁方留石室，副本托名山。讵有飙车降，翛寥天壤间。"

二、专题诗选

刘长卿《游四窗》[(1)]

四明山绝奇[(2)]，自古说登陆[(3)]。苍崖倚天立，覆石如覆屋。玲珑开户牖，落落明四目[(4)]。箕星分南野，有斗挂檐北。日月居东西，朝昏互出没[(5)]。我来游其间，寄傲巾半幅[(6)]。白云本无心[(7)]，悠然伴幽独[(8)]。对此脱尘鞅[(9)]，顿忘荣与辱。长笑天地宽，仙风吹佩玉[(10)]。

【注释】

（1）刘长卿：见专题六"唐人山水田园诗"专题诗选《寻南溪常山道人隐

居》注释(1)。四窗：四窗岩，在四明山顶。为一块长方形悬崖，崖腰有洞，内有四穴，远处仰望犹如楼之窗户，以通日月之光，故得是名。(2)四明：山名。在浙江省宁波市西南。自天台山发脉，绵亘于奉化、慈溪、余姚、上虞、嵊州等境。道书以为第九洞天，又名丹山赤水洞天。相传群峰之中，上有方石，四面如窗，中通日月星辰之光，故称四明山。绝奇：无比奇特。(3)登陆：此处指登山。(4)"苍崖"四句：青色的悬崖倚天耸立，崖上覆盖的平石如同垒起的屋子；屋子里开着的精致门窗，就好像能观察四方的眼睛。玲珑，精致。户牖(yǒu)，门窗。牖，窗户。落落，清楚、分明的样子。(5)"箕星"四句：南面田野的上方有箕星照耀，北边屋檐的顶上是北斗星；太阳与月亮分别居于东西两方，它们早晚交替着出升与沉落。箕、斗，都是星宿的名字，《诗经·小雅·大东》："维南有箕，不可以簸扬；维北有斗，不可以挹酒浆。"箕斗两宿相邻而箕宿稍南，故文字上有南箕北斗的说法。朝昏，早上和晚上。(6)寄傲：寄托旷放高傲的情怀。巾半幅：以半幅缣束首。与著冠不同，为隐士之装扮。(7)"白云"句：语出陶渊明《归去来兮辞》"云无心以出岫，鸟倦飞而知还"句。(8)悠然：闲适，淡泊。幽独：静寂孤独，亦指静寂孤独的人。(9)尘鞅(yāng)：世俗事务的束缚。鞅，套在马颈上的皮带。(10)佩玉：古代系于衣带用作装饰的玉。《礼记·玉藻》："古之君子必佩玉。"

【提示】

据志书载："四明山周围八百里，二百八十峰，峰峰相次，中顶五峰，状如莲花，疑近星斗。山顶极平正，有方石如窗，中通日月星辰之光，故曰四明。"李白赞四明山的诗句有"四明三千里，朝起赤城霞。日出红光散，分辉照雪崖"，气势十分阔大。

四窗岩为四明山第一名胜，在大俞山巅。悬崖数十丈，腰部排四洞穴，其中三洞相通。古人说，四窗岩有三绝：一是险，在高山顶上，鸟道万丈，高空索行；二是奇，自下望犹楼之有窗也；三是神，是仙家之窟，《幽明录》《太平广记》即载四窗岩为东汉刘晨、阮肇遇仙之地。吟咏四窗岩的诗歌不少，如陆龟蒙《石窗》诗:"石窗何处见?万仞倚晴虚。积霭迷青琐,残霞动绮疏。山应列圆峤,宫便接方诸。只有三吴客,时来核隐书。"皮日休《石窗》诗:"窗开自真宰,四达见苍崖。苔染浑成绮,云漫便当纱。栱中空吐月,扉际不扃霞。未会通何处,应连玉女家。"黄宗羲《石窗》诗:"高阁云中见,四窗一面连。梯空寻地穴,炼石举危天。宝镜开霜晓,珠帘卷暮烟。自从刘阮后,康乐亦遥传。"

刘长卿此诗前半首对四窗岩作正面描写,写它上摩高天,室开四目,既能看到南方的箕星,又能望到北方的斗星,同时还能见到日月的出没。后半首则借游山抒情,寄慨深远。刘长卿一生仕途坎坷,数次遭到迁谪。诗中"白云本无心""顿忘荣与辱",可见出诗人的内心忧抑。只有来到远离人世的四明山,他才能得以解脱,体会到"天地宽"。

王安石《孤城》[1]

孤城回望距几何[2],记得好处常经过[3]。最思东山烟树色,更忆南湖秋水波[4]。百年颠倒如梦寐[5],万事乖隔徒悲歌[6]。应须饮酒不复道[7],今夜江头明月多。

【注释】

(1)王安石:见专题十六"新年诗词"专题诗选《元日》注释(1)。诗题一作《忆鄞县东吴太白山水》。(2)孤城:边远的孤立城寨或城镇。这里指宁波(鄞县)。回望:一作"回首"。几何:多少年。(3)好处:美好的时候,美好的处所。经过:经历。(4)"最思"二句:表达对鄞县太白山水的追怀。东山、南湖,泛指太白山水。烟树,指云烟缭绕的树木、丛林。(5)百年:一生。颠倒:犹命运乖蹇。百年颠倒,一作"三年飘忽"。(6)乖隔:阻塞不通。万事乖隔,一作"万事感激"。(7)应须:应当、应该。不复道:不必再说。

【提示】

太白山,位于宁波鄞州区东吴镇东北,属天台山脉分支,因山南麓有"东南佛国"天童寺,故亦名天童山。王安石治鄞时,对此处多有流连。其《游天童山溪上》:"溪水清连老树苍,行穿溪树踏春阳。溪深树密无人处,惟有幽花度水香。"《天童道上》:"村村桑柘绿浮空,春日莺啼谷口风。二十里松行欲尽,青山捧出梵王宫。"

庆历七年(1047)到皇祐二年(1050),王安石在宁波(鄞县)任知县。当时他虽是二十七八岁初出茅庐的青年,却也富有谋略、精明干练。他大兴水利,发展生产;贷谷与民,抑制兼并;立学校,实施保甲法,其间还提出了一系列治理见解和改革方案。可以说治理鄞县的三年是王安石政治思想形成的阶段,与他后来的事业发展有重要的关系。期满离开,他写过不少诗文抒发对鄞县的深厚感情。如《离鄞至菁江东望》:"村落萧条夜气生,侧身东望一伤情。丹楼碧阁无处所,只有溪山相照明。"《登越州城楼》:"越山长青水长白,越人长家山水国。可怜客子无定宅,一梦三年今复北。浮云漂渺抱城楼,东望不见空回头。人间未有归耕处,早晚重来此地游。"王安石在鄞县任上生有一个女儿,才一岁便不幸夭折,王安石把她葬在了鄞县。离别鄞县时他写下一首《别鄞女》:"行年三十已衰翁,满眼忧伤只自攻。今夜扁舟来诀汝,死生从此各西东。"

《孤城》一诗是作者晚年罢相后居江宁半山园时所作,表现他对宁波的怀念,同时也寄寓了一生升沉起伏的政治感慨。

梅尧臣《秋半寻岳林寺》[1]

杖履信天涯[2],寻幽遍落花[3]。殿高秋气爽,林静夕阳斜。对茗情偏洽[4],谈玄兴转赊[5]。远公相识好[6],三笑过金沙[7]。

【注释】

(1)梅尧臣(1002—1060),字圣俞,宣州宣城(今安徽宣城)人。宣城古名宛陵,故世称"梅宛陵"和"宛陵先生"。历任州县官属,宋仁宗皇祐三年

(1051)赐同进士出身,改太常博士;在欧阳修的举荐下,补国子监直讲,官至尚书都官员外郎,人称"梅都官"。其诗简淡质朴,有《宛陵先生集》。岳林寺:在宁波奉化,建于梁大同二年(536)。唐僖宗乾符年间,高僧布袋和尚(相传为弥勒佛化身)在此出家,人称岳林寺为弥勒道场。(2)杖履:拄杖漫步。信:随意,放任。(3)寻幽:寻求幽胜。(4)茗(míng):茶。洽:亲近,融洽。(5)谈玄:原指谈论老庄之学,后泛指谈论深奥的哲理。赊:同"奢",此处谓兴致转浓。(6)远公:据南朝梁释慧皎《高僧传》载,慧远为晋代高僧,居庐山东林寺,与刘遗民、宗炳等结白莲社。净土宗推尊为初祖,世称远公。后喻为有道行的僧人。(7)三笑:据《莲社高贤传》载,晋高僧慧远居庐山东林寺,寺外有水名虎溪。每送客不过溪。一日与陶潜、道士陆静修共话,不觉逾溪,三人大笑而别。后以"三笑过虎溪"喻名士与高僧交往的典故。金沙:金沙河,在古印度拘耶尼洲。

【提示】

岳林寺位于宁波奉化区治东北之三山中。梁大同二年(536),于龙溪之西建崇福院;唐宣宗大中二年(848),改称岳林寺。唐僖宗时有僧携布袋乞食,人称"布袋和尚",自号"长汀子"。相传布袋和尚本名"契此",长于奉化城北长汀村,为弥勒佛的化身。五代后梁贞明二年(916),布袋和尚坐东廊磐石说偈:"弥勒真弥勒,化身千百亿。时时示时人,时人自不认。"偈完而逝。众僧神异之,寺遂以弥勒道场为世所重,被推崇为"明州三大佛教圣地"之一。宋真宗大中祥符八年(1015),赐额"大中岳林禅寺"。元、明两代,兴废屡更,至清康熙十二年(1673),重修殿阁,皈依者云集,岳林寺一时鼎盛至极。宁波历史上的弥勒文化信仰颇浓,体现着包容、欢喜、慈悲、自在的精神和理念。

梅尧臣留有几首与宁波有关的诗,如《余姚陈寺丞》《送马廷评之余姚》《隐潭》等。这首《秋半寻岳林寺》描写秋日漫步山林、谒访高僧的意趣,境界冲淡高旷。

史浩《东钱湖》[1]

行李萧萧一担秋[2]，浪头始得见渔舟。晓烟笼树鸦还集[3]，碧水连天鸥自浮。十字港通霞屿寺[4]，二灵山对月波楼[5]。于今幸遂归湖愿[6]，长忆当年贺监游[7]。

【注释】

（1）史浩（1106—1194），字直翁，号真隐，明州鄞县（今浙江宁波）人。宋高宗绍兴十五年（1145）进士，为余姚尉。历温州教授，召为太学正，迁国子博士。绍兴三十年（1160），任建王府教授。建王赵慎立为皇太子，史浩任起居郎兼太子右庶子。孝宗即位，为中书舍人，迁翰林学士、知制诰，不久任参知政事。隆兴元年（1163），拜尚书右仆射、同中书门下平章事兼枢密使。首言赵鼎、李光无罪，申辩岳飞之冤。乾道四年（1168），因反对张浚北伐，为御史王十朋所劾，知绍兴府。乾道八年（1172），判福州。淳熙四年（1177），召为侍读学士，继而复为右丞相。淳熙十年（1183）致仕，封魏国公。光宗绍熙五年（1194）卒，封会稽郡王。宋宁宗登基，赐谥文惠。嘉定十四年（1221），以子史弥远贵，追封越王，改谥忠定。有《鄮峰真隐漫录》。东钱湖：在宁波市区东南约15千米处。（2）行李萧萧：形容清贫，没有积蓄。行李，出行所带的东西。萧萧，稀疏的样子。（3）晓烟：清晨的烟雾。（4）十字港：今称集士港，在宁波海曙区西部。因地处原广德湖址，故称港。霞屿寺：在东钱湖。（5）二灵山、月波楼：都在东钱湖。（6）幸遂：有幸实现。归湖愿：归隐湖山的愿望。（7）长忆：经常想到。贺监：唐贺知章曾官秘书监，晚年自号秘书外监，故称。

【提示】

东钱湖，简称东湖，在宁波市区东南约15千米处，为鄞州区东钱湖镇辖区。据地方志记载，"其地承钱埭之水，故号东钱"。湖水给乡民带来利益，故又称"万金湖"。东钱湖原由唐天宝三年(744)县令陆南金开拓,宋郡守李夷庚重修,天圣(1023—1032)年间县令王安石又加疏浚,以后又多次重修湖堤。

史氏家族在宁波很有影响。史浩是南宋的帝师丞相;他的儿子史弥远也做到南宋的丞相,执掌朝政20多年;后代里还有史嵩之,理宗时也做丞相。家族中有多人入仕,位高权重。宁波的不少地点、遗迹、习俗跟这个家族有关,比如月湖的宝奎巷史氏故里,东钱湖的小普陀、下水村、石刻群,就连宁波人过八月十六的中秋节,相传也与史氏有关。

史浩有多首诗咏东钱湖风光,如"四明山水天下异,东湖景物尤佳致"(《东湖游山》)、"谁知吾胜概,名冠甬勾东"(《次韵孙季和东湖》)、"东湖兴尽回扁舟,两岸芦花照天发"(《雪夜行舟骂鬼》)、"清凉世界天家予,自是全无一点尘"(《与东湖寿老》)、"乞我扁舟任漂泊,却教明月叫渔歌"(《因见父老云东湖九百九十顷、七十二溪故有是作》)、"渔舠一叶烟波里,添我胸中万斛愁"(《雨中度东湖》)等。这首《东钱湖》诗为史浩70多岁从朝堂退居告老还乡后所写,表达他对故乡明山秀水的喜爱,又通过"渔舟""鸥""归湖"等字眼,表现他所谓"真隐"情怀。诗的末句提到"四明狂客"贺知章,是将其引为知己的,因为他们都在晚年纵情故乡山水,以安抚自己业已疲惫的身心。

陆游《游鄞》[1]

晚雨初收旋作晴[2],买舟访旧海边城[3]。高帆斜挂夕阳色,急橹不闻人语声[4]。掠水翻翻沙鹭过[5],供厨片片雪鳞明[6]。山川不与人俱老,更几东来了此生[7]?

【注释】

(1)陆游:见专题十九"梅花诗词"专题诗选《落梅》(雪虐风饕愈凛然)

注释(1)。鄞:鄞县,今为宁波市鄞州区。(2)旋:不久,很快。(3)买舟:雇船。访旧:探望老朋友。海边城:指宁波。(4)橹:比桨长的划船工具,安在船尾或船旁。不闻人语声:因橹声大而淹没船上人的说话声。(5)翻翻:翻飞,飞翔貌。沙鹭:栖息在沙滩或沙洲上的鹭鸶。(6)雪鳞:白色鱼鳞。借指鱼。(7)东来:作者故乡山阴(今绍兴),从山阴至鄞,故曰"东来"。

【提示】

陆游于淳熙十三年(1186)夏,应丞相史浩之请畅游鄞州,写了许多诗。除本诗外,另有一首《明州》也甚显宁波风情:"丰年满路笑歌声,蚕麦俱收谷价平。村步有船衔尾泊,江桥无柱架空横。海东估客初登岸,云北山僧远入城。风物可人吾欲住,担头莼菜正堪烹。"

《游鄞》一诗描写诗人访旧来到宁波这座海滨之城,见到晚雨放晴后的景致。高高的帆上斜挂着夕阳的余晖,橹声盖没了船上人的说话声。沙鹭掠水,翻翻飞过;雪鳞片片,正是供厨房烹调的美味。"翻翻""片片",叠字状物极鲜明生动。作者接着说:山川美景常在,不会与人一同老朽;我现在越来越老了,还能东来鄞地几次呢? 真想在这美丽的海滨度完一生。

杨守陈《宁波杂咏》[1]

山颠带海涯[2],竹树映禾麻[3]。雪挹猫头笋[4],雷惊雀嘴茶[5]。瑞香金作叶[6],茉莉玉为葩[7]。六月杨梅熟[8],城西烂紫霞[9]。

【注释】

(1)杨守陈(约1426—1489),字维新,号晋庵,鄞县镜川(今宁波海曙区石碶街道栎社)人。明景泰二年(1451)进士,选翰林院庶吉士。天顺二年(1458)授编修。成化初,为经筵讲官。成化八年(1472),迁侍讲学士。孝宗即位,授南京吏部右侍郎。晚年以本官兼少詹事府丞,专司史事,对国史编修多有建议。卒谥文懿,赠礼部尚书。有《杨文懿公集》。(2)带:连接。

海涯:海边。(3)禾麻:禾与麻,泛指农作物。(4)挹(yì):采挖。猫头笋:指冬笋。(5)雀嘴茶:宁波名茶。其形似鸟喙,泡后观之,芽苞吸水叶渐张而升降沉浮似小雀空中飞,故称。(6)瑞香:花名,叶边缘黄色的称金瑞香。自宋代以来,宁波为瑞香的著名产地。(7)玉为葩(pā):花开得如同美玉。葩,花。(8)杨梅:常绿乔木,叶互生,长椭圆形,花褐色,雌雄异株。核果球形,表面有粒状突起,味酸甜,可食。(9)烂紫霞:形容挂果的杨梅林灿烂得如同紫色的云霞。

【提示】

作者在诗中歌咏宁波的地理风貌与特产。连山带海的宁波物产丰富,雪地里可以掏挖冬笋,春雷响后名茶上市,还有飘香的花卉如瑞香和茉莉;到了六月份,紫红色的杨梅是当地的一绝,又是本地人的骄傲。"六月杨梅熟,城西烂紫霞",写得极美。

王守仁《杖锡道中》(1)

每逢佳处问山名(2),风景依稀过眼生(3)。归雾忽连千嶂暝(4),夕阳偏放一溪晴。晚投岩寺依云宿(5),静爱枫林送雨声。夜久披衣还起坐(6),不禁风月照人清(7)。

【注释】

(1)王守仁(1472—1529),字伯安,号阳明子,谥文成,世称王阳明、王文成,会稽余姚(今宁波余姚)人。明弘治十二年(1499)进士,授兵部主事。正德元年(1506),因反对宦官刘瑾,被廷杖四十,谪贬至贵州龙场当驿丞。在龙场谪居期间,他对儒学思想有了新的感悟,史称"龙场悟道",为他后来创立心学打下坚实的思想理论基础。刘瑾死后复官,任庐陵知县,后历任南太仆寺少卿、右金都御史、南赣巡抚等职。正德十四年(1519),平定宁王朱宸濠之乱,擢南京兵部尚书,封新建伯。后因功高遭忌,辞官回乡讲学,在绍兴、余姚一带创建书院,宣讲其心学。嘉靖六年(1527)起复,总督两广兼巡抚。因病乞归,次年病逝于江西南安舟中。隆庆元年(1567)追封侯。有《王文成全书》。杖锡:地名,在四明山。(2)佳处:胜境。(3)依稀:隐约。过眼:经过眼前。(4)归雾:流动的雾。千嶂:众多的山峰。暝(míng):暮色。(5)投:投宿。岩寺:杖锡寺,今废。(6)起坐:起身,坐起。(7)不禁:不由自主,自然而然。风月:清风明月。

【提示】

王阳明是宁波余姚人,对故乡山水特别有感情。虽长年游宦各地,但在历次回乡期间,他不仅盘桓于景和日丽的龙山舜水,还南登群山,陶醉于四明岩壑和白水飞瀑,北临海滨,流连于雪湖烟雨和碧波群鸥。所到之处,无不深情讴歌。明正德八年(1513)六月中旬至七月初,王阳明携弟子与道友游历浙东四明山,探访白水冲、达溪、阴地龙潭、杖锡寺和雪窦山,留下了不少诗词文字。本诗即写于此间。

杖锡,人称"四明山心"。本首《杖锡道中》描写了投宿杖锡寺的情景:薄雾笼嶂,晚照映溪,佛寺依云,枫林送雨。诗人面对四明山的晚景,感到由衷的欣喜。在寂静的山寺里,他披衣而坐,月照人清,传达出诗人心境的明朗、清空,蕴涵着洒脱的处世态度。另有一首同题诗,写道:"山鸟欢呼欲问名,山花含笑似相迎。风回碧树秋声早,雨过丹岩夕照明。雪岭插天开玉帐,云溪环碧抱金城。悬灯夜宿茅堂静,洞鹤林僧相对清。"

徐渭《严先生祠》(1)

碧水映何深,高踪那可寻(2)。不知天子贵,自是故人心(3)。山霭销春雪(4),江风洒暮林。如闻流水引,谁识伯牙琴(5)。

【注释】

(1)徐渭(1521—1593),初字文清,改字文长,号天池山人、青藤居士、或署田水月,山阴(今浙江绍兴)人。屡试不第,曾入浙闽总督胡宗宪幕,为其筹划军务,并参与过东南沿海的抗倭斗争。后胡宗宪获罪下狱,徐渭又因击杀继室坐罪论死,得张元汴之助出狱。之后四处游历,著书立说,写诗作画。书攻狂草,画擅花鸟,曲善杂剧,诗文俱佳,独具个性。晚年潦倒佯狂,杜门谢客,贫病以终。有《徐文长集》。严先生祠:在浙江桐庐富春江严子陵钓台下江边,北宋范仲淹建,以纪念东汉高士严光,祠存历代碑记多种。严光,字子陵,少与汉光武帝同学。光武即位后多次聘他入朝,他避而不见,归富春江垂钓。今有钓台遗址。(2)高踪:高人的踪迹。(3)"不知"二句:指严子陵不以光武帝为贵,而是把他当作一般老友来看待。天子,指东汉光武帝刘秀。故人,老朋友。(4)山霭:山上的云气。(5)"如闻"二句:用伯牙、钟子期典故,表达自己与严子陵可谓知音。春秋时伯牙善鼓琴,钟子期听其琴声而知其意,伯牙遂引为知音。钟子期死后,伯牙终生不复鼓琴。流水引,即指伯牙所奏流水曲。引,乐曲体裁。

【提示】

严光又名严遵,字子陵,会稽余姚(今宁波余姚)人,是东汉的著名隐士。他少有高名,与东汉光武帝刘秀是同学,亦为好友。刘秀即位后,多次延聘严子陵,但他隐姓埋名,退居富春山。后回到余姚直至终老,享年80岁,葬于余姚的客星山(陈山)。北宋范仲淹为他在富春江畔造了祠堂,并写《严子陵祠记》,赞他"云山苍苍,江水泱泱,先生之风,山高水长"。

《严先生祠》诗是徐渭恭谒严子陵祠写下的凭吊诗。诗人以清新流丽的笔调描摹了严先生祠的迷人景色,但诗人更仰慕的则是严子陵不以天子为贵、不以功名为念的高尚人格,他渴望成为严子陵千年后的知音。作品结构严谨,情、景、事的内在照应周密。深深碧水映衬严子陵的情怀,山霭、春雪、江风,无不是严子陵志趣和风范的写照。末句的追慕,同时融入了诗人自己的人格理想。

屠隆《凫园》⁽¹⁾

信是归来好⁽²⁾,江东旧布衣⁽³⁾。池成蛙自聚,金尽客应稀。家以栽花冗⁽⁴⁾,身因食蕨肥⁽⁵⁾。野鸥飞不去,吾性本忘机⁽⁶⁾。

【注释】

(1)屠隆(1542—1605),字长卿,一字纬真,号赤水,又号鸿苞居士,浙江鄞县(今浙江宁波)人。明神宗万历五年(1577)进士,授颍上知县,调青浦。入为礼部主事,迁员外郎,擢郎中。万历十二年(1584)被劾削籍罢官。归后纵情声色,游吴越间,以鬻文为生,诗文、戏曲俱佳。诗语秀逸,具天造之致。有《白榆集》《由拳集》等。凫园:屠家花园,原址在宁波苍水街屠园巷。(2)信:确实。归来:陶渊明有《归去来兮辞》,因指归隐。(3)江东:习惯上称长江南岸地区为江东。宁波在长江南。布衣:平民。(4)"家以"句:家里因为种了许多花而显得拥挤。冗(rǒng):繁杂,拥挤。(5)蕨(jué):多年生草本植物,叶嫩时可吃,地下茎可制成淀粉。食蕨表示生活清苦。(6)"野鸥"二句:是说自己与鸥鸟一样,没有机巧之心。古有"鸥鹭忘机"之说。机,巧诈功利之心。

【提示】

屠隆写过一篇关于他自家花园"凫园"的文章,其中说:"韬光氏宅西有隙地如手掌大。土灰混浊,辟以为园,傍邻筑垣,下凿小池,窄而长,才一发。下植荷、芰、荄、芦,上植芙蓉、木兰、红蓼、紫葵。跨小池,构一楼,曰'飞仙'。"此外还有一栋三楹的"娑罗馆",是屠隆与客人谈诗论文、读书烹茗的地方。馆前馆后杂栽了许多蓊蔚交密的桎、柳、梧、槐、松、兰、菊之类。至于园子起名叫"凫园",是因为园成之日刚好有个村翁送来两只野鸭子。"凫",就是野鸭子。野鸭子的洒脱自在象征着作者的精神自由。

《凫园》为组诗,十首。另一首较为著名的:"自知官况薄,何以鬓毛斑。

才退名兼损,家贫身转闲。禁方留石室,副本托名山。讵有飙车降,翛寥天壤间。"这些诗描写凫园景致,表现作者返乡后的生活,以及甘于淡泊、与世无争的情怀,不过,细品起来,还是有许多不甘与无奈。

张煌言《甲辰八月辞故里》[1]

国破家亡欲何之[2]?西子湖头有我师[3]。日月双悬于氏墓[4],乾坤半壁岳家祠[5]。惭将赤手分三席[6],敢为丹心借一枝[7]。他日素车东浙路,怒涛岂必属鸱夷[8]。

【注释】

(1)张煌言(1620—1664),字玄著,号苍水,浙江鄞县(今浙江宁波)人。明崇祯十五年(1642)举人。清顺治二年(1645),清军大举南下,逼近宁波,他与钱肃乐等起兵抵抗,并奉表到台州请鲁王朱以海北上监国。后奉鲁王之命,联络13家农民军,并与郑成功配合,亲率部队连下安徽20余城,坚持抗清斗争近20年,官至南明兵部侍郎。康熙三年(1664),因抗清斗争趋于失败,于南田的悬岙岛解散义军,隐居海岛不出。同年被俘,并于杭州弼教坊慷慨就义。与岳飞、于谦并称"西湖三杰"。其诗文多是在战斗生涯里写成的,风格质朴悲壮。有《张苍水集》。甲辰:清康熙三年(1664)。这年八月,张煌言由家乡被押解去杭州,临行时作此诗。诗题又作《将入武林》。(2)何之:"之何",到什么地方去。(3)西子湖:杭州西湖。师:此指榜样。(4)日月双悬:指日月照耀。于氏墓:指于谦的坟墓,在杭州西湖三台山下。于谦(1398—1457),字廷益,钱塘(今浙江杭州)人。明代爱国大臣,官至兵部尚书。在蒙古瓦剌军俘获明英宗并大举内侵时,拥立景帝,大败瓦剌军,保卫北京,稳定明朝政局,明英宗复位后,以谋逆罪被诬杀。(5)乾坤半壁:指南宋偏安江南的半壁河山。半壁,半边。岳家祠:指岳飞的祠墓,在杭州西湖栖霞岭下。岳飞(1103—1142),字鹏举,相州汤阴(今河南安阳汤阴）人。南宋抗金名将，官至太尉，授少保，为河南北诸路招讨使，大破金兵于朱仙镇。时秦桧力主和议，下令退兵，解除岳飞兵权，不久被诬谋反，惨遭杀害。(6)"惭将"句：是说自己未能恢复明室，与于谦、岳飞同葬在西子湖畔，而三分其席位，于心有愧。赤手，空手。席，坐位。(7)"敢为"句：说自己胆敢凭这颗丹心，在于谦、岳飞的祠墓前，借取一席葬身之地。枝，枝栖，栖身之地。(8)"他日"二句：意思是说，我死了以后精魂不灭，会像伍子胥那样乘素车白马，化为钱塘江怒涛，震撼我曾经战斗过的浙江东部大地。素车，灵车，比喻江潮汹涌如同张着帷盖的白色丧车。东浙路，即浙江东部地区。鸱（chī）夷，皮革制成的口袋，此处指伍子胥的冤魂。春秋时的伍子胥，因劝吴王伐越，被谗而死，吴王把他的尸体装入鸱夷中沉江。相传伍子胥死后化为潮神，驱水为钱塘江潮，常乘素车白马，出现在潮头之上。

【提示】

清康熙三年甲辰（1664）七月，张煌言被清军俘获后，先押经故里宁波，八月初转解至杭州。这首诗是诗人离别故乡去杭州时所写。

首联说国破家亡，既然自己无力灭清复明，只有以身殉国，效仿西子湖畔的两位先贤。颔联写诗人对于谦、岳飞的赞美。于谦在国势危难时，大败瓦剌军，使明朝政局转危为安，却被明英宗诬杀；岳飞大破金兵，使南宋得以支撑半壁江山，却被秦桧冤杀。于谦、岳飞的英雄业绩，与日月同辉，照耀千古。颈联写诗人愿借一席葬身之地，表现了对明室的无限忠诚。尾联，诗人以伍子胥的典故，说明自己死后，也要像伍子胥一样，在钱塘江中掀起怒涛，表示自己的理想永远不会泯灭，反映诗人抗清的坚定意志。

诗人壮烈牺牲后，故明御史纪昌五出重金购下诗人首级，由朱锡九等人安葬于西湖南屏山，实现了诗人死前"分三席"的愿望。

《甲辰八月辞故里》诗有二首，另一首为："义帜纵横二十年，岂知闰位在于阗。桐江空系严光钓，震泽难回范蠡船。生比鸿毛犹负国，死留碧血欲支天。忠贞自是孤臣事，敢望千秋春史传。"

万斯同《瑞光楼》[1]

终宵曲就聚灯花,异事人传高永嘉[2]。还有布衣栎社长,直教老手夺《琵琶》[3]。

【注释】

(1)万斯同(1638—1702),字季野,号石园,浙江鄞县(今浙江宁波)人。黄宗羲弟子,博通诸史,尤熟明代掌故。康熙十七年(1678)征召博学鸿儒,力辞得免。次年,朝廷开《明史》馆,他以布衣参加编修,不署衔,不受俸,《明史》五百卷大半出其手。其诗悠闲冲淡,不事雕琢。有《石园诗文集》等。瑞光楼:亦称交光楼,原为栎社沈氏家楼,在宁波石碶街道栎社村南塘河边。(2)"终宵"二句:整个晚上写成一曲,以至于双烛的光焰交汇,这等传奇之事据说发生在剧作家高明的身上。曲就,一曲完成。聚灯花,据传高明在沈氏家楼写作《琵琶记》时,一天晚上案上双烛之光忽然频频颤动,然后交融一处,犹如一道彩虹,故称沈氏家楼为瑞光楼。高永嘉,高明(字则诚,号菜根道人,元末明初人)为瑞安人,瑞安属永嘉(今温州),故称。(3)"还有"二句:当地还有一位人称"栎社长"的布衣诗人沈明臣(1518—约1596,字嘉则,鄞县栎社人),他写的东西丝毫不逊色于高明的《琵琶记》。布衣,平民。古代平民不能穿锦绣,故称。老手,对某种事情富有经验的人。夺,超越。

【提示】

万斯同写有《鄮西竹枝词》五十首,歌咏宁波风物。此为其中一首,写栎社的两位名人——高明与沈明臣。

高明是元末明初人,于至正十九年(1359)前后辞官,从瑞安来到鄞县西南二十里的栎社,寓居沈氏楼,以词曲自娱,创作了南戏《琵琶记》。剧中主人公蔡二郎影射东汉名人蔡邕(字伯喈)。蔡邕新婚才两月,迫于父母之命赴京赶考得中状元,当朝牛丞相强欲招赘为婿,蔡苦辞不从。时家乡遭饥荒,其妻赵五娘卖发换粮侍奉公婆,自己却咽糠充饥。公婆死后,五娘含悲罗裙包土筑坟埋葬公婆,又身背琵琶上京寻夫,最后一夫两妻团圆。相传高明写赵五娘吃糠时,写到曲子"糠和米本是两相倚,谁人簸扬作两处飞,一贱与一贵,好似奴家与夫婿,终无见期",案桌上双烛的光辉忽而交合在一起,久久不能分开。

沈明臣是晚明的布衣诗人,与徐渭结交甚深,还是屠隆的老师,曾居瑞光楼。其一生著作丰富,有诗、文、史著述共12种,近百卷。其中诗歌7000多首,有《丰对楼诗选》。

杨文瓒《拜正学先生祠》[1]

一死贞心天地知,龙山俨建报忠祠[2]。啼鹃十族甘为血[3],扣马千秋更有碑[4]。落日平原怀旧恨,凄风古木接新悲。遗编未泯犹堪读[5],哭向苍天问所私[6]。

【注释】

(1)杨文瓒(1614—1648),字赞玉,号圆石,一作玄石,浙江鄞县(今浙江宁波)人。崇祯十二年(1639)举人。弘光元年(1645),授贵州道御史,前往浙西密谋反清,因叛徒出卖,事败被捕。鲁监国三年(1648)英勇就义。与杨文琦、屠献宸、董德钦、董志宁并称"宁波五君子"。正学先生:指方孝孺。(2)龙山:卧龙山,即今宁海城区南部的跃龙山。俨:恭敬庄重。(3)啼鹃:据晋张华注《禽经》载,传说杜鹃鸟整夜啼鸣,然后吐血而死。后以啼鹃或啼血,用作悲伤事物的典故。十族甘为血:方孝孺被株连十族,亡870余人。(4)扣马:喻直谏。扣,拉住。(5)遗编:方孝孺著有《缑城集》《逊志斋集》《秋崖集》等。泯:消失。(6)所私:其中的奥秘。

【提示】

方孝孺,世称正学先生,明洪武二十五年(1392)应太祖朱元璋召,授汉中府学教授。建文四年(1402),燕王朱棣兵陷南京,杀建文帝后欲登基。方孝孺拒不为其起草即位诏书而被磔(分裂肢体)于市,并株连十族,亡870余人。后人建祠祀之。据《崇祯宁海县志》载:"正学先生祠,原建卧(跃)龙山,万历三年(1575)郡守李时渐移至西门外,曹学程修。崇祯五年(1632)宋奎光重修。"祠后废圮。

全诗赞美方孝孺的忠贞之心有天地作证,扣马而谏为后世传诵,表达诗人的敬重与感佩。后来杨文瓒及其兄杨文琦也在宁波城的对清战中慷慨就义,兄弟二人之妻张氏、沈氏亦自缢死,其事为《明史·列女传》所记。

杨江《董孝子祠》(1)

事君容易事亲难(2),孝子名留覆载间(3)。一剑复仇天亦快(4),寸心为母石同顽(5)。遗风凛凛慈溪水(6),高节堂堂大隐山(7)。不独邑人知向慕(8),树边枭獍也惭颜(9)。

【注释】

(1)杨江,明代人,生平不详。董孝子祠:亦称董孝子庙,汉延光三年(124)建于董黯故宅,位于今宁波余姚大隐镇章山村,后圮。宋绍兴三十二年(1162)又建于慈城慈湖(古时大隐属慈溪,慈溪县治在慈城),后又圮。中华人民共和国成立后董孝子祠(庙)重建在宁波南门祖关山,今迁至尹江岸。(2)事君:侍奉君王。事亲:侍奉父母。(3)孝子:指董黯。董母被邻居王寄凌辱致死,董黯葬母后杀王寄,之后向官府自首。汉和帝刘肇闻之,"诏释其罪,且旌其异行,召拜郎中,不就"(雍正《宁波府志》)。覆载:原指天覆地载,包容万物。此喻天地。(4)天亦快:老天也觉得快意。(5)石同顽:如同顽石般坚定。(6)凛凛:威严而使人敬畏的样子。(7)堂堂:壮伟、宏大。(8)邑人:同乡的人。向慕:仰慕。(9)枭獍(xiāo jìng):相传枭是食母的恶鸟,獍是食父的恶兽。

【提示】

传说董孝子名叫董黯,字叔达,东汉人,奉母至孝。其母有病,因汲咸水苦涩难咽(原姚江无大闸流经宁波甬江出海,咸潮时上溯),喜饮娘家溪水。于是孝子与母徙居今章山村永昌潭旁,搭造简陋房屋,每日汲水供养其母,母病得以好转。不久,和帝年间,董母被邻居王寄凌辱致死,董黯俟王母死后杀王寄,复母仇,向官府投案。和帝闻其孝心,特赦擅杀之罪,并遣考功郎邱霖赉诏他为郎中。董黯不就,后受皇恩俸禄,终老大隐。董黯死后,汉安帝延光三年(124)敕封董黯为孝子,并命有司在故宅立祠为祀。

表现董孝子的诗词作品有不少。唐代贺知章《董孝子黯复仇》云:"十年心事苦,惟为复恩仇。两意既已尽,碧山吾白头。"

汪纶《黄贤》[1]

黄公采芝商洛去[2],海上孤村寄旧游[3]。晦迹已终秦二世,洁身不入汉诸侯[4]。青山窈窕云长在[5],绿树逶迤路转幽[6]。此地更闻林处士[7],清风高洁继前修[8]。

【注释】

(1)汪纶,字师古,明代奉化人,生平不详。黄贤:黄贤村,在今宁波奉化裘村镇西北。(2)黄公:指秦末夏黄公(黄石公),世称"圯上老人""下邳神人"。与东园公、甪里先生、绮里季共称"商山四皓"。采芝:摘采芝草,喻指求仙或隐居。商洛:商洛山,亦称商山,在今陕西省商洛市。"商山四皓"为避秦乱,隐居于此。(3)海上孤村:指黄贤村。(4)"晦迹"二句:是说夏黄公在秦统治二世终未出山,洁身自好,入汉朝后也不求功名封侯。晦迹,不让人知道自己的踪迹,喻隐居。(5)窈窕(yǎo tiǎo):深远貌。(6)逶迤(wēi yí):曲折绵延貌。(7)林处士:宋著名诗人林逋。处士,不做官而有才德之人。(8)前修:前辈有品德的人,犹前贤。

【提示】

黄贤村位于宁波奉化东南滨海地区，南临象山港，北邻奉松公路。据《忠义乡志》记载："黄贤村有商山，山西有黄公里，因汉'四皓'之一的夏黄公居此得名。"黄贤村还有众多的人文古迹，宋代诗人林逋就是黄贤村人，脍炙人口的"疏影横斜水清浅，暗香浮动月黄昏"便出自林逋之手。本诗以村名为题，记写这两位先贤，赞扬了他们的高洁品行。

三、专题衍说

黄石与梅花

——说奉化黄贤村的两位隐士

《黄贤》的作者汪纶，生平资料不详，《甬上耆旧诗》称其"字师古"，明代奉化人。景泰六年（1455）纂《奉化县志》，未见遗本流传；弘治五年（1492）又纂奉化《县志续考》，闻见增益颇多于前。为一县修二志，实为难得。作为诗人，著有《奉川百咏》集。不过"百咏"有哪些，却难以知晓，搜到零星的若干诗篇，《丹霞洞》《梨洲山》《南山》《龙津馆》《黄贤》等，均与宁波本地风光有关，且诗中往往有着隐逸故事，诸如"乾坤已入升平久，莫为秦人理钓槎""风景恍然人世外，但闻鸡犬石岩隈"之类。

黄公采芝商洛去，海上孤村寄旧游

黄公，即夏黄公、黄石公，原名崔广，字少通。与东园公唐秉、甪里先生周术、绮里季吴实，先前都是秦朝的博士官，因不满朝政，相携隐于商山（一说在今陕西商洛市，一说在今河南济源市）。因八十有余，眉皓发白，并称为"商山四皓"。楚汉相争时，刘邦曾邀其出山，"四皓"不从，仰天叹而作歌，谓之《紫芝歌》。

《紫芝歌》亦名《采芝歌》。全文为："莫莫高山，深谷逶迤。晔晔紫芝，可以疗饥。唐虞世远,吾将何归。驷马高盖,其忧甚大。富贵之畏人兮,不若贫贱之肆志。"这首表明心志的诗,透露出来的关键情绪有二:一是唐虞盛世已渺不可及,当前寻找不到值得归附的如尧舜般的贤明君王;二是富贵功名难免伴随灾祸,不若守着清贫,放达自己的身心。《梦溪笔谈》故而称"四皓"为"商岭采芝仙"。其中的黄石公,传说称其后来得道成仙,道教将之纳入神谱,"圯上老人""下邳神人"即是。

晦迹已终秦二世,洁身不入汉诸侯

"晦迹":隐晦其踪迹,采取了隐逸的生活方式。秦统治二世(始皇嬴政,继之胡亥),"四皓"终未出山。

黄石公与张良的传说,向来脍炙人口。《史记·留侯世家》载,张良因为谋刺秦始皇不果,亡匿在下邳(今江苏邳州)。一日于圯上(桥上)步游,遇见黄石公。黄石公故意将鞋子扔到桥下,让张良替他取回并穿上,又几次三番为难张良,约其桥头相见。之后,授张良《太公兵法》,且有言:十三年后见我于济北,"穀城下黄石即我矣"。张良以黄石公所授兵书助汉高祖刘邦夺得天下,并于十三年后在济北穀城见一黄色巨石,形似老翁,因建祠堂,虔敬奉祀。可见,黄石公所代表的"四皓",还是关心国家兴衰存亡的,只不过有着隐退仕进的原则罢了。

最典型的还是"四皓安太子"一事,与汪纶所言"洁身不入汉诸侯"稍有出入。话说刘邦欲废黜太子刘盈,另立戚夫人所生的赵王如意。吕后很着急,请张良谋划。张良用厚礼将"四皓"请出,随侍太子于汉廷,令刘邦极为惊讶。"四皓"解释之所以出山的理由是:当初隐居不出,是因为陛下一向轻慢士人,而如今太子为人仁孝,恭敬贤士,所以愿效犬马之劳。刘盈的太子位置得以保全,刘邦死后即位,成了懦弱无能的汉惠帝;他的母亲吕雉,将戚夫人砍去手足,挖掉双眼,药哑喉咙,熏聋两耳,扔在厕所里,称为"人彘"("彘"即是猪)。由此,后人对于"四皓",也颇有微词,如元代赵孟頫《四皓》诗云:"白发商岩四老翁,紫芝歌罢听松风。半生不与人间事,亦堕留侯计术中。"当然,王阳明猜测当日太子刘盈身边的四老头儿并非真"四皓",而是张良找来的赝品,倒也未尝不具可能性。

青山窈窕云长在,绿树逶迤路转幽

黄贤村位于奉化大桥东南,靠近象山港,现属裘村镇。有青山,有海岸,有溪湖,林木葱茏。商山桥、东祠庙、蟠龙寺、黄公墓等等,听名称就像是有些来历的。

传说黄石公在宁波的踪迹,涉及多处。他回乡隐居之后,与女儿黄姑曾在鄞西一带行医。今天的黄古林还有黄公林庙,香火不断。夏黄公死后葬于姚江南岸的覆船山,人们把他墓旁的渡口称为夏墓渡,后来方音讹变为"河姆渡"。

此地更闻林处士,清风高洁继前修

黄贤村还出了一位逸士,姓林,名逋,字君复,宋真宗赐号"和靖处士"。"处士"即隐者,未仕之士。关于林逋的出生地,一说为钱塘(今浙江杭州),依据是《宋史·隐逸传》等一系列史书;一说为奉化黄贤,依据的是地方史志。《浙江通志》引嘉靖《宁波府志》云:"奉化县东黄贤村,宋处士林逋所居,后隐杭之西湖。"

林逋"性恬淡好古,弗趋荣利",年轻时漫游江淮各地,之后结庐西湖孤山,二十年间足未及近在咫尺的繁华都市。一生梅妻鹤子,其咏梅诗句"疏影横斜水清浅,暗香浮动月黄昏","雪后园林才半树,水边篱落忽横枝",均颇获好评。

中国文化中赞美隐士,是有着多重的逻辑关系交叠在其中的。治国平天下,见义而勇为,任何时期的主流社会都极力倡导,而个体的人生价值也往往与之联系在一起。然而,当社会环境与个人的生活原则产生极大冲突,有些人即会选择独善其身的方式。广义而抽象的赞赏由"独善"而来,虽然隐士的外在行为是相似的,但"隐"的理由与动机各有各的不同。

三年飘忽如梦寐,万事感激徒悲歌
——说王安石在鄞县的经历与诗词

从西安前往蜀中的路上有一座梓橦神祠,素来很神奇:凡是朝廷的文臣经过这里,若遇风雨相送,日后必能做到宰相;凡是读书人路过这里,若遇风雨相送,日后则必考中状元。这一传说,几百年里屡试不爽。宋代一位叫王益的,官做得不大,某日带着七八岁的孩子路过这里,恰好遇到大风大雨,心里不免有所期待。但是,奇迹并没有降临在他身上,到死他都还只是江宁府的通判。

王益一定是没有想到,梓橦神祠的大风大雨,并不是为他而作的。那个"宰相"的预言,指向的是他身边的那个小孩子,王安石。

王安石来到鄞县(今属宁波)做官的时候,刚过27岁。这之前,他的经历很简单。二十出头进士及第,据说那一榜,他原是第一名,因卷面上有些句子令仁宗皇帝不满意,所以跟第四名杨寘对调了一下。考中的当年秋天,他被派遣到扬州任签书淮南判官,首尾四年左右。之后,又在京城做了一年光景的大理评事,也就是管理各地案件的大理寺的属官。然后,就到了鄞县来做知县。

王安石自小就有理想抱负,诸子百家之书无所不读,对儒家经典尤为用心。他自负,傲物,"男儿少壮不树立,挟此穷老将安归"(《忆昨诗示诸外弟》),以期将来能成贤成圣。当然,他未必想到有朝一日会坐到宰相的位置。

庆历七年(1047)来到鄞县,他的感觉还是蛮好的。知县的职位可以让他独立自主地做成一些事情。这跟他之前在扬州任上很不一样。在扬州,他做韩琦的幕僚。韩琦担任过枢密副使,当时是以资政殿学士的身份任扬州知府,资格老,气派大,对毛头小伙王安石的一些建议不以为然。不唯如此,有时还误解王安石。王安石读书经常通宵达旦,到了天亮才稍稍打个盹,有时难免上班迟到,匆匆赶去,连洗漱都来不及。韩琦误以为他夜饮放逸,训诚他说:"年轻人,我劝你勤于政事,不要虚度光阴,有时间好好读点书。"王安石由此很是失望:"韩先生不是能够理解我的人。"

在鄞县的三年里,他是统领一方的长官。他以他的热忱、勤勉、智慧和悲悯之心,为地方上的百姓做了许多实事。值得注意的是,他做的事,往往不从俗随众,而是有自我主见的特立独行。这是他政治理想与治世主张的初次实践。二十年以后,他当了宰相,推行一系列的变法,诸如青苗法、保甲法、农田水利法、均输法、免役法、市易法、保马法、方田均税法等等,其中有一些就是在鄞县的工作实践中酝酿发展出来的。

他在鄞县做的第一件事,是兴修水利。本来,鄞县地处沿海,县内又有奉化江流过,水是有出路、有去处的,即便霖潦,也不至为涝;同时,深山长谷之水四面而出,沟渠浍川十百相通,可供农田灌溉,也无干旱之忧。但是由于水道和堤防年久失修,原来的渠川壅塞严重,结果多雨即涝、民居漂没,少雨即旱、滴水如油,严重影响农业生产和百姓生活。他在《苦雨》一诗里写道:"灵场奔走尚无功,去马来车道不通。风助乱云阴更密,水争高岸气尤雄。平时沟洫今多废,下户京囷久已空。肉食自嗟何所报?古人忧国愿年丰。"为此,他跋山涉水考察地形设施,动员百姓疏通川渠河港,修筑堤坝陂堰,从而减少了水旱灾害。在二十几处兴修的水利设施中,最突出的一项工程就是修复东钱湖。通过恢复湖界、加深湖底、围筑堤堰和设置碶闸等措施,东钱湖得到前所未有的疏浚与修治,解除了鄞县镇海七乡农民的水旱之苦。几十年后他在变法中推行"农田水利法",与此时鄞县的工作实践有着密切的关系。

第二件事,是对贫民实行借贷。鄞县这个地方,贫困者多,富裕者少,青黄不接的时候农民往往不得不将田地作为抵押,向大户人家去借贷,忍受高利盘剥,以致被豪绅兼并。为了改变这种状况,王安石决定,春季将县府官仓中的存粮以轻息放贷给农民,到秋收的时候加二分利息归还给公家。若年成不好,也用这个办法,先救济和借贷,收成好了以后加息归还。如此,百姓可以渡过难关，官仓的粮食也能够新陈相易，避免霉变损失。这一做法，正是他后来当宰相后推行"春散秋敛"的青苗法在鄞县的初步尝试。

第三件事，是兴办学校。到鄞县的第二年，王安石利用县城孔庙，办起了第一所县学。他几次致书越州（今绍兴）的隐士杜醇，邀请他前来执教，还亲自审定教材。他当时找到的杜醇、楼郁、杨适、王说、王致五位名师，史称"庆历五先生"，是当时宁波一带的学术中坚。他在给杜醇的信中说："君不得师，则不知所以为君；臣不得师，则不知所以为臣。"为国家培养人才，是他一辈子的理想。多年以后主政，他在科举选拔人才上做了更多的创新，包括机制、教育内容及方法。

第四件事，是实行联保治安。他将百姓按户分组，十家组成一保，十大保为一都保，各级都有保长，农闲时集合在一起军训，平时则负责白天和夜间的巡查。这一措施让鄞县的治安情况有了很大好转。事实上，这也就是后来的"保甲法"的雏形。

第五件事，是反对禁私盐。当时官方明令禁止民间的私盐交易，违规者须罚以重刑。王安石则认为此项规定对政府有利，对百姓无益，尤其是海旁之盐，根本上是难以禁止的。为此他上疏谏阻。在他的观念里，为官一方，就是要造福百姓。他写过一首《秃山》的寓言诗，以不事生产、坐吃山空的群猴将原本草木繁盛的海岛之山搞得山荒岭秃，寄托他对官吏侵贪的不满。

皇祐二年（1050），王安石期满离任。这三年里，他把鄞县办成了一个"特区"，为后来的"熙宁变法"积累了"鄞县经验"。离别时，他对鄞县充满不舍的感情，写下了不少诗。《离鄞至菁江东望》："村落萧条夜气生，侧身东望一伤情。丹楼碧阁无处所，只有溪山相照明。"《登越州城楼》："浮云漂渺抱城楼，东望不见空回头。人间未有归耕处，早晚重来此地游。"《铁幢浦》："忆昨初为海上行，日斜来往看潮生。如今身是西归客，回首山川觉有情。"

"回首山川觉有情"，他不仅仅把事业留在了这里，还把骨肉留在了这里。王安石来鄞县的那一年，女儿出生，一年后不幸夭折，葬在崇法院之西北。

离开鄞县时,他特意来到女儿墓前告别,留下一首《别鄞女》诗:"行年三十已衰翁,满眼忧伤只自攻。今夜扁舟来诀汝,死生从此各西东。"

他还写过一首《孤城》(又名《忆鄞县东吴太白山水》)的诗,诗中有两句存在版本的分歧,一说是"三年飘忽如梦寐,万事感激徒悲歌",认为诗写于离开鄞县之时;另一说是"百年颠倒如梦寐,万事乖隔徒悲歌",认为诗写于晚年退居南京,是回忆早先的生活经历。

鄞县的百姓对这位任职时间不长的年轻官员也是十分感念,为他立祠立庙,还留下了诸如"安石乡""安石岭""王公塘"这样的地名。

方孝孺与三个皇帝

——说方孝孺的家世行迹及舍生取义

方孝孺出生于元顺帝至正十七年(1357),他12岁的时候,元朝灭亡,明朝建立。元朝的皇帝在他的记忆里几乎没留下什么,跟他直接发生关系的,是明朝的三个皇帝。

方孝孺从小是个读书种子。他3岁识数,5岁为诗,9岁背诵五经,每日读书的厚度都超过一寸,被乡人看作韩愈再生,称为"小韩子"。成年以后,更是勤学不辍。一直以来,他对自己有很高的期许,认为自己可以成为历史上伊尹、周公那样的人物,辅佐明君,经世治国。他研治经史,有自己的理论体系,是明代初期著名的理学家;他文才惊人,宋濂评价他的诗文除欧阳修、苏轼之外,唐以后没人比得上。

他经历的第一个皇帝是明太祖朱元璋。他12岁时,朱元璋登基;他42岁,朱元璋宾天。

方孝孺的家世并不显贵,在他父亲之前,祖辈里没有一人做过官。他的父亲方克勤起先做过县学训导,后来做到济宁知府,也算不上高爵显位。这样家庭的子弟能接触到当朝的皇帝,不能不说是机缘,虽然这个"机缘"并不令人舒坦。这要从他的父亲和他的老师说起。

方克勤任济宁知府,工作勤勉,宽仁爱民,当地的户口在他任内的三年多时间里从三万多户翻了一倍,而税收更是从一万多石增加到十四万多石。他的任满考绩为山东行省六府之最,于是奉诏进京接受皇帝的嘉奖。朱元璋对他说:你好好干,待你的政绩更多一些,我会重用你。但是没想到,从京城回来不久,他被人陷害了。在方克勤的治下,有一个叫程贡的低级官吏,曾经因为不称职而受过笞刑,一直对方克勤怀恨在心。这人秘密上书皇帝,诬告方克勤。朱元璋于是诏命御史杨某督察此事。可杨某是程贡的朋友,通过不正当的手段谋私,给方克勤定了罪。

一波未平,一波又起,接着方克勤又受"空印案"的牵连。什么是"空印案"呢?在明代,各府、县等基层单位都要向中央户部呈送钱粮及财政收支、税款账目,供户部核对,如数据不符,则驳回重新填报。而由于当时上缴的是实物税款,也就是粮食,运输过程中难免有损耗,出现账册与实物对不上的现象是大概率事件。稍有差错就要打回重报,在交通不发达的当时,基层单位不断往返南京,确实有些不便。所以很多单位前往户部的办事员都带了事先盖过章的空白书册,需要时就直接在现场替换。这种习惯做法自元朝就有,明朝一开始也没有明令禁止。朱元璋发现这种情况后十分愤怒,认为这是欺罔的行径,下令严办。结果从户部尚书至各地守令主印者皆被处死,副职以下杖一百,充军边地。方克勤作为济宁知府,显然是主管印务之人。多重打击之下,方克勤死在京城,终年 51 岁。

父亲死那年,方孝孺刚好 20 岁。之前,他曾上书,表示愿意以身从军代父赎过,未得允许。方孝孺万分悲痛。

方孝孺的老师宋濂是明代的开国文臣之首,曾受朱元璋礼聘,为太子讲经。他奉命主修《元史》,累官至翰林学士承旨、知制诰,当时的朝廷礼仪大多是他制订的。年纪大了以后辞官,回到故乡金华。方孝孺遇到宋濂,就像浑金璞玉遇上了识珠的慧眼,千里之马遇上了伯乐,师生甚为相得。宋濂对他倾囊相授，他对于所学则举一反三。宋濂放言：二十年后，天下人都将看到方孝孺的不凡。这种厚望，直似宋代欧阳修之于苏轼一般。

然而在方孝孺24岁那年，发生了胡惟庸案。胡惟庸做了7年的宰相，独断专行，朝中朋党众多。朱元璋怀疑胡惟庸谋反，以"枉法诬贤""蠹害政治"等罪名处死了他，并追究大批同党，包括一些开国功臣，牵连致死者3万余人。朱元璋借此废除了宰相的职位，取消了中书省，使得中央集权得到进一步加强。宋濂的孙子宋慎受此案的牵连被杀，宋濂本人也被定了死罪。后经各方请求，宋濂免于一死，但全家被流放茂州。72岁的宋濂死于途中的夔州。得到死讯，方孝孺悲愤莫名，且对恩师遭受的不公一直存有腹诽。

之后，方孝孺赋闲田园，专心著述，但皇帝朱元璋似乎并没有忘记他。27岁时，朱元璋召他进京，他当庭奉旨作《灵芝甘露颂》，受到赞赏。皇帝还对他说：你父亲没有犯罪，都是奸臣陷害他。并指着方孝孺对旁人说：这是一个特别的人，我现在不用他，使他有更多的历练，将来留给子孙，让他辅佐太平盛世。

31岁，被旁人攀扯举发，方孝孺全家数十口人被押送京师。朱元璋在案卷上看到方孝孺的名字，便特准释放了他。

36岁，因朝堂大臣的荐举，方孝孺再一次被朱元璋征召入京。不过朱元璋仍然觉得此时并不是重用方孝孺的好时候，只是给了他一个汉中府学教授的职务。两年以后，他做了蜀献王世子的老师。

可见，明朝的第一个皇帝朱元璋对方孝孺的才学人品极为赞赏，但却不认为方孝孺能辅佐自己实施垄断严厉的治国方针。而方孝孺倡导"以仁义治国"，提倡立君养民，甚至认同孟子的"民贵君轻"，也自然不能与朱元璋两相契合。

方孝孺经历的第二个皇帝是明惠帝朱允炆。此时他已43岁了。

朱元璋死后，继位的是皇太孙朱允炆。朱允炆很早便听说方孝孺的贤名，一纸诏书将他召入帝京，任命其为翰林侍讲，次年迁侍进学士。虽然只是个五品的官职,却是皇帝的近臣。尤其是,朱允炆的见解与朱元璋很不一样,他信奉仁义礼乐,提倡以德治国,排斥滥法任刑,放权朝臣,虚心纳谏,这些都与方孝孺的理念非常投合。方孝孺竭力辅助朱允炆实行新政,使得这一朝的仁柔温和与朱元璋的专制恐怖形成鲜明对比。可以说,方孝孺是朱允炆治国的首席参谋和总顾问。

朱允炆执政4年,方孝孺主要帮助皇帝做了两方面的事。一方面,制订出台一系列改革方案,包括宽刑狱、减赋税、重教化、仿古制,等等,多有成效。另一方面,则是帮助朱允炆对付觊觎皇位的人。诸王拥兵自重,燕王朱棣打起"保卫亲藩"的旗帜,从朱允炆继位第二年开始,就与官军作战。方孝孺为之书写朝廷削藩诏书及讨燕檄文,也出了一些缓兵计和反间计之类,但军事谋略并非他的所长,安排的行动没有取得实际效果。而此时朝中能够带兵打仗的武将,之前几乎已被朱元璋赶尽杀绝。结果只能是,叔叔朱棣夺取了侄儿朱允炆的皇位,宫中起火,朱允炆不知所终。

方孝孺经历的第三个皇帝是明成祖朱棣。此时是建文四年(1402),他46岁。

朱棣起兵的时候,他的谋士姚广孝对他说:"你要是攻下金陵城,方孝孺一定不会投降。希望你不要杀他,因为杀了方孝孺,天下就没有传宗接代的读书人了。"朱棣答应了他。

城破后,朱棣为登基而物色起草诏书的人,宣方孝孺入宫。方孝孺身穿孝服,一路痛哭着走进大殿。朱棣好言劝说:"先生不要自寻烦恼,我只不过是想效法周公辅佐周成王罢了。"方孝孺说:"成王在哪里?"朱棣说:"他放火自焚死了。"方孝孺说:"那为什么不立成王的儿子做皇帝?"朱棣说:"国家需要年纪大的人为君。"方孝孺说:"如此为什么不立成王的弟弟?"朱棣说:"这是我们自己家里的事。"方孝孺拒绝写诏书。朱棣威胁他:"难道你就不怕诛九族吗?"方孝孺义正词严:"即便诛十族又能怎么样?"他愤然写下"燕贼篡位"四字,扔给朱棣。

朱棣登基的第八天，将方孝孺处以磔刑，并对方孝孺亲眷家族实施"九族"之诛。再加上方孝孺学生的家族，共称"十族"。死者老少873人，被谪戍边的族众亲友不计其数。共行刑七日方止。方孝孺老家宁海溪上方村，全村人被杀戮殆尽。

方孝孺在临刑前写过一首《绝命词》："天降乱离兮，孰知其由？奸臣得计兮，谋国用猷。忠臣发愤兮，血泪交流。以此殉君兮，抑又何求？呜呼哀哉兮，庶不我尤。"

乱世里的良心

——说王阳明的功业与"致良知"

王阳明所处的时代，是不折不扣的乱世。朝廷内部，皇帝昏聩，宦官擅权，政局混乱，贪腐横行。朝廷之外，阶级矛盾与民族矛盾尖锐，土地兼并激烈，百姓破产流亡，大规模的农民战争此起彼伏。

王阳明的先世以诗书传家，据说为王羲之的后代，前辈里有多人隐逸。关于他的出生和成长，有过一些神奇的故事。他的母亲郑氏怀孕十四个月生下他，出生那天，他的祖母岑氏做了一个梦，一群神人在云中鼓吹，将一个绯衣玉带的婴孩送交她手中。祖父于是给他取了一个名字，叫王云，他诞生的小楼也被称为瑞云楼。但是王云到了5岁还不会说话，家人很是纳闷。一个过路的道士见了，说那么好的一个孩子，可惜名字泄露了天机，所以被罚不能说话。祖父猛然醒悟，就将王云的名字改为王守仁，孩子一下子就开口说话了，不仅话说得流畅，还能背诵祖父曾经读过的书。

王阳明自小兴趣广泛，喜欢学武，看兵书，好骑射，同时也爱好诗文辞章。除此之外，他还学过仙佛。相当一段时间，他对仙道的好奇程度很深，以致沉溺。17岁结婚那天，他偶然走过道观，进去听道士讲养生，居然忘了回家，岳父派人找他，第二天才找到。29岁他游九华山，兴起出世学仙的念头,于是去拜访山上的仙家异人,询问成仙之道,但几个异人都说他与仙家没有机缘。第二年,他还在会稽山阳明洞里修炼,学习导气引体,自号阳明子。后来人们也就称他为阳明先生。

不过,他最花功夫的学问还是儒家学说。他研究程朱理学,曾把能找到的朱熹的书都看了一个遍。朱熹提倡"格物穷理",认为"一草一木,皆涵至理",王阳明于是对着院子里的竹子七天七夜,试图穷究竹子的至理,没有结果反而病了一场,留下"守仁格竹"的实验案例。而他真正对孔孟之道学有所得,是在"龙场悟道"之后。

弘治十二年(1499),28岁的王阳明举进士出身,任职工部;次年,授刑部云南清吏司主事;过了几年,改迁兵部武选清吏司主事。不久,朝中发生了一件事。

明武宗朱厚照继位的时候才15岁,沉溺玩乐,不谙政事。身边的太监们投其所好,整日围着他进鹰犬,献歌舞,置庄园,以博恩宠。其中刘瑾最为狡狠,朝廷的权力完全把控在他的手里。老臣刘健、谢迁等联合言官上疏弹劾刘瑾,却被刘瑾诬为奸党,以武宗的名义罢黜了他们。当时南京户科给事中戴铣等21人上表力陈不可,刘瑾将这21人逮捕,各廷杖三十,戴铣死于杖下。为了解救他们,当时只有六品官职的王阳明毅然上书,劝武宗收回前旨。结果王阳明遭廷杖四十,"既绝复苏",随即被贬为贵州龙场驿丞。去往贵州的路上,王阳明伪装投江,才躲过刘瑾安排的追杀。

龙场位于贵州西北万山丛中,这里的驿站规模很小,只设驿丞一名,负责给来往的差役及官员提供服务。起初没有地方住,王阳明找到一个山洞,起名为"阳明洞",迁居进去。在如此艰苦的环境里,他开始静下心来思考人生。儒家倡导人要有所作为,强调一切服从于天理,要求遵循封建社会的纲常伦理和道德规范。但是,如果处于无道之世,社会中根本就讨不到天理公道,面对这样的情况,圣人将怎么做?他拿什么来安身立命?处于忠而见弃境遇中的王阳明,经过苦思,终于大彻大悟:"圣人之道,吾性自足,向之求理于事物者误也。"是啊,圣人处世,重要的不在于追寻外在的天理或公道,而在于安自己的良心。很多事,如此做了心才安,不如此做则心不安,这就是良心。良心是一个人的是非准则,是一个人对社会对他人的责任感,是人之为人之所在。换句话说,良心就是内心对天理的体认。在"龙场悟道"的基础上,他进一步提出"知行合一""致良知"等,并形成了完整的哲学体系。

"知行合一"的提出,源于儒家理学作为统治思想以后的功利化和不纯粹。儒家理学与利禄挂钩,就出现了虚伪化的状况。士人们为了做官,谋取利禄,行不为仁义却要言说仁义,心不尚道德却要口说道德,王阳明对此深恶痛绝。为唤起人们的良知,他倡导知行合一,尤其强调实践修养之功。他比喻说,平常人的心,就好像斑垢驳蚀的铜镜,必须经过一番磨刮的功夫,才能够莹彻透亮;良心于人,原是天赋的道德,与生俱来,但受私智物欲的影响往往被障蔽,所以要扫除障碍,以复归良知,这就是"致良知"。王阳明通过讲学的方式,广聚弟子,传播他的思想。他将他的理论体系,概括为四句教:"无善无恶心之体,有善有恶意之动,知善知恶是良知,为善去恶是格物。"

而他一生的行事,正是"致良知"的典范。他有过几番大的功业,纯出乎为国为民之心,至于个人的得失,他并不十分在意。正德十二年(1517),王阳明巡抚盗匪极多的南康、赣州(今江西南部),大展军事才华,剿平了很多称王的大盗。正德十四年(1519),宁王朱宸濠在南昌叛乱,占据了南康、九江等重镇,王阳明率地方部队仅用35天讨平,生擒宁王。嘉靖六年(1527),广西爆发土酋卢苏、王受叛乱,王阳明奉命前往平定。但这期间,王阳明不光受到奸人的诬陷,有时还颇受一些重臣的忌惮。

在古代,人们往往把立功、立德、立言视为人生的最高境界,称为"三不朽",而王阳明正是这样的完人。

嘉靖八年(1529),58岁的王阳明从两广返乡,路过南安(今江西大余)病逝。弥留之际,弟子问他有何遗言,他说道:"此心光明,亦复何言!"

无奈与不甘

——说屠隆罢官前后的人生经历

宁波人屠隆,原来的名字叫屠龙。屠龙这名字本来也没什么不好,庄子故事里就有一个人,用了三年的时间,花光千金之财,终于学会了杀龙的本领,却根本找不到龙可以让他来杀。因此"屠龙"二字就有了技术虽高、但不实用的意思。长辈取这样的名字给孩子,或许是希望孩子能够具有至高无上的本领。没想到的是,屠龙参加童子试,提学公看到他的名字,说:"龙为九五,岂可屠耶?"这样一解读,原名就显得不考究了,于是将名字改为屠隆。

屠氏在鄞县是著姓大族,但屠隆这一脉却不发达,从曾祖父、祖父到他父亲,几代人都是布衣。他的父亲屠濬,人称丹溪公,放弃举业,做过生意,但没有成功,家境渐趋贫寒。丹溪公酷爱花草林木,尤其爱菊,即使困顿不堪,也要对着一花一石晨夕把玩。这种疏脱自喜的生活态度对屠隆有很大影响。

屠隆上面有五个哥哥,在科举上都不成功,因此求取仕宦重振家声的责任就只有屠隆来承担了。应试之路虽然不是很顺利,但他还是在36岁中了进士。之后,他被任命为颖上知县,去了淮河中游的一个小县城;次年调到了上海淀山湖畔,做青浦县令。三年任职期满,迁礼部仪制司主事,六品官职。虽是部司级官员中最低的级别,但毕竟是在中央朝廷供职了。

屠隆好交友,好游乐,艺术气质浓厚。公务于他,主要是职业,而不像是事业。在颖上和青浦,虽然也有治绩,比如在颖上兴修堤坝,推重教育,在青浦治水抗涝,减免赋税,以至离任时父老子弟倾城相送,但更让他满身心投入的,莫过于与朋友们登山临水,吟诗作赋。他与当时的一些名士,或携手登临,或诗词往来,如张时彻、范钦、沈明臣、沈一贯、汪道昆、李维桢、胡应麟、王锡爵、王稚登、梁辰鱼、高濂、王骥德、陈与郊、梅鼎祚、沈懋学、冯梦祯、汤显祖等,之间的交往都颇为深厚。他俸禄不多,但款待友朋则是慷慨大方,拮据时不惜以妻子的首饰和自己仅有的银腰带换取酒食。这样的人生何其惬意，况且还未必与建功立业相悖离。

只是没想到，在他壮年之时，本以为还有长长的未来可以让他在仕途上展现才华，一件莫名其妙的事件却让他断送了前程。

在京师礼部任职时，他认识了一位叫宋世恩的朋友。宋世恩的祖先宋晟是明朝初年的大将，因赫赫战功被封为西宁侯，子孙后代也就世袭了这个封号。这位 21 岁的贵介公子，喜爱笙歌宴饮，也雅好文艺，仰慕屠隆的才学丰姿，与之亲密交往。他称屠隆为兄长，将家人介绍给屠隆，并愿与屠隆"通家往来"，于是屠隆成了侯府常客。刑部主事俞显卿上疏弹劾，说屠隆与宋世恩"淫纵"，屠隆与宋夫人有暧昧之事。明神宗朱翊钧下令严查，结果并没有查出什么具体问题，遂以诬告之罪罢去俞显卿官职，以"诗酒疏狂""放浪废职"罢去屠隆官职，扣罚宋世恩半年薪水。

这一年，屠隆 43 岁。

关于这场无妄之灾产生的原因，屠隆自己的解释是他跟俞显卿之间有私怨。他在写给朋友的信里说：俞显卿是上海人，屠隆做青浦县令时上海归青浦管辖，这个人横行乡里，不法生事，屠隆制裁过他；他曾经想与屠隆讨论诗文，屠隆不加理睬，伤了他的自尊。两人都到京师工作后，屠隆曾在朋友圈里非议过他的品行，传到他的耳里，仇怨愈加不可化解，所以罗织罪名报复屠隆。除此之外，还可能有别的贵族与屠隆生了嫌隙，假借俞显卿之手整治屠隆。甚至还有可能，屠隆与人相处的亲疏远近，恰好涉及当时党争的政治站队，于是被牺牲掉了。但不管怎么说，屠隆一向的疏狂风流，总是给了人把柄。

这一事件给他带来的影响很大。桃色新闻最易伤人，因伤风败俗而受到处罚的屠隆很难再有在官场上翻身的可能。他从京城回到家乡，直接面临着两个尴尬的局面。一是没了官俸收入，经济陷入困窘。八口之家，靠十七亩薄田维系，有时候他不得不"鬻文卖赋"，赖以为生。二是昔日的友朋疏远，有的甚至反目为仇。他觉得，面对喧嚣的谗言，一些有名望的朋友不仅没能出手声援，为他辩诬而以正视听，反而对他多有指责。比如沈明臣，之前二人惺惺相惜，屠隆甚至愿"北面称弟子"师事沈明臣；屠隆出事以后，沈明臣以"师"之身份责怪屠隆在"淫纵"一案中做得不好，二人发生龃龉，关系破裂，屠隆称沈明臣"老而多欲，口如蛇矛，疽发其背，其巨如碗，复如斗，终得不死"，对其恨之入骨。

他在今天的苍水街附近，整理出了一个园子。地方虽然不大，池边种些芙蓉红蓼，池内遍植荷芰菱芦，搭一座飞仙楼，建一所栖真馆，还从阿育王寺舍利殿前移来一株娑罗树。园子建成那天，邻人送给他两只野鸭子，他就给园子起名叫"凫园"。他的《凫园》诗里说："信是归来好，江东旧布衣。池成蛙自聚，金尽客应稀。家以栽花冗，身因食蕨肥。野鸥飞不去，吾本性忘机。"

做回老百姓身份的屠隆，后来的日子并非像他诗里说得那么恬淡，他的不甘心体现在他种种精神饱满的折腾上。

他学仙学佛学道，并非为了参透教义，而是为了激发生命的精彩。早在青浦任上，他就曾拜昙阳子为师，修习成仙超脱之术，未果。罢官之后，又跟随道士聂道亨，在道观里修行了一段时间。他还追随过杭州云栖寺里的莲池法师，长斋挂戒学习佛法。他泛五湖，登天台，望普陀，历雁荡，仙佛道都想要真修实证，无奈断不了红尘，绝不了欲望。他的修习成果，在他的著述里倒是发挥了不少作用。

他写诗写文写戏，不是为了藏之名山，而是为了展现胸中丘壑、宣泄愤懑不平。他的著作可考者有36种，如《考槃余事》四卷、《鸿苞》四十八卷、《娑罗馆清言》一卷、《屠长卿集》十九卷、《由拳集》二十三卷、《栖真馆集》三十卷、《白榆集》二十八卷等；另外还有编纂类6种，评释类4种，参订类2种。其诗文俊逸；作为戏剧家，他的《昙花记》《彩毫记》《修文记》大行于世，知名度和影响力超过汤显祖。今天还有些专家认为他是小说《金瓶梅》的作者，他的身世、思想、性格、作风与小说传达出来的看穿世事、不满现实、玩世不恭的风格态度较为契合，他似乎比谁都更像是写这部书的人。

他爱酒爱玩爱美人，快意当前，及时行乐，风流成性。他蓄养娈童、狎妓，自称"一夕可度十男女"。他跟人讨论过他对人欲的看法，说自己曾经花了3年的时间想要克服情色之欲，但始终不能成功，"若顿重兵坚城之下，云梯地道攻之，百端不破……乃知其根固在也。……男女之欲去之为难者何？某曰：道家有言，父母之所以生我者以此，则其根也，根故难去也"。既然是天生的欲根，那又何必拔除呢？只是，形骸的放浪并不能消除他内心的不甘，某个中秋节，在福州的乌石山凌霄台上，屠隆酒酣之际，幅巾白衲，奋袖作《渔阳掺》，"鼓声一作，广场无人，山云怒飞，海水起立"。擂鼓罢，他叹息道："快哉，此夕千古矣！"如祢衡一般地击鼓骂曹，令山云怒飞，海水起立，该是交织着无人能解的无奈与不甘吧。

64岁，屠隆患性病去世。死前十分痛苦。

"好山色"

——说张苍水的抗清与牺牲

张苍水出生的时候，明朝政权已摇摇欲坠。

一方面是明朝政府的混乱，神宗、光宗、熹宗、思宗几轮皇帝频繁更换，宦官魏忠贤翻云覆雨，党派之争激烈；文恬武嬉，不修战守之备；阶级压迫深重，致使全国范围内农民暴动此起彼伏。另一方面是东北女真人势力发展飞速，对明朝的侵略战争步步进逼。

张苍水的父亲张圭章做过山西盐运司判官，后来又去北京任刑部员外郎，因不满朝政腐败与官场习气，辞去官职，回到家乡课子读书。在父亲的教导下，张苍水习文练武，16岁参加乡试，以文武第一名考取秀才。23岁考中举人，可还没来得及去京会试，明朝的大厦就崩塌了。

这期间，明朝军队在松山被清军击败，大将洪承畴投降，山海关外土地全部丧失。紧接着,李自成领导的农民军攻取了都城北京,崇祯皇帝上吊身亡。山海关守将吴三桂引清兵入关,李自成败退山陕。清军占领北京,并且不断扩大其侵占范围。

历史上将崇祯皇帝在煤山自缢视作明朝灭亡的标志。不过,明朝宗室、遗民的反清复明斗争还是坚持了20来年,它就是南明,一个飘摇在南方的小朝廷。张苍水的人生,是与清军对抗的人生,同这个小朝廷的沉浮联系在一起。

清军入据北京时,明朝在南京的一些大臣们,拥立福王朱由崧,建立了南明的第一个政权——弘光王朝。但由于福王昏庸,把持朝政的马士英、阮大铖之流腐败,阵营内部争权夺利,只一年的时间,弘光政权就被清政府消灭。

此时宁波有一位叫钱肃乐的,曾经做过刑部员外郎,集师举义,号召人们武装抗清。26岁的张苍水积极响应,被派往天台请鲁王朱以海到绍兴监国。鲁王赐张苍水进士出身,任翰林院编修,继而调任兵科给事中。与鲁王监国同时,正在福建的唐王朱聿键称帝,建立了南明的第二个政权——隆武王朝。唐王与鲁王都是明朝的宗室,但由于唐王是由高级将领郑鸿达、郑芝龙等拥立的,因此江南各地的将士都尊奉他,而鲁王则是依靠浙东抗清义军的拥护与支持,政令不出浙江。

唐王鲁王两个政权之间,当然存在矛盾与隔阂。唐王发给鲁王的即位诏书,鲁王君臣围绕应不应该拆开阅读都费了好大的心思,因为拆开,就表示向唐王称臣,会影响本部士气。到后来,鲁王用的还是自己的年号,坚决不用隆武的年号。再加上两个政权都是仓促建立,内部人员复杂,励精图治的能力有限,官场的恶习倒沾染不少。

张苍水效忠鲁王,但又力主唐鲁两个政权在抗清救亡目的上竭诚合作,并主动做工作试图消除双方的嫌隙。一年后唐王被清军俘虏,绝食而亡。广东的桂王朱由榔称帝,建立了南明的第三个政权——永历王朝。鲁王加张苍水为右佥都御史、兵部左侍郎,永历皇帝封张苍水为东阁大学士兼兵部尚书。为了尽可能多地联络反清力量,抵抗清政府对南方流亡小朝廷的围剿,寻找向清军反击的机会,张苍水在四明山拉过队伍,在舟山训练过水军,两入长江,奔走闽浙,经历过无数的陆战和海战。他结交各类豪杰,尤其与郑成功意气相投。顺治十六年(1659),他与郑成功联合出兵,收得镇江,紧逼南京,进驻芜湖,光复四府三州二十四县,深得民心,军威大振,让清廷大惊失色。但由于郑成功轻敌,兵败南京而撤离长江,使得张苍水失去策应,功败垂成。

面对清军的围追堵截,历经千难万险辗转回到浙东的张苍水,身边只剩下两个士兵。但张苍水是一粒火种,只要不熄灭,就能引燃起一堆堆的篝火。他自称"入海仍精卫,还山尚蒯缑",在台州、临门一带收聚散兵,筑营垦田,蓄力伺机再战。清廷抄了他的家,逮捕了他的妻儿,招抚使王尔禄、总督赵廷臣以爵禄劝诱他投降,他丝毫不屈服,表示要像文天祥那样"也留正气在乾坤"。康熙元年(1662),吴三桂在昆明杀害了永历皇帝,鲁王也死于金门,南明政权就此覆灭。

至此,张苍水率领的军队孤掌难鸣,在与清军交锋中几番失利,只好撤退到舟山岛,以至绝粮断炊。他遣散部卒,在大海中一个叫悬岙的小岛上隐匿避居。康熙三年(1664)七月,张苍水被捕,十九日被押解到宁波。他离别家乡19年,当年父亲去世都未能奔丧。他对关押他的浙江提督张杰说:"父死不能葬,国亡不能救,死有余辜。今日之事,速死而已。"并写下《被执归故里》一诗:"苏卿仗汉节,十九岁华迁。管宁客辽东,亦阅十九年。还朝千古事,归国一身全。予独生不辰,家国两荒烟。飘零近廿载,仰止愧前贤。岂意避秦人,翻作楚囚怜。蒙头来故里,城郭尚依然。仿佛丁令威,魂归华表巅。有觍此面目,难为父老言。知者哀其辱,愚者笑其颠。或有贤达士,谓此胜锦旋。人生七尺躯,百岁宁复延。所贵一寸丹,可逾金石坚。求仁而得仁,抑又何怨焉!"十几天后,张苍水被押往杭州。

被执以后,张苍水打定主意以身殉国。他作《放歌》一首,书写在狱中的墙壁上,其中有"余生则中华兮死则大明"之句。九月初七,张苍水被押往刑场,他遥望凤凰山一带,叹息道:"好山色,可惜沦于腥膻!"口占绝命诗一首:"我年适五九,复逢九月七。大厦已不支,成仁万事毕。"从容就义,年仅45岁,葬于南屏山北麓。人们将张苍水与岳飞、于谦并称为"西湖三杰"。